大学赤本シリーズ

109

大阪大学

理 系

理・医・歯・薬・工・基礎工学部

JN085102

教学社

は　し　が　き

　おかげさまで，大学入試の「赤本」は，今年で創刊70周年を迎えました。
　これまで，入試問題や資料をご提供いただいた大学関係者各位，掲載許可をいただいた著作権者の皆様，各科目の解答や対策の執筆にあたられた先生方，そして，赤本を使用してくださったすべての読者の皆様に，厚く御礼を申し上げます。

　以下に，創刊初期の「赤本」のはしがきを引用します。これからも引き続き，受験生の目標の達成や，夢の実現を応援してまいります。

　本書を活用して，入試本番では持てる力を存分に発揮されることを心より願っています。

編者しるす

＊　　　＊　　　＊

　学問の塔にあこがれのまなざしをもって，それぞれの志望する大学の門をたたかんとしている受験生諸君！　人間として生まれてきた私たちは，自己の欲するままに，美しく，強く，そして何よりも人間らしく生きることをねがっている。しかし，一朝一夕にして，この純粋なのぞみが達せられることはない。私たちの行く手には，絶えずさまざまな試練がまちかまえている。この試練を克服していくところに，私たちのねがう真に人間的な世界がはじめて開かれてくるのである。

　人生最初の最大の試練として，諸君の眼前に大学入試がある。この大学入試は，精神的にも身体的にも，大きな苦痛を感ぜしめるであろう。あるスポーツに熟達するには，たゆみなき，はげしい練習を積み重ねることが必要であるように，私たちは，計画的・持続的な努力を払うことによって，この試練を克服し，次の一歩を踏みだすことができる。厳しい試練を経たのちに，はじめて満足すべき成果を獲得できるのである。

　本書は最近の入学試験の問題に，それぞれ解答を付し，さらに問題をふかく分析することによって，その大学独特の傾向や対策をさぐろうとした。本書を一般の参考書とあわせて使用し，まとはずれのない，効果的な受験勉強をされるよう期待したい。

（昭和35年版「赤本」はしがきより）

挑む人の、いちばんの味方

赤本創刊70周年

1954年に大学入試の過去問題集を刊行してから70年。赤本は大学に入りたいと思う受験生を応援しつづけてきました。これからも，苦しいとき落ち込むときにそばで支える存在でいたいと思います。

そして，勉強をすること，自分で道を決めること，努力が実ること，これらの喜びを読者の皆さんが感じることができるよう，伴走をつづけます。

そもそも赤本とは…

受験生のための大学入試の過去問題集！

70年の歴史を誇る赤本は，500点を超える刊行点数で全都道府県の370大学以上を網羅しており，過去問の代名詞として受験生の必須アイテムとなっています。

・・・・・・ なぜ受験に過去問が必要なのか？ ・・・・・・

大学入試は大学によって問題形式や頻出分野が大きく異なるからです。

記述式？　マーク式？　問題のレベルは？　時間配分は？　自分に足りないのは？　頻出分野は？　どんな対策が必要？　どんな問題が出るの？　みんなの疑問に答える赤本！　赤本で志望校を研究しよう！

赤本の掲載内容

傾向と対策

これまでの出題内容から，問題の「**傾向**」を分析し，来年度の入試に向けて具体的な「**対策**」の方法を紹介しています。

問題編・解答編

☑ 年度ごとに問題とその解答を掲載しています。

☑ 「**問題編**」ではその年度の試験概要を確認したうえで，実際に出題された過去問に取り組むことができます。

☑ 「**解答編**」には高校・予備校の先生方による解答が載っています。

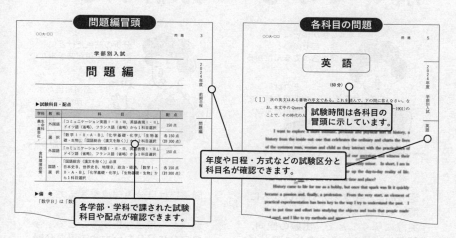

他にも，大学の基本情報や，先輩受験生の合格体験記，在学生からのメッセージなどが載っていることがあります。

● 掲載内容について ●

著作権上の理由やその他編集上の都合により問題や解答の一部を割愛している場合があります。なお，指定校推薦入試，社会人入試，編入学試験，帰国生入試などの特別入試，英語以外の外国語科目，商業・工業科目は，原則として掲載しておりません。また試験科目は変更される場合がありますので，あらかじめご了承ください。

過去問に始まり，

STEP 1 なにはともあれ

まずは
解いてみる

しずかに…
今，自分の心と
向き合ってるんだから

ムーン

それは
問題を解いて
からだホン！

過去問は，**できるだけ早いうちに解くのがオススメ！**
実際に解くことで，**出題の傾向，問題のレベル，今の自分の実力が**つかめます。

STEP 2 じっくり具体的に

弱点を
分析する

分析の結果だけど
英・数・国が苦手みたい

スリー

必須科目だホン
頑張るホン

間違いは自分の弱点を教えてくれる**貴重な情報源。**
弱点から自己分析することで，**今の自分に足りない力や苦手な分野**が見えてくるはず！

合格者があかす
赤本の使い方

傾向と対策を熟読
（Fさん／国立大合格）

大学の出題傾向を調べるために，赤本に載っている「傾向と対策」を熟読しました。

繰り返し解く
（Tさん／国立大合格）

1周目は問題のレベル確認，2周目は苦手や頻出分野の確認に，3周目は合格点を目指して，と過去問は繰り返し解くことが大切です。

過去問に終わる。

STEP 3
> 志望校に
> あわせて

苦手分野の
重点対策

> 明日からはみんなで頑張るよ！
> 参考書も！ 問題集も！
> よろしくね！

呼んだ？

なにを!?
どこから!?

グッ　グッ

参考書や問題集を活用して，苦手分野の**重点対策**をしていきます。**過去問を指針に**，合格へ向けた具体的な学習計画を立てましょう！

STEP 1 ▶ 2 ▶ 3

実践を
繰り返す

> サイクル
> が大事！

やるのは
ボクだよ〜

STEP 1　解く!!

対策!!

分析!!

STEP 3　　　　STEP 2

STEP 1〜3を繰り返し，実力アップにつなげましょう！
出題形式に慣れることや，**時間配分を考えること**も大切です。

目標点を決める
（Yさん／私立大合格）

赤本によっては合格者最低点が載っているので，それを見て目標点を決めるのもよいです。

時間配分を確認
（Kさん／私立大学合格）

赤本は時間配分や解く順番を決めるために使いました。

添削してもらう
（Sさん／私立大学合格）

記述式の問題は先生に添削してもらうことで自分の弱点に気づけると思います。

新課程入試 Q&A

新課程も赤本でばっちり！

2022年度から新しい学習指導要領（新課程）での授業が始まり，2025年度の入試は，新課程に基づいて行われる最初の入試となります。ここでは，赤本での新課程入試の対策について，よくある疑問にお答えします。

使える?

Q1. 赤本は新課程入試の対策に使えますか？

A. もちろん使えます！

OK

旧課程入試の過去問が新課程入試の対策に役に立つのか疑問に思う人もいるかもしれませんが，心配することはありません。旧課程入試の過去問が役立つのには次のような理由があります。

● 学習する内容はそれほど変わらない

新課程は旧課程と比べて科目名を中心とした変更はありますが，学習する内容そのものはそれほど大きく変わっていません。また，多くの大学で，既卒生が不利にならないよう「経過措置」がとられます（Q3参照）。したがって，出題内容が大きく変更されることは少ないとみられます。

● 大学ごとに出題の特徴がある

これまでに課程が変わったときも，各大学の出題の特徴は大きく変わらないことがほとんどでした。入試問題は各大学のアドミッション・ポリシーに沿って出題されており，過去問にはその特徴がよく表れています。過去問を研究してその大学に特有の傾向をつかめば，最適な対策をとることができます。

出題の特徴の例	・英作文問題の出題の有無 ・論述問題の出題（字数制限の有無や長さ） ・計算過程の記述の有無

新課程入試の対策も，赤本で過去問に取り組むところから始めましょう。

Q2. 赤本を使う上での注意点はありますか？

A. 志望大学の入試科目を確認しましょう。

　過去問を解く前に，過去の出題科目（問題編冒頭の表）と 2025 年度の募集要項とを比べて，課される内容に変更がないかを確認しましょう。ポイントは以下のとおりです。科目名が変わっていても，実際は旧課程の内容とほとんど同様のものもあります。

英語・国語	科目名は変更されているが，実質的には変更なし。 ▶▶ ただし，リスニングや古文・漢文の有無は要確認。
地歴	科目名が変更され，「歴史総合」「地理総合」が新設。 ▶▶ 新設科目の有無に注意。ただし，「経過措置」(Q3参照)により内容は大きく変わらないことも多い。
公民	「現代社会」が廃止され，「公共」が新設。 ▶▶ 「公共」は実質的には「現代社会」と大きく変わらない。
数学	科目が再編され，「数学 C」が新設。 ▶▶ 「数学」全体としての内容は大きく変わらないが，出題科目と単元の変更に注意。
理科	科目名も学習内容も大きな変更なし。

　数学については，科目名だけでなく，どの単元が含まれているかも確認が必要です。例えば，出題科目が次のように変わったとします。

旧課程	「数学Ⅰ・数学Ⅱ・数学 A・数学 B（数列・ベクトル）」
新課程	「数学Ⅰ・数学Ⅱ・数学 A・**数学 B（数列）・数学 C（ベクトル）**」

　この場合，新課程では「数学 C」が増えていますが，単元は「ベクトル」のみのため，実質的には旧課程とほぼ同じであり，過去問をそのまま役立てることができます。

Q3. 「経過措置」とは何ですか？

A. 既卒の旧課程履修者への対応です。

　多くの大学では，既卒の旧課程履修者が不利にならないように，出題において「経過措置」が実施されます。措置の有無や内容は大学によって異なるので，募集要項や大学のウェブサイトなどで確認しておきましょう。

○旧課程履修者への経過措置の例

- ●旧課程履修者にも配慮した出題を行う。
- ●新・旧課程の共通の範囲から出題する。
- ●新課程と旧課程の共通の内容を出題し，共通範囲のみでの出題が困難な場合は，旧課程の範囲からの問題を用意し，選択解答とする。

　例えば，地歴の出題科目が次のように変わったとします。

旧課程	「日本史B」「世界史B」から1科目選択
新課程	「歴史総合，日本史探究」「歴史総合，世界史探究」から1科目選択※ ※旧課程履修者に不利益が生じることのないように配慮する。

　「歴史総合」は新課程で新設された科目で，旧課程履修者には見慣れないものですが，上記のような経過措置がとられた場合，新課程入試でも旧課程と同様の学習内容で受験することができます。

新課程の情報はWEBもチェック！
より詳しい解説が赤本ウェブサイトで見られます。
https://akahon.net/shinkatei/

科目名が変更される教科・科目

	旧 課 程	新 課 程
国語	国語総合 国語表現 現代文A 現代文B 古典A 古典B	現代の国語 言語文化 論理国語 文学国語 国語表現 古典探究
地歴	日本史A 日本史B 世界史A 世界史B 地理A 地理B	歴史総合 日本史探究 世界史探究 地理総合 地理探究
公民	現代社会 倫理 政治・経済	公共 倫理 政治・経済
数学	数学Ⅰ 数学Ⅱ 数学Ⅲ 数学A 数学B 数学活用	数学Ⅰ 数学Ⅱ 数学Ⅲ 数学A 数学B 数学C
外国語	コミュニケーション英語基礎 コミュニケーション英語Ⅰ コミュニケーション英語Ⅱ コミュニケーション英語Ⅲ 英語表現Ⅰ 英語表現Ⅱ 英語会話	英語コミュニケーションⅠ 英語コミュニケーションⅡ 英語コミュニケーションⅢ 論理・表現Ⅰ 論理・表現Ⅱ 論理・表現Ⅲ
情報	社会と情報 情報の科学	情報Ⅰ 情報Ⅱ

大学のサイトも見よう

目　次

解答編　※問題編は別冊

基本情報

🏛 沿革

1838（天保 9）	緒方洪庵，適塾創設
1931（昭和 6）	医学部と理学部2学部からなる大阪帝国大学創設
1933（昭和 8）	大阪工業大学を吸収して工学部を設置
1947（昭和22）	大阪大学と改称
1949（昭和24）	学制改革により文・法経・理・医・工の5学部からなる 新制大阪大学として新たなスタート
1951（昭和26）	医学部から歯学部が分立
1955（昭和30）	薬学部を設置
1961（昭和36）	基礎工学部を設置
1972（昭和47）	人間科学部を設置
2004（平成16）	国立大学法人大阪大学となる
2007（平成19）	大阪外国語大学と統合し，外国語学部を設置

学部・学科の構成

大　学

（※）共通教育を担当する全学教育推進機構が豊中キャンパスにあるため，新入生は入学後約1年または1年半を豊中キャンパスで学ぶことになる。

●文学部　豊中キャンパス

人文学科（専修：哲学・思想文化学，倫理学，中国哲学，インド哲学，日本史学，東洋史学，西洋史学，考古学，日本学，人文地理学，日本語学，日本文学・国語学，比較文学，中国文学，英米文学・英語学，ドイツ文学，フランス文学，美学・文芸学，音楽学・演劇学，美術史学）

●人間科学部　吹田キャンパス※

人間科学科（学科目：行動学，社会学，教育学，共生学）

●外国語学部　箕面キャンパス※

外国語学科（専攻：中国語，朝鮮語，モンゴル語，インドネシア語，フィリピン語，タイ語，ベトナム語，ビルマ語，ヒンディー語，ウルドゥー語，アラビア語，ペルシア語，トルコ語，スワヒリ語，ロシア語，ハンガリー語，デンマーク語，スウェーデン語，ドイツ語，英語，フランス語，イタリア語，スペイン語，ポルトガル語，日本語）

●法学部　豊中キャンパス

法学科

国際公共政策学科

●経済学部　豊中キャンパス

経済・経営学科

●理学部　豊中キャンパス

数学科（学科目：数学）

物理学科（学科目：物理学，宇宙地球科学）

化学科（学科目：化学，高分子科学）

生物科学科（生物科学コース，生命理学コース）

●医学部　吹田キャンパス※

医学科

　保健学科（専攻：看護学，放射線技術科学，検査技術科学）

● **歯学部**　吹田キャンパス※

　歯学科

● **薬学部**　吹田キャンパス※

　薬学科［6年制］（先進研究コース，Pharm.Dコース，薬学研究コース）

● **工学部**　吹田キャンパス※

　応用自然科学科（学科目：応用化学，バイオテクノロジー，物理工学，
　応用物理学）

　応用理工学科（学科目：機械工学，マテリアル生産科学〈マテリアル科
　学コース，生産科学コース〉）

　電子情報工学科（学科目：電気電子工学〈電気工学コース，量子情報エ
　レクトロニクスコース〉，情報通信工学〈通信工学コース，情報シス
　テム工学コース〉）

　環境・エネルギー工学科（学科目：環境工学〈環境工学コース〉，エネ
　ルギー量子工学〈エネルギー量子工学コース〉）

　地球総合工学科（学科目：船舶海洋工学，社会基盤工学，建築工学）

● **基礎工学部**　豊中キャンパス

　電子物理科学科（エレクトロニクスコース，物性物理科学コース）

　化学応用科学科（合成化学コース，化学工学コース）

　システム科学科（機械科学コース，知能システム学コース，生物工学コ
　ース）

　情報科学科（計算機科学コース，ソフトウェア科学コース，数理科学コ
　ース）

（備考）専攻・コース・学科目等に分属する年次はそれぞれで異なる。

大学院

人文学研究科／人間科学研究科／法学研究科／経済学研究科／理学研究
科／医学系研究科／歯学研究科／薬学研究科／工学研究科／基礎工学研究
科／国際公共政策研究科／情報科学研究科／生命機能研究科／高等司法研
究科（法科大学院）／大阪大学・金沢大学・浜松医科大学・千葉大学・福
井大学連合小児発達学研究科

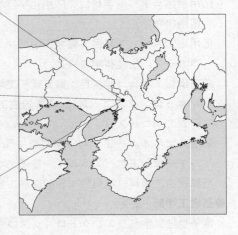 大学所在地

豊中キャンパス

吹田キャンパス

箕面キャンパス

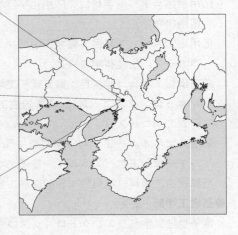

豊中キャンパス　大阪府豊中市待兼山町 1

吹田キャンパス　大阪府吹田市山田丘

箕面キャンパス　大阪府箕面市船場東 3-5-10

※豊中・吹田の両キャンパスは，学部によって郵便番号・番地が異なる（学部ごとの住所は，「募集要項（出願書類）の入手方法」の項を参照）。

入 試 デ ー タ

 ## 入試状況 （志願者数・競争率など）

○理学部，工学部および基礎工学部の志願者数および受験者数は，第一志望学科の人数を示す。

○競争率は受験者数÷合格者数で算出。

2024 年度　入試状況

※歯学部の合格者数は前期日程 2 名の，薬学部の合格者数は前期日程 3 名の追加合格者を含む。

●前期日程

学部・学科・専攻（コース）			募集人員	志願者数	受験者数	合格者数	競争率
	文		135	378	354	135	2.6
人	間	科	115	261	253	115	2.2
	中 国 語		33	70	68	37	1.8
	朝 鮮 語		16	46	35	16	2.2
	モ ン ゴ ル 語		16	79	35	19	1.8
	イ ン ド ネ シ ア 語		16	47	37	19	1.9
	フ ィ リ ピ ン 語		16	40	36	18	2.0
外	タ イ 語		16	25	22	16	1.4
	ベ ト ナ ム 語		16	46	36	19	1.9
国	ビ ル マ 語		16	42	37	18	2.1
	ヒ ン デ ィ ー 語		16	40	37	19	1.9
語	ウ ル ド ゥ ー 語		16	27	27	19	1.4
	ア ラ ビ ア 語		21	50	47	25	1.9
	ペ ル シ ア 語		16	36	36	19	1.9
	ト ル コ 語		16	26	24	18	1.3
	ス ワ ヒ リ 語		16	32	32	19	1.7
	ロ シ ア 語		21	64	49	25	2.0
	ハ ン ガ リ ー 語		16	43	36	19	1.9

（表つづく）

学部・学科・専攻（コース）		募集人員	志願者数	受験者数	合格者数	競争率
外国語	デンマーク語	16	30	27	16	1.7
	スウェーデン語	16	30	27	16	1.7
	ド イ ツ 語	27	67	61	30	2.0
	英 語	54	154	127	58	2.2
	フ ラ ン ス 語	21	61	51	26	2.0
	イ タ リ ア 語	16	40	38	19	2.0
	ス ペ イ ン 語	27	77	62	32	1.9
	ポ ル ト ガ ル 語	21	54	50	25	2.0
	日 本 語	24	70	53	24	2.2
法	法	153	377	363	160	2.3
	国 際 公 共 政 策	72	164	153	75	2.0
経	済	198	586	553	198	2.8
理	数	42	121	116	49	2.4
	物 理	66	206	198	72	2.8
	化	69	184	179	75	2.4
	生物科 生 物 科 学	26	90	87	31	2.8
	生 命 理 学	22	56	55	23	2.4
医	医	92	256	238	93	2.6
	保健 看 護 学	70	131	108	71	1.5
	放 射 線 技 術 科 学	34	100	92	35	2.6
	検 査 技 術 科 学	36	91	88	40	2.2
歯		48	126	116	50	2.3
薬		65	161	147	74	2.0
工	応 用 自 然 科	195	437	410	196	2.1
	応 用 理 工	223	479	459	228	2.0
	電 子 情 報 工	145	458	447	146	3.1
	環 境 ・ エ ネ ル ギ ー 工	67	155	153	70	2.2
	地 球 総 合 工	106	257	246	109	2.3
基礎工	電 子 物 理 科	90	155	145	90	1.6
	化 学 応 用 科	75	118	112	75	1.5
	シ ス テ ム 科	151	317	296	151	2.0
	情 報 科	74	236	227	74	3.1

2023 年度 入試状況

※歯学部の合格者数は前期日程 2 名の追加合格者を含む。また，一般選抜前期日程においては，追試験受験者 2 名を含む（基礎工学部 2 名）。

●前期日程

学部・学科・専攻（コース）	募集人員	志願者数	受験者数	合格者数	競争率
文	135	410	392	135	2.9
人　　　間　　　科	115	241	232	117	2.0
外国語　中　　国　　語	36	65	61	41	1.5
朝　　鮮　　語	16	49	48	17	2.8
モ ン ゴ ル 語	16	58	58	19	3.1
イ ン ド ネ シ ア 語	10	10	10	10	1.0
フ ィ リ ピ ン 語	10	35	35	13	2.7
タ　　イ　　語	13	37	37	16	2.3
ベ ト ナ ム 語	13	23	23	16	1.4
ビ ル マ 語	16	35	35	19	1.8
ヒ ン デ ィ ー 語	16	54	53	19	2.8
ウ ル ド ゥ ー 語	16	41	41	19	2.2
ア ラ ビ ア 語	22	40	39	26	1.5
ペ ル シ ア 語	16	41	38	19	2.0
ト ル コ 語	16	31	31	19	1.6
ス ワ ヒ リ 語	16	40	40	19	2.1
ロ シ ア 語	22	41	40	27	1.5
ハ ン ガ リ ー 語	13	33	33	16	2.1
デ ン マ ー ク 語	16	45	44	18	2.4
ス ウ ェ ー デ ン 語	16	30	27	17	1.6
ド イ ツ 語	30	71	70	35	2.0
英　　　　　語	54	114	108	58	1.9
フ ラ ン ス 語	22	49	47	24	2.0
イ タ リ ア 語	16	29	28	19	1.5
ス ペ イ ン 語	31	72	69	36	1.9
ポ ル ト ガ ル 語	26	93	92	31	3.0
日　　本　　語	27	50	48	29	1.7
法　　法	153	447	430	162	2.7
国 際 公 共 政 策	72	123	115	71	1.6
経　　　　済	198	637	607	200	3.0

（表つづく）

学部・学科・専攻（コース）			募集人員	志願者数	受験者数	合格者数	競争率
理		数	42	113	110	50	2.2
	物	理	66	164	160	74	2.2
		化	69	172	169	73	2.3
	生物科	生 物 科 学	26	98	94	28	3.4
		生 命 理 学	22	52	51	24	2.1
医		医	92	235	223	94	2.4
	保健	看 護 学	72	125	105	75	1.4
		放 射 線 技 術 科 学	36	108	101	37	2.7
		検 査 技 術 科 学	36	99	93	40	2.3
歯			48	105	100	50	2.0
薬			65	190	149	68	2.2
工		応 用 自 然 科	195	427	403	195	2.1
		応 用 理 工	223	504	483	229	2.1
		電 子 情 報 工	145	420	401	146	2.7
		環 境 ・ エ ネ ル ギ ー 工	67	163	158	68	2.3
		地 球 総 合 工	106	271	262	110	2.4
基礎工		電 子 物 理 科	90	223	216	90	2.4
		化 学 応 用 科	75	218	208	75	2.8
		シ ス テ ム 科	151	373	357	151	2.4
		情 報 科	74	294	280	74	3.8

2022 年度 入試状況

※文学部の合格者数は前期日程 1 名の，歯学部の合格者数は前期日程 3 名の，薬学部の
　合格者数は前期日程 1 名の追加合格者を含む。また，一般選抜前期日程においては，
　追試験受験者 6 名を含む（外国語学部 3 名，法学部 1 名，経済学部 1 名，工学部 1 名）。

●前期日程

学部・学科・専攻（コース）			募集人員	志願者数	受験者数	合格者数	競争率
	文		135	373	350	138	2.5
人	間	科	115	302	268	117	2.3
外国語	中 国 語		36	86	84	42	2.0
	朝 鮮 語		16	48	46	19	2.4
	モ ン ゴ ル 語		16	45	44	19	2.3
	イ ン ド ネ シ ア 語		10	25	24	13	1.8
	フ ィ リ ピ ン 語		10	33	32	13	2.5
	タ イ 語		13	28	27	16	1.7
	ベ ト ナ ム 語		13	41	40	16	2.5
	ビ ル マ 語		16	45	44	19	2.3
	ヒ ン デ ィ ー 語		16	36	35	19	1.8
	ウ ル ド ゥ ー 語		16	49	48	19	2.5
	ア ラ ビ ア 語		22	44	44	27	1.6
	ペ ル シ ア 語		16	36	35	19	1.8
	ト ル コ 語		16	50	48	19	2.5
	ス ワ ヒ リ 語		16	37	37	20	1.9
	ロ シ ア 語		22	47	43	26	1.7
	ハ ン ガ リ ー 語		13	36	36	16	2.3
	デ ン マ ー ク 語		16	52	52	19	2.7
	ス ウ ェ ー デ ン 語		16	49	49	19	2.6
	ド イ ツ 語		30	69	68	37	1.8
	英 語		54	136	134	61	2.2
	フ ラ ン ス 語		22	51	51	27	1.9
	イ タ リ ア 語		16	33	32	19	1.7
	ス ペ イ ン 語		31	64	63	36	1.8
	ポ ル ト ガ ル 語		26	69	69	31	2.2
	日 本 語		27	61	58	29	2.0
法	法		153	389	372	161	2.3
	国 際 公 共 政 策		72	164	155	76	2.0
経	済		198	651	607	202	3.0

（表つづく）

学部・学科・専攻（コース）			募集人員	志願者数	受験者数	合格者数	競争率
理	数		42	137	131	48	2.7
	物　　　　　　理		66	185	183	75	2.4
	化		69	205	201	73	2.8
	生物科	生　物　科　学	25	93	91	31	2.9
		生　命　理　学	20	43	42	23	1.8
医	医		95	260	238	99	2.4
	保健	看　　護　　学	72	147	131	74	1.8
		放 射 線 技 術 科 学	36	114	109	38	2.9
		検 査 技 術 科 学	36	91	86	41	2.1
歯			48	120	110	55	2.0
薬			65	184	154	71	2.2
工	応　用　自　然　科		195	448	423	203	2.1
	応　用　理　工		223	578	558	239	2.3
	電　子　情　報　工		145	479	456	150	3.0
	環境・エネルギー工		67	162	160	74	2.2
	地　球　総　合　工		106	254	250	117	2.1
基礎工	電　子　物　理　科		90	168	161	93	1.7
	化　学　応　用　科		75	142	131	76	1.7
	シ　ス　テ　ム　科		151	294	284	153	1.9
	情　　報　　科		74	248	238	76	3.1

2021 年度　入試状況

※法学部法学科の合格者数は前期日程 6 名の，歯学部の合格者数は前期日程 3 名の，薬学部の合格者数は前期日程 1 名の追加合格者を含む。また，一般選抜前期日程においては，追試験受験者 2 名を含む（外国語学部 1 名，経済学部 1 名）。

●前期日程

学部・学科・専攻（コース）		募集人員	志願者数	受験者数	合格者数	競争率
文		135	420	389	138	2.8
人　　間　　科		115	247	239	117	2.0
外国語	中　国　語	36	96	95	41	2.3
	朝　鮮　語	16	56	55	19	2.9
	モ　ン　ゴ　ル　語	16	29	28	19	1.5
	イ　ン　ド　ネ　シ　ア　語	10	23	23	13	1.8
	フ　ィ　リ　ピ　ン　語	10	23	23	12	1.9
	タ　イ　語	13	29	28	16	1.8
	ベ　ト　ナ　ム　語	13	33	33	15	2.2
	ビ　ル　マ　語	16	45	44	19	2.3
	ヒ　ン　デ　ィ　ー　語	16	46	46	19	2.4
	ウ　ル　ド　ゥ　ー　語	16	53	53	19	2.8
	ア　ラ　ビ　ア　語	22	66	64	24	2.7
	ペ　ル　シ　ア　語	16	44	43	19	2.3
	ト　ル　コ　語	16	39	38	18	2.1
	ス　ワ　ヒ　リ　語	16	38	37	18	2.1
	ロ　シ　ア　語	22	44	43	27	1.6
	ハ　ン　ガ　リ　ー　語	13	31	31	16	1.9
	デ　ン　マ　ー　ク　語	16	31	31	19	1.6
	ス　ウ　ェ　ー　デ　ン　語	16	34	32	17	1.9
	ド　イ　ツ　語	30	65	63	35	1.8
	英　語	54	115	112	61	1.8
	フ　ラ　ン　ス　語	22	47	44	25	1.8
	イ　タ　リ　ア　語	16	42	41	19	2.2
	ス　ペ　イ　ン　語	31	68	65	36	1.8
	ポ　ル　ト　ガ　ル　語	26	70	68	30	2.3
	日　本　語	27	83	81	30	2.7
法	法	153	304	292	163	1.8
	国　際　公　共　政　策	72	127	118	74	1.6
経　　　　済		198	540	515	203	2.5

（表つづく）

学部・学科・専攻（コース）			募集人員	志願者数	受験者数	合格者数	競争率
理		数	42	125	123	51	2.4
	物	理	66	175	173	73	2.4
	化		69	184	178	74	2.4
	生物科	生 物 科 学	25	90	86	29	3.0
		生 命 理 学	20	57	53	24	2.2
医	医		95	233	217	95	2.3
	保健	看 護 学	72	106	94	72	1.3
		放射線技術科学	36	55	51	36	1.4
		検査技術科学	36	64	61	42	1.5
歯			48	122	115	51	2.3
薬			65	151	136	67	2.0
工	応 用 自 然 科		195	449	426	202	2.1
	応 用 理 工		223	481	465	241	1.9
	電 子 情 報 工		145	378	370	148	2.5
	環境・エネルギー工		67	133	127	70	1.8
	地 球 総 合 工		106	261	249	114	2.2
基礎工	電 子 物 理 科		90	213	206	93	2.2
	化 学 応 用 科		75	159	149	77	1.9
	シ ス テ ム 科		151	389	374	154	2.4
	情 報 科		74	278	270	75	3.6

2020 年度　入試状況

※外国語学部の合格者数は前期日程 4 名の，歯学部の合格者数は前期日程 1 名の追加合格者を含む。

●前期日程

学部・学科・専攻（コース）		募集人員	志願者数	受験者数	合格者数	競争率
文		135	391	372	138	2.7
人　　間　　科		115	253	247	116	2.1
外国語	中　　国　　語	36	87	84	42	2.0
	朝　　鮮　　語	16	55	41	19	2.2
	モ　ン　ゴ　ル　語	16	59	40	20	2.0
	イ　ン　ド　ネ　シ　ア　語	10	42	24	12	2.0
	フ　ィ　リ　ピ　ン　語	10	42	25	13	1.9
	タ　　イ　　語	13	34	33	16	2.1
	ベ　ト　ナ　ム　語	13	37	32	16	2.0
	ビ　ル　マ　語	16	64	41	19	2.2
	ヒ　ン　デ　ィ　ー　語	16	45	39	19	2.1
	ウ　ル　ド　ゥ　ー　語	16	51	41	20	2.1
	ア　ラ　ビ　ア　語	22	62	55	26	2.1
	ペ　ル　シ　ア　語	16	60	40	19	2.1
	ト　ル　コ　語	16	46	40	20	2.0
	ス　ワ　ヒ　リ　語	16	47	40	20	2.0
	ロ　シ　ア　語	22	56	54	26	2.1
	ハ　ン　ガ　リ　ー　語	13	39	33	16	2.1
	デ　ン　マ　ー　ク　語	16	39	39	19	2.1
	ス　ウ　ェ　ー　デ　ン　語	16	37	36	18	2.0
	ド　イ　ツ　語	30	69	68	35	1.9
	英　　語	54	148	132	58	2.3
	フ　ラ　ン　ス　語	22	70	55	26	2.1
	イ　タ　リ　ア　語	16	43	41	19	2.2
	ス　ペ　イ　ン　語	31	79	78	37	2.1
	ポ　ル　ト　ガ　ル　語	26	65	62	30	2.1
	日　　本　　語	27	77	65	29	2.2
法	法	153	287	283	165	1.7
	国　際　公　共　政　策	72	132	123	74	1.7
経　　　　　　　済		198	616	591	218	2.7

（表つづく）

学部・学科・専攻（コース）			募集人員	志願者数	受験者数	合格者数	競争率
理		数	42	155	153	50	3.1
	物	理	66	205	202	75	2.7
	化		69	194	190	77	2.5
	生物科	生 物 科 学	25	69	63	30	2.1
		生 命 理 学	20	41	38	25	1.5
医		医	95	279	267	96	2.8
	保健	看 護 学	72	116	99	72	1.4
		放 射 線 技 術 科 学	36	75	67	36	1.9
		検 査 技 術 科 学	36	97	94	44	2.1
歯			48	99	96	54	1.8
薬			65	227	215	70	3.1
工	応 用 自 然 科		195	457	437	209	2.1
	応 用 理 工		223	539	525	236	2.2
	電 子 情 報 工		145	438	431	144	3.0
	環 境 ・ エ ネ ル ギ ー 工		67	140	135	75	1.8
	地 球 総 合 工		106	282	274	115	2.4
基礎工	電 子 物 理 科		90	180	170	91	1.9
	化 学 応 用 科		75	145	140	75	1.9
	シ ス テ ム 科		151	358	338	153	2.2
	情 報 科		74	234	223	75	3.0

合格者最低点・平均点

○経済学部前期日程について：

　A配点での最低点，平均点とは，合格者のうち，A配点での上位65位以内の者の最低点，平均点である。

　B配点での最低点，平均点とは，合格者のうち，B配点での上位65位以内の者の最低点，平均点である。

　C配点での最低点，平均点とは，合格者のうち，C配点で合格となった者の最低点，平均点である。

2024年度 合格者最低点・平均点

学部・学科・専攻（コース）		前 期 日 程		
		配 点	最低点	平均点
文		650	429.05	453.34
人　　間　　科		1,200	777.00	824.00
外国語	中　国　語	650	351.82	393.77
	朝　鮮　語		388.26	407.83
	モ　ン　ゴ　ル　語		306.91	358.50
	イ　ン　ド　ネ　シ　ア　語		321.78	368.73
	フ　ィ　リ　ピ　ン　語		327.99	365.22
	タ　　イ　　語		283.12	338.07
	ベ　ト　ナ　ム　語		336.02	364.66
	ビ　ル　マ　語		305.25	329.78
	ヒ　ン　デ　ィ　ー　語		330.25	369.01
	ウ　ル　ド　ゥ　ー　語		278.13	329.30
	ア　ラ　ビ　ア　語		329.06	381.46
	ペ　ル　シ　ア　語		343.89	376.01
	ト　ル　コ　語		339.55	370.11
	ス　ワ　ヒ　リ　語		322.38	379.44
	ロ　シ　ア　語		345.62	374.34
	ハ　ン　ガ　リ　ー　語		352.86	392.34
	デ　ン　マ　ー　ク　語		337.43	386.13
	ス　ウ　ェ　ー　デ　ン　語		323.57	389.23

（表つづく）

学部・学科・専攻（コース）		前 期 日 程		
		配 点	最低点	平均点
外国語	ド　イ　ツ　語	650	362.90	403.22
	英　　　　　語		393.70	420.93
	フ　ラ　ン　ス　語		400.30	423.20
	イ　タ　リ　ア　語		360.81	396.13
	ス　ペ　イ　ン　語		369.01	405.87
	ポ　ル　ト　ガ　ル　語		333.63	375.09
	日　　本　　語		355.74	392.84
法	法	900	581.50	611.70
	国　際　公　共　政　策		598.00	635.43
経　　　　済	A配点	600	490.76	501.67
	B配点		364.89	384.48
	C配点		398.68	408.14
理	数	1,000	590.50	644.83
	物　　　　　理		578.00	625.93
	化		571.12	605.32
	生物科 生　物　科　学		591.37	628.16
	生　命　理　学		568.75	611.92
医	医	2,000	1,404.00	1,497.69
	保健 看　　護　　学	1,000	606.10	648.76
	放　射　線　技　術　科　学	1,100	618.55	660.44
	検　査　技　術　科　学	1,100	632.25	669.65
歯		1,650	993.00	1,068.92
薬		1,100	650.12	707.69
工	応　用　自　然　科	1,000	573.12	616.93
	応　用　理　工		575.11	616.91
	電　子　情　報　工		592.12	639.60
	環境・エネルギー工		571.87	612.62
	地　球　総　合　工		573.37	617.35
基礎工	電　子　物　理　科	1,000	577.42	617.85
	化　学　応　用　科		571.47	611.45
	シ　ス　テ　ム　科		595.10	637.56
	情　　報　　科		629.60	672.14

（備考）追加合格者は含まない。

2023 年度　合格者最低点・平均点

学部・学科・専攻（コース）			前　期　日　程		
			配　点	最低点	平均点
文			650	461.07	483.53
人　　間　　科			1,200	872.00	922.33
外国語	中　国　語		650	359.34	408.49
	朝　鮮　語			390.16	406.07
	モ ン ゴ ル 語			360.68	374.73
	インドネシア語			197.01	348.49
	フィリピン語			357.43	384.54
	タ　イ　語			368.43	394.70
	ベ ト ナ ム 語			322.25	372.84
	ビ ル マ 語			317.53	350.95
	ヒンディー語			355.75	381.57
	ウルドゥー語			339.78	374.14
	ア ラ ビ ア 語			315.55	370.79
	ペ ル シ ア 語			324.32	358.50
	ト ル コ 語			342.00	378.37
	ス ワ ヒ リ 語			341.16	372.97
	ロ シ ア 語			320.07	360.37
	ハンガリー語			349.25	389.61
	デンマーク語			383.59	409.65
	スウェーデン語			365.65	410.73
	ド イ ツ 語			374.05	406.21
	英　　語			364.68	402.31
	フ ラ ン ス 語			371.49	405.88
	イ タ リ ア 語			349.39	379.90
	ス ペ イ ン 語			354.49	393.11
	ポルトガル語			344.95	372.63
	日　本　語			334.96	382.33
法	法		900	656.00	685.95
	国 際 公 共 政 策			624.75	670.21
経　　済		A 配点	600	494.60	508.46
		B 配点		433.50	455.75
		C 配点		435.07	445.70

（表つづく）

学部・学科・専攻（コース）		前　期　日　程		
		配　点	最低点	平均点
理	数	1,000	587.37	653.51
	物　　　　理		572.12	631.71
	化		568.00	613.61
	生物科 生物科学		590.62	634.77
	生命理学		557.75	589.97
医	医	2,000	1508.50	1601.79
	保健 看　護　学	1,000	634.60	698.17
	放射線技術科学	1,100	611.05	653.76
	検査技術科学	1,100	635.35	672.34
歯		1,650	983.50	1098.93
薬		1,100	685.10	728.06
工	応用自然科	1,000	569.62	612.95
	応用理工		571.74	613.19
	電子情報工		592.50	637.17
	環境・エネルギー工		571.49	616.72
	地球総合工		575.74	627.80
基礎工	電子物理科	1,000	595.27	631.54
	化学応用科		592.45	630.29
	システム科		609.19	644.85
	情報科		647.15	688.71

（備考）追加合格者は含まない。

2022 年度 合格者最低点・平均点

学部・学科・専攻（コース）		配　点	前　期　日　程	
			最低点	平均点
文		650	446.12	468.55
人　　　　間　　　　科		1,200	875.00	917.59
外国語	中　　国　　語	650	400.08	433.65
	朝　　鮮　　語		413.05	432.36
	モ　ン　ゴ　ル　語		360.01	392.14
	インドネシア語		395.97	424.86
	フィリピン語		369.08	409.05
	タ　　イ　　語		364.91	420.65
	ベ　ト　ナ　ム　語		385.93	421.37
	ビ　ル　マ　語		366.90	392.86
	ヒ　ン　デ　ィ　ー　語		360.09	396.79
	ウ　ル　ド　ゥ　ー　語		387.13	406.83
	ア　ラ　ビ　ア　語		376.50	405.90
	ペ　ル　シ　ア　語		368.55	414.60
	ト　ル　コ　語		386.26	422.51
	ス　ワ　ヒ　リ　語		374.03	410.09
	ロ　シ　ア　語		379.68	413.75
	ハ　ン　ガ　リ　ー　語		386.61	414.51
	デ　ン　マ　ー　ク　語		411.71	430.87
	ス　ウ　ェ　ー　デ　ン　語		423.03	440.83
	ド　イ　ツ　語		410.01	444.56
	英　　　　　語		436.44	460.61
	フ　ラ　ン　ス　語		422.70	450.56
	イ　タ　リ　ア　語		400.97	437.54
	ス　ペ　イ　ン　語		400.05	440.10
	ポ　ル　ト　ガ　ル　語		392.20	417.80
	日　　本　　語		405.43	434.34
法	法	900	646.00	676.93
	国　際　公　共　政　策		669.50	708.85
経　　　済	A 配点	600	480.00	490.92
	B 配点		450.73	465.46
	C 配点		430.48	442.72

（表つづく）

学部・学科・専攻（コース）			前　期　日　程		
			配　点	最低点	平均点
理	数		1,000	608.87	669.67
	物	理		578.25	636.26
	化			576.25	627.15
	生物科	生　物　科　学		574.50	614.07
		生　命　理　学		553.00	583.26
医	医		2,000	1504.25	1598.08
	保健	看　　護　　学	1,000	648.20	687.20
		放 射 線 技 術 科 学	1,100	579.75	641.48
		検 査 技 術 科 学	1,100	619.35	669.38
歯			1,650	1000.50	1081.00
薬			1,100	675.35	735.53
工	応 用 自 然 科		1,000	562.99	617.27
	応 用 理 工			574.00	620.54
	電 子 情 報 工			605.24	652.11
	環境・エネルギー工			562.74	606.58
	地 球 総 合 工			567.11	616.96
基礎工	電 子 物 理 科		1,000	571.34	616.11
	化 学 応 用 科			552.22	607.94
	シ ス テ ム 科			588.67	635.35
	情 報 科			628.99	677.43

（備考）追加合格者は含まない。

2021 年度 合格者最低点・平均点

学部・学科・専攻（コース）		前 期 日 程		
		配　点	最低点	平均点
文		650	445.15	467.77
人　　間　　科		1,200	833.75	882.80
外国語	中　国　語	650	381.80	412.94
	朝　鮮　語		403.65	422.27
	モ　ン　ゴ　ル　語		310.50	346.00
	イ　ン　ド　ネ　シ　ア　語		371.28	393.85
	フ　ィ　リ　ピ　ン　語		341.69	370.06
	タ　イ　語		345.01	387.20
	ベ　ト　ナ　ム　語		362.09	395.17
	ビ　ル　マ　語		354.65	378.66
	ヒ　ン　デ　ィ　ー　語		368.82	397.59
	ウ　ル　ド　ゥ　ー　語		345.18	371.53
	ア　ラ　ビ　ア　語		373.80	403.97
	ペ　ル　シ　ア　語		351.40	376.88
	ト　ル　コ　語		357.90	392.54
	ス　ワ　ヒ　リ　語		340.95	370.15
	ロ　シ　ア　語		356.99	392.52
	ハ　ン　ガ　リ　ー　語		342.43	373.14
	デ　ン　マ　ー　ク　語		349.53	377.12
	ス　ウ　ェ　ー　デ　ン　語		353.74	395.76
	ド　イ　ツ　語		369.19	398.09
	英　語		377.40	413.17
	フ　ラ　ン　ス　語		385.19	416.79
	イ　タ　リ　ア　語		383.15	403.11
	ス　ペ　イ　ン　語		388.11	414.26
	ポ　ル　ト　ガ　ル　語		372.32	392.71
	日　本　語		378.76	396.28
法	法	900	602.75	644.56
	国　際　公　共　政　策		616.00	664.18
経　　済	A配点	600	500.46	513.13
	B配点		392.32	413.73
	C配点		409.64	423.79

（表つづく）

学部・学科・専攻（コース）			前　期　日　程		
			配　点	最低点	平均点
理		数	1,000	589.12	646.26
	物	理		584.62	640.92
	化			578.37	617.84
	生物科	生　物　科　学		581.25	629.46
		生　命　理　学		571.87	606.63
医		医	2,000	1454.50	1560.00
	保健	看　　護　　学	1,000	646.10	708.24
		放 射 線 技 術 科 学	1,100	571.25	669.17
		検 査 技 術 科 学	1,100	578.45	689.07
歯			1,650	1020.00	1098.57
薬			1,100	689.62	741.91
工	応　用　自　然　科		1,000	555.49	605.06
	応　　用　　理　　工			554.37	606.01
	電　子　情　報　工			579.74	632.90
	環 境 ・ エ ネ ル ギ ー 工			555.87	601.09
	地　球　総　合　工			559.49	612.12
基礎工	電　子　物　理　科		1,000	596.19	634.64
	化　学　応　用　科			582.52	618.61
	シ　ス　テ　ム　科			599.45	643.78
	情　　報　　科			630.89	680.71

（備考）追加合格者は含まない。

2020 年度 合格者最低点・平均点

学部・学科・専攻（コース）			前 期 日 程		
			配　点	最低点	平均点
文			650	459.80	483.24
人　　　間　　　科			1,200	933.56	979.14
外国語	中　　国　　語		650	412.65	439.05
	朝　　鮮　　語			395.75	420.17
	モ ン ゴ ル 語			379.43	411.59
	インドネシア語			409.87	432.69
	フィリピン語			391.82	415.69
	タ　　　イ　　　語			384.66	410.29
	ベ ト ナ ム 語			381.34	406.22
	ビ　ル　マ　語			378.70	401.94
	ヒ ン デ ィ ー 語			371.71	395.33
	ウ ル ド ゥ ー 語			367.06	394.34
	ア ラ ビ ア 語			383.16	416.00
	ペ ル シ ア 語			384.45	413.18
	ト　ル　コ　語			385.93	412.19
	ス ワ ヒ リ 語			382.36	406.92
	ロ　シ　ア　語			402.15	430.01
	ハ ン ガ リ ー 語			394.64	424.64
	デ ン マ ー ク 語			402.49	427.45
	スウェーデン語			399.29	432.60
	ド　イ　ツ　語			411.53	437.20
	英　　　　　　語			427.07	458.42
	フ ラ ン ス 語			425.74	443.61
	イ タ リ ア 語			378.77	417.39
	ス ペ イ ン 語			402.02	434.30
	ポ ル ト ガ ル 語			387.99	407.94
	日　　本　　語			397.63	429.45
法	法		900	676.12	711.51
	国 際 公 共 政 策			684.87	727.48
経　　　　済		A 配点	600	516.92	528.02
		B 配点		477.91	493.74
		C 配点		468.52	479.56

（表つづく）

学部・学科・専攻（コース）			前　期　日　程		
			配　点	最低点	平均点
理	数		1,000	649.40	695.03
	物　　　　理			615.05	661.05
	化			595.70	647.54
	生物科	生 物 科 学		586.00	633.36
		生 命 理 学		587.35	625.49
医	医		2,000	1561.90	1657.07
	保健	看 護 学	1,000	692.30	741.72
		放 射 線 技 術 科 学	1,100	640.30	694.75
		検 査 技 術 科 学	1,100	647.00	694.36
歯			1,250	793.60	877.63
薬			1,050	710.05	758.79
工	応 用 自 然 科		1,000	607.75	653.66
	応 用 理 工			619.50	673.86
	電 子 情 報 工			642.80	687.74
	環 境 ・ エ ネ ル ギ ー 工			606.45	651.76
	地 球 総 合 工			612.05	661.03
基礎工	電 子 物 理 科		1,000	605.72	657.34
	化 学 応 用 科			596.49	637.59
	シ ス テ ム 科			614.19	670.59
	情 報 科			637.70	691.67

（備考）追加合格者は含まない。

募集要項（出願書類）の入手方法

　一般選抜は「Web 出願」のため，募集要項については紙の冊子は作成されません。詳細は大学のホームページでご確認ください。

　なお，学部・学科等の紹介冊子が発行されています。紹介冊子の請求方法・請求先については大学のホームページでご確認ください。

問い合わせ先

　大阪大学　教育・学生支援部入試課

　　〒 565-0871　　大阪府吹田市山田丘 1-1

　　TEL　06-6879-7097

　　ホームページ　https://www.osaka-u.ac.jp/

※問い合わせは，原則として志願者本人が行ってください。

　月～金（祝日，年末年始を除く）9：00～12：00，13：00～17：00

大阪大学のテレメールによる資料請求方法

| スマートフォンから | QRコードからアクセスしガイダンスに従ってご請求ください。 |
| パソコンから | 教学社　赤本ウェブサイト(akahon.net)から請求できます。 |

●学部等所在地

地区	学部等名	所　在　地	
吹田 キャンパス	入　試　課	〒565-0871　吹田市山田丘 1-1	☎ 06(6877)5111 (代表)
	人 間 科 学 部	〒565-0871　吹田市山田丘 1-2	
	薬　　学　　部	〒565-0871　吹田市山田丘 1-6	
	工　　学　　部	〒565-0871　吹田市山田丘 2-1	
	医 学 部(医学科)	〒565-0871　吹田市山田丘 2-2	☎ 06(6879)5111 (代表)
	医 学 部(保健学科)	〒565-0871　吹田市山田丘 1-7	
	歯　　学　　部	〒565-0871　吹田市山田丘 1-8	
豊中 キャンパス	文　　学　　部	〒560-8532　豊中市待兼山町 1-5	☎ 06(6850)6111 (代表)
	法　　学　　部	〒560-0043　豊中市待兼山町 1-6	
	経 済 学 部	〒560-0043　豊中市待兼山町 1-7	
	理　　学　　部	〒560-0043　豊中市待兼山町 1-1	
	基 礎 工 学 部	〒560-8531　豊中市待兼山町 1-3	
	全学教育推進機構	〒560-0043　豊中市待兼山町 1-16	
箕　面 キャンパス	外 国 語 学 部	〒562-8678　箕面市船場東 3-5-10	☎ 072(730)5111 (代表)

合格体験記 募集

　2025年春に入学される方を対象に，本大学の「合格体験記」を募集します。お寄せいただいた合格体験記は，編集部で選考の上，小社刊行物やウェブサイト等に掲載いたします。お寄せいただいた方には小社規定の謝礼を進呈いたしますので，ふるってご応募ください。

● 応募方法 ●

下記URLまたはQRコードより応募サイトにアクセスできます。
ウェブフォームに必要事項をご記入の上，ご応募ください。
折り返し執筆要領をメールにてお送りします。
※入学が決まっている一大学のみ応募できます。

☞ http://akahon.net/exp/

● 応募の締め切り ●

総合型選抜・学校推薦型選抜	2025年2月23日
私立大学の一般選抜	2025年3月10日
国公立大学の一般選抜	2025年3月24日

受験川柳 募集

受験にまつわる川柳を募集します。
入選者には賞品を進呈！
ふるってご応募ください。

応募方法　http://akahon.net/senryu/　にアクセス！☞

気になること、聞いてみました！

在学生メッセージ

大学ってどんなところ？　大学生活ってどんな感じ？
ちょっと気になることを，在学生に聞いてみました。

以下の内容は 2020～2023 年度入学生のアンケート回答に基づくものです。ここ
で触れられている内容は今後変更となる場合もありますのでご注意ください。

メッセージを書いてくれた先輩　［外国語学部］M.I. さん　T.A. さん　［理学部］N.H. さん
　　　　　　　　　　　　　　　［薬学部］C.I. さん　［工学部］K.N. さん　［基礎工学部］N.H. さん

大学生になったと実感！

　自由に活動できる幅が広がること，そして，所属するコミュニティーや
友人関係を自由に選ぶことができるようになるということです。高校まで
は，決まったクラスのなかであったり，部活動などで友人を作ることが多
いのでそれは大きく変わったと思う点ですね。（K.N. さん／工）

　自由な時間が増えた分，責任が伴うということ。高校ではある程度決ま
ったレールに乗って勉強や部活などをすることが多いが，大学では勉強も
部活もアルバイトもやるかやらないかは自身の自由である。しかし，自由
であるからと楽ばかりしていれば怠けた人間になってしまうという危機感
がいつも伴う。大学生活を怠けて過ごすか充実させるかは自分次第という
責任を感じる。（T.A. さん／外国語）

　バイトができるようになったことです。通っていた高校ではアルバイトは禁止されていました。大学に入学してからアルバイトを始めてみて，最初は慣れなくて苦戦しましたが，ビジネスマナーや敬語などを知ることができました。それと，授業形態が高校と大きく違うところです。良く言えば自由なのですが，何の授業をどの時間に取るかを自分で管理・登録しないといけないし，授業はあくまで自分の勉強のサポートのような感じで進められるので予習をしないといけないなど，高校とは全然違っていて驚きました。（C.I. さん／薬）

 ## 大学生活に必要なもの

　ノートパソコンです。ほとんどの授業においてオンラインで資料が配付されるので，パソコンがないとかなり不便です。決して安いものではないので，４年間後悔することのないものを選んで購入してください。また，スケジュール帳も必需品です。履修登録や課題・書類等の提出，遊びやバイトの予定などをきちんと把握しておくためにも購入をおすすめします。（M.I. さん／外国語）

　自分で自分を律することができる力だと思います。大学に入ってからは，授業の選択ができるようになり幅が広がる一方で，すべてのことは自己責任となってしまうため，課題や授業のスケジュール管理を自分自身でやっていかなくてはならなくなります。僕自身はメモ帳やリマインダーアプリ，カレンダーなどを活用して管理しています。（K.N. さん／工）

 ## この授業がおもしろい！

　「学問への扉」という探究型の少人数制の授業です。文系は理系の，理系は文系の学びにも触れて知識の領域を広げるという授業なのですが，少人数ゆえにアットホームな雰囲気で学べますし，興味深いクラスが数多く開講されていて，楽しく受講できました。（M.I. さん／外国語）

Message from current students

　ギリシア神話の授業がおもしろかった。興味本位で履修したためギリシア神話についての知識はほとんどなかったが，履修している学生たちのなかには，言うなればギリシア神話マニアのような学生もいて，知識量に圧倒された。また，先生が日常生活とギリシア神話を紐付けた話を多くしてくださったため，とても興味深く学ぶことができた。（T.A. さん／外国語）

　好きな授業は，実験（実習）です。生物と化学の実験を1回生前期で履修しました。高校の教科書に載っていたもの（化学における色変化や匂いなど）を実際に体験することができるうえ，自分の手を動かして実験するのはワクワクするし，高校のときよりもできる実験が多く楽しみながら学ぶことができます。教科書には載っていないけれどこうしたほうがやりやすいなど新たな発見があったり，ネズミの解剖など貴重な体験ができたりして，とても満足しました。（C.I. さん／薬）

 ## 大学の学びで困ったこと＆対処法

　英語ができて当然という前提で進行する授業が多いことです。英語が好きで得意だからこそ外国語学部を受験したのですが，上には上がいるということをかなり思い知らされました。自分の専攻語とは別に，英語の勉強を怠らないようにしてなんとか対処しています。（M.I. さん／外国語）

　大学に入ってやりたいことが多く，その取捨選択に非常に困ることが多いです。大学に入っていろいろなことに手を伸ばして，実際に足を運ぶことを意識していますが，優先順位をつけて対応しなければならないときは，とりあえず自分の「やりたい」を優先順位の一つの指標としています。（K.N. さん／工）

　大学の学びのなかで最も困ったことは，私は理系なので，やはり数理系の議論が厳密になり理解が難しいことです。高校までのわかりやすい捉え方とは打って変わって，式や計算を用いて厳密に科学をするのが大学の理系科目なので，数学が苦手な私はとても苦労しました。ただ幸いにも，同じ学部学科のなかには何か一分野に長けている人がたくさんいるので，周りの人も頼りながら，少しずつ理解して頑張りました。(N.H. さん／理)

 ## 部活・サークル活動

　サークルでバスケットボールとピアノをしています。基本的に参加は自由なので，時間が空けば積極的に活動するようにしています。学年や学部の垣根を越えて，いろいろな人と活動したり話ができたりする機会は，自分にとって非常に刺激的でいい環境だと思っています。(K.N. さん／工)

　硬式テニスの部活と，学祭の運営をする委員会に入っています。硬式テニスは，部活といっても週1しかなく欠席連絡もいらないので，自分がしたいときに行ってテニスをする感じでとても楽しいです。学祭運営では，まちかね祭に向けて着々と準備をしています。(C.I. さん／薬)

 ## いま「これ」を頑張っています

　カフェでアルバイトを始めたので，コーヒーの勉強を頑張っています。一人前のバリスタになるために，コーヒー豆の種類やコーヒーの歴史などを学び始めました。自分の好きなことについて深く学ぶのはすごく楽しいです。(N.H. さん／基礎工)

　私がいま頑張っていることは，サークル活動です。チームで一つの演舞（よさこいダンス）を作るサークルに入っているのですが，仲間と一緒に練習に励んで，一つの作品ができていくのが面白いですし，先輩や同期などの仲間にもすごく恵まれていて，とても楽しいです。(N.H. さん／理)

交友関係は？

　授業内ではグループディスカッションが頻繁に行われているので，学部や専攻に関係なく交友関係を築くことができました。空きコマや授業後にご飯を食べに行ったり，一緒に課題をしたりすると，より仲も深まります。また，クラブの新歓や授業内で積極的に話すことで先輩との交友関係も築けるかと思います。（M.I. さん／外国語）

 ## 普段の生活で気をつけていることや心掛けていること

　生活習慣を乱さないように頑張っています。一人暮らしなのですべて自分で管理しなければいけないため，寝坊して授業に遅れることのないように毎日同じ時間に寝るようにしています。食生活なども乱れやすいので自炊をしたり学食でバランスよく食べたりして工夫しながら管理しています。（N.H. さん／基礎工）

 ## 入学してよかった！

　毎日，素敵な人との出会いがあることです。授業内での議論はもちろん，何気ない会話でさえも阪大生の発する言葉には何か考えさせられることや発見があります。日々，多様なものの見方や柔軟性のある考えに触れられる環境にいられるということが，私にとってはよい刺激であり，大阪大学を受験して本当によかったと思っています。（M.I. さん／外国語）

　周りの学生が真面目で，勉強しやすい環境であるということ。一見勉強とは程遠そうな学生もいるが，話してみると自分の将来像をしっかりもっていて感心することが多い。また，自分の周りは留学を考えている人が多いため，情報交換できるのもよかったと思うポイントである。（T.A. さん／外国語）

Message from current students

おススメ・お気に入りスポット

「阪大坂」と呼ばれている長く緩やかな坂道があり、そこが私のお気に入りスポットです。もちろん体力的にはしんどいのですが、両脇には木々があり自然を感じられますし、5限後にそこから見える景色がとてもきれいです。（M.I. さん／外国語）

箕面キャンパスに隣接する外国学図書館です。僕が普段使っているキャンパスではありませんが、施設のきれいさやデザインがとても気に入っています。テスト勉強をする際によく利用しています。（K.N. さん／工）

最近リニューアルした豊中キャンパスにある食堂が気に入っています。きれいなのは何よりだしメニューも豊富なので、昼ごはんを食べるときはほとんどそこで食べています。それと、豊中キャンパスにある図書館です。読書が好きなので、本が多いのはすごく嬉しいし、とても静かなので期末テスト前に行くと集中して勉強することができます。（C.I. さん／薬）

C棟という講義棟の中心にある中庭のスペースがお気に入りです。校舎に囲まれた小さなスペースなのですがベンチがあり、よい感じに太陽の光が当たって、作業をしたりおしゃべりをしたりするには絶好のスペースだと思います。大学にはここに限らず、屋外でくつろげるスペースがほかにもいくつかあります。（N.H. さん／理）

 ## 高校生のときに「これ」をやっておけばよかった

高校生のうちに英語の資格を取っておけばよかったです。海外留学をしたいと思ったときに、英語資格が参加要件になっていたり、奨学金の受給要件に絡んできたりすることもあるので、大学入学前に受けておけばよかったと強く思います。（K.N. さん／工）

Message from current students

文化祭や体育祭は全力で楽しむべき。もちろん大学でも楽しいことはたくさんあるけれど，あんなに青春という感覚を経験できるのは高校生のときだけであると思うし，大学生になった今，SNSなどを通して見る後輩の姿はとてもキラキラしているなと感じる。受験勉強で忙しくても文化祭などには積極的に参加するべきだと思う。（T.A.さん／外国語）

部活にもっと力を注げばよかったなと感じています。ついつい勉強を優先しがちだったのですが，部活も高校でしかできない特別なものだったと思うので，高校生にしかできないようなことをもっと全力で楽しんでおけばよかったなと思います。（N.H.さん／基礎工）

みごと合格を手にした先輩に，入試突破のためのカギを伺いました。入試までの限られた時間を有効に活用するために，ぜひ役立ててください。

（注）ここでの内容は，先輩方が受験された当時のものです。2025 年度入試では当てはまらないこともありますのでご注意ください。

・アドバイスをお寄せいただいた先輩・

S.N. さん　工学部（地球総合工学科）
前期日程 2024 年度合格，京都府出身

　　合格のポイントは，早めに赤本の問題に触れたことと最後まで自分を信じて志望校を貫いたことです。共通テストリサーチの結果は E 判定でしたが，自己分析の結果，受かる E 判定だと確信して最後まで自信をもってやり切りました。受験は最後まで何が起こるかわからないので，自分が満足するまでやり抜いてください。

その他の合格大学　立命館大（理工〈環境都市工，建築都市デザイン〉），関西大（環境都市工〈都市システム工〉共通テスト利用）

A.K. さん　工学部
前期日程 2024 年度合格，愛知県出身

　合格のポイントは，高 2 のときから受験モードで頑張れたこと。早いうちから始めることで，自分を支えてくれる自信になります！

その他の合格大学　同志社大（理工）

西野海里さん　工学部（地球総合工学科）
前期日程 2023 年度合格，岡山朝日高校（岡山県）卒

　自分は受かると最後まで信じ続けられたことで合格できたと思います。受験生のみなさんも目標を見失うことなく，試験の残り 1 秒まで努力し続けてください。

その他の合格大学　早稲田大（創造理工）

T.K. さん　工学部（応用理工学科）
前期日程 2023 年度合格，東京都出身

　入試標準レベルの問題を確実に正答することだと思います。私は試験本番，理科が難化した影響もあり，理科の解答用紙を 2 枚白紙のまま提出してしまいましたが，合格することができました。受験は相対評価なので，みんなができる問題を落とさなければ受かります。頑張れ！

その他の合格大学　早稲田大（先進理工），慶應義塾大（理工）

川邊生馬さん 理学部（物理学科）
前期日程 2022 年度合格，高槻高校（大阪府）卒

国立に行きたい人は誰だって必死に勉強します。その勉強時間は大して差がありません。どこで差が生まれるのか，これは勉強の質です。当然のことですが，もう一度勉強法を見直して「賢く」勉強することが勝利への最大の近道です。

C.I. さん 薬学部
前期日程 2022 年度合格，大阪府出身

自分を信じてあきらめなかったこと。共通テストの点数が思っていたより取れなくて落胆しましたが，すぐに二次試験対策に切り替えて必死に勉強しました。私はこんなにやったんだから他の人に負けるわけがないと思うくらいしました。

その他の合格大学 東京理科大（薬），同志社大（生命医科），京都薬科大

N.H. さん 基礎工学部（化学応用科学科）
前期日程 2022 年度合格，神奈川県出身

粘り強さは大事な要素だと思います。私は 1 科目めの数学で思うように解答できず，配点も高いので焦りましたが，まだ挽回はできると信じて残りの科目に集中しました。入試はフェアで，周りより少しでも多く点数を取れば合格に近づくことができます。だから終わった科目は気にせず，どんな局面においても 1 点でも多くもぎ取るつもりで解くべきだと感じました。

その他の合格大学 東京理科大（理）

入試なんでも Q&A

受験生のみなさんからよく寄せられる，
入試に関する疑問・質問に答えていただきました。

 「赤本」の効果的な使い方を教えてください。

A 　10 月頃に最新年度から順番に解きはじめ，最近 9 カ年を 2 周半，確実に取り組みました。最新年度を取っておいても同じ問題が出るわけではないので，最初から躊躇なく赤本を解き進めました。一度解いた問題でも 2 周目に解けないことが多かったため，少ない量を何度もというスタンスで取り組むのが個人的にはベストだと思います。また，1 回目は 2 回目以降のために，ノートをより丁寧に書いていました。こうすることで 2 回目以降に過去と同じミスをした箇所と新たに解けるようになった箇所がわかりやすくなり，自分の分析にもつなげることができました。

（S.N. さん／工）

A 　アドバイスとか体験談とかを見るのが好きだったので疲れたときにパラパラ見ていました。私は過去問は受験直前に取っておきたい！と思っていたのですが，結局，受験直前はあまり時間がなくてかなりギリギリのスケジュールで，2 学期くらいからどんどん解いてもよかったと思っています。物理と化学は塾と学校にあった赤本をできるだけ遡って 10 年分くらい，英語と数学は『阪大の英語 20 カ年』『阪大の理系数学 20 カ年』を解きました。特に『20 カ年』には早いうちからしっかり時間をかけて丁寧に取り組むとよいと思います。

（A.K. さん／工）

1年間の学習スケジュールはどのようなものでしたか？

 　3年生の7月頃に志望校を大阪大学に決め，8月中は『理系数学の良問プラチカ』（河合出版）や『オリジナル・スタンダード 数学演習Ⅲ 受験編』（数研出版）を交互に解きながら，学校で配布されたプリントに取り組み，英数国を中心に全教科の基礎固めをしました。9月中は理科に時間を費やし，10月から過去問を解き始めて12月半ば頃に約6年分を終わらせました。12月半ばからは共通テスト対策にも並行して取り組み，その後，共通テストまでは共通テスト対策一本で勉強をしました。共通テスト後は過去問研究に専念し，本番を迎えました。

（S.N. さん／工）

 どのように学習計画を立て，受験勉強を進めていましたか？

　ルーズリーフに1週間でやりきることを書き出し，どの日にどれに取り組むかをある程度決めていました。共通テストから二次試験までの期間は，最初に二次試験までの5週間でどの年度の過去問をどの週にするのかを決め，その上で1週間の学習計画を立てていました。1週間のうちに達成できなかったときは，次の週に繰り越してやり切るようにしていました。過去問は，最初のほうは少なくとも1週間に1年分は絶対にやる！と決めて勉強していました。　　　　　　（S.N. さん／工）

 学校外での学習はどのようにしていましたか？

　私は授業の有無にかかわらず，学校で勉強していました。学校はどんな塾よりも早くから開いていますし，図書室などは静かなのでとても集中できます。先生にもすぐに質問できるので一番環境の良い勉強場所でした。また，1日のほとんどが塾の授業になってしまうと自分の苦手な部分の対策が疎かになってしまうと思ったので，自習をする時間もなるべく多く取っていました。

（N.H. さん／基礎工）

Q 共通テストと二次試験とでは，それぞれの対策の仕方や勉強の時間配分をどのようにしましたか？

A 　まずは二次試験の勉強を主にしていました。共通テストは，二次試験の勉強をしていればある程度は対策できると考えたからです。ただ，古文単語は1年間帰りの電車で必ず確認していましたし，二次試験では使わない日本史も2年生から定期テストの勉強は全力でしていました。共テの勉強は最小限にするつもりでしたが，どうしても不安になり，共テの1カ月前くらいからはひたすら過去問と国語の予想問題を毎日解きました。
(A.K. さん／工)

Q 大阪大学を攻略する上で，特に重要な科目は何ですか？その科目に対してどのように勉強をしましたか？

A 　数学だと思います。全問題記述だからこそ，細かい定義モレや説明不足などが足を引っ張るので，過去問演習の際に記述内容には特に気を遣うようにしていました。本番の試験では白紙で出すと1点ももらえないので，わからなくても式変形や解法のポイントなどを書く練習もしました。また，過去問演習の際，みんなが絶対に落とさないであろう得点するべき問題と解ける人が少ないであろう捨て問を見分ける練習を，まず最初にしていました。
(S.N. さん／工)

A 　大阪大学の入試を突破する鍵は英語であると考えています。他の科目は，問題の難易度によって出来が大きく変わってしまいますが，英語に関しては，その影響を受けにくく，実力が反映されやすいからです。特に理系の受験生なら，英語において他の受験生との差を大きくつけることができれば，阪大入試をかなり優位に進められるはずです。英語対策として，僕は，特にテーマ英作文について，学校の先生に添削を依頼し，内容や文法について具体的なアドバイスをいただき，それをもとに本番でいかに短い時間でミスなく解答できるかを分析していました。
(西野さん／工)

Q　時間をうまく使うために，どのような工夫をしていましたか？

A　勉強を終了するときに，その日理解できなかったことや納得しきれない事項，解けなかった問題をまとめておくことです。これをすると，ご飯を食べているときやお風呂に入っているときに，「あの解けなかった問題はこの方法なら解けるのではないか」というように，ふとしたときに理解が進み，勉強時間以外にも学力が伸びるのでおすすめです。人間の脳は，意識していないうちに勝手に理解を進ませてくれることがあるようです。

（T.K. さん／工）

Q　スランプはありましたか？　また，どのように抜け出しましたか？

A　スランプはありました。確かにありましたが，それを当時の僕はスランプと思わないようにしていました。停滞期であり次の大きな階段を登るためのエネルギーを蓄えているだけだとポジティブに考えるようにしたら，自然と気持ちも楽になりました。危険なのは自分ができないやつだと追い込むことです。全く逆効果だし，何もいいことはないです。辛いときこそ笑って受験勉強を乗り切りましょう。

（川邊さん／理）

Q　苦手な科目はどのように克服しましたか？

A　私は化学が大の苦手でした。化学のせいで時間配分が狂い，物理にまで悪影響を及ぼすことが多々ありました。難しい理論化学は，勉強してできるようになったつもりでも，テストでは解法が浮かばなかったり，計算ミスをしたりで点数につながらなかったので，かなり悩みました。結局，私は有機化学，無機化学を完璧にし，理論化学は余った時間でやればいいやくらいの気持ちで試験に臨むことに決めました。有機化学，無機化学は出題にパターンがあり，化学が苦手でも，過去問を含め問題演習をしっかり積めば満点近くの点数を狙えるので，コスパがいいです。有

機化学の構造決定などは，できるようになってくると楽しく，ゲーム感覚で演習ができるので，化学が苦手な人は有機化学を完璧にすることから始めるといいと思います。 （T.K. さん／工）

 模試の上手な活用法を教えてください。

A 判定や成績がどうであれ，直しをすることです。自分の苦手なところを見つけ，問題集などを使って苦手を潰していくことが，模試の上手な活用法だと思います。私は，模試の直しは2回していました。間違えたところの直しはもちろんですが，自分が合っていた問題でもそれまでの過程は本当に合っていたのか，別のより簡単な方法はあるのかを確認するようにしていました。 （C.I. さん／薬）

 併願をする大学を決めるうえで重視したことは何ですか？また，注意すべき点があれば教えてください。

A 私は共通テストである程度の点数が取れたので，基本的には共通テスト利用を使い，一般受験で1校受験しました。本命の国公立二次試験の前にできるだけ早く併願大学の受験を終わらせたかったので，2月の初週くらいに一般受験をすることで，その後はずっと国公立対策に集中できました。併願大学を決める上でほかに重視したのは解答形式です。大学によっては解答形式がマーク式だったり選択式だったりしますが，私はできるだけ国公立の二次試験に近い記述の多い解答形式の大学を選びました。 （A.K. さん／工）

 面接の内容はどのようなものでしたか？

A 試験官3人，約5分の個人面談。
- 高校時代に打ち込んだこと
- 自分の答えたことに対して掘り下げる質問 （C.I. さん／薬）

**試験当日の試験場の雰囲気はどのようなものでしたか？
緊張のほぐし方，交通事情，注意点等があれば教えてください。**

A 私は吹田キャンパスでの受験でした。私の選んだ行き方は，坂が長くて歩き疲れたり，信号が短いところがあって混んで急に列が進まなくなってちょっと焦ったりしました。早めに行っておくといいと思います。試験場の雰囲気は模試みたいな感じで，張り詰めた空気ではなかったです。落ち着いて試験に臨める環境だったと思います。

（A.K. さん／工）

A 試験会場には時計が置かれていないことがほとんどです。必ず時計を予備も含めて 2 個持って行くことを強くすすめたいです。当日は案外休み時間になるとみんな，和気あいあいと楽しく会話したりしています。緊張するのはなんだかんだ言っても一つ目のテストだけです。ここをしのげば，あとは流れはこっちのもんだ，という意気込みで本番に臨んでほしいです。程よい緊張は良いパフォーマンスにつながるらしいので，パニックにさえならなければいいんです。僕は，気持ちを落ち着かせるという意味で，好きな香りのミストや好きなアーモンドチョコを持って行きました。

（川邊さん／理）

 受験生のときの失敗談や後悔していることを教えてください。

A 僕自身は，1 年の浪人生活を経て，大阪大学に合格しました。そのうえでの大きな失敗は，過去問に取り組む時期が遅かったことです。自分の実力を知ることが怖くて，過去問演習を避け続けてきた結果，過去問を十分に解き切ることができず，現役生のときは，演習不足，実力不足で不合格となってしまいました。7 〜 8 月など時間に余裕があるときに，計画的に解き進め，志望校の傾向をしっかり分析した上で入試に臨んでいたら，結果は変わっていたのかもしれないと，後悔しています。

（西野さん／工）

科目別攻略アドバイス

みごと入試を突破された先輩に，独自の攻略法や
おすすめの参考書・問題集を，科目ごとに紹介していただきました。

英　語

英作文系が大問 2 題で出題されているため，添削してもらうなどして意識的に勉強すること。　　　　　　　　　　　　　　　　（A.K. さん／工）

📖 **おすすめ参考書　『英語 基礎問題精講』シリーズ**（旺文社）

英作文の基本的なミスを減らす。先生に添削を何度も依頼し，本番の見直しで気づけるように普段から練習しておくこと。　　　　（S.N. さん／工）

📖 **おすすめ参考書　『必携 英単語 LEAP』**（数研出版）

英文和訳は『大学受験のための英文熟考』（旺文社）という参考書をやり，その後過去問を完璧にしました。長文は過去問を日頃から解いておき，毎日音読しましょう。あとはシスタンなどの英単語帳をすみずみまで暗記しておくことです。　　　　　　　　　　　　　　　　　（川邊さん／理）

📖 **おすすめ参考書　『システム英単語』**（駿台文庫）
『英語の構文 150 UPGRADED 99 Lessons』（美誠社）

時間配分が鍵となってきます。大阪大学の英語は時間があれば必ず解けるので，いかに短い時間で英作文や英文和訳を作るかが大切です。またテーマ英作文や和文英訳などは単語力も必須です。日本語を短時間で英語に変換できる力を養いましょう。　　　　　　　　　　（N.H. さん／基礎工）

📖 **おすすめ参考書　『阪大の英語 20 カ年』**（教学社）

数　学

　記述の練習を重ねることと，ジャンル別に頻出の解法を身につけること。

（S.N. さん／工）

📖 おすすめ参考書　『理系数学の良問プラチカ』（河合出版）

　微積分の分野は毎年出題されるテーマで，過去問演習等をしておくべき
だと思います。また，本番では，部分点を取りに行くことも大切ですが，
１問でも多く完答することで，大きく合格に近づくことができます。

（西野さん／工）

📖 おすすめ参考書　『真・解法への道！』（東京出版）

　ひたすら青チャートに書かれている考え方を理解して基本を徹底しまし
た。基本さえできれば応用問題は解けるようになると思います。大きく周
りと差をつけられるチャンスを逃さず，毎日何かしら手を動かして解いて
みることをおすすめします。

（川邊さん／理）

📖 おすすめ参考書　『チャート式 基礎からの数学』シリーズ（数研出
版）
『新数学スタンダード演習』（東京出版）

物　理

　基本的な公式をまず完璧にすること。

（S.N. さん／工）

**📖 おすすめ参考書　『大学入試 漆原晃の 物理基礎・物理が面白いほど
わかる本』シリーズ**（KADOKAWA）

　各大問の序盤でのミスは致命的になり得るので，時間をかけてでも正確
に解くことが必要とされます。また，各大問最後まで正解する必要はない
ので，解けるところを中心に手早く解答することも大切になります。

（西野さん／工）

📖 おすすめ参考書　『難問題の系統とその解き方 物理』シリーズ
（Newton Press）

　基本，典型問題の解法を習得したら，他大学の赤本も用いてどんどん応用問題に挑戦し，現象の要点，本質の理解を深めていくことです。聞かれていることはいつも同じようなことだと思えるようになるはずです。

（T.K. さん／工）

📖 **おすすめ参考書　『実戦 物理重要問題集 物理基礎・物理』**（数研出版）

化　学

　日常と結び付けて勉強すること。様々な問題に触れ，多様な出題の仕方を経験すること。　　　　　　　　　　　　　　　　　　（S.N. さん／工）

📖 **おすすめ参考書　『化学の新研究』**（三省堂）

　化学は点の稼ぎどころだと思います。特に有機と高分子は暗記がメインで後は慣れと速さなので，ひたすら問題演習を重ねてマスターすれば高得点も可能になってくると思います。大事なのは，難しい問題は一瞬で飛ばして次へいき，すぐ解けそうな問題から確実に解いていくことです。

（川邊さん／理）

📖 **おすすめ参考書　『実戦 化学重要問題集 化学基礎・化学』**（数研出版）

　初見の問題でもその場で理解する力が大切だと思います。初見の問題や見慣れない題材の問題というのは，その根底に必ず基礎知識があり，それを少し捻った問題であることがほとんどです。必ず一度は見たことのある問題に帰着させることができます。　　　　　　　（N.H. さん／基礎工）

📖 **おすすめ参考書　『宇宙一わかりやすい高校化学』**（Gakken）

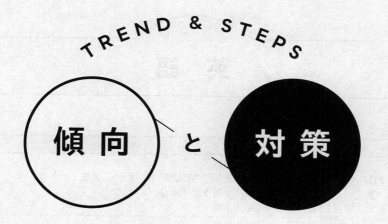

TREND & STEPS

傾向 と 対策

　科目ごとに問題の「傾向」を分析し，具体的にどのような「対策」をすればよいか紹介しています。まずは出題内容をまとめた分析表を見て，試験の概要を把握しましょう。

注 意

　「傾向と対策」で示している，出題科目・出題範囲・試験時間等については，2024 年度までに実施された入試の内容に基づいています。2025 年度入試の選抜方法については，各大学が発表する学生募集要項を必ずご確認ください。

来年度の変更点

　2025 年度入試では，以下の変更が予定されている（本書編集時点）。
- 英語以外の外国語を課していた，医学部保健学科，歯学部，基礎工学部は，いずれも英語のみの実施となる。

英 語

年　度	番号	項　　目	内　　容
2024 ◑	〔1〕	読　　　解	英文和訳
	〔2〕	読　　　解	同意表現，内容説明（45 字他），主題
	〔3〕	英　作　文	テーマ英作文（80 語）
	〔4〕	英　作　文	和文英訳
2023 ◑	〔1〕	読　　　解	英文和訳
	〔2〕	読　　　解	同意表現，内容説明，内容真偽，主題
	〔3〕	英　作　文	意見論述（80 語）
	〔4〕	英　作　文	和文英訳
2022	〔1〕	読　　　解	英文和訳
	〔2〕	読　　　解	同意表現，内容説明（45・65 字他）
	〔3〕	英　作　文	テーマ英作文（80 語）
	〔4〕	英　作　文	和文英訳
2021	〔1〕	読　　　解	英文和訳
	〔2〕	読　　　解	同意表現，内容説明（25 字 2 問他）
	〔3〕	英　作　文	テーマ英作文（70 語）
	〔4〕	英　作　文	和文英訳
2020	〔1〕	読　　　解	英文和訳
	〔2〕	読　　　解	同意表現，英文和訳，内容説明，内容真偽
	〔3〕	英　作　文	意見論述（70 語）
	〔4〕	英　作　文	和文英訳

（注）　●印は全問，◑印は一部マークシート方式採用であることを表す。
　　　　文系と共通問題（文学部の独自問題，外国語学部を除く）。

読解英文の主題

年　度	番号	主　　題	語　数
2024	〔2〕	銀河で起きていること	約 800 語
2023	〔2〕	色と感情の相関関係	約 720 語
2022	〔2〕	人間の手の驚くべき特徴	約 720 語
2021	〔2〕	クジラの声が低くなっている原因	約 700 語

| 2020 | 〔2〕 | 人類を生み育てた技術 | 約 770 語 |

（注）　英文和訳のみの英文は除く。

英文を読み・書く 総合的な英語力が深く問われる

01　出題形式は？

〈**問題構成**〉　読解 2 題，英作文 2 題の計 4 題の出題が定着している。読解のうち 1 題は英文和訳のみ，もう 1 題は長文読解総合問題，英作文のうち 1 題はテーマ英作文または意見論述，もう 1 題は和文英訳という構成である。試験時間は 90 分。

〈**解答形式・解答用紙**〉　解答用紙は B 4 判大 1 枚であり，解答形式は記述式が中心である。2023・2024 年度は〔2〕の選択式がマーク式での解答であった。問題冊子の余白を下書きに使うことができる。

02　出題内容はどうか？

▶〔1〕　**読解（英文和訳）**

　例年，2 つの英文が出題される。2021・2023 年度はそれぞれの下線部和訳，2020・2024 年度は一方が全文和訳でもう一方が部分和訳，2022 年度は 2 つとも全文和訳だった。部分和訳でも和訳箇所は比較的長く，文章全体の半分程度を訳すことが多い。英文全体の構造を整理してつながりを正確に把握することが求められる。また，各部分が理解できても，全体をまとまりのある日本語にすることが容易ではないことも多く，英語を読みこなす力に加えて，日本語の表現力も身につけておく必要がある。取り上げられる英文のジャンルは多岐にわたっており，抽象的な内容のものもあるので，相当の思考力が要求されることもある。　　　　☞対策 01

▶〔2〕　**読解（総合問題）**

　英文の分量は 700〜750 語程度。2024 年度は約 800 語と，やや長めだった。設問は同意表現，空所補充といった語句レベルのものと，内容説明，

英文和訳，内容真偽といった内容把握力を試すものに二分されている。語句レベルの設問は，基本的な知識で解答できるものに加え，文意・文脈に沿って柔軟に対応する必要のあるものも出題される。内容説明は，該当する箇所を特定することは困難ではないが，要点を拾い出して伝わりやすい日本語にまとめる力が要求されるものもある。難問・奇問と言えるものはなく，しっかりした英語の知識と内容の理解力を問う良問で構成されている。取り上げられる英文は論説が中心だが，もう少し柔らかいエッセー調のものもある。いずれにしても，扱われる内容は科学的なものから社会・文化，人間のあり方など多岐にわたり，興味深い論考が多い。☞対策 **02**

▶〔3〕　テーマ英作文・意見論述

　制限語数は 70 語程度が長らく続いていたが，2022〜2024 年度は 80 語程度に増加した。「〜に賛成か反対かを述べる」「〜について自分の考えとその理由を述べる」「印象に残った経験を述べる」といった形式が多い。2020 年度の「キャッシュレス社会には，どのような利点，あるいは問題点があると思うか」，2022 年度の「機械や AI が取って代わることができない，もしくは取って代わってほしくないと考えるのはどのような仕事か」のように，一定の知識とやや専門的な語句を必要とする社会的な内容のものがある。2023 年度の「最近の世の中で重んじられる傾向のある効率やスピードを追求することについて考えを述べる」問題は，専門知識や専門用語は必要ではないが，世の中のことに対して関心があるかどうかが試される。2024 年度は「大学において自分が理想とする学びとはどういうものか」という，やや抽象的なテーマであり，受験勉強の先にある大学での自分のあり方をイメージしたことがあるかが問われている。一方，2021 年度の「前向きな姿勢を保ち続けるのが難しいときの抜け出し方」を経験を 1 つ例に挙げて述べるなど，自分のことを書けばよいものの，70〜80 語程度で述べるには簡潔にまとめる力がかなり求められるものもある。どのようなテーマであっても，説得力のある内容にするための広く正確な知識と，それを効果的に伝える文章構成力が必要である。過去には設問文が英文で出されたこともある。☞対策 **03**

▶〔4〕　和文英訳

　2 問の出題が定着している。問題文は毎年こなれた日本語のものが選ばれており，語句レベルから文構造まで，直訳を許さないものが多い。思考

の進むままゆるやかに述べることのできる言語である日本語と，論理的な整合性が厳格な言語である英語とのギャップを，どう埋めながら正しい英文を書くかという高度な力が求められる。元の日本文の読み込み自体にかなりの力が必要である。

☞対策 04

03 難易度は？

　全体的な難易度に年度による大きな違いはないと言ってよいが，もともと高度な力が試される問題である。表面的な英語の知識だけでは太刀打ちできない。言葉を通して考えること，一般教養的な知識，要点や自分の考えをまとめて効果的に述べる表現力といった，その人の知力全般を問うものである。長文読解総合問題の文章を，知的刺激を受けながら楽しんで読めるくらいの余裕がほしい。また，和文英訳はかなりの理解力と表現力が求められる。いずれにしても，やや難ではあるが取り組みがいのある良問である。〔1〕は15分，〔2〕は25分，〔3〕は20分を時間配分のおおよその目安とし，残りの時間を〔4〕にあてたい。

01 英文和訳

① 語彙・構文の知識を充実させる

　基本的な語句・熟語・構文の知識を確実に身につけて土台づくりをしておこう。難単語はあまり出てこないが，基本語の2番目，3番目の意味といった，基本的な訳語とは異なる意味を知っておくことが重要である。基本的な語句ほど，多様な意味合いをもっている。絶えず辞書を引いて，新たな訳語，文脈によりふさわしい意味を研究しておくこと。暗記用の単語集として，文章中での用法も含めて覚えられる『速読英単語』シリーズ（Z会）や『システム英単語』（駿台文庫）などを使って着実に語彙を増やしたい。いずれも対応したCDや音声ダウンロードがあるので，できるだけ活用しよう。リスニングの有無にかかわらず，言葉は音から覚えること

が重要である。また,『東大の英単語』(教学社) は, タイトルが「東大」
となっているが, 各語のニュアンスや成り立ちがうまく説明されており,
分野別にまとめられていることから, 大阪大学の英文和訳はもちろん, 英
作文でも使える語彙の補強に大いに役立つ。

②　日本語の表現力を磨く

　単語の意味がすべてわかり, 構文が把握できていたとしても, 実際に日
本語を書いてみなければ和訳の練習にはならない。大阪大学の和訳問題で
は, 全体のバランスを考えて自然な日本語にする力が大いに求められる。
どう書けばよいかわからないという場合は, 日本語を読む経験の不足が原
因になっていることが少なくない。どんなに英単語や英文法の知識を積ん
でも, 日本語力が乏しくては, 決してよい和訳は書けない。訳文は苦しみ
ながらでも自力で完成させる努力を惜しまないこと。そして解答例の日本
語をしっかり研究し, 単語レベルだけでなく, 訳しにくい箇所の処理や全
体の流れの自然さといった, 優れた日本語表現を吸収しておきたい。練習
用の教材としては『英語長文問題精講』(旺文社) などを活用しよう。

02　読解総合問題

　同意表現・空所補充などの設問には, 文脈から判断する必要のあるもの
が含まれており, 単純に基本的な訳語が同じになるとは限らない場合もあ
る。どのようなニュアンスでその語句が使われているかよく考えると同時
に, 訳語に使われる日本語自体の意味の広がりにも注意を払いたい。また,
下線部の語句が見慣れぬものである場合, どのような意味の語か文脈から
判断する力が求められる。日頃から, 意味を知らない語句が出てきても,
すぐ辞書を見るのではなく, 前後からこのような意味となるはずだと推測
するように心がけたい。内容把握に関する問いは比較的素直なもので取り
組みやすいが, 満足のいく解答を作成するにはやはり日本語の表現力が必
要である。和訳と同様, まず自力でひととおりの解答を完成させる努力を
しっかりと積むこと。その上で, 解答例と自分の解答を比較して, どこを
どのようにすればよりよいものになるか, 十分研究したい。〔2〕で英文和
訳が出題される場合は〔1〕に比べると易しいことが多いので, 得点源にで
きるようにしたい。

03　テーマ英作文・意見論述

①　英作文の基本を身につける

　テーマ英作文や意見論述は，書く内容を自分で決めることはできるが，英文の基礎がしっかり身についていないと，書きたい内容に英語がついていかないということになりがちである。まず，英語として間違いのないものが書ける土台づくりが欠かせない。基本例文レベルならいつでもすらすら書けるように，市販の英作文問題集の暗記例文を数多くこなしたい。

②　実際に書いてみる

　過去問を使って実際に書いてみる場合，英語の文章のひな型を念頭に置きたい。賛否を問うものなら初めに賛成か反対かを表明して理由を述べる，ある事柄をどう思うかという出題なら，まず考えの要点を述べてから詳細を説明したり例を挙げたりする，というように，英語の文章の習慣にのっとって書くべきである。最後まで読まないと何を言いたいのかわからないというのは，英語の論説ではあり得ない。また，理由など，述べる順序によって相手に訴える度合いが変わることも多い。思いついたことからいきなり書くのではなく，文章構成についてもあらかじめ目安を立てるように心がけよう。『大学入試 すぐ書ける自由英作文』（教学社）は，こうした書き進め方も含めて，書く内容の掘り起こし方など丁寧な解説があり，役に立つ。また，本書とは別に『阪大の英語20カ年』（教学社）もあるので，そちらもぜひ参考にしてほしい。

　まず，辞書などを使わずに，自分の「手持ちの」語彙・構文の知識だけでひととおり書いてみよう。書き出してみて初めて「言いたいこと」と「言えること」との調節ができる。パラフレーズ（日本語での表現方法の変更）をしたり，内容変更をしたりという，実際の試験場で必要な対処能力を培いたい。ひととおり書いたら，必ず主語と動詞の数や人称の一致，名詞の数や冠詞，名詞を受ける代名詞の一致，時制など，英文法の基本的事項が正しく処理できているか慎重に見直すこと。テーマ英作文や意見論述では，「何を書くか」という「内容」に必死になって，「どう書くか」という「形」に注意が向いていないことがある。英語の基本ルールを外すようなミスは絶対に防がなくてはならない。不明だった語句は和英辞典で調べるだけでなく，その語句の語法や類義語・類義表現の使い分けといった

点を英和辞典で調べ直すなど，「言えること」を広げる努力を惜しまない
こと。「今使える」表現を使った「一応言えている」レベルの英作文で満
足せず，「もっと言える」「より正確に伝えられる」ことを目指したい。

04 和文英訳

① 基本知識の充実をはかる

〈テーマ英作文・意見論述〉と同様，まず基本的な英語表現をできるだ
けたくさん身につけておくこと。

② 和文和訳（パラフレーズ）の習慣をつける

和文英訳が難しいと感じられるのは，出題されている日本語が難しいた
めである。その難しさには3点ある。

1つ目は単語レベルの難しさである。単純にその語を知っているかどう
かの問題であれば，ともかく語彙を増やすしかない。しかし，より注意が
必要なのは，解答例には何一つ知らない語がないのに，自分が書いたとき
にはその語が使えるとは思いもよらなかったというものである。たとえば
「当てずっぽう」は英語で何かと問われても即答できないかもしれない。
しかし「当てずっぽう」＝「でたらめな推測」＝a random guess などと表現
できる。すぐに浮かばないのは，単語集で使われている訳語に限りがある
からである。guess＝「推測」と覚えることは何も間違っていない。ただ，
そこで止まってしまうと，「推測」という日本語でなければ guess が出て
こないということになる。出題される日本文はこなれた表現のものが多い。
単語レベルのパラフレーズには，日本語の語彙力と，その言葉の意味合い
やそれがどのような事態・様子を表すものなのかを十分に了解しておくこ
とが必要である。

2つ目は構文レベルの難しさである。最も大きいのは，日本語が英語と
同じ「文型」を備えているわけではないという点である。しかし，英語で
書く以上，どんなに長く複雑な文でも，わずか5つの文型のいずれかで書
ける。したがって，日本語の文章における「何がどうした」(SV) を常に
意識し，動詞に合わせて文型や語法を整えるというやり方を培うと同時に，
動詞の正しい語法を必ずチェックする習慣をつけておくことが重要である。
また，日本語は読んで「内容」がわかるだけに，修飾関係など「形」の分

析がおろそかになりやすい。英文読解で英語の構文分析をするのと同じ目線で，日本語の分析をしよう。

　3つ目は論理性という点での難しさである。日本語が「非論理的」だというわけではないが，英語に比べると論理的整合性が甘いとは言える。過去に出題されたものであるが，英訳する対象の日本文に「鏡に右手を映してみると，鏡には左手が映っている」というものがあった。右手を映したのなら，鏡に映っているのは絶対に右手である。直訳すると論理的におかしい。だが，私たちは元の日本語を読んで奇異には思わない。このギャップを埋めるには，英語を母語とする人たちがどのような理屈で物事を考えているかをある程度体得しておく必要がある。それには，解答例において「直訳」ではなく何か言葉を補ってあったり，逆に日本語にはあった語句がなくなったりしている箇所について，その理由の解説をしっかり読んで理解していくことが第一だろう。同時に，英文を読むときに，日本語なら言わずもがなの語句が書かれていたり，くどいと思えるほど丁寧に述べられていたりする箇所に注意を払いたい。それを言わないと成り立たないから書いてあるのである。一朝一夕にはいかないが，心がけておくことで結果に違いが出るだろう。

━━━ 阪大「英語」におすすめの参考書 ━━━

- ✓ 『速読英単語』シリーズ（Z会）
- ✓ 『システム英単語』（駿台文庫）
- ✓ 『東大の英単語』（教学社）
- ✓ 『英語長文問題精講』（旺文社）
- ✓ 『阪大の英語 20 カ年』（教学社）
- ✓ 『大学入試 すぐ書ける自由英作文』（教学社）

赤本チャンネルで阪大特別講座を公開中
実力派講師による傾向分析・解説・勉強法をチェック ➡

数　学

年　度	番号	項　目	内　容
2024　理薬・医工・①基礎歯工・	〔1〕	極限, 微分法	微分法の方程式への応用, 数列の極限　✓証明
	〔2〕	複素数平面, 図形と方程式	条件を満たす複素数が存在する領域　✓図示
	〔3〕*	ベクトル	ねじれの位置にある2直線の共通垂線の存在, ベクトル方程式　✓証明
	〔4〕	積　分　法, 図形と方程式	円を y 軸のまわりに回転してできる立体の体積
	〔5〕	整数の性質, 集合と論理	互いに素である自然数の個数, 集合の要素の個数, 約数　✓証明
2024　医②	〔1〕*	積　分　法, 2 次 関 数	絶対値記号を含む2次関数のグラフと直線で囲まれた部分の面積
	〔2〕*	ベクトル	ねじれの位置にある2直線の共通垂線の存在, ベクトル方程式　✓証明
	〔3〕*	整数の性質, 数列	素数に関する不等式の証明, 数学的帰納法　✓証明
2023　理薬・医工・①基礎歯工・	〔1〕	極限, 積分法, 数列	不等式の証明, 定積分, 数列の極限　✓証明
	〔2〕*	ベクトル, 図形と方程式	平面ベクトルの内積, ベクトルの不等式で表された領域
	〔3〕	微　分　法	接線, 微分法の方程式への応用, 条件をみたす点の存在範囲　✓図示
	〔4〕	ベクトル, 図形と方程式	空間ベクトル, 軌跡, 2次曲線　✓証明
	〔5〕	確率, 数列, 整数の性質	倍数に関する確率漸化式
2023　医②	〔1〕*	三 角 関 数, 2 次 関 数, 図形と方程式	倍角公式, 2次方程式の解の配置, 条件をみたす点の存在範囲　✓図示
	〔2〕*	対 数 関 数, 微分法	底の変換, 3次関数の最大値
	〔3〕*	〈理・医（①）・歯・薬・工・基礎工学部〉〔2〕に同じ	

年	学部	番号	項目	内容
2022	理・薬・医・工・①・基礎工・歯・工	〔1〕	複 素 数 平 面	複素数平面上の軌跡
		〔2〕	三 角 関 数,集合と論理,方程式	無理数であることの証明,2倍角・3倍角の公式,3次方程式 ⊘証明
		〔3〕	図形と方程式	線分の通過領域 ⊘図示
		〔4〕	極限,微分法	漸化式で表された数列の極限,関数の増減,平均値の定理 ⊘証明
		〔5〕	式 と 曲 線,積分法	媒介変数で表された曲線と x 軸で囲まれた部分の面積
	医②	〔1〕*	ベ ク ト ル	2つの線分の交点の位置ベクトル,ベクトルの大きさ
		〔2〕*	確　　　率,整数の性質	さいころの目の最小公倍数と最大公約数に関する確率
		〔3〕*	式 と 証 明,積分法	定積分に関する等式の証明,直線と放物線で囲まれた部分の面積の最小値 ⊘証明
2021	理・薬・医・工・①・基礎工・歯・工	〔1〕	微 　分 　法	直角双曲線の曲線外の点から引いた接線,接点に関する値の最小値
		〔2〕*	ベ ク ト ル	4点が同一平面上にある条件,空間ベクトルの内積
		〔3〕	微・積分法,極限	対数関数についての不等式の証明,無限級数,区分求積法 ⊘証明
		〔4〕*	整 数 の 性 質,積分法	定積分の計算,3の倍数であることの証明,不定方程式の整数解の個数 ⊘証明
		〔5〕	微 　分 　法,三角関数	三角関数の方程式の解の個数,三角関数の共通接線 ⊘証明
	医②	〔1〕*	微 　分 　法,式 と 証 明,図形と方程式	放物線の曲線外の点から引いた2本の接線とその接点を結ぶ直線,点と直線の距離の最小値,相加・相乗平均の関係 ⊘証明
		〔2〕*	〈理・医（①）・歯・薬・工・基礎工学部〉〔2〕に同じ	
		〔3〕*	整 数 の 性 質,積分法	定積分の計算,不定方程式の整数解,3の倍数であることの証明
2020	理・薬・医・工・①・基礎工・歯・工	〔1〕	微分法,極限	関数の増減とグラフの概形,関数の極限,対数微分法 ⊘図示
		〔2〕	確 率,数 列,極　　　限,複素数平面	複素数平面上の点の移動についての確率漸化式
		〔3〕*	図形と計量,式 と 証 明,微分法	三角形の辺の長さに関する不等式の証明,正弦定理 ⊘証明
		〔4〕	積分法,極限	連立不等式で表された領域の面積とその極限
		〔5〕	2 次 曲 線,2 次 関 数	回転体の体積が最大となるための条件と最大値,楕円の定義 ⊘証明
	医②	〔1〕*	微 　分 　法,三 角 関 数,2次関数	三角関数を含む3次関数の極大値とその最大値・最小値 ⊘証明
		〔2〕*	確 率,数 列	円周上の点の移動についての確率漸化式
		〔3〕*	図形と計量,式 と 証 明,三角関数	三角形の辺の長さに関する不等式の証明,正弦定理,3倍角の公式 ⊘証明

（注）　＊印は文系と共通問題（類似問題を含む）。
　　　　医学部①：医学科，保健学科放射線技術科学・検査技術科学専攻
　　　　医学部②：保健学科看護学専攻

出題範囲の変更

　2025 年度入試より，数学は新教育課程での実施となります。詳細については，大学から発表される募集要項等で必ずご確認ください（以下は本書編集時点の情報）。

	2024 年度（旧教育課程）	2025 年度（新教育課程）
医（保健〈看護学〉）学部	数学Ⅰ・Ⅱ・Ａ・Ｂ（「数列，ベクトル」を出題範囲とし，「確率分布と統計的な推測」を出題範囲から除く）	数学Ⅰ・Ⅱ・Ａ（図形の性質，場合の数と確率）・Ｂ（数列）・Ｃ（ベクトル）
そのほかの理系学部・学科・専攻	数学Ⅰ・Ⅱ・Ⅲ・Ａ・Ｂ（「数列，ベクトル」を出題範囲とし，「確率分布と統計的な推測」を出題範囲から除く）	数学Ⅰ・Ⅱ・Ⅲ・Ａ（図形の性質，場合の数と確率）・Ｂ（数列）・Ｃ（ベクトル，平面上の曲線と複素数平面）

旧教育課程履修者への経過措置

　各教科・科目とも，旧教育課程履習者を考慮するものの，特別な経過措置はとらない。

 証明問題頻出，融合問題多し！
柔軟な思考力と計算力を問う

01　出題形式は？

〈**問題構成**〉　医（保健〈看護学〉）学部は試験時間 90 分で大問 3 題。そのほかの理系学部・学科・専攻は 150 分で大問 5 題。例年，医（保健〈看護学〉）学部とそのほかの理系学部・学科・専攻で共通（類似）問題が 1 題（2021 年度は 2 題）出題されている（2022 年度は除く）。

〈**解答形式**〉　全問記述式で，途中の計算，推論なども含めて記述するように指示されている。年度によって異なるが，証明問題が多く，2 問以上出題されることもある。理・医（①）・歯・薬・工・基礎工学部では，2022 年度に 7 問の証明問題が出題された。また，図示問題が理・医（①）・歯・薬・工・基礎工学部では 2020・2022～2024 年度に，医（②）学部では 2023 年度に出題されている。

〈**解答用紙**〉　解答用紙はＢ 4 判の大きさで，大問 1 題につき 1 枚（裏に続

けて書いてもよい）が割り当てられており，記入スペースは適当な分量である。

〈**計算用紙**〉　問題冊子の余白は下書きに使用できるよう配慮され，そのスペースも十分ある。

02　出題内容はどうか？

〈**頻出項目**〉

●医（保健〈看護学〉）学部

- 文系学部と共通問題。微・積分法がほぼ毎年出題されており，2021年度は2題を占めていた。
- 微分法は接線，関数の増減，最大値・最小値，積分法は面積に関する問題が多い。
- 整数問題も頻出で，最近では2021・2022・2024年度に出題された。
- 2021・2024年度は，他の理系学部との共通または類似問題で空間ベクトル（空間図形）に関する問題が出題された。
- そのほかの項目では，図形と方程式，ベクトルの出題頻度が高い。また，三角関数，指数・対数関数，確率および漸化式を中心とした数列などは，融合問題の題材としてよく使用されている。

●そのほかの理系学部・学科・専攻

- 頻出項目は微・積分法である。融合問題も含めて2題出題されることが多く，2020年度は3題，2021年度は4題出題された。
- 微分法は，接線，関数の増減への応用，積分法は面積・体積への応用問題が多い。特に近年は，方程式・不等式への応用や，体積を求める問題が頻出している。
- 微・積分法との融合問題として，極限が出題されることが多い。2020年度は3題出題された。
- 整数の性質に関する思考力を要する論証問題がしばしば出題されている（この5年では，2021・2024年度）。
- そのほかの項目では，確率，数列，ベクトル，複素数平面の出題頻度が高く，融合問題の形で出題されることも多い。

〈問題の内容〉

　思考力や発想の柔軟さをみる問題が目立ち，複数の分野にまたがる融合問題が多く出題されている。証明問題が頻出で，論理的な答案を書くことが要求される。また，かなりの計算力を要求する問題や図形感覚を試す問題も多く出題されている。

03　難易度は？

●医（保健〈看護学〉）学部

　年度によって難易度に差はあるが，入試問題の中級程度の問題が中心で，やや難程度の問題も含まれるのが標準レベルと考えておく必要がある。3題で90分の試験時間は標準的であり，方針の立てやすい問題から取り組むのがよいだろう。

●そのほかの理系学部・学科・専攻

　標準〜やや難（参考書や問題集などにみられる平凡な問題ではなく，思考力・直感力などを必要とする工夫された問題）程度の問題が並ぶのが標準レベルと考えておく必要がある。例年1題はやや骨のある問題が出題されている。2020〜2022年度は易化の傾向があり，基本・標準レベルの問題を中心に出題されていたが，2023・2024年度は難化し，従来の難易度にほぼ戻った。

対　策

01　基本事項の完全理解

　基本事項の理解が不十分であると，それを活用できないことが多い。そのような状態では，問題の解決に必要な基本事項を見出すことができても，その問題を解くことはできない。教科書および参考書を利用して，基本事項を完全に理解し，定理・公式なども自力で証明・作成できるようになるまで学習すること。さらに，基本事項を自由に使えるように練習し，関連のある事項を組み合わせて使用できるようにしておかなければならない。

02 計算力の充実

　数学の試験に計算力が必要であることは当然であるが，大阪大学では微・積分法を中心に，特に計算力が重視される問題も少なくない。計算は正確・迅速でなければならないが，そのような計算力を獲得するためには日々の地道な練習が必要である。また，模範解答の計算の仕方を研究し，煩雑な計算を避けるテクニックや効率的に計算を行う工夫を体得することが大切である。さらに，数学のいろいろな知識を活用して，簡単で確実な計算方法や検算方法を考案することが望ましい。

03 答案作成の練習

　答案の作成練習が必要である。せっかく正解を見出しても，その内容を適切に記述することができないと，十分な得点は望めない。特に証明問題など論述の必要な問題に対しては記述力が重要である。教科書や参考書，それに本書などの解答を参考にして，簡潔で的確な論述・記述とはどのようなものであるかを研究し，そのような答案が作成できるようになるまで練習すべきである。また，添削・模擬試験なども最大限に利用したい。

04 融合問題への対策

　融合問題が多いので，十分な演習を必要とする。教科書や参考書の例題では単元別の問題がほとんどであるため，融合問題に対応できない。実際の入試問題を集めた標準的な受験用問題集を使用して，演習することが重要である。「数学Ⅰ，A」の内容が「数学Ⅱ，B」の問題に，「数学Ⅰ，Ⅱ，A，B」の内容が「数学Ⅲ，C」の問題に，というように下位科目の内容が上位科目の問題の中に含まれていることが多い。学習が進むにつれ，上位科目の演習量を増やしていくとよい。

05 思考力の育成

　過去の国公立大学の入試問題で少しレベルの高い問題を集めた問題集を

使い，大問 1 題につき 20〜25 分程度で何とか解答にたどり着けるように
なることを目標にすべきである。問題をよく読み，問題設定の複雑なもの
でも題意を確実に把握できるような力をつけておかなければならない。ま
た，問題集の解答を見て解法の知識を増やすことはよいが，丸暗記するの
ではなく，基本事項の使い方を学び，解法の考え方の本質を理解すること
が重要である。問題をいろいろな角度から考え，よりよい解法あるいは視
点の異なる解法を研究し，柔軟な思考力や応用力を身につけるよう心がけ
よう。

06 　図形感覚を磨く

　図形感覚，特に空間図形に関する感覚はそう簡単に身につくものではな
い。普段から常に図を描くことが重要であるが，ただ単に図を描くのでは
なく，数学関係の書物に描かれた図を参考にして，どうすればわかりやす
い図が素早く的確に描けるかなどの研究が大切である。フリーハンドで円
や直線などをきれいに描く技術を磨くとともに，頭の中で図形（特に空間
図形）がはっきりとイメージできるような訓練もしておくべきである。

07 　頻出事項の強化学習

　全般にどの項目も軽視せずに学習しなければならないが，頻出項目に対
してはさらに強化学習を行う必要がある。微・積分法をはじめ，〈傾向〉
で挙げた頻出・準頻出項目は今後も出題の可能性が高い。これらに対して
は，『阪大の理系数学 20 カ年』『阪大の文系数学 20 カ年』（ともに教学社）
などを利用するとともに，他大学の最近の入試問題についても十分に演習
を行い，確実に得点できる自信がつくまで学習しておくことが大切である。

数　学

阪大「数学」におすすめの参考書

- ✓ 『阪大の理系数学 20 カ年』『阪大の文系数学 20 カ年』（ともに教学社）
- ✓ 『大学入試 最短でマスターする数学Ⅰ・Ⅱ・Ⅲ・A・B・C』（教学社）
- ✓ 『大学入試 突破力を鍛える最難関の数学』（教学社）

物　理

年　度	番号	項　　目	内　　容	
2024	〔1〕	力　　学	ひもにつながれた2つの小物体の運動	
	〔2〕	電　磁　気	電池や抵抗，コイルが接続されたレール上を運動する導体棒による電磁誘導	
	〔3〕A	熱　力　学	細管でつながれた2つの容器内の気体の状態変化	
	B	原　　子	原子核反応と陽子への衝突による中性子の減速	
2023	〔1〕	力　　学	小球の放物運動と地面との衝突，2小球の衝突と重心から見た運動	
	〔2〕	電　磁　気	コンデンサーの極板間の状況の変化による回路に流れる電流の変化と電磁誘導	
	〔3〕A	熱　力　学	2つの風船をつなぎ合わせた気球の風船内の気体の状態変化	
	B	波　　動	音源の周りを等速円運動する観測者が観測する音のドップラー効果	
2022	〔1〕	力　　学	水平に動くことのできる物体からつり下げられた振り子の運動	
	〔2〕	電　磁　気	非直線抵抗を含む直流電源によるブリッジ回路とコイルやコンデンサーを含む交流電源によるブリッジ回路	
	〔3〕A	熱　力　学	ピストンで3室に分けられたシリンダー内の気体の状態変化	
	B	原　　子	原子番号が Z の原子モデルから放出される固有 X 線	
2021	〔1〕	力　　学	静止衛星と軌道エレベーター	
	〔2〕	電　磁　気	発電所からの送電をモデル化した交流回路	
	〔3〕A	熱　力　学	ゴム風船をモデル化した装置内の気体の状態変化	
	B	原　　子	量子条件と振動数条件を課した荷電粒子の円運動	☑描図
2020	〔1〕	力　　学	円運動や放物運動をして分裂する小物体の運動	
	〔2〕	電　磁　気	コンデンサーを含む直流回路，LC 回路・LR 回路に流れる電流	
	〔3〕A	熱　力　学	定圧・断熱変化による熱サイクル	
	B	波　　動	マイケルソン干渉計による平面波の干渉	

物理法則の本質的な理解を大切に！
物理現象に対する柔軟な思考力の養成を

01 出題形式は？

〈問題構成〉 例年，大問数は3題で，試験時間は理科2科目で150分である。ただし，医学部保健学科看護学専攻は理科1科目で75分となっている。

〈解答形式〉 設問は，小問形式が中心であるが，空所補充完成形式の場合もある。解答は，結果のみを記す形式となっている。語句や式，グラフなどを選択する形式が含まれる場合もある。また，年度によっては描図問題が出題されているが，論述問題は近年出題されていない。

02 出題内容はどうか？

〈出題範囲〉

出題範囲は「物理基礎，物理」である。

〈頻出項目〉

力学と電磁気は高校物理の2大分野であり，この2分野からの出題が毎年みられる。2分野以外では，熱力学からの出題が目立つ。また，3つの大問のうちの1題が2つの中問から構成された出題となっており，熱力学，波動，原子から2つ出題されている。

〈問題の内容〉

各分野全般から，大きな偏りがなく，いろいろな内容の出題がみられる。主題となる物理事項に加え，そのほかの種々の物理事項についても理解を問うような形で問題が構成されているので，満遍なく学習を積んでおかなければならない。また，複数の分野を融合した問題もみられる。

描図問題はグラフを描くものが比較的多く出題されているが，過去には電気回路図などの作図もみられる。語句や式，グラフなどを選択する問題では，その大問のまとめとなるような内容を問われることが多い。また，計算力を必要とする問題や，式やグラフの数学的な処理を必要とする問題が毎年出題されており，近年は特にその傾向が強い。したがって，物理の

力に加え，数学的な力も必要であるといえる。

03　難易度は？

　標準的なレベルの問題もみられるが，やはりやや難度の高い問題が中心といえる。見慣れない設定での物理現象を題材として扱った問題や，思考力，計算力を必要とする問題の出題が多くみられる。

　基本的には常に高い難度の中で難化・易化を繰り返しているといえる。また，問題量にも若干の増減がみられるが，問題のレベルの高さや試験時間を考えあわせると，その増減に関係なく，かなりボリュームのある年度がほとんどである。さらに，各大問の後半部分では深い思考力を問う問題が出題されるなど，全体的に高いレベルの入試問題となっている。

対　策

01　教科書を中心に物理法則の徹底的な理解を

　やや難度の高いレベルの問題が中心であり，表面的な理解による公式の適用だけでは対処できない問題が多く出題されている。したがって，教科書を中心に物理法則を十分に理解し，公式を導く過程や物理量の定義などについてもしっかりと学習しておきたい。その上で，理解の整理のためにも『チャート式シリーズ新物理 物理基礎・物理』（数研出版）などのレベルの高い参考書に目を通しておくとよい。物理法則の本質的な理解ができているかどうかが，成否のカギを握っているといえる。

02　読解力を身につける

　大阪大学では目新しい題材や見慣れない題材，複雑な題材を扱う問題も多く，長い問題文をしっかりと読み取り，その設定や物理現象を正確に把握する必要がある。また，問題文中に解答の手がかりとなる誘導がなされていることが多く，これを的確にとらえる必要もある。これらに備えて，

確かな読解力を身につけておかなければならない。したがって，問題演習
などの際に，問題文をしっかりと読み，題意をつかみながら解答する習慣
をつけておくことが大切である。

03 深い思考力を養う

　基本事項についての理解の徹底を図るために，『体系物理』（教学社）な
どの標準レベルの問題集を1冊完璧にこなしておきたい。その上で『実
戦 物理重要問題集 物理基礎・物理』（数研出版）などの実戦的な入試問
題集に取り組んでほしい。その際，単に結果を求めるだけではなく，問題
で扱われている物理現象の背景や計算結果のもつ意味を考察するなどして，
もう一歩踏み込んで理解を掘り下げるような学習も行っておきたい。また，
一つの解法に固執せず，いろいろな解法を考えてみる訓練も積んでおきた
い。このとき，図やグラフを描いてみるのも有効である。このような学習
の積み重ねが，いろいろな設定での物理現象に対して柔軟に考察する深い
思考力を養うことになる。

04 試験時間を意識した問題演習を

　各年度の問題レベルにもよるが，試験時間75分相当で大問3題をすべ
て解答することはかなり厳しい。このため，平素の問題演習時から試験時
間を意識して問題に取り組み，時間内に解答を終える訓練を積んでおく必
要がある。また，解答しやすい問題を見定めて取りかかれるような力を身
につけておくことも大切である。なお，大問の後半部分での難度の高い問
題の出来具合が成否のカギを握ると思われる。したがって，前半部分の標
準的な問題を迅速かつ正確に解答し，後半部分の問題をじっくりと考えて
解答する時間を残しておきたい。このための試験時間のペース配分をつか
んでおくことも大切である。

05 計算力を含めた数学的な力の養成を

　数値計算も含めて，計算力を必要とする問題が毎年のように出題されて

いる。しかも，解答は結果のみを記す形式となっているので，ケアレスミスには気をつけなくてはならない。したがって，平素の問題演習時から，見直しに備えて適切な計算過程を示しながら，自分の力で計算を行う訓練を積んでおきたい。このような平素の取り組みから，より迅速で正確な計算力が養われる。また，式やグラフの数学的な処理や近似計算を必要とする問題，三角関数や数列，対数や指数の計算処理を必要とする問題なども出題されるので，物理の解答に役立つような数学的な力も養っておきたい。

06　描図問題・論述問題の対策を

　年度によっては描図問題が出題されている。また，過去には論述問題も出題されている。描図問題や論述問題に対処するためには，問題演習時に単に答えを導くだけではなく，その導出過程を論述も含めて理論立てて記したり，問題の題材となっている物理現象について図やグラフを描いてまとめるなどして，これらに慣れておかなければならない。また，決められた時間内に簡潔に論述することは難しいので，解答時間を意識して取り組んでおくことも大切である。

07　問題傾向の研究・対策を

　大阪大学では，出題内容や出題形式にさまざまな特色がある。また，年度によって難易度や問題量の変化はあるが，過去に出題された内容と類似した事項について問う問題もみられる。したがって，本書や『阪大の物理20カ年』（教学社）を活用して問題傾向の研究を行い，十分な対策を講じておきたい。

化　学

年　度	番号	項　目	内　容
2024	〔1〕	構造・変化	イオン結晶，ダイヤモンド・黒鉛の結晶構造（70 字）　　　　　⊘論述・計算
	〔2〕	構造・変化	H_2O の凝縮熱，燃料電池（50 字）　　　　⊘計算・論述
	〔3〕	有　　　機	芳香族化合物の分離，配向性（30 字）　　　　⊘論述・計算
	〔4〕	有　　　機	アセチレンとアセチレン誘導体　　　　⊘計算
2023	〔1〕	変　　　化	酢酸の電離平衡　　　　⊘論述・計算・描図
	〔2〕	状　　　態	気液平衡，混合気体　　　　⊘計算・描図
	〔3〕	有　　　機	アルケンの付加反応と立体異性体，芳香族化合物の反応　　　　⊘論述・計算
	〔4〕	高 分 子	糖類の構造と性質　　　　⊘計算
2022	〔1〕	無機・理論	地殻成分元素の単体・化合物，結合角，テルミット反応（30 字）　　　　⊘計算・論述
	〔2〕	変　　　化	モルヒネの電離平衡　　　　⊘論述・計算
	〔3〕	有　　　機	芳香族化合物の構造決定　　　　⊘計算
	〔4〕	無機・変化	イオン交換樹脂，金属イオンの同定，イオン交換膜法，電気透析法　　　　⊘計算・論述
2021	〔1〕	変　　　化	リチウムを材料とする電池とその反応（60 字）　　　　⊘論述・計算
	〔2〕	状　　　態	二成分系の気液平衡　　　　⊘計算
	〔3〕	有　　　機	ベンゼン環をもつ化合物の構造決定　　　　⊘計算
	〔4〕	高 分 子	糖類・核酸の構造（50・60 字）　　　　⊘論述
2020	〔1〕	無機・変化	ハロゲン化水素，電離平衡（40 字，50 字 2 問）　　　　⊘論述・計算
	〔2〕	変　　　化	N_2O_4 の解離平衡（100 字）　　　　⊘論述・計算
	〔3〕	有　　　機	分子式 C_5H_8 の炭化水素の構造と安定性（40 字）　　　　⊘計算・論述
	〔4〕	有機・高分子	エステルの構造決定，デンプンとセルロース（30 字）　　　　⊘計算・論述

有機化合物の構造決定は頻出！論述問題に注意

01　出題形式は？

〈**問題構成**〉　例年，出題数4題。試験時間は，理科2科目で150分，医学部保健学科看護学専攻は1科目で75分である。

〈**解答形式**〉　リード文の下線部についての化学反応式や構造式，理由の説明，計算，実験操作法などを小問で求める形式が多い。実験については，実験装置の意味・目的・現象の判定を理論面から考えさせる出題もみられる。計算問題は，結果のみでなく計算過程を要求するものも出されている。

〈**解答用紙**〉　大問1題につきB4判1枚で，枠内に記入する。計算問題では計算過程を書く欄がそれほど大きくない場合があるので，簡潔にポイントを押さえた記述ができるようにしておきたい。毎年出題されている論述問題では，マス目による字数制限つきのものや，解答欄の枠内で答えるものがある。

02　出題内容はどうか？

〈**出題範囲**〉

　出題範囲は「化学基礎，化学」である。

〈**概　観**〉

　新しく工夫された問題が出されているが，同じテーマの問題が何度も出題されることもある。水素結合，化学平衡における近似計算，有機化合物の立体構造，配向性，電気泳動，6,6-ナイロンやポリエチレンテレフタラート，アミノ酸の電荷，同じ化学的環境にある炭素の問題などがその例である。

〈**理論分野**〉

　過去にはCOD（化学的酸素要求量）を計算させるような広い知識と深い思考力・応用力を要求するものがあった。結晶構造，気体の法則，蒸気圧，反応速度，平衡定数，溶解度積，中和滴定とpH，電気分解などが重要である。

〈無機分野〉

　陽・陰イオンの分離や沈殿・溶解反応などがポイントである。単に知識力を問うだけでなく，前後の内容から，あまり知られていない内容を誘導する問題がよく出題されている。

〈有機分野〉

　構造式・異性体の決定，実験装置や操作・分離・精製法，化学反応式などがよく出題されるので，しっかり基礎力をつけておきたい。

03　難易度は？

　思考力を必要とする問題が多く，どれもよく練られたすきのない問題である。出題形式の面でも，論述問題が必出で，重視されている。計算問題が多い年度があったり，描図問題が出題されることもある。いずれにしても表面的な知識だけではまったく歯が立たない。基礎学力をつけた上での，思考力・応用力が要求される。

　また，試験時間に対して分量がかなり多い。試験時間を考えると，大問1題にかけられる時間は15〜20分程度である。時間がかかりそうなら後回しにし，先に解ける問題からとりかかるなど，時間配分にも気をつけたい。

対　策

01　教科書で基礎固めを

　あまり見慣れない反応や経験のない実験内容がよく出題されるが，それらの解決の基本は教科書の基礎的・基本的な知識の積み重ねによる場合が少なくない。また，基本問題を取りこぼさないことも合否に関わる重要ポイントである。まずは教科書を隅々まで徹底的に理解してほしい。

02 理論と知識の一体化

　無機・有機とも理論を織りまぜての出題が多い。しかし，各論的知識が軽視されているわけではない。知識的な内容に理論的考察を加えるようにして，総合的理解力をテストするねらいが込められている。化学反応式が書けなければ計算できない場合もあるし，反応の理論を理解していないと未知の反応式は書けない。原子構造と化学結合，化学平衡，反応速度，酸・塩基や酸化還元理論は物質の各論と深い関係がある。「なぜそのようなことが言えるのか」と常に問い続け，理論的に深く考える学習態度を心がけよう。

03 実　験

　実験関連の問題には注意したい。化学の諸事例を具体的・定量的に生きた知識としてとらえるため，授業における実験には積極的に取り組もう。

04 無　機

　気体の発生・捕集・精製，陽・陰イオンの沈殿・溶解・呈色反応，単体や酸化物などの酸・塩基との反応，主要な無機化合物の製法など，無機化学工業についての問題も十分に学習を積んでおくこと。

05 有　機

　出題に占める割合も大きく，また難問も多い。全問正解か不正解かという点差のつきやすい問題であることが多い。実験式から分子式・構造式へと発展させる有機独特の考え方にしっかり慣れておくこと。2020年度〔4〕のグルコース，2021年度〔4〕のセロビオース，2023年度〔3〕のトランス付加，〔4〕のフルクトース，スクロースのように，立体構造は対策を怠らないようにしておきたい。さらに，合成高分子化合物では，工業的製法や性質だけでなく，計算問題も多いので，あらゆるタイプの問題を数多く練習しておくこと。特に天然高分子化合物では，アミノ酸，タンパク質が毎

年のように出題されているので，過去問での対策が有効である。

06 理 論

　出題の柱となっている。教科書によって多少内容のばらつきがみられるので，『理系大学受験 化学の新研究』（三省堂）などで発展学習を深めるなどして，広範囲にわたってまとめておくことが望ましい。とりわけ難度の高い化学平衡（蒸発平衡，溶解平衡，解離平衡，電離平衡などを含む）についてはいろいろなタイプの問題を練習しておくこと。2020 年度〔1〕で電離平衡，〔2〕で解離平衡とグラフ，2021 年度〔2〕で二成分系の気液平衡，2022 年度〔2〕でモルヒネの電離平衡，2023 年度〔1〕で酢酸の電離平衡，〔2〕で気液平衡が扱われている。

07 論述問題

　字数制限がない場合もあるが，30～100 字程度の論述問題は必ず出されると思ってよい。要点を押さえ，簡潔にまとめる練習を積んでおくこと。

08 過去の問題練習を

　本書や『阪大の化学 20 カ年』（教学社）などを活用して，まず過去の出題傾向をつかみ，平素から地道に学習を積み重ねることが有効な学習法である。重要な理論や実験などはしばしば形を変えて出題されている。同書は豊富な分析とともに過去の問題が収録されているので，十分に演習しておくとよい。これによって，出題内容の範囲や偏りも発見できよう。ただし，あくまでヤマをかけることなく，すきのないきめ細かい学習を心がけることが大切である。

生　物

年　度	番号	項　目	内　容
2024	〔1〕	細　　　胞, 遺 伝 情 報	サイトカイン A の遺伝子における一塩基多型の影響 (70・100 字)　　　　　　　　　　　　　　　⊘**論述**
	〔2〕	動物の反応	聴覚と平衡覚の受容，カエルの求愛行動と聴覚 (40 字, 100 字 3 問)　　　　　　　　　　　　　　　⊘**論述**
	〔3〕	生　　　態	個体群の成長と種間関係，生物多様性とかく乱 (40 字 他)　　　　　　　　　　　　　　　　　　　⊘**論述**
	〔4〕	動物の反応	ハタネズミの雌雄間におけるきずな形成のしくみ (150 字)　　　　　　　　　　　　　　　　　　　⊘**論述**
2023	〔1〕	生殖・発生	動物の減数分裂と受精，組換え価と染色体地図 (50・60 字)　　　　　　　　　　　　　⊘**論述・計算・描図**
	〔2〕	体 内 環 境	生体防御，がんの免疫療法 (65・80・100 字)　⊘**論述**
	〔3〕	代　　　謝	ミカエリス・メンテン式を用いた酵素反応の解析 (50 字)　　　　　　　　　　　　　　　⊘**計算・論述**
	〔4〕	遺 伝 情 報	PCR 法と電気泳動による遺伝子の検出 (15・25・60 字) 　　　　　　　　　　　　　　　　　⊘**論述・計算**
2022	〔1〕	代　　　謝, 体 内 環 境	呼吸基質と呼吸商，肝臓の構造とはたらき (100・125 字他)　　　　　　　　　　　　　　⊘**計算・論述**
	〔2〕	動物の反応	ヒトの耳における音の受容，複数の種類の視細胞による 明暗と色の受容　　　　　　　　　　　　　⊘**論述**
	〔3〕	体 内 環 境	生後すぐの胸腺摘出が細胞性免疫と体液性免疫に与える 影響 (50 字 2 問，75 字，150 字 2 問)　　　⊘**論述**
	〔4〕	動物の反応	太陽コンパスと生物時計による鳥の定位　⊘**計算・論述**
2021	〔1〕	遺 伝 情 報	プラスミドを用いた遺伝子組換え (30・50・80 字) 　　　　　　　　　　　　　　　　　　　⊘**論述**
	〔2〕	体 内 環 境	生体防御とアレルギー (135 字)　　　　　⊘**論述**
	〔3〕	生殖・発生	両生類の発生における誘導と分化，アポトーシスの過程 (20・50 字)　　　　　　　　　　　　　　⊘**論述**
	〔4〕	代　　　謝	乳酸脱水素酵素による酵素反応と酵素活性の測定 (10・ 25・50 字)　　　　　　　　　　　　⊘**論述・描図**
	〔5〕	細　　　胞	細胞増殖因子の受容体を介したシグナル伝達の異常とあ る種のがん (75 字 2 問，90 字)　　　　　⊘**論述**

2020	〔1〕	総　　　合	ウイルスの宿主ゲノムに対する影響，分子系統樹（20・25・60字）　　　　　　　　　　　　　　◎論述・計算
	〔2〕	動物の反応	神経回路における興奮の伝達と伝導（40字）　　　　　　　　　　　　　　◎論述・描図・計算
	〔3〕	遺 伝 情 報	トランスジェニックマウスの形質発現と遺伝（50字）　　　　　　　　　　　　　　◎計算・論述
	〔4〕	体 内 環 境	腎臓における血しょう中のリン酸イオン濃度の恒常性維持機構（75・90字）　　　　　　　　◎計算・論述

実験・考察問題重視！
知識力，論述力，データ解析・考察力を要求

01 出題形式は？

〈**問題構成**〉　出題数は，2021年度に5題であったのを除き，例年4題である。試験時間は，理科2科目で150分，医学部保健学科看護学専攻は1科目で75分である。問題が長文で，論述問題が多いことから，時間的余裕はあまりない。

〈**解答形式**〉　例年，空所補充問題が含まれるものの，計算・描図を含む，論述中心の出題である。2024年度は，計算・描図が含まれなかったが，DNA断片の塩基対数を答えるという，計算に似た作業を伴う問題が見られた。また，リード文は実験の説明を含む長文のものが多く，その内容を理解しないと解答できない。文章を読み解く力も必要である。

① **論述問題**

　知識で書けるものと実験結果から考察するものの2通りがある。知識で書けるものには，「〜という言葉を使って説明せよ」「特に〜に言及しながら述べよ」というような条件がつけられていることがある。ただ単に自分の知っていることだけを書けばよいという性質のものではない。この種の問題は，実験結果からの考察を含むこともあるが，どちらかといえば高校で学んだ知識で答えられる。これに対して，近年多く出題されているのが，高校では詳しく学ばない内容についての，実験結果からの考察を要求するものである。大阪大学らしい出題といえる。今後も実験内容に関する本格的な論述問題が中心となり，本当の意味での考察力と論述力を試す出題が続くと思われる。また，字数制限は年度によって幅があるが，150字程度

までである。2023 年度は字数制限のあるもののみであったが，2024 年度は，字数制限のあるものと行数指定のものが混在していた。

② 実験・考察問題

　実験に関する問題では，図とともにグラフや表などの形で実験結果が提示され，このデータをもとに，傾向や特徴を読み取って実験結果を考察する問題が非常に多い。動物の反応，体内環境，代謝，遺伝情報などの分野ではグラフがよく取り上げられている。また，遺伝の分野では図解化された内容の出題が目立つ。そのほか，計算・描図が要求されたり，「〜するにはどのような実験をすればよいか」というように実験方法が問われたりもする。

〈解答用紙〉　大問 1 題につき B 4 判 1 枚が与えられている。

02 出題内容はどうか？

〈出題範囲〉

　出題範囲は「生物基礎，生物」である。

〈概　観〉

　体内環境，動物の反応，遺伝情報がよく出されている。次いで代謝，生殖・発生も頻出である。全体としては分子生物学に関する出題が多く，頻出項目としては，細胞膜のはたらき，免疫反応，DNA とタンパク質，神経と反応，ATP に関係する物質代謝などが挙げられる。内容的には実験結果の解釈を中心に論理的な考察をさせるものが多い。

〈頻出分野〉

① 遺伝情報

　DNA の塩基配列とタンパク質合成，DNA の突然変異といった分子遺伝からの出題が主である。2023・2024 年度の PCR 法や DNA の電気泳動，2021 年度の遺伝子操作のような代表的な分子遺伝の出題が目につく。この部分は最重要分野である。免疫，代謝，生殖・発生などと絡めて，最近の生物学の最前線が出題されている。また，遺伝の分野も生殖細胞形成と絡めて出題されていることにも注意したい。

② 体内環境，動物・植物の反応

出題される項目は多岐にわたるが，特に目につくのは，生体膜（細胞膜やミトコンドリア膜など）の機能，抗原抗体反応，神経のはたらきである。このほかに，ホルモン，血糖の調節なども出題されている。いずれもかなりの考察力・論述力を要するものである。

〈要注意分野〉

① 代謝

酵素や反応を調節するタンパク質に関する問題が多い。データからのグラフ作成，化学計算，グラフの考察，実験での理由説明と，出題内容はさまざまである。酵素やホルモン，受容体などの機能とタンパク質の立体構造に関わる出題が多くなってきている。

② 生殖・発生

細胞の分化は最近の生物学の主要テーマのひとつであり，大阪大学のように先端分野の研究に力を入れている大学では，このあたりの知識も必要だと思われる。

03 難易度は？

ここまで述べてきたように，例年，高い読解力と考察力・論述力を要求する問題が出題され，難度は高いといえる。問題の性質上，それぞれの大問に要する時間を一目で判断するのは困難なので，本番での時間配分も難しい。時間切れを防ぐには，問題を読み解くのに要する時間はもちろん，わかった問題は素早く書き切ってしまえる論述への慣れがカギとなる。標準レベルの問題でどこまで点数を確保できるか，そしてその上で，字数の多い論述でいかに多く得点できるかが大切になってくるだろう。

対 策

01 基礎事項の総点検

比重は小さいものの，基礎的な用語の記述問題なども出題されている。

基本的なものだけに，ミスは避けたい。全分野にわたって基本的な用語などを正確に覚えているか，定義や説明も含めて総点検しておこう。教科書の索引などを利用して生物用語を 50〜100 字で説明してみるといった練習をすると，知識の定着をはかると同時に論述の練習にもなり，効率がよい。

02　実験・考察問題対策

①　論述問題

　実験・考察問題が重視されている。このような問題では，リード文や設問文の中にヒントとなる内容がある。実験結果から結論を論理的に導き出す思考力と，それを的確に表現する文章力が必要である。

②　グラフ・図表問題

　グラフ・図表などが実験と絡めた形でしばしば提示されている。このような場合，論述の中に単なるグラフの傾向を書くだけではなく，そう考えた根拠やグラフからの計算などが要求されることが多い。教科書に出ている典型的なグラフだけではなく，図解などで「グラフの〜から，…ということがいえる」というポイントをつかむ練習をしておくこと。また，対数グラフの扱いにも慣れておいたほうがよいだろう。

③　実験への取り組み

　実際に授業で実験をする機会があったら，積極的に取り組んでほしい。実験の目的・経過・結果といったところはもちろん，実験手順・使用する器具・注意事項まで常に「なぜ」を考えながら行い，あとで必ずまとめておこう。実験の結果から何がいえるのか，自分なりに分析し，考察することが大切である。文章の形でまとめてみるとよい。また，教科書や参考書に載っている有名な実験についても，目的・手順・結果・考察・結論を整理しておくことが重要である。

03　頻出分野の重点学習

　〈傾向〉で挙げた頻出分野および要注意分野は十分に勉強しておくこと。特に分子生物学の分野はしっかり押さえておきたい。

①　DNA と遺伝子の形質発現・遺伝子操作

② **タンパク質の立体構造**
③ **能動輸送・ナトリウムポンプ・細胞の興奮**
④ **免疫反応**
⑤ **細胞・分子レベルでの細胞の相互作用**
を重点項目として挙げておく。

04 過去問での演習を

　標準的な問題集をひととおり終えたら，本書で過去問をしっかりと，特に頻出・要注意分野についてはできるだけ多く解いておくこと。傾向からみても，また試験の特性からみても，論述力の養成は二次試験突破の最大のカギであり，50～100字程度を中心に十分な練習が必要である。『生物 新・考える問題100選』『生物 理系上級問題集』（ともに駿台文庫）などの問題集，あるいは，京都大学などの論述問題をやってみるのもよいだろう。

小 論 文

▶薬学部

年　度	番号	内　容
2024	〔1〕	色彩がもたらす健康への影響 問1．具体例説明（100字） 問2．意見論述（200字）
	〔2〕	知の創造と活用 問1．内容説明（150字） 問2．意見論述（150字）
2023	〔1〕	科学の発展における Serendipity 問1．内容説明（30字） 問2．意見論述（150字） 問3．意見論述（150字）
	〔2〕	腸内細菌の研究の進展 問1．意見論述（200字） 問2．意見論述（100字）
2022	〔1〕	保健機能食品における品質保証 問1．内容説明（150字） 問2．内容説明（130字） 問3．意見論述（200字）
	〔2〕	研究に求められる考えや姿勢 問1．理由説明（60字2問） 問2．意見論述（200字）
2021	〔1〕	研究における流行と独創性 問1．理由説明（35字2問） 問2．理由説明（60字） 問3．意見論述（250字）
	〔2〕	新型コロナウイルス感染症に対する治療薬 問1．理由説明（150字） 問2．意見論述（200字）

（注）　2021年度より出題。

医学・医療に関する問題意識と
的確な理解力・論理力を試す出題

01 出題形式は？

　2021 年度から薬学部で課されている。大問 2 題の構成で，いずれも日本語の課題文を読み，設問に答える形式であった。内容説明，理由説明，意見論述が出題されている。意見論述は字数が少ないため，書く内容を相当に絞り込まなければならない。試験時間は 90 分。

02 出題内容はどうか？

　薬学部らしく，研究者に求められる姿勢や医薬品や食品の開発，科学技術や生命現象，人工知能による創薬などがテーマとなっている。設問の中には，課題文中にある時事的事項について説明させるものもみられる。今後の出題内容を予測することは難しいが，薬学関連はもちろんのこと，生命・健康・医学・医療や教育・科学など多岐にわたる可能性もある。こうした幅広いテーマに対応するためには，まず医療分野の基礎知識を身につけること，そして現代社会の諸問題に関心を持ち，そこで何が問題となっているかを自分なりに考えておく必要がある。

03 難易度は？

　医学系小論文としては標準的レベルかやや易しい部類であろう。内容説明は課題文中にヒントになる事柄が含まれており，それをうまく抽出する力が求められている。意見論述では，日頃からさまざまな社会現象に対して問題意識を深めておくことや，自分の意見や考え方を論理的に説明することが求められている。制限字数が少ないため，解答のポイントを的確にまとめる論述対策が必要となるだろう。

01　書く力をつけよう

　設問の要求も明確であり，論述そのものにさほど高度な技巧は必要ない。しかし，100〜200字程度の文章を形式的にも論理的にもまとまったものに仕上げるためには，練習は欠かせない。先述したように，字数制限が厳しいので，簡潔にわかりやすく仕上げる練習をしておくこと。形式面については，何よりもまず設問の要求を厳密に確認しつつ，その要求を過不足なく満たす文章を書くことである。その上で，論述をわかりやすい内容に整えることが重要である。

02　考えるための知識の収集を

　小論文を書くためには，まず自分自身の意見を持つことが必要である。そのためには，書く練習に加えて，新聞や雑誌，新書などに目を通し，社会に対する問題意識を高めておく必要がある。新聞の社説は日頃から注意しておくとよいだろう。社説が述べている主張に対して自身の見解をまとめてみるのである。この姿勢は入試小論文を書くための基礎を築くものとなる。また，考える前提となる知識を集めるには，新聞・雑誌・新書だけでなくインターネットや参考書も活用してみよう。『医学部の実戦小論文』『医系小論文　最頻出論点20』『医学部の面接』（いずれも教学社）のような，重要な論点をコンパクトにまとめてある参考書を活用するとよい。『医学部の面接』は面接と題しているが，医学・医療の論点が簡潔にまとめられており，小論文対策としても極めて有効である。知識の総整理として活用するとよいだろう。

前期日程

解 答 編

英 語

Ⅰ **解答** 全訳下線部参照。

┈┈┈┈┈┈┈┈┈┈ **全訳** ┈┈┈┈┈┈┈┈┈┈

(A) 《海に関する考察》

　熱帯雨林は，この惑星の肺として知られているかもしれないが，地球が呼吸していると私たちが感じるのは，波が砕け，潮が絶え間なく満ち引きする海を前にして立っているときである。海は，科学者曰く，地球上のすべての生命の源である。哲学者によれば，海はまた，生き物にとっての最大の恐怖，すなわち未知の制御不能なものの具体化でもある。

(B) 《芸術家という仕事》

　有名であろうとなかろうと，誰であれ，どの画家や彫刻家になぜ絵を描いたり彫刻をしたりしているのかと尋ねても，同じ答えを返すだろう。そうしないではいられないからだ，と。彼らに，芸術家を志す人に助言をするなら何と言うか尋ねれば，おそらく，絶対に他の選択肢がないと感じるのでない限り，芸術家としてやっていこうなどと思わないように，と忠告するだろう。経験豊かな芸術家は，芸術を作り出すことは，挫折と失望とのみじめで無限の繰り返しになりかねないものであることを，たいていは苦い経験を通じて知っている。フランスの画家ポール＝セザンヌは，おそらく近代の最も優れた画家だが，自分は失敗したと思いながら1906年に亡くなった。

━━━━━━ **解説** ━━━━━━

(A) **Rain forests may be known as the planet's lungs, but it's when**

standing before the seas, with their crashing waves and ceaselessly cycling tides, that we feel the earth breathe.

- Rain forests may be known as the planet's lungs「熱帯雨林はその惑星の肺として知られているかもしれない」が直訳。the planet は「地球」のことであり，the ではあるが「この惑星」とするのがよいだろう。もちろん「地球」と訳してもかまわない。may はこのあとの but と合わせて「～かもしれないが…」と訳される譲歩の表現である。

- …, but it's when standing before the seas, …, that we feel the earth breathe「しかし，地球が呼吸をしていると私たちが感じるのは，海の前に立っているときである」が直訳。It's … that ～「～のは…だ」は強調構文。when standing は when we are standing の主語と be 動詞が省略されたもの。副詞節中では，主語が主節と同じ場合，この省略がよく行われる。before the seas は「海を前にして」とすると表現が美しい。feel the earth breathe は第5文型で feel A do「A が～するのを感じる」となる。

- with their crashing waves and ceaselessly cycling tides「その砕ける波と不断の潮の干満とともに」が直訳。with は前にカンマがあるが，海の特徴を述べており，a girl with blue eyes「青い目を持った〔目をした〕少女」のように，副詞句というより形容詞句と考えるのが妥当だろう。カンマがあるのは，このような特徴を持っていない海はないため，ちょうど非制限用法の関係詞節のような表現をしたものと考えられる。「海」を修飾するのが自然になるように「波が砕け，潮が絶え間なく満ち引きする（海）」などと整えることができる。

The ocean, say scientists, is the source of all life on earth.

- say scientists は本来の主節にあたる scientists say が倒置の形で挿入されたもので，「～と科学者（たち）は言う」としてもよいが，「海は，科学者が言うには…」などと，原文の表現に寄せた訳もできる。「科学者によれば」などとすることもできるだろう。

- (The ocean) … is the source of all life on earth.「（海は）地球上のすべての生き物の源である」が直訳で，そのままでよい。life は不可算名詞で集合的に「生き物，生物」を表す。「生命」と訳しても文意を損なうことはない。

It is also, say philosophers, the embodiment of life's greatest terror : the unknown and uncontrollable.

● say philosophers は前文の say scientists と同様の挿入。

● It is also, …, the embodiment of life's greatest terror「それはまた，生き物の最大の恐怖の具体化でもある」が直訳で，ほぼそのままでもよいが，「生き物にとっての」と補うとわかりやすくなる。embodiment は「具体化（されたもの），具現」の意。主語の It は「海」と訳出しておくと，新たな「語り手（＝哲学者たち）」の言葉として印象づけることができる。

● … : the unknown and uncontrollable「未知の制御不能なもの」が直訳。the ＋形容詞は「〜な人（々），〜なもの・こと」を表す。文の内容からどの意味か判断するが，この部分は直前の life's greatest terror を言い換えた箇所と考えるのが妥当であり，「すなわち」「つまり」を補い，「もの」と訳すのが適切。

(B) **Ask almost any painter or sculptor, famous or not, why they do what they do and they'll give you the same answer : it's a compulsion.**

● 文の大きな構造は，命令文, and 〜「…せよ，そうすれば〜」の表現になっている。「もし…すれば，〜」と訳しても，内容上問題ない。

● 前半の Ask almost any painter or sculptor, …, why they do 〜 は，ask A B「A に B を尋ねる，B と聞く」の第 4 文型。一つめの目的語 almost any painter or sculptor は「ほとんどどんな画家や彫刻家にでも」が直訳。any ＋単数は「どの，どんな〜でも」の意。「誰であれ，どの画家や彫刻家に…と尋ねても」などと，「尋ねる，聞く」と自然につながるように工夫したい。

● 挿入部分の famous or not は whether they are famous or not に相当する譲歩節で，「有名であろうとなかろうと」の意。

● why they do what they do「なぜ彼らが彼らのしていることをしているのか」が直訳。what they do「彼らがしていること」とは画家や彫刻家という職業のことであり，「なぜその仕事をしているのか」「なぜ絵を描いたり彫刻をしたりしているのか」など，工夫して意味の伝わる訳にすること。

- ●and they'll give you the same answer「彼らはあなたに同じ答えを与えるだろう」が直訳。日本語では主語や「誰に」を省いて,「同じ答えを返すだろう」などとすっきり表現するとよい。
- ●…: it's a compulsion は「それは強制〔衝動〕だ」が直訳。compulsion は「強迫観念的な欲求」を表し,やめようと思ってもやめられない心理を表す。「なぜ?」という問いの返事でもあり,「そうしないではいられないからだ」「やむにやまれぬ衝動からだ」などとまとめるのがよい。

Ask them what advice they might have for an aspiring artist and they'll probably caution you not to attempt a career as one unless you feel you have absolutely no other option.

- ●構造は第1文と同様,命令文,and ~「…せよ,そうすれば~」である。「もし…すれば,~」と訳せることも同様。
- ●命令文の部分も第1文と同様 ask の第4文型で,「何を」に当たるのが what advice they might have for an aspiring artist で,直訳は「野心に燃える芸術家にどんな助言を彼らが持っているかもしれないか」となる。might は直訳では日本語としてぎこちない。「もしかして~するかもしれない」という想定,推定の含みから,「もし助言するなら何(と言う)か」などと整えたい。aspiring は「野心に燃える,大望を抱いている」などの訳語があるが,しばしば「~を志す」の意味合いで使われており,同文後半の内容からも an aspiring artist は「芸術家を目指している人,志す人」とするのが妥当だろう。
- ●and they'll probably caution you not to ~「彼らはおそらくあなたに~しないように忠告するだろう」が直訳。caution A not to do は「A に~しないように忠告する,戒める」の意。日本語では「あなたに」は省くのがよい。
- ●attempt a career as one「それとして(の)職業を企てる」が直訳。one は an artist を表す。「職業を企てる」の箇所は,工夫を要する。career は「職種」というより「生涯の職業,経歴」,つまりその人がどう生きていくかといった含みがある。「芸術家としてやっていこうと思う」「芸術家としての道を進もうとする」などと整えたい。
- ●unless you feel you have absolutely no other option「あなたが他の選択肢を絶対に持っていないと感じるのでなければ」が直訳。unless が if

… not と異なるところは，「～しない限り，～する場合を除いて」と唯一の条件を表せる点である。文脈上この訳を使い，「～と感じるのでない限り」などとする必要がある。you have … no other option は「他に選択肢がない」と整える。caution you の箇所と同様，you は訳出しないのがよい。absolutely「絶対に」は no を強調しているが，「絶対に他の選択肢がない」とそのまま訳出すればよい。

Ⅱ 解答　設問(1)　(ⅰ)—(ロ)　(ⅱ)—(ニ)　(ⅲ)—(ロ)　(ⅳ)—(ニ)　(v)—(イ) (ⅵ)—(ハ)

設問(2)　小規模な銀河がより大きな銀河と融合すること。

設問(3)　天の川銀河は他の銀河と大きな衝突を起こしたが，その痕跡が見つからないことに天文学者たちは頭を悩ませていたということ。

設問(4)　the LMC, Sagittarius

設問(5)　いて座星雲は天の川銀河のひずみや銀河内の星の生成に関与し，同銀河の起源と進化のカギだから。(45字以内)

設問(6)　(イ)

　　　　　　　　　　　　全訳

《銀河で起きていること》

① 星や銀河は，人間の時間スケールではのろのろとしているように思える速度で私たちの周りを回っている。それらの動きは非常に緩やかで，何十億年にもわたって起こっている。しかし，もし私たちが星と同じ時間の見方ができるなら，私たちの暮らす天の川銀河の周辺は驚くほど活動的に見えることだろう。

② 銀河は互いの周りを回っており，ともにゆっくりとらせんを描いてついには合体する。星々がもともとあった場所の中心から引き裂かれて空一面に広がる暗黒の衝突において，多くのものは単独で動いてはおらず，仲間を連れている。他の部分はガスやちりがいっぱいになり，新しく見つかった豊かさの中で新しい星を生み始める。銀河の動きはゆっくりで，かつ荒々しく，生と死の両方に満ちているのである。

③ 天の川銀河は，局部銀河群として知られている100以上の銀河の集まりの動きを御している。その群の中では，アンドロメダ銀河だけが天の川銀河より大規模で，およそ125パーセント大きい。そして天の川銀河と同様，

らせんの形をしている。もっと小さい２つの銀河が際立っている。アンドロメダの周りを回っているさんかく座銀河と，天の川銀河の周りを回っている大マゼラン星雲（LMC）である。近辺の残りの部分は，主としてこの２つの取り巻き，つまりあこがれを抱くファンのようにあたりをうろうろするもっと小さな銀河でいっぱいである。こうした銀河は飛び回っているが，最終的にはより大きな仲間と融合するだろう。それが起きたときでも，それは天の川銀河が初めて他の銀河と衝突したということにはならない。

④　天の川銀河が最初に大きな衝突をこうむったのはおよそ 100 億年前で，天の川銀河が生まれた初期の頃だった。それ以前にも，小規模な銀河とのかすり傷を負うことがいくらかあったが，ガイア・エンケラドスと呼ばれる銀河と劇的な衝突をしたことが，消えない傷を残した。長い間，この傷は隠れており，それらが見当たらないことが天文学者たちの頭を悩ませていた。長年の手がかりののち，2018 年にそれらを明らかにするのには，欧州宇宙機関のガイア宇宙望遠鏡が必要だった。

⑤　「ガイアのデータが明らかになる前，私たちは天の川銀河が劇的な衝突のない，とても静かな銀河だと思っていました」と，イタリアのトリノの天体物理学研究所天文台の天文学者エロイーザ＝ポッジョは言う。「天の川銀河は私たちが以前に考えていたよりも複雑です」

⑥　ガイア・エンケラドスは，天の川銀河よりもわずかに小さい矮小銀河で，生まれてからおそらく 20 億年たった頃に天の川銀河に衝突した。その衝突は重大な結果を生むことになった。天の川銀河はずんぐりした円盤になり，そこから星々が飛び出てハローを作った。すると円盤の一部が不安定になり，崩壊して棒状の構造体となった。時を経て，新しい薄い円盤が出来上がった。この一連の出来事が終わったとき，天の川銀河は別の銀河になっていた。

⑦　「これは天の川銀河の歴史のきわめて重要なカギとなる瞬間です」と，太古の遺物を共同で発見した２つのグループの一つに加わったヴァシーリー＝ベロクロフは言う。「それは，天の川銀河を，私たちが知っている天の川銀河に変えた一連の変化を引き起こしたのです」

⑧　そのあとの数十億年の間，天の川銀河は静かで，取り巻きの銀河をときおり飲み込みはしていたが，比較的大きなものは放っておいた。それが変

わったのはおよそ 60 億年前, いて座星雲が大々的に登場したときのこと
だった。

⑨　いて座星雲は楕円銀河で, 天の川銀河に最も近い隣人の一つであり, よ
り大きな相手と相互作用をしながら苦しい終わりを迎えつつある。1994
年に発見され, いて座星雲は天の川銀河を軸としたらせんを描いているが,
天の川銀河の 100 分の 1 から 1000 分の 1 の小ささである。

⑩　2018 年, 科学者たちは天の川銀河の円盤にひずみを発見した。大規模
なゆがみ, つまり重力の作用で押し合わさった星々の集まりは, 渦状銀河
ではよく見られるもので, 天の川銀河はその円盤を中心に比較的ゆっくり
と動いている。ひずみは銀河内部の相互作用が原因で生じることがあるが,
その動きは起源が外部にあることを示唆している。「このように大きなぶ
れを説明できる唯一の可能なモデルは, 衛星 (銀河) です」と, そのひず
みを測定し, つきとめたポッジョは言う。

⑪　しかし, 犯人は誰なのだろうか。天の川銀河のひずみが LMC (大マゼ
ラン星雲) によって引き起こされた可能性がある一方で, ポッジョはいて
座星雲の影響のほうがより強いかもしれないと考えており, 現在それを証
明するために研究を続けている。彼女の理論を確証するためには, さらな
るシミュレーションが必要であり, 彼女はその分析の最中である。

⑫　いて座星雲はまた, 天の川銀河内の星の生成の波を誘発している。研究
者たちは, 死にかけている銀河の最接近, つまり近点と同時に起こる, 星
の生成の集中している部分を見つけている。重力の相互作用が大量のガス
やちりを押し集め, 星の誕生の機が熟した領域を作り出すのである。オラ
ンダのカプテイン天文学研究所の天文学者トマス=ルイス-ララは, およそ
65 億年前, 20 億年前, 10 億年前の星の生成の爆発を見つけ, それぞれを
いて座星雲のいくつかの近点通過と結びつけた。

⑬　「主要な驚きは, そんなに小さなものがこうしたあらゆる影響を引き起
こすことができるということです」と, ルイス-ララは言う。「いて座星雲
は天の川銀河の起源と進化を描く映画の重要な役者です」

═══════════════════ 解　説 ═══════════════════

設問(1) (ⅰ)　当該箇所は「銀河は互いの周りを回っており, ともにゆっく
りとらせんを描いてついには merge」となっている。直後の文に in a
dark collision「暗黒の衝突において」とあり, 銀河がらせんを描きなが

２０２４年度　前期日程

英語

ら近づき合い，ぶつかるのだと推測できる。(ロ)の combine「結合する，合併する」が適切。merge は「合併する，合流する」の意。(イ)「加速する」(ハ)「止まる」(ニ)「分離する」

(ii)　当該箇所は「他の部分はガスやちりがいっぱいになり，新しく見つかった opulence の中で新しい星を生み始める」となっている。新しい星を作る材料が，衝突で生じたガスやちりであると考えられ，grow rich in ～「～が豊かになる，～に満ちている」という表現から，(ニ)の wealth「富，豊富」が適切。opulence は「豊富，潤沢」の意。(イ)「重力」(ロ)「空間，宇宙」(ハ)「火花」

(iii)　当該箇所は「その衝突は重大な ramifications を持つことになった」となっている。続く3文で，衝突のあとに起きた出来事が述べられており，最終文（When the show …）に「この一連の出来事が終わったとき，天の川銀河は別の銀河になっていた」とある。つまり，衝突は天の川銀河を別のものにするという結末を見たことになる。(ロ)の consequences「結果」が適切。ramifications は「（派生的に起こる）結果，成り行き」の意。(イ)「原因」(ハ)「爆発」(ニ)「関係」

(iv)　当該箇所は「太古の artifact を共同で発見した2つのグループ」となっている。この文章での「発見」とは，第4段第1～3文（The Milky Way …）で「（100億年前に）天の川銀河が他の銀河と劇的な衝突をした…傷は…長い間，隠れており，それらが見当たらないことが天文学者たちの頭を悩ませていた」とある衝突の痕跡の発見である。(ニ)の remains「遺物」が正解。artifact は「（人工）遺物」の意。(イ)「文明」(ロ)「生物」(ハ)「文書」

(v)　当該箇所は「天の川銀河は静かで，取り巻きの銀河をときおり consuming していたが，比較的大きなものは放っておいた」となっている。「取り巻き銀河」については第3段最後から2文目（These galaxies flit about …）に「こうした（小規模の取り巻き）銀河は…最終的にはより大きな仲間と融合する」と述べられている。規模の大きな銀河は小さな銀河を取り込むことが述べられており，(イ)の absorbing「～を吸い込んで（いる）」が正解。(ロ)「～になって（いる）」(ハ)「～を買って（いる）」(ニ)「～を生み出して（いる）」

(vi)　当該箇所は「重力の相互作用が大量のガスやちりを押し集め，星の誕

生 ripe for 領域を作り出す」となっている。直前の文に「研究者たちは…星の生成の集中している部分を見つけている」とあり，当該箇所は星の誕生の条件を述べていると考えられる。大量のガスやちりが集まることで，星の誕生の条件が整うということなので，(ハ)の ready for「〜の準備ができている」が正解。ripe for は「〜の機が熟した」の意。(イ)「〜に満ちた」(ロ)「〜を欠いている」(ニ)「〜から結果として生じる」

設問(2) 解答欄は 18.7 cm×1.4 cm。当該文は「それが起きたときでも，それは天の川銀河が初めて他の銀河と衝突したということにはならない」となっており，「銀河の衝突」を指していることがわかる。直前の文に「こうした銀河（＝比較的小さな銀河）は飛び回っているが，最終的にはより大きな仲間と融合するだろう」とある。「小規模な銀河がより大きな銀河と融合すること」などとまとめられる。イメージとして「吸収される」とすることもできるだろう。

設問(3) 解答欄は 18.7 cm×1.4 cm。当該箇所は「それらの不在が天文学者たちの頭を悩ませて」が直訳。独立分詞構文になっており，「それらが見当たらないことが天文学者たちの頭を悩ませていた」といった内容である。「それら」とは，同文前半「長い間，この傷は隠れており」にある「この傷」を指す。さらに前文（Prior to that, …）にさかのぼると，「ガイア・エンケラドスと呼ばれる銀河と劇的な衝突をしたことが，消えない傷を残した」とある。「傷」は「衝突の痕跡」のことである。同段第 1 文（The Milky Way suffered …）に「天の川銀河が最初に大きな衝突をこうむったのはおよそ 100 億年前」とあるとおり，同段は天の川銀河の衝突のことを述べている。「天の川銀河は他の銀河と大きな衝突を起こしたが，その痕跡が見つからないことに天文学者たちは頭を悩ませていたということ」などとまとめられる。

設問(4) 下線部は「誰が犯人なのか」が直訳。天の川銀河のゆがみの原因は何なのかという意味。直後の文に「天の川銀河のひずみが LMC（大マゼラン星雲）によって引き起こされた可能性がある一方で，ポッジョはいて座星雲の影響のほうがより強いかもしれないと考えている」とある。可能性のある原因は「大マゼラン星雲」the LMC と「いて座星雲」Sagittarius である。いずれも初出の表記（前者：the Large Magellanic Cloud，後者：the Sagittarius Galaxy）でもよいだろう。

設問(5)　当該文は「いて座星雲は天の川銀河の起源と進化を描く映画の重要な役者である」となっており，「天の川銀河の起源と進化」に重要な役割を果たしていることがわかる。第 11 段第 2 文（While it's possible that …）に「天の川銀河のひずみは…いて座星雲の影響…が…強いかもしれない」，第 12 段第 1 文（Sagittarius is also …）に「いて座星雲はまた，天の川銀河内の星の生成の波を誘発している」とあることを用いて，「起源と進化」の具体的な内容を示しながらまとめる。

設問(6)　第 1 段に「星や銀河は，人間の時間スケールではのろのろとしているように思える…しかし，もし私たちが星と同じ時間の見方ができるなら，私たちの暮らす天の川銀河の周辺は驚くほど活動的に見えることだろう」とあり，以下この文章は銀河の衝突や星の生成など，銀河で起きているスケールの大きな出来事について解説している。(イ)の「天の川銀河の運命は，ゆっくりとした，しかし驚くほど劇的な宇宙の動きの中で演じられている」が適切。

(ロ)「天の川銀河はおよそ 100 の銀河からなる大きなグループの動きを決定している」

(ハ)「天文学者たちの神話と天の川銀河の発達はヨーロッパで映画になった」

(ニ)「天の川銀河の新しい星の誕生の主な原因はいまだに議論の余地がある」

(ホ)「星や銀河が動く速度は人間には非常に遅く見える」

───────── **語句・構文** ─────────

（第 1 段） glacial「進行の遅い」　dance「踊るような動き」星や銀河が回っていることから，複数のペアがホールをくるくると回る社交ダンスのイメージで使っていると思われる。

（第 2 段） spiral「らせん状に動く」　splay「〜を広げる」

（第 3 段） hover「（何かのそばを）うろつく」　adoring「あこがれた，ほれぼれした様子の」　flit about「飛び回る」　meld「融合する」

（第 4 段） a handful of 〜「少数の〜」　scrape「こすれること，すり傷」

（第 6 段） stubby「ずんぐりした」　halo「ハロー」銀河を取り巻く星やその他の発光物質が構成する薄雲状の領域。

（第 7 段） unleash「〜を解き放つ，引き起こす」

（第10段） warp「ひずみ，ゆがみ」＝distortion　　precession「歳差運動，すりこぎ運動」運動の回転軸の位置が変わっていく現象のこと。

（第12段） trigger「〜を誘発する，〜のきっかけとなる」　pericenter「近点」天体Aが天体Bの周りを公転するとき，その軌道上で天体Bからの距離が最も近くなる点のこと。

Ⅲ　　**解答例**　　I think ideal learning at university is what helps me broaden my horizons. I want not only to gain more knowledge but also to learn to think critically. At university I will surely meet a great variety of people with different backgrounds and values. By talking with them, I will be able to acquire new perspectives and ways of thinking. I'm especially looking forward to taking classes with international students, engaging in discussions, and sharing viewpoints about each other's cultures. （80語程度）

━━━━ **解 説** ━━━━

　大学において，自分が理想とする学びとはどういうものかについて，具体例を挙げて80語程度で述べる問題。まず自分の理想を端的に述べ，その詳細を続けるという書き方になる。「具体例」を入れるのがなかなか難しいかもしれないが，大学で授業を受けたり，研究をしたりしている場面を思い浮かべて書いてみるとよいだろう。

　〔解答例〕は，自分の視野を広げる助けになるような学びが理想であり，知識を得るだけでなく批判的な考え方ができるようになりたいとしている。大学では異なる背景，価値観をもったさまざまな人に出会うことになるので，その人たちと話すことで新たな視点や考え方を身につけることができる。特に，留学生とともに授業を受け，討論をし，お互いの文化についての考え方を語り合うことを楽しみにしていると述べている。

　またこれ以外の解答としては，自分の専門分野に集中する学びが理想である，または，理論的な知識を実社会で活かす方法を常に意識しながら学びたいなどといった内容も考えられる。

　設問がやや大まかで抽象的なので，どのような内容，展開にするか素早く判断して整えることが重要だろう。英語自体のミスをできるだけ防いで仕上げること。

Ⅳ　**解　答**　(A)　〈解答1〉 Even so, just because you forget these questions, it does not mean (that) they have been solved. Sometimes you may remember them and they may grow bigger.

To tell the truth, asking again fundamental questions (which) you have forgotten without realizing it is precisely "philosophizing."

〈解答2〉 However, forgetting a question does not mean (that) it is resolved. Probably, you occasionally remember it and it arouses other questions.

In fact, "thinking philosophically" means nothing other than reexamining those basic questions which you have forgotten before you know it.

(B)　〈解答1〉 Since it is human beings who collect news material, write articles about it and send them out, not all reports are correct. In addition, considering the wide range of people whom those reports reach, criticism of individual articles and programs is important and indispensable.

〈解答2〉 Because humans gather information, write news articles and convey them, what is reported is not always accurate. Besides, given how many people receive these reports, criticism on each article and program is vitally important.

═══════════ 解　説 ═══════════

(A)　「とはいえ，忘れたからといって，疑問が解決されたわけではありません」

● 「とはいえ」は「そうはいっても」という含みがあり，even so とできる。「しかし」however でもよいだろう。

● 「忘れたからといって…わけではありません」は「忘れたからというだけで，それが…ということを意味しない」just because S forget 〜, it does not mean … が原文に近い。Sには一般論の主語として you を使うことができる。もう少し簡潔に「忘れることが…を意味しはしない」forgetting does not mean … ともできる。forget は他動詞なので目的語を補うこと。前文の「こうした疑問」を受けて these questions とし

てもよいし，あらためて「ある疑問」a question としてもよい。

● 「疑問が解決された」の「疑問」はすでに表現されているので，question の数に合った代名詞にする。「解決された」は現在完了を使って have〔has〕been solved〔resolved〕などとする。過去形は実際に過去に起きた出来事を表すので一般論では基本的に使えない。

「時々は，思い出したり，疑問が広がったりするのではないでしょうか」

● 「～ではないでしょうか」は通常，筆者の主張や考えを表す言い回しだが，ここでは「おそらく」probably や「かもしれない」may などが妥当だろう。「思い出す」の主語には一般論の主語の you が使える。

● 「時々は」は sometimes のほかに，occasionally / from time to time などがある。

● 「思い出す」remember は目的語「その疑問」を代名詞で補うこと。前文の question の数に合わせるのを忘れないように注意。

● 「疑問が広がる」はさまざまにパラフレーズできる。「（疑問が）より大きくなる」grow bigger，「より深まる」go deeper / deepen，「他の疑問を起こさせる〔招く／につながる〕」arouse〔invite / lead to〕other questions〔another question〕などが考えられる。

「実を言えば，いつの間にか忘れてしまった『そもそも』問題を，あらためて問い直すのが『哲学すること』に他なりません」

● 「実を言えば」は to tell the truth が文字どおり。「実は，実際」in fact も使える。

● 文の骨組みは，「問い直すことが『哲学すること』だ」である。

● 「あらためて～を問い直す」は「また質問する」ask again が文字どおり。「～を再検討する」reexamine〔reconsider〕，「～にまた取り組む」approach〔handle / tackle〕again，「繰り返す」repeat なども考えられる。

● 「『そもそも』問題」とは，これが「哲学すること」と関連することを考慮すると，「根本的な問題」fundamental〔basic〕question などとするのが妥当である。なお，原文には「　」がついているが，これは通常の「そもそも」の使い方とは異なるためである。「根本的な」は特別なニュアンスはないので，英文では引用符をつける必要はない。

● 「いつの間にか」は without realizing〔knowing〕it や before S know

it が定番表現。「忘れてしまっ（てい）た」は have forgotten とする。主語は you でよい。

● 「哲学すること」は philosophize「哲学的に思索する」を使えば容易。「哲学的に考える」think philosophically〔in a philosophical way〕などともできる。

● 「他なりません」は，「まさしく」precisely や exactly で表せる。他の方法として，主語と補語を入れ替え「哲学することとは…問い直すことに他ならない」として，nothing〔none〕other than を使うことも考えられる。この場合，動詞を「～を意味する」means に変えてもよいだろう。

(B)　「取材をし，記事を書き，ニュースを発信するのが人間である以上，報道は全て正しいとは限らない」

● 「～である以上」は理由にあたる。because / as / since のいずれを使ってもよい。

● 「～するのが人間である」は強調構文を使えば原文に近い響きになる。It is human beings〔humans〕that〔who〕～ とできる。強調構文を使わなくても間違いになるわけではない。

● 「取材をする」は「材料〔情報〕を集める」collect〔gather〕materials〔information〕などとできる。「ニュースの」を加えるなら，名詞の前に news を添える。about や for や of などの前置詞を用いて後ろから修飾することもできる。その場合，news は不可算名詞なので a をつけないように注意する。

● 「記事を書く」は write articles とそのままでよい。「取材する」に「ニュースの」を添えたのであれば，about them〔it〕をつける。次の「ニュースを発信する」とだけ合わせるなら，write news articles とする。

● 「～を発信する」は send (out) / convey / report などが使える。

● 「報道は全て正しいとは限らない」は「全ての報道が正しいわけではない」not all reports are correct，「報道がいつも正しいわけではない」reports are not always〔necessarily〕correct などと部分否定で表現する。「報道」は what is reported「報道されること」などともできる。「正しい」は「正確な」accurate などとしてもよいだろう。ただし true

を使うと,「真実ではない」,つまり「うそ」という含みになる。マスメディアでの報道について述べている文章なので,これは言い過ぎになるだろう。

「また,報道が届く人々の範囲の広さを考えても,個別の記事や番組に対する批判は,あってしかるべき重要なものである」

- 「また」は「それに加えて」の含みがあるので,in addition / besides / also などがふさわしい。
- 「～を考えても」は considering / given が使える。
- 「報道が届く人々の範囲の広さ」は「広い範囲」とすると英語に直しやすい。the wide range of people (whom) reports reach とできる。なお,前文とのつながりを考えると those〔these〕reports「そうした報道」とするのがよいだろう。意訳して「どれだけ多くの人々がこうした報道を受け取るか」how many people receive these reports などとすることも可能である。
- 「個別の」は individual / each を使う。後者は単数名詞をとるので注意。
- 「記事や番組に対する批判」は criticism of〔on〕article(s) and program(s) とそのままでよい。
- 「あってしかるべき重要なものである」の「もの」は日本語表現では,ないとしまりがないが,英語では不要。「あってしかるべき」は「なくてはならない」indispensable,「不可欠な」essential などと表現できる。「重要な」は important でよい。なお,「不可欠な」と「重要な」では,重みは前者のほうがあるので,順序を逆にするのが自然かもしれない。「あってしかるべき」が重要さを強調するものと考えるなら,vitally〔crucially〕important「決定的に重要な」とすることもできる。

講評

2024年度も従来どおり,英文和訳・長文読解総合問題・テーマ英作文・和文英訳の4題構成。Ⅳの一部(文学部の独自問題)を除いて,文系学部の文・人間科・法・経済学部と共通問題である。

Ⅰの英文和訳は,(A)・(B)とも下線部訳だったが,(A)は全体に下線が入っており,全文訳だった。しかし,和訳する分量自体は(B)も含めて例年

とほぼ同じである。(A)は海がこの地球で果たしている役割を述べたもの。語句・構文に難解なものはないが，日本文として自然になるような工夫が必要な箇所も含まれていた。(B)は芸術家という仕事の厳しさを論じたもの。こちらも全体的には難解ではないが，一部語句の意味を文脈から推測する必要のあるものも見られた。

　Ⅱの長文読解総合問題は，銀河で起きていることを詳細に説明した文章。やや専門的な内容で見慣れない語句が含まれているため，この分野に対する日頃からの関心の有無が，内容理解に影響した可能性がある。設問は語句レベルの問題は素直で解答しやすいが，内容説明は前述のとおり，この分野の理解度により難しいと感じる受験生もいたかと思われる。日常的にさまざまなことに興味をもっておきたい。

　Ⅲは「大学において，あなたが理想とする学びとはどういうものか」という問いかけに，具体例を挙げて答える問題。やや抽象的な問いであり，どのような内容にするか素早く考えることがポイントになっただろう。語数は2022・2023年度と同様，80語程度だった。

　Ⅳの和文英訳は，例年同様，難度は高い。日本語が「やわらかい」表現のものである場合のほうが，英語との文構造が異なり，語句レベルでも何が使えるか思いつきにくい。日本語の文構造の分析や，語句レベルのものも含めて日本語自体のパラフレーズ力が求められる。

　全体として，英文和訳問題，長文読解総合問題は標準的，英作文問題はやや難と言えるが，読解問題もあなどれない。

$$\boxed{数 \quad 学}$$

◀**理・医(医・保健〈放射線技術科学・検査技術科学〉)・**
歯・薬・工・基礎工学部▶

①
＼ **発 想** ／

(1) 与えられた方程式がただ1つの実数解をもつことを示す問題。
$y=f_n(x)$ のグラフと x 軸との交点を考える定番の解法を用いる。
$f_n'(x)$ を求め，$f_n(x)$ の単調性を示し，さらに中間値の定理を適用するのである。

(2) $f_n(a_n)=1-\dfrac{1}{2}e^{na_n}+\cos\dfrac{a_n}{3}=0$ から e^{na_n} について解き，はさみうちの原理を適用することを念頭において，$0<e^{na_n}\leqq$（定数）の形にはさみ込む。この不等式から，a_n についての不等式を導けばよい。

(3) (2)の結果を用いて $\lim\limits_{n\to\infty}na_n$ を計算する。

本問は頻出のパターンの問題で，確実に得点したい。

解答 (1) $f_n(x)=1-\dfrac{1}{2}e^{nx}+\cos\dfrac{x}{3}$ $(x\geqq0)$ より

$$f_n'(x)=-\frac{n}{2}e^{nx}-\frac{1}{3}\sin\frac{x}{3}$$

ここで，$nx\geqq0$ より $e^{nx}\geqq e^0=1$

また，$\sin\dfrac{x}{3}\geqq-1$ であるから

$$f_n'(x)\leqq-\frac{n}{2}\cdot1-\frac{1}{3}\cdot(-1)$$

$$=-\frac{n}{2}+\frac{1}{3}<0 \quad (\because \quad n\geqq1)$$

よって，$x\geqq0$ において $f_n(x)$ は単調に減少する。

さらに　　$f_n(0) = 1 - \dfrac{1}{2} + 1 = \dfrac{3}{2} > 0$

$$f_n(3\pi) = 1 - \dfrac{1}{2}e^{3n\pi} + \cos\pi = -\dfrac{1}{2}e^{3n\pi} < 0 \quad \cdots\cdots①$$

　したがって，$y = f_n(x)$ のグラフと x 軸はただ 1 つの共有点をもつ。すなわち，方程式 $f_n(x) = 0$ は，ただ 1 つの実数解をもつ。　　（証明終）

(注)　①において，$f_n(3\pi) < 0$ を示したが，$\cos\dfrac{x}{3} \leqq 1$ であるから

$$f_n(x) = 1 - \dfrac{1}{2}e^{nx} + \cos\dfrac{x}{3} \leqq 2 - \dfrac{1}{2}e^{nx}$$

より

$$\lim_{x \to \infty} f_n(x) \leqq \lim_{x \to \infty}\left(2 - \dfrac{1}{2}e^{nx}\right) = -\infty$$

であるから，$\displaystyle\lim_{x \to \infty} f_n(x) = -\infty$ を示してもよい。

(2)　$f_n(a_n) = 0$ より

$$1 - \dfrac{1}{2}e^{na_n} + \cos\dfrac{a_n}{3} = 0 \quad \therefore \quad e^{na_n} = 2\left(1 + \cos\dfrac{a_n}{3}\right) \quad \cdots\cdots②$$

$\cos\dfrac{a_n}{3} \leqq 1$ であるから

$$e^{na_n} \leqq 2(1 + 1) = 4 \quad \therefore \quad na_n \leqq \log 4$$

$a_n \geqq 0$，$n > 0$ より　　$0 \leqq a_n \leqq \dfrac{\log 4}{n}$

$\displaystyle\lim_{n \to \infty}\dfrac{\log 4}{n} = 0$ であるから，はさみうちの原理より

$$\lim_{n \to \infty} a_n = 0 \quad \cdots\cdots（答）$$

(3)　②より

$$na_n = \log\left\{2\left(1 + \cos\dfrac{a_n}{3}\right)\right\}$$

であるから，(2)の結果より

$$\lim_{n \to \infty} na_n = \log\left\{2\left(1 + \cos\dfrac{0}{3}\right)\right\} = \log 4 \quad \cdots\cdots（答）$$

━━━━━━━━━━━━━ 解 説 ━━━━━━━━━━━━━

《微分法の方程式への応用，数列の極限》

(1) 微分法を利用して方程式の実数解の個数を論じる，典型問題である。グラフを利用し，曲線 $y=f_n(x)$ と x 軸の共有点の個数がただ1つであることを示すのであるが，本問の場合，[1] $f_n'(x)=-\dfrac{n}{2}e^{nx}-\dfrac{1}{3}\sin\dfrac{x}{3}<0$ $(x \geqq 0)$ を示し，$x \geqq 0$ において $f_n(x)$ が単調減少であることを導き，[2] $f_n(a)>0$, $f_n(b)<0$ $(0 \leqq a<b)$ を満たす a, b を見いだすことにより，中間値の定理を用いて曲線 $y=f_n(x)$ と x 軸がただ1つの共有点をもつことを示すことができる（右図参照）。

[1]において，$f_n'(x)=-\left(\dfrac{n}{2}e^{nx}+\dfrac{1}{3}\sin\dfrac{x}{3}\right)<0$

は，$x \geqq 0$ のとき $e^{nx} \geqq 1$, また，$\dfrac{1}{3}\sin\dfrac{x}{3} \geqq -\dfrac{1}{3}$ から示すことができる。[2]においては，〔解答〕では $a=0$, $b=3\pi$ として示したが，もちろん他の数値，例えば $b=2\pi$ などでも示すことができる。

(2) a_n の一般項を具体的に求めることができないが，このようなときははさみうちの原理を想定して a_n をうまく不等式ではさみ込むことを考える。まず，$e^{na_n}=2\left(1+\cos\dfrac{a_n}{3}\right)$ ……(*) において $\cos\dfrac{a_n}{3} \leqq 1$ が成り立つから，$e^{na_n} \leqq 2(1+1)=4$ となることに着目し，$0 \leqq na_n \leqq \log 4$ を導く。

(3) (*)から $\lim_{n\to\infty} na_n = \lim_{n\to\infty}\log\left\{2\left(1+\cos\dfrac{a_n}{3}\right)\right\}$ として，(2)の結果を用いれば容易である。なお，本問のように $\lim_{n\to\infty}a_n$, その次に $\lim_{n\to\infty}na_n$ が問われる問題では，もし $\lim_{n\to\infty}a_n=0$ でなければ $\lim_{n\to\infty}na_n$ は明らかに発散してしまうので，このタイプの問題では(2)で $\lim_{n\to\infty}a_n=0$ となることはほぼ間違いないと言っていいだろう。

②

〜〜〜〜〜〜〜 ＞ 発 想 ／ 〜〜〜〜〜〜〜

(1) 複素数平面における存在範囲を求め，それを図示する問題。条件が2つの不等式で与えられていて，しっかりした見通しをも

って処理しないと状況が見えにくく，答えに到達することができ
ない。適切な置き換えを行うことによって，条件を単純化して考
察することがポイントである。まず，$f(1)-3=u_1$，$f(i)-1=u_2$
などと置き，$f(1+i)$ を u_1 と u_2 を用いて表してみよう。

(2)　$f(1+i)=0$ は(1)で求めた領域の境界上にあり，特殊なケー
スであることに着目しよう。図形的な意味を考えるとよい。

解答

(1)　$|f(1)-3|\leqq1$ より　　　$|\alpha+\beta-2|\leqq1$

　　$|f(i)-1|\leqq3$ より　　　$|\alpha i+\beta-2|\leqq3$

ここで，$\alpha+\beta-2=u_1$，$\alpha i+\beta-2=u_2$ とおくと

　　$|u_1|\leqq1$，$|u_2|\leqq3$　……①

α，β を u_1，u_2 を用いて表すと

　　$u_1-u_2=(1-i)\alpha$，　$-u_1i+u_2=(1-i)\beta-2(1-i)$

より

$$\alpha=\frac{u_1-u_2}{1-i}=\frac{1}{2}(1+i)(u_1-u_2)$$
$$\beta=\frac{-u_1i+u_2}{1-i}+2=\frac{1}{2}(1+i)(-u_1i+u_2)+2$$
　……②

②より

$$f(1+i)=(1+i)^2+\alpha(1+i)+\beta$$
$$=2i+\frac{1}{2}(1+i)^2(u_1-u_2)+\frac{1}{2}(1+i)(-u_1i+u_2)+2$$
$$=2+2i+\frac{1}{2}(1+i)u_1+\frac{1}{2}(1-i)u_2　……③$$

ここでさらに，$\dfrac{1}{2}(1+i)u_1=v_1$，$\dfrac{1}{2}(1-i)u_2=v_2$　……④ とおくと

　　$f(1+i)=2+2i+v_1+v_2$　……⑤

ただし，①より

$$|v_1|=\frac{1}{2}|(1+i)u_1|=\frac{1}{\sqrt{2}}|u_1|\leqq\frac{1}{\sqrt{2}}$$

$$|v_2|=\frac{1}{2}|(1-i)u_2|=\frac{1}{\sqrt{2}}|u_2|\leqq\frac{3}{\sqrt{2}}$$

　次に⑤において $w = 2 + 2i + v_1$ とおくと，w は中心 $2 + 2i$，半径 $\dfrac{1}{\sqrt{2}}$ の円の内部および周上にあり

$$f(1+i) = w + v_2$$

は w を中心とし，半径 $\dfrac{3}{\sqrt{2}}$ の円の内部および周上にある（図1）。

　この条件の下で v_1，v_2 を動かすと $f(1+i)$ が描く図形は $2 + 2i$ を中心とする半径 $\dfrac{1}{\sqrt{2}} + \dfrac{3}{\sqrt{2}} = 2\sqrt{2}$ の円の内部および周上の領域で，図2の網かけ部分である（境界を含む）。

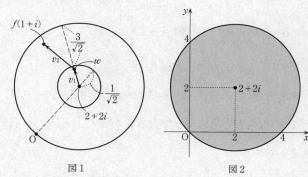

図1　　　　　　　　　　　　　　図2

（注）　④において極形式を用いて

$$v_1 = \frac{1}{\sqrt{2}}\left(\cos\frac{\pi}{4} + i\sin\frac{\pi}{4}\right)u_1 \quad (|u_1| \le 1)$$

$$v_2 = \frac{1}{\sqrt{2}}\left\{\cos\left(-\frac{\pi}{4}\right) + i\sin\left(-\frac{\pi}{4}\right)\right\}u_2 \quad (|u_2| \le 3)$$

と考えてもよい。v_1，v_2 は原点を中心にそれぞれ $\dfrac{\pi}{4}$，$-\dfrac{\pi}{4}$ だけ回転を加えることになるが，結局〔解答〕と同様に

　　v_1 は中心が原点で半径 $\dfrac{1}{\sqrt{2}}$ の円の内部および周上

　　v_2 は中心が原点で半径 $\dfrac{3}{\sqrt{2}}$ の円の内部および周上

にあることがわかる。

(2)　図2より，$f(1+i)=0$ は(1)で求めた領域の境
界上にあるから，右図のように

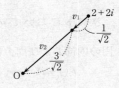

$$v_1 = \frac{1}{\sqrt{2}}\left(-\frac{1}{\sqrt{2}} - \frac{1}{\sqrt{2}}i\right) = -\frac{1}{2}(1+i)$$

$$v_2 = 3v_1 = -\frac{3}{2}(1+i)$$

が成り立つときであるから，④より

$$\frac{1}{2}(1+i)u_1 = -\frac{1}{2}(1+i), \quad \frac{1}{2}(1-i)u_2 = -\frac{3}{2}(1+i)$$

$$\therefore \quad u_1 = -1, \quad u_2 = \frac{-3(1+i)}{1-i} = -3i$$

②より　　$\alpha = \frac{1}{2}(1+i)(-1+3i) = -2+i$

$$\beta = \frac{1}{2}(1+i)(i-3i) + 2 = 3-i$$

よって，求める α, β の値は　　$\alpha = -2+i, \ \beta = 3-i$　……(答)

(注)　v_1 と v_2 の偏角がともに $\frac{5}{4}\pi$ で大きさが最大 $\left(|v_1| = \frac{1}{\sqrt{2}}, \ |v_2| = \frac{3}{\sqrt{2}}\right)$

のときであるから

$$v_1 = \frac{1}{\sqrt{2}}\left(\cos\frac{5}{4}\pi + \sin\frac{5}{4}\pi\right), \quad v_2 = 3v_1 \ \left(= \frac{3}{\sqrt{2}}\left(\cos\frac{5}{4}\pi + i\sin\frac{5}{4}\pi\right)\right)$$

と考えてもよい。

別解　(1)　③までは〔解答〕と同じ。

$$f(1+i) - (2+2i) = \frac{1}{2}(1+i)u_1 + \frac{1}{2}(1-i)u_2$$

$$= \frac{1}{2}(1+i)\left(u_1 + \frac{1-i}{1+i}u_2\right)$$

$$= \frac{1}{2}(1+i)(u_1 - iu_2) \quad ……⑥$$

ここで，複素数の三角不等式を適用して①を用いると

$$|f(1+i) - (2+2i)| = \frac{1}{2}|(1+i)(u_1 - iu_2)|$$

$$= \frac{\sqrt{2}}{2}|u_1 + (-iu_2)| \leqq \frac{\sqrt{2}}{2}(|u_1| + |-iu_2|)$$

$$= \frac{\sqrt{2}}{2}(|u_1| + |u_2|) \leqq \frac{\sqrt{2}}{2}(1+3) = 2\sqrt{2} \quad \cdots\cdots ⑦$$

等号は $|u_1| = 1$, $|u_2| = 3$, $3u_1 = -iu_2$ ……⑧ のときに成り立つ。

すなわち，$|f(1+i) - (2+2i)| \leqq 2\sqrt{2}$ より，$f(1+i)$ の描く図形は $2+2i$ を中心とする半径 $2\sqrt{2}$ の円の内部および周上の領域で，図2の網かけ部分である（境界を含む）。

(2)　$f(1+i) = 0$ であるから，⑥より

$$-(2+2i) = \frac{1}{2}(1+i)(u_1 - iu_2)$$

∴　$u_1 - iu_2 = -4$

　一方，⑦の過程から $|u_1 - iu_2| \leqq |u_1| + |u_2| \leqq 4$ が成り立つから，これは⑦において等号が成り立つときであり，⑧を代入すると

$$u_1 + 3u_1 = -4 \quad より \quad u_1 = -1, \ u_2 = -3i$$

よって，②より〔解答〕と同様に

$$\alpha = -2+i, \ \beta = 3-i$$

が導かれる。

=========== 解　説 ===========

《条件を満たす複素数が存在する領域》

(1)　あまり見かけないタイプの問題で，与えられた2つの不等式 $|\alpha + \beta - 2| \leqq 1$，$|\alpha i + \beta - 2| \leqq 3$ が何を表すのかわかりにくく，難渋した受験生が多かったであろう。ただ，冷静に考えれば決して難解な内容ではなく，十分正解に到達しうる問題である。

　まず，$\alpha + \beta - 2 = u_1$，$\alpha i + \beta - 2 = u_2$ とおいて，$|u_1| \leqq 1$，$|u_2| \leqq 3$ と条件を単純化するのがポイント。そして，$f(1+i)$ を u_1, u_2 を用いて

$$f(1+i) = 2+2i + \frac{1}{2}(1+i)u_1 + \frac{1}{2}(1-i)u_2 \quad \cdots\cdots(*)$$

と表して，さらに $\frac{1}{2}(1+i)u_1 = v_1$，$\frac{1}{2}(1-i)u_2 = v_2$ とおくと

$$f(1+i) = 2+2i + v_1 + v_2, \quad |v_1| \leqq \frac{1}{\sqrt{2}}, \quad |v_2| \leqq \frac{3}{\sqrt{2}}$$

と $f(1+i)$ の本質が見えてくる。$f(1+i)$ がとる値は，複素数平面上で $2+2i$ を中心とする円周上の点を表し，$|v_1| = \frac{1}{\sqrt{2}}$，$|v_2| = \frac{3}{\sqrt{2}}$ で v_1 と v_2 が

同じ向きのとき半径最大 $\left(\dfrac{1}{\sqrt{2}}+\dfrac{3}{\sqrt{2}}=2\sqrt{2}\right)$ の円周上の点, $v_1=v_2=0$ の

とき点 $2+2i$ を表すので結局 v_1, v_2 を動かすと, 中心 $2+2i$ で半径 $2\sqrt{2}$ の円の内部および周上の点を表すことがわかる。

　(*)において $1+i$, $1-i$ を極形式を用いて考える解法や〔別解〕のように $\dfrac{1}{2}(1+i)(u_1-iu_2)$ と変形し, 複素数の三角不等式を適用する解法も考えられる。

　なお, 三角不等式は x, y が複素数のとき $(|x|-|y|\leq)$ $|x+y|\leq|x|+|y|$ であり, 等号は $y=tx$ $(t>0)$ のとき成り立つ。x, y をそれぞれ $\vec{x}$, $\vec{y}$ に代えて, ベクトルとしても成り立つのは周知のとおりであるが, 複素数の三角不等式もこれと同じ意味である。

(2)　$f(1+i)=0$ を満たすのは, (1)で求めた領域の境界上の点であることに着目しよう。このとき, $2+2i$ を中心とする円の半径が最大 $(2\sqrt{2})$ になり, v_1 と v_2 は同じ向きで $|v_1|=\dfrac{1}{\sqrt{2}}$, $|v_2|=\dfrac{3}{\sqrt{2}}$ であることがわかる。

このことから v_1, v_2 の値が求められるので, この値から u_1, u_2 の値, さらに α, β の値を導くことができる。

　〔別解〕も同様に考えることにより, $u_1=-1$, $u_2=-3i$ を得る。

③　————＼ 発想 ／————

　明らかに成り立つ命題の証明であるが, 自力で証明の方針を立て正確に論証を進めなければならず, 少々骨が折れる。「ねじれの位置」についても正しい理解が必要である (2つの直線がねじれの位置にあるとは, 2つの直線が同一平面上にないということ)。証明にはいくつかの手段が考えられるが, ベクトルを用いるのが有効である。ベクトル方程式を利用して直線 l, m 上の点を表そう。例えば, 直線 l は方向ベクトルが $\vec{l}$ で点Aを通るとして, 直線 l 上の点Pの位置ベクトルを実数 s を用いて表してみよう。同様に直線 m (方向ベクトルを $\vec{m}$ とする) 上の点Qの位置ベクトルも求め, $\overrightarrow{PQ}\perp\vec{l}$, $\overrightarrow{PQ}\perp\vec{m}$ を満たす条件を考える。「ただ1つ存在する」ことを明確に論述することも重要である。

他には，直線 l が座標軸の 1 つに一致するような空間座標を導入して内容を簡略化し，ベクトルの成分を用いて考察してもよい。

解答 直線 l, m の方向ベクトルをそれぞれ $\vec{l}$, $\vec{m}$ $(\vec{l} \neq \vec{0},\ \vec{m} \neq \vec{0})$ とし，通る点の 1 つをそれぞれ A，B とする。このとき直線 l, m 上の点をそれぞれ P，Q とすると，s, t を実数として

$$\overrightarrow{OP} = \overrightarrow{OA} + s\vec{l}, \quad \overrightarrow{OQ} = \overrightarrow{OB} + t\vec{m}$$

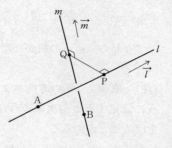

と表せる。ただし，直線 l, m はねじれの位置にあるから

$$\vec{l} \not\parallel \vec{m}, \quad \overrightarrow{PQ} \neq \vec{0}$$

このとき

$$\overrightarrow{PQ} = \overrightarrow{OQ} - \overrightarrow{OP} = (\overrightarrow{OB} + t\vec{m}) - (\overrightarrow{OA} + s\vec{l})$$
$$= \overrightarrow{AB} - s\vec{l} + t\vec{m}$$

PQ を l と m の両方に直交する直線であるとすると，$\overrightarrow{PQ} \neq \vec{0}$, $\vec{l} \neq \vec{0}$, $\vec{m} \neq \vec{0}$ より

$$PQ \perp l, \ PQ \perp m \iff \overrightarrow{PQ} \cdot \vec{l} = 0, \ \overrightarrow{PQ} \cdot \vec{m} = 0$$

であるから，これを満たす実数 s, t の組がただ 1 つ存在することを示せばよい。

$\overrightarrow{PQ} \cdot \vec{l} = 0$ より

$$(\overrightarrow{AB} - s\vec{l} + t\vec{m}) \cdot \vec{l} = 0$$
$$-s|\vec{l}|^2 + t\vec{l} \cdot \vec{m} + \overrightarrow{AB} \cdot \vec{l} = 0$$

$\overrightarrow{PQ} \cdot \vec{m} = 0$ より

$$(\overrightarrow{AB} - s\vec{l} + t\vec{m}) \cdot \vec{m} = 0$$
$$-s\vec{l} \cdot \vec{m} + t|\vec{m}|^2 + \overrightarrow{AB} \cdot \vec{m} = 0$$

ここで，$|\vec{l}|^2 = c$, $\vec{l} \cdot \vec{m} = d$, $|\vec{m}|^2 = e$, $\overrightarrow{AB} \cdot \vec{l} = f$, $\overrightarrow{AB} \cdot \vec{m} = g$ とおくと

$$cs - dt = f \ \cdots\cdots ①, \quad ds - et = g \ \cdots\cdots ②$$

$① \times e - ② \times d$ より $(ce - d^2)s = ef - dg$

$① \times d - ② \times c$ より $(ce - d^2)t = df - cg$

$\vec{l}$, $\vec{m}$ のなす角を θ $(0 \leq \theta \leq \pi)$ とすると，$\vec{l} \not\parallel \vec{m}$ より $\theta \neq 0$, π であるから

$$ce - d^2 = |\vec{l}|^2|\vec{m}|^2 - (\vec{l} \cdot \vec{m})^2$$
$$= |\vec{l}|^2|\vec{m}|^2 - (|\vec{l}||\vec{m}|\cos\theta)^2$$
$$= |\vec{l}|^2|\vec{m}|^2(1 - \cos^2\theta) \neq 0 \quad (\because \quad \cos\theta \neq \pm 1)$$

よって　　　$s = \dfrac{ef - dg}{ce - d^2}, \quad t = \dfrac{df - cg}{ce - d^2}$

すなわち，s，t の組がただ 1 つ存在するから題意が示された。

（証明終）

(注)　直線 l, m の方向ベクトル $\vec{l}$, $\vec{m}$ の大きさを $|\vec{l}| = |\vec{m}| = 1$ となるように設定すると，次のように s, t を求めることができて，計算の省力化を図ることができる。

　直線 l, m 上の点 P，Q は，s，t を実数として

$$\overrightarrow{OP} = \overrightarrow{OA} + s\vec{l}, \quad \overrightarrow{OQ} = \overrightarrow{OB} + t\vec{m} \qquad ただし，|\vec{l}| = |\vec{m}| = 1$$

と表すと，〔解答〕と同様にして

$\overrightarrow{PQ} \cdot \vec{l} = 0$ より　　　$-s|\vec{l}|^2 + t\vec{l} \cdot \vec{m} + \overrightarrow{AB} \cdot \vec{l} = 0$

$\overrightarrow{PQ} \cdot \vec{m} = 0$ より　　　$-s\vec{l} \cdot \vec{m} + t|\vec{m}|^2 + \overrightarrow{AB} \cdot \vec{m} = 0$

$|\vec{l}| = |\vec{m}| = 1$ であるから，$\vec{l}$ と $\vec{m}$ のなす角を θ $(0 \leq \theta \leq \pi)$ とすると

$$\vec{l} \cdot \vec{m} = |\vec{l}||\vec{m}|\cos\theta = \cos\theta$$

となるから，さらに $\overrightarrow{AB} \cdot \vec{l} = f$，$\overrightarrow{AB} \cdot \vec{m} = g$ とおくと

$$s - t\cos\theta = f \quad \cdots\cdots① ', \quad s\cos\theta - t = g \quad \cdots\cdots② '$$

②' より，$t = s\cos\theta - g$ を①' に代入して

$$(1 - \cos^2\theta)s = f - g\cos\theta$$

ここで〔解答〕と同様に $\vec{l} \nparallel \vec{m}$ より $1 - \cos^2\theta \neq 0$ であるから

$$s = \frac{f - g\cos\theta}{1 - \cos^2\theta}, \quad t = \frac{f\cos\theta - g}{1 - \cos^2\theta}$$

別解　直線 l が z 軸に一致するような空間座標を導入する。

　このとき，直線 l（z 軸）の方向ベクトルを $\vec{l} = (0, 0, 1)$ とすると，直線 l 上の点 P は s を実数として

$$\overrightarrow{OP} = s\vec{l} = s(0, 0, 1)$$

と表せる。次に直線 m の方向ベクトルを $\vec{m} = (m_1, m_2, m_3)$ $(\neq \vec{0})$ として通る点の 1 つを A (a, b, c) とすると，m 上の点 Q は t を実数として

$$\overrightarrow{OQ} = \overrightarrow{OA} + t\vec{m} = (a, b, c) + t(m_1, m_2, m_3)$$

と表せる。ただし，l と m はねじれの位置にあるから

$$\vec{l} \not\parallel \vec{m} \quad \cdots\cdots ③, \quad \overrightarrow{PQ} \neq \vec{0} \quad \cdots\cdots ④$$

③より，$(0,\ 0,\ 1) \not\parallel (m_1,\ m_2,\ m_3)$ であるから

$$(m_1,\ m_2) \neq (0,\ 0) \quad \cdots\cdots ⑤$$

このとき

$$\overrightarrow{PQ} = \overrightarrow{OQ} - \overrightarrow{OP}$$
$$= (a,\ b,\ c) + t(m_1,\ m_2,\ m_3) - s(0,\ 0,\ 1)$$
$$= (m_1 t + a,\ m_2 t + b,\ m_3 t - s + c)$$

PQ を l と m の両方に直交する直線であるとすると，④と $\vec{l} \neq \vec{0}$，$\vec{m} \neq \vec{0}$ より

$$PQ \perp l,\ PQ \perp m \iff \overrightarrow{PQ} \cdot \vec{l} = 0,\ \overrightarrow{PQ} \cdot \vec{m} = 0$$

であるから，これを満たす実数 $s,\ t$ の組がただ1つ存在することを示せばよい。

$\overrightarrow{PQ} \cdot \vec{l} = 0$ より

$$0(m_1 t + a) + 0(m_2 t + b) + 1(m_3 t - s + c) = 0$$
$$m_3 t - s + c = 0 \quad \therefore\ s = m_3 t + c \quad \cdots\cdots ⑥$$

$\overrightarrow{PQ} \cdot \vec{m} = 0$ より

$$m_1(m_1 t + a) + m_2(m_2 t + b) + m_3(m_3 t - s + c) = 0$$
$$(m_1{}^2 + m_2{}^2 + m_3{}^2) t - m_3 s + am_1 + bm_2 + cm_3 = 0 \quad \cdots\cdots ⑦$$

⑥を⑦に代入して

$$(m_1{}^2 + m_2{}^2 + m_3{}^2) t - m_3(m_3 t + c) + am_1 + bm_2 + cm_3 = 0$$
$$(m_1{}^2 + m_2{}^2) t = -am_1 - bm_2$$

⑤より，$m_1{}^2 + m_2{}^2 \neq 0$ であるから

$$t = -\frac{am_1 + bm_2}{m_1{}^2 + m_2{}^2}, \quad s = -\frac{m_3(am_1 + bm_2)}{m_1{}^2 + m_2{}^2} + c$$

したがって，$s,\ t$ の組がただ1つ存在するから，l と m の両方に直交する直線 PQ がただ1つ存在する。

参考　次のように，実際に直線 $l,\ m$ 両方に直交する直線を構成することにより示してもよい。

直線 l を含む平面のうち，直線 m に平行な平面を P，直線 m を含み P に平行な平面を Q とし，$P,\ Q$ の法線ベクトルをそれぞれ $\vec{p},\ \vec{q}$ とする。$l,$ m はねじれの位置にあり同一平面上にないから，このような平面 $P,\ Q$ はただ1つ存在し，相異なる平面である。このとき

$P \perp \vec{p}, \quad Q \perp \vec{q}$　……㋐

また，$P /\!/ Q$ より　　$\vec{p} /\!/ \vec{q}$

次に l を含む平面のうち P に垂直な平面を P'，m を含む平面のうち $Q(P)$ に垂直な平面を Q' とする。このような平面 P'，Q' はただ 1 つ存在し，㋐より

$P' /\!/ \vec{p}, \quad Q' /\!/ \vec{q} /\!/ \vec{p}$　……㋑

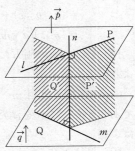

$l \not/\!/ m$ より，$P' \not/\!/ Q'$ であるので，P' と Q' の交線がただ 1 つ存在し，それを n とすると n は l と m の両方と交点をもつ。　……㋒

このとき，㋑より

$n /\!/ \vec{p} /\!/ \vec{q}$

であるから，㋐より

$P \perp n, \quad Q \perp n$

であるので　　$l \perp n, \quad m \perp n$　……㋓

㋒，㋓より，n は l と m の両方に直交し，それはただ 1 つ存在する。

======================= 解　説 =======================

《ねじれの位置にある 2 直線の共通垂線の存在，ベクトル方程式》

抽象的な証明問題で，決して難しい内容ではないものの，どのような手段で証明していくか自分で方針を立てなければならず，実力が問われる問題である。直線 l 上に点 P，直線 m 上に点 Q をとり，PQ$\perp l$，PQ$\perp m$ を満足する条件を考えればよいが，そのためにはベクトル方程式を利用し，点 P，Q の位置ベクトルを表す方針が有力である。まず，直線 l：点 A を通り $\vec{l}$ に平行，直線 m：点 B を通り $\vec{m}$ に平行と証明のための道具を自力で設定し，実数 s, t を用いて，$\overrightarrow{OP} = \overrightarrow{OA} + s\vec{l}$，$\overrightarrow{OQ} = \overrightarrow{OB} + t\vec{m}$ と表すことが証明の第一歩である。この準備が完了すれば次は計算である。$\overrightarrow{PQ} = \overrightarrow{AB} - s\vec{l} + t\vec{m}$ を導き，垂直条件を内積を用いて $\overrightarrow{PQ} \cdot \vec{l} = 0$，$\overrightarrow{PQ} \cdot \vec{m} = 0$ から

$$-s|\vec{l}|^2 + t\vec{l} \cdot \vec{m} + \overrightarrow{AB} \cdot \vec{l} = 0, \quad -s\vec{l} \cdot \vec{m} + t|\vec{m}|^2 + \overrightarrow{AB} \cdot \vec{m} = 0$$

が得られるので，これを s, t に関する連立 1 次方程式と考えて解けばよい。ここで最後の関門 "ただ 1 つ存在" の証明を正しく行う必要がある。この方程式の解 (s, t) がただ 1 組得られることを示せばよいが，そのためには，l と m がねじれの位置にある条件を使うことになる。$\vec{l} \not/\!/ \vec{m}$ より，

$\vec{l}$ と $\vec{m}$ のなす角を θ としたとき $\cos\theta \ne \pm 1$ を用いると，分母が 0 になることなく，s, t の値をただ 1 つ定めることができる。

〔別解〕は，直線 l が z 軸に一致するような空間座標を定めて問題を簡略化し，$\vec{l}=(0,\ 0,\ 1)$, $\vec{m}=(m_1,\ m_2,\ m_3)$ と成分を設定し，成分計算により証明を進める解法である。方針は〔解答〕と同じである。

 発 想

阪大理系では頻出の体積に関する問題で，円を y 軸のまわりに回転してできる回転体がテーマである。方針は確定していて，ただ計算に邁進すればよく，2024 年度の問題の中では最も取り組みやすいので，完答を目指したい。

(1) y 軸のまわりの回転体であるので，円の方程式を x について解き，$\pi\displaystyle\int x^2 dy$ に代入する。四分円の面積 $\pi\displaystyle\int_0^1 \sqrt{1-y^2}\,dy=\dfrac{\pi}{4}$ も利用して，計算ミスに注意して解いていこう。

(2) V_2 も同様であるが，円 C の「右半円と y 軸で挟まれた部分を回転した体積」から「左半円と y 軸で挟まれた部分を回転した体積」を引くことで求めることができる。最終的に a の 2 次方程式を解いて，a の値の範囲に注意して答えが得られる。

解答　(1) 円 C の方程式は

$$(x-a)^2+y^2=1$$

これより

$$(x-a)^2=1-y^2$$

$$\therefore \quad x-a=\pm\sqrt{1-y^2}$$

$x \geqq a$ のとき　$x=a+\sqrt{1-y^2}$

円 C の $x \geqq a$ の部分と y 軸および 2 直線 $y=1$, $y=-1$ で囲まれた図形は右図の網かけ部分のようになるから，これを

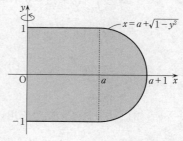

y 軸のまわりに 1 回転してできる回転体の体積 V_1 は

$$V_1=\pi\int_{-1}^1 x^2\,dy$$

$$= \pi \int_{-1}^{1} (a + \sqrt{1-y^2})^2 dy$$

$$= 2\pi \int_{0}^{1} (a^2 + 1 - y^2 + 2a\sqrt{1-y^2})\, dy$$

ここで，$\int_{0}^{1} \sqrt{1-y^2}\, dy$ は半径 1 の四分円

（右図の網かけ部分）の面積 $\dfrac{1}{4}\pi \cdot 1^2 = \dfrac{\pi}{4}$

……① であることに注意すると

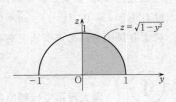

$$V_1 = 2\pi \left\{ \left[(a^2+1)\,y - \frac{1}{3}y^3 \right]_0^1 + 2a \cdot \frac{\pi}{4} \right\}$$

$$= 2\pi \left(a^2 + 1 - \frac{1}{3} + \frac{\pi}{2}a \right)$$

$$= \pi \left(2a^2 + \pi a + \frac{4}{3} \right) \quad \cdots\cdots(答)$$

(2)　円 C の方程式は，$x \leqq a$ のとき

$$x = a - \sqrt{1-y^2}$$

であるから，円 C で囲まれた図形を y
軸のまわりに 1 回転してできる回転体の
体積 V_2 は，$a>1$ より

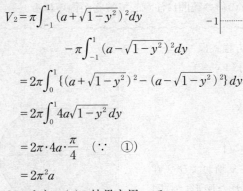

$$V_2 = \pi \int_{-1}^{1} (a + \sqrt{1-y^2})^2 dy$$

$$\qquad - \pi \int_{-1}^{1} (a - \sqrt{1-y^2})^2 dy$$

$$= 2\pi \int_{0}^{1} \{ (a + \sqrt{1-y^2})^2 - (a - \sqrt{1-y^2})^2 \}\, dy$$

$$= 2\pi \int_{0}^{1} 4a\sqrt{1-y^2}\, dy$$

$$= 2\pi \cdot 4a \cdot \frac{\pi}{4} \quad (\because \quad ①)$$

$$= 2\pi^2 a$$

$V_1 = 2V_2$ より，(1)の結果を用いて

$$\pi \left(2a^2 + \pi a + \frac{4}{3} \right) = 2 \cdot 2\pi^2 a$$

$$6a^2 - 9\pi a + 4 = 0$$

ここで，$f(a) = 6a^2 - 9\pi a + 4$ とおくと

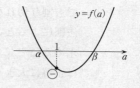

$$f(1) = 6 - 9\pi + 4 < 0$$

であり，$y = f(a)$ は下に凸の放物線だから2次
方程式 $f(a) = 0$ は異なる2つの実数解 α, β
（$\alpha < \beta$ とする）をもち，$\alpha < 1 < \beta$ を満たす（右図
参照）。

よって，$a > 1$ より

$$a = \frac{9\pi + \sqrt{81\pi^2 - 96}}{12} \quad (= \beta) \quad \cdots\cdots(答)$$

===== 解　説 =====

《円を y 軸のまわりに回転してできる立体の体積》

(1)　本問は，円を y 軸のまわりに回転してできる立体の体積を求める基本
レベルの問題である。円 $(x - a)^2 + y^2 = 1$ から得られる右半円の方程式
$x_1 = a + \sqrt{1 - y^2}$ に対して回転体の体積 $V_1 = \pi \int_{-1}^{1} x_1{}^2 dy$ を計算すればよい。
$(a + \sqrt{1 - y^2})^2$ を展開して積分することになるが，計算の過程で半径1の
四分円の面積を利用して $\int_0^1 \sqrt{1 - y^2}\, dy = \frac{\pi}{4}$ を用いるとよい。$y = \sin\theta$ と置
換積分してもよいが，手間と時間を費やすことになる。

(2)　左半円の方程式 $x_2 = a - \sqrt{1 - y^2}$ に対して $V_2 = \pi \int_{-1}^{1} x_1{}^2 dy - \pi \int_{-1}^{1} x_2{}^2 dy$
$= \pi \int_{-1}^{1} (x_1{}^2 - x_2{}^2)\, dy$ を計算して，$V_1 = 2V_2$ から得られる a についての2次
方程式を解く。すると正の解を2つ得るが，条件 $a > 1$ を満たす解は，2
次関数 $f(a) = 6a^2 - 9\pi a + 4$ のグラフを考え，$f(1)$ の値の正負を調べるこ
とで判定した。

(1)　$n = p^a q^b r^c$ 以下で，n と互いに素である自然数はどのような
数であろうか？　これは，3つの素数 p, q, r のどれでも割り切
れない自然数である。これらの個数を考えるには集合を用いるの
が有効という発想が出てくれば合格である。$p^a q^b r^c$ 以下の自然数
の集合を全体集合 U とし，U の部分集合で，p, q, r で割り切れ
る自然数の集合をそれぞれ P, Q, R とすると，p, q, r のどれ

でも割り切れない自然数の集合は $\overline{P} \cap \overline{Q} \cap \overline{R}$ で，ド・モルガンの法則によるとこれは $\overline{P \cup Q \cup R}$ に等しいから，この集合の個数を求めることになる。$n(P \cup Q \cup R)$ がどのようになるかがわかれば正解に大きく近づくことになる。ちなみに２つの集合に対しては，$n(P \cup Q) = n(P) + n(Q) - n(P \cap Q)$ である。

(2)　n の異なる素因数の個数（$M(n)$ とする）により場合分けして考えよう。例えば $M(n) = 2$ のときは

$$\frac{n}{f(n)} = \frac{p^a q^b}{p^{a-1} q^{b-1}(p-1)(q-1)} = \frac{pq}{(p-1)(q-1)}$$ が自然数となるような p, q の値を定め，さらに 5 以上 100 以下となる $n = p^a q^b$ をすべて求める。$M(n)$ がとり得る値も押さえておく必要がある。

解答　(1)　$n = p^a q^b r^c$ 以下の自然数の集合を U とし，U の部分集合で p, q, r で割り切れる自然数の集合をそれぞれ P, Q, R とおく。

このとき，n 以下で n と互いに素である自然数の集合は $\overline{P} \cap \overline{Q} \cap \overline{R}$ であるから，ド・モルガンの法則より

$$\begin{aligned}
f(p^a q^b r^c) &= n(\overline{P} \cap \overline{Q} \cap \overline{R}) = n(\overline{P \cup Q \cup R}) \\
&= n(U) - n(P \cup Q \cup R) \\
&= p^a q^b r^c - \{n(P) + n(Q) + n(R) - n(Q \cap R) - n(R \cap P) \\
&\qquad\qquad\qquad - n(P \cap Q) + n(P \cap Q \cap R)\}
\end{aligned}$$

が成り立ち

$$n(P) = \frac{p^a q^b r^c}{p} = p^{a-1} q^b r^c$$

同様に　$n(Q) = p^a q^{b-1} r^c$, $n(R) = p^a q^b r^{c-1}$

$Q \cap R$ は q, r が素数であることから，qr で割り切れる自然数の集合であり

$$n(Q \cap R) = \frac{p^a q^b r^c}{qr} = p^a q^{b-1} r^{c-1}$$

同様に　$n(R \cap P) = p^{a-1} q^b r^{c-1}$, $n(P \cap Q) = p^{a-1} q^{b-1} r^c$

$P \cap Q \cap R$ は p, q, r が素数であることから，pqr で割り切れる自然数の集合であり

$$n(P \cap Q \cap R) = \frac{p^a q^b r^c}{pqr} = p^{a-1} q^{b-1} r^{c-1}$$

よって

$$
\begin{aligned}
f(p^a q^b r^c) &= p^a q^b r^c - (p^{a-1} q^b r^c + p^a q^{b-1} r^c + p^a q^b r^{c-1} - p^{a-1} q^{b-1} r^{c-1} \\
&\qquad - p^{a-1} q^b r^{c-1} - p^{a-1} q^{b-1} r^c + p^{a-1} q^{b-1} r^{c-1}) \\
&= p^{a-1} q^{b-1} r^{c-1} (pqr - qr - rp - pq + p + q + r - 1) \\
&= p^{a-1} q^{b-1} r^{c-1} \{ p(qr - q - r + 1) - (qr - q - r + 1) \} \\
&= p^{a-1} q^{b-1} r^{c-1} (p-1)(q-1)(r-1) \qquad (証明終)
\end{aligned}
$$

(2)　n の異なる素因数の個数を $M(n)$ と表すことにすると

$$2 \cdot 3 \cdot 5 \cdot 7 = 210 > 100$$

であるから，5 以上 100 以下の自然数 n に対しては $M(n) \geqq 4$ とはなり得ないので

$$M(n) = 1, \ 2, \ 3$$

(ⅰ) $M(n) = 1$ のとき

　$n = p^a$（p は素数，a は自然数）と表すと，(1)と同様に

$$f(n) = p^{a-1}(p-1)$$

　$f(n)$ が n の約数だから

$$\frac{n}{f(n)} = \frac{p}{p-1}$$

　が自然数になる。よって，$p-1 \ (<p)$ は p の約数だから

$$p - 1 = 1 \qquad \therefore \quad p = 2$$

　よって　　　$n = 2^a$

　$5 \leqq 2^a \leqq 100$ より　　　$n = 2^3, \ 2^4, \ 2^5, \ 2^6$

(ⅱ) $M(n) = 2$ のとき

　$n = p^a q^b$（$p, \ q$ は素数で $p < q$，$a, \ b$ は自然数）と表すと，(1)と同様に

$$f(n) = p^{a-1} q^{b-1} (p-1)(q-1)$$

　よって，$\dfrac{n}{f(n)} = \dfrac{pq}{(p-1)(q-1)}$ が自然数になるから，$(p-1)(q-1)$

　が pq の約数となる。

　pq の約数は小さい順に　　　$1, \ p, \ q, \ pq$

　$1 \leqq p - 1 < q - 1 < q$ であるから

$$p - 1 = 1, \ q - 1 = p \qquad \therefore \quad p = 2, \ q = 3$$

$5 \leqq 2^a \cdot 3^b \leqq 100$ より

$\quad n = 2^1 \cdot 3^1, \ 2^1 \cdot 3^2, \ 2^1 \cdot 3^3, \ 2^2 \cdot 3^1, \ 2^2 \cdot 3^2, \ 2^3 \cdot 3^1, \ 2^3 \cdot 3^2,$

$\quad\quad 2^4 \cdot 3^1, \ 2^5 \cdot 3^1$

(iii) $M(n) = 3$ のとき

$\quad n = p^a q^b r^c$ （$p, \ q, \ r$ は素数で $p < q < r, \ a, \ b, \ c$ は自然数）と表すと，

(1)より

$$\frac{n}{f(n)} = \frac{pqr}{(p-1)(q-1)(r-1)}$$

が自然数になるから，(ii)と同様に考えることにより

$\quad p = 2, \ q = 3$

このとき

$$\frac{n}{f(n)} = \frac{2 \cdot 3 \cdot r}{1 \cdot 2 (r-1)} = \frac{3r}{r-1}$$

が自然数になるから，$2 < r-1 < r$ より

$\quad r - 1 = 3 \iff r = 4$

となるが，r が素数にならないから不適。

以上より

$\quad n = 6, \ 8, \ 12, \ 16, \ 18, \ 24, \ 32, \ 36, \ 48, \ 54, \ 64, \ 72, \ 96$

$\qquad\qquad\qquad\qquad\qquad\qquad\qquad\qquad\qquad\qquad\qquad$……(答)

(注)　$M(n) = 1, \ 2, \ 3$ のときそれぞれ

$\quad \dfrac{p}{p-1} \ (= d_1 とおく), \quad \dfrac{pq}{(p-1)(q-1)} \ (= d_2 とおく),$

$\quad \dfrac{pqr}{(p-1)(q-1)(r-1)} \ (= d_3 とおく)$

が自然数となる条件は，$p, \ q, \ r \ (p < q < r)$ の偶奇に着目して次のように考察することもできる。

まず $p \geqq 3$ とすると，$d_1, \ d_2, \ d_3$ の分子は奇数，分母は偶数となり不適。

よって，$p = 2$ であるから

$\quad d_1 = 2$ （適する），$d_2 = \dfrac{2q}{q-1}, \ d_3 = \dfrac{2qr}{(q-1)(r-1)}$

$q \geqq 3$ であるから，$q-1, \ r-1 \ (q-1 < r-1)$ は偶数，$q, \ r$ は奇数だから

$\quad q - 1 = 2 \quad \therefore \quad q = 3$

よって $d_2=3$ （適する），$d_3=\dfrac{3r}{r-1}$

であるが，d_3 の分子は奇数，分母は偶数だから d_3 は自然数とはならない。

参考 包除原理とオイラー関数

m 個の和集合 $A_1\cup A_2\cup\cdots\cup A_m$ の要素の個数に関する等式について

$m=2$ のとき

$$n(A_1\cup A_2)=n(A_1)+n(A_2)-n(A_1\cap A_2)$$

$m=3$ のとき

$$
\begin{aligned}
n(A_1\cup A_2\cup A_3)=\,&n(A_1)+n(A_2)+n(A_3)\\
&-\{n(A_1\cap A_2)+n(A_2\cap A_3)+n(A_3\cap A_1)\}\\
&+n(A_1\cap A_2\cap A_3)
\end{aligned}
$$

和集合 $\cup$ の要素の個数を共通部分 $\cap$ の要素の個数で表した等式として $m=2,\ 3$ の場合を教科書で学習した。これを m 個の場合に一般化した等式を「包除原理」とよび，次の式で与えられる。

$$
\begin{aligned}
&n(A_1\cup A_2\cup\cdots\cup A_m)\\
&=n(A_1)+n(A_2)+\cdots+n(A_m)\\
&\quad-\{n(A_1\cap A_2)+\cdots+n(A_{m-1}\cap A_m)\}\qquad\leftarrow k=2\\
&\quad+\{n(A_1\cap A_2\cap A_3)+\cdots+n(A_{m-2}\cap A_{m-1}\cap A_m)\}\quad\leftarrow k=3\\
&\qquad\qquad\vdots\qquad\qquad\qquad\qquad\qquad\qquad\quad\vdots\\
&\quad+(-1)^{m-1}n(A_1\cap A_2\cap\cdots\cap A_m)\qquad\qquad\leftarrow k=m
\end{aligned}
$$

この等式は，k 個（$k=2,\ 3,\ \cdots,\ m$）の集合の共通部分について，$n(A_{i_1}\cap A_{i_2}\cap\cdots\cap A_{i_k})$ の総和の交代和（各項の符号を交互に入れ替えて足し合わせた和）で表されるのが特徴である。

本問では，$m=3$ のときの等式を利用して，$p^aq^br^c$ と互いに素である自然数の個数

$$f(p^aq^br^c)=p^{a-1}q^{b-1}r^{c-1}(p-1)(q-1)(r-1)$$

を導いた。これを包除原理を利用して，素因数を m 個もつ自然数 $n=p_1{}^{a_1}p_2{}^{a_2}\cdots p_m{}^{a_m}$ に対して一般化すると

$$
\begin{aligned}
f(p_1{}^{a_1}p_2{}^{a_2}\cdots p_m{}^{a_m})&=p_1{}^{a_1-1}p_2{}^{a_2-1}\cdots p_m{}^{a_m-1}(p_1-1)(p_2-1)\cdots(p_m-1)\\
&=p_1{}^{a_1}p_2{}^{a_2}\cdots p_m{}^{a_m}\left(1-\frac{1}{p_1}\right)\left(1-\frac{1}{p_2}\right)\cdots\left(1-\frac{1}{p_m}\right)
\end{aligned}
$$

（$p_1,\ p_2,\ \cdots,\ p_m$ は相異なる素数，$a_1,\ a_2,\ \cdots,\ a_m$ は自然数）

が成り立つ。これは「オイラー関数」というきわめて応用範囲の広い著名な式である。

　なおオイラー関数（$\phi(n)$ と表す）は素因数 $p_1,\ p_2,\ \cdots,\ p_m$ をもつ自然数 $n = p_1{}^{a_1} p_2{}^{a_2} \cdots p_m{}^{a_m}$ を互いに素である自然数の個数として通常次のように表される。

$$\phi(n) = n\left(1 - \frac{1}{p_1}\right)\left(1 - \frac{1}{p_2}\right)\cdots\left(1 - \frac{1}{p_m}\right)$$

═══════════ 解　説 ═══════════

《互いに素である自然数の個数，集合の要素の個数，約数》

(1)　$n = p^a q^b r^c$ と互いに素な自然数は $p,\ q,\ r$ のどれでも割り切れない自然数で，〔解答〕のように集合 $U,\ P,\ Q,\ R$ を定めたとき，集合 $\overline{P} \cap \overline{Q} \cap \overline{R}$ に属する自然数であることに着目することが第一歩。この着想がないと本問は解くことが困難である。あとはド・モルガンの法則 $\overline{P} \cap \overline{Q} \cap \overline{R} = \overline{P \cup Q \cup R}$ と 3 つの集合の要素の個数の等式 $n(P \cup Q \cup R) = n(P) + n(Q) + n(R) - n(Q \cap R) - n(R \cap P) - n(P \cap Q)$ $+ n(P \cap Q \cap R)$，また，$n(\overline{P \cup Q \cup R}) = n(U) - n(P \cup Q \cup R)$ を使いこなせるかどうかが成否を分ける。あとは例えば $n(P) = \dfrac{p^a q^b r^c}{p}$，$q,\ r$ が素数であることから，$Q \cap R$ は qr で割り切れる自然数の集合より $n(Q \cap R) = \dfrac{p^a q^b r^c}{qr}$，同様に $n(P \cap Q \cap R) = \dfrac{p^a q^b r^c}{pqr}$ が理解できれば正解に到達できる。

(2)　(1)で示した等式は異なる素因数が 3 個の場合であるので，異なる素因数の個数により場合分けをして考えることが必要である。さらに異なる素因数の個数が 4 個以上の自然数は $n \leqq 100$ よりあり得ないことにも言及しておかなければならない。

　　$f(n)$ が n の約数　$\iff$　$\dfrac{n}{f(n)}$ が自然数　と考えるとわかりやすい。

〔解答〕に示したように $p-1$ が p の約数となるので $p-1=1$，さらに $M(n) = 2,\ 3$ の場合は $q-1=p$ となることから $p=2,\ q=3$ となり，さらに $M(n) = 3$ の場合は適当な r が定まらないので不適であることが導かれる。(注) で示したように分母・分子の偶奇に着目してもよい。

講評

2024 年度は「数学Ⅲ」から微・積分法に関する問題が 2 題（1 題は数列の極限と微分法，もう 1 題は積分法の内容），複素数平面の問題が 1 題出題された。また，「数学 B」から空間ベクトルの問題が 1 題，「数学 A」から整数の問題が「数学 I」の集合の分野との融合問題として出題された。微・積分法の問題は頻出であり，2024 年度は定積分（体積）と方程式の問題であった。他の頻出分野からは，空間ベクトル，複素数平面，整数の性質の問題が出題され，確率の問題は出題されなかった。例年，「数学Ⅲ」の分野は頻出で，3 題以上出題されることが多い。

1　方程式 $f_n(x) = 0$ がただ 1 つの実数解をもつことを微分法と中間値の定理を用いて示し，その解を $x = a_n$ とするとき数列 $\{a_n\}$ および $\{na_n\}$ の極限を求める問題。定番の問題とはいえ，$f_n(x) < 0$ が成り立つことを示すところや，はさみうちの原理を用いるために $f_n(a_n) = 0$ の式から不等式 $na_n \leqq \log 4$ を導出する変形は決して簡単なものではない。正確に答えを導くための洗練された問題解決力を身につけたい。標準レベルの問題で完答を目指したいが，結構得点の差がついた問題であったと思われる。

2　複素数平面において，2 次関数 $f(z) = z^2 + \alpha z + \beta$ とそれに関する 2 つの条件（不等式）が与えられたとき，$f(1+i)$ のとりうる値の範囲を求め，それを図示する問題である。内容は決して難しいものではないが，複素数平面の問題としては目新しいタイプの問題で，どのように処理すればよいか悩んだ受験生が多かったであろう。複素数をベクトルのような図形として捉え，適切な置き換えを行うことにより，

$$f(1+i) = 2 + 2i + v_1 + v_2, \quad |v_1| \leqq \frac{1}{\sqrt{2}}, \quad |v_2| \leqq \frac{3}{\sqrt{2}} \quad \cdots\cdots (*)$$

の形が見えてくると，求める範囲は円の内部および周上の点であることがわかる。(2) は $f(1+i) = 0$ が $(*)$ において等号が成り立つ特殊な場合であることに着眼できると解決する。受験生を苦しめたであろう良問であり，正解にたどり着くまでには柔軟な発想力が要求される。

3　ねじれの位置にある 2 直線の両方に直交する直線（共通垂線）がただ 1 つ存在することを証明する問題。当然成り立つ内容を改めて一か

ら証明することになるが，抽象的でヒントも与えられていないので，自力で方針を立て証明を進めていかなければならず，難渋した受験生が多かっただろう。「ねじれの位置」の意味が正しく理解できたか，直線 l，m をうまく設定できたか，「ただ１つの存在」を遺漏なく示せたかなど，多くの関門をクリアする必要があり，数学の実力が試された問題であった。

　4　円を y 軸のまわりに回転してできる立体の体積に関する積分法の問題である。体積の問題は大阪大学では頻出であり，受験生も十分準備をしたであろう内容で，2024 年度の問題の中では最も取り組みやすい問題だった。計算ミスには十分留意し，四分円の面積 $\int_0^1 \sqrt{1-y^2}\,dy = \dfrac{\pi}{4}$ を利用し，短時間で要領よく完答を目指したい。

　5　オイラー関数とよばれる自然数 1，2，…，n のうち，n と互いに素であるものの個数についての問題で，互いに素である自然数を倍数の集合を用いて考察するという着想が得られただろうか。3 つの集合の要素の個数に関する等式 $n(P \cup Q \cup R) = n(P) + n(Q) + n(R)$ $- n(Q \cap R) - n(R \cap P) - n(P \cap Q) + n(P \cap Q \cap R)$ がポイントで，この式が $f(p^a q^b r^c)$ の式に結びつく。(2)は $f(n)$ が n の約数となる条件から p，q，r の値を求めるという典型的な整数問題である。値は限られるが，求めた値以外には解が存在しないことを正確に論証する必要があり，論理的な思考力が問われる。本問はやや難レベルの内容で完答するにはかなりの実力が要求される。

　大阪大学の数学は，2020 年度にかなり易化し，それ以降基本・標準レベルの比較的取り組みやすい問題が出題されてきたが，2023 年度に難化し，2024 年度はさらに質・量ともに難化傾向に拍車がかかり，2019 年度以前のレベルに戻ったといえる。定型問題ばかりでなく，方針を立てるところから思考力・構想力を要する問題が出題されるようになった。

　2024 年度の問題の中では大問 4 が基本レベルの問題で失点は許されない。大問 1 も標準〜やや難レベルの典型問題で，少々工夫を要する部分はあるが，完答を目指したい。大問 2・3・5 はやや難〜難レベルのいずれも骨のある問題で，柔軟な発想と論理的思考が求められる。部分

点を少しでも獲得できるようにし，どれだけ完答に近づくことができた
かが合否に影響しただろう。

　基本・標準レベルの問題はどの分野であっても確実に得点できる幅広
い実力を養成するとともに，重量感のある難問にも対応できるよう高度
な思考力と正確で迅速な計算力の習得を目指して，普段から十分演習を
積んでいこう。

◀医〈保健〈看護学〉〉学部▶

① ~~~~~~~~~~~~~~ ＼　発　想　／ ~~~~~~~~~~~~~~

　　絶対値記号を含む2次関数のグラフと直線によって囲まれた部分の面積に関する問題。

(1)　絶対値記号をはずして正確に計算しよう。図を描き，$0<a<1$ に注意して共有点がどうなるか考える。

(2)　2つの部分のうち，特に右側の面積を直接求めるのは骨が折れる。公式 $\displaystyle\int_\alpha^\beta (x-\alpha)(x-\beta)\,dx = -\frac{(\beta-\alpha)^3}{6}$ が使えるように工夫することがポイント。2つの部分の面積に共通の部分の面積を適切に加えるのであるが，図をじっくり眺めれば見えてくるであろう。

~~~~~~

解答　(1)　曲線 $C : y = |x^2 - 1| = \begin{cases} x^2 - 1 & (x \le -1,\ 1 \le x) \\ -x^2 + 1 & (-1 \le x \le 1) \end{cases}$

$y = x^2 - 1$ と $y = 2a(x+1)$ より
$$x^2 - 1 = 2a(x+1) \qquad (x+1)(x-2a-1) = 0$$
$$x = -1,\ 2a+1$$
となるが，$0<a<1$ より，これらはいずれも $x \le -1,\ 1 \le x$ を満たす。

$y = -x^2 + 1$ と $y = 2a(x+1)$ より
$$-x^2 + 1 = 2a(x+1) \qquad (x+1)(x+2a-1) = 0$$
$$x = -1,\ -2a+1$$
となるが，$0<a<1$ より，これらはいずれも $-1 \le x \le 1$ を満たす。

$x = -2a+1$ のとき
$$y = -(-2a+1)^2 + 1 = -4a^2 + 4a$$

$x = 2a+1$ のとき
$$y = (2a+1)^2 - 1 = 4a^2 + 4a$$

以上より，曲線 C と直線 l の共有点の座標は
$$(-1,\ 0),\ (-2a+1,\ -4a^2+4a),\ (2a+1,\ 4a^2+4a) \quad \cdots\cdots(答)$$

(2)　$0<a<1$ より，$-1 < -2a+1 < 1 < 2a+1$ であるから，曲線 C と直線 l

を図示すると図1のようになる。

　曲線 C と直線 l で囲まれた2つの部分の面積を図1のように S_1, S_2 とし，さらに図2の網かけ部分の面積を S_3 とする。

　このとき $S_1 = S_2$ となる条件は，S_1 と S_2 にそれぞれ S_3 を加えた面積を考えることにより

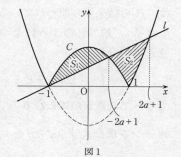

図1

$$S_1 = S_2$$

$\iff$　$S_1 + S_3 = S_2 + S_3$

$\iff$　（$y = -x^2 + 1$ と $y = x^2 - 1$ で囲まれた部分の面積）

　　＝（$y = x^2 - 1$ と直線 l で囲まれた部分の面積）

となるから

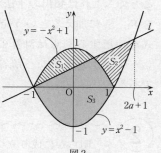

図2

$$\int_{-1}^{1} \{(-x^2 + 1) - (x^2 - 1)\}\, dx$$

$$= \int_{-1}^{2a+1} \{2a(x+1) - (x^2 - 1)\}\, dx$$

$$-2\int_{-1}^{1} (x+1)(x-1)\, dx = -\int_{-1}^{2a+1} (x+1)\{x - (2a+1)\}\, dx$$

$$2 \cdot \frac{\{1 - (-1)\}^3}{6} = \frac{\{(2a+1) - (-1)\}^3}{6}$$

$$2 \cdot 2^3 = (2a+2)^3 \qquad (a+1)^3 = 2$$

$a+1$ は実数だから　　$a + 1 = \sqrt[3]{2}$

よって　　$a = \sqrt[3]{2} - 1$　（これは $0 < a < 1$ を満たす）　……(答)

━━━━━━━━━━ 解　説 ━━━━━━━━━━

《絶対値記号を含む2次関数のグラフと直線で囲まれた部分の面積》

(1) 曲線 $y = |x^2 - 1|$ と直線 $y = 2a(x+1)$ を図示し，交点がどうなるか視覚的に確認するのがわかりやすい。a の値にかかわらず，点 $(-1, 0)$ が共有点であることがわかるが，これ以外の共有点がどうなるか，$0 < a < 1$ に注意して丁寧に計算しよう。すなわち，$y = x^2 - 1$ と $y = 2a(x+1)$ を連立して得られる $x = 2a + 1$ と，$y = -x^2 + 1$ と $y = 2a(x+1)$ から得られる $x = -2a + 1$ のとり得る値について考えればよい。

(2)　(1)の結果から問われている2つの領域が図のどの部分になるのか確認しよう。〔解答〕のように2つの部分の面積を S_1, S_2 とおくとき, S_2 をまともに計算すると

$$S_2 = \int_{-2a+1}^{1} \{2a(x+1) - (-x^2+1)\}\,dx + \int_{1}^{2a+1} \{2a(x+1) - (x^2-1)\}\,dx$$

となって計算が煩雑になるので, 計算を省力化するための工夫が望まれる。ポイントは公式 $\int_{\alpha}^{\beta}(x-\alpha)(x-\beta)\,dx = -\dfrac{(\beta-\alpha)^3}{6}$ が使える形の面積にすることで, これは頻出の手法である。しっかり図を眺めると共通の面積 S_3 を S_1, S_2 に加えるという発想が得られるであろう。本問の場合, この公式を使用する利点は計算の省力化の他に, 自然に3乗の因数分解の形 $(a+1)^3 = 2$ が得られ, 〔解答〕の $a = \sqrt[3]{2} - 1$ がスムーズに導出できることである。

＼　発想　／

　明らかに成り立つ命題の証明であるが, 自力で証明の方針を立て正確に論証を進めなければならず, 少々骨が折れる。「ねじれの位置」についても正しい理解が必要である（2つの直線がねじれの位置にあるとは, 2つの直線が同一平面上にないということ）。証明にはいくつかの手段が考えられるが, ベクトルを用いるのが有効である。ベクトル方程式を利用して直線 l と z 軸上の点を表せばよいが, 2直線のうちの1つが z 軸と具体的に与えられているから, z 軸の方向ベクトルを $\vec{z} = (0,\ 0,\ 1)$ として成分を用いて計算するのがわかりやすいだろう。直線 l も方向ベクトルが $\vec{l} = (l,\ m,\ n)$ で点 $\mathrm{A}(a,\ b,\ c)$ を通るとして, 成分を導入し, z 軸, 直線 l 上の点をそれぞれ P, Q として, 点 P, Q の位置ベクトルをそれぞれ実数 s, t を用いて表す。そして, $\overrightarrow{\mathrm{PQ}} \perp \vec{l}$, $\overrightarrow{\mathrm{PQ}} \perp \vec{z}$ を満たす条件を考えよう。「ただ1つ存在する」ことの証明も重要である。

　なお, 成分を用いずに, $\vec{l}$, $\vec{z}$ の形のままで論証を進めてもよい。$|\vec{l}| = |\vec{z}| = 1$ と設定すると計算が少し楽になる。

解 答　z 軸の方向ベクトルを $\vec{z}=(0,\ 0,\ 1)$ とすると，z 軸上の点 P は実数 s を用いて

$$\overrightarrow{OP}=s\vec{z}=s(0,\ 0,\ 1)$$

と表せる。次に直線 l の方向ベクトルを $\vec{l}=(l,\ m,\ n)\ (\neq\vec{0})$ とし，通る点の1つを A$(a,\ b,\ c)$ とすると，l 上の点 Q は実数 t を用いて

$$\overrightarrow{OQ}=\overrightarrow{OA}+t\vec{l}=(a,\ b,\ c)+t(l,\ m,\ n)$$

と表せる。ただし，l と z 軸はねじれの位置にあるから

$$\vec{l}\ ≭\ \vec{z}\ \ \cdots\cdots ①,\quad \overrightarrow{PQ}\neq\vec{0}\ \ \cdots\cdots ②$$

①より，$(l,\ m,\ n)≭(0,\ 0,\ 1)$ であるから

$$(l,\ m)\neq(0,\ 0)\quad \cdots\cdots ③$$

このとき

$$\overrightarrow{PQ}=\overrightarrow{OQ}-\overrightarrow{OP}$$
$$=(a,\ b,\ c)+t(l,\ m,\ n)-s(0,\ 0,\ 1)$$
$$=(lt+a,\ mt+b,\ nt-s+c)$$

PQ を l と z 軸の両方に直交する直線であるとすると，②と $\vec{l}\neq\vec{0}$, $\vec{z}\neq\vec{0}$ より

$$\text{PQ}\perp l,\ \text{PQ}\perp z\ 軸\ \Longleftrightarrow\ \overrightarrow{PQ}\cdot\vec{l}=0,\ \overrightarrow{PQ}\cdot\vec{z}=0$$

であるから，これを満たす実数 s, t の組がただ1つ存在することを示せばよい。

$\overrightarrow{PQ}\cdot\vec{l}=0$ より

$$l(lt+a)+m(mt+b)+n(nt-s+c)=0$$
$$(l^2+m^2+n^2)t-ns+al+bm+cn=0\quad \cdots\cdots ④$$

$\overrightarrow{PQ}\cdot\vec{z}=0$ より

$$0(lt+a)+0(mt+b)+1(nt-s+c)=0$$
$$nt-s+c=0\qquad \therefore\quad s=nt+c$$

これを④に代入して

$$(l^2+m^2+n^2)t-n(nt+c)+al+bm+cn=0$$
$$(l^2+m^2)t=-al-bm$$

③より，$l^2+m^2\neq0$ であるから

$$t=-\frac{al+bm}{l^2+m^2},\ s=-\frac{n(al+bm)}{l^2+m^2}+c$$

したがって，s, t の組がただ1つ存在するから，l と z 軸の両方に直交

する直線がただ 1 つ存在する。　　　　　　　　　　　　　（証明終）

別解　（成分を用いずに計算する方法）

z 軸と直線 l の方向ベクトルをそれぞれ
$\vec{z}$, $\vec{l}$ $(|\vec{z}|=|\vec{l}|=1$ ……⑤) とし，l が通
る点の 1 つを A とする。このとき z 軸，直
線 l 上の点をそれぞれ P，Q とすると，s,
t を実数として

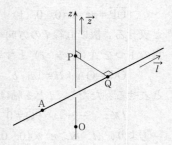

$$\overrightarrow{OP}=s\vec{z},\quad \overrightarrow{OQ}=\overrightarrow{OA}+t\vec{l}$$

と表せる。ただし，z 軸と直線 l はねじれ
の位置にあるから

$$\vec{z} \not\parallel \vec{l},\quad \overrightarrow{PQ}\neq\vec{0}$$

このとき

$$\overrightarrow{PQ}=\overrightarrow{OQ}-\overrightarrow{OP}=\overrightarrow{OA}+t\vec{l}-s\vec{z}$$

PQ を z 軸と l の両方に直交する直線であるとすると，$\overrightarrow{PQ}\neq\vec{0}$, $\vec{z}\neq\vec{0}$,
$\vec{l}\neq\vec{0}$ より

$$\overrightarrow{PQ}\perp\vec{z},\quad \overrightarrow{PQ}\perp\vec{l} \iff \overrightarrow{PQ}\cdot\vec{z}=0,\quad \overrightarrow{PQ}\cdot\vec{l}=0$$

であるから，これを満たす実数 s, t の組がただ 1 つ存在することを示せ
ばよい。

$\overrightarrow{PQ}\cdot\vec{z}=0$ より

$$(\overrightarrow{OA}+t\vec{l}-s\vec{z})\cdot\vec{z}=0$$
$$t\vec{z}\cdot\vec{l}-s|\vec{z}|^2+\overrightarrow{OA}\cdot\vec{z}=0 \quad ……⑥$$

$\overrightarrow{PQ}\cdot\vec{l}=0$ より

$$(\overrightarrow{OA}+t\vec{l}-s\vec{z})\cdot\vec{l}=0$$
$$t|\vec{l}|^2-s\vec{z}\cdot\vec{l}+\overrightarrow{OA}\cdot\vec{l}=0 \quad ……⑦$$

ここで，$\vec{z}$ と $\vec{l}$ のなす角を θ $(0\leq\theta\leq\pi)$ とすると，⑤より

$$\vec{z}\cdot\vec{l}=|\vec{z}||\vec{l}|\cos\theta=\cos\theta$$

ただし，$\vec{z}\not\parallel\vec{l}$ より，$\theta\neq0$, π であるから　　$\cos\theta\neq\pm1$ ……⑧

$\overrightarrow{OA}\cdot\vec{z}=c$, $\overrightarrow{OA}\cdot\vec{l}=d$ とおくと，⑥，⑦より

$$s-t\cos\theta=c,\quad s\cos\theta-t=d$$

よって，t を消去すると

$$s-(s\cos\theta-d)\cos\theta=c \qquad (1-\cos^2\theta)s=c-d\cos\theta$$

⑧より

$$s = \frac{c - d\cos\theta}{1 - \cos^2\theta}, \quad t = \frac{c - d\cos\theta}{1 - \cos^2\theta} \cdot \cos\theta - d = \frac{c\cos\theta - d}{1 - \cos^2\theta}$$

したがって，s，t の組がただ 1 つ存在するから，z 軸と l の両方に直交する直線がただ 1 つ存在する。

=============== 解 説 ===============

《ねじれの位置にある 2 直線の共通垂線の存在，ベクトル方程式》

抽象的な証明問題で，決して難しい内容ではないものの，どのような手段で証明していくか自分で方針を立てなければならず，実力が問われる問題である。z 軸上に点 P，直線 l 上に点 Q をとり，PQ⊥l，PQ⊥z 軸を満足する条件を考えればよいが，そのためにはベクトル方程式を利用し点 P，Q の位置ベクトルを表すという方針が見えてくる。直線の 1 つが具体的に z 軸と定められているので，ベクトルの成分を用いて，$\overrightarrow{OP} = s(0,\ 0,\ 1)$ $(= s\vec{z})$ （s は実数）と表すのがわかりやすい。直線 l は，点 A $(a,\ b,\ c)$ を通り，ベクトル $\vec{l} = (l,\ m,\ n)$ に平行と自分で設定し，実数 t を用いて，$\overrightarrow{OQ} = \overrightarrow{OA} + t\vec{l} = (a,\ b,\ c) + t(l,\ m,\ n)$ と表すのが証明の第一歩である。この準備が完了すれば次は計算である。

$\overrightarrow{PQ} = \overrightarrow{OQ} - \overrightarrow{OP} = (lt + a,\ mt + b,\ nt - s + c)$ を導き，垂直条件を考えると，内積を用いて $\overrightarrow{PQ} \cdot \vec{l} = 0$，$\overrightarrow{PQ} \cdot \vec{z} = 0$ から s，t に関する連立 1 次方程式が得られるので，これを解けばよい。ここで最後の関門 "ただ 1 つ存在" の証明を正しく行う必要がある。この方程式の解 $(s,\ t)$ がただ 1 組得られることを示せばよいが，そのためには l と z 軸がねじれの位置にあるという条件を使うことになる。$l \nparallel z$ 軸 より $(l,\ m,\ n) \nparallel (0,\ 0,\ 1) \iff (l,\ m) \neq (0,\ 0)$ であることを用いると，分母が 0 になることなく s，t の値をただ 1 つ定めることができる。

〔別解〕のように，方針は〔解答〕と同じであるが，成分を用いずに z 軸，直線 l の方向ベクトルをそれぞれ $\vec{z}$，$\vec{l}$ $(|\vec{z}| = 1, |\vec{l}| = 1)$ として計算を進める解法もある。最終的には〔解答〕と同じく $\cos\theta \neq \pm 1$ （θ は $\vec{z}$ と $\vec{l}$ のなす角）を用いて連立 1 次方程式を解くと解 $(s,\ t)$ をただ 1 つ定めることができる。なお，z 軸，直線 l の方向ベクトルは，大きさが $|\vec{z}| = |\vec{l}| = 1$ となるように設定すると計算が少し楽になる。

③

──────＼　発想　／──────

　素数に関する整数問題で，とっつきにくく感じるかもしれないが，素数の基本的な性質を把握していれば道筋は開けてくる。

⑴　小さい順に素数を書き出していくと容易に解答が得られる。

⑵　数学的帰納法により証明するのが有効である。$n=12$ のとき成り立つことを確認した上で，$n=k$（$k \geqq 12$）のとき $p_k > 3k$ が成り立つと仮定すると，$p_{k+1} > 3(k+1)$ が成り立つことを示す。いくつかの考え方があるが，p_k（$k \geqq 12$）が素数であるとき p_k+1 は素数にならないから，$p_{k+1} \geqq p_k+2$ が成り立つことに着目するとよい。

　他には，自然数を 6 で割ったときの余りを考えると，素数になる可能性があるのは m を自然数として $6m+1$ と $6m+5$ の 2 つの場合であり，その他の場合は素数にはなり得ないことに着目して示すこともできる。

──────────────────────

解答　⑴　素数を小さい順に並べることにより

　　　　$p_1=2$，$p_2=3$，$p_3=5$，$p_4=7$，$p_5=11$，$p_6=13$，$p_7=17$，$p_8=19$，
　　　　$p_9=23$，$p_{10}=29$，$p_{11}=31$，$p_{12}=37$，$p_{13}=41$，$p_{14}=43$

　　よって　　$p_{15}=47$　……（答）

⑵　$n \geqq 12$ のとき不等式 $p_n > 3n$　……（＊）が成り立つことを数学的帰納法により証明する。

（ⅰ）$n=12$ のとき　　$p_{12}=37 > 3 \cdot 12$

　　であるから（＊）は成り立つ。

（ⅱ）$n=k$（$k \geqq 12$）のとき，（＊）が成り立つと仮定すると　　$p_k > 3k$

　　p_k は奇数の素数であるから，p_k+1 は 2 より大きい偶数になり，素数ではないので仮定より

　　　　$p_{k+1} \geqq p_k+2 > 3k+2$

　　よって，$p_{k+1} \geqq 3k+3$ となるが，$3k+3$ は 3 より大きい 3 の倍数であり，素数ではないので

　　　　$p_{k+1} > 3k+3 = 3(k+1)$

　　ゆえに，$n=k+1$ のときも（＊）は成り立つ。

(i), (ii)より，$n \geqq 12$ のとき（＊）は成り立つ。 (証明終)

別解1 自然数を 6 で割った余りを考えると，「m を自然数として

$$6m+2=2(3m+1), \quad 6m+3=3(2m+1), \quad 6m+4=2(3m+2)$$

であり，これらは素数ではないから，自然数 n が素数になる可能性があるのは $n=6m+1$ と $n=6m+5$ の 2 つの場合である」 ……（＊＊）

このことを踏まえて，$n \geqq 12$ のとき不等式 $p_n > 3n$ ……（＊）が成り立つことを数学的帰納法により証明する。

(i) $n=12$ のとき $p_{12}=37>3 \cdot 12$

であるから（＊）は成り立つ。

(ii) $n=k$（$k \geqq 12$）のとき（＊）が成り立つと仮定すると，m を自然数として

(ア) $p_k=6m+1$ と表せるとき，（＊＊）より

$$p_{k+1} \geqq 6m+5=p_k+4>3k+4 \quad (\because \ \text{仮定より})$$
$$>3(k+1)$$

(イ) $p_k=6m+5$ と表せるとき，仮定より $6m+5>3k$ が成り立つが，$6m+4$ は 3 の倍数ではないから $6m+5>3k \geqq 6m+4$ とはならないので，$6m+4>3k$ である。

したがって，（＊＊）より

$$p_{k+1} \geqq 6m+7=(6m+4)+3$$
$$>3k+3=3(k+1)$$

よって(ア)，(イ)いずれの場合も $n=k+1$ のとき（＊）は成り立つ。

以上(i)，(ii)より，$n \geqq 12$ のとき（＊）は成り立つ。

別解2 〔別解1〕と同様，（＊＊）を利用して，数学的帰納法により $n \geqq 12$ のとき（＊）が成り立つことを証明する。

(i) $n=12$，13 のとき $p_{12}=37>3 \cdot 12$，$p_{13}=41>3 \cdot 13$

であるから（＊）は成り立つ。

(ii) $n=k$，$k+1$（$k \geqq 12$）のとき（＊）が成り立つと仮定すると $p_k>3k$

(ア) $p_k=6m+1$（m は自然数）と表されるとき，$p_{k+1} \geqq 6m+5$，$p_{k+2} \geqq 6m+7$ となるから

$$p_{k+2} \geqq 6m+7=p_k+6>3k+6 \quad (\because \ \text{仮定より})$$
$$=3(k+2)$$

(イ) $p_k=6m+5$（m は自然数）と表されるとき，同様に

$$p_{k+2} \geqq 6m+11=p_k+6>3k+6$$

$$= 3(k+2)$$

よって，(ア)，(イ)いずれの場合も $n=k+2$ のとき（＊）は成り立つ。

以上(i)，(ii)より，$n \geqq 12$ のとき（＊）は成り立つ。

━━━━━━━━━━━━━━ 解 説 ━━━━━━━━━━━━━━

《素数に関する不等式の証明，数学的帰納法》

(1) (2)で用いる条件を確認するための設問。素数を小さい順に並べていけばよい。なお，素数とは正の約数が1とその数自身のみである自然数のことで，1は含まれないことに注意。$p_1 = 2$ である。

(2) 数学的帰納法により証明すればよい。すなわち，(i)$n=12$ のときの成立を確認し，(ii)$n=k$ $(k \geqq 12)$ のときに成り立つ $(p_k > 3k)$ と仮定すれば $n=k+1$ のときも成り立つ $(p_{k+1} > 3(k+1))$ ことを示す。p_k $(k \geqq 12)$ は奇数であるから $p_k + 1$ は2以上の偶数となり素数ではないので，$p_{k+1} \geqq p_k + 2$ が成り立つことがポイントである。このとき仮定を用いると，$p_{k+1} > 3k+2$ すなわち $p_{k+1} \geqq 3k+3$ となるが，$3k+3$ は素数ではないことに気付けば証明が完了する。

〔別解1〕のように，自然数を6で割った余りに注目したとき，素数になり得るのは m を自然数として，$6m+1$ と $6m+5$ のときに限ることに着目してもよい。$p_k = 6m+1$ のときは $p_{k+1} \geqq 6m+5$，$p_k = 6m+5$ のときは $p_{k+1} \geqq 6m+7$ となり，仮定を用いると前者は $p_{k+1} \geqq (6m+1)+4 > 3k+4$ となり成立することがわかるが，後者は同様にすると $p_{k+1} > 3k+2$ となって，もう一押し考察が必要である。仮定より $6m+5 > 3k$ であるが，このとき $6m+4 > 3k$ も成り立つことに着目すればよい。または〔解答〕と同じ手法で，$p_{k+1} > 3k+2$ より $p_{k+1} \geqq 3k+3$ となるが $3k+3$ は素数ではないことから示してもよい。

〔別解2〕も自然数を6で割った余りに注目すると，$p_{k+2} \geqq p_k + 6$ が成り立つことから，$n=k$，$k+1$ のときの成立を仮定したとき $n=k+2$ の成立を示す2段階の帰納法を用いる解法である。

┌─────┐
│ 講 評 │
└─────┘

2024年度は，主分野としては，1．積分法，2．ベクトル，3．整数の性質の内容が出題された。大問1と3は他の分野（1は2次関数，

3 は数列）の知識を要する融合問題であった。微・積分法の分野は，2019 年度を除いて毎年出題されており，2024 年度も積分法の問題が出題された。ベクトルの分野も頻出でここ数年では 2020 年度を除いて毎年出題されていて，2022・2023 年度は平面ベクトル，2021 年度は空間ベクトルの問題であった。さらに整数問題も最近頻出傾向で 2021・2022 年度にも出題されている。微・積分法，ベクトルおよび整数問題の分野は重点的に押さえておく必要があるだろう。また，2024 年度は証明問題が 2 問出題されたが，図示問題は出題されなかった。

　　1　絶対値記号を含む 2 次関数のグラフと直線で囲まれた 2 つの部分の面積が等しくなる条件を求める問題。普通に面積計算を行うと計算が面倒になるので，公式 $\int_{\alpha}^{\beta} (x-\alpha)(x-\beta)\,dx = -\dfrac{(\beta-\alpha)^3}{6}$ が使えるよう工夫することが大切である。2 つの領域に共通の領域を加えることで，この公式を用いて簡明に面積を求めることができるようになる。しばしば登場する技法なのでしっかり押さえておきたい。この公式を用いて面積を求める問題は特に大阪大学では頻出であるので，間違いなく公式が適用できるよう十分練習を積んでおこう。本問は標準レベルの内容で，2024 年度の出題の中では最も得点しやすい問題であり，計算ミスに気をつけて完答を目指したい。

　　2　空間ベクトルの問題で他の理系学部との類似問題。ねじれの位置にある 2 直線（直線の 1 つは z 軸）の両方に直交する直線がただ 1 つ存在することを証明する問題である。抽象的な内容で，自分で方針を立て，論述を展開しなければならず，苦労した受験生が多かったと思われる。「ねじれの位置」の意味を正しく理解できたか，直線 l をうまく設定できたか，「ただ 1 つ存在」を遺漏なく示せたかなど，多くの関門があって完答するにはかなりの実力を要した。全く手をつけることができなかった受験生が結構いたのではないだろうか。

　　3　素数に関する不等式の証明問題で，数学的帰納法を用いることになる。(1)は素数を小さい順から並べる内容で失点は許されないが，自信を持って答えられるようにしてほしい。(2)は数学的帰納法による証明で，とっつきにくいかもしれないが，内容は比較的簡単で，$k \geqq 12$ のとき p_k は素数なので奇数であるから，$p_k + 1$ は偶数で素数にならない。よって，

$p_{k+1} \geqq p_k + 2$ となるというごく当たり前の性質を利用する。ここで帰納法の仮定 $p_k > 3k$ を用いると，$p_{k+1} > 3k + 2$，実際には $p_{k+1} \geqq 3k + 3$ となるが，$3k + 3$ は 3 の倍数で素数ではないことに着目すれば証明が完結する。他には 6 で割った余りに着目して，素数になり得る自然数は 6 で割った余りが 1 または 5 のときに限るという性質を用いる解法も考えられる。$p_k = 6m + 1$ と $p_k = 6m + 5$（m は自然数）の場合に分けて帰納法により証明する。答えがわかれば難しくないと感じるかもしれないが，入試本番で的確に論証できたかどうかが成否を分けたと思われる。なお素数に関する問題は 2022 年度にも出題された。

　大阪大学の数学は，2020 年度にかなり易化し，それ以降方針の立てやすい基本・標準レベルの問題を中心に出題されていたが，2023 年度に難化し，2024 年度は骨のある証明問題が 2 問出題され難化傾向に拍車がかかり，質・量ともに 2019 年度以前のレベルに戻ったといえよう。証明問題は敬遠してしまいがちだが，積極的に学習し，十分慣れておくことが大切である。

　頻出分野を中心に学習するとともに，年度によって出題傾向が変わり，融合問題が数多く出題されるので，どの分野も偏ることなく学習することが重要である。基本・標準レベルの問題はミスすることなく確実に得点できる力をつけ，さらに 2023 年度からの難化傾向に対応できるよう，発展的な内容の問題にもチャレンジし，演習を重ねていこう。

$$\boxed{物\quad理}$$

① **解答** Ⅰ. **問1.** 小物体Pの速度：$\dfrac{1-c}{1+c}v_1$

小物体Qの速度：$\dfrac{2}{1+c}v_1$

問2. 小物体Pの速度：v_1 小物体Qの速度：0

問3. $\dfrac{2l}{v_1}$ **問4.** $\dfrac{1}{1+c}v_1t$

Ⅱ. **問5.** $l_0 = v_2\sqrt{\dfrac{M}{k}}$ **問6.** $\pi\sqrt{\dfrac{M}{k}}$ **問7.** $2n\left(\pi\sqrt{\dfrac{M}{k}} + \dfrac{l}{v_2}\right)$

Ⅲ. **問8.** $\dfrac{4v_3{}^2}{(4N-3)gl'}$, $\dfrac{4v_3{}^2}{(4N-1)gl}$

════════════ 解 説 ════════════

《ひもにつながれた2つの小物体の運動》

Ⅰ. **問1.** 最初の衝突直後の小物体PとQの速度を，それぞれ v_P, v_Q とすると，運動量保存則より

$$mv_1 = mv_P + cmv_Q$$

また，反発係数の式は

$$1 = -\dfrac{v_P - v_Q}{v_1}$$

2式を連立させて解くと

$$v_P = \dfrac{1-c}{1+c}v_1, \quad v_Q = \dfrac{2}{1+c}v_1$$

問2. 小物体間の距離が l となりひもが張った直後の小物体PとQの速度を，それぞれ $v_P{}'$, $v_Q{}'$ とすると，題意から運動量保存則より

$$mv_1 = mv_P{}' + cmv_Q{}' \quad (\because \quad mv_1 = mv_P + cmv_Q)$$

また，題意から力学的エネルギー保存則が成り立つので，弾性衝突と同様とみなすことができることから，反発係数の式は

$$1 = -\dfrac{v_P{}' - v_Q{}'}{v_P - v_Q} = -\dfrac{v_P{}' - v_Q{}'}{-v_1} \quad \left(\because \quad 1 = -\dfrac{v_P - v_Q}{v_1}\right)$$

2式を連立させて解くと

$$v_P' = v_1, \quad v_Q' = 0$$

参考　反発係数の式の代わりに，力学的エネルギー保存則より，次式を立式して解いてもよい。

$$\frac{1}{2}mv_1^2 = \frac{1}{2}mv_P'^2 + \frac{1}{2}cmv_Q'^2$$

問3. 1回目の衝突からひもが張るまでの，小物体Pに対する小物体Qの速度（小物体Pから遠ざかる小物体Qの速さ）は

$$v_Q - v_P = v_1 \quad \left(\because \quad 1 = -\frac{v_P - v_Q}{v_1} \right)$$

また，ひもが張ってから2回目の衝突までの，小物体Qに対する小物体Pの速度（小物体Qに近づく小物体Pの速さ）は

$$v_P' - v_Q' = v_1 \quad \left(\because \quad 1 = -\frac{v_P' - v_Q'}{-v_1} \right)$$

したがって，2回目の衝突の時刻は

$$t = \frac{l}{v_1} + \frac{l}{v_1} = \frac{2l}{v_1}$$

問4. 小物体PとQの物体系には外力がはたらかないので，物体系の重心の速度は一定である。この物体系の重心の速度を v_G とすると

$$v_G = \frac{mv_1}{m + cm} = \frac{1}{1 + c}v_1$$

また，時刻 $t = 0$ に小物体PとQの重心の位置は $x = 0$ にあるので，時刻 t における小物体PとQの重心の位置は

$$x = v_G t = \frac{1}{1 + c}v_1 t$$

Ⅱ. 問5. 1回目の衝突直後の小物体PとQの速度は，小物体PとQの質量がともに M であることに着目し，問1と同様に考えると，それぞれ，0，v_2 となる。これより，1回目の衝突後，小物体Pは $x = 0$ に静止していることがわかるので，2回目の衝突が $x = 0$ で起こるためには，ばねが最も縮むまでにひもが張らなければよい。すなわち，ひもを考えない場合のばねの最大の縮みが求める l_0 であり，これよりひもの長さ l が長ければよい。したがって，力学的エネルギー保存則より

$$\frac{1}{2}Mv_2{}^2 = \frac{1}{2}kl_0{}^2 \qquad \therefore \quad l_0 = v_2\sqrt{\frac{M}{k}}$$

問6. 1回目の衝突から2回目の衝突までに，小物体Qは単振動の半周期分の運動をする。この単振動の周期 T は

$$T = 2\pi\sqrt{\frac{M}{k}}$$

したがって，2回目の衝突の時刻 t_2 は

$$t_2 = \frac{T}{2} = \pi\sqrt{\frac{M}{k}}$$

問7. 2回目の衝突から3回目の衝突までの時間を考える。

2回目の衝突直前の小物体PとQの速度は，それぞれ 0，$-v_2$ なので，2回目の衝突直後の小物体PとQの速度は，小物体PとQの質量がともに M であることに着目し，問1と同様に考えると，それぞれ $-v_2$，0 となる。これより，2回目の衝突後，小物体Qは $x=0$ に静止していることがわかる。その後，小物体Pが速度 $-v_2$（x 軸の負の向きに速さ v_2）で等速直線運動して $x=-l$ に達すると，ひもが張る。この間の時間は $\dfrac{l}{v_2}$ である。

ひもが張った直後の小物体PとQの速度は，小物体PとQの質量がともに M であることに着目し，問2と同様に考えると，それぞれ 0，$-v_2$ となる。これより，ひもが張った後，小物体Pは $x=-l$ に静止していることがわかる。その後，小物体Qは単振動の半周期分の運動をして $x=0$ に戻ると，再びひもが張る。この間の時間は，問6より，$\pi\sqrt{\dfrac{M}{k}}$ である。

再びひもが張る直前の小物体PとQの速度は，それぞれ 0，v_2 なので，再びひもが張った直後の小物体PとQの速度は，小物体PとQの質量がともに M であることに着目し，問2と同様に考えると，それぞれ v_2，0 となる。これより，再びひもが張った後，小物体Qは $x=0$ に静止していることがわかる。その後，小物体Pが速度 v_2（x 軸の正の向きに速さ v_2）で等速直線運動して $x=0$ に達すると，3回目の衝突をする。この間の時間は $\dfrac{l}{v_2}$ である。

以上より，2回目の衝突から3回目の衝突までの時間は

$$\frac{l}{v_2} + \pi\sqrt{\frac{M}{k}} + \frac{l}{v_2} = \pi\sqrt{\frac{M}{k}} + \frac{2l}{v_2}$$

これより，1回目の衝突から3回目の衝突までの時間を Δt とすると

$$\Delta t = \pi\sqrt{\frac{M}{k}} + \left(\pi\sqrt{\frac{M}{k}} + \frac{2l}{v_2}\right) = 2\left(\pi\sqrt{\frac{M}{k}} + \frac{l}{v_2}\right)$$

3回目の衝突は1回目の衝突と同じ状況になるので，3回目の衝突以降は1回目の衝突から3回目の衝突までと同じ運動が繰り返される。したがって，$2n+1$ 回目の衝突の時刻 t_{2n+1} は

$$t_{2n+1} = n\Delta t = 2n\left(\pi\sqrt{\frac{M}{k}} + \frac{l}{v_2}\right)$$

Ⅲ．問8． Ⅲの運動では，小物体Pが領域Aを通過することで，小物体PとQの物体系は力学的エネルギーを失う。すなわち，Ⅱで考察した運動において，$2n-1$ 回目の衝突から $2n$ 回目の衝突までの間では物体系の力学的エネルギーは変化しないが，$2n$ 回目の衝突から $2n+1$ 回目の衝突までの間で，小物体Pが領域Aを通過することによって物体系は力学的エネルギーを失うことがわかる。この間に，小物体Pは x 軸の負の向きに運動する過程で領域Aを $2n-1$ 回目の通過，x 軸の正の向きに運動する過程で領域Aを $2n$ 回目の通過をし，通過するたびに小物体Pにはたらく床からの動摩擦力による仕事

$$-\mu Mg \times \left\{-\frac{1}{2}l - \left(-\frac{3}{4}l\right)\right\} = -\frac{1}{4}\mu Mgl$$

によって，$\frac{1}{4}\mu Mgl$ の力学的エネルギーを失う。

$n = N$ において，$2N$ 回目の衝突から $2N+1$ 回目の衝突までの間に小物体Pが領域Aの中心 $x = -\frac{5}{8}l$ で静止するとき，小物体Pが x 軸の負の向きに運動する過程で静止する場合には，領域Aを $2N-2$ 回通過した後，$2N-1$ 回目の通過の途中に静止することになる。したがって，運動エネルギーの変化と仕事との関係式は

$$0 - \frac{1}{2}Mv_3{}^2 = -\frac{1}{4}\mu Mgl \times (2N-2) - \mu Mg \times \left\{-\frac{1}{2}l - \left(-\frac{5}{8}l\right)\right\}$$

$$= -\frac{4N-3}{8}\mu Mgl$$

$$\therefore \quad \mu = \frac{4v_3{}^2}{(4N-3)\,gl}$$

また，小物体Pがx軸の正の向きに運動する過程で静止する場合には，領域Aを$2N-1$回通過した後，$2N$回目の通過の途中に静止することになる。したがって，運動エネルギーの変化と仕事との関係式は

$$0 - \frac{1}{2}Mv_3{}^2 = -\frac{1}{4}\mu Mgl \times (2N-1) - \mu Mg \times \left\{-\frac{5}{8}l - \left(-\frac{3}{4}l\right)\right\}$$

$$= -\frac{4N-1}{8}\mu Mgl$$

$$\therefore \quad \mu = \frac{4v_3{}^2}{(4N-1)\,gl}$$

② **解答** I．**問1**．vBd **問2**．$\dfrac{vB^2d^2}{R}$ **問3**．$\dfrac{E}{2Bd}$

問4．(く) **問5**．(a)$-\dfrac{Bd}{L}$ (b)$\dfrac{B^2d^2}{L}$ **問6**．(さ) **問7**．$v\sqrt{\dfrac{m}{L}}$

II．問8．向き：(イ) 大きさ：$\dfrac{vB^2d^2}{R_1+R_2}$

問9．v **問10**．$\dfrac{R_1+R_2}{R_1R_2+R_2R_3+R_3R_1}vBd$ **問11**．$\dfrac{R_3}{R_1+R_3}v$

━━━━━━━ 解説 ━━━━━━━

《電池や抵抗，コイルが接続されたレール上を運動する導体棒による電磁誘導》

I．問1．導体棒Pに生じる誘導起電力の大きさをVとすると，ファラデーの電磁誘導の法則より

$$V = vBd$$

問2．導体棒Pに流れる電流の大きさをIとすると，オームの法則より

$$I = \frac{V}{R} = \frac{vBd}{R}$$

また，導体棒Pに流れる電流の向きは，レンツの法則より，y軸の負の向きである。これより，導体棒Pが磁場から受ける力の大きさをfとすると

$$f = IBd = \frac{vB^2d^2}{R}$$

　また，導体棒Pが磁場から受ける力の向きは，フレミングの左手の法則より，x軸の負の向きである。したがって，導体棒Pを一定の速さ v で動かすためには，x軸の正の向きに大きさ $f=\dfrac{vB^2d^2}{R}$ の外力を加えなければならない。

問3. スイッチ S_1 を閉じると導体棒Pには y 軸の正の向きに電流が流れるので，フレミングの左手の法則により，導体棒Pは x 軸の正の向きに力を受けて動き始める。この導体棒Pの速度が一定になったときの速さを v' とすると，導体棒Pに生じる誘導起電力の大きさは，ファラデーの電磁誘導の法則より $v'Bd$ であり，その向きは，レンツの法則より y 軸の負の向きである。また，このとき導体棒Pにはたらく力が0であることから，導体棒Pには電流が流れていないので，抵抗1と抵抗2には同じ電流が流れている。

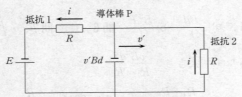

　この電流を i とすると，このときの回路は，上図のようにみなすことができる。したがって，右側の閉回路について，キルヒホッフの第二法則より

$$v'Bd = Ri$$

　一方，左側の閉回路について，キルヒホッフの第二法則より

$$E - v'Bd = Ri$$

　2式を連立させて解くと

$$v' = \frac{E}{2Bd}$$

　なお，このとき，$i = \dfrac{E}{2R}$ である。

問4. 時刻 $t=0$ において $I_R=0$ であり，導体棒Pが動き始めると抵抗2には y 軸の正の向きに電流が流れ始める（$I_R>0$）。その後，時間経過に伴って導体棒Pの速度が増加すると I_R も増加し，導体棒Pの速度が一定に

なると $I_R = \dfrac{E}{2R}$ となり I_R も一定となる。したがって，I_R の時間変化を示したグラフとして適するものは(く)である。

問5. (a) 微小な時間 Δt において，導体棒 P の速度は x 軸の正の向きに $\dfrac{\Delta x_P}{\Delta t}$ と表され，コイルに流れる電流は y 軸の負の向きに ΔI_P だけ増加する。これより，微小な時間 Δt

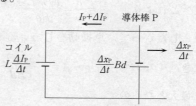

において，導体棒 P には y 軸の負の向きに $\dfrac{\Delta x_P}{\Delta t}Bd$ の，コイルには y 軸の正の向きに $L\dfrac{\Delta I_P}{\Delta t}$ の起電力が生じるので，このときの回路は，上図のようにみなすことができる。したがって，この閉回路について，キルヒホッフの第二法則より

$$L\frac{\Delta I_P}{\Delta t} + \frac{\Delta x_P}{\Delta t}Bd = 0 \qquad \therefore \quad \frac{\Delta I_P}{\Delta t} = -\frac{Bd}{L}\cdot\frac{\Delta x_P}{\Delta t}$$

(b) 電流 $I_P = -\dfrac{Bd}{L}x_P$ が流れることにより，導体棒 P にはたらく力 F は

$$F = I_P Bd = -\frac{B^2 d^2}{L}x_P$$

問6. 問5より，導体棒 P は時刻 $t = t_1$ 以降，$x \leqq 0$ の領域にある間，$x = 0$ を中心として単振動の半周期分の運動をする。この単振動の振幅を A，角振動数を ω とすると，時刻 $t = t_1$ から位相が π となる時刻 t までの間，導体棒 P の位置 x_P は次式で表される。

$$x_P = -A\sin\omega(t - t_1)$$

これより，この間の電流 I_P は

$$I_P = -\frac{Bd}{L} \times \{-A\sin\omega(t-t_1)\} = \frac{ABd}{L}\sin\omega(t-t_1)$$

したがって，I_P の時間変化を示したグラフとして適するものは(さ)である。

問7. 導体棒 P の単振動の復元力に着目すると

$$-\frac{B^2d^2}{L}x_P = -m\omega^2 x_P \quad \therefore \quad \omega = \frac{Bd}{\sqrt{mL}}$$

これより　$A = \dfrac{v}{\omega} = \dfrac{v\sqrt{mL}}{Bd}$

したがって，単振動をしている導体棒Pのx_Pの大きさが最大となるとき，すなわち，$x_P = -A = -\dfrac{v\sqrt{mL}}{Bd}$のとき，電流$I_P = -\dfrac{Bd}{L}x_P$の大きさが最大となるので

$$I_P = -\frac{Bd}{L}\cdot\left(-\frac{v\sqrt{mL}}{Bd}\right) = v\sqrt{\frac{m}{L}}$$

Ⅱ．問8． 導体棒Pをx軸の正の向きに一定の速さvで動かし始めた直後，導体棒Pにはy軸の負の向きに大きさvBdの誘導起電力が生じる。これより，導体棒Qにはy軸の正の向きに電流が流れ始める。したがって，このとき，導体棒Qが磁場から受ける力の向きは，フレミングの左手の法則より，x軸の正の向きなので，図6の(イ)の向きである。

また，導体棒Pをx軸の正の向きに一定の速さvで動かし始めた直後，導体棒Qはまだ動いておらず，導体棒Qには誘導起電力が生じていないので，導体棒Qに流れる電流の大きさをi_0とすると，キルヒホッフの第二法則より

$$vBd = R_1 i_0 + R_2 i_0 \quad \therefore \quad i_0 = \frac{vBd}{R_1 + R_2}$$

したがって，このとき，導体棒Qが磁場から受ける力の大きさをF_0とすると

$$F_0 = i_0 Bd = \frac{vB^2d^2}{R_1 + R_2}$$

問9． 導体棒Qの速度が一定になったとき，導体棒Qにはたらく力が0であることから，導体棒Qには電流が流れていない。このとき，導体棒Qの速度がx軸の正の向きに速さv_Qであったとすると，導体棒Qにはy軸の負の向きに大きさ$v_Q Bd$の誘導起電力が生じている。したがって，キルヒホッフの第二法則より

$$vBd - v_Q Bd = 0 \quad \therefore \quad v_Q = v$$

問10． スイッチS_5を閉じた直後，導体棒Qの速度はx軸の正の向きに速

さ $v_Q = v$ なので，導体棒Qには y 軸の負の向きに大きさ vBd の誘導起電力が生じている。また，導体棒Pには y 軸の負の向きに大きさ vBd の誘導起電力が生じている。このとき，抵抗値 R_1 の抵抗に z 軸の負の向きに流れる電流を i_1，抵抗値 R_2 の抵抗に z 軸の正の向きに流れる電流を i_2，抵抗値 R_3 の抵抗に y 軸の正の向きに流れる電流を i_3 とすると，導体棒Pと抵抗値 R_1，抵抗値 R_3 の抵抗を含む回路について，キルヒホッフの第二法則より

$$vBd = R_1 i_1 + R_3 i_3$$

導体棒Qと抵抗値 R_2，抵抗値 R_3 の抵抗を含む回路について，キルヒホッフの第二法則より

$$vBd = R_2 i_2 + R_3 i_3$$

また，キルヒホッフの第一法則より

$$i_1 + i_2 = i_3$$

3式を連立させて解くと

$$i_3 = \frac{R_1 + R_2}{R_1 R_2 + R_2 R_3 + R_3 R_1} vBd$$

問11. 導体棒Qの速度が一定になったとき，導体棒Qにはたらく力が0であることから，導体棒Qには電流が流れていない。このとき，導体棒Qの速度が x 軸の正の向きに速さ v_Q' であったとすると，導体棒Qには y 軸の負の向きに大きさ $v_Q' Bd$ の誘導起電力が生じている。また，このとき，抵抗値 R_2 の抵抗にも電流が流れないので，抵抗値 R_1 の抵抗と抵抗値 R_3 の抵抗に流れる電流の大きさは同じである。これより，抵抗値 R_1 の抵抗に z 軸の負の向きに，抵抗値 R_3 の抵抗に y 軸の正の向きに流れる電流をともに i_4 とすると，導体棒Pと抵抗値 R_1，抵抗値 R_3 の抵抗を含む回路について，キルヒホッフの第二法則より

$$vBd = R_1 i_4 + R_3 i_4$$

導体棒Qと抵抗値 R_2，抵抗値 R_3 の抵抗を含む回路について，キルヒホッフの第二法則より

$$v_Q' Bd = R_3 i_4$$

2式を連立させて解くと

$$v_Q' = \frac{R_3}{R_1 + R_3} v$$

物理

③　**解答**　A．問1．$T_1 = \dfrac{(p_0 S + mg) L}{nR}$　問2．$T_2 = T_1$

問3．$T_3 = \dfrac{(p_0 S + mg)(SL + V_Y)}{nRS}$　問4．$\dfrac{\Delta L}{L} = \left(1 + \dfrac{mg}{p_0 S}\right)^{\frac{1}{\gamma}} - 1$

問5．(a) $\dfrac{3}{2}\left(p_0 + \dfrac{mg}{S}\right) V_Y$　(b) $\dfrac{3}{2}(mgL - p_0 S \Delta L)$　問6．$\dfrac{\Delta L'}{\Delta L} = 1 + \dfrac{V_Y}{SL}$

B．I．問7．質量数：10　原子番号：5　問8．1.5 MeV

II．問9．3.9×10^{-2} eV　問10．$\dfrac{E_2}{E_1} = \cos^2 \theta$　問11．$N = \log_3 \dfrac{K_1}{K_2}$，18 回

═════════════ 解説 ═════════════

《細管でつながれた2つの容器内の気体の状態変化，原子核反応と陽子への衝突による中性子の減速》

A．問1． 問1の状態の容器X内の気体の圧力を p_1 とすると，ピストンにはたらく力のつり合いより

$$p_1 S = p_0 S + mg \quad \therefore \quad p_1 = p_0 + \frac{mg}{S}$$

したがって，容器X内の気体の状態方程式は

$$p_1 SL = nRT_1 \quad \therefore \quad T_1 = \frac{p_1 SL}{nR} = \frac{(p_0 S + mg) L}{nR}$$

問2． 問1の状態から問2の状態に至る過程は断熱自由膨張なので，この過程で気体が吸収した熱量と気体がした仕事は，ともに0である。このことと熱力学第一法則より，この過程での気体の内部エネルギー変化も0である。したがって，気体の温度の変化も0なので，$T_2 = T_1$ である。

問3． 問3の状態の容器X内とY内の気体の圧力を p_3 とすると，ピストンにはたらく力のつり合いより，問1の p_1 と同様に

$$p_3 = p_0 + \frac{mg}{S}$$

したがって，容器X内とY内の気体の状態方程式は

$$p_3 (SL + V_Y) = nRT_3$$

$$\therefore \quad T_3 = \frac{p_3 (SL + V_Y)}{nR} = \frac{(p_0 S + mg)(SL + V_Y)}{nRS}$$

問4． 問4の状態の容器X内の気体の圧力を p_4 とすると，ピストンにはたらく力のつり合いより

$$p_4 = p_0$$

問3の状態から問4の状態に至る過程は断熱変化なので，与えられた式（ポアソンの法則）を用いると

$$p_3(SL)^\gamma = p_4\{S(L+\Delta L)\}^\gamma$$

$$\Longleftrightarrow \left(\frac{L+\Delta L}{L}\right)^\gamma = \frac{p_3}{p_4}$$

$$\Longleftrightarrow \left(1+\frac{\Delta L}{L}\right)^\gamma = 1+\frac{mg}{p_0 S}$$

$$\therefore \quad \frac{\Delta L}{L} = \left(1+\frac{mg}{p_0 S}\right)^{\frac{1}{\gamma}} - 1$$

問5. **(a)**　問2の状態から問3の状態に至る過程において，容器X内とY内の気体の温度は T_2 から T_3 に変化しているので，この過程での容器X内とY内の気体の内部エネルギー変化 ΔU は

$$\Delta U = \frac{3}{2}nR(T_3-T_2)$$

$$= \frac{3}{2}nR\left\{\frac{(p_0 S+mg)(SL+V_Y)}{nRS} - \frac{(p_0 S+mg)L}{nR}\right\}$$

$$= \frac{3}{2}\left(p_0+\frac{mg}{S}\right)V_Y$$

(b)　問3の状態から問4の状態に至る過程は断熱変化なので，この過程で気体が吸収した熱量は0である。これより，この過程での容器X内の気体の内部エネルギー変化を $\Delta U'$ とすると，熱力学第一法則より

$$\Delta U' = 0-W \quad \therefore \quad W = -\Delta U'$$

また，この過程での容器X内の気体の物質量を n' モルとし，問4の状態の容器X内の気体の温度を T_4 とすると

$$\Delta U' = \frac{3}{2}n'R(T_4-T_3)$$

ここで，問3の状態と問4の状態の容器X内の気体の状態方程式は，それぞれ

$$p_3 SL = n'RT_3$$

$$p_4 S(L+\Delta L) = n'RT_4$$

以上より

$$W = -\frac{3}{2}n'R(T_4 - T_3) = -\frac{3}{2}\{p_4 S(L + \Delta L) - p_3 SL\}$$

$$= -\frac{3}{2}\Big\{p_0 S(L + \Delta L) - \Big(p_0 + \frac{mg}{S}\Big)SL\Big\} = \frac{3}{2}(mgL - p_0 S\Delta L)$$

問6. 問6の状態の容器X内とY内の気体の圧力を p_6 とすると，ピストンにはたらく力のつり合いより

$$p_6 = p_0$$

　問3の状態から問6の状態に至る過程は断熱変化なので，与えられた式（ポアソンの法則）を用いると

$$p_3(SL + V_Y)^\gamma = p_6\{S(L + \Delta L') + V_Y\}^\gamma$$

$$\Longleftrightarrow \Big\{\frac{S(L + \Delta L') + V_Y}{SL + V_Y}\Big\}^\gamma = \frac{p_3}{p_6}$$

$$\Longleftrightarrow \Big(1 + \frac{S\Delta L'}{SL + V_Y}\Big)^\gamma = \frac{p_3}{p_4} \quad (\because \quad p_6 = p_0 = p_4)$$

　一方，問4より

$$\Big(1 + \frac{\Delta L}{L}\Big)^\gamma = \frac{p_3}{p_4}$$

　2式より

$$\Big(1 + \frac{S\Delta L'}{SL + V_Y}\Big)^\gamma = \Big(1 + \frac{\Delta L}{L}\Big)^\gamma$$

$$\Longleftrightarrow \frac{S\Delta L'}{SL + V_Y} = \frac{\Delta L}{L}$$

$$\therefore \quad \frac{\Delta L'}{\Delta L} = 1 + \frac{V_Y}{SL}$$

B．I．問7. 原子核Xの質量数を A，原子番号を Z とすると，核反応式より

$$A + 1 = 7 + 4 \quad \therefore \quad A = 10$$

$$Z + 0 = 3 + 2 \quad \therefore \quad Z = 5$$

問8. $_3^7\mathrm{Li}^*$ の質量を M，核反応後の速さを V とし，$_2^4\mathrm{He}$ の質量を m，核反応後の速さを v とすると，運動量保存則より

$$0 = MV - mv \quad \therefore \quad V = \frac{m}{M}v$$

$_3^7\mathrm{Li}^*$ と $_2^4\mathrm{He}$ の核反応後の運動エネルギーを，それぞれ E_{Li}, E_{He} とする

と

$$E_{Li} : E_{He} = \frac{1}{2}MV^2 : \frac{1}{2}mv^2 = \frac{1}{2}M\left(\frac{m}{M}v\right)^2 : \frac{1}{2}mv^2 = \frac{m}{M}\cdot\frac{1}{2}mv^2 : \frac{1}{2}mv^2$$

$$= m : M$$

したがって

$$E_{He} = 2.31 \times \frac{M}{M+m} = 2.31 \times \frac{7.0149}{7.0149 + 4.0015} = 1.47$$

$$\doteqdot 1.5 \text{(MeV)}$$

Ⅱ. 問9. 中性子1個あたりの平均の運動エネルギーを K とすると，K はボルツマン定数 k と絶対温度 T を用いて次式で表される。

$$K = \frac{3}{2}kT$$

ここで，エネルギーの単位は J なので，eV を単位として表すためには，$\dfrac{K}{e}$ を求めればよい。したがって

$$\frac{K}{e} = \frac{3kT}{2e} = \frac{3 \times 1.38 \times 10^{-23} \times (273 + 27)}{2 \times 1.60 \times 10^{-19}} = 3.88 \times 10^{-2}$$

$$\doteqdot 3.9 \times 10^{-2} \text{(eV)}$$

問10. 陽子と中性子の質量をともに m' とし，衝突前の中性子の速さを v_1，散乱後の中性子の速さを v_2，散乱後の陽子の速さを u とする。また，陽子は x 軸の正の向きから時計回りに角度 φ の向きへ散乱されたものとする。x 軸方向と x 軸に垂直な方向について，それぞれ運動量保存則より

$$m'v_1 = m'v_2\cos\theta + m'u\cos\varphi$$

$$\Longleftrightarrow u\cos\varphi = v_1 - v_2\cos\theta \quad \cdots\cdots①$$

$$0 = m'v_2\sin\theta - m'u\sin\varphi$$

$$\Longleftrightarrow u\sin\varphi = v_2\sin\theta \quad \cdots\cdots②$$

力学的エネルギー保存則より

$$\frac{1}{2}m'v_1^2 = \frac{1}{2}m'v_2^2 + \frac{1}{2}m'u^2 \quad \cdots\cdots③$$

①，②を，それぞれ辺々2乗して足し合わせ，$\sin^2\varphi + \cos^2\varphi = 1$ を用いて φ を消去し，$\sin^2\theta + \cos^2\theta = 1$ を用いて式を整理すると

$$u^2 = v_1^2 + v_2^2 - 2v_1v_2\cos\theta \quad \cdots\cdots④$$

③，④より，u を消去すると

$$v_2 = v_1 \cos\theta$$

したがって $\dfrac{E_2}{E_1} = \dfrac{\dfrac{1}{2}m'v_2{}^2}{\dfrac{1}{2}m'v_1{}^2} = \dfrac{(v_1\cos\theta)^2}{v_1{}^2} = \cos^2\theta$

問11. 題意より

$$K_2 = K_1\left(\dfrac{1}{3}\right)^N$$

$$\Longleftrightarrow 3^N = \dfrac{K_1}{K_2}$$

$$\therefore \quad N = \log_3\dfrac{K_1}{K_2}$$

また,この式を変形すると

$$N = \dfrac{\log_{10}\dfrac{K_1}{K_2}}{\log_{10}3} = \dfrac{\log_{10}K_1 - \log_{10}K_2}{\log_{10}3}$$

ここで,$K_1 = 1.0 \times 10^7$〔eV〕,$K_2 = 3.9 \times 10^{-2}$〔eV〕を代入すると

$$N = \dfrac{\log_{10}1.0 + \log_{10}10^7 - (\log_{10}3.9 + \log_{10}10^{-2})}{\log_{10}3}$$

図2の常用対数のグラフより読み取ると,$\log_{10}3.9 = 0.58$ なので

$$N = \dfrac{7 - (0.58 - 2)}{0.477} = 17.65 \fallingdotseq 17.7$$

したがって,問9で求めた平均の運動エネルギー 3.9×10^{-2}eV 以下まで減速するためには,最低 18 回の衝突を起こす必要がある。

講 評

　2024 年度も例年通り大問 3 題の出題で,試験時間は理科 2 科目で 150 分,医(保健〈看護学〉)学部は 1 科目で 75 分であった。設問数,内容を加味した問題分量は,2023 年度よりやや減少している。解答形式は,すべて結果のみを記す形式であった。また,グラフを選択する問題が 2 問出題されたが,描図問題は出題されなかった。

　1 ひもにつながれた 2 つの小物体の運動についてのやや難しい問題である。Ⅰは,2 つの小物体の衝突とひもが張る現象を考察する基本〜

標準問題。問2では，ひもが張る現象を弾性衝突と同様とみなすことができるので，反発係数の式を用いると計算がスムーズになる。Ⅱは，ひもにつながれた2つの小物体のうちの1つがばねで壁につながれている場合を考察する標準〜応用問題。奇数回から偶数回の衝突の間，偶数回から奇数回の衝突の間での2つの小物体の運動をそれぞれ的確に捉え，これが繰り返されることに気づけたかどうかがポイントである。また，同じ質量の2つの小物体の弾性衝突では，衝突前後で速度が交換されることを知っていれば計算処理が速くなる。Ⅲは，Ⅱの装置に変更を加えた場合を考察する応用問題。Ⅱでの2つの小物体の運動が理解できていなければ解くことができず，差がつくところである。

2　抵抗や電池，コイルが接続されたレール上を運動する導体棒による電磁誘導についての標準問題である。Ⅰは，抵抗や電池，コイルを含む基本的な回路での導体棒による電磁誘導を考察する基本〜標準問題。問1〜問4は典型的な問題で，確実に解きたい。問5〜問7はコイルを含む回路で導体棒が単振動をする問題であり，単振動についての正確な理解が必要である。丁寧な誘導がなされているので，符号に気をつけて解きたい。Ⅱは，抵抗を含むやや複雑な回路での2本の導体棒による電磁誘導を考察する標準問題。導体棒が一定の速度で運動しており，導体棒に一定の誘導起電力が生じている場合を考えるので，キルヒホッフの法則を的確に用いて解けばよい。ただし，回路が立体的に描かれておりやや複雑なので，符号に気をつけなければならない。また，計算がやや煩雑なので，ミスなく解きたい。

3　熱力学分野と原子分野の2分野から，2つの中問に分けて出題された問題である。Aの熱力学分野は細管でつながれた2つの容器内の気体の状態変化について考察するやや易しい問題，Bの原子分野は原子核反応と陽子への衝突による中性子の減速について考察する標準問題である。Aの問1〜問5は，気体の状態変化についての典型的な問題なので，確実に解きたい。ただし，問2での断熱自由膨張の扱いや，問4でのポアソンの法則の利用，問5(b)での気体の状態方程式を利用した式変形には気をつけたい。問6も難しい内容ではないが，ポアソンの法則を利用する計算がやや煩雑なので，ミスなく解きたい。BのⅠは，原子核反応についての問題である。問8では核反応後の運動エネルギーの比を，運

動量保存則を用いて求めることがポイントである。Ⅱは，中性子と陽子との衝突についての問題である。問9は気体の分子運動についての知識が問われる。問10は運動量保存則と力学的エネルギー保存則の式を立てて解けばよいが，計算が煩雑なので，差がつくところである。問11は，常用対数のグラフを利用できるように対数計算の処理を進める必要があり，難しかったであろう。

　2024年度は，大問1がやや難しい問題，大問2，3Bが標準問題，大問3Aがやや易しい問題となっており，全体的にはやや易化した。このため，設問数，内容を加味した問題分量がやや減少したといえるが，全体を通して見ると試験時間に対する問題分量は依然として多く，試験時間内にすべてを解答することは厳しいだろう。2023年度に比べて見慣れない設定の問題が減り典型的な問題が増えたので，このような問題や大問前半のやや易しい問題をより正確に早く解き，思考力を要する問題に十分な時間を取ることが大切であった。総合的に見て入試問題としての難度は高く，大問の後半部分や最終部分で設定が難解な問題が出題されたり，数学的な知識や計算力を必要とする問題が出題されたりする。これらの問題の成否によって差がつくという傾向は変わらない。このような難度の高い問題を解答するためには，物理法則に対する本質的な理解を深め，いろいろな設定での物理現象に対して柔軟に考察する力と，問題文をしっかりと読み取り題意に沿って解答する力とを，平素から着実に養っておく必要がある。

化 学

1 解答

問1. イオン間距離が大きいほどクーロン力は弱くなる。陰イオンの半径が大きい順にイオン間距離も大きくなり、クーロン力は弱くなるので、融点は低くなる。(70字以内)

問2. (a)塩化ナトリウム (b)閃亜鉛鉱 (c)蛍石 (d)塩化セシウム

問3. 同素体

問4. **ア.** 共有 **イ.** 4 **ウ.** 8 **エ.** ファンデルワールス(分子間)
オ. 分子 **カ.** 8

問5. (b)

問6. 0.154

問7. 0.142

問8. 密度は、次のように求められる。

$$\frac{\dfrac{12.0}{6.02 \times 10^{23}} \times 4}{(0.246 \times 10^{-7})^2 \times \dfrac{\sqrt{3}}{2} \times 0.670 \times 10^{-7}} = 2.27 \fallingdotseq 2.3 \,[\text{g/cm}^3]$$

……(答)

問9. $Q_1 = \dfrac{2Q_3 - Q_2 - Q_4}{2}\,[\text{J/mol}]$

===== 解 説 =====

《イオン結晶, ダイヤモンド・黒鉛の結晶構造》

問1. 熱運動によって、静電気的な引力(クーロン力)による結合の一部が切れ、イオンの配置がくずれる温度が融点である。引力が大きいほど融点は高くなる。

同じ1価の陰イオンでは原子番号が大きいほどイオンの大きさは大きくなり　　$F^- < Cl^- < Br^- < I^-$

イオン間の距離は　　$NaF < NaCl < NaBr < NaI$

イオン間の距離と、静電気的な引力の大きさおよび融点の高さは、逆の順となり

　　　　　NaF＞NaCl＞NaBr＞NaI

問2. (a)　単位格子中○は $6 \times \dfrac{1}{2} + 8 \times \dfrac{1}{8} = 4$ 個，●は $1 + 12 \times \dfrac{1}{4} = 4$ 個である。

　　よって，イオン数比は $1:1$，配位数は 6 より NaCl である。

(b)　単位格子中○は $6 \times \dfrac{1}{2} + 8 \times \dfrac{1}{8} = 4$ 個，●は 4 個である。

　　よって，イオン数比は $1:1$，配位数は 4 より ZnS である。●を○に置き換えるとダイヤモンドの結晶構造になる。

(c)　単位格子中○は $6 \times \dfrac{1}{2} + 8 \times \dfrac{1}{8} = 4$ 個，●は 8 個である。

　　よって，イオン数比は $1:2$ であるので，CaF_2 である。

(d)　単位格子中○は $8 \times \dfrac{1}{8} = 1$ 個，●は 1 個である。

　　よって，イオン数比は $1:1$，配位数は 8 より CsCl である。

問3. 同素体をもつ元素は，S，C，O，Pである（SCOP スコップと覚える）。

問4.イ. 炭素原子の4個の価電子はすべて共有結合に使われ，正四面体型の立体網目構造をつくる。

ウ. 問2(b)より　　$4 + 4 = 8$ 個

エ. 極性分子や無極性分子の分子間にはたらく引力をファンデルワールス力という。これに水素結合も含めると，分子間力である。

カ. 図1(a)の構造の○面心立方格子で考える。1つの格子に4個の二酸化炭素 CO_2 分子が含まれるので，酸素原子の数は　　$4 \times 2 = 8$ 個

問6. 図1(b)の手前右下の を取り出して考えてみる。単位格子の一辺 $0.357\,\text{nm}$ を y とおき，炭素原子間（●─○）の距離を r，○間の距離を x，●の高さを h とおく。

　　$h = \dfrac{1}{4}y$，x は面対角線の $\dfrac{1}{2}$ なので　　$x = \dfrac{\sqrt{2}}{2}y$

　　右上図より

$$r^2 = \left(\dfrac{x}{2}\right)^2 + h^2 = \left(\dfrac{\sqrt{2}}{4}y\right)^2 + \left(\dfrac{1}{4}y\right)^2 = \dfrac{3}{16}y^2$$

$$\therefore \quad r = \frac{\sqrt{3}}{4}y = \frac{\sqrt{3}}{4} \times 0.357 = 0.1544 \fallingdotseq 0.154 \,\text{(nm)} \quad \cdots\cdots(\text{答})$$

問7. 黒鉛の単位格子第1層を真上から見下ろすと，ひし形の辺の長さ$0.246\,\text{nm}$は，右図の正三角形の辺の長さである。隣接した炭素原子間の距離は，正三角形の頂点から重心までの長さとわかり，破線で示した高さの$\dfrac{2}{3}$にあたる。

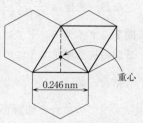

$$0.246 \times \sin 60° \times \frac{2}{3} = 0.246 \times \frac{\sqrt{3}}{2} \times \frac{2}{3}$$

$$= 0.1418 \fallingdotseq 0.142 \,\text{(nm)}$$

問8. 単位格子のひし形の高さは，正三角形の高さに等しい。

$$0.246 \times \frac{\sqrt{3}}{2} \,\text{(nm)}$$

ひし形の面積は，辺×高さより

$$0.246 \times \left(0.246 \times \frac{\sqrt{3}}{2}\right) = 0.246^2 \times \frac{\sqrt{3}}{2} \,\text{(nm}^2\text{)}$$

単位格子の体積は

$$0.246^2 \times \frac{\sqrt{3}}{2} \times 0.670 \,\text{(nm}^3\text{)}$$

続いて，単位格子中の炭素原子の個数を考える。第1層は，2つの単位格子に共有されている。また，ひし形の頂点の角度は$120°$と$60°$であるので，ひし形の頂点にある炭素原子は

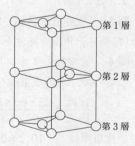

$$\frac{120°}{360°} \times 2 \times \frac{1}{2} + \frac{60°}{360°} \times 2 \times \frac{1}{2} = \frac{1}{2} \,\text{個}$$

さらに，ひし形の面内に炭素原子は$\dfrac{1}{2}$個あるので，第1層は $\dfrac{1}{2} + \dfrac{1}{2} = 1$ 個

第2層は $\dfrac{60°}{360°} \times 2 + \dfrac{120°}{360°} \times 2 + 1 = 2$ 個

第3層は，第1層と同じく1個ある。

　　　よって，単位格子中の炭素原子数は　　$1+2+1=4$ 個

　　なお，密度は $\dfrac{単位格子の質量}{単位格子の体積}$ で求める。

問9． ダイヤモンドでは，炭素原子は4個の炭素原子と共有結合している。
2個の炭素原子で1つの結合を共有しているので，炭素原子1個がもつ共

有結合の数は，$4 \times \dfrac{1}{2} = 2$ である。

　　すべての結合を切断して炭素原子を生成するのに必要なエネルギーを x

〔J/mol〕とすると　　$\dfrac{x}{2} = Q_1$　　∴　$x = 2Q_1$

　　ダイヤモンドの燃焼熱の熱化学方程式は

　　　　C（ダイヤモンド）$+ O_2$（気）$= CO_2$（気）$+ Q_2$〔kJ〕

　　（反応熱）＝（生成物の結合エネルギーの和）－（反応物の結合エネルギー

の和）より

　　　　$Q_2 = 2Q_3 - (2Q_1 + Q_4)$

となり，解を得る。

②　**解答**　　**問1．** 45 kJ/mol

　　　　　　　　問2．　ア． 大きい　**イ．** 電気陰性度　**ウ．** 水素結合

エ・オ． DNA，セルロース（順不同）

問3．〔電極A〕負極　イオン反応式：$H_2 \longrightarrow 2H^+ + 2e^-$

〔電極B〕正極　イオン反応式：$O_2 + 4H^+ + 4e^- \longrightarrow 2H_2O$

問4． 電極Bのイオン反応式より，4 mol の電子を流すと 2 mol の水を生

じるので，求める電流を i〔A〕とすると

　　　　$\dfrac{1.44}{18.0} = \dfrac{25 \times 60 \times i}{9.65 \times 10^4} \times \dfrac{2}{4}$　　∴　$i = 10.2 \fallingdotseq 10$〔A〕　……（答）

　　仕事率は　　$10.2 \times 0.70 = 7.14 \fallingdotseq 7.1$〔W〕　……（答）

　　　　　　　　　　　　　（なお，計算方法によっては 7.2 W となる）

問5． 仕事は　　$7.14 \times 25 \times 60 = 1.07 \times 10^4 \fallingdotseq 1.1 \times 10^4$〔J〕　……（答）

　　反応熱に対する割合は

　　　　$\dfrac{1.07 \times 10^4}{\dfrac{1.44}{18.0} \times 286 \times 10^3} \times 100 = 46.7 \fallingdotseq 47$〔%〕　……（答）

問6. (2)・(4)

問7. H₂ 濃度：増加

理由：温度を上げると，ルシャトリエの原理より，吸熱反応が進む右方向に平衡が移動するから。（50 字以内）

=============================== 解　説 ===============================

《H₂O の凝縮熱，燃料電池》

問1. H₂O の凝縮熱を x〔kJ/mol〕とする。熱化学方程式は

$$H_2O （液） = H_2O （気） - x 〔kJ〕 \quad ……①$$

与えられた熱量より

$$H_2 （気） + \frac{1}{2}O_2 （気） = H_2O （液） + 286\,kJ \quad ……②$$

①＋②より　　$H_2 （気） + \frac{1}{2}O_2 （気） = H_2O （気） + (-x + 286) 〔kJ〕$

（気体反応の反応熱）＝（生成物の結合エネルギーの和）－（反応物の結合エネルギーの和）より

$$-x + 286 = 2 \times 463 - \left(436 + \frac{1}{2} \times 497\right) \quad \therefore \quad x = 44.5 ≒ 45 〔kJ/mol〕$$

問2. 無極性分子の CH₄ や極性分子の H₂S の分子間力はファンデルワールス力といい，強い分子間力の水素結合と区別する。水素結合は，電気陰性度の大きい F，O，N が水素原子を仲立ちとして，隣り合う分子どうしが引き合う結合である。

　水素結合を……で表すと，セルロースでは，−O−H……O，DNA では，−N−H……O や −N−H……N の構造をもつ。

問3. 負極の電極Aでは，水素が酸化され電子が流れ出し，正極の電極Bでは，酸素が電子を受け取り，水に還元される。

問4. 仕事率〔W〕は，電圧〔V〕×電流〔A〕である。

問5. 1W は，1J の仕事を 1 秒間したときの値。仕事〔J〕＝仕事率〔W〕×時間〔秒〕で表せる。

問6. (1)正文。電池は化学エネルギーを電気エネルギーに変換する装置である。変換が完全に進行すれば発熱はないが，一部の化学エネルギーを変換できず発熱した場合，この熱を利用することは，エネルギー利用効率を上げることになる。

(2)誤文。高濃度のアルカリ水溶液では，H^+ はほとんど存在しないので，次式のように水の電離による H^+ が反応したと考える。

酸素が反応する電極では

$$O_2 + 4H^+ + 4e^- \longrightarrow 2H_2O \quad \cdots\cdots ③$$

$$4H_2O \rightleftharpoons 4H^+ + 4OH^- \quad \cdots\cdots ④$$

③＋④より，$O_2 + 2H_2O + 4e^- \longrightarrow 4OH^-$ となり，水ではなく OH^- を生じる。

一方，水素が反応する電極では

$$H_2 \longrightarrow 2H^+ + 2e^- \quad \cdots\cdots ⑤$$

$$2H^+ + 2OH^- \longrightarrow 2H_2O \quad \cdots\cdots ⑥$$

⑤＋⑥より，$H_2 + 2OH^- \longrightarrow 2H_2O + 2e^-$ となり，水を生じる。

(3)正文。高価な白金触媒の代替材料の研究が進められている。

(4)誤文。白金は，正触媒である。活性化エネルギーを低くする。

(5)正文。イオン伝導性をもつイオン交換樹脂なども使える。

③ ―**解答**― 問1．A. ⬡-NH₂　B. ⬡-C(OH)=O

C. ⬡-OH

問2．上層

理由：ジエチルエーテル溶液は，水溶液より密度が小さいから。（30字以内）

問3．CO_2

問4．⬡-N=N-⬡-OH

問5．B．メタ配向性　C．オルト・パラ配向性

問6．⬡(CH₃)(NO₂) ⟷ ⬡(CH₃)(NO₂) ⟷ ⬡(CH₃)(NO₂)

問7．⬡-CH₂-CH=CH₂ 型　⬡-CH=CH-CH₃ 型　⬡-CH=CH-CH₃ 型

問8．E．

　　質量数 146 の分子：質量数 148 の分子：質量数 150 の分子
　＝9：6：1

=== 解 説 ===

《芳香族化合物の分離，配向性》

問1．化合物**A**：塩酸で塩を作り，水に溶けるので塩基。水酸化ナトリウム水溶液で遊離するので，NaOH より弱塩基である。

　　原子数比は　　$C : H : N = \dfrac{77.4}{12} : \dfrac{7.50}{1.0} : \dfrac{15.1}{14} \fallingdotseq 6 : 7 : 1$

　　よって，アニリン $C_6H_5NH_2$ である。

化合物**B**：炭酸水素ナトリウム水溶液で塩となり，水に溶けるので炭酸より強酸。塩酸で遊離するので，HCl より弱酸のカルボン酸である。

　　炭素の質量は　　$308 \times \dfrac{12}{44} = 84 〔mg〕$

　　水素の質量は　　$54.0 \times \dfrac{2.0}{18} = 6.0 〔mg〕$

　　酸素の質量は　　$122 - (84 + 6.0) = 32 〔mg〕$

　　原子数比は　　$C : H : O = \dfrac{84}{12} : \dfrac{6.0}{1.0} : \dfrac{32}{16} \fallingdotseq 7 : 6 : 2$

　　よって，安息香酸 C_6H_5COOH である。

化合物**C**：炭酸水素ナトリウム水溶液には溶けないが，水酸化ナトリウム水溶液で塩を作って溶け，塩酸で遊離する。炭酸より弱酸であり，塩化鉄（Ⅲ）水溶液で呈色するので，フェノール C_6H_5OH と考えられる。

問2．ジエチルエーテルの密度は，$0.71 g/cm^3$ である。

問3．ガス**F**を吹き込んで遊離したのは弱酸の化合物**C**（フェノール）である。一方，カルボン酸である化合物**B**（安息香酸）が塩のまま水溶液中に残ったことから，ガス**F**はフェノールより強酸でカルボン酸より弱酸の二酸化炭素である。

$$\text{〈ベンゼン環〉}-ONa + CO_2 + H_2O \longrightarrow \text{〈ベンゼン環〉}-OH + NaHCO_3$$

問4. 化合物**A**（アニリン）をジアゾ化した後，カップリングによって固体**G**のp-ヒドロキシアゾベンゼンを生じる。

$$\text{〈ベンゼン環〉}-NH_2 \xrightarrow[\text{ジアゾ化}]{NaNO_2,\ HCl} \text{〈ベンゼン環〉}-N_2Cl$$

塩化ベンゼン
ジアゾニウム

$$\xrightarrow[\text{カップリング}]{\text{〈ベンゼン環〉}-ONa} \text{〈ベンゼン環〉}-N=N-\text{〈ベンゼン環〉}-OH$$

p-ヒドロキシアゾベンゼン

問5. 化合物**B**：カルボキシ基（-COOH）のように，ベンゼン環から電子を引きつける性質をもつと，メタ配向性である。

化合物**C**：ヒドロキシ基（-OH）のように，ベンゼン環に電子を与える性質をもつと，オルト・パラ配向性である。

問6. 次のように二重結合にNO_2^+が付加して，中間体が生じる。この構造は，**H2** 同様，メチル基によって安定化される。

$$\text{〈構造式〉}+NO_2^+ \longrightarrow \text{〈構造式〉}$$

さらに，二重結合の移動により，次のような共鳴構造式となる。

$$\text{〈構造式〉} \longrightarrow \text{〈構造式〉} \quad \text{〈構造式〉} \longrightarrow \text{〈構造式〉}$$

一方，メタ置換体では，メチル基が正電荷を帯びた炭素と結合した構造をとれないので，安定化されない。

$$\text{〈構造式〉} \longleftrightarrow \text{〈構造式〉} \longleftrightarrow \text{〈構造式〉}$$

問7. 化合物**D**は，ベンゼン一置換体であるので，$C_6H_5C_xH_y$とする。

C_xH_yの式量は　　$118-77=41=12x+y$　……①

飽和のアルキル基はC_xH_{2x+1}より　　$y \leqq 2x+1$

式①より　　$41 \leqq 12x+(2x+1)$

よって，xの条件は　　$x \geqq 2.8$

式①より　　　$x=3$ であれば　　　$y=5$

$x=4$ であれば，$y=-7$ で不適。

C_3H_5 は，飽和の C_3H_7 より水素原子が 2 個不足であるので，二重結合 1 個または環状構造 1 個をもつ。

問8. 青緑色の炎色反応はバイルシュタイン反応であり，化合物 **E** は塩素を含むとわかる。質量数から 112 は $C_6H_5{}^{35}Cl$ で，114 は $C_6H_5{}^{37}Cl$ である。

この存在比は ${}^{35}Cl : {}^{37}Cl = 3 : 1$ の存在比と一致する。

よって，塩素の原子量は　　　$\dfrac{3}{4} \times 35 + \dfrac{1}{4} \times 37 = 35.5$

化合物 **E** はクロロベンゼンであり，二置換ベンゼン誘導体 **I** は，ジクロロベンゼンとわかる。

　　　質量数 146：$C_6H_4{}^{35}Cl^{35}Cl$

　　　質量数 148：$C_6H_4{}^{35}Cl^{37}Cl$ と $C_6H_4{}^{37}Cl^{35}Cl$

　　　質量数 150：$C_6H_4{}^{37}Cl^{37}Cl$

したがって，質量数 146 の分子：質量数 148 の分子：質量数 150 の分子の存在比は

$$\frac{3}{4} \times \frac{3}{4} : 2 \times \frac{1}{4} \times \frac{3}{4} : \frac{1}{4} \times \frac{1}{4} = 9 : 6 : 1$$

④ **解答** **問1.** A.

$$\begin{array}{c} Br \quad Br \\ | \quad | \\ CH-CH \\ | \quad | \\ Br \quad Br \end{array}$$

B.

$$\begin{array}{c} H \\ \diagdown C=C \diagup \\ H \quad \diagdown OH \end{array}$$

C.

$$CH_3-C\diagup^H_{\diagdown O}$$

D.

$$\bigcirc$$

E.　$AgC{\equiv}CAg$

問2. 反応式：$CaC_2 + 2H_2O \longrightarrow Ca(OH)_2 + C_2H_2$

$$\frac{5.00 \times \dfrac{64.0}{100}}{64.0} \times 22.4 = 1.12 \fallingdotseq 1.1 \, 〔L〕 \quad \cdots\cdots(答)$$

問3.

$$\boxed{\begin{array}{c} CH_3 \quad CH_3 \\ \diagdown C \diagup \\ || \\ O \end{array}}$$

$$CH_3-CH_2-C\diagup^H_{\diagdown O}$$

問4. ア．ヨウ素　イ．電気伝導（導電）

═══════════════ 解　説 ═══════════════

《アセチレンとアセチレン誘導体》

問1. 化合物**A**：アセチレンに臭素2分子が付加し，1,1,2,2-テトラブロモエタンが生成する。

化合物**B**：エノール型ビニルアルコールは不安定である。

化合物**C**：化合物**B**は転位して，安定なケト型アセトアルデヒドになる。

化合物**D**：ベンゼンである。$3CH \equiv CH \longrightarrow C_6H_6$

化合物**E**：爆発性の銀アセチリドである。

問2. 標準状態では，理想気体1molの体積は，22.4L/molである。

問3. 「2個の炭素のうち，水素の結合数の多い方にHが付加しやすい」というマルコフニコフ則を適用すると

問4. ポリアセチレンは，二重結合と単結合を交互に繰り返した共役二重結合をもつ高分子化合物である。ヨウ素を加えると，共役二重結合の電子が動き回れるようになり，導電性を示すようになる。導電性ポリマーを発見した白川英樹博士は，ノーベル化学賞を受賞した。

$$-CH=CH-CH=CH-CH=CH-CH=CH-$$
ポリアセチレン

講 評

2024年度は難度の高い化学平衡の出題がなかった。

1　問2(c)はイオン数比でわかるが，それ以外は教科書の内容を覚えていないと難しい。問6のダイヤモンドの炭素原子間の共有結合の距離を求める問題は練習していると思われるが，問7の黒鉛では初めて解く受験生も多かったのではないだろうか。丁寧に描図して考えてほしい。単位格子の一辺は，正三角形の一辺になり，ひし形の一辺でもあること

に着目する。問 8 の単位格子の原子数の計算は間違えないようにしたい。問 9 の炭素原子の結合数は 4 ではないことに気付きたい。

　　2　問 1 の結合エネルギーを用いた反応熱の計算は，気体反応で考える。問 3 の燃料電池は頻出。イオン反応式は完答したい。問 4・問 5 の仕事率〔W〕，電流として取り出された仕事〔J〕は，中学理科の内容である。

　　3　芳香族化合物の分離は基本。2023 年度に続き配向性の問題であるが少し異なる。メチル基が正電荷を帯びた炭素を安定化することを読み取ってほしい。同位体の存在比も標準レベルである。無駄な失点のないようにしたい。

　　4　ケト-エノール互変異性などを扱った基本問題である。大阪大学の入試でよく扱われるマルコフニコフ則を用いて，主生成物を決める。取り組みやすい問題が多いので，まずこの大問から始めて，勢いをつけるのも良いやり方であろう。

　　例年に比べ，易化した印象があるが，その分落としてはいけない問題が多いと言える。ケアレスミスには注意したい。

生　物

①　解答

問1.　ア. スプライシング　**イ.** コドン

　　　　ウ. タンパク質（ポリペプチド，ポリペプチド鎖）

エ. 一塩基多型（SNP，SNPs）

問2.

遺伝子型	観察される PCR 産物の長さ（塩基対の数）
CC	25，52，232
CT	25，52，232，284
TT	25，284

別解

遺伝子型	観察される PCR 産物の長さ（塩基対の数）
CC	12，25，40，232
CT	12，25，40，232，244
TT	25，40，244

問3.

塩基	翻訳されるアミノ酸
C	プロリン
T	セリン

問4. 遺伝子型が TT の細胞は，遺伝子型が CC の細胞に比べて，サイトカイン A の産性能が低く単位時間あたりのサイトカイン A の分泌量が半分ほどに留まる。（70字以内）

問5. 遺伝子型が TT の細胞でつくられたサイトカイン A 前駆体は，遺伝子型が CC の細胞由来の前駆体に比べ，その細胞質内輸送体と結合しにくいなどの理由により，合成された前駆体の一部が細胞膜まで輸送されないから。（100字以内）

※問2については，図1に矢印（↓）で示した1箇所以外にも切断対象となる箇所が存在したことから，どちらの場合について解答しても正解とする措置が取られたことが大学から公表されている。

━━━━━━━━━━━━━━━ 解　説 ━━━━━━━━━━━━━━━

《サイトカインＡの遺伝子における一塩基多型の影響》

問１．ア． mRNA 前駆体の加工過程を全体的に指す「プロセシング」も正解となるが，直後に，「その結果」という接続語を経た上で「エキソン領域の配列情報のみで構成された mRNA が作られる」と続くことから，「スプライシング」の方が文脈に適した解答といえる。

問２． 設問文の第１段落だけを読むと，図１の［　　　］で囲った２つのプライマー配列に挟まれた領域（プライマー自体の領域も含む）内に，図２に示された配列が何箇所あるかを探す必要があるように思えてしまう。しかし，続く設問文第２段落には，制限酵素Ｘで常に切断されるのは，図１に矢印（↓）で示した１箇所であるとある。図１で$\frac{C}{T}$で示された部分（以後，解説の便宜のためここを「①部」と呼ぶ）以外は，全個体に共通の塩基配列なので，この共通配列内では矢印（↓）部以外に制限酵素Ｘの認識配列が存在する可能性は考慮しない，という前提で解き進めて問題ないだろう。したがって矢印（↓）部以外で，「常に」ではないが（つまり個体によっては）制限酵素Ｘによって切断される可能性があるのは，①部付近に限られる。ここで，図２に示された２本鎖 DNA 中の認識配列について，180 度回転して上下を逆にしても図２と同じになる（いわゆる「回文配列」である）ことを確認しておく。このような場合，２本鎖 DNA の一方の鎖に制限酵素の認識配列が見つかれば，その相補鎖の同じ箇所も認識配列となる。つまり，DNA 上で制限酵素で切断される部位を探す際には２本鎖の一方の鎖だけに注目すればよい（図１には一方の鎖の塩基配列しか記されていないが，認識配列が回文配列でない場合は，その相補鎖も考慮しなければならないので，確認すべき重要な点である）。図１は，特に説明がないことから，センス鎖の配列である（次の問３で，図１中の下線部のＴをＵに変えるとその向きのままで開始コドンとなることからも再確認できる）。つまり図１の配列は 5'→3' の向きに示されているので，図２の上の方の鎖を左から右に読んだ配列が現れるかどうかをチェックする。設問文第１段落最終文より，この配列には CAGCGG，CAGCTG，CCGCGG，CCGCTG の４通りがあり得るが，①部がＣであった場合には，①部を先頭に CCGCTG の配列が現れるので，制限酵素Ｘに認識され切断される。

したがって遺伝子型が CC の個体では，PCR 産物が①部の下流と矢印（↓）部の 2 箇所で切断されるので 3 つの断片に分かれる。一方，遺伝子型が TT の個体では，矢印（↓）部のみで切断され 2 つの断片に分かれる。遺伝子型が CT の個体からは，これらの断片が混ざったものが得られるが，矢印（↓）部から下流の断片は，①部が T でも C でも共通に得られるので，5 種類ではなく 4 種類の断片が得られる。あとは図 1 から各断片の塩基対数を慎重に数える。

なお，図 1 を詳細に確認すると，（↓）で示されている箇所以外にも，268〜273 塩基対の位置に，与えられた制限酵素で切断可能な塩基配列 CCGCTG が存在することがわかる。この部位を考慮した場合，共通配列内の切断箇所が 1 つ増えるため，それぞれ CC の個体では 4 つの断片に，CT の個体では 5 つの断片に，TT の個体では 3 つの断片に分かれることになる。この解答を本書では〔別解〕として掲載した。

問 3．　図 1 中に下線で示された開始コドンに対応する配列に続けて，コドンの読み枠を 3 塩基ごとに慎重に区切っていくと，①部が読み枠の 1 文字目になる。①部が C の場合にはコドンが CCG となりプロリンを指定する一方，①部が T の場合には，コドンが UCG となりセリンを指定する。

問 4．　設問文から，図 3 の■の細胞は，終始サイトカイン A を産生し続けているはずであるが，培養上清中の濃度は経時的に上昇していない。このことは，培養上清が常に一定の割合で新しい溶液に置換されているか，あるいは，サイトカイン A は，産生される一方で，常に一定の速度で自然に分解または失活していることを意味する。ゆえに設問文中の「培養上清中のサイトカイン A の安定性には，遺伝子型による違いはない」との記述は重要であり，そのように考えると，図 3 のグラフの縦軸は，サイトカイン A の累積の産生量ではなく，サイトカイン A の産生速度を反映していることになる。したがって図 3 から，刺激して一定時間が経過した後は，遺伝子型 CC をもつ細胞（●）が，常にサイトカインを産生している細胞（■）と同程度の産生能であるのに対し，遺伝子型 TT をもつ細胞（○）は，サイトカイン A の産生能が半分程度であることがわかる。

問 5．　「サイトカイン」は，細胞から分泌されるタンパク質性のシグナル分子の総称である。ただし，設問文および図 4 にあるように，サイトカイン A の分泌は，分泌顆粒を介したエキソサイトーシス（開口分泌）による

ものではなく，分子が細胞膜を直接，通過して細胞外へ出る分泌様式（「透出分泌」と呼ばれる）である。設問文より，遺伝子型がTTとCCの細胞では，転写，翻訳に差がないので，サイトカインA前駆体の生成速度には差がないことになる。にもかかわらず図5では，遺伝子型がCCの細胞に比して，遺伝子型がTTの細胞ではサイトカインA前駆体の細胞膜上の発現量が大きく減少している。このことは，遺伝子型がTTの細胞では，細胞質中で翻訳されたサイトカインA前駆体のうち，かなりの割合のものが，細胞膜貫通に至っていないことを意味する。さらに設問文に，①部の変化は「サイトカインAの構造的な変化をもたらす」とあるので，遺伝子型がTTとCCの細胞では，1アミノ酸の置換によってサイトカインA分子の立体構造がやや異なることがわかる。これが原因で，遺伝子型がTTの細胞において膜貫通にまで至る分子が減ることを説明できていれば，何通りかの解答が正解とされるであろう。〔解答〕以外にも，遺伝子型がTTの細胞由来のサイトカインA前駆体について，「細胞質中の分解酵素や不活性化因子と結合しやすくなった」「サイトカインAになった後は分子の安定性が低下しないが前駆体としては分子の安定性が低下した」「細胞膜に埋め込まれにくくなった」などの別解が考えられる。

② **解答** **問1．ア.** 有毛細胞 **イ.** 感覚毛 **ウ.** おおい膜
エ. 時間差 **オ.** 半規管

問2．(1)イオンチャネル
(2)受容器電位が発生すると細胞膜の電位依存性カルシウムチャネルが開き，聴細胞内に流入したカルシウムイオンがセカンドメッセンジャーとなって，神経伝達物質を含む小胞が細胞膜と融合する開口分泌が誘発される。（100字以内）

問3． (設問省略)

問4． 前庭の内壁にある感覚細胞の構造物は，ゼリー状の物質につつまれその上に平衡石がのっている。体が傾き平衡石が動くと，構造物が屈曲して感覚細胞に受容器電位が生じ，その変化が感覚神経細胞に伝達される。（100字以内）

問5．(1)環境音にはない周波数成分を含む鳴き声は，急流の近くでもオスが聞き取れるから。（40字以内）

(2)無臭の真っ暗な空間にオスのカエルを入れ，さまざまな位置から繁殖期のメスの鳴き声を聞かせるとオスは機器に近付くが，それ以外の音を聞かせた場合にはオスは機器に近付かないことを確かめる。（100字以内）

============== 解　説 ==============

《聴覚と平衡覚の受容，カエルの求愛行動と聴覚》

問1．エ．脳には，「音源の方向を判断するために，左右の耳から聞こえる」何を解析するしくみが備わっているかが問われているので，音源の方向が変わると，左右の耳に達する音の強さ（音量）のバランスの他に，何が変わるかを考える。音源が右方にある音は左耳よりも右耳で早く知覚され，音源が左方にある音はその逆なので，「時間差」が正解となる。実際に哺乳類や鳥類の脳内には，この時間差を検出するための特別な部位があるが，参考までに，この時間差検出の神経機構は，2021年度共通テスト第2日程「生物」第6問において出題されている。

問2．(1)　この小問の設問文だけだと，冒頭の「受容器電位」が，聴細胞の受容器電位を指すのか，感覚細胞の受容器電位一般を指すのか読み取りにくいが，問2の設問文から続いていることと，同じく「受容器電位」で始まる次の(2)が明らかに聴細胞のみに関する出題であることから，聴細胞が発生する受容器電位を指すとわかる。教科書の基本知識からは，細胞の電気的な興奮をもたらす膜タンパク質としては「ナトリウムチャネル」が思い浮かぶかもしれないが，「総称」とあることと，（後述するが）聴細胞の受容器電位に主に関与するのはナトリウムイオンではないので，そこまで限定的に解答しないよう注意したい。そこで広く「チャネル」と解答しても正解とされると思われるが，水チャネル（アクアポリン）は膜電位変化をもたらさないチャネルなので，「総称」としては，これを除いた「イオンチャネル」が最も適切な解答であろう。なお参考までに，ここで出題されている聴細胞の場合，内耳の中の前庭階，鼓室階，うずまき細管の3つの空間のうち，聴細胞が浸るうずまき細管の中だけは，カリウムイオンの濃度が高い特殊なリンパ液で満たされている。そのため，カリウムチャネルが開くと，教科書にある神経細胞や筋細胞のカリウムチャネルの場合とは逆に，脱分極性の膜電位を生じ，これが受容器電位として機能している。「総称」とあるのは，ここで「カリウムチャネル」を解答させるのは高校レベルの知識としては高度すぎるという配慮からであろう。一方，

「総称」というのを別の意味に解釈すると，別解として「機械刺激感受性チャネル（機械受容チャネル：Mechanosensitive Channels）」も考えられる。これは，受容器電位の発生に主に関与するのが，嗅細胞，味細胞，視細胞においては，化学物質に対する受容体と一体化したイオンチャネル（リガンド依存性イオンチャネル，イオンチャネル型受容体），または，cAMP や cGMP をセカンドメッセンジャーとして開口するイオンチャネルであるのと比較すると，聴細胞を含む有毛細胞の受容器電位の発生機構を特徴づけるタンパク質といえる。また，感覚細胞に限らず生物界に広く存在するイオンチャネルは，電位依存性チャネル，リガンド依存性チャネル，機械受容チャネルの３つに大別される。この分類のうち聴細胞の受容器電位にとって重要なのが機械受容チャネルである。同様のタンパク質の例が他にも存在しないと「総称」とは呼べないが，このように機械刺激を膜電位変化に変換するチャネルは，触覚や圧覚を受容するパチニ小体などの皮膚感覚器や，筋紡錘などにもみられる。

(2)　感覚細胞には，刺激に応じて受容器電位を生じ，これがある程度大きくなると活動電位を発生するタイプのものもあるが，ここで扱われている聴細胞などは，それ自体は活動電位を発生せず，感覚細胞に隣接する神経細胞の終末に対しシナプスを形成して，受容器電位の大きさに依存した量の化学伝達物質を放出し，神経細胞がその量に応じた頻度の活動電位を発生する。本問ではこのうち聴細胞でおこる過程のみについて記述するので，解答では活動電位に触れないよう注意すること。この点では，聴細胞から神経細胞への神経伝達物質の放出は，神経細胞間における神経伝達物質の放出とやや異なるが，電位依存性カルシウムチャネルを介して細胞内に流入したカルシウムイオンが，神経伝達物質を含む小胞の開口分泌を誘発する点は，神経細胞の軸索末端に関する教科書的な知識を引用しながら解答することができる。

問４. 前庭器官に関する基本知識をもとに記述すればよい。感覚細胞が活動電位を発生せずに化学伝達を行う点は，問２(2)の〔解説〕参照。なお平衡石（「耳石」でもよい）は，砂粒状の炭酸カルシウムの結晶が多数集まってゆるく接着し合い，全体として板状になっているが，「平衡石」の語は，個々の粒のことを指しても，板状の構造全体を指してもどちらでもよい。

問5. (1) 【B】のリード文中に「急流の小川とその周辺で繁殖し」とあるのがヒントとなる。急流の近くは大きな水音がする環境なので,水音に紛れずに鳴き声が認識されるためには,水音に含まれない周波数帯の音声が鳴き声に含まれている方が都合がよい。

(2) 音以外の視覚や嗅覚の感覚情報が得られない環境下で,メスの鳴き声の発生源にオスが誘引されることを示せばよい。ただし,オスがスピーカーの位置を学習したり,単に音に反応しているだけの可能性があるので,必ず,メスの鳴き声を発する場所を変えながら,また,メスの鳴き声以外の音の再生も交えて,実験する必要がある。設問文最後に「オスへの特別な処置は行わないものとする」とあるので,オスの目,鼻,耳などをふさぐという実験は不可である。

③ 解答

問1. ア. 遺伝子　**イ.** 19
ウ. (チャールズ=) ダーウィン　**エ.** 自然選択
オ. 中立進化　**カ.** ニッチ (生態的地位)　**キ.** 基本ニッチ
ク. 共存 (ニッチ分割)　**ケ.** 実現ニッチ

問2. 餌不足による密度効果で死亡率が増加したが,餌Ⅱの毒性に耐性をもつ個体が増加した。(40字以内)

問3. (1)**A**―D　**B**―C
(2)Aでは両種が利用する餌のサイズに差が少なく,共通の資源をめぐる種間競争が激しくなるので一方が競争的排除を受けるが,Bでは両種が利用する餌のサイズが異なり食いわけが成立するので,両種が安定的に共存する。

問4. (1)―(b)
(2)(a)ではかく乱の頻度が高いので,内的自然増加率の低い種は個体数が少ないときにかく乱にあい絶滅する。(c)では,かく乱が競争に強い種を間引く機会とならないので,内的自然増加率が高くても競争力の低い種は排除される。

━━━━━━━━━━　解説　━━━━━━━━━━

《個体群の成長と種間関係,生物多様性とかく乱》

問1. イ・ウ. チャールズ=ダーウィンによる『種の起源』初版の出版は1859年である。暗記している人は少ないだろうが,経済学者のカール=マ

ルクスがダーウィンの影響を受けていたことは有名でよく話題にされるので，マルクスと（ゆえに『共産党宣言』の共著者であるフリードリヒ＝エンゲルスとも）同時代の人という観点から，世界史や倫理分野の知識をヒントにできる。また日本史の観点からは，1853 年のペリー来航の後，一行は日本の植物を採集して多数の標本をアメリカに持ち帰ったことが知られているが，この同定や記載を担当したエイサ＝グレイ博士と親交を深め世界中の植物の分布について知りたがったのがダーウィンだったので，幕末の頃に当たる。

オ． 文構造上，「適応進化」と対になる語が入るのが自然だが，別解として「中立説」や「遺伝的浮動」も正解になると思われる。

キ・ク・ケ． ある生物種を存続させられるニッチの全範囲，すなわち，競争相手のいない種が単独で生息した場合に占有するニッチを「基本ニッチ」という。ニッチが重なる他種と共存する場合には，種間競争などにより複数の種の間で基本ニッチを分割して互いにその一部ずつを占めることになる。このように基本ニッチのうち実際に占めている部分を「実現ニッチ」という。

問 2． 図 1 で 1888 年頃から個体数が激減しているが，その直前までは個体数が大きく増加している。つまり，食物の資源量の割に個体数が増え過ぎたことで餌不足に陥ったと考えられるので，「ある効果」とは「密度効果」のことを指しているとわかる。餌Ⅰがなくなり，餌Ⅱを摂食するしかなくなると，餌Ⅱの毒性の影響を受けにくい遺伝形質をもつ個体が選択的に生き残り，それらは十分な量の餌を摂食できたので，個体数は再び増加に転じたと考えられる。この過程を，餌Ⅱを摂食できる個体が「自然選択」されたと表現する解答も考えられる。

問 3． 図 2‐1 のＡでは，2 種がいずれも同じようなサイズの餌を利用しようとするが，中程度のサイズの餌のみだと「2 種の個体群を同時には維持できない量」なので，2 種間で共通の餌をめぐる種間競争が激しくなる。一方Ｂでは，2 種がそれぞれ異なったサイズの餌を利用し，単独のサイズの餌をほぼ 1 種のみで利用した場合には個体群が維持され得る。したがってＡでは 2 種のいずれか一方が競争的に排除されるが，Ｂでは「食いわけ」が成立して 2 種が共存できると考えられる。

問 4．　**(1)**　(a)と(c)ではいずれも 1 種が絶滅に至っており，さらに他にも絶

滅寸前の種がみられるが，(b)では6種とも存続し，また，グラフ全体を通して個体数が極端に減っている種がみられないので，(b)で最もよく共存が成立しているといえる。

(2)　図3では，それぞれの種のグラフ（またはその接線）の傾きが「自然増加率」を表す。問4の設問文最後にあるように，自然増加率と「内的自然増加率」は一致するとは限らないが，一般にかく乱の直後は，どの種も個体数が減り，種間競争，種内競争ともに一時的に緩和されるので，内的自然増加率に近い自然増加率を示すと考えられる。このことから，全体的に直線に近いグラフが多い(a)では，どのグラフの傾きもそれぞれの種の内的自然増加率に近いと考えられる。(a)ではかく乱が高頻度におこっており，グラフの傾きが小さい種では，かく乱で個体数が減少した後，個体数が十分に回復する前に次のかく乱が訪れるために絶滅または絶滅寸前になっている点に着目する。一方(c)では，最終的に絶滅または絶滅寸前に至っている種Fと種Eは，初めは自然増加率が非常に高い。したがって(a)の場合と異なり，内的自然増加率の高さよりも，種間競争に対する強さの方が，個体群の存続に与える影響が大きいと考えられる。

問1． D
問2． A

問3． ハタネズミP種，M種ともに，雌雄が一定時間，同居すると，オスの脳領域Vにおける物質Bの分泌量が増加する。P種のオスではこれにより脳領域Vにおける神経伝達が活発になることで，きずなが形成されるが，M種のオスの脳では物質Bの受容体が発現しておらず，物質Bが受容されないため，きずなが形成されない。（150字以内）

問4． ハタネズミ：M種　実験結果：D

=============== 解　説 ===============

《ハタネズミの雌雄間におけるきずな形成のしくみ》

問1． ハタネズミP種，M種を問わず，非同居雌雄間には少なくとも選好性試験の前にはきずなが全く形成されていないはずなので，図2の非同居メスの結果から，きずなが形成されていないメスに対しては，選好性試験での接触時間が20分程度となることがわかる。図2のハタネズミP種のオスは，24時間の同居を経たメスに対しては接触時間が1時間をこえる

のに対し，M種のオスは，24 時間の同居を経たメスに対しても接触時間
が 20 分程度のままである。よって【実験1】の結果から，24 時間の同居
により，ハタネズミ P 種の雌雄間にはきずなが形成されるが，M 種の雌雄
間にはきずなが形成されないことがわかる。なお図2で，ハタネズミ P 種
の非同居メスに対する接触時間の約 20 分と比べると，ハタネズミ M 種の
接触時間はいずれもそれより少し長いが，これは選好性試験中に，同居メ
スの小部屋に長時間いるということがないために，他の小部屋にいる機会
が確率的に増えた結果と考えられる。仮に3時間の選好性試験中にオスが
図1の3つの小部屋にランダムに存在した場合，1つの小部屋への平均滞
在時間は1時間ずつとなるが，「接触時間」は滞在時間より短くなること
を考慮すると，問2以降の解答にあたっては，約 20 分という数字を気に
しすぎずに，接触時間が1時間より十分に少なく，かつ，同居メスと非同
居メスとで顕著な差がみられない場合はきずなが形成されていないとみな
せばよいだろう。

問2・問3. 図3の「物質B投与」の結果から，メスと同居し，同居が短
時間であっても同居中にオスの脳内の物質Bの量が増加すれば，きずなが
形成されることがわかる。対照実験にあたる「溶媒投与」では，きずなが
形成されていないか，あるいは，同居時間が6時間と短いため，ごく弱い
きずなしか形成されていないと考えられる。これらの【実験2】の結果を
もとに考察すると，自然条件下の(i)ハタネズミ P 種では，同居開始後 6
〜24 時間でオスの脳内で物質Bの分泌量が増加し，同居中に十分な分泌
量に達することできずなが形成されると推定できる。図4では，溶媒投与
（対照群）の結果は，図2のハタネズミ P 種の結果をほぼ再現しており，
きずなが形成されているといえる。このきずな形成は，物質B受容体の阻
害剤投与により，おこらなくなる。このことは，きずなの形成には物質B
受容体が必要であり，正常なハタネズミ P 種のオスの脳では物質B受容体
遺伝子が発現していることを示している。この【実験3】の結果は，【実
験2】による推定（上記下線部(i)）を裏付ける。ここで，【実験5】の記
述から，ハタネズミ P 種のオスの脳においてメスとの同居中に物質Bの分
泌量が増えて働く部位は，脳領域Vであることがわかる。さらに，この脳
領域Vにおける物質Bの増加は，ハタネズミ M 種でも同様におこることが
わかる。ところが，【実験4】の結果である図5は，物質Bはハタネズミ

M種のきずな形成に対し何の効果もおよぼさないことを示している。このことは，ハタネズミM種がきずなを形成しないのは，雌雄の同居に伴いオスの脳領域Vにおいて物質Bの分泌量は増加するものの，オスの脳で物質Bの受容体が発現していないために，その変化を感知できないからであることを示している。解答ではこの点を，前述の下線部(i)の内容に加えてまとめればよい。なお，ここまでで，物質Bはきずな形成のために必要であることは間違いないにしても，ハタネズミP種においてきずなが形成される主な原因は，物質Bの分泌量が増えるからではなく，物質Bはメスとの同居の有無に無関係に分泌されていて，その状態で雌雄が同居することで，脳領域Vにおける物質Bの受容体遺伝子の発現が誘発されるからであると考えた人もいるかもしれない。この仮説は，【実験3】の結果（図4）を非常にわかりやすく説明でき，さらに，【実験1】と【実験4】の結果（図2と図5）も支障なく説明できる。しかしこの場合，同居を開始してから遺伝子発現のスイッチが入るまでにはある程度の時間が必要であろうし，さらに，転写開始から遺伝子産物が細胞膜に発現するまでにも一定の時間がかかるであろうことを考慮すると，【実験2】の結果（図3）において，6時間という短い同居時間で，物質Bの効果が24時間の同居を経た図2のハタネズミP種とほぼ同じ程度になるまでに物質Bの受容体遺伝子を発現させられるというのは，考えにくい。また仮にそのような急な遺伝子発現が可能であるとしたら，同じ図3の「溶媒投与」において，脳内で自然に分泌されている物質Bにより，もう少しきずな形成の兆候が表れるはず（図3の同居メスの2つのデータは，どちらも同じ6時間同居を経ているので，もともと脳内に物質Bがあるとしたら，結果にこれほど大きな差は出ないはず）なので，この仮説は矛盾を生じ，棄却される。

問4．無処理の状態ですでに物質B受容体遺伝子を発現しているハタネズミP種に対し，さらに物質B受容体遺伝子を導入したところで，（物質Bの作用が多少，強まることはあり得るが）目立った効果は表れないはずなので，あまり実験する意味がない。したがって外来遺伝子導入はハタネズミM種に対して行う。M種で【実験6】を行うと，図6の「遺伝子非導入」の場合の結果は，図2右と同じとなるはずなので，まず，図6の選択肢A，B，Eは正解の候補から外れる。【実験1】から【実験5】までの結果をふまえたA君の考えは，「雌雄の同居中にオスの脳領域Vで物質B

の分泌量が増えることがきずな形成をもたらす」というものであろう。これを決定づけるには，【実験5】によってすでに，ハタネズミM種でも「同居中にオスの脳領域Ｖで物質Ｂの分泌量が増える」ことは示されているので，脳領域Ｖで物質Ｂ受容体を強制発現させてやれば，ハタネズミM種もきずなを形成するようになることを示せばよい。ただし物質Ｂの分泌量が増えるのは雌雄同居を経た場合だけなので，Ｄが正解とわかる。

講評

　2024年度は例年通り大問4題で，全体的な問題量も例年並みであった。中心となる論述問題は，論述量が，例年よりかなり少なかった2023年度と比べると大幅に増加し，例年並みに戻った。また字数指定があるものと行数のみ指定のものがどちらも出題され，幅広い対応力が求められた。一方，計算，描図がいずれも出題されなかったのは大阪大学としては珍しい。

　1は，遺伝情報に関してバランスよく問う標準的な問題。図1には，解答する上で必要のない情報が多いので落ち着いて問題文を読む必要がある。問1〜問3は，難易度は高くないが，ケアレスミスに注意したい。問4は，解答すべき内容は容易にわかるにもかかわらず，国語的に正しい文章で書くのが意外に難しい。

　2は，内耳における感覚受容に関する問題。問1のエは一語での解答を思いつくのに苦労したかもしれない。問2は，有毛細胞の膜電位変化については教科書であまり触れられていないので，差がついただろう。また問4は，図を指し示しながら説明するわけにはいかず，多くの人は十分すぎるほどに理解できているであろうが，文章で解答するのは難しい。

　3は，大阪大学には珍しく，生態学からの出題。問1のキ・ケは載せていない教科書もあり，差がついただろう。問4は，(a)と(b)はかく乱の頻度だけが異なり1回のかく乱の規模は同程度であることに，図3だけでは気付きにくいので，問題文をよく読む必要がある。

　4は，ネズミの雌雄間のきずな形成に関する実験考察問題。設問数に比して実験の説明の分量が多く，しかも，実験順に段階を踏んで考察す

るのではなく，実験1～5の記述を総合的に考える必要があるので，情報を整理するのに苦労する。特に，きずな形成の原因が物質Bの受容体遺伝子の発現増加にある可能性を否定するのは難しい。

　2024年度は，問題そのものの難易度は例年に比べてやや易化したといえよう。しかし，やはり大阪大学らしく，解答すべき内容がイメージできていても書きにくい論述問題が目立った。日頃から，知識を押さえるだけでなく，「実際に書く」練習をしておくことが重要である。

小 論 文

① 解答例 **問1.** 有機 EL テレビは，特定の有機物が自ら発光する現象を利用して画面の明るさを調整しており，液晶テレビよりも映像が鮮明になる。しかも，バックライトが必要ないため，薄型に設計しやすく，消費電力を低減できる。(100 字程度)

問2. 私は，色が食欲に与える影響を探るために青色を研究したい。青は食欲を減退させると予想する。検証のため，唾液の分泌量が食欲の指標になるという前提で，以下の実験を行う。まず，色覚異常のない健康な男女におにぎりの写真を一定時間見せ，唾液の分泌量を計る。次に，その写真に青色のフィルターをかけたものをはじめの場合と同じ時間見せ，唾液の分泌量を計る。最後に，両者の量を比べて後者の方が少ないかどうかを確かめる。(200 字程度)

=== 解 説 ===
《色彩がもたらす健康への影響》
問1. 本文で述べられている例以外に，光や色が利用されている科学技術や生命現象の例を挙げ，それらの技術や現象がどのように役立てられているかを 100 字程度で説明する問題。

光や色が利用されている科学技術や生命現象の例として，〔解答例〕では有機 EL テレビを挙げた。それ以外にも別解として，科学技術の例として LED，生命現象の例として蛍の発光などを挙げ，それぞれ交通信号や交配の誘因に役に立っていると述べることもできる。

問2. 「色彩がもたらす健康への影響」という題目で研究を始めた場合，どのような研究をするかについて，研究したい色を選び，予想される健康への影響とそれを検証する手段を含めて，200 字程度で説明する問題。

〔解答例〕では，食欲を減退させるといわれている青色を挙げ，それを検証する方法を対照実験として提示した。この例以外にも別解として，人間にストレスを与えるとされている色や人間をリラックスさせるとされている色の例を挙げ，それぞれの場合のストレスの度合いを検証する方法を提示することもできる。

②　**解答例**　　**問1．**新しい発見や技術によるブレークスルーは，個人の独創力によってもたらされる。したがって，知を適切に活用するとは，創造性に富んだ個人の革新的な発想を利用して新しい発見や技術を生み出し，新たな価値を創造することによって社会に変革をもたらすと同時に，国家の経済成長につながるような経済効果を上げることである。（150字程度）

問2．今後の知識社会においては，本文中の例以外の能力として，強い知的好奇心が求められる。たとえば，患者のQOLの向上という観点から，薬学以外の領域にも興味や関心を持てると，薬学をより応用的・多角的に捉えられるようになり，固定観念から解放されることで，研究課題を解決する可能性が高まると考えられる。（150字程度）

==================== 解　説 ====================

《知の創造と活用》

問1．下線部①について，知を適切に活用するとはどういうことだと考えるか，その理由とともに150字程度で説明する問題。

　ここで述べられている「知」とは，本文によれば「創造性に富んだ人材」の「知」である。また，それを「適切に活用する」とは，下線部に「国の命運が決まる」とあることから，イノベーション，すなわち技術革新を起こし，それを経済成長につなげることだと考えられる。そのような「知」の「活用」が可能になるのは，本文に書かれているように「新しい発見，新しい技術の創造などのブレークスルーは，個人の独創力によってもたらされるから」に他ならない。これらの内容を字数内にまとめればよい。

問2．下線部②について，今後の知識社会においては，本文中に述べられている例の他に，どのような能力が求められると考えるか，また，その能力がどのように薬学の分野に貢献すると考えるか，150字程度で説明する問題。

　本文中に，主体性や創造性，チャレンジ精神，自律性，多様性の理解と尊重，コミュニケーション能力・語学力などが挙げられているので，それ以外の例を挙げる必要がある。〔解答例〕では，今後の知識社会で求められる能力として「強い知的好奇心」を挙げ，薬学の分野で「強い知的好奇心」がどのように貢献するかを具体的に述べた。これ以外にも，別解とし

て「集中力」や「忍耐力」「論理的思考力」「精神的回復力」などを挙げることができるだろう。

2024年度 前期日程

小論文

講 評

薬学部では，2021年度より小論文が課せられており，2024年度も例年と同様，大問2題の出題であった。本文はいずれも専門的な書籍から抜粋されているが，内容はあくまで概論的であり，読解に際して特に専門的な知識が必要というわけではない。

1の課題文は，人間の脳の活動に重要な影響を与える「光と色彩」について述べた文章である。問1は，本文で述べられている例以外の具体例を挙げる点において，一定の知識が必要な問題であった。問2も，自分で研究する色を選び，その色の健康への影響と検証する手段を説明する問題であり，ある程度の予備知識が求められている。

2の課題文は，近代工業社会から知識社会への転換に伴って必要とされる人材について述べた文章である。問1は，課題文をヒントにして類推すれば解答できる問題であった。問2は，本文以外の例を挙げなければいけない点において，発想力が求められる問題であった。しかし，普段から「薬学の分野」の研究に必要な能力を考えていれば，解答を作成することは，それほど難しくないだろう。

解答編

■英語■

I **解答** 全訳下線部参照。

━━━━━◆全 訳◆━━━━━

(A) ≪人類が摂取するカロリーの源≫

　今日，惑星地球上の平均的な人間は，そのエネルギーのほとんどを植物界から得ている。人類のカロリー摂取の 80 パーセント以上は，さまざまな種類の穀物や青果で構成されている。残りのカロリーは動物界に由来する。そのおおよそ 10 分の 1 は，動物の脂肪や内臓を含む肉に，残りは卵や牛乳，そして魚介類に由来する。私たちが食べる肉も自然に由来する。もっとも，これはもはや厳密には正しくない。今や，世界の肉の生産の多くは，自然のものというより工業に似ているからである。

(B) ≪人間と創造性≫

　「創造性」という言葉が文書に見られるのは，少なくとも英語では 19 世紀からにすぎないとはいえ，創造性に関する考えは人類誕生のときからある。これは，何かを創造するという行為が，人類の定義となるような特徴だからである。歴史的には，創造的な個人に対する私たちの評価は変わってきたし，時代ごとに特定の個人，職業，活動が，他のものより容易に創造的であると認識されてきた。しかし，創造的な人々を「際立た」せるものや革新的なことを行う彼らの能力を刺激するものに人間全般が魅了されることは，時代を経ても変わらない。

━━━━━◀解 説▶━━━━━

▶(A) **The remaining calories come from the animal kingdom — roughly a tenth from meat, including animal fat and organs, and the rest from eggs and milk, and seafood.**

●The remaining calories come from the animal kingdom「残りのカロ

リーは，動物界から来ている」が直訳。remaining は「残りの，残って
いる」の意の形容詞。come from 〜 は「〜に由来する」などと整える
とよい。あるいは，カロリーをどこから得ているかを表しているので
「〜から得ている」とすることもできる。

- the animal kingdom は「動物界」と訳されるのがふつう。第 1 文のコ
ロン（：）前にある the plant kingdom「植物界」と合わせて，生物の
分類上の最初の区分。

- roughly a tenth from meat「肉からおおよそ 10 分の 1」が直訳。動物
界に由来するものの内訳を述べている。a tenth は「10 分の 1」の意。
分数は，日本語と逆で分子→分母の順で言い，分子は基数（one の代わ
りにこの箇所のように不定冠詞も使う），分母は序数で表す。なお，分
子が 2 以上の場合，分母の序数は複数形になる。*e.g.* two thirds「3 分
の 2」

- including animal fat and organs「動物の脂肪や内臓も含む」は meat
を修飾する。organ は広く「器官」を表すが，食物摂取の話をしており，
「内臓」とするのがふさわしい。

- and the rest from eggs and milk, and seafood「そして残りは卵，牛
乳，魚介類から」が直訳。the rest「残り」は肉が 10 分の 1 なのでそ
の残りの 10 分の 9 のこと。この from も come from の意。seafood は
広く「海産物」を表すが，動物界からのカロリー摂取の話なので，海藻
などを除いた「魚介類」としておくとよい。

- ダッシュ（─）以下は訳し上げてもよいが，やや分量が多いので訳し下
す，あるいは新たな文のように訳すのが読みやすいかもしれない。

**The meat we eat also comes from nature ─ although this is no
longer strictly true now that much of the world's meat production
looks more like industry than nature.**

- The meat we eat also comes from nature「私たちが食べる肉も自然
に由来する」が直訳で，そのままで問題ない。meat と we の間に目的
格の関係代名詞 which が省略されている。

- ─although this is no longer strictly true「もっともこれはもはや厳密
には真実ではない」が直訳。ダッシュがあるので，although は「〜に
もかかわらず」と訳し上げるのではなく，「もっとも〜だが」と訳し下

す。no longer は「もはや〜ない」の意。not の位置に入れて使う。
(not) true は，後続の内容とのバランスを考えると「正しくない，事実
とは違う」などとするとよいだろう。

● now that 〜「今や〜なので」と理由を表す。訳し上げるのが一般的だ
ろうが，訳し下しても読みやすい。

● much of the world's meat production looks more like industry than
nature「世界の肉の生産の多くは，自然というより工業のように見え
る」が直訳。more A than B は「B というよりむしろ A」の意。直訳
でほぼ問題ないが，「自然のものというより工業に似ている（ように思
える）」などと言葉を足すことも考えられる。

▶ (B) **Historically, our appreciation for creative individuals has
changed and, at different moments in time, certain individuals,
professions, or activities have been more easily recognized as
creative than others.**

● Historically, our appreciation for creative individuals has changed
「歴史的には，創造的な個人に対する私たちの評価は変わってきた」が
直訳。appreciation for 〜 は「〜に対する謝意」の意であることが多い
が，内容上，appreciation of 〜「〜の評価」の意と考えるべきである。
has changed は，本文冒頭に「創造性に関する考えは人類誕生のときか
らある」とあり，下線部の 2 文目に But … remains constant「しかし
…は変わらないままである」と続くことから，「変わってしまった」で
はなく，「これまでに変わってきた」とするのが妥当。

● and, at different moments in time,「そして時間の異なる瞬間瞬間に
は」が直訳だが，内容上「時代ごとに」「時代が異なれば」「時代によっ
て」などと整える必要がある。

● certain individuals, professions, or activities have been more easily
recognized as creative than others「特定の個人，職業，活動が，他の
ものより容易に創造的であると認識されてきた」が直訳で，このままで
問題ない。certain は「ある特定の」の意で，individuals, professions,
activities すべてにかかる。

**But the general fascination for what makes creative people 'stand
out' and what fuels their capacity to innovate remains constant**

through the ages.

●But the general fascination for ～「しかし～への一般的な魅了された状態」が直訳。fascination は「魅了された状態」と「魅力」の２つの意味がある。下線部の１文目では，時代が異なると特定の個人などへの評価が異なることが述べられていた。それと相対する内容であることから，the general fascination とは「一般的に（多くの人が）魅了されること」ということ。本文冒頭に「創造性に関する考えは人類誕生のときからある」，第２文（This is because …）には「何かを創造するという行為は，人類の定義となるような特徴だ」とあるように，人間の歴史，人類全般を視野に入れた文章であることを考えると，「人間全般が魅了されること」などとしてもよいだろう。

●what makes creative people 'stand out'「創造的な人々を『際立た』せるもの」が直訳で，ほぼそのままで問題ない。stand out は「目立つ，際立つ」の意。

●and what fuels their capacity to innovate「そして，彼らの革新する能力を促進するもの」が直訳。fuel は「～に燃料を補給する」がもともとの意味で，そこから「～を活気づける，促進する」の意。目的語が「能力」なので「刺激する」などとするとつながりがよい。their capacity to innovate「彼らの革新する能力」は「革新を起こす〔革新的なことを行う〕彼らの能力」などと言葉を補いたい。

●remains constant through the ages「時代を通じて不変のままである」が直訳。下線部１文目の「時代によって変わる」との対比であり，「時代を経ても変わらない」「どの時代でも不変である」などと，意味内容がずれなければいろいろに整えられるだろう。

II 解答

設問(1) (i)―(ニ) (ii)―(イ) (iii)―(ロ) (iv)―(ロ) (v)―(イ)
設問(2) joy and amusement

設問(3) color-emotion associations

設問(4) 人が腹を立てると顔に血がのぼるが，そのような怒りで紅潮した顔を何度も見ること。

設問(5) 目にするすべての色に何らかの感情を抱くとしたら，私たちが暮らしている世界はさまざまな色にあふれているので，どこへ行っても絶え

間ない感情の湧き起こりに耐えなくてはならないから。

設問(6)　(ロ)・(ホ)

設問(7)　(ハ)

━━━━━━━━━◆全　訳◆━━━━━━━━━

≪色と感情の相関関係≫

「赤色は愛と関連づけられるが，私たちは実際にそれを感じるか？」

　目を閉じて赤色を思い浮かべてみよう。それからこの色と結びつく感情について考えてみよう。愛あるいは怒り，もしかすると憎しみや情熱も想像するかもしれない。その全部を思い浮かべるかもしれないし，そのうちのたった一つかもしれないし，まったく違う感情を想像するかもしれない。あなたがどのような感情を想像したかにかかわらず，実際のところ人は容易に色と感情を結びつける。しかし，ある感情を「結びつけること」は（必ずしも）それを「感じること」と同じではない。たぶん，あなた自身が，初めのちょっとした頭の体操からそれに気づいただろう。つまり，赤色を想像したとき，怒りが湧き上がる，あるいは心臓が止まりそうになるのを感じたか，ということだ。

　インターネットで「色」と「感情」という言葉を使って検索してみれば，色が感情を喚起すると主張する数多くの人気のウェブサイトに行きつく。また，特定の主張がそのようなサイトの多くで繰り返されているのもわかるだろう。たとえば，青は気持ちを落ち着かせる色で，信用，知性，信頼性，生産性と結びつけられる，という記述をよく見かける。一方，赤は元気づけ活性化させる，また外向的な人が好む色だ（でも，本当にそうだろうか？）と主張されている。確かに，プロパガンダやもっと一般的な宣伝に関しては事実であるように，同じことを何度も何度も聞いたり読んだりすると，それらが人間の脳にはよりもっともらしいものになる。しかし，繰り返すことが魔法のようにそれらを真実にするわけではない。そのような主張の実際の科学的根拠がもしあるとすれば，それは何だろうか。色を見ながら実際の感情を抱くことがあるのだろうか。

　最近の投稿で，私たちは 30 カ国での色と感情の相関関係に関する研究を説明した。この研究では，色を表す言葉が感情を表す言葉とどのように結びついているかを調査した。参加者は，色と感情の結びつけ方において，

驚くほどの類似性と一貫性を示すことがわかった。どこの出身であれ，赤から最も一貫して連想されるのは，愛，怒り，憎しみだった。また，愛はピンクとも結びつけられ，一方怒りと憎しみは黒色と結びつけられていた。黄色に関しては，最も一貫して連想されるのは喜びと楽しみで，それらの感情はオレンジ色とも結びつけられていた。

　これは，回答者がみんな愛，怒り，憎しみ，喜び，楽しみを感じていたということを意味するだろうか。はっきりとはわからないが，私たちはそれは怪しいと思っている。（もしそうなら相当疲れる生活だろう。）　私たちは，色と感情の相関関係は主に概念的なもので，それらは現在のものであれ進化の歴史を通してであれ，抽象的な知識や人生経験に基づいていると推測している。

　赤色の場合，愛との結びつきを避けることは不可能だ。バレンタインデーのことを考えてみればよい。その日までの数週間の間，私たちはどこを見ても赤いハートや赤いバラを浴びせかけられる。そして，一年の他の時期の間，もしだれかのことを深く気づかったり愛したりしているなら，私たちは，多くの場合絵文字で，赤いハートを送っている。赤色はまた，ヒヒのような一部の動物種には，重要な性的誇示である。メスのヒヒの赤いお尻は繁殖が可能であることを示していることは非常によく知られている。同時に，人間の作った危険や警告の印も赤色（そして黄色）で示される。そうした赤＝危険という組み合わせは，自然界にも似たものがある。毒キノコや危険な動物のことを考えてみればよい。このように，こうした結びつきが危険を知らせているのだ。

　最後に，私たちが赤＝怒りという連想について考えるとしたら，妥当と思われる生理学的説明がある。人が腹を立てると，顔に血がのぼり，顔が赤く見える。そうした，怒りに満ちた赤い顔を何度も繰り返し見ると，怒りと赤色が密接に結びつくようになる。同様の説明を赤色のプラスイメージの連想にも当てはめることができる。人が喜びを感じているときにも顔は赤くなり，おそらく赤色からのロマンチックな連想，たとえば愛や喜びや欲望を連想することを促す。

　これまでに得ている証拠から引き出した私たちの結論は，色と感情の相関関係は実際の感情とは無関係だが，そうした相関関係が現れたのは，同時に起こることが多い経験が私たちの頭の中で結びつくようになったから

だというものである。この結論は，多くの人にとってはがっかりするもの
かもしれない。しかし，目にするすべての色に対して何らかの感情を抱く
ことが何を意味するかちょっと考えてみてほしい。私たちに言わせると，
そのような状況は生きていけるものではないように思われる。私たちが暮
らしている世界はさまざまな色に満ちあふれているのだから，どこへ行っ
ても，途切れることのない感情の流れに耐えなくてはならないことになる。
スーパーマーケットで買い物をしたり，美術館を訪れたりすることを考え
てみよう。もし，これらの色やその組み合わせが特定の感情の経験を引き
起こすとしたら，感情の嵐を想像してみてほしい。そんな経験が本当に楽
しいだろうか。

■■■■■■■■■■■　◀解　説▶　■■■■■■■■■■■

▶設問(1)　(i)　当該箇所は「あなたがどのような感情を想像したか
irrespective of，人は容易に色と感情を結びつける」となっている。この
前の部分には赤色と結びつけられる感情として，愛，怒り，憎しみ，情熱，
これらとはまったく違う感情と，あらゆる可能性があることが述べられて
いる。つまり，ある色でどのような感情を思い浮かべるか自体が，色と感
情の相関関係には関係ないと言っていると判断できる。(ニ)の regardless
of「～にかかわらず」が正解。irrespective of は「～に関係なく」の意。
(イ)「～を考慮して」　(ロ)「～の代わりに，～ではなく」　(ハ)「(原因を表し
て)～から」

(ii)　当該箇所は「色が感情を evoke」となっている。同段第 3・4 文
　(For instance, … is it, really?).) に例として「青は気持ちを落ち着かせ
る」「赤は元気づけ活性化させる」とある。(イ)の cause「～を引き起こす，
～の原因となる」が正解。evoke は「(感情など) を喚起する」の意。(ロ)
「～をぬぐい去る，消す」　(ハ)「～をとっておく」　(ニ)「～に苦しむ」

(iii)　当該箇所は「参加者は，色と感情の結びつけ方において，stunning
な程度に類似性と一貫性を示すことがわかった」となっている。続く文の
冒頭に「どこの出身であれ」とあり，色と感情の相関関係の具体的な例が
示されている。同段第 1 文 (In a recent …) に調査対象の人々の出身地
は 30 カ国に及ぶことが述べられており，国が異なっても相関関係は「と
ても」似ているといった内容であると考えるのが妥当。(ロ)の remarkable
「注目に値する，著しい」が正解。stunning は「驚くべき」の意。(イ)

「ある」 certain は名詞を修飾するとき（限定用法）は「ある特定の」の意。「確かな」は補語に使うとき（叙述用法）の意。(ハ)「少しの」 (ニ)「さまざまな」

(iv) 当該箇所は「私たちは，色と感情の相関関係は主に概念的なもので…抽象的な知識や人生経験に基づいていると conjecture」となっている。同段第 2 文（While we cannot …）に「はっきりとはわからないが，私たちはそれ（＝色で感情を連想して，実際にその感情を抱くということ）は怪しいと思っている」とあり，当該箇所は「私たち」の考えを述べていると判断できる。(ロ)の guess「～と推測する」が正解。conjecture も「～と推測する」の意。(イ)「～ではないと思う」 (ハ)「～であればよいと思う」 (ニ)「～を拒絶する」 なお reject は目的語に that 節はとらない。

(v) 当該箇所は「人が喜びを感じているときにも顔は赤くなり，おそらく赤色からのロマンチックな連想を facilitating」となっている。facilitating は分詞構文で，and facilitate の意の付帯状況と考えられる。この部分は，赤色のプラスイメージの連想について説明しており，「赤い顔が喜びを表し，ロマンチックな連想が進む」といった内容であると考えるのが妥当。(イ)の contributing to「～に貢献する，～の一因となる」が正解。facilitate は「～を促す，促進する，手助けする」の意。(ロ)「～を妨げる」 (ハ)「～を延期する，後回しにする」 (ニ)「～を疑う，～に異議を唱える」

▶設問(2) 当該文前半に「黄色に関しては，最も一貫して連想されるのは喜びと楽しみで」とあり，続いて「それらの感情はオレンジ色とも結びつけられていた」とあるので，「喜びと楽しみ」joy and amusement を指すのは明らかである。

▶設問(3) 当該箇所は「色と感情の相関関係は主に概念的なもので，それらは抽象的な知識や人生経験に基づいている」となっている。直前の節の主語「色と感情の相関関係」color-emotion associations を指すことは明らかである。

▶設問(4) 解答欄は 18.7 cm×1.8 cm。当該文後半に「妥当と思われる生理学的説明がある」とあり，続く同段第 2 文（When people get …）で「人が腹を立てると，顔に血がのぼり，顔が赤く見える。そうした，怒りに満ちた赤い顔を何度も繰り返し見ると，怒りと赤色が密接に結びつくようになる」と述べられている。「赤＝怒りの連想が生じる要因」を問われ

ているので，「人が腹を立てると顔に血がのぼるが，そのような怒りで紅潮した顔を何度も見ること」などとまとめられる。

▶設問(5) 解答欄は 18.7cm×2.1cm。下線部は「そのような状況は生きていけるものではないように思われる」の意。「そのような状況」とは，直前の同段第 2 文（This conclusion might …）で仮定された「目にするすべての色に対して何らかの感情を抱く」という状況である。下線部直後の同段第 4 文（We would have …）には「私たちが暮らしている世界はさまざまな色に満ちあふれているのだから，どこへ行っても，途切れることのない感情の流れに耐えなくてはならないことになる」とある。これらの内容をまとめると，「目にするすべての色に何らかの感情を抱くとしたら，私たちが暮らしている世界はさまざまな色にあふれているので，どこへ行っても絶え間ない感情の湧き起こりに耐えなくてはならないから」などとなる。

▶設問(6) 第 3 段第 1 ～ 3 文（In a recent post, … color-emotion associations.）に「30 カ国での色と感情の相関関係に関する研究…では，色を表す言葉が感情を表す言葉とどのように結びついているかを調査し…参加者は，色と感情の結びつけ方において，驚くほどの類似性と一貫性を示すことがわかった」とある。(ロ)の「異なる国においても，色と感情の相関関係にはかなりの一致が見られる」はこの部分と一致する。また，第 6 段第 1 文（Finally, if we think …）に「私たちが赤＝怒りという連想について考えるとしたら，妥当と思われる生理学的説明がある」とあり，同段第 4 文（We can apply …）に「同様の説明を赤色のプラスイメージの連想にも当てはめることができ…人が喜びを感じているときにも顔は赤くなり…赤色からのロマンチックな連想，たとえば愛や喜びや欲望を連想することを促す」と述べられている。(ホ)の「喜びの感情と赤色との結びつきには生理学的な要因が関わっている」がこの部分と一致する。(ロ)と(ホ)が正解。

(イ)「プロパガンダや宣伝」という語句は第 2 段第 5 文（Sure, as is the case …）に見られるが，「プロパガンダやもっと一般的な宣伝に関しては事実であるように，同じことを何度も何度も聞いたり読んだりすると，それらが人間の脳にはよりもっともらしいものになる」とあり，プロパガンダや宣伝に特定の色が使われるということを述べているのではない。

(ハ)「赤いバラ」「ハートの絵文字」は第 5 段第 3・4 文（During the

weeks … the form of emojis.) にあるが,「その日（＝バレンタインデー）までの数週間の間, 私たちはどこを見ても赤いハートや赤いバラを浴びせかけられ…一年の他の時期の間, もしだれかのことを深く気づかったり愛したりしているなら, 私たちは, 多くの場合絵文字で, 赤いハートを送っている」とあり, バラよりハートの絵文字のほうがよく送られるとは述べられていない。

㈡第5段第5文（Red is also an important …）に「赤色はまた, ヒヒのような一部の動物種には, 重要な性的誇示である。メスのヒヒの赤いお尻は繁殖が可能であることを示している」とあることと一致しない。

▶設問(7)　第7段第1文（Our conclusion from the evidence …）に「私たちの結論は, 色と感情の相関関係は実際の感情とは無関係だ…というものである」とある。㈦の「色が私たちに特定の感情を感じさせることはありそうにない」がこの内容と一致する。これが正解。

㈣「色と感情の相関関係は概念的なもので, 私たちの経験とは無関係だ」第7段第1文後半 but they have emerged … の「そうした相関関係が現れたのは, 同時に起こることが多い経験が私たちの頭の中で結びつくようになったからだ」と一致しない。

㈣「色は常に私たちの感情と結びついている」第7段第1文の内容と逆であり, 不一致。

㈡「多くの人々が色は感情と結びついていると信じているのは, そうした主張が多くのウェブサイトで繰り返されているからである」第2段第1・2文（Search the internet … many such sites.）に「インターネットで『色』と『感情』という言葉を使って検索してみれば, 色が感情を喚起すると主張する数多くの人気のウェブサイトに行きつく。また, 特定の主張がそのようなサイトの多くで繰り返されている」とある。こうしたウェブサイトの影響で色と感情の結びつきを信じている人は多いかもしれないが, 本文全体でそのことを論じているわけではなく, 本文全体の主旨とは言えない。

◆━◆━◆━◆━　●語句・構文●　━◆━◆━◆━◆

（第1段）skip a beat「心臓が止ま（りそうにな）る, 心拍が（一つ）とぶ」

（第2段）land on 〜「〜に行きつく, 着地する」　as is the case for 〜

「～に関しては事実であるとおり」 as は疑似関係代名詞で主節の内容を先取りして受ける。be the case は「事実，実情である」，for は「～に関して，～について」の意。assume「（感情など）を帯びる」

（第3段）consistency「一貫性」

（第4段）for sure「確かに，確実に」

（第5段）analogy「類似点，類似性」

（第6段）plausible「妥当と思われる」 physiological「生理学的な」 psychological「心理学的な」と見誤りやすいので注意。

（第7段）navigate「～を航行する」が文字どおりの意。「私たちが navigate する世界」という使われ方であり，「世の中を渡っていく」イメージ。「私たちが生きている，暮らしている世界」などの訳が適切だろう。

III 　**解答例**　〈解答例1〉 It is reasonable to pursue efficiency and speed because sticking to an inefficient way only makes you tired. Whether you study or work, you should review the traditional way of doing things as it sometimes involves unnecessary steps that people have been taking without question or with resignation. In some companies, long and unproductive meetings were recently made less frequent by the spread of remote work. Their employees probably feel less stressed and might have more leisure. In other words, more efficiency means a healthier life. （80 語程度）

〈解答例2〉 I don't think too much importance should be placed on efficiency and speed. Some of my friends read news on TikTok because they say it is the easiest way to check news. But just pursuing efficiency and speed like this can possibly lead to ignoring what is unfamiliar to them or what is difficult to understand. As a result, their views can be limited and distorted. Thus, in order to do what is right, we should take enough time to consider things carefully. （80 語程度）

◀解　説▶

　最近の世の中で重んじられる傾向のある効率やスピードを追求することについて，具体的に利点もしくは問題点を1つ挙げ，自分の考えを80語

程度で述べる問題。根本は，効率やスピードの追求に対する賛否を問われていることになるので，まず自分の立場を表明して，その具体的な利点，問題点を述べるという書き方になる。

〈解答例 1 〉は，非効率的なやり方に固執すれば疲れるだけなので，効率やスピードを追求することは理に適っているという立場である。人々が疑問に思わず，または諦めて踏んでいる不要な手続きが含まれていることがあるので，勉強にせよ仕事にせよ，従来のやり方を見直すべきだ。一部の企業では，長くて非生産的な会議が，最近はリモートワークの普及のおかげで減ったが，それで社員のストレスは軽減されただろうし，余暇が増えたかもしれない。つまり，効率を上げれば健康的な生活を送れるのだと述べている。〈解答例 2 〉では，効率やスピードを重視しすぎるべきではないという立場である。いちばん簡単にチェックできるからという理由で，ニュースをティックトックで読んでいる友達がいるが，このように効率とスピードを追求するだけでは，なじみのないことや理解しにくいことを無視してしまい，その結果，視野が限られたりゆがんだりしかねない。正しい行動を取るには，物事を注意深く検討するのに十分な時間をかけるべきだと述べている。

妥当な利点や問題点をわかりやすく述べることがポイントである。語法や文法面で誤りのない英文に仕上げること。

IV　**解答**

(A)　〈解答 1 〉 Recognizing our similarities should make us tolerant of our differences. We should not pay attention only to "how different" people around the world are, but consider the fact that we are all brothers and sisters who have shared a long history, and therefore have the belief that "we can potentially understand each other."

〈解答 2 〉 If we realize what we have in common, we can surely be willing to accept our differences. Instead of concentrating only on "how different" people around the world are, we should pay attention to the fact that we have had a long common history as if we were all siblings, and hence believe that "we have the potential to understand each other."

⒝　〈解答 1 〉　At first glance, these five senses may seem to be each person's subjective, physical functions, but in fact, they are also cultural and historical. What you perceive and how you perceive it, for example, the softness or hardness you feel when you touch something, the sounds you hear in the street (s) or the taste of food, depend on the society, culture and age in which you were born and brought up.

〈解答 2 〉　At first sight, these five senses may seem like each person's subjective, physical reactions, but actually, they are culturally and historically developed as well. How we perceive something—how soft or hard something feels when we touch it, how we perceive the sounds in the street (s) or how some food we have tastes — is conditioned by the society and culture in which we are born and raised, as well as by the age in which we live.

■■■■■■■ ◀解　説▶ ■■■■■■■

▶⒜　「共通性に気づくことは，違いを認める心の余裕を生むはずです」

● 文全体をどのような構造にするか，あらかじめ考えておく必要がある。原文どおり「共通性に気づくこと」を主語にする以外に，「共通性に気づくことによって（私たちは…はずだ）」「もし私たちが共通性に気づけば…」などとすることも考えられる。それによって，「余裕を生むはずだ」の部分の表現も変わる。

● 「共通性」は「類似点」similarity,「共通の特徴」common feature 〔trait〕などとできる。一つだけではないので複数形が妥当。また「私たち（人類）の」共通点なので，our を添えたり，the similarities we have「私たちが持っている類似点」としたりするとよい。他に，「私たちが共通して持っているもの」what we have in common などとすることもできる。

● 「～に気づく」は notice や recognize, realize などが使える。

● 「違いを認める心の余裕を生む」は，「気づくこと」を主語にするなら，「（私たちの）違いに対して私たちを寛容にする」makes us tolerant of 〔toward〕our differences,「私たちが違いに対する寛容さを持つ手助けとなる」helps us have tolerance for our differences などと表現できる。「気づけば」「気づくことによって」などとするなら，「私たちは違いを

受け入れるのを厭わなくなる」we can be willing to accept our differences,「私たちは寛容になれる」we can be tolerant などとまとめることができるだろう。

● 「はずです」は助動詞 should で表す他に,「〜と私は確信している」I'm sure (that) 〜 で文を始めたり,surely「きっと」などの副詞で表したりできる。

「世界の人々が『どう違うか』ばかりに目を奪われるのでなく,私たちはみな,かつて同じ長い歴史を共有してきた兄弟姉妹である事実に目を向け,だから『私たちは潜在的にわかり合える』という信念を持つべきでしょう」

● 「〜するのではなく…すべきだ」の処理としては,「〜するのではなく」を instead of *doing* で表現する,あるいは should not 〜 but … と not 〜 but …「〜ではなく…」を使うといったことが考えられる。

● 「世界の人々が『どう違うか』」は “how different” people around the world are が文字どおりで,このままでよい。

● 「〜ばかりに目を奪われる」は「〜にだけ注意を払う」pay attention only to 〜,「もっぱら〜に焦点を当てる」exclusively focus on 〜,「〜にだけ注意を集中する」concentrate only on 〜 などとできる。

● 「〜に目を向け」は文末の「べきでしょう」につながると考えるのが妥当だろう。「〜に目を向ける」は前述のものが使える。できれば,異なる表現を使うほうが英語らしい。「〜をよく考える」consider としてもよい。

● 「私たちはみな…兄弟姉妹である（という）事実」は the fact that 〜 と同格で表現できる。「私たちはみな兄弟姉妹である」は we are all brothers and sisters が文字どおりで,そのままでよい。あるいは,「私たちはまるで兄弟姉妹であるかのように（…を共有してきた）」we … as if we were all brothers and sisters のように表現することも考えられる。なお,siblings なら一語で「兄弟姉妹」を表せる。

● 「かつて同じ長い歴史を共有してきた」は時制をどうするか考える必要がある。文字どおり「かつて」を once などで表して過去形にすると,現在は共有していないことになる。しかし,同じ地球で暮らし,グローバル化が進む今,むしろ各国,各地域の関わり合いは強まっていると言

える。著者は生物学的，進化論上のイメージを抱いて「かつて共有してきた」とした可能性があるが，「共通点に目を向けよう」という文章の内容からも，ここは現在形か現在完了で表すのが妥当ではないかと思われる。したがって，share〔have shared〕a long history / have〔have had〕a long common history などとなる。

● 「だから…という信念を持つ（べきでしょう）」は and therefore〔hence〕have the belief that … などとできる。あるいは「…と信じる」believe that … と動詞に落とし込むことも考えられる。

● 「私たちは潜在的にわかり合える」は we can potentially understand each other が文字どおり。「わかり合う潜在能力を持っている」we have the potential to understand each other とすることもできる。

▶(B) 「これら五感は，一見，個々人の主観的・身体的作用のようだが，実は文化的・歴史的なものでもある」

● 「これら五感は，一見…のようだ」は At first glance〔sight〕，these five senses seem to *do* でよいが，同文後半に「だが」と続くので，「かもしれない」may を補って譲歩にすることも考えられる。seem like ～ としてもよい。

● 「個々人の主観的・身体的作用」は each person's subjective, physical functions〔faculties〕などとできる。function / faculty は「機能」のニュアンス。「作用」を「反応」reaction とすることも考えられる。

● 「…が，実は文化的・歴史的なものでもある」は but in fact, they are also cultural and historical で十分表せる。やや説明的に補えば，「それらは文化的，歴史的に発達したものでもある」actually, they are culturally and historically developed as well などとすることもできる。

「何かに触れた時に感じる柔らかさや硬さ，街の中で聞こえてくる音，食べ物の味など，何をどう感じ取るかは，生まれ育った社会や文化によって，また時代によって異なるのだ」

● 骨組みは「何をどう感じ取るかは…によって異なる」である。冒頭から「味など」にかけては，「たとえば」for example として文中に挿入する形になるだろう。挿入部分がやや長いので，ダッシュではさむと読みやすくなる。

● 「何をどう感じ取るか」の「感じ取る」は「五感で知覚する」の意なので perceive が使える。「何を感じ取るか」と「それをどう感じ取るか」は一つにまとめることができないので what you perceive and how you perceive it とする。あるいは「何かをどう感じ取るか」how you perceive something と，やや簡略化することも考えられる。なお，主語は we としてもよい。

● 「～によって異なる」は「～に左右される」depend on ～ が使いやすい。「～によって条件づけられる」be conditioned by ～ も使える。

● 「生まれ育った社会や文化」は the society and culture in which you are〔were〕born and brought up〔raised〕が直訳で，そのままでよい。「その社会，文化の中で生まれ育つ」が元になるので，which の前には前置詞 in を入れること。なお，「生まれ育った」は過去形でもよいし，一般論なので現在形でもかまわない。

● 「また時代（によって）」は，前述の brought up〔raised〕のあとに，「生きている時代と同様に」as well as on〔by〕the age in which you live〔age you live in〕と続ける。「生まれ育った社会や文化，時代」the society, culture and age in which ～ とまとめてもよいだろう。

● 「何かに触れた時に感じる柔らかさや硬さ」は the softness or hardness you feel when you touch something が直訳。how soft or hard something feels when you touch it「あるものに触れた時にそれがどれほど柔らかい，あるいは硬いと感じられるか」などともできるが，その場合は，続く「音」「味」という 2 つの名詞も間接疑問文に整え直したほうが文としての統一感がある。

● 「街の中で聞こえてくる音」は the sounds you hear in the street(s) が文字どおり。なお，「街を歩く」，「街中で」といったときの「街」は city や town ではなく，the street(s) を使う。間接疑問文なら how you perceive the sounds in the street(s)「街中の音をどのように知覚するか」などとなるだろう。

● 「食べ物の味」は the taste of food が文字どおり。food は基本的に不可算で用いるが，種類の多さを強調するなら the taste of different foods としてもよい。間接疑問文なら how some food you have tastes「あなたが食べる何らかの食べ物がどのような味がするか」などとなる。

❖講　評

　2023 年度も従来どおり，英文和訳・長文読解総合問題・テーマ英作文（2023 年度は意見論述）・和文英訳の 4 題構成。Ⅳの一部（文学部の独自問題）を除いて，文系学部の文・人間科・法・経済学部と共通問題である。

　Ⅰの英文和訳は，(A)・(B)とも下線部訳で，分量も例年とほぼ変わらない。(A)は人類が摂取するカロリーの源について述べたもの。語句・構文とも難解なものはなく，取り組みやすい問題だった。(B)は人間の創造性について論じた文章で，こちらも比較的読みやすかったが，一部，語句の意味を文脈から正しく推測して適切な訳語を選ぶ必要のあるものもあった。

　Ⅱの長文読解総合問題は，色と感情の相関関係について論じた文章。ある色と特定の感情を結びつけて考えることはよくあり，調査の結果，その連想は人類に広く共通しているが，色が実際の感情を喚起しているわけではないことを説明している。設問はいずれも素直な問いであり，素早く解答をまとめたい。

　Ⅲは「最近の世の中で重んじられる傾向のある効率やスピードを追求すること」について，具体的に利点もしくは問題点を 1 つ挙げ，自分の考えを述べる問題。語数がそれまでの 70 語程度から 2022 年度に 80 語程度に増加し，2023 年度も 80 語程度だった。今後もこの語数を意識して準備しておくのがよいだろう。

　Ⅳの和文英訳は，例年同様，レベルの高いものだった。長い文をどこからどの順序で述べるか，比喩的な表現をどのように処理するべきかといったことを判断する，高度な力が求められた。

　全体として，英文和訳問題，長文読解総合問題は標準的，英作文問題はやや難と言える。

■数学■

◀理・医(医・保健〈放射線技術科学・検査技術科学〉)・歯・薬・工・基礎工学部▶

---

1 ◆**発想**◆ (1) 中辺の $-1-\sum_{k=2}^{n}(-x)^{k-1}$ は初項 -1,公比 $-x$ の等比数列の和であることを用いて中辺を変形すると,典型的な不等式の証明の問題となる。微分を考える必要はない。数学的帰納法を用いた証明も考えられる。

(2) $(-x)^{k-1}=(-1)^{k-1}x^{k-1}$ を積分した形が $\dfrac{(-1)^{k-1}}{k}x^k$ であることに着目すれば,$\displaystyle\int_0^1(-x)^{k-1}dx=\dfrac{(-1)^{k-1}}{k}$ となることがわかる。

これと,$\dfrac{1}{x+1}$ を積分した形が $\log|x+1|$ となることから,(1)で得られた不等式を 0 から 1 まで定積分する発想が得られる。あとは各辺に $-n$ をかけてはさみうちの原理を用いる流れは,きわめて自然なものであるといえるだろう。

解答 (1) 与式の（中辺）$=f(x)$ $(0\leqq x\leqq1)$ とおく。

$$f(x)=(-1)^n\left\{\frac{1}{x+1}-1-\sum_{k=2}^{n}(-x)^{k-1}\right\}$$

$$=(-1)^n\left[\frac{1}{x+1}-\{1+(-x)+(-x)^2+\cdots+(-x)^{n-1}\}\right]$$

ここで,$1+(-x)+\cdots+(-x)^{n-1}$ は初項 1,公比 $-x$,項数 n の等比数列の和で,$-x\neq1$ であるから

$$f(x)=(-1)^n\left\{\frac{1}{x+1}-\frac{1-(-x)^n}{1-(-x)}\right\}$$

$$=(-1)^n\cdot\frac{1-1+(-1)^nx^n}{x+1}$$

$$= \frac{x^n}{x+1}$$

$0 \leqq x \leqq 1$ であるから

$$\frac{1}{2}x^n = \frac{1}{1+1}x^n \leqq \frac{x^n}{x+1} = f(x)$$

$$x^n - \frac{1}{2}x^{n+1} = x^n\left(1 - \frac{1}{1+1}x\right) \geqq x^n\left(1 - \frac{x}{x+1}\right) = \frac{x^n}{x+1} = f(x)$$

よって

$$\frac{1}{2}x^n \leqq (-1)^n\left\{\frac{1}{x+1} - 1 - \sum_{k=2}^{n}(-x)^{k-1}\right\} \leqq x^n - \frac{1}{2}x^{n+1} \qquad \text{（証明終）}$$

(2)　$0 \leqq x \leqq 1$ において，(1)で得られた不等式の各辺を定積分すると

$$\int_0^1 \frac{1}{2}x^n dx \leqq (-1)^n \int_0^1 \left\{\frac{1}{x+1} - 1 - \sum_{k=2}^{n}(-1)^{k-1}x^{k-1}\right\}dx$$

$$\leqq \int_0^1 \left(x^n - \frac{1}{2}x^{n+1}\right)dx$$

$$\left[\frac{1}{2(n+1)}x^{n+1}\right]_0^1 \leqq (-1)^n\left[\log(x+1) - x - \sum_{k=2}^{n}\frac{(-1)^{k-1}}{k}x^k\right]_0^1$$

$$\leqq \left[\frac{x^{n+1}}{n+1} - \frac{x^{n+2}}{2(n+2)}\right]_0^1$$

$$\frac{1}{2(n+1)} \leqq (-1)^n\left\{\log 2 - 1 - \sum_{k=2}^{n}\frac{(-1)^{k-1}}{k}\right\} \leqq \frac{1}{n+1} - \frac{1}{2(n+2)}$$

$$\cdots\cdots(*)$$

各辺に $-n$ （<0）をかけると

$$-\frac{n}{2(n+1)} \geqq (-1)^n n\left\{\sum_{k=1}^{n}\frac{(-1)^{k-1}}{k} - \log 2\right\} \geqq -\frac{n}{n+1} + \frac{n}{2(n+2)}$$

$$-\frac{1}{1+\frac{1}{n}} + \frac{1}{2\left(1+\frac{2}{n}\right)} \leqq (-1)^n n(a_n - \log 2) \leqq -\frac{1}{2\left(1+\frac{1}{n}\right)}$$

ここで，$\displaystyle\lim_{n\to\infty}\left\{-\frac{1}{1+\frac{1}{n}} + \frac{1}{2\left(1+\frac{2}{n}\right)}\right\} = -1 + \frac{1}{2} = -\frac{1}{2}$，$\displaystyle\lim_{n\to\infty}\left\{-\frac{1}{2\left(1+\frac{1}{n}\right)}\right\} = -\frac{1}{2}$

であるから，はさみうちの原理により

$$\lim_{n\to\infty}(-1)^n n(a_n - \log 2) = -\frac{1}{2} \quad \cdots\cdots\text{（答）}$$

別解 (1) 数学的帰納法による解法である。

$f_n(x) = (-1)^n \left\{ \dfrac{1}{x+1} - 1 - \displaystyle\sum_{k=2}^{n} (-x)^{k-1} \right\}$ $(0 \leq x \leq 1)$ とおくと，証明すべき不等式は

$$\dfrac{1}{2} x^n \leq f_n(x) \leq x^n - \dfrac{1}{2} x^{n+1} \quad \cdots\cdots (\text{※})$$

ⅰ) $n = 2$ のとき

$$f_2(x) = (-1)^2 \left(\dfrac{1}{x+1} - 1 + x \right) = \dfrac{x^2}{x+1}$$

であるから，$0 \leq x \leq 1$ より

$$\dfrac{1}{2} x^2 = \dfrac{1}{1+1} x^2 \leq \dfrac{x^2}{x+1}$$

$$x^2 - \dfrac{1}{2} x^3 = x^2 \left(1 - \dfrac{1}{1+1} x \right) \geq x^2 \left(1 - \dfrac{x}{x+1} \right) = \dfrac{x^2}{x+1}$$

すなわち

$$\dfrac{1}{2} x^2 \leq f_2(x) \leq x^2 - \dfrac{1}{2} x^3$$

が成り立つから，（※）は $n = 2$ のとき成り立つ。

ⅱ) $n = m$ $(m \geq 2)$ のとき，（※）が成り立つと仮定すると

$$\dfrac{1}{2} x^m \leq f_m(x) \leq x^m - \dfrac{1}{2} x^{m+1}$$

両辺に x (≥ 0) をかけると

$$\dfrac{1}{2} x^{m+1} \leq x f_m(x) \leq x^{m+1} - \dfrac{1}{2} x^{m+2}$$

ここで

$$\begin{aligned}
x f_m(x) &= (-1)^m \left[\dfrac{x}{x+1} - x \{ 1 - x + x^2 - \cdots + (-x)^{m-1} \} \right] \\
&= (-1)^m \left[\left(-\dfrac{1}{x+1} + 1 \right) + \{ -x + x^2 - x^3 + \cdots + (-x)^m \} \right] \\
&= (-1)^m \left[-\left\{ \dfrac{1}{x+1} - 1 + x - x^2 + \cdots - (-x)^m \right\} \right] \\
&= (-1)^{m+1} \left\{ \dfrac{1}{x+1} - 1 - \displaystyle\sum_{k=2}^{m+1} (-x)^{k-1} \right\} \\
&= f_{m+1}(x)
\end{aligned}$$

したがって，（※）は $n = m+1$ のときも成り立つから，数学的帰納法により，（※）はすべての $n \, (n \geqq 2)$ について成り立つ。

(注1)　(1)で $\dfrac{1}{2} x^n \leqq \dfrac{x^n}{x+1} \leqq x^n - \dfrac{1}{2} x^{n+1}$ の証明は，次のようにすることもできる。

$$（中辺）-（左辺）= \left(\dfrac{1}{x+1} - \dfrac{1}{2} \right) x^n = \dfrac{1-x}{2(x+1)} \cdot x^n \geqq 0$$

$$（右辺）-（中辺）= \left(1 - \dfrac{1}{2}x - \dfrac{1}{x+1} \right) x^n = \dfrac{(2-x)(x+1)-2}{2(x+1)} \cdot x^n$$

$$= \dfrac{1-x}{2(x+1)} \cdot x^{n+1} \geqq 0$$

(注2)　(1)で与えられた不等式で

$$-1 - \sum_{k=2}^{n} (-x)^{k-1}$$

の部分について

$$-\sum_{k=1}^{n} (-x)^{k-1}$$

と表した方がわかりやすいように見えるが，このように表すのは不適切である。なぜなら，$x=0$，$k=1$ のとき「-0^0」となって，値が定義されないからである。

(注3)　(2)で（＊）より中辺の絶対値をとって

$$(0<) \, |\log 2 - a_n| \leqq \dfrac{1}{n+1} - \dfrac{1}{2(n+2)}$$

が成り立ち

$$\lim_{n \to \infty} \left\{ \dfrac{1}{n+1} - \dfrac{1}{2(n+2)} \right\} = 0$$

となるから，はさみうちの原理より

$$\lim_{n \to \infty} |\log 2 - a_n| = 0$$

すなわち　　　$\displaystyle \lim_{n \to \infty} a_n = \log 2$

となることがわかる。

なお，$\displaystyle \lim_{n \to \infty} a_n = \sum_{k=1}^{\infty} \dfrac{(-1)^{k-1}}{k} \, (= \log 2)$ は，「メルカトル級数」とよばれる著名な級数である。

━━━━━━━ ◀解　説▶ ━━━━━━━

≪不等式の証明，定積分，数列の極限≫

▶(1)　一見複雑な式に見えるが，実際に計算してみると案外簡単な式になる。式の形から，数学的帰納法や微分法が想起されるが，いずれも本問では利用しなくても解くことができる。中辺の Σ の部分が等比数列の和の形であることに気づくことができれば，和の公式を用いることで難なく解決することができる。中辺を簡単な式に変形できれば，あとの不等式の証明はごく初歩的なものである。

　　$xf_m(x) = f_{m+1}(x)$ が成り立つことから，〔別解〕のように数学的帰納法を用いる解法も考えられる。

▶(2)　$\dfrac{1}{x+1}$ や x^{k-1} を積分すると，それぞれ $\log|x+1|$，$\dfrac{1}{k}x^k$ となることから，(1)で証明した不等式の中辺を 0 から 1 まで定積分を行うことで，結論の式に含まれる要素が得られることに注目したい。定積分を実行したあとははさみうちの原理を使用する形が見えてくるから，結論の式に合う形になるよう，各辺に $-n$ を掛けるなどして式の形を整えていけばよい。実際に極限値を求める計算は基本的な内容である。

┌─┐
│2│　◆発想◆　(1)　$|2\overrightarrow{OA}+\overrightarrow{OB}| = |\overrightarrow{OA}+2\overrightarrow{OB}| = 1$ を見て，$2\overrightarrow{OA}+\overrightarrow{OB}$
└─┘
$= \vec{e}$，$\overrightarrow{OA}+2\overrightarrow{OB} = \vec{f}$ などと置き換える発想が出てきただろうか？
$\overrightarrow{OA}$，$\overrightarrow{OB}$ のまま計算しても解けるが，このように置いて他の式を $\vec{e}$，$\vec{f}$ で表すと，見通しよく処理していくことができる。

(2)　$|\vec{e}| = 1$，$|\vec{f}| = 1$ および(1)で得られた条件から，xy 座標を導入し，適当にベクトルの成分を設定するのがわかりやすい。与えられたベクトルに関する連立不等式が表す領域を xy 平面に図示し，$|\overrightarrow{OP}|$ の最大値と最小値を求めよう。このとき，前者の不等式は円，後者の不等式は直線を境界とする領域となる。なお，円が絡むこのパターンの最大値・最小値の問題は頻出であるから，即座に解けるようにしておきたい。

解答 (1)　$2\overrightarrow{OA}+\overrightarrow{OB}=\vec{e}$, $\overrightarrow{OA}+2\overrightarrow{OB}=\vec{f}$ とおくと

$$\overrightarrow{OA}+\overrightarrow{OB}=\frac{1}{3}(\vec{e}+\vec{f})$$

と表されるから，与えられた条件は

$$|\vec{e}|=|\vec{f}|=1 \quad \cdots\cdots①$$

$$\vec{e}\cdot\frac{1}{3}(\vec{e}+\vec{f})=\frac{1}{3} \quad \cdots\cdots②$$

②より　　$|\vec{e}|^2+\vec{e}\cdot\vec{f}=1$

①を代入して　　$\vec{e}\cdot\vec{f}=0$

よって　　$(2\overrightarrow{OA}+\overrightarrow{OB})\cdot(\overrightarrow{OA}+2\overrightarrow{OB})=0$ ……(答)

(2)　条件と(1)の結果から，$|\vec{e}|=|\vec{f}|=1$, $\vec{e}\perp\vec{f}$ が成り立つので，O を原点とし，$\vec{e}=(1,\ 0)$, $\vec{f}=(0,\ 1)$ とする xy 平面を考える。

このとき，まず

$$\left|\overrightarrow{OP}-(\overrightarrow{OA}+\overrightarrow{OB})\right|\leqq\frac{1}{3}\Longleftrightarrow\left|\overrightarrow{OP}-\frac{1}{3}(\vec{e}+\vec{f})\right|\leqq\frac{1}{3}$$

であり

$$\frac{1}{3}(\vec{e}+\vec{f})=\frac{1}{3}\{(1,\ 0)+(0,\ 1)\}=\left(\frac{1}{3},\ \frac{1}{3}\right)$$

より，点 P は中心 $\left(\frac{1}{3},\ \frac{1}{3}\right)$，半径 $\frac{1}{3}$ の円の内部および周上を動く。……③

次に

$$\overrightarrow{OP}\cdot(2\overrightarrow{OA}+\overrightarrow{OB})\leqq\frac{1}{3}\Longleftrightarrow\overrightarrow{OP}\cdot\vec{e}\leqq\frac{1}{3}$$

であるから，$P(x,\ y)$ とおくと

$$\overrightarrow{OP}\cdot\vec{e}=(x,\ y)\cdot(1,\ 0)=x$$

より，点 P は

$$x\leqq\frac{1}{3}$$

で表される領域，すなわち直線 $x=\frac{1}{3}$ の左側の領域および直線上を動く。

$$\cdots\cdots④$$

したがって，点 P は③，④を同時にみたすような領域を動く。

これを図示すると，右図の網かけ部分（境界を含む）のようになる。

ここで，$C\left(\dfrac{1}{3}, \dfrac{1}{3}\right)$，$M\left(\dfrac{1}{3}, \dfrac{2}{3}\right)$，点 N を円と線分

OC の交点とする。$|\overrightarrow{OP}|$ は原点 O と点 P の距離を表すことに注意すると，右図より

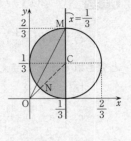

$|\overrightarrow{OP}|$ の最大値は

$$OM = \sqrt{\left(\dfrac{1}{3}\right)^2 + \left(\dfrac{2}{3}\right)^2} = \dfrac{\sqrt{5}}{3} \quad \cdots\cdots(答)$$

$|\overrightarrow{OP}|$ の最小値は

$$ON = OC - CN = \dfrac{1}{3}\sqrt{2} - \dfrac{1}{3}$$

$$= \dfrac{\sqrt{2}-1}{3} \quad \cdots\cdots(答)$$

別解 (2) （座標を導入しない解法）

原点を O とし，$\vec{e} = \overrightarrow{OE}$，$\vec{f} = \overrightarrow{OF}$ をみたす点 E，F をとると，条件と(1)の結果から

$$OE = OF = 1, \quad \angle EOF = \dfrac{\pi}{2}$$

また，$\overrightarrow{OA} + \overrightarrow{OB} = \dfrac{1}{3}(\vec{e}+\vec{f}) = \overrightarrow{OC}$ をみたす点 C に対して

$$\left|\overrightarrow{OP} - (\overrightarrow{OA}+\overrightarrow{OB})\right| \leq \dfrac{1}{3}$$

$$\Longleftrightarrow \left|\overrightarrow{OP} - \overrightarrow{OC}\right| \leq \dfrac{1}{3}$$

を満足する点 P は，点 C を中心とする半径 $\dfrac{1}{3}$

の円の内部および周上を動く（図1）。

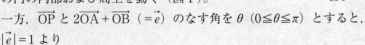

図1

一方，$\overrightarrow{OP}$ と $2\overrightarrow{OA} + \overrightarrow{OB}$ $(= \vec{e})$ のなす角を θ $(0 \leq \theta \leq \pi)$ とすると，$|\vec{e}| = 1$ より

$$\overrightarrow{OP}\cdot(2\overrightarrow{OA}+\overrightarrow{OB}) \leq \dfrac{1}{3} \Longleftrightarrow \overrightarrow{OP}\cdot\vec{e} \leq \dfrac{1}{3} \Longleftrightarrow |\overrightarrow{OP}|\cos\theta \leq \dfrac{1}{3}$$

ここで，点 P を通り $\overrightarrow{OE}$ に垂直な直線を l，l と直線 OE の交点を Q とする。

このとき，$|\overrightarrow{OP}|\cos\theta = k$ （k は定数）をみたす点 P は

$$\overrightarrow{OQ} = k\vec{e}$$

を満足する直線 *l* 上の点を動く（図2）。よって，$\overrightarrow{OP}\cdot\vec{e} \leqq \dfrac{1}{3}$ $\left(k \leqq \dfrac{1}{3}\right)$ をみ

たす点Pは，図3の網かけ部分（境界を含む）の領域を動く。

（以下，〔解答〕と同じ）

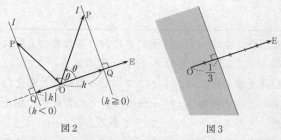

図2　　　　　　　　　　図3

━━━━━━━◀解　説▶━━━━━━━

≪平面ベクトルの内積，ベクトルの不等式で表された領域≫

▶(1)　$2\overrightarrow{OA} + \overrightarrow{OB} = \vec{e}$，$\overrightarrow{OA} + 2\overrightarrow{OB} = \vec{f}$ とおいて，与えられた条件を $\vec{e}$, $\vec{f}$

を用いて表す。結局 $|\vec{e}| = |\vec{f}| = 1$，$\vec{e}\cdot(\vec{e}+\vec{f}) = 1$ のとき $\vec{e}\cdot\vec{f}$ の値を求める

基本問題に帰着することができる。このまま計算して，$|\overrightarrow{OA}|$，$|\overrightarrow{OB}|$，

$\overrightarrow{OA}\cdot\overrightarrow{OB}$ を求める解法も考えられるが，結局2つのベクトル $2\overrightarrow{OA} + \overrightarrow{OB}$，

$\overrightarrow{OA} + 2\overrightarrow{OB}$ を基準に考えていかなければならないことになる。

▶(2)　与えられたベクトルに関する不等式が何を意味するかを理解する必

要がある。$\left|\overrightarrow{OP} - (\overrightarrow{OA} + \overrightarrow{OB})\right| \leqq \dfrac{1}{3}$ は基本的な内容で，$\overrightarrow{OA} + \overrightarrow{OB} = \overrightarrow{OC}$ とし

たとき $|\overrightarrow{CP}| \leqq \dfrac{1}{3}$ となるから，点Pは点Cを中心とする半径 $\dfrac{1}{3}$ の円の内部

および周上を動くことがわかる。$\overrightarrow{OP}\cdot(2\overrightarrow{OA} + \overrightarrow{OB}) \leqq \dfrac{1}{3} \Longleftrightarrow \overrightarrow{OP}\cdot\vec{e} \leqq \dfrac{1}{3}$ に

ついては，まず $\overrightarrow{OP}\cdot\vec{e} = \dfrac{1}{3}$ をみたす点Pは $\vec{e}$ に垂直な直線上を動くことを

押さえよう。このためには *xy* 平面を導入して，P(x, y) とし，ベクトル

$\vec{e}$, $\vec{f}$ の成分を適切に設定することにより内積の成分計算を実行すれば，*x*,

y の方程式が得られ，これが直線を表すことが容易にわかるだろう。この

ことから，この不等式は $\vec{e}$ に垂直な直線 $\left(x = \dfrac{1}{3}\right)$ を境界とする領域を表す

ことがわかる。〔別解〕のように，ベクトルのなす角 θ を考えて図形的に考察してもよい。

　以上のことから，2つの不等式が表す領域の共通部分を図示すれば，図形的に考えることにより $|\overrightarrow{\mathrm{OP}}|$ の最大値と最小値が得られる。最小値は「（Oと円の中心の距離）−（円の半径）」として求めることができる。

---

3 ◆発想◆　曲線 $y=\cos x$ 上の点における接線の方程式を立式し，接線が点 P(a, b) を通る条件を求めよう。これは，$t,\ a,\ b$ を含む式となるが，これを t についての方程式と考えたとき，点 P を通る接線の個数 $N(\mathrm{P})=(t$ についての方程式の異なる実数解の個数$)$ となることがポイントである。したがって，$-\pi\leqq t\leqq\pi$ におけるこの解の個数が4個となるための a, b の条件を求めればよい。方程式を $b=f(t)$ または $g(t)=0$ とおいて，$f(t),\ g(t)$ の増減を調べよう。このとき，a と $\dfrac{\pi}{2}$ の大小関係や極小値の条件により場合分けを要するから，丁寧に考察を進めていかなければならない。

解答　曲線 $y=\cos x$ 上の点 $(t,\ \cos t)$ $(-\pi\leqq t\leqq\pi)$ における接線の方程式は，$y'=-\sin x$ より

$$y=(-\sin t)(x-t)+\cos t$$

これが点 P(a, b) を通るという条件は

$$b=-a\sin t+t\sin t+\cos t$$

この方程式をみたす異なる実数 t $(-\pi\leqq t\leqq\pi)$ の個数が $N(\mathrm{P})$ であるから，$N(\mathrm{P})=4$ かつ $0<a<\pi$ をみたす条件は

$$f(t)=-a\sin t+t\sin t+\cos t \quad (0<a<\pi)$$

とおくと，2つのグラフ

$$y=f(t),\ y=b$$

が $-\pi\leqq t\leqq\pi$ において異なる4個の共有点をもつことである。

$$f'(t)=-a\cos t+\sin t+t\cos t-\sin t$$
$$=(t-a)\cos t$$

より，$f'(t)=0$（$-\pi \le t \le \pi$）とすると　　$t=a,\ \pm\dfrac{\pi}{2}$

$$f(\pm\pi)=-1,\ f\!\left(-\dfrac{\pi}{2}\right)=a+\dfrac{\pi}{2},\ f\!\left(\dfrac{\pi}{2}\right)=-a+\dfrac{\pi}{2},$$

$$f(a)=\cos a$$

$-\pi \le t \le \pi$ における $f(t)$ の増減を調べると，

i）$0<a<\dfrac{\pi}{2}$ のとき

t	$-\pi$	$\cdots$	$-\dfrac{\pi}{2}$	$\cdots$	a	$\cdots$	$\dfrac{\pi}{2}$	$\cdots$	π
$f'(t)$		$+$	0	$-$	0	$+$	0	$-$	
$f(t)$	-1	$\nearrow$	$a+\dfrac{\pi}{2}$	$\searrow$	$\cos a$	$\nearrow$	$-a+\dfrac{\pi}{2}$	$\searrow$	-1

表 1

$-1<\cos a<-a+\dfrac{\pi}{2}<a+\dfrac{\pi}{2}$ が成り立つ

ことに注意すると，題意をみたす条件は，
表 1 より

$$\cos a<b<-a+\dfrac{\pi}{2}\quad\text{（図 1 参照）}$$

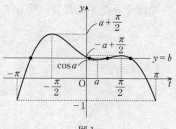

図 1

ii）$a=\dfrac{\pi}{2}$ のとき

t	$-\pi$	$\cdots$	$-\dfrac{\pi}{2}$	$\cdots$	$\dfrac{\pi}{2}$	$\cdots$	π
$f'(t)$		$+$	0	$-$	0	$-$	
$f(t)$	-1	$\nearrow$	π	$\searrow$	0	$\searrow$	-1

表 2

表 2 より，2 つのグラフの共有点の個数は高々 2 個であるから，条件をみたさない。

iii）$\dfrac{\pi}{2}<a<\pi$ のとき

t	$-\pi$	$\cdots$	$-\frac{\pi}{2}$	$\cdots$	$\frac{\pi}{2}$	$\cdots$	a	$\cdots$	π
$f'(t)$		$+$	0	$-$	0	$+$	0	$-$	
$f(t)$	-1	↗	$a+\frac{\pi}{2}$	↘	$-a+\frac{\pi}{2}$	↗	$\cos a$	↘	-1

表3

$\cos a<0<a+\dfrac{\pi}{2}$ が成り立つから，表 3 より

　ア）$-a+\dfrac{\pi}{2}<-1\Longleftrightarrow a>\dfrac{\pi}{2}+1$ のとき

題意をみたす条件は，図 2 より

　　　$-1\leqq b<\cos a$

　イ）$-a+\dfrac{\pi}{2}\geqq-1\Longleftrightarrow a\leqq\dfrac{\pi}{2}+1$ のとき

題意をみたす条件は，図 3 より

　　　$-a+\dfrac{\pi}{2}<b<\cos a$

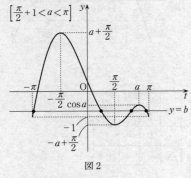

図 2

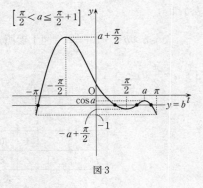

図 3

以上，まとめると

・$0<a<\dfrac{\pi}{2}$ のとき　　$\cos a<b<-a+\dfrac{\pi}{2}$

・$\dfrac{\pi}{2}<a\leqq\dfrac{\pi}{2}+1$ のとき　　$-a+\dfrac{\pi}{2}<b<\cos a$

・$\dfrac{\pi}{2}+1<a<\pi$ のとき　　$-1\leqq b<\cos a$

これを ab 平面に図示すると，次図のようになる。ただし，境界は両端を

除く線分 $b = -1$ $\left(\dfrac{\pi}{2} + 1 < a < \pi\right)$ のみ含む。

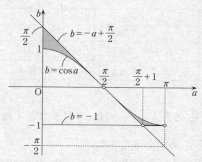

別解　（方程式 $t \sin t - a \sin t + \cos t - b = 0$ の解の個数を考える解法）

（$b = -a \sin t + t \sin t + \cos t$）を導くところまでは〔解答〕と同じ）

$$g(t) = t \sin t - a \sin t + \cos t - b \quad (0 < a < \pi)$$

とおくと，求める条件は，方程式 $g(t) = 0$ をみたす異なる実数 t（$-\pi \leqq t \leqq \pi$）の個数が 4 個となることであるから，$y = g(t)$ のグラフが $-\pi \leqq t \leqq \pi$ において t 軸と異なる 4 個の共有点をもつことである。〔解答〕と同様に

$$g'(t) = (t - a) \cos t$$

となるから，$-\pi \leqq t \leqq \pi$ における $g(t)$ の増減表は，$f(t)$ の増減表と同様に次のようになる。

ⅰ）$0 < a < \dfrac{\pi}{2}$ のとき

t	$-\pi$	$\cdots$	$-\dfrac{\pi}{2}$	$\cdots$	a	$\cdots$	$\dfrac{\pi}{2}$	$\cdots$	π
$g'(t)$		$+$	0	$-$	0	$+$	0	$-$	
$g(t)$		↗	極大	↘	極小	↗	極大	↘	

表A

ⅱ）$a = \dfrac{\pi}{2}$ のとき

t	$-\pi$	$\cdots$	$-\dfrac{\pi}{2}$	$\cdots$	$\dfrac{\pi}{2}$	$\cdots$	π
$g'(t)$		$+$	0	$-$	0	$-$	
$g(t)$		↗	極大	↘		↘	

表B

ⅲ）$\dfrac{\pi}{2}<a<\pi$ のとき

t	$-\pi$	$\cdots$	$-\dfrac{\pi}{2}$	$\cdots$	$\dfrac{\pi}{2}$	$\cdots$	a	$\cdots$	π
$g'(t)$		$+$	0	$-$	0	$+$	0	$-$	
$g(t)$		↗	極大	↘	極小	↗	極大	↘	

表C

表Bより，ⅱ）$a=\dfrac{\pi}{2}$ のとき，$y=g(t)$ のグラフと t 軸の共有点の個数は高々2個であるから，条件をみたさない。

条件をみたすのは，表A，表Cより，$y=g(t)$ のグラフと t 軸の共有点を

ⅰ）$0<a<\dfrac{\pi}{2}$ のとき

4個の区間　$-\pi\leqq t<-\dfrac{\pi}{2}$，$-\dfrac{\pi}{2}<t<a$，$a<t<\dfrac{\pi}{2}$，$\dfrac{\pi}{2}<t\leqq\pi$

ⅲ）$\dfrac{\pi}{2}<a<\pi$ のとき

4個の区間　$-\pi\leqq t<-\dfrac{\pi}{2}$，$-\dfrac{\pi}{2}<t<\dfrac{\pi}{2}$，$\dfrac{\pi}{2}<t<a$，$a<t\leqq\pi$

にそれぞれ1個ずつもつ場合である。

したがって

・$0<a<\dfrac{\pi}{2}$，$\dfrac{\pi}{2}<a<\pi$ のとき

　　$g(\pm\pi)=-1-b\leqq0\Longleftrightarrow b\geqq-1$

かつ　$g\left(-\dfrac{\pi}{2}\right)=\dfrac{\pi}{2}+a-b>0\Longleftrightarrow b<a+\dfrac{\pi}{2}$

・$0<a<\dfrac{\pi}{2}$ のとき

　　$g(a)=\cos a-b<0\Longleftrightarrow b>\cos a$

かつ　$g\left(\dfrac{\pi}{2}\right)=\dfrac{\pi}{2}-a-b>0\Longleftrightarrow b<-a+\dfrac{\pi}{2}$

・$\dfrac{\pi}{2}<a<\pi$ のとき

$$g\left(\frac{\pi}{2}\right)<0 \iff b>-a+\frac{\pi}{2}$$

かつ　$g(a)>0 \iff b<\cos a$

これを ab 平面に図示すると，右図のようになる。ただし，境界は両端を除く線分 $b=-1\left(\frac{\pi}{2}+1<a<\pi\right)$ のみ含む。

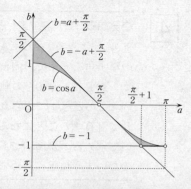

━━━━━━━ ◀解　説▶ ━━━━━━━

≪接線，微分法の方程式への応用，条件をみたす点の存在範囲≫

　まず微分法を用いて，曲線 $y=\cos x$ 上の点 $(t,\ \cos t)$ における接線の方程式を求め，これが点 $P(a,\ b)$ を通るとして t に関する方程式を立式する。この条件をみたす t の値が 4 個になる場合を考えればよいから，この方程式の異なる実数解の個数が 4 個になる条件を考察することになる。このとき問題では，接線の数が 4 個ではなく，条件をみたす t，つまり接点の個数が 4 個とやや回りくどい表現をしているのは，接線の数とすると共通接線（複数の接点をもつ接線）の有無を議論する必要が出てくるので，この手間を省いて解答をシンプルにする配慮であろう。

　ここからは，「微分法の方程式への応用」の手法を用いて解答を進めることになる。すなわち，方程式 $b=f(t)$ について，関数 $f(t)$ の増減を調べ，曲線 $y=f(t)$ と直線 $y=b$ の異なる共有点の個数が 4 個となる b の値の範囲を a を用いて表し，これを ab 平面に図示すればよい。増減表またはグラフから読み取ることになるが，極値をとる a の値や極値の大小関係により，a の値による場合分けが必要となる。微妙な処理を要するので，この部分が重要なポイントである。図示するときに，線分 $b=-1$ の部分の等号についてはうっかりしやすいので注意すること。

　また，〔別解〕のように，方程式を $g(t)=0$ として関数 $g(t)$ の増減を調べ，どの区間に解をもつかを考え，中間値の定理を用いて条件を求める解法も考えられる。

4 ◆**発想**◆ (1) $\overrightarrow{AP}\perp$（平面 α）$\Longleftrightarrow$ $\overrightarrow{AP}\perp$（平面 α 上の任意のベクトル）である。$\overrightarrow{AO}=\overrightarrow{AQ}-\overrightarrow{OQ}$ として，$\overrightarrow{AP}$ と $\overrightarrow{AQ}$，$\overrightarrow{AP}$ と $\overrightarrow{OQ}$ のなす角を考えて，内積 $\overrightarrow{AP}\cdot\overrightarrow{AQ}$，$\overrightarrow{AP}\cdot\overrightarrow{OQ}$ を求めよう。

(2) 点 P $(x, y, 0)$ の軌跡，すなわち x, y の関係式を導けばよい。このとき(1)で得られた式に与えられたベクトルの成分を代入して計算することになるが，$|\overrightarrow{AQ}|^2$ については三平方の定理を用いて求めるのが簡明である。かなり計算が煩雑になるので，ミスのないよう慎重に進めていかなければならない。

解答 (1) $\overrightarrow{AO}=\overrightarrow{AQ}-\overrightarrow{OQ}$ であるから

$$\overrightarrow{AP}\cdot\overrightarrow{AO}=\overrightarrow{AP}\cdot(\overrightarrow{AQ}-\overrightarrow{OQ})$$
$$=\overrightarrow{AP}\cdot\overrightarrow{AQ}-\overrightarrow{AP}\cdot\overrightarrow{OQ}\quad\cdots\cdots\text{①}$$

ここで，点 O，Q は平面 α 上にあるから

$$\overrightarrow{AP}\perp\overrightarrow{OQ}\quad\therefore\quad\overrightarrow{AP}\cdot\overrightarrow{OQ}=0$$

また，点 Q は直線 AP 上にあるから

$$\overrightarrow{AP}\cdot\overrightarrow{AQ}=|\overrightarrow{AP}||\overrightarrow{AQ}|\cos\pi\quad\text{または}\quad|\overrightarrow{AP}||\overrightarrow{AQ}|\cos 0$$
$$\therefore\quad\overrightarrow{AP}\cdot\overrightarrow{AQ}=\pm|\overrightarrow{AP}||\overrightarrow{AQ}|$$

よって，①より

$$(\overrightarrow{AP}\cdot\overrightarrow{AO})^2=(\pm|\overrightarrow{AP}||\overrightarrow{AQ}|-0)^2=|\overrightarrow{AP}|^2|\overrightarrow{AQ}|^2\qquad\text{（証明終）}$$

(2) $\overrightarrow{AP}=\overrightarrow{OP}-\overrightarrow{OA}=(x-a,\ y,\ -b)$，

$\overrightarrow{AO}=-\overrightarrow{OA}=(-a,\ 0,\ -b)$

より $(\overrightarrow{AP}\cdot\overrightarrow{AO})^2=\{-(x-a)\cdot a+b^2\}^2$

$|\overrightarrow{AP}|^2=(x-a)^2+y^2+b^2$

三平方の定理と $|\overrightarrow{OQ}|=1$ より

$$|\overrightarrow{AQ}|^2=|\overrightarrow{AO}|^2-|\overrightarrow{OQ}|^2=a^2+b^2-1$$

これらを(1)の結果に代入すると

$$\{-a(x-a)+b^2\}^2=\{(x-a)^2+y^2+b^2\}(a^2+b^2-1)$$

$$a^2(x-a)^2-2ab^2(x-a)+b^4$$
$$=(a^2+b^2-1)(x-a)^2+(a^2+b^2-1)y^2+a^2b^2+b^4-b^2$$
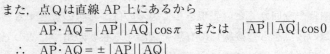
$$(1-b^2)(x^2-2ax+a^2)-2ab^2(x-a)-(a^2+b^2-1)y^2-a^2b^2+b^2=0$$

$$(1-b^2)\,x^2 - 2ax - (a^2+b^2-1)\,y^2 + (a^2+b^2) = 0$$

これが，点 P の軌跡を表す方程式であり，2 次曲線を表すが，次のように分類できる。

ⅰ）$b^2=1 \iff |b|=1$ のとき

$$-2ax - a^2y^2 + (a^2+1) = 0$$

$a^2+b^2>1$ より $a^2>0$，すなわち $a\neq0$ であるから

$$y^2 = -\frac{2}{a}x + 1 + \frac{1}{a^2}$$

これは放物線を表す。

ⅱ）$b^2\neq1 \iff |b|<1,\ 1<|b|$ のとき

$$(1-b^2)\Bigl(x-\frac{a}{1-b^2}\Bigr)^2 - (a^2+b^2-1)\,y^2 = -a^2-b^2+\frac{a^2}{1-b^2}$$

$$=\frac{b^2(a^2+b^2-1)}{1-b^2}$$

$$\frac{\Bigl(x-\dfrac{a}{1-b^2}\Bigr)^2}{a^2+b^2-1} - \frac{y^2}{1-b^2} = \Bigl(\frac{b}{1-b^2}\Bigr)^2$$

$a^2+b^2-1>0$，$b\neq0$ より，これは $|b|<1$ のとき双曲線，$|b|>1$ のとき楕円を表す。

以上より，求める軌跡は

$$\left.
\begin{aligned}
&|b|=1 \text{ のとき，放物線 } y^2 = -\frac{2}{a}x + 1 + \frac{1}{a^2}\\[2em]
&0<|b|<1 \text{ のとき，双曲線 } \frac{\Bigl(x-\dfrac{a}{1-b^2}\Bigr)^2}{a^2+b^2-1} - \frac{y^2}{1-b^2} = \Bigl(\frac{b}{1-b^2}\Bigr)^2\\[2em]
&|b|>1 \text{ のとき，楕円 } \frac{\Bigl(x-\dfrac{a}{1-b^2}\Bigr)^2}{a^2+b^2-1} + \frac{y^2}{b^2-1} = \Bigl(\frac{b}{1-b^2}\Bigr)^2
\end{aligned}
\right\} \quad \cdots\cdots\text{(答)}$$

別解 (1)　$\overrightarrow{\mathrm{AP}}$ と $\overrightarrow{\mathrm{AO}}$ のなす角を $\theta\ (0\leqq\theta\leqq\pi)$ とすると

$$\overrightarrow{\mathrm{AP}}\cdot\overrightarrow{\mathrm{AO}} = |\overrightarrow{\mathrm{AP}}||\overrightarrow{\mathrm{AO}}|\cos\theta$$

ここで，$\overrightarrow{\mathrm{AP}}\perp(\text{平面 }\alpha)$ より，$\angle\mathrm{OQA}=\dfrac{\pi}{2}$ であるので

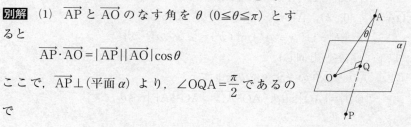

$$\||\overrightarrow{\mathrm{AO}}|\cos\theta| = |\overrightarrow{\mathrm{AQ}}| \iff |\overrightarrow{\mathrm{AO}}|^2\cos^2\theta = |\overrightarrow{\mathrm{AQ}}|^2$$

が成り立つから

$$\begin{aligned}
(\overrightarrow{\mathrm{AP}}\cdot\overrightarrow{\mathrm{AO}})^2 &= (|\overrightarrow{\mathrm{AP}}||\overrightarrow{\mathrm{AO}}|\cos\theta)^2 \\
&= |\overrightarrow{\mathrm{AP}}|^2|\overrightarrow{\mathrm{AO}}|^2\cos\theta^2 \\
&= |\overrightarrow{\mathrm{AP}}|^2|\overrightarrow{\mathrm{AQ}}|^2
\end{aligned}$$

(2)　点 Q は直線 AP 上の点であるから，実数 t を用いて

$$\overrightarrow{\mathrm{OQ}} = \overrightarrow{\mathrm{OA}} + t\overrightarrow{\mathrm{AP}}$$

と表せる。ここで，$\overrightarrow{\mathrm{OQ}} \perp \overrightarrow{\mathrm{AP}}$ であるから

$$(\overrightarrow{\mathrm{OA}} + t\overrightarrow{\mathrm{AP}})\cdot\overrightarrow{\mathrm{AP}} = 0$$
$$\therefore\quad \overrightarrow{\mathrm{OA}}\cdot\overrightarrow{\mathrm{AP}} + t|\overrightarrow{\mathrm{AP}}|^2 = 0$$

よって　　$t = -\dfrac{\overrightarrow{\mathrm{OA}}\cdot\overrightarrow{\mathrm{AP}}}{|\overrightarrow{\mathrm{AP}}|^2}$

また

$$\begin{aligned}
|\overrightarrow{\mathrm{OQ}}|^2 &= |\overrightarrow{\mathrm{OA}} + t\overrightarrow{\mathrm{AP}}|^2 \\
&= |\overrightarrow{\mathrm{OA}}|^2 + 2t\overrightarrow{\mathrm{OA}}\cdot\overrightarrow{\mathrm{AP}} + t^2|\overrightarrow{\mathrm{AP}}|^2 \\
&= |\overrightarrow{\mathrm{OA}}|^2 + 2\left(\frac{-\overrightarrow{\mathrm{OA}}\cdot\overrightarrow{\mathrm{AP}}}{|\overrightarrow{\mathrm{AP}}|^2}\right)\overrightarrow{\mathrm{OA}}\cdot\overrightarrow{\mathrm{AP}} + \left(-\frac{\overrightarrow{\mathrm{OA}}\cdot\overrightarrow{\mathrm{AP}}}{|\overrightarrow{\mathrm{AP}}|^2}\right)^2|\overrightarrow{\mathrm{AP}}|^2 \\
&= |\overrightarrow{\mathrm{OA}}|^2 - \frac{2(\overrightarrow{\mathrm{OA}}\cdot\overrightarrow{\mathrm{AP}})^2}{|\overrightarrow{\mathrm{AP}}|^2} + \frac{(\overrightarrow{\mathrm{OA}}\cdot\overrightarrow{\mathrm{AP}})^2}{|\overrightarrow{\mathrm{AP}}|^2} \\
&= |\overrightarrow{\mathrm{OA}}|^2 - \frac{(\overrightarrow{\mathrm{OA}}\cdot\overrightarrow{\mathrm{AP}})^2}{|\overrightarrow{\mathrm{AP}}|^2}
\end{aligned}$$

となり，$|\overrightarrow{\mathrm{OQ}}| = 1$ より

$$|\overrightarrow{\mathrm{OA}}|^2 - \frac{(\overrightarrow{\mathrm{OA}}\cdot\overrightarrow{\mathrm{AP}})^2}{|\overrightarrow{\mathrm{AP}}|^2} = 1 \quad \cdots\cdots(*)$$

であるから

$$(|\overrightarrow{\mathrm{OA}}|^2 - 1)|\overrightarrow{\mathrm{AP}}|^2 = (\overrightarrow{\mathrm{OA}}\cdot\overrightarrow{\mathrm{AP}})^2$$

$\overrightarrow{\mathrm{OA}} = (a,\ 0,\ b)$, $\overrightarrow{\mathrm{AP}} = (x-a,\ y,\ -b)$ であるから

$$(a^2 + b^2 - 1)\{(x-a)^2 + y^2 + b^2\} = \{a(x-a) - b^2\}^2$$

(以下，〔解答〕と同じ)

(注)　$\overrightarrow{\mathrm{AO}}$ と $\overrightarrow{\mathrm{AP}}$ のなす角を θ として

$$|\overrightarrow{\mathrm{OQ}}| = |\overrightarrow{\mathrm{AO}}|\sin\theta, \quad \overrightarrow{\mathrm{AO}}\cdot\overrightarrow{\mathrm{AP}} = |\overrightarrow{\mathrm{AO}}||\overrightarrow{\mathrm{AP}}|\cos\theta$$

より

$$|\overrightarrow{OQ}|^2 = |\overrightarrow{AO}|^2 \sin^2\theta = |\overrightarrow{AO}|^2(1 - \cos^2\theta)$$

$$= |\overrightarrow{AO}|^2 - \left(\frac{\overrightarrow{AO} \cdot \overrightarrow{AP}}{|\overrightarrow{AP}|}\right)^2 = 1$$

として，（＊）を導くことができる。

参考　$|\overrightarrow{OQ}| = 1$ は直線 AP と原点 O の
距離が 1 （一定）であることを意味する
から，P を動かすと，直線 AP は AO
を軸とする円錐の側面を形作ることがわ
かる。このことから本問の結果は，円錐
の側面を平面で切ったときに得られる断
面の形状が 2 次曲線になるというよく知
られた性質に基づいている。

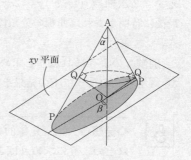

　　軸 AO と母線 AP のなす角を α とすると

$$\cos\alpha = \frac{AQ}{AO} = \frac{\sqrt{a^2 + b^2 - 1}}{\sqrt{a^2 + b^2}}$$

軸 AO と xy 平面のなす角を β とすると，これは AO と x 軸のなす角に等
しいから，$\cos\beta = \dfrac{a}{\sqrt{a^2 + b^2}}$ であることに着目すると，この 2 次曲線は

$\alpha = \beta \Longleftrightarrow \sqrt{a^2 + b^2 - 1} = a \Longleftrightarrow b^2 = 1$ のとき放物線

$\alpha > \beta \Longleftrightarrow \sqrt{a^2 + b^2 - 1} < a \Longleftrightarrow 0 < b^2 < 1$ のとき双曲線

$\alpha < \beta \Longleftrightarrow \sqrt{a^2 + b^2 - 1} > a \Longleftrightarrow b^2 > 1$ のとき楕円

を表すことがわかる。

■━━━━━◀解　説▶━━━━━■

≪空間ベクトル，軌跡，2 次曲線≫

▶(1)　題材は空間ベクトルであるが，最終的には xy 平面上の軌跡を求め
る問題である。$\overrightarrow{AO} = \overrightarrow{AQ} - \overrightarrow{OQ}$ として，$\overrightarrow{AP} \cdot \overrightarrow{AQ}$ と $\overrightarrow{AP} \cdot \overrightarrow{OQ}$ がどうなるか
考えよう。前者は 3 点 A，P，Q が同一直線上にあること，後者は $\overrightarrow{AP}$
$\perp \overrightarrow{OQ}$ であることを考慮すれば容易である。〔別解〕のように，$\overrightarrow{AP}$ と $\overrightarrow{AO}$
のなす角を考えてもよい。

▶(2)　xy 平面上の軌跡を求めるのであるから，(1)で示した式にベクトル
の成分を代入して x，y の関係式を導く方針で計算を進めればよい。この

とき, $|\overrightarrow{AQ}|^2$ は $|\overrightarrow{OQ}|=1$ を用いて三平方の定理を利用すると, 簡潔に処理することができる。途中の式計算はやや煩雑であるので, 計算ミスには十分注意したい。結果は 2 次曲線となり, b の値によって放物線, 双曲線, 楕円のいずれかになる。ただし, もし解答時間に余裕がなければ, とりあえず「2 次曲線 $(1-b^2)x^2-2ax-(a^2+b^2-1)y^2+(a^2+b^2)=0$」と解答し, 最後に時間があれば曲線の分類に言及するのが実践的であるといえるだろう。

　〔別解〕のように $|\overrightarrow{OQ}|^2$ を求めてもよいが, 計算にやや時間がかかるので, 〔解答〕のように(1)の結果を利用するのが簡明である。

5

◆発想◆　(1)　具体的に b_1, b_2 を書き出して, p_1, p_2 をそれぞれどのように求めればよいかを考え, 本問の内容をしっかり把握しよう。

(2)　まず数列 $\{b_n\}$ に関する漸化式, すなわち b_n と b_{n+1} の関係式を導く。例えば b_n が 7 の倍数であれば, $n+1$ 回目にどのような目が出ても b_{n+1} は 7 の倍数にならないことがわかるが, このことも含めて, b_n が 7 の倍数のとき (確率:p_n) と 7 の倍数でないとき (確率:$1-p_n$) に分けて, b_{n+1} がそれぞれどのようになるかを考えて, p_n に関する漸化式を立てる。このとき合同式を用いると簡潔に処理することができる。

解答　(1)　　　$b_1 = \sum_{k=1}^{1} a_1^{\,1-k} a_k = a_1$

a_1 は 1, 2, 3, 4, 5, 6 のいずれかの値であり, a_1 は 7 の倍数ではないから

　　　$p_1 = 0$　……(答)

　　　$b_2 = \sum_{k=1}^{2} a_1^{\,2-k} a_k = a_1^{\,2} + a_2$

b_2 が 7 の倍数になるのは

$a_1 = 1$ のとき	$a_2 = 6$,	$a_1 = 2$ のとき	$a_2 = 3$,
$a_1 = 3$ のとき	$a_2 = 5$,	$a_1 = 4$ のとき	$a_2 = 5$,
$a_1 = 5$ のとき	$a_2 = 3$,	$a_1 = 6$ のとき	$a_2 = 6$

であるから，$a_1 = 1$, 2, 3, 4, 5, 6 のそれぞれの値に対して，条件をみたす a_2 の値はただ 1 通りある。

よって　　$p_2 = \dfrac{1}{6}$　……（答）

(2)　　$b_{n+1} = \displaystyle\sum_{k=1}^{n+1} a_1{}^{n+1-k} a_k$

　　　　　　$= \displaystyle\sum_{k=1}^{n} a_1{}^{n+1-k} a_k + a_1{}^{n+1-(n+1)} a_{n+1}$

　　　　　　$= a_1 \displaystyle\sum_{k=1}^{n} a_1{}^{n-k} a_k + a_{n+1}$

　　　　　　$= a_1 b_n + a_{n+1}$　……①

以下，合同式は mod 7 とする。

一般に，m を自然数とすると，$a_m = 1$, 2, 3, 4, 5, 6 のいずれかの値であるから，$a_m \not\equiv 0$ であることに注意すると

ⅰ）$b_n \equiv 0$ のとき

①より　　$b_{n+1} \equiv a_{n+1} \not\equiv 0$

すなわち，b_n が 7 の倍数のときは b_{n+1} は 7 の倍数にならない。

ⅱ）$b_n \not\equiv 0$ のとき

$a_1 \not\equiv 0$ より $a_1 b_n \not\equiv 0$ であるから，$a_1 b_n \equiv i$ $(i = 1, 2, 3, 4, 5, 6)$ としたとき，$b_{n+1} \equiv i + a_{n+1} \equiv 0$ をみたす a_{n+1} の値は $a_{n+1} = 7 - i$ のただ 1 通り存在する。

すなわち，b_n が 7 の倍数でないとき（確率 $1 - p_n$）に限り，$n+1$ 回目の試行により，$\dfrac{1}{6}$ の確率で b_{n+1} は 7 の倍数（確率 p_{n+1}）となるから

　　　　$p_{n+1} = \dfrac{1}{6}(1 - p_n)$

$\alpha = \dfrac{1}{6}(1 - \alpha)$ とすると，$\alpha = \dfrac{1}{7}$ であるから

　　　　$p_{n+1} - \dfrac{1}{7} = -\dfrac{1}{6}\left(p_n - \dfrac{1}{7}\right)$

と変形できるので，数列 $\left\{p_n - \dfrac{1}{7}\right\}$ は，(1)より $p_1 - \dfrac{1}{7} = -\dfrac{1}{7}$，公比 $-\dfrac{1}{6}$ の等比数列である。よって

$$p_n - \frac{1}{7} = -\frac{1}{7}\left(-\frac{1}{6}\right)^{n-1}$$

$$\therefore \quad p_n = \frac{1}{7}\left\{1 - \left(-\frac{1}{6}\right)^{n-1}\right\} \quad \cdots\cdots(\text{答})$$

━━━━━━━◆ 解　説 ▶━━━━━━━

≪倍数に関する確率漸化式≫

▶(1)　一見しただけでは方針が見えにくいかもしれないが，具体的に p_1 と p_2 を求め，問題の内容を正しく把握することが重要である。7 を法とする（mod7）合同式を用いると，簡潔に処理することができる。さいころの目には 7 の倍数は存在しないから $p_1 = 0$，p_2 については，$b_2 = a_1{}^2 + a_2$ が 7 の倍数になるためには，a_1 の値（7 の倍数でない）に対して a_2 の値はそれぞれ 1 個ずつ存在することがポイントである。

▶(2)　与えられた数列 $\{b_n\}$ は，b_n と b_{n+1} の関係式を容易に立てられることに着目すると，漸化式を用いる解法が適切であることがわかる。このとき，自然数 N を 7 で割った余りが 1，2，3，4，5，6 のとき，$N + a_k$ が 7 の倍数となるような a_k は，それぞれ 6，5，4，3，2，1 の 1 通りずつ存在し，一方，N が 7 の倍数のときは，$N + a_k$ が 7 の倍数となるような a_k は存在しないことをおさえよう。このことから，b_n が 7 の倍数とそうでないときに分けて考察することにより，下図のような遷移図を作成することができ，〔解答〕のような漸化式を得る。

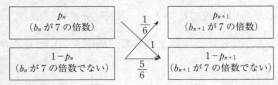

この漸化式は典型的な隣接 2 項間漸化式であるから，特性方程式の解 $\dfrac{1}{7}$ を用いて定法どおり変形することによって一般項を求めることができる。

❖講　評

　2023 年度は，「数学Ⅲ」から微・積分法に関する問題が 2 題（1 題は数列の極限と積分法，もう 1 題は微分法の内容）が出題された。また，「数学Ｂ」からベクトルの問題が 2 題（平面ベクトルと空間ベクトルが

１題ずつ）が出題され，いずれも「数学Ⅱ」の図形と方程式との融合問題であった。他には「数学Ⅰ」から確率の問題が，「数学B」の数列の分野との融合問題として出題された。微・積分法の問題は頻出であり，2023 年度は定積分の問題と接線・方程式の問題であった。例年出題される面積や体積に関する問題は出題されなかった。他の頻出分野からは，ベクトルの問題が2題出題され，確率の問題は3年ぶりに出題されたが，複素数平面の問題は出題されなかった。例年，「数学Ⅲ」の分野は3題以上出題されることが多いが，2023 年度は2題で，やや「数学Ⅲ」の比重が低めであった。

□1は，与えられた不等式を証明し，その不等式を用いてはさみうちの原理により極限値を求める問題。「メルカトル級数」というよく知られた級数に関する内容で，取っつきにくい式であったかと思うが，はさみうちの原理に持ち込む方針は立てられるであろう。等比数列の和の公式を用いた計算と各辺に定積分を行う処理がポイントで，それに気づけたかどうかが成否を分けたと思われる。

□2は平面ベクトルの問題で，医（保健〈看護学〉）学部，文系学部との共通問題。まず，$2\overrightarrow{OA}+\overrightarrow{OB}=\vec{e}$，$\overrightarrow{OA}+2\overrightarrow{OB}=\vec{f}$ などと置き換えることにより，処理が非常に簡潔になる。このことに気づけたかどうかが第一のポイントといえる。次に，ベクトルで表された2つの不等式が何を意味するか理解できるかが第二のポイントである。Cを定点，r を定数とするとき，ベクトル方程式「$|\overrightarrow{OP}-\overrightarrow{OC}|=r$」はCを中心とする円，そして「$\overrightarrow{OP}\cdot\overrightarrow{OC}=r$」は $\overrightarrow{OC}$ に垂直な直線を表す。後者は xy 平面を導入し，ベクトルの成分計算を行えば容易に導くことができる。この方程式を不等式に変えることで点Pの存在する領域が得られるが，これを図示し，$|\overrightarrow{OP}|$ つまり原点Oと点Pの距離の最大値と最小値をスムーズに計算できたかどうかが最後のポイントである。これらのポイントをすべてクリアするには，柔軟な対応力が要求される。

□3は微分法の問題。三角関数のグラフの接線と方程式の実数解の個数に関する内容で，$y=\cos x$ のグラフに接線を4個引くことができるような領域を求めるのが目標である。点 $(t, \cos t)$ における接線の式を立て，これが点 (a, b) を通るとして t の方程式を作り，これが異なる4つの実数解をもつ条件を a, b で表せばよい。あとは t の方程式から適

当に t の関数 $f(t)$ を作り，微分法を用いて $f(t)$ の増減を調べるという定法に従えばよいとはいえ，3通りの場合分けが必要で，かなりの綿密な処理力が要求される。

4 は空間ベクトルの問題で，2023 年度 2 題目のベクトルの問題である。(1)は $\overrightarrow{AO} = \overrightarrow{AQ} - \overrightarrow{OQ}$ として，垂直条件と 3 点が一直線上にある条件を考えよう。図形的に「正射影」の考え方を用いてもよい。(2)は，点 P の xy 平面上の軌跡を求めるのであるから，x と y の関係式を導くのが目標になる。(1)で示した式にベクトルの成分を代入して計算すればよいが，$|\overrightarrow{AQ}|^2$ をどのように処理するかがポイントである。図形的に三平方の定理を用いることに着目できれば，スムーズに進めることができる。とはいえ，計算量がかなり多く，最終的に x^2 の係数による場合分けが必要であり，完答に至るには正確かつ迅速な計算力を要する。

なお，この空間図形は，$|\overrightarrow{OQ}| = 1$ より原点 O を中心とする半径 1 の球に点 A から引いた接線の集まりをイメージするとよい。AP は円錐の側面を形成するから，円錐の側面を xy 平面で切ったときに得られる断面が求める軌跡であり，これはよく知られているように 2 次曲線である。

5 は確率漸化式の問題。与えられた数列 $\{b_n\}$ が 7 の倍数となる確率 p_n について，$\{p_n\}$ に関する漸化式を立式し，それを解いて $\{p_n\}$ の一般項を求める問題である。一見しただけでは方針が見えにくいが，(1)で p_1, p_2 を求めることにより，問題の状況を把握しよう。直接 p_n を求めるのは難しく，p_n と p_{n+1} の関係を調べるという漸化式の発想に至ることができれば，正解に向けて大きく踏み出すことになる。(1)の考察から，自然数 N について $N + a_k$ が 7 の倍数になるのはどのような場合かを押さえることが大切である。合同式を用いると処理が簡潔になるので，利用したい。典型的な形の漸化式が得られるので，これを解くのは容易である。2023 年度の問題の中では最も取り組みやすく，ぜひ完答を目指したい。

大阪大学の数学は，2020 年度にかなり易化し，それ以降レベルの変動は少し見られたものの，基本・標準レベルの比較的取り組みやすい問題が出題されていたが，2023 年度はかなり内容が難化し，計算力を要する問題も見られ，2019 年度以前のレベルに戻ったといえる。ただ，手のつけられないような"超"難問は見られず，とりあえず定法に従っ

て解答を進めていくことはできるが，完答に至るまでにはかなり難渋する問題が多い。

　2023 年度の問題の中では⑤が標準レベルの問題で，確実に得点したい。①は一見して敬遠してしまいがちであるが，実際に手を動かしてみるとそれほど難しくなく，標準〜やや難レベルの内容である。②③④はかなり処理量が多く，精密な考察を要するやや難レベルの問題であるが，完答を目指して食らいついていきたい。いずれも少なくとも部分点は期待できるので，どれだけ完答に近づくことができたかが合否に影響したであろう。基本・標準レベルの問題はどの分野であっても確実に得点できる幅広い実力を養成するとともに，重量感のある難問に対応できるよう，論理的な思考力と正確で迅速な計算力の習得を目指して，普段から十分演習を積んでおこう。

◀医〈保健〈看護学〉〉学部▶

$\boxed{1}$ **◇発想◇** 与えられた方程式は，$t = \sin\theta$ $(-1 \leqq t \leqq 1)$ などとおくと，倍角公式より t の 2 次方程式となる。このことから，$-1 \leqq t \leqq 1$ をみたす 2 次方程式の実数解が存在する a, b についての条件を求めることになり，「解の配置」問題に帰着させることができる。得られた条件は，a, b に関する連立不等式になるから，これを座標平面に図示すればよい。2 次関数の値域を求める問題に帰着させることもできる。一度は解いた経験があるような定型問題であるから，慎重に対応し，完答を目指したい。

解答 $\cos 2\theta = a \sin\theta + b$ ……①

倍角公式により $1 - 2\sin^2\theta = a\sin\theta + b$

$\sin\theta = t$ とおいて整理すると，$-1 \leqq t \leqq 1$ であり

$2t^2 + at + b - 1 = 0$ ……②

①が実数解 θ をもつ $\Longleftrightarrow$ t の 2 次方程式②が $-1 \leqq t \leqq 1$ の範囲に少なくとも 1 つの実数解をもつ

であるから

$f(t) = 2t^2 + at + b - 1$

$= 2\left(t + \dfrac{a}{4}\right)^2 - \dfrac{a^2}{8} + b - 1$

とおくと，求める条件は次の「ⅰ）またはⅱ）またはⅲ）」をみたすことである（ただし，重解の解の個数は 2 個と考える）。

ⅰ）②が $-1 < t < 1$ の範囲に実数解を 1 個もつ

ⅱ）②が $-1 < t < 1$ の範囲に実数解を 2 個もつ

ⅲ）②が $t = 1$ または $t = -1$ を解にもつ

ⅰ）〜ⅲ）の条件は

ⅰ）$f(-1) \cdot f(1) < 0$ $\quad (1 - a + b)(1 + a + b) < 0$

$\Longleftrightarrow \begin{cases} b > a - 1 \\ b < -a - 1 \end{cases}$ または $\begin{cases} b < a - 1 \\ b > -a - 1 \end{cases}$

ii) $\begin{cases} f\left(-\dfrac{a}{4}\right)=-\dfrac{a^2}{8}+b-1\leqq 0 \\[2mm] -1<-\dfrac{a}{4}<1 \\[2mm] f(-1)>0 \\[1mm] f(1)>0 \end{cases}$ $\iff$ $\begin{cases} b\leqq\dfrac{a^2}{8}+1 \\[2mm] -4<a<4 \\[1mm] b>a-1 \\[1mm] b>-a-1 \end{cases}$

iii)　$b=a-1$ または $b=-a-1$

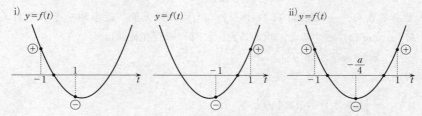

以上より，点 $(a,\ b)$ の存在範囲は下図の網かけ部分である。ただし，境界を含む。

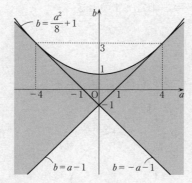

（注 1 ）　ⅱ) の $f\left(-\dfrac{a}{4}\right)\leqq 0$ は，$f(t)=0$ の判別式を D として

$$D=a^2-8(b-1)\geqq 0 \iff b\leqq\frac{a^2}{8}+1$$

より導いてもよい。

（注 2 ）　直線 $b=\pm a-1$ は放物線 $b=\dfrac{a^2}{8}+1$ に点 $(\pm 4,\ 3)$ において接している。（複号同順）

別解　$\cos 2\theta=a\sin\theta+b$ ……（＊）は倍角公式より

$$1 - 2\sin^2\theta = a\sin\theta + b$$

$\sin\theta = t$ とおいて整理すると，$-1 \leqq t \leqq 1$ であり

$$b = -2t^2 - at + 1$$

ここで，$g(t) = -2t^2 - at + 1 = -2\left(t + \dfrac{a}{4}\right)^2 + \dfrac{a^2}{8} + 1$ とおくと

（＊）が実数解 θ をもつ $\Longleftrightarrow$ 2 つのグラフ $y = g(t)$（$-1 \leqq t \leqq 1$）と $y = b$ が
共有点をもつ

であるから，$-1 \leqq t \leqq 1$ における $y = g(t)$ の最大値，最小値をそれぞれ
$M(a)$，$m(a)$ とすると，求める点 (a, b) の存在範囲は

$$m(a) \leqq b \leqq M(a)$$

$M(a)$ について

i ）　$-\dfrac{a}{4} \leqq -1 \Longleftrightarrow a \geqq 4$ のとき

$$M(a) = g(-1) = a - 1$$

ii ）　$-1 \leqq -\dfrac{a}{4} \leqq 1 \Longleftrightarrow -4 \leqq a \leqq 4$ のとき

$$M(a) = g\left(-\dfrac{a}{4}\right) = \dfrac{a^2}{8} + 1$$

iii ）　$1 \leqq -\dfrac{a}{4} \Longleftrightarrow a \leqq -4$ のとき

$$M(a) = g(1) = -a - 1$$

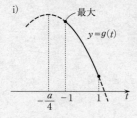
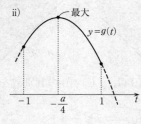
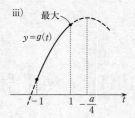

$m(a)$ について

i ）　$-\dfrac{a}{4} \leqq 0 \Longleftrightarrow a \geqq 0$ のとき

$$m(a) = g(1) = -a - 1$$

ii ）　$0 \leqq -\dfrac{a}{4} \Longleftrightarrow a \leqq 0$ のとき

$$m(a) = g(-1) = a-1$$

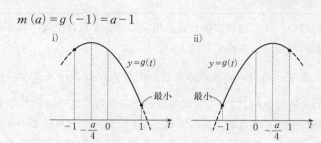

以上より

- $a \leqq -4$ のとき $\quad a-1 \leqq b \leqq -a-1$

- $-4 \leqq a \leqq 0$ のとき $\quad a-1 \leqq b \leqq \dfrac{a^2}{8}+1$

- $0 \leqq a \leqq 4$ のとき $\quad -a-1 \leqq b \leqq \dfrac{a^2}{8}+1$

- $4 \leqq a$ のとき $\quad -a-1 \leqq b \leqq a-1$

したがって，点 (a, b) の存在範囲を図示すると，〔解答〕の図と同様になる。

━━━━━ ◀解 説▶ ━━━━━

≪倍角公式，2次方程式の解の配置，条件をみたす点の存在範囲≫

与えられた方程式の右辺は $\sin\theta$ を含む式であるから，左辺の $\cos 2\theta$ を倍角公式を用いて $\sin\theta$ で表すと，$\sin\theta$ の2次式が得られる。ここで，$\sin\theta = t$ $(-1 \leqq t \leqq 1)$ とおくと，t の2次方程式 $f(t) = 0$ が $-1 \leqq t \leqq 1$ をみたす実数解を少なくとも1個もつ条件を求めるという，いわゆる解の配置の問題に帰着する。これは頻出の問題であり，定法に従い解いていけばよい。 i) $-1 < t < 1$ の範囲に1個だけ解をもつ場合， ii) $-1 < t < 1$ の範囲に2個（重解を含む）解をもつ場合， iii) $t = 1$ または $t = -1$ の解をもつ場合のそれぞれの条件を求め，それらの和集合を求めるのが標準的な解法である。 i) は中間値の定理を用いる， ii) は放物線の頂点の位置，端点の値の正負を考える定番の手法なので，確実に処理したい。

〔別解〕のように $b = g(t)$ と変形して $g(t)$ の値域を考え，その値域に b が含まれる条件を考察してもよい。

2　◆発想◆　(1)　底の変換公式を用いて，与えられた式に含まれる対数の底を 2 に変換すればよい。

(2)　まず，不等式 $\frac{1}{2} \leqq x \leqq 8$ を t の不等式に置き換えよう。与えられた式は，t に関する 3 次関数となるから，この関数の条件（t の値の範囲）付き最大値の問題となる。定法どおり，この 3 次関数を t について微分し増減を調べることになるが，定数 a を含んでいるので，a の値による場合分けが必要である。本問も特に難しい箇所のない定型問題なので，完答を目指したい。

解答　(1)　$t = \log_2 x$ のもとで

$$\log_{\frac{1}{2}} x = \frac{\log_2 x}{\log_2 \frac{1}{2}} = \frac{\log_2 x}{-1} = -t$$

$$\log_{\sqrt{2}} x = \frac{\log_2 x}{\log_2 \sqrt{2}} = \frac{\log_2 x}{\frac{1}{2}} = 2t$$

$$\log_4 x^3 = \frac{\log_2 x^3}{\log_2 4} = \frac{3 \log_2 x}{2} = \frac{3}{2} t$$

であるから

$$y = (\log_{\frac{1}{2}} x)^3 + a (\log_{\sqrt{2}} x)(\log_4 x^3)$$

$$= (-t)^3 + a \cdot 2t \cdot \frac{3}{2} t$$

$$= -t^3 + 3at^2 \quad \cdots\cdots(答)$$

(2)　$\frac{1}{2} \leqq x \leqq 8 \Longleftrightarrow 2^{-1} \leqq x \leqq 2^3$ について，底が 2（>1）の対数をとると

$$\log_2 2^{-1} \leqq \log_2 x \leqq \log_2 2^3$$

$$\therefore \quad -1 \leqq t \leqq 3$$

(1)より，$f(t) = -t^3 + 3at^2$ とおくと

$$f'(t) = -3t^2 + 6at = -3t(t - 2a)$$

$f'(t) = 0$ とすると　　$t = 0,\ 2a$

$2a > 0$ であるから，$-1 \leqq t \leqq 3$ における $f(t)$ の増減を調べると

ⅰ）$0 < 2a \leqq 3 \Longleftrightarrow 0 < a \leqq \dfrac{3}{2}$ のとき

増減表は下のようになる。

t	-1	$\cdots$	0	$\cdots$	$2a$	$\cdots$	3
$f'(t)$		$-$	0	$+$	0	$-$	
$f(t)$		$\searrow$	極小	$\nearrow$	極大	$\searrow$	

ここで，$f(-1)$ と $f(2a)$ の大小を比較すると

$$f(2a) - f(-1) = (-8a^3 + 12a^3) - (1 + 3a)$$
$$= 4a^3 - 3a - 1$$
$$= (2a + 1)^2 (a - 1)$$

より

$0 < a \leqq 1$ のとき，$f(2a) \leqq f(-1)$ であるから

$$M = f(-1) = 3a + 1$$

$1 < a \leqq \dfrac{3}{2}$ のとき，$f(2a) > f(-1)$ であるから

$$M = f(2a) = 4a^3$$

ⅱ）$2a > 3 \Longleftrightarrow a > \dfrac{3}{2}$ のとき

増減表は右のようになる。

t	-1	$\cdots$	0	$\cdots$	3
$f'(t)$		$-$	0	$+$	
$f(t)$		$\searrow$	極小	$\nearrow$	

ここで，$f(-1)$ と $f(3)$ の大小を比較すると

$$f(3) - f(-1) = (-27 + 27a) - (1 + 3a)$$
$$= 24\left(a - \dfrac{7}{6}\right) > 24\left(\dfrac{3}{2} - \dfrac{7}{6}\right) > 0$$

より

$f(3) > f(-1)$ であるから

$$M = f(3) = 27a - 27$$

以上より，求める最大値 M は

$$M = \begin{cases} 3a + 1 & (0 < a \leqq 1 \text{ のとき}) \\ 4a^3 & \left(1 < a \leqq \dfrac{3}{2} \text{ のとき}\right) \\ 27a - 27 & \left(\dfrac{3}{2} < a \text{ のとき}\right) \end{cases} \quad \cdots\cdots \text{(答)}$$

別解 (2) $f(t) = -t^3 + 3at^2$ において，$-1 \leqq t \leqq 3$ の範囲を動くときの $f(t)$ の最大値 M を求める。

まず，$f(t) = -t^3 + 3at^2$ $(a>0)$ の増減を調べると，$f'(t) = -3t(t-2a)$ より，増減表は右のようになる。

t	$\cdots$	0	$\cdots$	$2a$	$\cdots$
$f'(t)$	$-$	0	$+$	0	$-$
$f(t)$	$\searrow$	0	$\nearrow$	$4a^3$	$\searrow$

ここで，$f(t) = 4a^3$ $(=f(2a))$ をみたす t の値を求めると

$$-t^3 + 3at^2 = 4a^3 \iff (t+a)(t-2a)^2 = 0$$

より　　$t = -a,\ 2a$

よって，$y=f(t)$ のグラフは図1のようになるので，$-a$ と -1 および $2a$ と 3 の大小によって場合分けして考える。

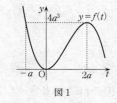

図1

ⅰ）$0 < a \leqq 1$ のとき

$-1 \leqq -a < 2a < 3$ より

　　$M = f(-1) = 3a+1$　（図2参照）

ⅱ）$1 < a \leqq \dfrac{3}{2}$ のとき

$-a < -1 < 2a \leqq 3$ より

　　$M = f(2a) = 4a^3$　（図3参照）

ⅲ）$a > \dfrac{3}{2}$ のとき

$-a < -1 < 3 < 2a,\ f(3) - f(-1) = 24\left(a - \dfrac{7}{6}\right) > 0$ より

　　$M = f(3) = 27a - 27$　（図4参照）

（以下，〔解答〕と同じ）

$[0 < a \leqq 1]$

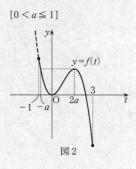

図2

$\left[1 < a \leqq \dfrac{3}{2}\right]$

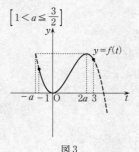

図3

$\left[a > \dfrac{3}{2}\right]$

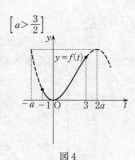

図4

■━━━━━━ ◀解　説▶ ━━━━━━━━

≪底の変換，３次関数の最大値≫

▶(1)　与えられた式の対数に現れる数はすべて 2 のべき乗の形なので，底の変換公式を用いて底を 2 に変換すれば，t の 3 次式を導くことができる。

▶(2)　与えられた x の値の範囲を t の値の範囲に置き換え，この範囲における t の 3 次関数の最大値を求めればよい。微分法を用いて増減を調べればよいが，文字定数 a を含むので，極大値をとるときの $2a$ の値，および最大値の候補 2 つの値の大小比較により，a の値による場合分けが必要である。

　また，〔別解〕のように，極大値と同じ値をとる（$f(t) = f(2a)$）t の値を求めることによって，グラフを用いて解くこともできる。

　いずれにしても，頻出問題で定型の手法であるので，確実に得点したい。

┌─┐
│3│　◀理・医（医・保健〈放射線技術科学・検査技術科学〉）・歯・薬・工・基礎
└─┘　工学部▶ 2 に同じ。

❖講　評

　2023 年度は，主分野としては 1 2 次関数，2 微分法，3 ベクトルの内容が出題された。いずれも他の分野（1 は三角関数，2 は対数関数，3 は図形と方程式）の知識を要する融合問題であった。微・積分法の分野は，2019 年度を除いて毎年出題されており，2023 年度も微分法の問題が出題された。整数問題は 2021・2022 年度と連続して出題されたが，2023 年度は出題されなかった。空間ベクトル（空間図形）の分野は近年しばしば出題されている（2018・2019・2021 年度）が，2022・2023 年度は平面ベクトルが出題された。微・積分法およびベクトルの分野が特に頻出であるので，重点的に押さえておく必要があるだろう。また，2023 年度は証明問題は出題されず，図示問題が 1 題出題された。

　1 は，三角関数が実数解をもつような点 (a, b) の存在範囲を図示する問題。倍角公式を用いて $t = \sin\theta$ とおくことにより，t の 2 次方程式を導くことができるので，この方程式が $-1 \leqq t \leqq 1$ をみたす実数解を少なくとも 1 つもつ条件を求める典型的な「解の配置」問題に帰着させることができる。標準レベルの問題で，定型の手法に従ってミスに気をつ

けて完答を目指したい。

②は対数関数の最大値を求める問題。(1)は底の変換公式を用いて底を 2 に揃えて $t = \log_2 x$ とおくと，t の 3 次関数が得られるので，(2)で t のとりうる値の範囲を求め，この範囲における 3 次関数の最大値を求める。あとは微分法の定石に従って増減を調べればよいが，定数 a の値によって $t = -1$，$2a$，3 のうちどの値で最大値をとるか異なるので，a の値による 3 通りの場合分けが必要となる。頻出の内容で，特に解答に行き詰まることもない標準レベルの内容なので，ミスには十分留意して完答を目指したい。

③は平面ベクトルの問題で，他の理系学部との共通問題。まず，$2\overrightarrow{OA} + \overrightarrow{OB} = \vec{e}$，$\overrightarrow{OA} + 2\overrightarrow{OB} = \vec{f}$ などと置き換えることにより，処理が非常に簡潔になる。このことに気づいたかどうかが第一のポイントといえる。次に，ベクトルで表された 2 つの不等式が何を意味するか理解できるかが第二のポイントである。C を定点，r を定数とするとき，ベクトル方程式「$|\overrightarrow{OP} - \overrightarrow{OC}| = r$」は C を中心とする円，そして「$\overrightarrow{OP} \cdot \overrightarrow{OC} = r$」は $\overrightarrow{OC}$ に垂直な直線を表す。後者は xy 平面を導入し，ベクトルの成分計算を行えば容易に導くことができる。この方程式を不等式に変えることで点 P の存在する領域が得られるが，これを図示し，$|\overrightarrow{OP}|$ つまり原点 O と点 P の距離の最大値と最小値をスムーズに計算できたかどうかが最後のポイントである。これらのポイントをすべてクリアするには，柔軟な対応力が要求される，やや難レベルの問題で，どれだけ完答に近づくことができたかが成否を分けたであろう。

大阪大学の数学は，2020 年度にかなり易化し，それ以降方針の立てやすい基本・標準レベルの問題を中心に出題されていたが，2023 年度は難化し，質・量ともに 2019 年度以前のレベルに戻ったといえる。2023 年度①②では，いずれも「場合分け」がポイントで，この考え方が重視されているので，「場合分け」を重点的に訓練しておくことを勧めたい。

年度によって出題傾向や難易度が変わることがあり，また融合問題が数多く出題されるので，どの分野も偏ることなく学習することが重要である。ミスを防ぎ，慎重な処理や検算を心掛け，確実に問題を解いていく必要がある。特に基本・標準レベルの問題はミスすることなく確実に

得点する実力をつけるとともに，発展的な内容の問題の学習も怠らず，実践的な演習を積んでいこう。

■物理■

1 解答

Ⅰ．問1．$\dfrac{v_0{}^2\sin^2\theta}{2g}$

問2．$\dfrac{2v_0{}^2\sin\theta\cos\theta}{g}\ \left(=\dfrac{v_0{}^2\sin2\theta}{g}\right)$

問3．$\dfrac{\pi}{4}$〔rad〕

問4．$\dfrac{2v_0{}^2\sin\theta\cos\theta}{g}\cdot\dfrac{1-e^n}{1-e}\ \left(=\dfrac{v_0{}^2\sin2\theta}{g}\cdot\dfrac{1-e^n}{1-e}\right)$

Ⅱ．問5．$\dfrac{2MV_0\cos\theta}{m+M}$　　問6．$\dfrac{8M^2V_0{}^2\sin\theta\cos^3\theta}{(m+M)^2g}$

問7．(a) $\dfrac{64M^4V_0{}^4}{(m+M)^4g^2}(3-4d)\,d^2\varDelta d$　(b) $\dfrac{\sqrt{3}}{2}$

Ⅲ．問8．(c) $\dfrac{M}{m+M}V_0\varDelta t$　(d) $\dfrac{M}{m+M}V_0$　(e) $-\dfrac{M}{m+M}V_0$　(f) $\dfrac{m}{m+M}V_0$

問9．$v'=\dfrac{M}{m+M}V_0,\ \ V'=\dfrac{m}{m+M}V_0,\ \ \sin(\theta'+\phi')=0$

問10．$\dfrac{m}{\sqrt{M^2-m^2}}$

──────◀解　説▶──────

≪小球の放物運動と地面との衝突，2小球の衝突と重心から見た運動≫

◆Ⅰ．▶問1．小球Aの鉛直方向の運動に着目すると，最高点では速さが0になる。小球Aの初速度の鉛直成分の大きさは $v_0\sin\theta$ なので，小球Aが達する最高点の高さを h とすると，小球Aの鉛直方向の運動について等加速度直線運動の式より

$$0^2-(v_0\sin\theta)^2=2(-g)h$$

$$\therefore\quad h=\dfrac{v_0{}^2\sin^2\theta}{2g}$$

▶問2．小球Aを投げてから地面に落下するまでの時間を t とすると，小球Aの鉛直方向の運動について等加速度直線運動の式より

$$0 = v_0 \sin\theta \cdot t + \frac{1}{2}(-g)\,t^2$$

$$\therefore \quad t = \frac{2v_0 \sin\theta}{g}$$

小球Aの初速度の水平成分の大きさは $v_0\cos\theta$ なので，小球Aの落下地点と地点Oの間の水平距離を l とすると，小球Aの水平方向の運動について等速度運動の式より

$$l = v_0\cos\theta \cdot t = \frac{2v_0{}^2 \sin\theta\cos\theta}{g} \left(= \frac{v_0{}^2 \sin 2\theta}{g} \right)$$

▶問 3．問 2 より，$l = \dfrac{v_0{}^2 \sin 2\theta}{g}$ である。v_0 を一定にしたままで，仰角 θ

を変えて l が最大になるのは，$0 < \theta < \dfrac{\pi}{2}$ より，$\sin 2\theta = 1$ のとき，すなわ

ち $2\theta = \dfrac{\pi}{2}$ のときである。したがって

$$\theta = \frac{\pi}{4}\,(\text{rad})$$

▶問 4．小球Aは地面との衝突ごとに，衝突直後の鉛直方向の速さが，衝突直前の鉛直方向の速さの e 倍となるので，問 2 より，ある落下地点から次の落下地点までの水平距離は，その前の落下地点からある落下地点までの水平距離の e 倍となる。これより，ある落下地点から次の落下地点までの水平距離（はじめのみ，投げた地点Oからはじめての落下地点までの水平距離）は，初項が $\dfrac{2v_0{}^2 \sin\theta\cos\theta}{g} \left(= \dfrac{v_0{}^2 \sin 2\theta}{g} \right)$，公比が e の等比数列で表される。したがって，小球Aが地面に n 回目に衝突した地点と地点Oの間の距離を D とすると，D はこの数列の初項から第 n 項までの和となるので，等比数列の和の式より

$$D = \frac{2v_0{}^2 \sin\theta\cos\theta}{g} \cdot \frac{1 - e^n}{1 - e} \left(= \frac{v_0{}^2 \sin 2\theta}{g} \cdot \frac{1 - e^n}{1 - e} \right)$$

◆Ⅱ．▶問 5．小球Aと小球Bの衝突直前・直後において，x 軸方向，y 軸方向それぞれの運動量保存則より

x 軸方向：$MV_0 = mv\cos\theta + MV\cos\phi$　……①

y 軸方向：$0 = mv\sin\theta - MV\sin\phi$　　　……②

また，力学的エネルギー保存則より

$$\frac{1}{2}MV_0{}^2 = \frac{1}{2}mv^2 + \frac{1}{2}MV^2 \quad \cdots\cdots ③$$

①，②より，ϕ を消去すると

$$(mv)^2 + (MV_0)^2 - 2mMvV_0\cos\theta = (MV)^2 \quad \cdots\cdots ④$$

③，④より，V を消去すると

$$v = \frac{2MV_0\cos\theta}{m+M}$$

▶問 6．問 2 と同様に考えると

$$L = \frac{2v^2\sin\theta\cos\theta}{g} = \left(\frac{2MV_0\cos\theta}{m+M}\right)^2 \cdot \frac{2\sin\theta\cos\theta}{g} = \frac{8M^2V_0{}^2\sin\theta\cos^3\theta}{(m+M)^2g}$$

▶問 7．(a) 題意より

$$Z = L^2 = \frac{64M^4V_0{}^4\sin^2\theta\cos^6\theta}{(m+M)^4g^2} = \frac{64M^4V_0{}^4(1-\cos^2\theta)\cos^6\theta}{(m+M)^4g^2}$$

$$= \frac{64M^4V_0{}^4(1-d)\,d^3}{(m+M)^4g^2} = \frac{64M^4V_0{}^4}{(m+M)^4g^2}(d^3-d^4)$$

$$\therefore \quad \Delta Z = Z(d+\Delta d) - Z(d)$$

$$= \frac{64M^4V_0{}^4}{(m+M)^4g^2}\left[\{(d+\Delta d)^3 - (d+\Delta d)^4\} - (d^3-d^4)\right]$$

$$\fallingdotseq \frac{64M^4V_0{}^4}{(m+M)^4g^2}(3d^2\Delta d - 4d^3\Delta d)$$

$$= \frac{64M^4V_0{}^4}{(m+M)^4g^2}(3-4d)\,d^2\Delta d$$

(b) (a)より，$\Delta d \neq 0$ に対して $\Delta Z = 0$ となるとき

$$(3-4d)\,d^2 = 0$$

$$\therefore \quad d = \frac{3}{4} \quad (\because \quad 0<\theta<\frac{\pi}{2} \text{ より，} d = \cos^2\theta \neq 0)$$

したがって

$$\cos^2\theta = \frac{3}{4}$$

$$\therefore \quad \cos\theta = \frac{\sqrt{3}}{2} \quad (\because \quad 0<\theta<\frac{\pi}{2} \text{ より，負の値は不適})$$

◆Ⅲ．▶問 8．(c) Ⅱ．の座標系では，微小時間 Δt の間における重心 G

の座標の変化量は

$$(\Delta x_G, \ \Delta y_G) = \left(\frac{m\Delta x_A + M\Delta x_B}{m+M}, \ \frac{m\Delta y_A + M\Delta y_B}{m+M} \right)$$

と表される。衝突直前に，小球Aは地点Oに静止しているので，$\Delta x_A = 0$，$\Delta y_A = 0$ である。また，小球Bは x 軸の正の向きに速さ V_0 を持っていたので，$\Delta x_B = V_0 \Delta t$，$\Delta y_B = 0$ である。したがって

$$(\Delta x_G, \ \Delta y_G) = \left(\frac{M}{m+M} V_0 \Delta t, \ 0 \right)$$

(d)　(c)より，重心Gの速度は

$$\left(\frac{\Delta x_G}{\Delta t}, \ \frac{\Delta y_G}{\Delta t} \right) = \left(\frac{M}{m+M} V_0, \ 0 \right)$$

(e)　Ⅱ．の座標系では，衝突直前において，小球Aの速度は $(0, \ 0)$ なので，重心Gとともに移動する観測者Pから見た小球Aの速度は

$$(0, \ 0) - \left(\frac{M}{m+M} V_0, \ 0 \right) = \left(-\frac{M}{m+M} V_0, \ 0 \right)$$

(f)　Ⅱ．の座標系では，衝突直前において，小球Bの速度は $(V_0, \ 0)$ なので，重心Gとともに移動する観測者Pから見た小球Bの速度は

$$(V_0, \ 0) - \left(\frac{M}{m+M} V_0, \ 0 \right) = \left(\frac{m}{m+M} V_0, \ 0 \right)$$

▶問 9．重心Gの速度を $\vec{v_G}$ とすると

$$\vec{v_G} = \frac{m\vec{v} + M\vec{V}}{m+M}$$

と表される。また，$\vec{v'}$，$\vec{V'}$ は

$$\vec{v'} = \vec{v} - \vec{v_G}$$
$$\vec{V'} = \vec{V} - \vec{v_G}$$

と表されるので，衝突直後に観測者Pから見た小球Aと小球Bの運動量の和は

$$m\vec{v'} + M\vec{V'} = m(\vec{v} - \vec{v_G}) + M(\vec{V} - \vec{v_G}) = m\vec{v} + M\vec{V} - (m+M)\vec{v_G} = \vec{0}$$

$$\therefore \quad \vec{v'} = -\frac{M}{m}\vec{V'} \quad \cdots\cdots⑤$$

これより，$\vec{v'}$ と $\vec{V'}$ は逆向きであり，このとき，$\vec{v}$, $\vec{V}$, $\vec{v_G}$, $\vec{v'}$, $\vec{V'}$ の関係は次図のようになる。したがって

$$\theta' + \phi' = 0$$

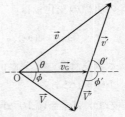

$$\therefore \quad \sin(\theta' + \phi') = 0$$

$\vec{v}'$, $\vec{V}'$ の大きさ v', V' について，⑤より

$$v' = \frac{M}{m} V' \quad \cdots\cdots ⑥$$

小球Aと小球Bの衝突直前・直後について，重心系における力学的エネルギー保存則より

$$\frac{1}{2} m \left(\frac{M}{m+M} V_0 \right)^2 + \frac{1}{2} M \left(\frac{m}{m+M} V_0 \right)^2 = \frac{1}{2} m v'^2 + \frac{1}{2} M V'^2 \quad \cdots\cdots ⑦$$

⑥，⑦を連立させて解くと

$$v' = \frac{M}{m+M} V_0$$

$$V' = \frac{m}{m+M} V_0$$

▶問 10. $\vec{v}_G$ の大きさを v_G とすると，問 8 より $v_G = \dfrac{M}{m+M} V_0$ であり，問 9 より $V' = \dfrac{m}{m+M} V_0$ なので，v_G と V' は θ と ϕ に依存せず一定である。また，$M > m$ なので，$v_G > V'$ である。したがって，問 9 の図と $0 < \phi' < \pi$ より，$\vec{V}$ と $\vec{V}'$ のなす角が $\dfrac{\pi}{2}$ となるとき，すなわち $\vec{V}$, $\vec{v}_G$, $\vec{V}'$ の関係が右図のようになるとき，ϕ は最大となることがわかる。このとき

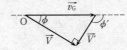

$$V = \sqrt{v_G{}^2 - V'^2} = \frac{\sqrt{M^2 - m^2}}{m+M} V_0$$

よって

$$\tan\phi = \frac{V'}{V} = \frac{m}{\sqrt{M^2 - m^2}}$$

2　解答　I．問 1．$\dfrac{\varepsilon_0 \{ (\varepsilon_r - 1) s + a \} bV}{d}$

問 2．大きさ：$\dfrac{\varepsilon_0 (\varepsilon_r - 1) v_s bV}{d}$　向き：(i)

問 3．強さ：$\dfrac{I_A}{2R_A}$　向き：(イ)

問 4 ．大きさ：$\dfrac{\pi\mu_0\varepsilon_0(\varepsilon_\mathrm{r}-1)\,pbR_\mathrm{B}{}^2V}{2R_\mathrm{A}dr}$ 　向き：(iv)

問 5 ．$rI_\mathrm{B0}{}^2\sqrt{\dfrac{2a}{p}}$

Ⅱ．問 6 ．(a) $d+\dfrac{k-1}{n}\Delta d$ 　(b) $\dfrac{\varepsilon_0ab}{nd+(k-1)\,\Delta d}$ 　(c) $\dfrac{\varepsilon_0ab}{d}\left(1-\dfrac{\Delta d}{2d}\right)$

問 7 ．$\dfrac{\varepsilon_0aV}{ad+x\Delta d}$ 　問 8 ．(え) 　問 9 ．$\dfrac{\pi\mu_0\varepsilon_0abqR_\mathrm{B}{}^2V}{4R_\mathrm{A}d^2r}$

■━━━━━━━━━ ◀解　説▶ ━━━━━━━━━━■

≪コンデンサーの極板間の状況の変化による回路に流れる電流の変化と電磁誘導≫

◆Ⅰ．▶問 1 ．誘電体の挿入長が s のとき，
コンデンサーの電気容量を $C_{(s)}$ とすると，
このときのコンデンサーは右図のようなコ
ンデンサーと同等なので

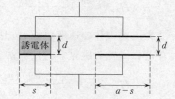

$$C_{(s)}=\varepsilon_\mathrm{r}\varepsilon_0\frac{sb}{d}+\varepsilon_0\frac{(a-s)\,b}{d}$$
$$=\frac{\varepsilon_0\{(\varepsilon_\mathrm{r}-1)\,s+a\}\,b}{d}$$

したがって，このときコンデンサーに蓄えられている電気量を $Q_{(s)}$ とすると

$$Q_{(s)}=C_{(s)}V=\frac{\varepsilon_0\{(\varepsilon_\mathrm{r}-1)\,s+a\}\,bV}{d}$$

▶問 2 ．誘電体の挿入長が $s+v_s\Delta t$ のとき，コンデンサーに蓄えられている電気量を $Q_{(s+v_s\Delta t)}$ とし，問 1 と同様に考えると

$$Q_{(s+v_s\Delta t)}=\frac{\varepsilon_0\{(\varepsilon_\mathrm{r}-1)\,(s+v_s\Delta t)+a\}\,bV}{d}$$

これより，誘電体の挿入長が s から $s+v_s\Delta t$ に変化したことによる，コンデンサーに蓄えられている電気量の変化を ΔQ とすると

$$\Delta Q=Q_{(s+v_s\Delta t)}-Q_{(s)}=\frac{\varepsilon_0(\varepsilon_\mathrm{r}-1)\,v_s\Delta tbV}{d}\quad(>0)$$

したがって

$$I_\mathrm{A}=\frac{\Delta Q}{\Delta t}=\frac{\varepsilon_0(\varepsilon_\mathrm{r}-1)\,v_sbV}{d}$$

また，$\Delta Q>0$ なので，コンデンサーにはさらに電荷が流れ込んでいることから，電流の向きは(i)である。

▶問 3．時刻 t において電流 I_A がコイルの中心につくる磁界の強さを H とすると

$$H=\frac{I_A}{2R_A}$$

また，電流 I_A の向きが(i)なので，右ねじの法則より，磁界の向きは(イ)である。

▶問 4．誘電体の速度が v_s のときにコイル A に流れる電流がコイルの中心につくる磁界を $H_{(v_s)}$ と表すと，問 2，問 3 より

$$H_{(v_s)}=\frac{\varepsilon_0(\varepsilon_r-1)\,v_s bV}{2R_A d}$$

また，誘電体の速度が $v_s+p\Delta t$ のときにコイル A に流れる電流がコイルの中心につくる磁界を $H_{(v_s+p\Delta t)}$ とし，同様に考えると

$$H_{(v_s+p\Delta t)}=\frac{\varepsilon_0(\varepsilon_r-1)\,(v_s+p\Delta t)\,bV}{2R_A d}$$

これより，誘電体の速度が v_s から $v_s+p\Delta t$ に変化したことによる，コイル A に流れる電流がコイルの中心につくる磁界の変化を ΔH とすると

$$\Delta H=H_{(v_s+p\Delta t)}-H_{(v_s)}=\frac{\varepsilon_0(\varepsilon_r-1)\,p\Delta tbV}{2R_A d}\quad(>0)$$

したがって，コイル B に生じる誘導起電力の大きさを V_B とすると，ファラデーの電磁誘導の法則より

$$V_B=\frac{\mu_0\Delta H\cdot\pi R_B{}^2}{\Delta t}=\frac{\pi\mu_0\varepsilon_0(\varepsilon_r-1)\,pbR_B{}^2V}{2R_A d}$$

よって，オームの法則より

$$V_B=rI_B$$

$$\therefore\quad I_B=\frac{V_B}{r}=\frac{\pi\mu_0\varepsilon_0(\varepsilon_r-1)\,pbR_B{}^2V}{2R_A dr}$$

また，コイル A に流れる電流がコイルの中心につくる磁界は(イ)の向きに増加するので，レンツの法則より，コイル B に流れる電流の向きは(iv)である。

▶問 5．誘電体の挿入長が 0 から a まで変化するのに要する時間を T とすると，等加速度直線運動の式より

$$a = \frac{1}{2} p T^2$$

$$\therefore \quad T = \sqrt{\frac{2a}{p}}$$

問 4 より，コイル B に流れる電流 I_B は一定なので，その大きさは誘電体を挿入し始めた直後の電流の大きさ I_{B0} のまま変化しない。したがって，誘電体の挿入長が 0 から a まで変化する間に抵抗 r で消費されるエネルギーを E とすると

$$E = r I_{B0}{}^2 T = r I_{B0}{}^2 \sqrt{\frac{2a}{p}}$$

◆Ⅱ.　▶問 6.　(a)　原点側から数えて k 番目の微小平行板コンデンサーの極板間の距離を $d_{(k)}$ とすると，図 5 より

$$d_{(k)} = d + \frac{\frac{a}{n}(k-1)}{a} \Delta d = d + \frac{k-1}{n} \Delta d$$

(b)　原点側から数えて k 番目の微小平行板コンデンサーの電気容量を $C_{(k)}$ とすると，(a)より

$$C_{(k)} = \varepsilon_0 \frac{\frac{a}{n} b}{d_{(k)}} = \frac{\frac{\varepsilon_0 ab}{n}}{d + \frac{k-1}{n} \Delta d} = \frac{\varepsilon_0 ab}{nd + (k-1) \Delta d}$$

したがって，微小平行板コンデンサーの合成容量を C とすると

$$C = \sum_{k=1}^{n} C_{(k)} = \sum_{k=1}^{n} \frac{\varepsilon_0 ab}{nd + (k-1) \Delta d}$$

(c)　(b)より

$$C = \sum_{k=1}^{n} \frac{\frac{\varepsilon_0 ab}{n}}{d + \frac{k-1}{n} \Delta d} = \sum_{k=1}^{n} \frac{\frac{\varepsilon_0 ab}{nd}}{1 + \frac{\Delta d}{d} \cdot \frac{k-1}{n}}$$

$$= \frac{\varepsilon_0 ab}{d} \cdot \frac{1}{n} \sum_{k=1}^{n} \frac{1}{1 + \frac{\Delta d}{d} \cdot \frac{k-1}{n}}$$

ここで，n が十分大きく，かつ $\frac{\Delta d}{d}$ が 1 に比べて十分小さいので，与えられた近似式を用いると

$$C \doteqdot \frac{\varepsilon_0 ab}{d}\left(1 - \frac{\frac{\Delta d}{d}}{2}\right) = \frac{\varepsilon_0 ab}{d}\left(1 - \frac{\Delta d}{2d}\right)$$

▶問 7. 位置 x における微小平行板コンデンサーについて，極板間の距離を $d_{(x)}$，電気容量を $C_{(x)}$ とし，極板面積を S として，問 6 (a)・(b)と同様に考えると

$$d_{(x)} = d + \frac{x}{a}\Delta d$$

なので

$$C_{(k)} = \varepsilon_0 \frac{S}{d_{(x)}} = \frac{\varepsilon_0 aS}{ad + x\Delta d}$$

したがって，この微小平行板コンデンサーに蓄えられている電気量を $Q_{(x)}$ とすると

$$Q_{(x)} = C_{(x)}V = \frac{\varepsilon_0 aSV}{ad + x\Delta d}$$

よって，位置 x における極板 A 上の単位面積あたりの電気量を $q_{(x)}$ とすると

$$q_{(x)} = \frac{Q_{(x)}}{S} = \frac{\varepsilon_0 aV}{ad + x\Delta d}$$

▶問 8. 変形前について，コンデンサーの電気容量を C_0 とすると

$$C_0 = \varepsilon_0 \frac{ab}{d}$$

コンデンサーに蓄えられている電気量を Q_0 とすると

$$Q_0 = C_0 V = \frac{\varepsilon_0 abV}{d}$$

これより，電気量 σ_0 は

$$\sigma_0 = \frac{Q_0}{ab} = \frac{\varepsilon_0 V}{d}$$

変形後について，位置 x における電気量 σ を $\sigma_{(x)}$ と表すと，問 7 より

$$\sigma_{(x)} = q_{(x)} = \frac{\varepsilon_0 aV}{ad + x\Delta d}$$

この式より，$\sigma_{(x)}$ は x の増加に伴って減少することがわかる。また，$x = 0$ のとき

$$\sigma_{(0)} = \frac{\varepsilon_0 V}{d} = \sigma_0$$

したがって，変形前と変形後の電気量 σ の分布を表すグラフは(え)である。

▶問 9. 辺 $a_3 a_4$ と辺 $b_3 b_4$ の間隔は，初速度 0，加速度は $\frac{q}{2} \times 2 = q$ で広がるので，時刻 t における間隔の変化を $\Delta d_{(t)}$ とすると

$$\Delta d_{(t)} = \frac{1}{2} q t^2$$

時刻 t におけるコンデンサーの電気容量を $C_{(t)}$ とすると，問 6 (c)より

$$C_{(t)} = \frac{\varepsilon_0 ab}{d}\left(1 - \frac{\Delta d_{(t)}}{2d}\right) = \frac{\varepsilon_0 ab}{d}\left(1 - \frac{q t^2}{4d}\right)$$

時刻 t にコンデンサーに蓄えられている電気量を $Q_{(t)}$ とすると

$$Q_{(t)} = C_{(t)} V = \frac{\varepsilon_0 ab V}{d}\left(1 - \frac{q t^2}{4d}\right)$$

また，時刻 $t + \Delta t$（Δt は微小時間）にコンデンサーに蓄えられている電気量を $Q_{(t+\Delta t)}$ とし，同様に考えると

$$Q_{(t+\Delta t)} = \frac{\varepsilon_0 ab V}{d}\left\{1 - \frac{q(t+\Delta t)^2}{4d}\right\}$$

$$\fallingdotseq \frac{\varepsilon_0 ab V}{d}\left\{1 - \frac{q(t^2 + 2t\Delta t)}{4d}\right\} \quad (\because \quad \Delta t^2 \fallingdotseq 0)$$

これより，時刻が t から $t + \Delta t$ に変化したことによる，コンデンサーに蓄えられている電気量の変化を $\Delta Q'$ とすると

$$\Delta Q' = Q_{(t+\Delta t)} - Q_{(t)} = -\frac{\varepsilon_0 abq V \Delta t}{2d^2}$$

したがって，時刻 t においてコイル A に流れる電流を $I_{A(t)}{}'$ とすると

$$I_{A(t)}{}' = \frac{\Delta Q'}{\Delta t} = -\frac{\varepsilon_0 abq V t}{2d^2}$$

この式より，$I_{A(t)}{}'$ は時刻 t によって変化することがわかる。時刻 t にコイル A に流れる電流がコイルの中心につくる磁界を $H_{(t)}{}'$ とすると

$$H_{(t)}{}' = \frac{I_{A(t)}{}'}{2R_A} = -\frac{\varepsilon_0 abq V t}{4R_A d^2}$$

また，時刻 $t + \Delta t$（Δt は微小時間）にコイル A に流れる電流がコイルの中心につくる磁界を $H_{(t+\Delta t)}{}'$ とし，同様に考えると

$$H_{(t+\Delta t)}' = -\frac{\varepsilon_0 abqV(t+\Delta t)}{4R_A d^2}$$

これより，時刻が t から $t+\Delta t$ に変化したことによる，コイル A に流れる電流がコイルの中心につくる磁界の変化を $\Delta H'$ とすると

$$\Delta H' = H_{(t+\Delta t)}' - H_{(t)}' = -\frac{\varepsilon_0 abqV\Delta t}{4R_A d^2}$$

したがって，コイル B に生じる誘導起電力の大きさを V_B' とすると，ファラデーの電磁誘導の法則より

$$V_B' = \frac{\mu_0 |\Delta H'| \cdot \pi R_B{}^2}{\Delta t} = \frac{\pi \mu_0 \varepsilon_0 abqR_B{}^2 V}{4R_A d^2}$$

この式より，V_B' は時刻 t に依存せず一定であることがわかる。よって，極板を広げ始めた直後にコイル B に流れる電流の大きさを I_B' とすると，オームの法則より

$$V_B' = rI_B'$$

$$\therefore \quad I_B' = \frac{V_B'}{r} = \frac{\pi \mu_0 \varepsilon_0 abqR_B{}^2 V}{4R_A d^2 r}$$

3　解答　A．Ⅰ．問1．$\dfrac{p_0 Mg}{RT_0}$　問2．$\dfrac{M_A + M_B}{2M}T_0$

問3．$\dfrac{3(M_A + M_B - 2M)}{M}nRT_0$

Ⅱ．問4．$T_A = a^{\frac{2}{5}}T_2$，$T_B = a^{\frac{2}{7}}T_2$

問5．$\dfrac{T_A + T_B}{2}$

B．問6．$\dfrac{\pi}{\omega}$　問7．$\dfrac{r\omega d\sin\theta}{\sqrt{d^2 + r^2 - 2rd\cos\theta}}$

問8．(a) ωd　(b) $\dfrac{V - \omega d}{V}f_0$

問9．$\dfrac{V + \omega d}{V}f_0$　問10．$\dfrac{4\pi}{3\omega}$

━━━━ ◀解 説▶ ━━━━

≪2つの風船をつなぎ合わせた気球の風船内の気体の状態変化，音源の周りを等速円運動する観測者が観測する音のドップラー効果≫

◆A．I．▶問1．地上の大気の密度を ρ_0 とすると，1 mol の地上の大気について，気体の状態方程式より

$$p_0 \frac{M}{\rho_0} = RT_0$$

$$\therefore \quad \rho_0 = \frac{p_0 M}{RT_0}$$

したがって，気球が浮き始めたとき，気球にはたらいている単位体積あたりの浮力の大きさを f とすると，アルキメデスの原理より

$$f = \rho_0 g = \frac{p_0 Mg}{RT_0}$$

▶問2．気体A，Bは物質量が共に同じ n であり，「大気圧を気体の圧力として用い」とあることから圧力も同じなので，気体A，Bは温度が等しいとき，体積も等しい。気体A，Bが地上で温度が T_1 のとき，気体A，Bの体積を V_1 とすると，気体の状態方程式より

$$p_0 V_1 = nRT_1$$

$$\therefore \quad V_1 = \frac{nRT_1}{p_0}$$

したがって，気体A，Bが地上で温度が T_1 のとき，気球にはたらく力のつり合いより

$$nM_A g + nM_B g = \rho_0 \cdot 2V_1 g = \frac{p_0 M}{RT_0} \cdot \frac{2nRT_1}{p_0} g$$

$$\therefore \quad T_1 = \frac{M_A + M_B}{2M} T_0$$

▶問3．気体A，Bの温度が T_0 から T_1 になるまでの過程は定圧変化なので，この過程で気体A，Bがそれぞれ吸収した熱量を Q_A，Q_B とし，定圧モル比熱を用いると

$$Q_A = n \cdot \frac{5}{2} R (T_1 - T_0) = \frac{5(M_A + M_B - 2M)}{4M} nRT_0$$

$$Q_B = n \cdot \frac{7}{2} R (T_1 - T_0) = \frac{7(M_A + M_B - 2M)}{4M} nRT_0$$

したがって，温度が T_0 から T_1 になるまでにヒーターが気体A，Bに与えた熱量の合計を Q とすると

$$Q = Q_A + Q_B = \frac{3(M_A + M_B - 2M)}{M} nRT_0$$

Ⅱ．▶問4．気体A，Bが地上で温度が T_2 のとき，気体A，Bの体積を V_2 とすると，気体の状態方程式より

$$p_0 V_2 = nRT_2$$

$$\therefore \quad V_2 = \frac{nRT_2}{p_0}$$

気体A，Bの温度が T_0 からそれぞれ T_A，T_B になるまでの過程は断熱変化なので，気体A，Bの温度がそれぞれ T_A，T_B のときの体積をそれぞれ V_A，V_B とし，与えられた式（ポアソンの法則）を用いると

気体Aについて，$\gamma = \dfrac{\frac{5}{2}R}{\frac{3}{2}R} = \dfrac{5}{3}$ なので

$$p_0 V_2^{\frac{5}{3}} = a p_0 V_A^{\frac{5}{3}}$$

$$\therefore \quad V_A = a^{-\frac{3}{5}} V_2$$

気体Bについて，$\gamma = \dfrac{\frac{7}{2}R}{\frac{5}{2}R} = \dfrac{7}{5}$ なので

$$p_0 V_2^{\frac{7}{5}} = a p_0 V_B^{\frac{7}{5}}$$

$$\therefore \quad V_B = a^{-\frac{5}{7}} V_2$$

したがって，気体A，Bがある高度で温度がそれぞれ T_A，T_B のとき，気体の状態方程式より，気体Aについて

$$a p_0 V_A = nRT_A \quad \cdots\cdots①$$

$$\therefore \quad T_A = \frac{a p_0 V_A}{nR} = \frac{a^{\frac{2}{5}} p_0 V_2}{nR} = a^{\frac{2}{5}} T_2$$

気体Bについて

$$a p_0 V_B = nRT_B \quad \cdots\cdots②$$

$$\therefore \quad T_B = \frac{a p_0 V_B}{nR} = \frac{a^{\frac{2}{7}} p_0 V_2}{nR} = a^{\frac{2}{7}} T_2$$

▶問 5．気体 A，B が断熱板を開く前と同じ高度で温度が T_3 のとき，気体 A，B の体積を V_3 とすると，気体の状態方程式より

$$ap_0V_3 = nRT_3$$

$$\therefore \quad V_3 = \frac{nRT_3}{ap_0}$$

気体 A，B の温度が T_3 のとき，気球は断熱板を開く前と同じ高度で静止しているので，気球にはたらく力のつり合いより，気球にはたらく浮力は断熱板を開く前と気体 A，B の温度が T_3 のときとで等しい。このことと，気球にはたらく浮力が気球の高度の大気の密度と気球の体積（気体 A，B の体積の和）の積によって定まることから，気体 A，B の体積の和は断熱板を開く前と気体 A，B の温度が T_3 のときとで等しいことがわかる。したがって

$$V_A + V_B = 2V_3$$

$$\Longleftrightarrow \frac{nRT_A}{ap_0} + \frac{nRT_B}{ap_0} = \frac{2nRT_3}{ap_0}$$

$$\left(\because \quad ①，②より，\quad V_A = \frac{nRT_A}{ap_0}, \quad V_B = \frac{nRT_B}{ap_0} \right)$$

$$\therefore \quad T_3 = \frac{T_A + T_B}{2}$$

◆B．▶問 6．観測者の速度の SP 方向の成分が 0 となるとき，観測者は f_0 の振動数を観測する。したがって，$t=0$，すなわち $\theta=0$ の点で観測者が f_0 の振動数を観測した後，最初に再び f_0 の振動数を観測するのは，観測者が $\theta=\pi$ の点を通過するときなので，そのときの時刻を $t=t_1$ とすると

$$\omega t_1 = \pi$$

$$\therefore \quad t_1 = \frac{\pi}{\omega}$$

▶問 7．角度 θ の位置における観測者について，右図のように x 軸，y 軸をおいて座標をとると，$\vec{v}$ と $\overrightarrow{\mathrm{SP}}$ は，それぞれ次のように表される。

$$\vec{v} = (-r\omega\sin\theta, \ r\omega\cos\theta)$$

$$\overrightarrow{\mathrm{SP}} = (r\cos\theta - d, \ r\sin\theta)$$

また，$|\overrightarrow{\mathrm{SP}}|$ は，三角形 OSP について余弦定理より

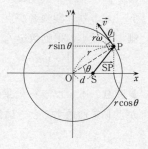

$$|\overrightarrow{\mathrm{SP}}| = \sqrt{d^2 + r^2 - 2dr\cos\theta}$$

したがって，ヒントより

$$v_{\mathrm{SP}} = \vec{v} \cdot \frac{\overrightarrow{\mathrm{SP}}}{|\overrightarrow{\mathrm{SP}}|} = \frac{(-r\omega\sin\theta)(r\cos\theta - d) + r\omega\cos\theta \cdot r\sin\theta}{\sqrt{d^2 + r^2 - 2dr\cos\theta}}$$

$$= \frac{r\omega d\sin\theta}{\sqrt{d^2 + r^2 - 2rd\cos\theta}}$$

▶問8．(a)　v_{SP} の大きさ $|v_{\mathrm{SP}}|$ は，

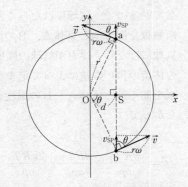

$\cos\theta = \dfrac{d}{r}$ となる角度 θ において最大と

なるので，右図より，観測者が点 a，b
を通過するときに $|v_{\mathrm{SP}}|$ は最大となる。
また，$|v_{\mathrm{SP}}|$ の最大値を $|v_{\mathrm{SP0}}|$ とすると，
観測者が点 a を通過するときに v_{SP} は最
大値 $|v_{\mathrm{SP0}}|$ となり，点 b を通過するとき
に v_{SP} は最小値 $-|v_{\mathrm{SP0}}|$ となる。したが
って，ドップラー効果により，v_{SP} が最大となるとき，すなわち観測者が
点 a を通過するときに観測する振動数が最小となるので，そのときの
$|v_{\mathrm{SP}}|$ は

$$|v_{\mathrm{SP}}| = |v_{\mathrm{SP0}}| = r\omega\cos\theta = r\omega\frac{d}{r} = \omega d$$

参考　問7より

$$v_{\mathrm{SP}} = \frac{r\omega d\sin\theta}{\sqrt{d^2 + r^2 - 2rd\cos\theta}} = \frac{r\omega d\sqrt{1 - \cos^2\theta}}{\sqrt{d^2 + r^2 - 2rd\cos\theta}}$$

この式に，$\cos\theta = \dfrac{d}{r}$ を代入して，観測者が最小の振動数を観測するとき

の v_{SP}（$= |v_{\mathrm{SP}}|$）を求めてもよい。

(b)　(a)より，観測者が点 a を通過するとき，$v_{\mathrm{SP}} = \omega d$ なので，観測者が観
測する最小の振動数を $f_{\min}$ とすると，斜め方向のドップラー効果の式より

$$f_{\min} = \frac{V - \omega d}{V} f_0$$

▶問9．ドップラー効果により，v_{SP} が最小となるとき，すなわち観測者
が点 b を通過するときに観測する振動数が最大となる。問8(a)より，観測

者が点 b を通過するとき，$v_{SP} = -\omega d$ なので，観測者が観測する最大の振動数を f_{max} とすると，斜め方向のドップラー効果の式より

$$f_{max} = \frac{V - (-\omega d)}{V} f_0 = \frac{V + \omega d}{V} f_0$$

▶問 10.　$r = 2d$ のとき

$$\cos\theta = \frac{d}{r} = \frac{1}{2}$$

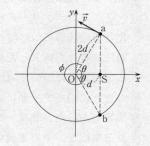

$$\therefore \quad \theta = \frac{1}{3}\pi$$

最小の振動数を観測してから次に最大の振動数を観測するまでに，観測者は右図の点 a から点 b まで移動するので，その回転角を ϕ とすると

$$\phi = 2\pi - 2\theta = \frac{4}{3}\pi$$

したがって，ϕ だけ回転するのにかかる時間を T とすると

$$\omega T = \frac{4}{3}\pi$$

$$\therefore \quad T = \frac{4\pi}{3\omega}$$

❖講　評

　2023 年度も例年通り大問 3 題の出題で，試験時間は理科 2 科目で 150 分，医（保健〈看護学〉）学部は 1 科目で 75 分であった。設問数，内容を加味した問題分量は，2022 年度より増加している。解答形式は，すべて結果のみを記す形式であった。また，グラフを選択する問題が 1 問出題されたが，描図問題は出題されなかった。

　1　小球の放物運動と地面との衝突，2 小球の衝突と重心から見た運動についてのやや難しい問題である。Ⅰは，地面との衝突を繰り返して放物運動をする小球の水平到達距離について考察する標準問題。典型的な問題なので確実に解答したいが，問 4 では等比数列の和についての知識が必要であった。Ⅱは，2 小球の 2 次元での衝突とその後の放物運動について考察する標準問題。難解な内容ではなく，問 7 では誘導もなさ

れているが，近似計算などが必要で，計算が煩雑であった。Ⅲは，2小球の2次元での衝突を，2小球の重心から見た場合について考察する標準〜応用問題。誘導はなされているが，重心から見た運動についての理解がなければ解答は難しく，差がつくところである。

　2　コンデンサーの極板間の状況の変化による回路に流れる電流の変化と電磁誘導についての難しい問題である。Ⅰは，コンデンサーの極板間に誘電体を挿入した場合に回路に流れる電流と，その電流の変化による電磁誘導について考察する標準問題。誘導起電力が生じるまでの現象の流れに沿って，順に論理立てて考えていけば難しくはないが，計算が煩雑であった。Ⅱは，コンデンサーの極板間隔を広げた場合に回路に流れる電流と，その電流の変化による電磁誘導について考察する応用問題。コンデンサーの極板間隔の広げ方が見慣れない設定で，誘導はなされているものの難しい。問9は特に難しく，前問までの考察を活かして考えればよいが，多くの段階を踏む必要があり，解答は厳しかったであろう。

　3　熱力学分野と波動分野の2分野から，2つの中問に分けて出題された問題である。Aの熱力学分野は2つの風船をつなぎ合わせた気球の風船内の気体の状態変化について考察する難しい問題，Bの波動分野は音源の周りを等速円運動する観測者が観測する音のドップラー効果について考察するやや難しい問題である。AのⅠは，気球にはたらく浮力や定圧変化について考察する標準問題。アルキメデスの原理や定圧モル比熱についての理解が必要である。Ⅱは，断熱変化や浮力による力のつり合いについて考察する応用問題。ポアソンの法則を用いた煩雑な計算が必要であった。また，気球の体積を正確に捉えておかなければ解答できない。Bは，観測者が動く場合の2次元でのドップラー効果について考察する標準〜応用問題。問7ではヒントはあるが，計算が難しかったであろう。問8以降は，条件と誘導から音源と観測者との位置関係を理解できれば解答できる。

　2023年度は，2，3Aが難しい問題，1，3Bがやや難しい問題となっており，全体的に難化した。見慣れない設定の問題が多く，丁寧に誘導はなされているものの，受験生はかなり難しく感じたかもしれない。また，設問数も増加し，試験時間内に全てを解答することはできないだろう。大問前半のやや易しい問題も例年より少なく，ほとんどが思考力

を要する問題であった。総合的に見て入試問題としての難度はかなり高く，問題設定が難解で，数学的な知識や計算力も必要であった。これらの思考力を要する問題の成否によって差がつくという傾向は従来通りであるが，2023 年度は特に取り組みにくい問題が多かった。このような難度の高い問題を解答するためには，物理法則に対する本質的な理解を深め，いろいろな設定での物理現象に対して柔軟に考察する力と，問題文をしっかりと読み取り題意に沿って解答する力とを，平素から着実に養っておく必要がある。

■■■ 化学 ■■■

1 解答

問1．ア・イ．[CH₃COO⁻]，[OH⁻] （順不同）
ウ・エ．[CH₃COOH]，[CH₃COO⁻] （順不同）

問2．オ．K_a カ．$-K_aC-K_w$ キ．$-K_aK_w$

問3．理由：酸の濃度が薄くなれば，[H⁺] は酸からの電離は無視でき，水の電離のみと近似できるので，pH は純水の7でほぼ一定値をとる。
図：（下図）

問4．pH＝2.4 図：（下図）

問3および問4のpHの濃度変化

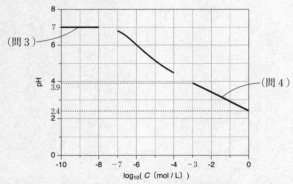

━━━━━━ ◀解 説▶ ━━━━━━

≪酢酸の電離平衡≫

▶問1．ア・イ．水の電離により，OH⁻ が存在する。

$$H_2O \rightleftharpoons H^+ + OH^-$$

ウ・エ．物質収支の条件から，酢酸中の炭素原子の物質量に着目する。電離がおこっても C〔mol/L〕は変化しない。

▶問2．電荷のつりあいの関係と水のイオン積から

$$[CH_3COO^-] = [H^+] - [OH^-] = [H^+] - \frac{K_w}{[H^+]}$$

濃度 C の関係と水のイオン積から

$$[CH_3COOH] = C - [CH_3COO^-] = C - [H^+] + \frac{K_w}{[H^+]}$$

これらを酢酸の電離定数に代入すると

$$K_a = \frac{[H^+] \times \left([H^+] - \dfrac{K_w}{[H^+]}\right)}{C - [H^+] + \dfrac{K_w}{[H^+]}}$$

$$[H^+]^3 + K_a[H^+]^2 + (-K_aC - K_w)[H^+] + (-K_aK_w) = 0$$

▶問 3．$C = 10^{-8}$〔mol/L〕の酢酸水溶液を考える。濃度が薄いので，電離度は 1 である。水に酢酸を加えると，次のように平衡は x〔mol/L〕右へ移動すると考える。

	H⁺	+ OH⁻	⇌ H₂O	
平衡前	$10^{-7} + 10^{-8}$	10^{-7}		〔mol/L〕
変化量	$-x$	$-x$		〔mol/L〕
平衡後	$10^{-7} + 10^{-8} - x$	$10^{-7} - x$		〔mol/L〕

水のイオン積は成り立つので

$$K_w = [H^+][OH^-] = (10^{-7} + 10^{-8} - x) \times (10^{-7} - x) = 10^{-14} \text{〔mol}^2/\text{L}^2\text{〕}$$

$$\therefore \quad x = 5 \times 10^{-9}$$

$$[H^+] = 10^{-7} + 10^{-8} - 5 \times 10^{-9} = 1.05 \times 10^{-7}$$

$$pH = -\log_{10}[H^+] = 7 - \log_{10} 1.05 \fallingdotseq 7$$

$C = 10^{-8}$〔mol/L〕以下の酢酸水溶液では，酸の電離による [H⁺] は，水の電離によって生じる [H⁺] に比べて無視できるほど小さいので，純水の pH7 で一定値をとる。

一方　　$\log_{10}(C\text{〔mol/L〕}) = \log_{10} 10^{-8} = -8$

図 1 で，$(-8, 7)$ と $(-10, 7)$ の 2 点を結ぶ直線を引く。

▶問 4．$[H^+] \fallingdotseq \sqrt{K_aC}$ と近似できるから，$C = 1.0$〔mol/L〕の酢酸水溶液の pH は

$$[H^+] \fallingdotseq \sqrt{1.6 \times 10^{-5} \times 1.0} = \sqrt{2^4 \times 10^{-6}} \text{ より}$$

$$pH = -\log_{10}\sqrt{2^4 \times 10^{-6}} = 3 - 2\log_{10} 2 = 2.4$$

一方　　$\log_{10}(C\text{〔mol/L〕}) = \log_{10} 1.0 = 0$

同様に，$C = 10^{-3}$〔mol/L〕の酢酸水溶液の pH を求める。

$$[H^+] \fallingdotseq \sqrt{1.6 \times 10^{-5} \times 10^{-3}} = \sqrt{2^4 \times 10^{-9}} \text{ より}$$

$$pH = -\log_{10}\sqrt{2^4 \times 10^{-9}} = 4.5 - 2\log_{10} 2 = 3.9$$

一方 $\log_{10}(C(\text{mol/L})) = \log_{10}10^{-3} = -3$

pH は，濃度 C が高い極限で，$\log_{10}(C(\text{mol/L}))$ の1次関数になるので，

図1で，$(0,\ 2.4)$ と $(-3,\ 3.9)$ の2点を結ぶ直線を引く。

別解 $[\text{H}^+] \fallingdotseq \sqrt{K_a C}$ と近似できるから，これに $K_a = 1.6 \times 10^{-5}$ を代入して

$$[\text{H}^+] \fallingdotseq \sqrt{K_a C} = \sqrt{2^4 \times 10^{-6} \times C} = 2^2 \times 10^{-3} \times \sqrt{C}$$

$$\text{pH} = -\log_{10}[\text{H}^+] = -\log_{10}(2^2 \times 10^{-3} \times \sqrt{C})$$

$$= 3 - 2\log_{10}2 - \frac{1}{2}\log_{10}C = 2.4 - \frac{1}{2}\log_{10}C$$

よって，pH は濃度 C が高い極限で $\log_{10}C$ の1次関数になる。

$C = 1.0(\text{mol/L})$ のとき，すなわち $\log_{10}C = 0$ のとき

$$\text{pH} = 2.4 - \frac{1}{2}\log_{10}C = 2.4$$

$C = 10^{-3}(\text{mol/L})$ のとき，すなわち $\log_{10}C = -3$ のとき

$$\text{pH} = 2.4 - \frac{1}{2}\log_{10}C = 2.4 - \frac{1}{2} \times (-3) = 3.9$$

pH の濃度変化は，$(-3,\ 3.9)$，$(0,\ 2.4)$ の2点を結んだ直線になる。

2 **解答**
問1．1.7倍
問2．0.4

問3．メタノールがすべて気体になるときの圧力は

$$\frac{1}{2} \times 1.4 \times 10^5 = 0.7 \times 10^5 (\text{Pa})$$

図2より，飽和蒸気圧が $0.7 \times 10^5\,\text{Pa}$ になる温度は，56℃である。

$$\frac{56-43}{4} = 3.25 \fallingdotseq 3(\text{min}) \quad\cdots\cdots（答）$$

問4．

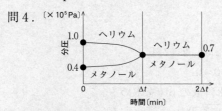

問5．封入したメタノール，ヘリウムの物質量をそれぞれ $a(\text{mol})$ とすると

$$2CH_3OH \longrightarrow CH_3OCH_3 + H_2O$$

反応前　　　　　　a
反応後　　　　$0.2a$　　　　　　$0.4a$　　　　乾燥剤に吸収

ジメチルエーテルの分圧は

$$1.4 \times 10^5 \times \frac{0.4a}{0.2a + 0.4a + a} = 3.5 \times 10^4 \, [Pa] \quad \cdots\cdots(答)$$

問 6．求める気体の体積を $V \, [L]$ として，下線部①と下線部③における
ヘリウムの物質量は一定であるので，ボイル・シャルルの法則が成り立つ。

$$\frac{1.0 \times 10^5 \times 7.0}{273 + 43} = \frac{1.4 \times 10^5 \times \dfrac{a}{1.6a} \times V}{273 + 201}$$

$$\therefore \quad V = 12 \, [L] \quad \cdots\cdots(答)$$

━━━━━━　◀解　説▶　━━━━━━

≪気液平衡，混合気体≫

▶問 1．気液平衡にあるメタノールの飽和蒸気圧は，温度によって決まる。
図 2 より，43℃のメタノールの飽和蒸気圧は，$0.4 \times 10^5 \, Pa$ である。加圧
前のヘリウムの分圧は，ドルトンの分圧の法則により

$$1.0 \times 10^5 - 0.4 \times 10^5 = 0.6 \times 10^5 \, [Pa]$$

同様に，加圧後のヘリウムの分圧は

$$1.4 \times 10^5 - 0.4 \times 10^5 = 1.0 \times 10^5 \, [Pa]$$

よって，加圧後と加圧前のヘリウムの分圧を比較すると

$$\frac{1.0 \times 10^5}{0.6 \times 10^5} = 1.66 \fallingdotseq 1.7 \, 倍$$

▶問 2．容器に封入したメタノールとヘリウムの物質量は等しい。メタノ
ールの全物質量に対する圧力は，ヘリウムと同じ $1.0 \times 10^5 \, Pa$ である。求
める物質量の比は

$$\frac{0.4 \times 10^5}{1.0 \times 10^5} = 0.4$$

▶問 3．飽和蒸気圧は，温度で決まる。メタノールがすべて気体になった
ときの分圧は，ヘリウムの分圧と等しくなる。

▶問 4．$\Delta t \, [min]$ まではメタノールは気液平衡だから，その分圧 P は図
2 の蒸気圧曲線の値をとる。一方，全圧は $1.4 \times 10^5 \, Pa$ で一定に保たれる
ので，ヘリウムの分圧は $1.4 \times 10^5 - P \, [Pa]$ となる。$\Delta t \, [min]$ 以降，メタ

ノールもすべて気体になってからは，さらに加熱しても，メタノールとヘリウムの分圧は $0.7 \times 10^5 \, \mathrm{Pa}$ で変わらない。

▶問 5．分圧＝モル分率×全圧 より求める。

▶問 6．下線部①の体積を用いて計算する。下線部①と③でボイル・シャルルの法則が成り立つためには，気体の物質量が一定である必要がある。メタノールは下線部①と③では物質量が変化しているので適用できない。

3 解答

問 1．灯油や軽油より沸点が低い留分である。粗製ガソリンとも言われ，精製すればガソリンになる。

問 2．
$$\mathrm{H_3C} \diagdown \underset{\underset{\mathrm{HO} \quad \mathrm{H}}{}{\overset{|}{\underset{}{\mathrm{C}}}} \diagup \mathrm{CH_2-CH_3} \qquad \mathrm{H_3C} \diagdown \underset{\underset{\mathrm{H} \quad \mathrm{OH}}{}{\overset{|}{\underset{}{\mathrm{C}}}} \diagup \mathrm{CH_2-CH_3}$$

問 3．
$$\underset{\mathrm{H}}{\overset{\mathrm{H_3C}}{}} \mathrm{C=C} \underset{\mathrm{H}}{\overset{\mathrm{CH_3}}{}} \qquad \underset{\mathrm{H}}{\overset{\mathrm{H_3C}}{}} \mathrm{C=C} \underset{\mathrm{CH_3}}{\overset{\mathrm{H}}{}} \qquad \underset{\mathrm{H}}{\overset{\mathrm{H}}{}} \mathrm{C=C} \underset{\mathrm{CH_2-CH_3}}{\overset{\mathrm{H}}{}}$$

問 4．得られるエステルの混合物は，鏡像異性体の関係にない立体異性体のジアステレオマーであるから。

問 5．
$$\underset{\mathrm{H}}{\overset{\mathrm{H_3C}}{}} \mathrm{C=C} \underset{\mathrm{CH_3}}{\overset{\mathrm{H}}{}}$$

問 6．置換

説明：アルケンとは異なり，ベンゼンでは特定の炭素原子間に二重結合が固定されず，均等に分布し安定化している。付加反応が進行すれば，その安定性を失うから。

問 7．$\mathrm{SnCl_4}$

問 8．アルケン：$\underset{\mathrm{H}}{\overset{\mathrm{H_3C}}{}} \mathrm{C=C} \underset{\mathrm{H}}{\overset{\mathrm{H}}{}}$　　　酸化生成物：$\underset{\mathrm{H_3C}}{\overset{\mathrm{H_3C}}{}} \mathrm{C=O}$

問 9．ア．正　イ．負　ウ．正

問 10．2.5g

━━━━━━━ ◀解 説▶ ━━━━━━━

≪アルケンの付加反応と立体異性体，芳香族化合物の反応≫

▶問 1．ナフサはガソリンの沸点範囲にあたる留分である。

▶問 2．分子量が 160 だけ増加したことより，C=C 結合は 1 つである。硫酸を触媒にして水と反応させると，アルコールが得られる。

炭素数 2 ，3 のアルコールは鏡像異性体をもたない。

炭素数 4 のアルケンより得られるアルコールは次のとおり，なお，不斉炭素原子を＊で示す。

$$C-C-C=C \xrightarrow{+H_2O} C-C-C-C-OH, \quad \boxed{\begin{array}{c} C-C-\overset{*}{C}-C \\ | \\ OH \end{array}}$$

$$C-C=C-C \xrightarrow{+H_2O} \boxed{\begin{array}{c} \overset{*}{C}-C-C-C \\ | \\ OH \end{array}}$$

$$C-C=C \xrightarrow{+H_2O} \begin{array}{c} OH \\ | \\ C-C-C, \\ | \\ C \end{array} \quad \begin{array}{c} C-C-C-OH \\ | \\ C \end{array}$$

（□□で囲った構造式は同じ）

この生成物は 2-ブタノールである。なお，鏡像異性体の等量混合物は，旋光性を示さなくなった状態で，ラセミ体という。

▶問 3．1-ブテンでは，1-ブタノール $\left(\begin{array}{c} C-C-C-C \\ | \\ OH \end{array}\right)$ の生成も考えられる。

しかし，マルコフニコフ則に従うと，付加する水分子の H 原子は，H 原子の結合数の多い C 原子の方に付加するので，主生成物は 2-ブタノールである。

▶問 4．化合物 B も不斉炭素原子を 1 個もつ。生じるエステルは，2 個の不斉炭素原子をもつことになり，4 個の立体異性体がある。その中には，鏡像異性体ではない立体異性体（ジアステレオマー）も含まれる。ジアステレオマーは，物理的性質や化学的性質も異なるので，分離できる。

▶問 5．下線部④の生成物（鏡像異性体の混合物）を与えたアルケンは C-C-C=C, C-C=C-C である。これらに Br_2 が付加した生成物を考える。不斉炭素原子に結合した原子または原子団について，H の反対側から見て Br, CHBrCH₃, CH₃ とたどり，時計回りで R，反時計回りで S と表記することとする。

不斉炭素原子は 2 つあり，X は RR，Y は SS であるので，X と Y は鏡像異性体である。

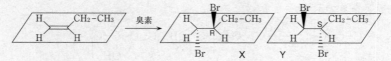

不斉炭素原子は 1 つあり，X は R，Y は S であるので，X と Y は鏡像異性体である。

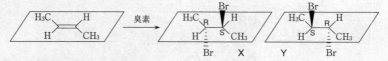

不斉炭素原子は 2 つあり，X は RS，Y は SR であるが，次のように分子内に対称面をもつので，回転させると鏡像同士が重なる。X と Y は単一の化合物のメソ体である。

▶問 6．アルケンで進行する臭素化は付加反応であるが，ベンゼンにおいて進行する臭素化は置換反応である。

$$\bigcirc + Br_2 \longrightarrow \bigcirc^{Br} + HBr$$

ベンゼン環の水素原子 H が臭素原子 Br に置き換わる反応である。

ベンゼン環の二重結合は，特定の炭素原子間に固定されず，ベンゼン環で均等に分布し安定している。ベンゼン環の 6 つの炭素原子間の結合は等価で，単結合と二重結合を区別することはできない。このベンゼン環の安定性のため，付加反応を起こすためにはかなり厳しい条件が必要で，通常は置換反応が進行する。

▶問 7．酸化数から酸化剤，還元剤を調べると

⑥　$2C_6H_5NO_2 + 3Sn + 14HCl \longrightarrow 2C_6H_5NH_3Cl + 3SnCl_4 + 4H_2O$
　　　　　　+3　　　0　　　　　　　　　　　　　−3　　　　+4
　　　　　酸化剤　還元剤

③　$2ROH + 2Na \longrightarrow 2RONa + H_2$
　　　　+1　　0　　　　　+1　　0
　　　酸化剤　還元剤

③では，ナトリウムアルコキシドは還元剤の生成物である。⑥の還元剤の生成物は塩化スズ(Ⅳ)である。

▶問 8．フェノールの工業的製法はクメン法である。

▶問 9．ア．電気陰性度は，O>C であるので，ヒドロキシ基は負電荷，ベンゼン環に正電荷をもたらす。

イ．酸素上の非共有電子対の効果により，次のようにベンゼン環のオルト位とパラ位に負電荷をもたらす。

ウ．$FeBr_3$ と硫酸には次のように臭素や硝酸に正電荷を帯びさせる作用がある。

$$FeBr_3 + Br_2 \longrightarrow Br^+ + [FeBr_4]^-$$

$$HNO_3 + H_2SO_4 \longrightarrow NO_2^+ + H_2O + HSO_4^-$$

▶問 10．フェノールからのピクリン酸生成は次の通りである。

フェノールの分子量は $C_6H_6O = 94$，ピクリン酸は $C_6H_3N_3O_7 = 229$ である。求めるピクリン酸の質量は

$$\frac{1.88}{94} \times \frac{55}{100} \times 229 = 2.51 \fallingdotseq 2.5 〔g〕$$

4 解答

問1.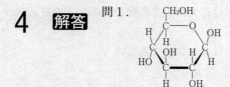

問2.

問3. X. CH₂OH　Y. H

問4.

問5.

問6. フルクトース, マルトース

問7. a—1　b—4　c—1　d—6

問8. アミロペクチン中のグルコース単位の物質量は, $\dfrac{3.89}{162}$ mol である。

化合物 A の構造 1 個につき 1 つの枝分かれ構造があり, その物質量は

$\dfrac{0.208}{208}$ mol である。

よって, 求めるグルコース単位の数は　$\dfrac{\dfrac{3.89}{162}}{\dfrac{0.208}{208}} = 24$　……(答)

化合物 B の構造式：

━━━━━ ◀解 説▶ ━━━━━━━━━━━━

≪糖類の構造と性質≫

▶問 1．鎖状構造で，C^1 と C^2 間の単結合は自由回転できるので，閉環の際，$-OH$ 基が環の下側が α 型，上側が β 型になる。

▶問 2．鎖状構造のグルコースの $-CHO$ は還元性をもち，自身は酸化されて $-COOH$ になり，アンモニアで中和されて $-COO^-$ になる。

$$RCHO + 2[Ag(NH_3)_2]^+ + 3OH^-$$
$$\longrightarrow RCOO^- + 2Ag + 2H_2O + 4NH_3$$

▶問 3．フルクトースの五員環は次のように開環する。図 2 で与えられた鎖状構造と一致させるため，C^4 と C^5 間の単結合を回転すれば，同じ立体構造になる。よって，$X = CH_2OH$，$Y = H$ とわかる。

▶問 4．α-マルトースは，次のように α-グルコース 2 分子が脱水縮合したものである。

▶問 5．五員環構造の β-フルクトースは，次の構造である。

この β-フルクトースの C^2 に結合した $-OH$ と α-グルコースの C^1 の $-OH$

との間で縮合させるためには位置合わせが必要である。β-フルクトース
を左右に裏返すと

α-グルコース　　左右に裏返した
β-フルクトース

となり，隣り合わせになった 2 つの −OH を縮合させれば，解を得る。

▶**問 6．** スクロースは，問 5 にあるように還元性を示す部分どうしで縮合
しているので，還元性を示さない。

▶**問 7．** アミロースは，グルコースの C^1 と C^4 が結合したマルトースが
繰り返し縮合したものともいえる。

▶**問 8．** アミロペクチンのすべての −OH を −OCH₃ に変化させたものを
次図のように模式化して考える。各部分構造を ⓐ，ⓑ，ⓒ，ⓓ で表す。
ⓐは 1，4，6 位，ⓑは 1 位，ⓒは 1，4 位，ⓓは 4 位のみで結合したグ
ルコースである。

酸で加水分解すると，枝分かれ部分の ⓐ は A に，ⓑ は B になる。ⓒ，ⓓ は
次の C になる。

C

模式図から ⓐ は枝分かれ部分に相当するので，A の物質量は枝分かれの物
質量と等しい。また，ⓑ は ⓐ とほぼ同数なので，A と B の物質量もほぼ等
しいとわかる。

ⓓ では，C^1 に結合した −OCH₃ はグリコシド結合と同じように，酸で加
水分解され C になる。

❖講　評

　難問はないが，どれもすきがなく，思考力を試す良問である。

　1　酢酸の電離平衡での厳密法による 3 次方程式の誘導は，一度は練習したことがあるだろう。問 3 は，問題文から酢酸の電離は無視できると読み取ってほしい。問 4 は最近頻出しているグラフの問題である。「一次関数」とあるので，直線である。

　2　頻出の気液平衡の問題である。難問ではないので実力を発揮してほしい。

　3　大阪大学頻出の立体異性体の問題である。過去問の対策ができていれば，落ち着いて解ける。問 4 は鏡像異性体とジアステレオマーの違いから説明すればよい。問 5 は 2015 年度にも出題された。問 7 は酸化数から酸化剤か還元剤を見極める。

　4　問 2 はアンモニアで塩基性であることを忘れないように。問 3 は開環した C^5 に結合した $-OH$ の結合方向に注意したい。問 5 では，縮合するためには，β-フルクトースを裏返す必要がある。問 8 のメチル化分析は，一度でも練習しておけば，簡単に感じるであろう。

　思考問題中心であるため，時間配分に気をつけたい。

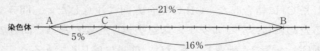

生物

1　**解答**　問1．ア．精原　イ．べん毛　ウ．先体　エ．卵原
オ．卵母細胞　カ．ゼリー層

キ．表層粒の内容物（表層粒）　ク．二価染色体　ケ．連鎖

問2．雌では一次卵母細胞1個から小さな極体3個と大きな卵1個が，雄では一次精母細胞1個から同じ大きさの精細胞4個が生じる。（60字以内）

問3．表層反応により，卵黄膜は細胞膜と離れて硬化し，卵を囲む受精膜となることで物理的に精子の侵入を防ぐ。（50字以内）

問4．AとBの間：21%　　BとCの間：16%　　AとCの間：5%

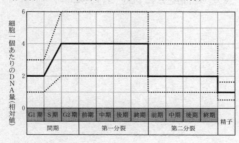

問5．（実線または点線のいずれかで正解）

問6．16通り

━━━━━━◀解　説▶━━━━━━

≪動物の減数分裂と受精，組換え価と染色体地図≫

▶問1．カ．文脈から，「精子が卵の細胞膜に到達する前に接着するもの」が入るので，「卵黄膜」と間違えやすいが，先体反応が誘発されるのは精子がゼリー層に接したときである。

キ．空欄直後に「放出されて」とあり，表層粒は表層反応に伴って消失し，卵外に放出されるわけではないので，「表層粒の内容物」や「表層粒の中

身」などを解答するとよいだろう。

▶問 2．減数分裂前の母細胞の名称は雌では一次卵母細胞，雄では一次精母細胞と異なる。名称の違いを述べるのが字数制限から難しい場合は，「大きさと数について」異なる点を確実に解答するのを優先すること。ヒトのように，卵形成の過程で第一極体が分裂しない種もあるので，極体の数は記さなくてもよい。

▶問 3．直前の文章から，下線部②は表層反応の結果として起こる現象を指しているので，受精膜の形成を説明すればよい。卵黄膜が卵の細胞膜から離れることと，表層粒の内容物と反応することで硬く丈夫になることの2 点に触れておきたい。また，それより早く生じる受精電位について解答に加えてもよいだろう。

▶問 4．A と B の間：

$$\frac{258+80+68+238}{3000} \times 100 = \frac{644}{3000} \times 100 = 21.4\cdots \fallingdotseq 21 〔\%〕$$

B と C の間：

$$\frac{3+238+258+5}{3000} \times 100 = \frac{504}{3000} \times 100 = 16.8 \fallingdotseq 16 〔\%〕$$

小数点以下は四捨五入ではなく「切り捨てる」点に注意すること。

A と C の間：

$$\frac{3+80+68+5}{3000} \times 100 = \frac{156}{3000} \times 100 = 5.2 \fallingdotseq 5 〔\%〕$$

▶問 6．4 組の相同染色体について，それぞれ 2 本のうちのいずれか 1 本が生殖細胞に分配されるので

$$2^4 = 16 \text{ 通り}$$

2 **解答** 問 1．ア．粘液　イ．繊毛　ウ．食作用
問 2．体液性免疫では，B 細胞が産生した抗体が細菌や毒素などの抗原に特異的に結合することで抗原を排除するが，細胞性免疫では，キラー T 細胞がウイルスの感染細胞や非自己の細胞などを攻撃して排除する。（100 字以内）
問 3．MHC タンパク質（MHC 分子，MHC 抗原，MHC）
問 4．エ．可変　オ．定常

問 5．樹状細胞ががん細胞の抗原 A を提示し，抗 A–CAR–T 細胞を活性化・増殖させ，細胞性免疫の十分な応答を誘導するのに時間を要し，その間にがん細胞が増殖したから。（80 字以内）

問 6．記憶細胞

問 7．CAR–T 細胞の MHC が患者自身と異なると，患者自身の免疫系により非自己と認識され，投与した同細胞が排除される可能性があるから。（65 字以内）

━━━━━━━━━━◀解　説▶━━━━━━━━━━

≪生体防御，がんの免疫療法≫

▶問 2．体液性免疫と細胞性免疫の「違い」を述べよとあるので，非自己の成分を，B 細胞による抗体産生を通じて排除するか，T 細胞による細胞への傷害で排除するかという違いについてまずは確実に説明する。ヘルパー T 細胞のはたらきや，マクロファージなどによる食作用の活性化については，両方の免疫で共通しているので，無理をして言及する必要はない。なお，「ウイルス」の語句を体液性免疫の抗原の例として使用し，細胞性免疫の抗原の例を「感染細胞や非自己の細胞など」と表現した解答も考えられる。

▶問 3．がん細胞は，細胞膜上の MHC タンパク質にがん細胞で特異的に発現するタンパク質を結合させることで細胞表面に抗原情報を提示する。教科書では，MHC タンパク質の遺伝子を「MHC」，その遺伝子産物のタンパク質を「MHC タンパク質」や「MHC 分子」と呼んで区別するが，免疫学の分野では MHC がタンパク質の意味を含んで使用されることもあるので，「MHC」でもよいだろう。またリード文がヒトの体について述べているので，MHC の部分の代わりに「HLA」を用いても正解となる。

▶問 5．T 細胞は獲得免疫に関わる細胞なので，T 細胞がわずかに改変された抗 A–CAR–T 細胞は，それ自体ががん細胞表面の抗原 A を認識しただけでは活性化されない。活性化されるには，樹状細胞から抗原提示を受けるなどの過程を経てキラー T 細胞へと分化する必要があり，さらに十分な数まで増殖しなければならないが，一般にこれには 1 週間以上の時間が必要である。

▶問 6．一般にがんの場合，治療による排除を逃れてわずかに病巣付近に残ったり，もとの病巣から他の器官に転移した発見できないほど少数のが

ん細胞が増殖し，数年後に再び腫瘍となる「再発」が常に危惧される。一方，実験4は，治療中に増殖した抗 A-CAR-T 細胞の一部が記憶細胞として残ったことを示していると考えられる。したがって，「持続的な治療効果」とは，治療後に再び抗原Aを発現した細胞が生じても，記憶細胞の素早い増殖により早期に排除されることで，長期にわたって再発が防止されることを意味していると考えられる。

▶問7．CAR-T 細胞が患者にとって非自己の MHC を有していた場合，投与した CAR-T 細胞が患者の免疫系による攻撃を受け排除される可能性があるため，治療効果が望めなくなる。

3 解答

問1．ア．基質特異性　イ．低下　ウ．競争的　エ．非競争的　オ．アロステリック

問2．A．K_m　B．$\dfrac{K_m}{v_{max}}$　C．$\dfrac{1}{v_{max}}$　D．$-\dfrac{1}{K_m}$　E．$\dfrac{1}{v_{max}}$

問3．カ．阻害（抑制）　キ．フィードバック

問4．ク．0　ケ．傾き

K_m の値：4mM

問5．ATP が共存する場合は酵素−基質複合体を形成しやすくなり，CTP が共存する場合は形成しにくくなる。（50字以内）

━━━━◀解　説▶━━━━

≪ミカエリス・メンテン式を用いた酵素反応の解析≫

▶問1．エ・オ．分子内の基質結合部位とは異なる部位にリガンドが結合することで活性が変化する酵素を総称して「アロステリック酵素」という。この場合，酵素のはたらきはリガンドの結合によって必ずしも阻害されるとは限らず，阻害される場合と促進される場合とがある。阻害される場合を「アロステリック阻害」といい，アロステリック阻害は非競争的阻害の典型例であるため，非競争的阻害とアロステリック阻害は同義であると誤解されやすいが，アロステリック酵素に対するリガンドは「酵素の働きを妨げる物質」に限定されないので，エには「アロステリック」と解答しないよう注意すること。

▶問2．A．（式1）の v に，$v=\dfrac{1}{2}v_{max}$ を代入すると，[S]$=K_m$ と求まる。

B・C．（式1）の両辺の逆数をとると

$$\frac{1}{v} = \frac{K_m}{v_{max} \times [S]} + \frac{1}{v_{max}}$$

$$= \frac{K_m}{v_{max}} \cdot \frac{1}{[S]} + \frac{1}{v_{max}}$$

と変形できるので，（式2）と対応させると，$\alpha = \dfrac{K_m}{v_{max}}$，$\beta = \dfrac{1}{v_{max}}$ とわかる。

D．図2で，縦軸 $\left(\dfrac{1}{v}\right)$ が0のときの横軸 $\left(\dfrac{1}{[S]}\right)$ の値がわかればよいので，

（式2）で，（左辺）$=0$ とおき変形すると，$\dfrac{1}{[S]} = -\dfrac{\beta}{\alpha}$ となる。この α，β

にそれぞれ，B，Cの値を代入すると

$$\frac{1}{[S]} = -\frac{\dfrac{1}{v_{max}}}{\dfrac{K_m}{v_{max}}} = -\frac{1}{K_m}$$

のようにDが求められる。

E．横軸，縦軸を図2のようにとった場合，（式2）は1次関数の標準形となる。Eは1次関数のy切片にあたるので，（式2）のβの値，すなわちCをそのまま解答すればよい。

▶問3．図3Aで，基質（＝アスパラギン酸）濃度の全域において「CTPあり」の方が反応速度が低下しているので，CTPはATCアーゼの反応を阻害するといえる。リード文【C】の第1段落から，CTPの合成経路は

アスパラギン酸＋カルバミルリン酸

$\xrightarrow[\text{ATCアーゼ}]{}$ カルバミルアスパラギン酸 $\longrightarrow \cdots \longrightarrow$ CTP

なので，細胞内にCTPが多くあると，その材料となるカルバミルアスパラギン酸の合成速度が下げられることがわかる。これはフィードバック調節によってCTPを適量に保つためのしくみと考えられる。

▶問4．ク．問2Aより，K_m は $v = \dfrac{1}{2}v_{max}$ となるときの $[S]$ に等しいので，（式4）の左辺のvに$\dfrac{1}{2}v_{max}$を代入すると，左辺の真数部分が1とな

り，その対数である左辺は 0 となるとわかる。なお，このとき，$K_m = [S]$ となるので，右辺も 0 になると容易にわかるのもヒントとなる。

ケ．（式 4）は対数を用いているが，図 3 B のように対数軸を用いれば基本的には 1 次関数と同じである。よって，n の値は図 3 B の直線の傾きから求めることができる。

また，図 3 B の「CTP なし」のグラフで縦軸が 0 のときの常用対数の値より，アスパラギン酸の濃度［S］は，表 1 から 4 mM だとわかる。図 3 B の縦軸が（式 4）の左辺であり，クで示した通り，（式 4）の左辺が 0 のときに $K_m = [S]$ となるので，$K_m = [S] = 4$ mM を求めることができる。

▶問 5．（式 1）の後の文章から，酵素は K_m の値が小さいほど酵素−基質複合体を形成しやすいとわかる。問 4 の〔解説〕より，図 3 B のグラフは，$\log_{10} K_m$ の値が小さいと左方に，$\log_{10} K_m$ の値が大きいと右方に移動する。$\log_{10} K_m$ の値は K_m の値に伴い単調増加する（表 1 も参考となる）ので，図 3 B のグラフが相対的に左方にあるほど K_m の値が小さく，酵素−−基質複合体を形成しやすいことになる。CTP なし（○）のグラフに比べ，CTP あり（△）のグラフは右方に，ATP あり（□）のグラフは左方にずれているので，ATP は ATP アーゼに対しアスパラギン酸と酵素−基質複合体を形成しやすくする効果を持ち，CTP には酵素−基質複合体を形成しにくくする効果があると推定できる。

4　**解答**　問 1．耐熱性の DNA ポリメラーゼの最適温度であるから。（25 字以内）

問 2．2 fmol

問 3．37.8 pmol

問 4．ウシの細胞に含まれる DNA（15 字以内）

問 5．ウシ由来の DNA の 2 本鎖のそれぞれにプライマー②が結合し，プライマー②に挟まれた約 2000 塩基対の領域が増幅されたから。（60 字以内）

◀解　説▶

≪PCR 法と電気泳動による遺伝子の検出≫

▶問 1．PCR 法では高度好熱性細菌などに由来する耐熱性の DNA ポリメラーゼを利用するので，95℃ でも失活せず，72℃ 前後でも高い活性を

維持する。設問文に「DNA ポリメラーゼの特性を考慮し」とあるので，72℃前後での反応速度が大きく増幅効率がよい点を述べるべきだろう。なお字数制限から解答に含めるのは難しいが，これ以外にも，72℃前後では，鋳型鎖に対しヌクレオチドの対合は起こりつつも，複製中に鋳型DNA どうしが部分的に 2 本鎖に戻っても対合がゆるく，DNA ポリメラーゼの前進を妨げるほどには至らないからという理由もある。

▶問 2．図 1 の 2 本の鋳型鎖のうち，プライマー①が結合している下方の鎖のみについて，PCR の 1 サイクル目終了時の様子を模式的に示すと，次のようになる（説明の都合上，これらの鎖を A_0，A_1 とする）。

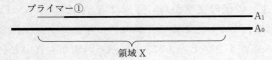

このそれぞれから，2 サイクル目終了時には次の 2 組の 2 本鎖が作られる（説明の都合上，これらの各 1 本鎖に次のように記号を付す）。

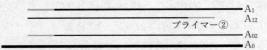

3 サイクル目に，1000 塩基対の 2 本鎖 DNA は A_{12} のみから生じる。図 1 の上方の鎖（A_0 の相補鎖：以降，B_0 と呼ぶ）からも同様に 3 サイクル目で 1000 塩基対の 2 本鎖 DNA 断片が 1 組生じるので，もとの 1 組の 2 本鎖 DNA（A_0+B_0）からは 3 サイクル終了時に 1000 塩基対の 2 本鎖 DNA 断片が 2 組生じる。したがってはじめの 2 本鎖 DNA 1 fmol からは 2 fmol 得られる。

▶問 3．問 2 の〔解説〕の図を利用する。ただし，同図や図 1 には図示されていないが，A_0 および B_0 は大腸菌のゲノムなので，実際には図の左右に非常に長く伸びているのをイメージすること。まず A_0 のみに注目すると，1 サイクル目には，A_1 の合成に 1 分あたり 1000 ヌクレオチドが消費されるので，5 分の伸長過程では 5000 ヌクレオチドが消費される。2 サイクル目は，同様に A_0 から A_{02} が合成されるのに 5000 ヌクレオチドが消費される。一方，A_1 から A_{12} が合成されるときは，伸長過程の 5 分の途中で複製の終点に達してしまうので，1000 ヌクレオチドからプライマ

一の 20 ヌクレオチド分を差し引いた 980 ヌクレオチドが消費される。3
サイクル目では，A_0 の相補鎖の合成に 5000 ヌクレオチドが消費される一
方，A_1，A_{12}，A_{02} のそれぞれの相補鎖の合成には，いずれも 980 ヌク
レオチドが消費される。B_0 からも同様に DNA が合成されるので，1 組の
2 本鎖 DNA から 3 サイクル終了までに消費される総ヌクレオチド数は

$$\{5000 + (5000 + 980) + (5000 + 980 \times 3)\} \times 2 = 37840$$

となる。表 1 より，もとの DNA は 1 fmol なので，消費されるヌクレオチ
ドは，表 3 より

$$37840 \, (\text{fmol}) = 37.84 \, (\text{pmol})$$

となり，小数点第 2 位を四捨五入すると 37.8 pmol となる。なお，プライ
マー 20 ヌクレオチド分を考慮しないで計算すると，最終的な答えが 38.0
pmol　となり，「小数点第二位を四捨五入」という指定のもとでは正しい
答えが得られないので注意すること。

▶問 4．矢印(ア)のバンドはかなり太いので，多量の DNA を含むとわかる。
しかし，【実験 2】に「PCR の反応条件は実験 1 と同様とした」とあるの
で，PCR サイクルの伸長過程は 5 分であり，PCR によって増幅された
DNA 断片であれば最大でも 5000 塩基対のはずである。矢印(ア)のバンド
はこれより長いので，増幅されたものではない。増幅されていないのに多
量に検出されるということは，試料にはじめから多量に含まれていたこと
を意味するので，主にウシの筋細胞の核内の DNA と考えられる。〔解答〕
では，血管や血球などの筋肉以外の細胞や，ミトコンドリア DNA も広く
含め，「ウシの細胞に含まれる DNA」としたが，「ウシの筋細胞の DNA」
や「ウシのゲノムの DNA」なども解答として考えられるだろう。

▶問 5．図 4 の列 1 に，列 4 と同じく領域 X が増幅されたと思われる
1000 塩基対のバンドがある。さらに，列 2 と列 3 にそれぞれ 1000 塩基対
より短い断片のバンドがあるのは，領域 X のうちプライマー①とプライマ
ー③およびプライマー②とプライマー④で挟まれた区間がそれぞれ増幅さ
れたものと思われる。したがって，試料には大腸菌ゲノム DNA が含まれ
ていたと考えられる。しかし矢印(イ)のバンドは約 2000 塩基対に相当する
ので，領域 X またはその一部が増幅されたものではない。そこで，大腸菌
のゲノム中に，領域 X 以外に，設計したプライマーによって挟まれる約
2000 塩基対の領域があったと仮定すると，矢印(イ)のバンドが列 1 にはあ

るが列 4 にはないことに矛盾する。したがって矢印(イ)のバンドは，ウシの DNA に由来すると考えられる。このバンドは列 1 と列 3 のみで見られるが，DNA 試料(1)と DNA 試料(3)で共通して用いられ，かつ，DNA 試料(2)では用いられていないプライマーはプライマー②のみである。したがって，ウシ由来の DNA（おそらくはウシのゲノム）の中に，一続きの 2 本鎖 DNA（1 本の染色体に相当）で，2 本鎖のそれぞれがプライマー②の結合部位を 1 カ所ずつ持つものがあり，約 2000 塩基対の領域がプライマー②に挟まれることで増幅されたと考えられる。

❖講　評

2023 年度は例年通り大問 4 題で，全体的な問題量も例年並みであった。計算問題，描図問題はどちらも複数出題された一方で，例年メインとなる論述問題は，論述量が 2022 年度の 4 割程度にまで大きく減少した。なお論述は全て字数指定があるものであった。

1 は，生殖と組換え価に関する標準的な問題である。頻出の定型的な問題が多いので完答したいところだが，問 2 は制限字数に収めるのに苦労する。また問 4 の計算は四捨五入でない点に注意したい。

2 は，免疫の基本と最先端のがんの免疫療法を融合させた問題である。同一個体内ではなく同一細胞内に由来の異なる遺伝子がある状態を「キメラ」と呼ぶのに受験生は慣れていないと思われ，問題の把握に少し手間取ったかもしれない。論述問題では英数字も 1 字と数えるルールのため，アルファベットの語句が多いこの大問は字数制限が特に厳しく感じられる。

3 は，ミカエリス・メンテン式を扱った酵素反応の問題である。類題は他大学でも散見されるので，解いた経験の有無で取り組みやすさに差が出ただろう。（式 3）や（式 4）になると相当に難解だが，式の意味を理解できなくても 1 次関数の知識から解答は可能なので落ち着いて得点したい。問 5 も，問 4 がヒントとなっていることに気づけば容易に解答できる。

4 は，PCR 法の原理についてかなり踏み込んで問う問題である。問 3 は，図 1 の鋳型鎖は本当は左右にもっと長く伸びているのを自力でイメージしなければならない点が難しく，計算も時間を要する。問 5 は，

　1 種類のプライマーで増幅がおこったことに気づくまでにかかった時間で差が出ただろう。

　2023 年度は，論述量は大きく減少したものの，受験生にとってあまりなじみがないであろう話題を素早く理解する必要があり，実験の説明文の分量も多い問題構成を考えると，全体的な難易度は決して易化したとはいえない。論述問題は，実験考察に加え，知識をまとめるものも多く，例年に比べ総合力が問われたといえよう。一方で，得点差につながりやすいと思われるのは 3 の問 5 や 4 の問 5 であり，考察問題の論述がカギとなるという大阪大学の特徴が出ていた。

小論文

1　**解答例**　　問 1．青かびには化膿菌の増殖を抑える物質が含まれているという仮説。（30 字以内）

問 2．科学者として失敗に直面した際，科学者は失敗をマイナスと捉えるのではなく，成功にいたる試行錯誤の過程と考え，そこに生じた現象を注意深く観察する姿勢で研究に取り組むべきである。なぜなら，たとえ失敗と思われても，結果を見極めることによって素晴らしい偶然の発見が生まれ，成功につながる可能性があるからである。（150 字程度）

問 3．医薬品の研究開発において人工知能を活用した場合，良い影響として予想されるのは，開発が効率化され，スピードがアップすると同時に，開発コストや研究者の負担が軽減することである。一方，悪い影響として予想されるのは，要因が限られる仮想作業の実験では偶然の発見が生まれる機会が減少するおそれがあることである。（150 字程度）

◀解　説▶

≪科学の発展における Serendipity≫

▶問 1．フレミングが，化膿菌の分離培養をしていた時，たまたま混入した青かびの周辺だけ化膿菌が増えていないことに気づき，ペニシリンを発見した際に，フレミングが抱いた仮説を予想して述べる問題。

　状況から青かびには，菌の増殖を抑制する作用があると予想されるので，その内容を字数内にまとめるとよい。

▶問 2．「Serendipity による成功のためには常に研究者が目をひらき，心の中で準備をしていることが必要であります」という本文の内容を踏まえた上で，科学者として失敗に直面した際にどのような姿勢で研究に取り組むべきか，自分の考えを，理由とともに述べる問題。

　失敗は，一般的にはネガティブに捉えられることが多いが，それを成功へとつなげるためには，本文に述べられているように「研究者が目をひらき，心の中で準備」する必要がある。つまり，研究者に必要なのは，失敗の原因から目をそらさず，現象を注意深く観察する姿勢といえる。

▶問 3．独創的な研究を生み出していく上で，人工知能を活用した医薬品

開発の試みが，どのような良い影響と悪い影響を与えると予想されるか，自分の考えを述べる問題。

　医薬品開発に人工知能を導入することのメリットとして考えられるのは，開発の期間やコストを抑えることで，〔解答例〕の他に，需要の限られている医薬品の開発を進めることができるようになることなどが挙げられよう。

　一方，人工知能を導入することのデメリットとして考えられるのは，課題文で述べられているような Serendipity が起きにくくなることである。また，実験の機会が減ることで，高い技能を持った研究者が不足してしまうことも考えられる。

　このような内容を字数内にまとめるとよいだろう。

2 　解答例

問1．私が最も素晴らしいと考える革新は，下村脩氏によるオワンクラゲなど発光生物の研究によって緑色蛍光タンパク質が発見されたことである。なぜなら，緑色蛍光タンパク質の DNA を観察したいタンパク質の DNA と融合させることによって，観察したいタンパク質を細胞の中で光らせることが可能になったため，緑色蛍光タンパク質は，それ以降，生命現象を可視化するツールとして広く利用され，生命科学や医学の研究に役立っているからである。（200 字程度）
問2．肉類を多く摂取した場合，腸内で肉を好む腸内細菌が増え，大腸がんの発生を促すことが予想される。一方，野菜を多く摂取した場合，腸内で食物繊維を好む腸内細菌が増え，大腸がんの発生を抑制することが予想される。（100 字程度）

──────◀解　説▶──────

≪腸内細菌の研究の進展≫

▶問1．科学の歴史でいくつもの技術や概念の革新が起こってきたが，その中で自分が最も素晴らしいと考える革新について，その内容と理由を述べる問題。

　〔解答例〕では，薬学部の問題ということを考慮して，2008 年に緑色蛍光タンパク質の発見でノーベル化学賞を受賞した下村脩氏の例を挙げたが，それ以外にも，ワトソンとクリックによる DNA の二重らせん構造の発見と，それによるゲノム解析や遺伝子治療の可能性や，山中伸弥氏による

iPS 細胞の開発とそれによる再生医療の可能性など，さまざまな例を挙げることができるだろう。

　また，人類の歴史上最大級の猛威を振るった天然痘を撲滅するきっかけとなった種痘や，メンデルの遺伝の法則など，今日の研究の基礎となる発明や発見でもよい。もちろん，医学や薬学関係にとどまらず，物理や化学の革新も挙げられるだろう。ただし，いずれにせよ，その理由をしっかり述べられるものにしよう。

▶問 2．食餌が大腸がんの発生を促す場合もあれば，抑える場合もあるという事実に対して，それぞれの場合に腸内細菌がどのようにがんの発生に関わるのかを予想し，述べる問題。

　本文第 4 段落に「あるものは宿主…にとって有用な菌であり，あるものは…損傷を与えたり，有害な物質をつくったりしています」とあること，さらに傍線部②に「欧米諸国で大腸がんの発生が多いことが食餌との関係で問題になり，それに腸内細菌が介在している」とあるのがヒントになる。欧米型の肉食中心の食事の場合，肉類を好む腸内細菌が増殖した結果，大腸がんが増えると考えられる。一方，食が欧米化する以前の日本人のように，それほど肉を多く食べず，野菜を多く摂取する場合，野菜に含まれる食物繊維を好む腸内細菌が増殖し，大腸がんの発生を抑制していたと考えられる。このような内容を字数内にまとめるとよい。

❖講　評

　2021 年度から薬学部で小論文が課せられており，3 年連続で大問 2 題の出題であった。課題文はいずれも専門的な学術誌や書籍から抜粋されているが，内容はあくまで概論的であり，読解に際してとくに専門的な知識が必要というわけではない。

　1 の課題文は，研究において成功につながる「Serendipity」，すなわち偶然の発見について述べている。問 1 は典型的な内容説明問題で読解力が試された。問 2 は意見論述型の問題であるが，課題文がヒントになる問題であった。一方，問 3 は人工知能による医薬品開発に関する問題であり，現代社会が抱える問題について，ある程度の予備知識が求められていたといえる。

　2 の課題文は，腸内細菌に関する研究について述べている。問 1 は，

課題文中にヒントがないため，一定の予備知識が必要な問題であった。また，問2は，課題文や設問をヒントとして，そこから類推することが求められる問題であった。

2022

年度

解 答 編

解答編

■英語■

I **解答**　全訳下線部参照。

◆━━━◆全　訳◆━━━━━━━━━━━━━━━━━━━

⑷　≪犬の罪の意識≫

　犬の「後ろめたそうな表情」と思われる顔つきがわかる飼い主は多いが，科学はこの顔つきが実はそのときの飼い主の身体言語に対する反応だということを示している。後ろめたさは，比較的複雑な感情である。犬は，自分が何をしでかしたのかわからないまま，単に，今にも罰せられるのではないかと不安なだけなのだ。

⒝　≪宗教の衰退の理由≫

　宗教は文化的進化によって生み出される力であり，主に個人や集団にとって実用上の恩恵を作り出すために存在するという考えは，世界の一部の地域で宗教が「衰退して」いる理由を説明しうる。人間社会が国家を作り，自治の仕組みを考案すると，罰を与えることによって集団の規範や倫理的行動を強制するのにあれほど有効だった神々は，もう以前ほど必要ではなくなったのだ。

■━━━━━━◀解　説▶━━━━━━━━■

▶⑷　**Many owners identify what they think is a dog's "guilty look", but science has shown that this is actually a reaction to the owner's body language at that moment.**

●Many owners identify … 「多くの飼い主が…を特定する」が直訳。owner は続く内容から「所有者」ではなく「飼い主」が妥当。identify は「～が何であるかわかる」の意。「～を認める，認定する」などとしてもよい。

●what they think is a dog's "guilty look" 「犬の『後ろめたそうな顔つ

き』だと彼らが思うもの」が直訳。もとになるのは they think (that) it is a dog's "guilty look"「彼らはそれが犬の『後ろめたそうな顔つき』だと思う」という文。主格の関係代名詞 what とその動詞以下の is a dog's "guilty look" の間に主節の they think がはさまった形。what は基本どおり「もの」でもよいし，内容上「顔つき」とすることもできる。

●but science has shown that …「しかし，科学は…ということを示している」が直訳で，このままでよい。「科学によって…ということが明らかになっている」などと整えることもできる。

● this is actually a reaction to the owner's body language at that moment「これは実際には，そのときの飼い主の身体言語への反応である」が直訳で，このままで問題ない。at that moment は「その瞬間の」が文字どおりだが，「瞬間」は意味が狭すぎるので，「とき」としておくのがよい。

Guilt is a relatively complex emotion.

●「後ろめたさは比較的複雑な感情である」が直訳で，そのままでよい。guilt は「罪悪感」としてもよい。

The dog is simply worried that it's about to be punished, without knowing what it's done wrong.

●The dog is simply worried that …「犬は単に…ではないかと不安なだけだ」が直訳。that 節は「…すること」が直訳だが，不安や心配の内容を表すとき，日本語ではしばしば「…ではないか」のように言う。逆に，英作文のときに whether 節にしないように注意したい。

●it's about to be punished「それが今にも罰せられる」が直訳。it は the dog を指す。be about to *do* は「今にも〜しそうである」の意。punish は「〜を罰する」で，scold「〜を叱る」ではないので，安易に訳をずらさないのがよいだろう。

●without knowing what it's done wrong「それが何を間違って行ったか知らずに」が直訳。it's は it has の短縮形で it は the dog を表す。do *A* wrong は「*A* を間違って行う，*A* をまずくやる」が文字どおりの意で，通常やってはならないことを「しでかす」ことを表す。「自分が何をしでかしたのか」「どんな間違いをしたのか」などとすると内容がうまく伝わる。without knowing「〜を知らずに」は，「何を間違ったかはわ

からないが罰を与えられそうなので心配している」という内容から，「わからないまま」などとするのがふさわしい。

▶ (B) **The notion that religion is a force produced by cultural evolution, and that it primarily exists to produce functional benefits to individuals and groups can explain why religions are *in decline* in some parts of the world.**

● The notion … can explain why 〜「…という考えは，なぜ〜なのか〔〜する理由〕を説明することができる〔説明しうる〕」が骨組み。無生物主語なので，「…という考えによって〜を説明できる〔〜が説明されうる〕」などと整えることもできる。なお，can は可能とも可能性とも解釈できる。

● that religion is a force「宗教は力であるということ」は the notion の同格節の1つ目。produced by cultural evolution「文化的進化によって生み出される」は force を修飾する形容詞用法の過去分詞の句。

● …, and that it primarily exists to 〜「そしてそれ（＝宗教）は主に〜するために存在するということ」は the notion の同格節の2つ目。primarily は「何よりもまず」「第一に」「本来」などでも文意に反しない。

● produce functional benefits to individuals and groups「個人や集団にとっての機能的恩恵を作り出す（ために）」の functional benefits は，直訳ではやや意味がわかりにくい。宗教の存在意義を述べていることや第2文の内容を考慮すると，「実用上の恩恵」「実際的な便益」などとするのがよさそうである。

● why religions are *in decline*「なぜ宗教が『衰退して』いるのか」は「宗教が『衰退して』いる理由」とすることもできる。in decline が斜字体で強調されているので，訳文では「　」でそれを示しておくのがよいだろう。

● in some parts of the world「世界の一部の地域で」が直訳で，そのままでよいが，「世界に（宗教が『衰退して』いる）地域がある」とすることもできる。なお，some は「一部」を表すことを押さえておきたい。「いくつかの」では，「数個」のイメージになる。たとえば 100 のうちの 30 や 40 も some である。

As human societies created nations, and devised mechanisms for self-governance, the gods who were so effective at enforcing group norms and ethical behavior through punishment were no longer as necessary.

- As は主節の内容に応じて訳を決定する必要がある。「とき」とも「ので」ともできそうである。「〜すると」とややあいまいに訳すのもよいだろう。

- human societies created nations, and devised mechanisms for self-governance「人間社会が国家を作り，自治の仕組みを考案した」が直訳で，ほぼそのままでよい。devise は「〜を工夫する，考案する」の意。self-governance は「自己統制」としてもよい。

- the gods … were no longer as necessary「神々はもう以前ほど必要ではなかった」が直訳。no longer「もう〜ない」が否定の副詞であり，not as … as 〜「〜ほど…ない」の変型。as 〜 は文意上「以前ほど」であることは明らかなので省略されているが，日本語では補う必要がある。なお，動詞は were だが，日本語のバランスとしては「必要ではなくなった」とするのがよい。

- who were so effective at …「…に非常に効果的だった」は the gods を先行詞とする関係代名詞節。at は be good at 〜「〜が得意・上手である」などの at と同様，「どのような場面，状況で」なのかを表す。were effective は「有効だった」「効力があった」などとしてもよい。なお，so は「非常に」でもよいが，「そんなに」の意を持つものであり，人間が自治を行うようになる以前に発揮していた力をイメージさせて，「あれほど」などとすれば very との違いが表現できる。

- enforcing group norms and ethical behavior「集団の規範や倫理的なふるまいを強制すること」の enforce は，「〜を守らせる」などとすることもできる。norm は「規範」の意。behavior は「行動」ともできる。

- through punishment は「罰を通じて」が直訳で enforcing を修飾する。through は手段を表し，「罰（を与えること）によって」などとすると自然である。

Ⅱ　解答

設問(1)　(i)—(ニ)　(ii)—(ハ)　(iii)—(ハ)　(iv)—(ロ)　(v)—(ニ)

設問(2)　人間の手

設問(3)　手のひらや前腕だけでなく，肩までの筋肉にもつながる柔軟性の高い腱で指が遠隔操作されて動く仕組み。(45 字程度)

設問(4)　人間の手首が非常に柔軟であるため，物を前腕の延長になるように握れること。

設問(5)　(ロ)・(ホ)

設問(6)　幼少期に視力を失ったが，ムラサキイガイの化石やそれが見つかる岩石を指で触れて複雑な構造を探り，目の見える多くの科学者が見逃す細部に気づく。(65 字程度)

━━━━━━━◆全　訳◆━━━━━━━━━━━━━

≪人間の手の驚くべき特徴≫

　ちょっと自分の手に注意を払う時間をとってほしい。無駄にはならないだろう。なぜなら，手は進化上の驚異だからだ。片手をあげてじっくり見てみよう。開いたり閉じたりしてみよう。指をあれこれ動かしてみよう。親指で4本の他の指の先に触れてみよう。手首を回してみよう。楽に180度回せるはずだ。手を，親指が上にきて人差し指，中指，薬指に力を貸すようになるまでこぶしに丸めてみよう。それはどの類人猿にもできないことだ。

　関節とじん帯でつながれた27個の骨，33の筋肉，3つの主要神経枝，結合組織，血管，そして高感度の触覚受容体が備わった皮膚が，進化がこれまで生み出した中で，握ったり触ったりするための，最も繊細で複雑な道具の背後にある。手のひらは，物をしっかり握ることを可能にする大きな1枚の繊維組織で保護されている。指が細くて骨が小さいのは，筋肉がないことが理由の一部である。指は，糸でつられた操り人形のように，遠隔で操作される。しかし，その糸は柔軟性の高い腱であり，これが手のひらと前腕の中にある筋肉だけでなく，肩までずっと続く筋肉にもつながっている。

　この装備と私たちの複雑な脳の協力で，私たちは，たとえば，火をおこすこと，いちばん小さな穀物の粒を地面から拾い集めること，編み物をすること，物を切ること，縄を結んで網を作ること，小さなねじを回すこと，キーボードでタイプすること，バスケットボールをしたり楽器を演奏した

りすることといった，地球上の他のどの動物にもできないさまざまなことができる。

　私たちの親指は，私たちの器用さにおいて特別な役割を果たしている。私たちは，親指をどの指とも簡単に合わせることができる。そのおかげで，私たちは手触りを確かめたり触れたり，つかんだり握ったりできる。親指のつけ根にある鞍関節は玉継手のように回転する。私たちの親指は，最も近い親戚である大型類人猿のものよりもずっと長く，力強く，柔軟である。そのおかげで，私たちは力強くつまむのと同じくらいたやすく繊細に握ることができるのである。チンパンジーも，親指の側面と他の指の間に小さな物を固定することができるが，人間に比べると力強さはずっと少なく，感覚を伝える指先からのインプットは何もない。それは，チンパンジーには，ペンやねじのような道具を，きちんと親指と他の指の先で握って動かす手段はないということを意味する。

　大型類人猿は，たとえば棒のような，もっと大きな道具を，前腕と直角に手のひらに押しつけて握ることはできる。彼らにできる他のやり方は多くはない。チンパンジーやゴリラと比べて，私たちは非常に柔軟な手首を持っており，そのおかげで物を私たちの前腕の延長になるように握ることができる。このことは一撃の威力を高める。それは，敵や危険な動物を寄せつけないようにしておけることも意味する。もし動物が実際に射程内に入り，追加できるてこの力が最大限に使われると，骨が砕けることもある。

　人間の手をこのように特別なものにしているのは，他の指と完全に向かい合わせにできる親指によって与えられた融通性だけでなく，その手触りを確かめて触れる並外れた能力でもある。人間の手は，独立した感覚器官と言ってよいほどの仕事をする。私たちは，そよ風や水の温度を感じ取るのに手を使う。手の助けを借りて，私たちは暗闇の中でさえも，鍵を鍵穴に直接差し込むことができる。肉眼では見えない表面のでこぼこを指で知ることができる。ほんの少し練習すれば，目をつぶっていても，指を使って正絹と人絹，本革と合皮を識別することができるようになる。

　私たちの触覚は，繊細な違いを感じ取り，この情報を受容体と神経経路の密なネットワークを介して脊髄へ，そしてそこから脳へと送る。私たちの指が，世界を知覚する方法として目の代わりにさえなりうるのは，3歳のときから目が見えないオランダの古生物学者ヒーラット＝ヴァーメイが

証明できるとおりである。海棲のムラサキイガイとその生態系の研究で有名な専門家だが，彼は一度も化石を目で見たことはない。現場に出ると，彼はムラサキイガイや，それが見つかる岩の複雑な構造を手で触れてみる。彼は指で，多くの目の見える科学者が見逃す細部を「見る」のである。次のことはまちがいない。私たちの手は，進化の歴史上，例外的に発達したものである。

◀解　説▶

▶設問(1)　(i)　当該箇所は「(手にちょっと注意を払っても時間の）無駄にはならないだろう。なぜなら，手は進化上の marvels だからだ」となっている。少し時間をとってみる価値があることが述べられており，同段最終文（That is something …）に人間の手や指の動きが「どの類人猿にもできないことだ」としていることから，肯定的な評価を表す語であることがわかる。(ニ)の wonders「驚くべきもの」が適切。marvel も「驚くべきもの」の意。(イ)「概念」 (ロ)「新しい物」 (ハ)「結果」

(ii)　当該箇所は「いちばん小さな穀物の kernels を地面から拾い集めること」となっている。「落穂ひろい」をイメージしたい。(ハ)の seeds「種」が適切。kernel は「穀粒，実」の意。(イ)「種類，品種」 (ロ)「点」 (ニ)「波」

(iii)　当該箇所は「私たちの親指は，私たちの dexterity において特別な役割を果たしている」となっている。同段は以下，他の指と向かい合わせで，容易に回転する親指があるおかげで，最も近い親戚であるチンパンジーにもできない繊細なことが人間にはできることを述べている。(ハ)の skillfulness「巧みさ」が適切。dexterity は「器用さ」の意。(イ)「優雅さ」 (ロ)「操作」 (ニ)「強さ」

(iv)　当該箇所は「繊細な握りを execute（する)」となっている。英語らしい名詞中心の表現であり，「繊細に握る」ことを表している。直訳では，「繊細な握りを行う」という表現になると考えられる。(ロ)の perform「～を行う」が適切。execute は「～を実行する，果たす」の意。(イ)「～を模倣する」 (ハ)「～をゆるめる」 (ニ)「～を選び出す」

(v)　当該箇所は「私たちの手は，進化の歴史上の exceptional 発達である」となっている。文章全体で，人間の手は最も近縁の種であるチンパンジーにもできない繊細なことができることが述べられており，第6段第1

文（It is not only …）には「人間の手をこのように特別なものにしている」との記述もある。(ニ)の remarkable「驚くべき，めざましい」が適切。exceptional は「例外的な」の意で，この文章では「他に類を見ない，特別に優れている」の意で使われている。(イ)「進歩的な」 (ロ)「特徴的な」(ハ)「主要な」

▶設問(2)　下線部は「最も繊細で複雑な道具」の意。直後に「握ったり触ったりするための」とあり，第１段の内容からも「手」のことであることは容易に判断できる。注意点は，第１段最終文に人間の手ができることが類人猿にはできないと述べられているので，「人間の手」とすることである。

▶設問(3)　問題文で取り上げられている記述は第２段第４文（They are controlled …）にあり，「指は，糸でつられた操り人形のように，遠隔で操作される」となっている。「操り人形」の比喩は「遠隔操作されている」ことを表している。直後の第５文（But those strings …）に「その糸は柔軟性の高い腱であり，これが手のひらと前腕の中にある筋肉だけでなく，肩までずっと続く筋肉にもつながっている」となっており，指は上腕部の筋肉でも動かしていることがわかる。この内容を 45 字程度でまとめる。解答欄のマス目は 51 字まで書ける。

▶設問(4)　当該文は「このことは一撃の威力を高める」となっており，直前の文には「私たちは非常に柔軟な手首を持っており，そのおかげで物を私たちの前腕の延長になるように握ることができる」とある。この内容をまとめる。解答欄は 16.4 cm × 1.7 cm。

▶設問(5)　類人猿への言及は第４段第７文～第５段最終文（Chimpanzees can also … bones can be broken.）に見られる。第４段第７文には「チンパンジーも，親指の側面と他の指の間に小さな物を固定することができるが…感覚を伝える指先からのインプットは何もない」とある。(ホ)の「指先からの感覚的インプットを何も使わずに小さな物をつまむこと」がこの記述と一致する。また，第５段第１文（A great ape holds …）に「大型類人猿は…棒のような…道具を，前腕と直角に手のひらに押しつけて握ることはできる」とある。(ロ)の「物体を握り，それを前腕と直角に手のひらに押しつけること」がこの記述と一致する。(ロ)と(ホ)が正解。

(イ)「親指が上にきて人差し指，中指，薬指に力を貸すようになるまでこぶ

しに丸めること」は，第 1 段第 9 文（Ball your hand up …）にあり，人間の手の動きについて述べている。

(ハ)「物を親指と他の指の先ではさんでつまむこと」は，第 4 段第 7 文（Chimpanzees can also …）に「チンパンジーも，親指の側面と他の指の間に小さな物を固定することができるが…」とあること，および同段第 8 文（That means they have …）に「チンパンジーには，ペンやねじのような道具を，きちんと親指と他の指の先で握って動かす手段はない」とあることから，類人猿には当てはまらない内容である。

(ニ)「敵や危険な動物を寄せつけないでおけること」は第 5 段第 5 文（It also means …）の「敵や危険な動物を寄せつけないようにしておける」に該当するが，これは人間が前腕の延長になるように物を握れることから可能になることである。

▶設問(6)　ヒーラット=ヴァーメイについては最終段第 2 ～ 5 文（Our fingers can even … sighted scientists miss.）に述べられている。第 2 文にヴァーメイは「3 歳から目が見えない」とあり，第 3 文にもあるように「一度も化石を目で見たことがない」。しかし，第 4・5 文に「彼はムラサキイガイや，それが見つかる岩の複雑な構造を手で触れ…指で，多くの目の見える科学者が見逃す細部を『見る』」とある。この内容を 65 字程度でまとめる。解答欄のマス目は 72 字まで書ける。

●語句・構文●

（第 1 段）It will be time well spent「その時間はうまく使われる時間になるだろう」が直訳。「時間の無駄にはならない」の意。ball *A* up into *B*「*A* を *B*（の形）に丸める」

（第 2 段）touch receptor「触覚受容体，触覚を感じ取る器官」 fibrous「繊維の」

（第 3 段）between this equipment and our complex brains「この装備と私たちの複雑な脳が協力して」 between が「協力」のニュアンスで使われることがある。

（第 5 段）at right angles「直角に」 in contrast to ～「～と比べると」 keep *A* at arm's length「*A* を寄せつけない」 within range「射程内に」 take full advantage of ～「～を最大限に利用する」

（第 6 段）opposable「（親指が）他の指と対置できる，向かい合わせにで

きる」　uneven「でこぼこした，平らではない」

（最終段）spinal cord「脊髄」　as the Dutch paleontologist … can attest「オランダの古生物学者が証明できるとおり」の as は疑似関係代名詞で，attest の目的語にあたり，指す内容は同文の主節。attest「〜を証明する，証言する」　field「現場，実地の場」

Ⅲ　解答例

〈解答例 1〉　I don't want singers to be replaced by machines or AI. I sometimes listen to songs performed by vocaloids and develop a bit of interest in them, as vocaloids have a wide range and can sing quickly with clear articulation. But I have never been impressed by them. I think it is only natural human voices that can touch our heart. They are sometimes powerful, sometimes emotional, and sometimes cheerful or tearful. Synthetic voices lack all such features. (80 語程度)

〈解答例 2〉　I don't think that machines or AI should replace teachers. They may be helpful in identifying students' weaknesses in studies, and in preparing appropriate teaching materials. However, gaining knowledge is not everything in education. At school, children and young people meet others and interact with them, from which they begin to learn how they should behave in society. In other words, they mature as persons. The presence of human teachers as supervisors and advisors is important. (80 語程度)

◀解　説▶

　「機械や AI が取って代わることができない，もしくは取って代わってほしくないと考えるのはどのような仕事か」について，具体的な仕事を 1 つ挙げ，理由を 80 語程度で述べる問題。まずどのような仕事かを挙げ，理由を続けるという書き方になる。

　〈解答例 1〉は，歌手は機械や AI に取って代わってほしくないという考えを表明し，ボーカロイドの音域の広さや素早くかつ滑舌よく歌うことには少し興味はあるが，心は動かされない，心を打つのは，時に力強く，時に感情に訴え，陽気に，あるいは涙を誘うようにも響く人間の肉声だけだと理由を述べている。〈解答例 2〉では，機械や AI が教師に取って代

わるべきではないという意見で，機械や AI は生徒の教科の弱点を突き止めたり，適切な教材を用意したりするのに役に立つだろうが，知識を身につけることが教育のすべてではない，学校で子どもや 10 代の人たちは他者に出会い，他者と触れ合って，社会でのふるまい方を学び始める，つまり人間として成長するのだから，人間の教師が指導者，助言者としてそこにいることが大切だとしている。

　説得力のある理由をわかりやすく伝える手順や言葉をよく考えたい。正しく使える語句・表現で，英語として誤りのないものに仕上げること。

IV　解答

(A)　〈解答1〉　For example, if the universe's various conditions did not exist, we human beings wouldn't have been born. It can be said that these conditions were satisfied by chance, and on the other hand, it is also a fact that the probability of such coincidences is surprisingly low.

〈解答2〉　For instance, if the various conditions the universe has now had not been met, we wouldn't have come into existence. On (the) one hand, it could be said that these conditions were fulfilled accidentally, and on the other hand, it is also true that the chances of such coincidences are miraculously small.

(B)　〈解答1〉　If the sky starts to look threatening while you are climbing a mountain to reach the top, you need the courage to descend in order to avoid an accident. Likewise, you sometimes need to give up what you are working on, whether it is your future course or job, so that you don't waste the time and money of the people who are involved in it.

〈解答2〉　If the weather begins to worsen while you are climbing to the top of a mountain, you need to make a courageous decision to turn back for fear that some accident should happen. Similarly, it may be necessary under certain circumstances to abandon what you are doing, whether in your studies or in your career, not to waste the time and money of those concerned.

■━━━━━━━ ◀解　説▶ ━━━━━━━■

◆(A) 「例えば，現在の宇宙が持っているいろいろな条件が整わないと，私たちは誕生しえませんでした」

● 同文の内容は事実とは逆のことを想定しているので，仮定法を使うことに注意。「過去に条件が整い，私たち人間も過去に誕生した」と考えれば，仮定法過去完了である。ただし，「現在の宇宙が持っている（整った）いろいろな条件がなければ」と考え，条件節を過去形で表すことも可能だろう。

● 「例えば」は for example や for instance とする。

● 「いろいろな条件が整わないと」は，「条件を満たす」meet〔satisfy / fulfill〕various conditions を受動態にし，上記のように仮定法過去完了で if the various conditions had not been met とする。「条件」には関係詞節がつき，内容が限定されるものなので the をつける。

● 「現在の宇宙が持っている（条件）」は which the present universe has が直訳だが，人類が誕生する条件は過去の宇宙で整ったので，「宇宙が現在持っている」(which) the universe has now と「現在」を副詞で入れるのが無難である。

　なお，前述のようにここまでの部分を「宇宙が持っているいろいろな条件が存在しなければ」と解釈し，if the universe's various conditions did not exist と簡潔に表現しても，日本文の意味は概ね伝わる。

● 「私たち人間」は we human beings が文字どおり。おおまかに we 「私たち」だけ，human beings 「人間」だけにしても問題はないだろう。

● 「誕生しえませんでした」は仮定法過去完了の帰結節の形に注意。wouldn't have been born が文字どおりだが，「存在するようにはなりえなかった」wouldn't have come into existence〔being〕，「存在しえなかった」wouldn't have existed などとすることもできる。この部分は，実際的な可能性の有無というよりは想像上の話なので，could より would が適切。

「この条件は偶然にそろったものともいえますし，一方でその偶然が起こる確率は奇跡的というほど低いのも事実です」

● 「～と言える」は形式主語を使い，it can be said とするのが文字どお

り。後半の内容から確信度は高くないことがわかるので，could にする
のもよいだろう。

● 「この条件はそろった」は，前述の「条件を満たす」で使える動詞を利
用するとよい。ここは実際にそろったので，過去時制で書くこと。また
「この条件」だが，「さまざまな条件」を受けるので複数形にするのを
忘れないようにすること。these conditions were met〔satisfied／
fulfilled〕となる。

● 「偶然に」は by chance〔accident〕，accidentally が使える。なお，
「何らかの偶然がこの条件を満たした」some coincidence met these
conditions などと整え直すことも考えられる。

● 「一方で」は on the other hand が使える。これとの対で前半を on
(the) one hand で始めておいてもよい。なお，on the other hand は接
続詞ではないので，前半と 1 文にするなら and を入れること。

● 「～も事実です」は it is also a fact that ～ が文字どおり。a fact の代
わりに true としてもよい。

● 「確率は奇跡的に低い」は，the probability〔likelihood〕is
miraculously low が文字どおりだが，意味を考えれば「驚くほど」
surprisingly などの表現に変えてもよいだろう。「確率」は「可能性」
possibility や chance を使うこともできる。chance はしばしば chances
と複数形で使う。なお，「低い」は probability には slender, slight,
small, chance には poor, slender, slim, small, possibility には slim
も使える。

● 「その偶然が起こる（確率）」は上に挙げた「確率，可能性」の意の語
のすべてが同格の that 節を取ることができるので，that the
coincidence happens ともできるが，(the probability) of such
coincidences などとするとより英語らしい表現となる。

◆(B)　「頂上を目指して山に登っているとき，雲行きが怪しくなれば，事
故が起きないよう退却する勇気が必要です」

● 一般論なので，「あなた」を主語にして書くとよい。

● 「～しているとき」は「怪しくなれば」にかかるので，if 節内におさめ
ると文の構造がすっきりする。

● 「頂上を目指して山に登っているとき」は「山の頂上に向かって登って

いる間に」while you are climbing to the top of a mountain,「頂上に向かって山を登っている間に」while you are climbing a mountain to its summit,「頂上に到達するために山を登っている間に」while you are climbing a mountain to reach the top〔summit〕などとできる。

● 「雲行き」は「空（模様）」the (look of the) sky で，要するに「天候」the weather である。「（天気が）怪しくなる」は threatening という形容詞があり，the sky〔weather〕starts to look threatening「空が怪しく見え始める」などとできる。the weather begins to worsen「天気が悪くなり始める」などとすることもできる。

● 「〜する勇気が必要です」は you need the courage to *do*〔of *doing*〕が文字どおり。迷わず退却を決断するという状況なので，「〜する勇気ある決断をする必要がある」you need to make a courageous decision to *do* などと整えることもできる。

● 「退却する」はこの場合「下山する」ことであり descend が使える。「来た道を引き返す」turn back，go back を使うこともできる。

● 「事故が起きないよう」は「事故を避けるために」in order to avoid an accident とすれば容易。for fear that some accident should happen「何か事故が起きるといけないので」とすることもできる。for fear of some accident も同意。

「それと同じで，進路でも仕事でも進めていることを途中で見切るのは，そこに関わる人の時間やお金を無駄にしないためには必要なことです」

● 文全体の運びを整理して書く必要がある。「それと同じで」は，前文の「勇気ある退却」の点が同じであることを示しており，「それと同じで，進めていることを途中で見切るのは必要なことだ」が骨組みになるだろう。「進路でも仕事でも」は「〜であろうと…であろうと」の譲歩節を「進めていること」のあとに置く。「そこに関わる人の時間やお金を無駄にしないためには」は目的を表す構文や不定詞を使って最後に置くとよい。

● 「それと同じで」は「同様に」likewise，in the same way，similarly などで表せる。

● 「進めていることを途中で見切ること」の「進めていること」は，「取り組んでいること」what you are working on や単純に「しているこ

と」what you are doing でもよいだろう。「途中で見切る」は「あきら
める」give up, abandon や「やめる」stop で表せる。

- ●「進路でも仕事でも」の「進路」は「将来進む道」と考えれば your
future course などとなる。「学業」と考えるなら your study〔studies〕
とできる。「仕事」は your job〔career〕でよいだろう。あるいは,「進
めていること」を「進路においてでも仕事においてでも」と修飾すると
解釈して,whether in your study〔studies〕or in your job とするこ
とも考えられる。

- ●「〜を無駄にしないために」は so that you don't waste 〜 や not to
waste 〜 などとできる。

- ●「時間やお金」は「そこに関わる人の」で限定されるので the time
and money と定冠詞をつける。

- ●「そこに関わる人の」は of those〔the people〕(who are) involved (in
it) や「関係者の」of those〔the people〕concerned などとできる。

- ●「必要なことです」は,常に見切ることが必要なわけではないので「必
要なこともある」を表すために sometimes や「ある場合には」under
〔in〕certain circumstances などを補いたい。

❖講 評

2022 年度も従来どおり,英文和訳・長文読解総合問題・テーマ英作
文・和文英訳問題の 4 題構成。Ⅳの一部(文学部の独自問題)を除いて,
文系学部の文・人間科・法・経済学部と共通問題である。

Ⅰの英文和訳問題は,(A)・(B)とも下線部訳だが,2022 年度は全体に
下線が入っており,全訳となった。ただし,訳す分量は例年と大差はな
い。(A)は,犬の申し訳なさそうな表情が表すものを説明した文章。3 文
から成っており,各文は短く構造も複雑ではないが,それだけに単語ひ
とつの訳にも気が抜けない。(B)は,宗教が果たす役割とその衰退の理由
を述べたもの。(A)に比べると 1 文が長めで,文構造の分析を正確に行う
必要がある。

Ⅱの長文読解総合問題は,人間の手がどれほど優れたものであるかを
説明した文章。類人猿にもない精巧な手の作りを具体的に述べており,
興味深い論考である。設問は,いずれも素直な問いであり,素早く解答

したい。

　Ⅲは「機械や AI が取って代わることができない，もしくは取って代わってほしくないと考えるのはどのような仕事か」を 1 つ挙げ，その理由を述べるもの。語数が 2000 年度から続いていた 70 語程度から 80 語程度に増加したことが注目点である。今後どうなるか予測はできないが，またこういった変更の可能性があることは頭に入れておく必要がある。

　Ⅳは例年同様，レベルの高い和文英訳である。日本語を読んで意味がわからないようなものではないのに，英語に直すとなると，語句レベルから文構造まで，じっくり検討しなくてはならない。英語らしさ，英語自体の知識の充実とともに，日本語を日本語で言い直す力も求められる。

　全体として，英文和訳問題，長文読解総合問題は標準的，英作文問題はやや難と言える。

■数学■

1

◆**発想**◆　複素数平面における軌跡を求める問題で，通常の軌跡の問題と同じ考え方で解いていけばよい。

　まず，点 $\dfrac{3}{2}$ を中心とする半径 r の円を表す点 z に関する方程式を立式し，与えられた z と w の関係式から得られる $z=(w\,$の式$)$ を代入することにより，w に関する方程式を導く。あとはこの方程式を変形し，これがどのような図形を表すかを判断すればよい。このとき，$w=x+yi$ $(x,\ y$ は実数$)$ とおいて xy 平面上で考察したり，図形的な性質を考えてもよい。

解答　点 z が点 $\dfrac{3}{2}$ を中心とする半径 r (>0) の円周上を動くとき

$$\left|z-\frac{3}{2}\right|=r \quad\cdots\cdots①$$

次に，$z+w=zw$ を満たす点 w について

$$(w-1)\,z=w$$

$w=1$ とするとこの等式を満たさないので $w\ne1$ であるから

$$z=\frac{w}{w-1}$$

これを①に代入すると

$$\left|\frac{w}{w-1}-\frac{3}{2}\right|=r \quad \left|\frac{2w-3\,(w-1)}{2\,(w-1)}\right|=r$$

$$|-(w-3)|=r|2\,(w-1)|$$

これより

$$|w-3|=2r|w-1| \quad \cdots\cdots②$$

したがって，求める図形は，②を満たす w が描く図形である。

(i)　$2r=1 \Longleftrightarrow r=\dfrac{1}{2}$ のとき

$$|w-3|=|w-1|$$

より，点 w は 2 点 1，3 からの距離が等しいから，2 点 1，3 を結ぶ
線分の垂直二等分線，すなわち点 2 を通り実軸に垂直な直線を描く。

(ii)　$2r \neq 1 \Longleftrightarrow r \neq \dfrac{1}{2}$ のとき

②の両辺を 2 乗して

$$|w-3|^2 = 4r^2|w-1|^2$$
$$(w-3)(\overline{w}-3) = 4r^2(w-1)(\overline{w}-1)$$
$$(4r^2-1)w\overline{w} - (4r^2-3)(w+\overline{w}) + 4r^2-9 = 0$$
$$w\overline{w} - \frac{4r^2-3}{4r^2-1}(w+\overline{w}) + \frac{4r^2-9}{4r^2-1} = 0$$
$$\left(w - \frac{4r^2-3}{4r^2-1}\right)\left(\overline{w} - \frac{4r^2-3}{4r^2-1}\right) = \left(\frac{4r^2-3}{4r^2-1}\right)^2 - \frac{4r^2-9}{4r^2-1}$$
$$= \frac{(4r^2-3)^2 - (4r^2-9)(4r^2-1)}{(4r^2-1)^2}$$
$$= \frac{16r^2}{(4r^2-1)^2}$$
$$\left|w - \frac{4r^2-3}{4r^2-1}\right|^2 = \left(\frac{4r}{4r^2-1}\right)^2$$

これより

$$\left|w - \frac{4r^2-3}{4r^2-1}\right| = \frac{4r}{|4r^2-1|}$$

よって，点 w は中心 $\dfrac{4r^2-3}{4r^2-1}$，半径 $\dfrac{4r}{|4r^2-1|}$ の円を描く。

以上まとめると，点 w が描く図形は

$$\left. \begin{array}{l} r=\dfrac{1}{2} \text{ のとき，点 2 を通り実軸に垂直な直線} \\[3mm] r \neq \dfrac{1}{2} \text{ のとき，中心 } \dfrac{4r^2-3}{4r^2-1}, \text{ 半径 } \dfrac{4r}{|4r^2-1|} \text{ の円} \end{array} \right\} \quad \cdots\cdots\text{(答)}$$

別解　(②までは〔解答〕と同じ)

$w=x+yi$（x, y は実数）とおくと，②より

$$|(x-3)+yi| = 2r|(x-1)+yi|$$

よって　　　$\sqrt{(x-3)^2+y^2}=2r\sqrt{(x-1)^2+y^2}$

両辺 2 乗して

$$x^2-6x+y^2+9=4r^2(x^2-2x+y^2+1)$$

$$(4r^2-1)x^2-2(4r^2-3)x+(4r^2-1)y^2+(4r^2-9)=0$$

(I)　$4r^2-1=0$ すなわち $r=\dfrac{1}{2}$ のとき

$$4x-8=0$$

　これより　　　$x=2$　（直線）

(II)　$4r^2-1\neq0$ すなわち $r\neq\dfrac{1}{2}$ のとき

$$x^2-\frac{2(4r^2-3)}{4r^2-1}x+y^2+\frac{4r^2-9}{4r^2-1}=0$$

$$\left(x-\frac{4r^2-3}{4r^2-1}\right)^2+y^2=\left(\frac{4r^2-3}{4r^2-1}\right)^2-\frac{4r^2-9}{4r^2-1}$$

$$=\left(\frac{4r}{4r^2-1}\right)^2$$

　よって　　中心 $\left(\dfrac{4r^2-3}{4r^2-1},\ 0\right)$, 半径 $\dfrac{4r}{|4r^2-1|}$ の円

以上より，点 w が描く図形は

　　$r=\dfrac{1}{2}$ のとき，点 2 を通り実軸に垂直な直線

　　$r\neq\dfrac{1}{2}$ のとき，中心 $\dfrac{4r^2-3}{4r^2-1}$, 半径 $\dfrac{4r}{|4r^2-1|}$ の円

参考　$|w-3|=2r|w-1|$　……②

は，$P(w)$，$A(1)$，$B(3)$ とすると

　　$PB=2rPA$　すなわち　$PA:PB=1:2r$

となるから，点 P は 2 点 A，B からの距離の比が $1:2r$ であるような点である。

一般に，$PA:PB=a:b$ を満たす点 P の軌跡は

- $a=b$ のとき，線分 AB の垂直二等分線
- $a\neq b$ のとき，線分 AB を $a:b$ に内分する点と $a:b$ に外分する点を直径の両端とする円

となるが，このことは軌跡の基本問題として容易に示すことができる。後

者の円のことを「アポロニウスの円」という。

以上のことから，本問では，点 w が描く図形は

  $2r=1$ のとき，線分 AB の垂直二等分線

  $2r \neq 1$ のとき，2 点 $\dfrac{2r+3}{2r+1}$，$\dfrac{2r-3}{2r-1}$ を直径の両端とする円

となる $\left($線分 AB を $1:2r$ に内分，外分する点はそれぞれ $\dfrac{2r+3}{2r+1}$，$\dfrac{2r-3}{2r-1}\right)$。

━━━━━━━━ ◀解　説▶ ━━━━━━━━

≪複素数平面上の軌跡≫

　複素数平面において，条件を満たす点 w の軌跡を求める問題で，通常の xy 平面での軌跡と同じ発想で考えればよい。すなわち，$z+w=zw$ から $z=\dfrac{w}{w-1}$ を導き，これを点 z が満たす z に関する方程式 $\left|z-\dfrac{3}{2}\right|=r$ に代入して，w に関する方程式を導く。これが，点 w が描く図形の方程式である。ここで，点 c を中心とする半径 r の円周上の点 z は，点 c からの距離が r であるから，複素数平面上の方程式は $|z-c|=r$ となることを用いるが，これは基本事項である。

　こうして得られた軌跡の方程式がどのような図形を表すかがわかるまで変形することになるが，まず $|w-3|=2r|w-1|$ を導く。この両辺を 2 乗して $|\alpha|^2=\alpha\overline{\alpha}$ を用いると，$(w-3)(\overline{w}-3)=4r^2(w-1)(\overline{w}-1)$ すなわち $(4r^2-1)w\overline{w}-(4r^2-3)(w+\overline{w})+4r^2-9=0$ が得られるが，ここで $4r^2-1=0$ のときと $4r^2-1 \neq 0$ のときで場合分けが必要で，$r>0$ より

　$r=\dfrac{1}{2}$ のときは，$w+\overline{w}=4$ となる。これは (w の実部)$=2$ となるので，点 2 を通り，実軸に垂直な直線を表す ($|w-3|=|w-1|$ から 2 点 1，3 を結ぶ線分の垂直二等分線と考えてもよい)。

　$r \neq \dfrac{1}{2}$ のときは，両辺を $4r^2-1$ で割ると，$w\overline{w}-m(w+\overline{w})+n=0$ (m，n は実数) の形の式が得られるが，これは $(w-m)(\overline{w}-m)=m^2-n \Longleftrightarrow |w-m|^2=m^2-n$ と変形できるので，$m^2-n>0$ のときは，中心 m，半径 $\sqrt{m^2-n}$ の円を表すことがわかる。これは，複素数平面における「平方完成」に相当する重要な変形であるので，十分習熟しておこう。計算がやや

煩雑になるので慎重に行うとともに，半径は $\dfrac{4r}{|4r^2-1|}$ と絶対値が必要になることにも留意すること。

　また，$|w-3|^2 = 4r^2|w-1|^2$ において，$w = x+yi$（x，y は実数）とおくと，$(x-3)^2+y^2 = 4r^2\{(x-1)^2+y^2\}$ となるので，xy 平面上の軌跡として考察する実戦的な手法も考えられる（〔別解〕参照）。

　さらに，〔参考〕で示した「アポロニウスの円」の知識があると，$|w-3| = 2r|w-1| \Longleftrightarrow \mathrm{PA} : \mathrm{PB} = 1 : 2r$ を導いた時点で，見通しよく解答を進めることができる。

$\boxed{2}$ ◆発想◆　(1)　$7\alpha = 2\pi \Longleftrightarrow 4\alpha = 2\pi - 3\alpha$ と考えよう。

(2)　(1)で求めた等式を $\cos\alpha$ で表すことを考える。$\cos$ に関する 2 倍角の公式と 3 倍角の公式を用いる。

(3)　無理数であることの証明は，背理法を用いるのが常法である。$\cos\alpha = \dfrac{q}{p}$（$p$，$q$ は互いに素な自然数）とおいて矛盾を導く。このとき，式の形から，$2\cos\alpha = \dfrac{q}{p}$ とおく方が処理しやすくなることに着目するとよい。整数に関する本格的な証明問題で，正確な論証を心がけよう。

解答

(1)　$7\alpha = 2\pi \Longleftrightarrow 4\alpha = 2\pi - 3\alpha$
であるから
$$\cos 4\alpha = \cos(2\pi - 3\alpha)$$
よって　　$\cos 4\alpha = \cos 3\alpha$ （証明終）

(2)　$\begin{aligned}\cos 4\alpha &= \cos 2(2\alpha)\\ &= 2\cos^2 2\alpha - 1\\ &= 2(2\cos^2\alpha - 1)^2 - 1\\ &= 8\cos^4\alpha - 8\cos^2\alpha + 1\end{aligned}$

$$\cos 3\alpha = 4\cos^3\alpha - 3\cos\alpha$$

ここで，$\cos\alpha = x$ とおくと，(1)の結果より
$$8x^4 - 8x^2 + 1 = 4x^3 - 3x$$

$$8x^4 - 4x^3 - 8x^2 + 3x + 1 = 0$$

$$(x-1)(8x^3 + 4x^2 - 4x - 1) = 0$$

$x = \cos\alpha \neq 1$ であるから

$$8x^3 + 4x^2 - 4x - 1 = 0$$

よって $f(x) = f(\cos\alpha) = 0$ (証明終)

(3) $\cos\alpha$ が有理数であると仮定すると，$2\cos\alpha$ も有理数で $2\cos\alpha > 0$ であるから

$$2\cos\alpha = \frac{q}{p} \quad (p, \ q \ \text{は互いに素な自然数}) \quad \cdots\cdots\textcircled{1}$$

とおくことができる。(2)の結果から

$$(2\cos\alpha)^3 + (2\cos\alpha)^2 - 2(2\cos\alpha) - 1 = 0$$

であるから，①を代入して

$$\left(\frac{q}{p}\right)^3 + \left(\frac{q}{p}\right)^2 - 2\cdot\frac{q}{p} - 1 = 0$$

$$q^3 + pq^2 - 2p^2q - p^3 = 0 \quad \cdots\cdots\textcircled{2}$$

$$p^3 = q(q^2 + pq - 2p^2)$$

q は p^3 の約数であり，p と q は互いに素な自然数であるから $q = 1$

一方

$$q^3 = p(p^2 + 2pq - q^2)$$

も成り立つから，同様に考えると $p = 1$

よって，①より $\cos\alpha = \dfrac{1}{2}$

このことは $\cos\alpha = \cos\dfrac{2}{7}\pi \neq \dfrac{1}{2}$ に反する。

したがって，$\cos\alpha$ は無理数である。 (証明終)

(注1) $p = 1$，$q = 1$ のとき②を満たさないことから矛盾を導いてもよい。

(注2) ②から $q = 1$ を導くには

$$\frac{p^3}{q} = q^2 + pq - 2p^2$$

と変形して，右辺は整数であることと p，q は互いに素な自然数であることから示すこともできる。$p = 1$ を導くのも同様である。

別解 (1) $\cos 4\alpha = \cos\dfrac{8}{7}\pi = \cos\left(\pi + \dfrac{\pi}{7}\right) = -\cos\dfrac{\pi}{7}$

$\cos 3\alpha = \cos\dfrac{6}{7}\pi = \cos\left(\pi - \dfrac{\pi}{7}\right) = -\cos\dfrac{\pi}{7}$

よって　　$\cos 4\alpha = \cos 3\alpha$

(2)　($\sin 4\alpha = -\sin 3\alpha$ を用いて示す解法)

$\sin 4\alpha = \sin(2\pi - 3\alpha)$

より

$\sin 4\alpha = -\sin 3\alpha$

$2\sin 2\alpha\cos 2\alpha = -(3\sin\alpha - 4\sin^3\alpha)$

$2\cdot 2\sin\alpha\cos\alpha(2\cos^2\alpha - 1) = -\sin\alpha\{3 - 4(1 - \cos^2\alpha)\}$

$\sin\alpha \neq 0$ であるから，両辺を $\sin\alpha$ で割ると

$4\cos\alpha(2\cos^2\alpha - 1) = -3 + 4(1 - \cos^2\alpha)$

$\cos\alpha = x$ とおいて整理すると

$8x^3 + 4x^2 - 4x - 1 = 0$

よって　　$f(x) = f(\cos\alpha) = 0$

(3)　$\left(\cos\alpha = \dfrac{n}{m}\ とおく解法\right)$

$\cos\alpha$ が有理数であると仮定すると，$\cos\alpha > 0$ より

$\cos\alpha = \dfrac{n}{m}$　（m, n は互いに素な自然数）

とおくことができる。(2)の結果から

$f\left(\dfrac{n}{m}\right) = 8\left(\dfrac{n}{m}\right)^3 + 4\left(\dfrac{n}{m}\right)^2 - 4\cdot\dfrac{n}{m} - 1 = 0$

$8n^3 + 4mn^2 - 4m^2n - m^3 = 0$

$m^3 = n(8n^2 + 4mn - 4m^2)$

n は m^3 の約数であり，m と n は互いに素な自然数であるから　　$n = 1$

よって　　$\cos\alpha = \dfrac{1}{m}$

ここで，$0 < \alpha\left(= \dfrac{2}{7}\pi\right) < \dfrac{\pi}{3}$ より，$\dfrac{1}{2} < \cos\alpha\left(= \dfrac{1}{m}\right) < 1$ であるから

$1 < m < 2$

これは m が自然数であることに矛盾する。

したがって，$\cos\alpha$ は無理数である。

━━━━━━━━ ◀解 説▶ ━━━━━━━━

≪無理数であることの証明，2 倍角・3 倍角の公式，3 次方程式≫

▶(1) $7\alpha = 2\pi \Longleftrightarrow 4\alpha = 2\pi - 3\alpha$ より，$\cos 4\alpha = \cos (2\pi - 3\alpha)$ から示すことができる。〔別解〕のように，$\cos 4\alpha \left(= \cos \dfrac{8}{7}\pi\right)$，$\cos 3\alpha \left(= \cos \dfrac{6}{7}\pi\right)$ がともに $-\cos \dfrac{\pi}{7}$ に等しくなることを示してもよい。

▶(2) $\cos 4\alpha$，$\cos 3\alpha$ を 2 倍角の公式や 3 倍角の公式を用いて $\cos\alpha$ で表し，(1)の結果を代入し，$\cos\alpha = x$ とおくと，x の 4 次方程式 $8x^4 - 4x^3 - 8x^2 + 3x + 1 = 0$ が得られる。この方程式の左辺は因数分解できて $(x-1)f(x) = 0$ となるので，$x = \cos\alpha \neq 1$ より $f(x) = f(\cos\alpha) = 0$ が成り立つことがわかる。〔別解〕のように，$\sin 4\alpha = -\sin 3\alpha$ を用いて示すこともできる。

▶(3) $\cos\alpha$ が無理数であることの証明は，$\cos\alpha = \dfrac{n}{m}$（$m$，$n$ は互いに素な自然数）とおくと矛盾が生じることを示す背理法を用いるのが，常套手段である。ただし，本問の場合は，$f(x) = (2x)^3 + (2x)^2 - 2(2x) - 1 = 0$ と表されることに着目すると，$2\cos\alpha = \dfrac{q}{p}$（$p$，$q$ は互いに素な自然数）とおく方が証明は簡明になる。いずれも，$f(\cos\alpha) = 0$ をそれぞれ $p^3 = q(q^2 + pq - 2p^2)$，$m^3 = n(8n^2 + 4mn - 4m^2)$ と変形し，p，q または m，n が互いに素であることから，$q = 1$ または $n = 1$ を導くのがポイントである。

頻出の内容の問題であり，誘導に従って考えていけば無理なく解けるが，論理の飛躍がないよう，慎重に論証を進めていくことが必要である。

━━━━━━━━━━━━━━━━━━━━━━━━━━━━━━━━━━

3 ◇発想◇ 線分の通過領域を求める典型的な問題である。

　まず，線分 PQ の方程式を求める。この方程式は，文字 t を含む x，y の 1 次方程式であるが，通過領域を求めるには t を変数とみて，これを $y = f(t)$ と考えるのがポイントで，2 通りのアプローチがある。

　1 つは，x をいったん固定して定数とみなし，t を $1 \leqq t \leqq 2$ の範囲で変化させたときの $y = f(t)$ のとりうる値の範囲を考える

解法である。

　　もう 1 つは，t の方程式 $y-f(t)=0$ が $1\leqq t\leqq 2$ を満たす実数解をもつような点 $(x,\ y)$ の存在範囲を求める，いわゆる「解の分離」の考え方を用いる解法である。

　　いずれも x の値による適切な場合分けを行う必要がある。

解答　線分 PQ の方程式は

$$y=\dfrac{t}{-\dfrac{1}{t}}x+t,\ \ x\geqq 0,\ y\geqq 0$$

これより

$$y=-t^2x+t,\ \ x\geqq 0,\ y\geqq 0$$

ここで，$y=-xt^2+t=f(t)$ とおいて，$x\ (\geqq 0)$ を固定し，t を $1\leqq t\leqq 2$ の範囲で変化させたときの y のとりうる値の範囲を求める。

・$x=0$ のとき

　$f(t)=t$ であるから，$1\leqq t\leqq 2$ より　　　$1\leqq y\leqq 2$　……①

・$x>0$ のとき

　まず，$1\leqq t\leqq 2$ における最大値は

$$f(t)=-x\left(t-\dfrac{1}{2x}\right)^2+\dfrac{1}{4x}$$

　これより

(i)　$2\leqq \dfrac{1}{2x}$ すなわち $0<x\leqq \dfrac{1}{4}$ のとき　　　最大値　　$f(2)=-4x+2$

(ii)　$1\leqq \dfrac{1}{2x}\leqq 2$ すなわち $\dfrac{1}{4}\leqq x\leqq \dfrac{1}{2}$ のとき　　　最大値　　$f\left(\dfrac{1}{2x}\right)=\dfrac{1}{4x}$

(iii)　$\dfrac{1}{2x}\leqq 1$ すなわち $x\geqq \dfrac{1}{2}$ のとき　　　最大値　　$f(1)=-x+1$

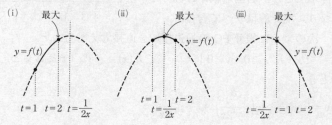

また，$1 \leqq t \leqq 2$ における最小値は

(iv)　$\dfrac{3}{2} \leqq \dfrac{1}{2x}$ すなわち $0 < x \leqq \dfrac{1}{3}$ のとき　　最小値　$f(1) = -x + 1$

(v)　$\dfrac{1}{2x} \leqq \dfrac{3}{2}$ すなわち $x \geqq \dfrac{1}{3}$ のとき　　最小値　$f(2) = -4x + 2$

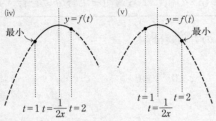

以上より，線分 PQ が通過する領域を表す式は次のようになる。ただし，$y \geqq 0$ を考慮し，$x = 0$ のときも含めて

(※) $\begin{cases} 0 \leqq x \leqq \dfrac{1}{4} \text{ のとき} \\[4pt] \qquad -x + 1 \leqq y \leqq -4x + 2 \\[8pt] \dfrac{1}{4} \leqq x \leqq \dfrac{1}{3} \text{ のとき} \\[4pt] \qquad -x + 1 \leqq y \leqq \dfrac{1}{4x} \\[8pt] \dfrac{1}{3} \leqq x \leqq \dfrac{1}{2} \text{ のとき} \\[4pt] \qquad -4x + 2 \leqq y \leqq \dfrac{1}{4x} \\[8pt] \dfrac{1}{2} \leqq x \leqq 1 \text{ のとき} \\[4pt] \qquad 0 \leqq y \leqq -x + 1 \end{cases}$

これを図示すると，右図の網かけ部分のようになり，境界線はすべて含む。

（注1）　次のように線分 PQ の通過領域を直接考えてもよい。

線分 $y = -t^2 x + t$, $x \geqq 0$, $y \geqq 0$ について，$h(x) = -t^2 x + t$ とおくと，$x > 0$, $t > 0$ のとき

$$y = h(x) = -x\left(t - \dfrac{1}{2x}\right)^2 + \dfrac{1}{4x} \leqq \dfrac{1}{4x}$$

となるから，線分 PQ の通過する部分は，$y \leqq \dfrac{1}{4x}$ $(x>0)$ を満たすことが必要である。

さらに

$$h(x) - \frac{1}{4x} = -x\left(t - \frac{1}{2x}\right)^2 = -\frac{t^2}{x}\left(x - \frac{1}{2t}\right)^2$$

より，直線 $y=h(x)$ と双曲線 $y=\dfrac{1}{4x}$ は，$x=\dfrac{1}{2t}$ において接することがわかる。よって，求める部分は，$x>0$ のとき，$y=h(x)$, $x>0$, $y \geqq 0$ が双曲線 $y=\dfrac{1}{4x}$ に接しながら $t=1$ $\left(y=-x+1,\ \text{接点}\ \left(\dfrac{1}{2},\ \dfrac{1}{2}\right)\right)$ から $t=2$ $\left(y=-4x+2,\ \text{接点}\ \left(\dfrac{1}{4},\ 1\right)\right)$ まで通過する領域であり，$x=0$ のときは①より $1 \leqq y \leqq 2$ であるから，〔解答〕の図のようになる $\left(\text{この領域は確かに}\ y \leqq \dfrac{1}{4x}\ \text{を満たしている}\right)$。

別解　線分 PQ の方程式は

$$y = -t^2 x + t,\ \ x \geqq 0,\ y \geqq 0$$

これより

$$x t^2 - t + y = 0,\ \ x \geqq 0,\ y \geqq 0 \quad \cdots\cdots (*)$$

$(*)$ を満たす実数 t（ただし，$1 \leqq t \leqq 2$）が存在するための条件，すなわち，t についての方程式 $x t^2 - t + y = 0$ が $x \geqq 0$, $y \geqq 0$ の条件の下で $1 \leqq t \leqq 2$ を満たす実数解をもつ条件を求める。ここで，$g(t) = x t^2 - t + y$ とおく。

・$x=0$ のとき

　$(*)$ より $t=y$ であるから，$1 \leqq t \leqq 2$ より　　$1 \leqq y \leqq 2$ $\quad \cdots\cdots$ⓐ

・$x>0$ のとき

　(I)　方程式 $g(t) = 0$ が $1 < t < 2$ の範囲に 2 つの実数解（重解も含む）をもつとき

$g(t) = x\left(t - \dfrac{1}{2x}\right)^2 - \dfrac{1}{4x} + y$ は下に凸の放物線であるから，条件を満たすのは，次の(ア)〜(エ)を同時に満たす場合である。

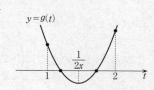

(ア)　$g\left(\dfrac{1}{2x}\right) = -\dfrac{1}{4x} + y \leqq 0$ より　　　$y \leqq \dfrac{1}{4x}$

(イ)　$1 < \dfrac{1}{2x} < 2$

　　　$x > 0$ より　　$\dfrac{1}{4} < x < \dfrac{1}{2}$

(ウ)　$g(1) = x - 1 + y > 0$ より　　$y > -x + 1$

(エ)　$g(2) = 4x - 2 + y > 0$ より　　$y > -4x + 2$

$\left. \rule{0pt}{6em} \right\} \cdots\cdots ⓑ$

(Ⅱ)　方程式 $g(t) = 0$ が $1 < t < 2$ の範囲にただ 1 つの実数解（重解でない）をもつとき

$$g(1)\,g(2) = (x - 1 + y)(4x - 2 + y) < 0$$

より

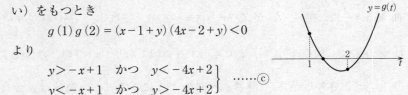

$$\left. \begin{array}{l} y > -x + 1 \quad かつ \quad y < -4x + 2 \\ y < -x + 1 \quad かつ \quad y > -4x + 2 \end{array} \right\} \cdots\cdots ⓒ$$

(Ⅲ)　方程式 $g(t) = 0$ が $t = 1$ または $t = 2$ を解にもつとき

$g(1) = 0$ または $g(2) = 0$ より

$$y = -x + 1 \quad または \quad y = -4x + 2 \quad \cdots\cdots ⓓ$$

さらに $y \geqq 0$ であることを考慮すると，線分 PQ が通過する部分は，ⓐ～ⓓで表される部分を合わせた領域のうち，$y \geqq 0$ を満たすもので，これを図示すると，〔解答〕で示した図のようになり，境界線はすべて含む。

（注 2）　線分 PQ の方程式を，$y = -t^2 x + t,\ x \geqq 0,$

$y \geqq 0$ より $y = -t^2 x + t,\ 0 \leqq x \leqq \dfrac{1}{t}$ と考えて，次のように解くこともできる。

〔解答〕と同様に

$$y = -xt^2 + t = -x\left(t - \dfrac{1}{2x}\right)^2 + \dfrac{1}{4x} = f(t)$$

とおいて，$1 \leqq t \leqq 2$ で t を変化させたときの y のとりうる値の範囲を求める。

$x > 0$ のとき　　$0 < x \leqq \dfrac{1}{t} \Longleftrightarrow 0 < t \leqq \dfrac{1}{x}$

となるから，$y = f(t)\ \left(0 < t \leqq \dfrac{1}{x}\right)$ のグラフは右図

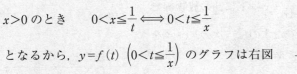

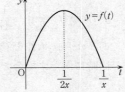

のようになる。

ここで，$\dfrac{1}{x}<1$ すなわち $x>1$ のときは，$1\leqq t\leqq 2$ の範囲にグラフが存在しないから，$0<x\leqq 1$ で考えればよい。

まず，$1\leqq t\leqq 2$ における最大値については，(i)と(ii)は〔解答〕と同じ，(iii)については

　(iii)　$\dfrac{1}{2}\leqq x\leqq 1$ のとき

　　　　最大値　　$f(1)=-x+1$

となり，$1\leqq t\leqq 2$ における最小値については，(iv)は〔解答〕と同じ，(v)については

　(v)　$\dfrac{1}{2x}\leqq\dfrac{3}{2}$ かつ $2\leqq\dfrac{1}{x}$ すなわち $\dfrac{1}{3}\leqq x\leqq\dfrac{1}{2}$ のとき

　　　　最小値　　$f(2)=-4x+2$

　(vi)　$1\leqq\dfrac{1}{x}\leqq 2$ すなわち $\dfrac{1}{2}\leqq x\leqq 1$ のとき

　　　　最小値　　$f\left(\dfrac{1}{x}\right)=0$

となる。$x=0$ のときは〔解答〕と同様だから，以上をまとめると，〔解答〕と同じ(※)が得られる。

━━━━━━━━◆解　説▶━━━━━━━━━━━━

≪線分の通過領域≫

　線分が通過する領域を図示する問題である。一般に，通過領域を求めるには 2 通りの考え方がある。1 つは〔解答〕で示した方法で，線分 PQ の方程式 $y=(t,\ x\ \text{の式})$ において，いったん x の値を固定し，y を t の 2 次関数とみて，$1\leqq t\leqq 2$ の範囲で t を変化させたときの y の値域を求める方法。もう 1 つは〔別解〕で示したように，線分 PQ の方程式 $y-(x,\ t\ \text{の式})=0$ を t についての 2 次方程式とみて，$1\leqq t\leqq 2$ を満たす実数解をもつための $x,\ y$ の条件（$(x,\ y)$ の存在範囲）を求める方法である。

　〔解答〕では，$y=-xt^2+t=-x\left(t-\dfrac{1}{2x}\right)^2+\dfrac{1}{4x}=f(t)$ とおくと，$x>0$ のとき，$y=f(t)$ は軸が $t=\dfrac{1}{2x}$ である上に凸の放物線で，$1\leqq t\leqq 2$ における

$f(t)$ の値域は明らかに連続だから，この区間における $f(t)$ の最大値と最小値を求めることで値域を決定した。最大値は軸 $t = \dfrac{1}{2x}$ について $\dfrac{1}{2x} \leqq 1$，$1 \leqq \dfrac{1}{2x} \leqq 2$，$2 \leqq \dfrac{1}{2x}$ の3つの場合に，最小値は $\dfrac{1}{2x} \leqq \dfrac{3}{2}$，$\dfrac{3}{2} \leqq \dfrac{1}{2x}$ の2つの場合に分けて求める。これは2次関数に関する基本的な手法である。

なお，得られた領域の境界について，$y = -x + 1$，$y = -4x + 2$ はそれぞれ点 $\left(\dfrac{1}{2},\ \dfrac{1}{2} \right)$，$\left(\dfrac{1}{4},\ 1 \right)$ において $y = \dfrac{1}{4x}$ に接することに注意。このことは（注1）のように考えると明確に理解できる。

〔別解〕では，$xt^2 - t + y = g(t)$ とおいて，$x > 0$ のとき $g(t) = 0$ を t についての方程式と考えて，これが「$1 < t < 2$ の範囲に2つの実数解をもつ場合」，「$1 < t < 2$ の範囲にただ1つの実数解（重解でない）をもつ場合」，「$t = 1$ または $t = 2$ を解にもつ場合」の3つに分けて考察した。

〔解答〕，〔別解〕の両方とも，$x = 0$ の場合は別に考える必要がある。また，$y \geqq 0$ の条件については，最後に領域を図示する際に考慮した。

なお，（注2）で述べたように，〔解答〕の考え方で $y = f(t)$ の値域を考えるときに，$y \geqq 0$ を考慮して，$x > 0$ のとき $0 < x \leqq \dfrac{1}{t}$ として，$y = f(t)$ $\left(0 < t \leqq \dfrac{1}{x} \right)$ の $1 \leqq t \leqq 2$ における $f(t)$ の値域を考察して解くこともできる。

---

4 ◇発想◇ (1) $F(x) = f(x) - x$ とおいて $F'(x)$ を求め，$F(x)$ の増減を調べよう。

(2) 式の形 $\dfrac{\alpha - f(x)}{\alpha - x}$ を見て，$f(\alpha) = \alpha$ が成り立つことに注意すると，$\dfrac{f(\alpha) - f(x)}{\alpha - x}$ となり，平均値の定理の利用が想起できる。

$f'(x) = \dfrac{1}{x+1}$ $(x > 0)$ が単調減少であることを用いると題意を示すことができる。

(3) 何を証明すればよいか迷うかもしれないが，(2)を利用するこ

と を 考 え よ う 。(2) よ り $0<x_n<\alpha$ が 成 り 立 つ な ら ば ,

$$\frac{\alpha-f(x_n)}{\alpha-x_n}<f'(x_n) \Longleftrightarrow \alpha-x_{n+1}<\frac{1}{x_n+1}(\alpha-x_n)$$ が 成 り 立 つ 。こ

れ と 与 え ら れ た 不 等 式 $\alpha-x_{n+1}<\frac{1}{2}(\alpha-x_n)$ を 比 較 す る と, $x_n\geqq1$

で あ る こ と を 示 せ ば よ い こ と が わ か る 。こ の こ と か ら, $0<x_n<\alpha$
か つ $x_n\geqq1$, つ ま り, $1\leqq x_n<\alpha$ が 証 明 す べ き 式 で あ る 。証 明 は 数
学 的 帰 納 法 を 用 い る こ と に な る 。

(4)　も し(3)で 得 ら れ た 不 等 式 が 等 式 $\alpha-x_{n+1}=\frac{1}{2}(\alpha-x_n)$ な ら,

漸 化 式 を 解 い て $\alpha-x_n=\left(\frac{1}{2}\right)^{n-1}(\alpha-x_1)$ が 得 ら れ る が, 不 等 式 の
場 合 も 同 様 に 考 え れ ば よ い 。は さ み う ち の 原 理 を 用 い て
$\lim_{n\to\infty}(\alpha-x_n)=0$ を 示 す 。

　漸 化 式 $x_{n+1}=f(x_n)$ で 与 え ら れ た 数 列 $\{x_n\}$ の 極 限 に 関 す る 問
題 で, 平 均 値 の 定 理 を 用 い て 不 等 式 を 導 き, は さ み う ち の 原 理 に
よ り 極 限 値 を 求 め る 流 れ は 定 番 の 手 法 で あ る の で, お さ え て お こ
う 。

解答　(1)　$F(x)=f(x)-x=\log(x+1)-x+1$　$(x>0)$

と お く と

$$F'(x)=\frac{1}{x+1}-1=-\frac{x}{x+1}<0$$

で あ る か ら, $F(x)$ は $x>0$ の 範 囲 で 単 調 に 減 少 す る 。

　$F(1)=\log2>0$, $F(3)=\log4-2=2(\log2-\log e)<0$　$(\because\ 2<e)$
で あ り, $F(x)$ は 連 続 で あ る か ら, $F(x)=0$ す な わ ち $f(x)=x$ は, $x>0$ の
範 囲 で た だ 1 つ の 解 を も つ 。　　　　　　　　　　　　　　　　　　(証明終)

(2)　(1)の 解 を α と す る の で あ る か ら, (1)の 結 果 か ら

$$f(\alpha)=\alpha\quad(1<\alpha<3)\quad\cdots\cdots①$$

が 成 り 立 つ 。こ こ で, $0<x<\alpha$ の と き, 平 均 値 の 定 理 よ り

$$\frac{f(\alpha)-f(x)}{\alpha-x}=f'(c)\quad\cdots\cdots②\quad た だ し, x<c<\alpha\quad\cdots\cdots③$$

を満たす実数 c が存在する。

このとき，$f'(x) = \dfrac{1}{x+1}$ より，$f'(x)$ は $x > 0$ の範囲で単調減少だから，③
より

$$f'(c) < f'(x)$$

また，$c > 0$ より，$f'(c) > 0$ であるから

$$0 < f'(c) < f'(x)$$

よって，②より

$$0 < \dfrac{f(\alpha) - f(x)}{\alpha - x} < f'(x)$$

であるから，①より

$$0 < \dfrac{\alpha - f(x)}{\alpha - x} < f'(x) \qquad\qquad （証明終）$$

(3) まず，すべての自然数 n に対して

$$1 \leqq x_n < \alpha \quad\cdots\cdots④$$

が成り立つことを数学的帰納法により示す。

(ⅰ) $n = 1$ のとき，$x_1 = 1$ であるから，明らかに④は成り立つ。

(ⅱ) $n = k$ $(k = 1, 2, \cdots)$ のとき，④が成り立つと仮定すると

$$1 \leqq x_k < \alpha$$

$f(x) = \log(x+1) + 1$ は単調増加関数だから

$$f(1) \leqq f(x_k) < f(\alpha)$$

$f(1) = \log 2 + 1 \geqq 1$ であるから，$x_{k+1} = f(x_k)$ および①より

$$1 \leqq x_{k+1} < \alpha$$

よって，$n = k+1$ のときも④は成り立つ。

(ⅰ)，(ⅱ)より，すべての自然数 n に対して④は成り立つ。

したがって，$0 < x_n < \alpha$ が成り立つから，(2)の結果に $x = x_n$ を代入して

$$\dfrac{\alpha - f(x_n)}{\alpha - x_n} < f'(x_n)$$

$f(x_n) = x_{n+1}$，$\alpha - x_n > 0$ であるから

$$\alpha - x_{n+1} < f'(x_n)(\alpha - x_n)$$

さらに $1 \leqq x_n$ より，$f'(x_n) = \dfrac{1}{x_n + 1} \leqq \dfrac{1}{2}$ が成り立つから

$$\alpha - x_{n+1} < \frac{1}{2}(\alpha - x_n)$$

（証明終）

(4)　(3)の結果から

$$0 < \alpha - x_{n+1} < \frac{1}{2}(\alpha - x_n)$$

これを繰り返し用いると，十分大きな自然数 n に対して

$$0 < \alpha - x_n < \frac{1}{2}(\alpha - x_{n-1}) < \left(\frac{1}{2}\right)^2 (\alpha - x_{n-2}) < \cdots < \left(\frac{1}{2}\right)^{n-1}(\alpha - x_1)$$

すなわち　　$0 < \alpha - x_n < \left(\frac{1}{2}\right)^{n-1}(\alpha - x_1)$

が成り立ち，$\displaystyle \lim_{n \to \infty} \left(\frac{1}{2}\right)^{n-1}(\alpha - x_1) = 0$ であるから，はさみうちの原理より

$$\lim_{n \to \infty}(\alpha - x_n) = 0 \quad \text{すなわち} \quad \lim_{n \to \infty} x_n = \alpha$$

（証明終）

━━━━━━━ ◀解　説▶ ━━━━━━━

≪漸化式で表された数列の極限，関数の増減，平均値の定理≫

▶(1)　$F(x) = f(x) - x$ とおいて増減を調べることにより，$F(x) = 0 \Longleftrightarrow f(x) = x$ を満たす x が存在することを示す。$F(x)$ は単調減少で，$F(1) = \log 2 > 0$ であるから，$F(x) < 0$ を満たす x が存在することを示せばよい。

▶(2)　$f(\alpha) = \alpha$ が成り立つことから，$0 < \dfrac{f(\alpha) - f(x)}{\alpha - x} < f'(x)$ を示すことになる。平均値の定理 $\dfrac{f(\alpha) - f(x)}{\alpha - x} = f'(c) \ (x < c < \alpha)$ を用いて，さらに $f'(x) = \dfrac{1}{x+1}$ が単調減少であることに着目すればよい。

▶(3)　$1 \le x_n < \alpha$ であることを証明することになるが，この証明すべき不等式を自力で見出すことができるかどうかが成否を分けるポイントである。(2)の結果の利用を考えることになるが，$x_n < \alpha$ として(2)の結果に $x = x_n$ を代入して得られる不等式 $\alpha - x_{n+1} < f'(x_n)(\alpha - x_n)$ と与えられた不等式とを比較すると，$f'(x_n) \le \dfrac{1}{2}$ が成り立てばよいことがわかる。$x = x_n$ を代入するためには，$0 < x_n < \alpha$ が成り立つことが必要で，$f'(x_n) = \dfrac{1}{x_n + 1} \le \dfrac{1}{2}$ よ

り，$x_n \geq 1$ であればよいから，結局証明すべき式は $1 \leq x_n < \alpha$ となる。証明は数学的帰納法を用いて，$f(x)$ の単調性に着目すれば難しくない。$x_n \geq 1$ であることは，$x_1 = 1$ で $f(x)$ が単調増加関数であることからも知ることができる。

▶(4)　(3)で得られた不等式 $\alpha - x_{n+1} < \dfrac{1}{2}(\alpha - x_n)$ から $\lim\limits_{n \to \infty} x_n = \alpha$ を導くためにはさみうちの原理が使える形に変形する。漸化式 $\alpha - x_{n+1} = \dfrac{1}{2}(\alpha - x_n)$ と同じように考えて

$$\alpha - x_n < \frac{1}{2}(\alpha - x_{n-1}) < \left(\frac{1}{2}\right)^2 (\alpha - x_{n-2}) < \cdots < \left(\frac{1}{2}\right)^{n-1}(\alpha - x_1)$$

と順次次数を下げていくのは頻出の手法であるから，無理なく使うことができるようにしておきたい。

$\boxed{5}$　◆発想◆　媒介変数で表された曲線を題材にした面積を求める問題で，まず曲線 C の概形を把握する必要がある。そのためには，$\dfrac{dx}{dt}$，$\dfrac{dy}{dt}$ を求め，x，y の増減をそれぞれ調べ，それを総合することにより C の動きを捉えよう。

この概形から，求める面積 S を x についての定積分で表し，この定積分において変数を t に置換することにより積分計算を行う。このとき，C の方程式を x を用いて2種類の方程式 $y = y_1(x)$，$y = y_2(x)$ で表されたと想定することによって $S = \displaystyle\int_{\bigcirc}^{\triangle} y_1 \, dx - \int_{\bullet}^{\blacktriangle} y_2 \, dx$ の形に表されることと，t で置換積分を行うと2つの定積分の式が1つにまとめられることに留意して計算を進めよう。

解答　$x = e^t \cos t + e^\pi$，$y = e^t \sin t$　$(0 \leq t \leq \pi)$ より

$$\frac{dx}{dt} = e^t(-\sin t + \cos t) = \sqrt{2}\, e^t \sin\left(t + \frac{3}{4}\pi\right)$$

$$\frac{dy}{dt} = e^t(\sin t + \cos t) = \sqrt{2}\, e^t \sin\left(t + \frac{\pi}{4}\right)$$

$0 \le t \le \pi$ のとき，$\dfrac{dx}{dt}=0$ とすると

$t=\dfrac{\pi}{4}$，$\dfrac{dy}{dt}=0$ とすると $t=\dfrac{3}{4}\pi$ である。

$0 \le t \le \pi$ における x, y の増減表および曲線 C の概形は次のようになる。

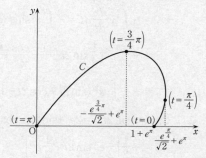

t	0	$\cdots$	$\dfrac{\pi}{4}$	$\cdots$	$\dfrac{3}{4}\pi$	$\cdots$	π
$\dfrac{dx}{dt}$		$+$	0	$-$	$-$	$-$	
x	$1+e^{\pi}$	$\rightarrow$	$\dfrac{e^{\frac{\pi}{4}}}{\sqrt{2}}+e^{\pi}$	$\leftarrow$	$-\dfrac{e^{\frac{3}{4}\pi}}{\sqrt{2}}+e^{\pi}$	$\leftarrow$	0
$\dfrac{dy}{dt}$		$+$	$+$	$+$	0	$-$	
y	0	$\uparrow$	$\dfrac{e^{\frac{\pi}{4}}}{\sqrt{2}}$	$\uparrow$	$\dfrac{e^{\frac{3}{4}\pi}}{\sqrt{2}}$	$\downarrow$	0
$(x,\ y)$		$\nearrow$		$\nwarrow$		$\swarrow$	

(x に関する増減は横向き矢印→，
y に関する増減は縦向き矢印↑，↓で表した)

曲線 C の $0 \le t \le \dfrac{\pi}{4}$ の部分を y_1，$\dfrac{\pi}{4} \le t \le \pi$ の部分を y_2 と表すと，求める面積を S として

$$S=\left(\text{曲線 } y_2 \text{ と } x \text{ 軸，直線 } x=\dfrac{e^{\frac{\pi}{4}}}{\sqrt{2}}+e^{\pi} \text{ で囲まれた部分の面積}\right)$$

$$-\left(\text{曲線 } y_1 \text{ と } x \text{ 軸，直線 } x=\dfrac{e^{\frac{\pi}{4}}}{\sqrt{2}}+e^{\pi} \text{ で囲まれた部分の面積}\right)$$

$$=\int_0^{\frac{e^{\frac{\pi}{4}}}{\sqrt{2}}+e^{\pi}} y_2\,dx - \int_{1+e^{\pi}}^{\frac{e^{\frac{\pi}{4}}}{\sqrt{2}}+e^{\pi}} y_1\,dx$$

と表すことができる。

これを t で置換して積分すると

$$S=\int_{\pi}^{\frac{\pi}{4}} y\dfrac{dx}{dt}\,dt - \int_0^{\frac{\pi}{4}} y\dfrac{dx}{dt}\,dt$$

x	$0 \to \dfrac{e^{\frac{\pi}{4}}}{\sqrt{2}}+e^{\pi}$
t	$\pi \to \dfrac{\pi}{4}$

x	$1+e^{\pi} \to \dfrac{e^{\frac{\pi}{4}}}{\sqrt{2}}+e^{\pi}$
t	$0 \to \dfrac{\pi}{4}$

$$= -\int_0^\pi y\frac{dx}{dt}\,dt = -\int_0^\pi e^t\sin t\cdot e^t(\cos t - \sin t)\,dt$$

$$= -\int_0^\pi e^{2t}\Big(\frac{1}{2}\sin 2t - \frac{1-\cos 2t}{2}\Big)dt$$

$$= -\frac{1}{2}\int_0^\pi e^{2t}(\sin 2t + \cos 2t - 1)\,dt$$

ここで，$(e^{2t}\sin 2t)' = 2e^{2t}(\sin 2t + \cos 2t)$　が成り立つことに注意すると

$$S = -\frac{1}{2}\Big[\frac{1}{2}e^{2t}\sin 2t - \frac{1}{2}e^{2t}\Big]_0^\pi$$

$$= \frac{1}{4}(e^{2\pi} - e^0) = \frac{1}{4}(e^{2\pi} - 1)\quad\cdots\cdots(答)$$

━━━━◀解　説▶━━━━

≪媒介変数で表された曲線と x 軸で囲まれた部分の面積≫

　まず，x, y をそれぞれ t で微分し，x, y のそれぞれの増減を調べることにより，C の概形を把握しよう。このとき，x に関する増減は横向き矢印→，←，y に関する増減は縦向き矢印↑，↓で表し，x, y の増減を並べて表にし，これを合わせて C の増減を決めていけばよい。こうして得られた C の概形から，C の $0 \le t \le \dfrac{\pi}{4}$ の部分を $y_1(y_1(x))$，$\dfrac{\pi}{4} \le t \le \pi$ の部分を $y_2(y_2(x))$ と表すことにして，求める面積 S を

$$= \int_0^{\frac{e^{\frac{\pi}{4}}}{\sqrt{2}}+e^\pi} y_2\,dx - \int_{1+e^\pi}^{\frac{e^{\frac{\pi}{4}}}{\sqrt{2}}+e^\pi} y_1\,dx$$

と，まず x の定積分で表現しよう。

次にこれを t で置換積分すると

$$S = \int_\pi^{\frac{\pi}{4}} y\frac{dx}{dt}\,dt - \int_0^{\frac{\pi}{4}} y\frac{dx}{dt}\,dt = -\int_0^\pi y\frac{dx}{dt}\,dt$$

と，t についての１つの定積分にまとめることができる。媒介変数で表される曲線に関わる面積を求めるときの基本的な考え方なので正確に理解しておきたい。なお，この種の問題に慣れると直ちに $S = -\displaystyle\int_0^\pi y\frac{dx}{dt}\,dt$ とな

ることがわかるかもしれないが，解答を作成するときは上記のプロセスを省略せずに記述しなければならない。

　定積分の計算は，まず倍角公式を用いて被積分関数に含まれる $\sin t \cos t$，$\sin^2 t$ を $\sin 2t$，$\cos 2t$ で表す。このとき，$\int e^{2t}(\sin 2t + \cos 2t)\,dt$ については $(e^{2t}\sin 2t)' = 2e^{2t}(\sin 2t + \cos 2t)$ が成り立つことに着目すると

$$\int e^{2t}(\sin 2t + \cos 2t)\,dt = \frac{1}{2}e^{2t}\sin 2t + C \quad （C は積分定数）$$

と即座に計算することができる。このことは，本問の冒頭部分で計算した $\dfrac{dy}{dt} = e^t(\sin t + \cos t)$ から気付きたい。

　なお，面積 S を求めるとき，y についての定積分を考えると，C の $0 \leqq t \leqq \dfrac{3}{4}\pi$ の部分を $x_1(x_1(y))$，$\dfrac{3}{4}\pi \leqq t \leqq \pi$ の部分を $x_2(x_2(y))$ と表すことにより

$$S = \int_0^{e^{\frac{3}{4}\pi}/\sqrt{2}} x_1\,dy - \int_0^{e^{\frac{3}{4}\pi}/\sqrt{2}} x_2\,dy = \int_0^{\frac{3}{4}\pi} x\frac{dy}{dt}\,dt - \int_\pi^{\frac{3}{4}\pi} x\frac{dy}{dt}\,dt$$

$$= \int_0^\pi x\frac{dy}{dt}\,dt$$

として求められるが，本問の場合はやや計算が煩雑になり得策とはいえない。

　なお，2018 年度理系数学の③に，媒介変数で表された曲線に関する面積を求める類題が出題されているので，参考にされたい。

❖ 講　評

　2022 年度は，「数学Ⅲ」から微・積分法に関する問題が 2 題（1 題は数列の極限と微分法，もう 1 題は積分法と媒介変数表示の内容）と複素数平面の問題 1 題の，合わせて 3 題が出題された。他には，「数学Ⅱ」から図形と方程式と三角関数の問題が 1 題ずつ出題され，後者は「数学Ⅰ」の集合と論理の分野との融合問題であった。微・積分法の問題は頻出であり，面積（媒介変数で表された曲線）の問題と，方程式・不等式の証明，平均値の定理を用いる問題が出題された。特に，面積（体積を含む）や方程式・不等式の証明問題は頻出である。他に頻出の分野では，

2022 年度は確率の問題は出題されなかったが，複素数平面の問題は 2 年ぶりに出題（直近の 6 年間では 4 回）された。

1 は，複素数平面における軌跡の問題で，軌跡を求める過程は xy 平面での軌跡の考え方と同じである。複素数平面における基本的な式変形や図形（円・直線）の方程式に習熟していれば，無理なく解くことができる標準的な内容であり，完答を目指したい。

2 は，三角関数を題材にした証明問題で，$\cos\alpha$ $\left(\alpha = \dfrac{2}{7}\pi\right)$ が無理数であることを背理法を用いて証明する内容である。$\cos\alpha$ が有理数であると仮定して，$\cos\alpha = \dfrac{n}{m}$（$m$, n は互いに素な自然数）などとおくことにより矛盾を導く本格的な証明問題ではあるが，丁寧な誘導が与えられているので，2 倍角・3 倍角の公式や高次方程式の知識を用いれば，証明の方針は立てやすい。標準レベルの内容で，十分完答できる問題である。「互いに素」の条件の使い方がポイントであり，論理的な不備がないよう細心の注意を払って証明しよう。

3 は，線分の通過領域を求め，これを図示する問題である。通過領域の問題としては典型的な内容で，受験生の多くが一度は経験したことがあるだろう。線分の方程式 $y = -t^2 x + t$ において，x（>0）を固定して，t を変数とし，t の 2 次関数と考えて，$1 \leqq t \leqq 2$ のときの y の値域を考えるのがポイントである。$xt^2 - t + y = 0$ を t の方程式と考えて，$1 \leqq t \leqq 2$ を満たす実数解をもつ条件を考える解法も有効である。x についての場合分けを慎重に行う必要があるが，型通りの標準レベルの問題であり，完答すべき問題である。

4 は，漸化式 $x_{n+1} = f(x_n)$ で表された数列の極限を求める問題である。(1)で方程式 $f(x) = x$ の解を調べ，(2)で平均値の定理を利用して得られる不等式を用いて，(3)で $\alpha - x_{n+1} < \dfrac{1}{2}(\alpha - x_n)$ ……（＊）が成り立つことを示し，最終的に(4)で $0 < \alpha - x_n < \left(\dfrac{1}{2}\right)^{n-1}(\alpha - x_1)$ から，はさみうちの原理を用いて $\lim\limits_{n \to \infty} x_n = \alpha$ を示すという流れは，この種の問題の典型的な解法である。ただ本問の場合は，不等式（＊）を示すために $1 \leqq x_n < \alpha$ を証

明する必要があるが，このことを自力で発見できたかどうかで明暗が分かれただろう。定番の問題とはいえ，(3)の証明がやや難レベルで，2022年度の問題の中では最も思考力を要する問題であったといえる。

　⑤は，媒介変数で表される曲線と x 軸で囲まれる部分の面積を求める問題である。x と y の増減表から曲線 C の変化を読み取る方法や，面積を x についての定積分で表し，それを t で置換積分して計算する考え方は，媒介変数で表される曲線特有のものであるが，一度経験して理解できていれば，定法どおりの処理により正解に到達できただろう。積分計算も典型的で，特に複雑なものではない。本問は基本・標準レベルの内容で完答を目指したい。

　2022 年度は難問や目新しい問題はなく，いずれも方針が無理なく立てられる問題で，④(3)を除いてすべて基本・標準レベルの問題であった。大阪大学の数学は 2020 年度にかなり易化し，それまでの問題の傾向，特に難易度に変化がみられた。2021 年度は少し難化したものの，2022 年度は易化し，2020 年度のレベルに戻ったといえる。計算も複雑なものは姿を消し，いずれも完答可能な問題であった。高得点の争いになったことが予想され，ミスを防ぎ④(3)を除く問題で得点を重ね，④(3)でどれだけ完答に近づくことができたかが合否に影響したであろう。

　直近 3 年では易化の傾向がみられるので，基本・標準レベルの問題はどの分野であっても確実に得点できる幅広い実力を養成しておきたい。それに加えて，従来出題されていた重量感のある難問にも対応できるよう，論理的な思考力と正確で迅速な計算力の習得を目指して，普段から十分演習を積んでおこう。

◀医(保健〈看護学〉)学部▶

1 ◇発想◇　(1)　2 線分の交点の位置ベクトルの問題で，教科書レベルの基本問題である。$\overrightarrow{AP}$ を $\overrightarrow{AB}$，$\overrightarrow{AC}$ を用いて 2 通りの方法で表し，ベクトルの 1 次独立性を用いるのが標準的な解法である。

(2)　(1)を用いて $|\overrightarrow{AP}|^2$ を計算する。このとき $\overrightarrow{AB}\cdot\overrightarrow{AC}$ を a, b, c を用いて表す必要があるが，余弦定理を用いればよい。$|\overrightarrow{BC}|^2=|\overrightarrow{AC}-\overrightarrow{AB}|^2$ から求めることもできる。

解答　(1)　条件より　　$\overrightarrow{AM}=\dfrac{2}{3}\overrightarrow{AB}$, $\overrightarrow{AN}=\dfrac{1}{3}\overrightarrow{AC}$

BP : PN $=s:1-s$ とおくと
$$\overrightarrow{AP}=(1-s)\overrightarrow{AB}+s\overrightarrow{AN}$$
$$=(1-s)\overrightarrow{AB}+\dfrac{1}{3}s\overrightarrow{AC}$$

CP : PM $=t:1-t$ とおくと
$$\overrightarrow{AP}=t\overrightarrow{AM}+(1-t)\overrightarrow{AC}$$
$$=\dfrac{2}{3}t\overrightarrow{AB}+(1-t)\overrightarrow{AC}$$

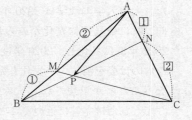

$\overrightarrow{AB}$, $\overrightarrow{AC}$ は 1 次独立 $(\overrightarrow{AB}\not\parallel\overrightarrow{AC}$, $\overrightarrow{AB}\neq\vec{0}$, $\overrightarrow{AC}\neq\vec{0})$ であるから

$$1-s=\dfrac{2}{3}t,\ \dfrac{1}{3}s=1-t$$

この連立方程式を解くと，$\dfrac{3}{2}(1-s)=1-\dfrac{1}{3}s$ より

$$s=\dfrac{3}{7},\ t=\dfrac{6}{7}$$

よって　　$\overrightarrow{AP}=\dfrac{4}{7}\overrightarrow{AB}+\dfrac{1}{7}\overrightarrow{AC}$ ……(答)

(2)　条件より $|\overrightarrow{BC}|=a$, $|\overrightarrow{CA}|=b$, $|\overrightarrow{AB}|=c$ であるから

$$|\overrightarrow{AP}|^2=\dfrac{1}{7^2}|4\overrightarrow{AB}+\overrightarrow{AC}|^2$$

$$=\dfrac{1}{7^2}(16|\overrightarrow{AB}|^2+8\overrightarrow{AB}\cdot\overrightarrow{AC}+|\overrightarrow{AC}|^2)$$

ここで, 余弦定理より, $a^2 = b^2 + c^2 - 2bc\cos A$ が成り立つから

$$\overrightarrow{AB} \cdot \overrightarrow{AC} = |\overrightarrow{AB}||\overrightarrow{AC}|\cos A = bc\cos A$$

$$= \frac{1}{2}(b^2 + c^2 - a^2) \quad \cdots\cdots(*)$$

よって $\quad |\overrightarrow{AP}|^2 = \dfrac{1}{7^2}\left\{16c^2 + 8\cdot\dfrac{1}{2}(b^2 + c^2 - a^2) + b^2\right\}$

$$= \frac{1}{7^2}(-4a^2 + 5b^2 + 20c^2)$$

これより $\quad AP = \dfrac{1}{7}\sqrt{-4a^2 + 5b^2 + 20c^2} \quad \cdots\cdots(答)$

(注) $(*)$の$\overrightarrow{AB} \cdot \overrightarrow{AC} = \dfrac{1}{2}(b^2 + c^2 - a^2)$ については

$$|\overrightarrow{BC}|^2 = |\overrightarrow{AC} - \overrightarrow{AB}|^2 = |\overrightarrow{AC}|^2 - 2\overrightarrow{AB}\cdot\overrightarrow{AC} + |\overrightarrow{AB}|^2$$

すなわち

$$a^2 = b^2 - 2\overrightarrow{AB}\cdot\overrightarrow{AC} + c^2$$

から導くこともできる。

別解 (1) (3点が同一直線上にある条件を用いる解法)

$BP : PN = s : 1 - s$ とおくと

$$\overrightarrow{AP} = (1 - s)\overrightarrow{AB} + s\overrightarrow{AN}$$

ここで, $\overrightarrow{AM} = \dfrac{2}{3}\overrightarrow{AB} \Longleftrightarrow \overrightarrow{AB} = \dfrac{3}{2}\overrightarrow{AM}, \ \overrightarrow{AN} = \dfrac{1}{3}\overrightarrow{AC}$ であるから

$$\overrightarrow{AP} = \frac{3}{2}(1 - s)\overrightarrow{AM} + \frac{1}{3}s\overrightarrow{AC}$$

点Pは直線 MC 上にあるから

$$\frac{3}{2}(1 - s) + \frac{1}{3}s = 1$$

これより $\quad s = \dfrac{3}{7}$

よって $\quad \overrightarrow{AP} = \dfrac{4}{7}\overrightarrow{AB} + \dfrac{1}{7}\overrightarrow{AC}$

━━━━ ◀解　説▶ ━━━━

≪2つの線分の交点の位置ベクトル, ベクトルの大きさ≫

▶(1) $BP : PN = s : 1 - s, \ CP : PM = t : 1 - t$ とおいて, $\overrightarrow{AP}$ をそれぞれ用いて2通りの方法で表し, 2つのベクトル $\overrightarrow{AB}, \overrightarrow{AC}$ の1次独立

性から係数を比較することで s, t の連立方程式を導けばよい。教科書レベルの典型問題である。

〔別解〕のように，3 点が同一直線上にあるための条件（点 Q が直線 DE 上にある $\Longleftrightarrow \overrightarrow{\mathrm{AQ}} = k\overrightarrow{\mathrm{AD}} + l\overrightarrow{\mathrm{AE}}$, $k+l=1$）を用いると，計算がやや簡潔になる。

▶(2)　線分 AP の長さを求めるために，ベクトル $\overrightarrow{\mathrm{AP}}$ の大きさの 2 乗 $|\overrightarrow{\mathrm{AP}}|^2 = \dfrac{1}{7^2}|4\overrightarrow{\mathrm{AB}} + \overrightarrow{\mathrm{AC}}|^2$ を内積を用いて計算する。このとき，$\overrightarrow{\mathrm{AB}} \cdot \overrightarrow{\mathrm{AC}}$ を求めるのがポイントであるが，余弦定理を用いる方法と $|\overrightarrow{\mathrm{BC}}|^2 = |\overrightarrow{\mathrm{AC}} - \overrightarrow{\mathrm{AB}}|^2$ を利用する方法との 2 通りの解法が考えられる。

2

◇発想◇　さいころを n 回投げて出た目の最小公倍数と最大公約数についての問題で，整数を題材にした確率の問題である。

(1)　5 は素数で，さらに，5 以外のさいころの目の数とすべて互いに素であるから，考えやすい。$L_2 = 5$, $G_2 = 5$ となるのはどのような場合かを正確に捉えよう。

(2)　素数は約数が 2 個しかないから，L_n が素数である場合の方が考えやすいので，余事象を用いて 1 − (L_n が素数である確率) として求めるべきである。(1)の $L_2 = 5$ と同様に考えればよい。

(3)　(2)と同様，余事象を考えるとよいが，素数 2 は 4，6 の約数，素数 3 は 6 の約数であるから，$G_n = 2$, 3 の場合は(1)の $G_n = 5$ の場合と同様の処理では解決しないことに注意。

解答　(1)　$L_2 = 5$ となるのは，「X_1, X_2 は 1 または 5 のいずれかで，X_1, X_2 がともに 1 とはならない」場合であるから，求める確率は

（2 回とも 1 または 5 の目が出る確率）

　　　　　　　　　　　　− （2 回とも 1 の目が出る確率）

$$= \left(\frac{2}{6}\right)^2 - \left(\frac{1}{6}\right)^2 = \frac{1}{12} \quad \cdots\cdots（答）$$

$G_2 = 5$ となるのは，「2 回とも 5 の目が出る」場合だから，求める確率は

$$\left(\frac{1}{6}\right)^2 = \frac{1}{36} \quad \cdots\cdots（答）$$

(2) 余事象「L_n が素数である」場合を考える。

さいころの目の中で素数のものは 2，3，5 であるから，L_n が素数になるのは $L_n = 2$，3，5 に限られる。

$L_n = 2$ となるのは，(1)と同様に考えて，「X_1，X_2，$\cdots$，X_n は 1 または 2 のいずれかで，すべてが 1 とはならない」場合だから，その確率は

　　　　（n 回とも 1 または 2 の目が出る確率）

　　　　　　　　　　　　　　　$-$（n 回とも 1 の目が出る確率）

$$= \left(\frac{2}{6}\right)^n - \left(\frac{1}{6}\right)^n$$

$L_n = 3$，5 となる場合も同様で，確率はいずれも $\left(\frac{2}{6}\right)^n - \left(\frac{1}{6}\right)^n$ であるから，

L_n が素数である確率は $3\left\{\left(\frac{2}{6}\right)^n - \left(\frac{1}{6}\right)^n\right\}$ となる。

よって，求める確率は，余事象を用いて

$$1 - 3\left\{\left(\frac{2}{6}\right)^n - \left(\frac{1}{6}\right)^n\right\} = 1 - \left(\frac{1}{3}\right)^{n-1} + 3\left(\frac{1}{6}\right)^n \quad \cdots\cdots（答）$$

(3) 余事象「G_n が素数である」，すなわち「$G_n = 2$，3，5 となる」場合を考える。

(i) $G_n = 5$ となるのは，(1)と同様に考えることができて，「n 回とも 5 の目が出る」場合だから，その確率は　　　　$\left(\frac{1}{6}\right)^n$

(ii) $G_n = 3$ となるのは，3 は 6 の約数であることから，「X_1，X_2，$\cdots$，X_n は 3 または 6 のいずれかで，すべてが 6 とはならない」場合だから，その確率は

　　　　（n 回とも 3 または 6 の目が出る確率）

　　　　　　　　　　　　　　　$-$（n 回とも 6 の目が出る確率）

$$= \left(\frac{2}{6}\right)^n - \left(\frac{1}{6}\right)^n$$

(iii) $G_n = 2$ となるのは，2 は 4 または 6 の約数であること，4 と 6 の最大公約数が 2 であることから，「X_1，X_2，$\cdots$，X_n は 2 または 4 または 6 のいずれかで，すべてが 4 またはすべてが 6 とはならない」場合だから，その確率は

（n 回とも 2 または 4 または 6 の目が出る確率）

　　　　－（n 回とも 4 の目が出る確率）－（n 回とも 6 の目が出る確率）

$$= \left(\frac{3}{6}\right)^n - \left(\frac{1}{6}\right)^n - \left(\frac{1}{6}\right)^n = \left(\frac{1}{2}\right)^n - 2\left(\frac{1}{6}\right)^n$$

したがって，求める確率は

$$1 - \left(\frac{1}{6}\right)^n - \left\{\left(\frac{2}{6}\right)^n - \left(\frac{1}{6}\right)^n\right\} - \left\{\left(\frac{1}{2}\right)^n - 2\left(\frac{1}{6}\right)^n\right\}$$

$$= 1 - \left(\frac{1}{2}\right)^n - \left(\frac{1}{3}\right)^n + 2\left(\frac{1}{6}\right)^n \quad \cdots\cdots（答）$$

━━━━━━━━━━◀解　説▶━━━━━━━━━━

≪さいころの目の最小公倍数と最大公約数に関する確率≫

▶(1)　1 個のさいころを 2 回投げて出た目の最小公倍数，最大公約数がそれぞれ 5 になる確率を求める問題である。5 は素数であり，また他の目の数と 1 以外の公約数をもたないから容易である。$L_2 = 5$（X_1, X_2 の最小公倍数が 5）となるのは，2 回とも 1 または 5 の目が出て，2 回のうち少なくとも 1 回は 5 の目が出る場合であり，$G_2 = 5$（X_1, X_2 の最大公約数が 5）となるのは，2 回とも 5 の目が出る場合である。$L_2 = 5$ となる場合については，$(X_1, X_2) = (1, 5)$, $(5, 1)$, $(5, 5)$ の 3 通りの場合があるので，確率は $\dfrac{3}{6^2} = \dfrac{1}{12}$ として求めてもよい。

▶(2)　余事象を用いて，$1 - （L_n が素数である確率）$ として求める。L_n が素数になるのは，$L_n = 2, 3, 5$ の 3 通りの場合であり，(1)と同様に考えて，$L_n = p$（$p = 2, 3, 5$）となる確率はいずれも「n 回とも 1 または p の目が出て，n 回のうち少なくとも 1 回は p の目が出る」場合であるから，求める確率は $1 - 3\left\{\left(\dfrac{2}{6}\right)^n - \left(\dfrac{1}{6}\right)^n\right\}$ となる。

余事象を考えずに直接求めるのは，L_n が素数でない値は数多くある（$L_n = 1, 4, 6, 10, 12, 15, 20, 30, 60$）ので，適切ではない。

▶(3)　(2)と同様に，$1 - （G_n が素数である確率）$ として求める。(2)では $L_n = 2, 3, 5$ になる確率はどれも同じであったが，G_n の場合は異なることに注意。$G_n = 5$ となるのは(1)と同様に考えて，n 回とも 5 の目が出る場合でよいが，$G_n = 2, 3$ の場合はそれぞれ 2，3 を素因数にもつ目の数が関わることになる。$G_n = 2$ となるのは n 回とも 2 を素因数にもつ数の目：

2，4，6の目が出る場合を考える必要があるが，この場合は $G_n = 4$ となる場合（n 回とも 4 の目が出る場合）と $G_n = 6$ となる場合（n 回とも 6 の目が出る場合）を含むから，これらを除かなければならない。$G_n = 3$ となる場合も同様に，n 回とも 3 または 6 の目が出る場合から，$G_n = 6$ となる場合を除くと考えよう。

余事象を考えずに直接求めるのは，$G_n = 1$ となる確率を求めるのが非常に骨が折れるので，適切ではない。

3　◆発想◆　(1)　よく知られた公式であるが，証明の仕方についてはしっかりおさえておこう。普通に $(x-\alpha)(x-\beta)$ を展開して計算してもよいが，$x-\beta = (x-\alpha) - (\beta - \alpha)$ と考えて，

$$\int (x-p)^n dx = \frac{1}{n+1}(x-p)^{n+1} + C \quad (C \text{ は積分定数，} n \text{ は自然数})$$

を用いて示すのが常法である。

(2)　直線と放物線で囲まれた部分の面積の最小値を求める典型問題である。放物線 $y = x^2$ と直線 $y = k(x-a) + b$ が 2 つの共有点をもつことを確認した上で，共有点の x 座標を α, β とおいて，$S(k)$ を(1)の公式を用いてまず α, β で表し，次に k, a, b の式に変形する。このとき $S(k)$ は，α, β を解とする 2 次方程式の判別式を用いて表すことができることは，おさえておきたい。

解答　(1)
$$\int_\alpha^\beta (x-\alpha)(x-\beta)\, dx = \int_\alpha^\beta (x-\alpha)\{(x-\alpha) - (\beta-\alpha)\}\, dx$$

$$= \int_\alpha^\beta \{(x-\alpha)^2 - (\beta-\alpha)(x-\alpha)\}\, dx$$

$$= \left[\frac{1}{3}(x-\alpha)^3 - \frac{1}{2}(\beta-\alpha)(x-\alpha)^2\right]_\alpha^\beta$$

$$= \frac{1}{3}(\beta-\alpha)^3 - \frac{1}{2}(\beta-\alpha)^3$$

$$= -\frac{(\beta-\alpha)^3}{6}$$

$$= \frac{(\alpha-\beta)^3}{6} \qquad\qquad (\text{証明終})$$

(2) 点 (a, b) を通り，傾きが k の直線 l の方程式は

$$y = k(x-a) + b$$

放物線 $y = x^2$ と直線 l の方程式を連立して

$$x^2 = k(x-a) + b \Longleftrightarrow x^2 - kx + ka - b = 0 \quad \cdots\cdots①$$

2次方程式①の判別式を D とすると

$$D = k^2 - 4(ka - b) \quad \cdots\cdots②$$

ここで，$b > a^2$ であるから

$$D = k^2 - 4ka + 4b > k^2 - 4ka + 4a^2$$
$$= (k-2a)^2 \geqq 0$$

よって，$D > 0$ が成り立つから，①は k の値によらず異なる2つの実数解をもつ。

この2つの実数解を $\alpha, \beta \ (\alpha < \beta)$ とおくと

$$\alpha = \frac{k - \sqrt{D}}{2}, \quad \beta = \frac{k + \sqrt{D}}{2} \quad \cdots\cdots③$$

さらに，①の左辺は

$$x^2 - kx + ka - b = (x-\alpha)(x-\beta) \quad \cdots\cdots④$$

と表すことができる。このとき，l と $y = x^2$ は異なる2点で交わり，l と $y = x^2$ で囲まれた部分は右図の網かけ部分のようになるから

$$S(k) = \int_{\alpha}^{\beta} \{k(x-a) + b - x^2\} dx$$

$$= -\int_{\alpha}^{\beta} (x^2 - kx + ka - b) \, dx$$

$$= -\int_{\alpha}^{\beta} (x-\alpha)(x-\beta) \, dx \quad (④より)$$

$$= -\frac{(\alpha - \beta)^3}{6} \quad ((1)の結果より)$$

$$= \frac{(\beta - \alpha)^3}{6} = \frac{(\sqrt{D})^3}{6} \quad (③より)$$

$$= \frac{1}{6} D^{\frac{3}{2}} = \frac{1}{6} (k^2 - 4ak + 4b)^{\frac{3}{2}} \quad (②より)$$

$$= \frac{1}{6} \{(k-2a)^2 + 4b - 4a^2\}^{\frac{3}{2}}$$

よって，$S(k)$ は $k=2a$ のとき最小となり，最小値は

$$S(2a)=\frac{1}{6}\{4(b-a^2)\}^{\frac{3}{2}}=\frac{4}{3}(b-a^2)^{\frac{3}{2}}\quad\cdots\cdots(\text{答})$$

（注）　$\beta-\alpha$ は判別式 D を用いて $\beta-\alpha=\sqrt{D}$ として求めたが，解と係数の関係を用いて次のように計算してもよい。

①より，解と係数の関係から

$$\alpha+\beta=k,\ \alpha\beta=ka-b$$

よって

$$(\beta-\alpha)^2=(\alpha+\beta)^2-4\alpha\beta$$
$$=k^2-4(ka-b)$$

$\alpha<\beta\ (\beta-\alpha>0)$ より　　$\beta-\alpha=\sqrt{k^2-4ka+4b}$

別解　(1)　$(x-\alpha)(x-\beta)$ を普通に展開して積分を計算する。

$$\int_{\alpha}^{\beta}(x-\alpha)(x-\beta)\,dx=\int_{\alpha}^{\beta}\{x^2-(\alpha+\beta)x+\alpha\beta\}\,dx$$

$$=\left[\frac{1}{3}x^3-\frac{1}{2}(\alpha+\beta)x^2+\alpha\beta x\right]_{\alpha}^{\beta}$$

$$=\frac{1}{3}(\beta^3-\alpha^3)-\frac{1}{2}(\alpha+\beta)(\beta^2-\alpha^2)+\alpha\beta(\beta-\alpha)$$

$$=\frac{1}{6}(\beta-\alpha)\{2(\alpha^2+\alpha\beta+\beta^2)-3(\alpha+\beta)^2+6\alpha\beta\}$$

$$=\frac{1}{6}(\beta-\alpha)(-\alpha^2+2\alpha\beta-\beta^2)$$

$$=-\frac{(\beta-\alpha)^3}{6}=\frac{(\alpha-\beta)^3}{6}$$

━━━━━◀解　説▶━━━━━

《定積分に関する等式の証明，直線と放物線で囲まれた部分の面積の最小値》

▶(1)　よく知られた公式 $\displaystyle\int_{\alpha}^{\beta}(x-\alpha)(x-\beta)\,dx=\frac{(\alpha-\beta)^3}{6}$ を証明する問題である。〔解答〕のように，$(x-\alpha)(x-\beta)=(x-\alpha)^2-(\beta-\alpha)(x-\alpha)$ と変形し，n を自然数とするとき，$\displaystyle\int(x-\alpha)^n dx=\frac{1}{n+1}(x-\alpha)^{n+1}+C$（$C$ は積分定数）を用いて積分計算を行う手法を身につけておきたい。〔別解〕のように，$(x-\alpha)(x-\beta)$ を展開して普通に積分計算を実行してもよいが，計

算はやや煩雑になるので，ミスをしないように注意しなければならない。

▶(2)　まず，$b > a^2$ を満たすとき，点 (a, b) を通る直線 $y = k(x-a) + b$ と放物線 $y = x^2$ は常に異なる 2 点で交わることを示す。そのために，2 次方程式 $x^2 = k(x-a) + b \Longleftrightarrow x^2 - kx + ka - b = 0$ が異なる 2 つの実数解（α, β（$\alpha < \beta$）とする。）をもつ，すなわち，2 次方程式の判別式 $D > 0$ が成り立つことを示す。このとき，$x^2 - kx + ka - b = (x - \alpha)(x - \beta)$ と表されることに注意すると

$$S(k) = \int_{\alpha}^{\beta} \{k(x-a) + b - x^2\}\, dx = -\int_{\alpha}^{\beta} (x-\alpha)(x-\beta)\, dx$$

となるので，(1)の結果を用いると，$S(k) = \dfrac{(\beta - \alpha)^3}{6}$ を得る。さらに，

$\alpha = \dfrac{k - \sqrt{D}}{2}$，$\beta = \dfrac{k + \sqrt{D}}{2}$ であるから，$S(k) = \dfrac{(\sqrt{D})^3}{6}$ と表すことができるので，$S(k)$ の最小値は，$D = k^2 - 4ak + 4b$ の最小値を考えればよい。この種の問題では，この処理の流れは定番であるので，しっかりマスターしておこう。また，（注）で述べたように，解と係数の関係を用いて $(\beta - \alpha)^2 = k^2 - 4ka + 4b$ を導くのも有効である。

❖講　評

　2022 年度は，主分野としては ①ベクトル，②確率，③積分法の内容が出題された。②と③は他の分野（②は整数の性質，③は式と証明）の知識を要する融合問題であった。微・積分法の分野は 2019 年度を除いて毎年出題されており，2022 年度も積分法の問題が出題された。整数問題は 2017～2020 年度は出題されていなかったが，2021・2022 年度と連続して出題された。空間ベクトル（空間図形）の分野は近年しばしば出題されている（2018・2019・2021 年度）が，2022 年度は平面ベクトルの問題が出題された。証明問題は 1 問出題され，内容は等式（公式）の証明であった。

　①は，平面ベクトルの問題である。2 つの線分の交点の位置ベクトルをベクトルの 1 次独立性を用いて導き，さらにこの位置ベクトルの大きさ（線分の長さ）を求める内容で，教科書レベルの基本問題であり，完答することが必須である。

2 は，確率と整数の性質の融合問題で，さいころを n 回投げて出た目の最小公倍数 L_n，最大公約数 G_n に関する内容で，(1)はさいころを2回投げて $L_2=5$ と $G_2=5$ になる確率を求める問題で容易である。(2)，(3)はそれぞれ L_n，G_n が素数にならない確率を求める問題で，余事象を用いる。最小公倍数と最大公約数に対する処理を正確に行うことがポイントである。標準レベルの問題で完答を目指したい。

3 は，(1)で等式（公式）が成り立つことの証明を行い，(2)でこの公式を用いて，定点を通り傾きが k の直線と放物線で囲まれた部分の面積を導き，その最小値を求める問題である。(1)は教科書に掲載される基本的な公式で証明は容易であり，(2)は頻出の内容の標準レベルの問題で，本問も完答を目指したい。

例年，他の理系学部とは共通問題または類似問題が出題されていたが，2022 年度は出題されなかった。2022 年度は難問はなく，いずれも方針の立てやすい基本・標準レベルの問題であった。2021 年度は 2020 年度よりやや難化したが，2022 年度は易化し，2020 年度のレベルに戻ったといえる。計算も複雑なものはなく，いずれも完答を目指すべき問題で，高得点の争いになったものと予想される。ミスを防ぎ，慎重な処理や検算を心がけ，確実に問題を解いていく必要がある。

年度によって出題傾向や難易度が変わることがあり，また融合問題が数多く出題されるので，どの分野も偏ることなく学習することが重要である。近年は易化の傾向にあるので，特に基本・標準レベルの問題はミスすることなく確実に得点する実力をつけるとともに，発展的な内容の問題の学習も怠らず，実戦的な演習を積んでいこう。

物理

1 **解答** Ⅰ．問 1．(a) $-S\sin\theta$　(b) $S\cos\theta - mg$

問 2．$T = 2\pi\sqrt{\dfrac{l}{g}}$

Ⅱ．問 3．$x_n = \dfrac{n\alpha T^2}{4}$

問 4．(c) $-m\alpha$　(d) $-\dfrac{\alpha l}{g}$　(e) $-\dfrac{2\alpha}{g}$

問 5．$\theta_n = \dfrac{4n\alpha}{g}$　問 6．$\left(\dfrac{1}{2}m + M\right)\alpha$

Ⅲ．問 7．$\dfrac{m}{m+M}v_0$　問 8．$\dfrac{Mv_0{}^2}{2(m+M)g}$

━━━━◀解　説▶━━━━

≪水平に動くことのできる物体からつり下げられた振り子の運動≫

◆Ⅰ．▶問 1．(a)・(b)　糸の角度が θ のとき，物
体Bには右図のように力がはたらいている。した
がって，物体Bの x 方向，y 方向の運動方程式は

x 方向：$ma_x = -S\sin\theta$

y 方向：$ma_y = S\cos\theta - mg$

▶問 2．物体Bの初期位置を，平面内に固定され
た x 軸の原点として考える。問 1 で求めた物体B
の x 方向，y 方向の運動方程式について，物体B

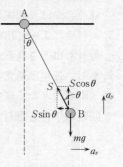

が水平方向にのみ運動すると考えてよいことと，与えられた近似を用いる
と

x 方向：$ma_x ≒ -S\dfrac{x}{l}$

y 方向：$0 ≒ S - mg$

2 式より

$$ma_x = -\frac{mg}{l}x \quad \cdots\cdots①$$

一方，この単振動の角振動数を ω とすると，物体 B の x 方向の運動方程式は

$$ma_x = -m\omega^2 x \quad \cdots\cdots②$$

①，②より

$$-\frac{mg}{l}x = -m\omega^2 x$$

$$\therefore \quad \omega = \sqrt{\frac{g}{l}}$$

したがって，単振動の周期 T は

$$T = \frac{2\pi}{\omega} = 2\pi\sqrt{\frac{l}{g}}$$

なお，与えられた条件と近似より

$$\sin\theta = \frac{x}{l} \fallingdotseq \theta$$

が成り立っている。

◆Ⅱ．▶問 3．物体 A の $0 \leqq t \leqq T$ における運動について，速度 v と時刻 t との関係を表すグラフは，右図のようになる。したがって，物体 A の $0 \leqq t \leqq T$ での移動距離を L とすると，L は図のグラフと t 軸とで囲まれた部分の面積に等しいので

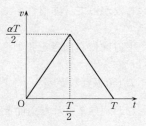

$$L = \frac{1}{2}\cdot T\cdot\frac{\alpha T}{2} = \frac{\alpha T^2}{4}$$

時刻 T 以降，物体 A は時間 T 毎にこの運動を繰り返すので，時刻 $t = nT$ における物体 A の x 座標 x_n は

$$x_n = nL = \frac{n\alpha T^2}{4}$$

▶問 4．物体 A とともに動く X 軸を水平方向右向きにとり，物体 B の初期位置をこの X 軸の原点として考える。

(c) 図 3 のとき，物体 A とともに動く非慣性系から物体 B を見た場合，物体 B には次図のように力がはたらいている。

したがって，物体Bに作用する慣性力の水平成分は，右向きを正として$-m\alpha$である。

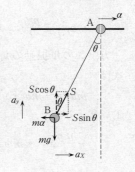

なお，$0<t<\dfrac{T}{2}$ において，$\theta<0$，すなわち

$\sin\theta<0$なので，S の水平成分の大きさは $-S\sin\theta$ と表される。

(d)　非慣性系での物体Bの X 方向，y 方向の運動方程式は，物体Bの加速度の X 成分を a_X とすると

$$X 方向：ma_X=-S\sin\theta-m\alpha$$
$$y 方向：ma_y=S\cos\theta-mg$$

$|\theta|$ は十分小さいとしてよいので，問2と同様に考えると，2式より

$$ma_X=-\frac{mg}{l}X-m\alpha$$

$$=-\frac{mg}{l}\left(X+\frac{\alpha l}{g}\right)\ \ \cdots\cdots③$$

したがって，非慣性系での物体Bは $X_0=-\dfrac{\alpha l}{g}$，すなわち初期位置から水

平方向に右向きを正として，$-\dfrac{\alpha l}{g}$ だけずれた位置を中心として，周期が

$T\left(\text{角振動数が}\ \omega=\sqrt{\dfrac{g}{l}}\right)$ の単振動を半周期だけする。

なお，与えられた条件と近似より

$$\sin\theta=\frac{X}{l}\fallingdotseq\theta$$

が成り立っている。

(e)　このときの単振動の振幅を $A_{1/2}$ とすると，(d)より

$$A_{1/2}=0-X_0=\frac{\alpha l}{g}$$

これより，時刻 $t=\dfrac{T}{2}$ における非慣性系での物体Bの X 座標を $X_{1/2}$ とすると

$$X_{1/2}=X_0-A_{1/2}=-\frac{2\alpha l}{g}$$

したがって，時刻 $t = \dfrac{T}{2}$ における糸の角度を $\theta_{1/2}$ とすると

$$\theta_{1/2} = \frac{X_{1/2}}{l} = -\frac{2\alpha}{g}$$

▶問 5．物体Bの $\dfrac{T}{2} < t < T$ の間の運動について，問 4 と同様に考えると，非慣性系で物体Bに作用する慣性力の水平成分は，右向きを正として $m\alpha$ なので，非慣性系での物体Bの X 方向の運動方程式は

$$ma_X = -\frac{mg}{l}X + m\alpha$$

$$= -\frac{mg}{l}\left(X - \frac{\alpha l}{g}\right)$$

したがって，物体Bは $X_0' = \dfrac{\alpha l}{g}$ を中心として，周期が T の単振動を半周期だけする。このときの単振動の振幅を A_1 とすると

$$A_1 = X_0' - X_{1/2} = \frac{3\alpha l}{g}$$

これより，時刻 $t = T$ における非慣性系での物体Bの X 座標を X_1 とすると

$$X_1 = X_0' + A_1 = \frac{4\alpha l}{g}$$

これらと同様に考えると，物体Bの $T < t < \dfrac{3T}{2}$ の間の運動について，非慣性系での半周期（周期 T）の単振動は

振動の中心：$X_0 = -\dfrac{\alpha l}{g}$

振幅：$A_{3/2} = X_1 - X_0 = \dfrac{5\alpha l}{g}$

これより，時刻 $t = \dfrac{3T}{2}$ における非慣性系での物体Bの X 座標を $X_{3/2}$ とすると

$$X_{3/2} = X_0 - A_{3/2} = -\frac{6\alpha l}{g}$$

物体Bの $\dfrac{3T}{2} < t < 2T$ の間の運動について，非慣性系での半周期（周期

T) の単振動は

$$振動の中心：X_0' = \frac{\alpha l}{g}$$

$$振幅：A_2 = X_0' - X_{3/2} = \frac{7\alpha l}{g}$$

これより，時刻 $t = 2T$ における非慣性系での物体Bの X 座標を X_2 とすると

$$X_2 = X_0' + A_2 = \frac{8\alpha l}{g} = 2 \cdot \frac{4\alpha l}{g}$$

以上のように物体Bの運動が続くので，時刻 $t = nT$ における非慣性系での物体Bの X 座標を X_n とすると

$$X_n = n \cdot \frac{4\alpha l}{g} = \frac{4n\alpha l}{g}$$

したがって，時刻 $t = nT$ における角度 θ_n は

$$\theta_n = \frac{X_n}{l} = \frac{4n\alpha}{g}$$

▶問 6．問 4 より，物体Bの $0 < t < \dfrac{T}{2}$ の間の運動について，時刻 t における非慣性系での物体Bの X 座標は

$$X = A_{1/2}\cos 2\pi\frac{t}{T} - A_{1/2}$$

と表されるので，時刻 $t = \dfrac{T}{6}$ における非慣性系での物体Bの X 座標を $X_{1/6}$ とすると

$$X_{1/6} = A_{1/2}\cos 2\pi\frac{\dfrac{T}{6}}{T} - A_{1/2} = -\frac{1}{2}A_{1/2} = -\frac{\alpha l}{2g}$$

したがって，この X 座標 $X_{1/6}$ における非慣性系での物体Bの X 方向の加速度を $a_{X1/6}$ とすると，③より

$$ma_{X1/6} = -\frac{mg}{l}\left(X_{1/6} + \frac{\alpha l}{g}\right)$$

$$= -\frac{mg}{l}\left\{\left(-\frac{\alpha l}{2g}\right) + \frac{\alpha l}{g}\right\}$$

$$\therefore \quad a_{X1/6} = -\frac{1}{2}\alpha$$

時刻 $t = \dfrac{T}{6}$ において，物体Bにはたらく糸の張力の水平成

分の大きさを f とすると，このとき非慣性系での物体Bに

は右図のように X 方向に力がはたらいている。したがっ

て，非慣性系での物体Bの X 方向の運動方程式は

$$ma_{X1/6} = f - m\alpha$$

$$\therefore \quad f = ma_{X1/6} + m\alpha = \frac{1}{2}m\alpha$$

また，物体Aの x 方向について考える。時刻 $t = \dfrac{T}{6}$ に

おいて，物体Aにはたらく外力の x 成分を F とする

と，このとき物体Aには右図のように x 方向に力がは

たらいている。したがって，物体Aの x 方向の運動方

程式は

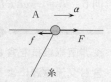

$$M\alpha = F - f$$

$$\therefore \quad F = M\alpha + f = \left(\frac{1}{2}m + M\right)\alpha$$

◆Ⅲ.　▶問 7．物体Bが最高点に達したとき，物体Aと物体Bは x 軸の正
の向きに同じ速さになっているので，この速さを V とすると，水平方向
の運動量保存則より

$$mv_0 = mV + MV$$

$$\therefore \quad V = \frac{m}{m+M}v_0$$

▶問 8．物体Bの初期位置を基準とした物体Bの最高点の高さを h とす
ると，力学的エネルギー保存則より

$$\frac{1}{2}mv_0{}^2 = \frac{1}{2}mV^2 + \frac{1}{2}MV^2 + mgh$$

問 7 の結果より，V を消去すると

$$h = \frac{Mv_0{}^2}{2(m+M)g}$$

2 解答

I．問1．$\dfrac{V_2}{V_1} = \dfrac{R_2}{R_1}$　問2．$R_4 = \dfrac{R_2 R_3}{R_1}$〔Ω〕

II．問3．$I_X = \dfrac{E - V_X}{R_2}$〔A〕

問4．(a)$V_X = 1.2$〔V〕　$V_Y = 2.8$〔V〕　(b)X：(え)　Y：(う)

III．問5．(a)RI_5　(b)$-\omega L I_5$　(c)$\dfrac{E_0}{\sqrt{R^2 + (\omega L)^2}}$　(d)$\dfrac{\omega L}{R}$

問6．$I_C = -\omega C R I_5$〔A〕　問7．$C = \dfrac{L}{R^2}$〔F〕

━━━━━━━━◀解　説▶━━━━━━━━

≪非直線抵抗を含む直流電源によるブリッジ回路とコイルやコンデンサを含む交流電源によるブリッジ回路≫

◆I．▶問1．検流計Gに電流が流れていないので，抵抗1，抵抗2に流れる電流は等しく，その大きさをI_1〔A〕とすると，オームの法則より

$V_1 = R_1 I_1$

$V_2 = R_2 I_1$

2式より

$\dfrac{V_2}{V_1} = \dfrac{R_2}{R_1}$

▶問2．抵抗3に加わる電圧の大きさをV_3〔V〕，抵抗4に加わる電圧の大きさをV_4〔V〕とする。検流計Gに電流が流れていないので，抵抗3，抵抗4に流れる電流は等しく，その大きさをI_2〔A〕とすると，オームの法則より

$V_3 = R_3 I_2$

$V_4 = R_4 I_2$

また，検流計Gに電流が流れていないので

$V_1 = V_3$

$V_2 = V_4$

したがって

$R_1 I_1 = R_3 I_2$

$R_2 I_1 = R_4 I_2$

2式より

$$\frac{R_1}{R_2} = \frac{R_3}{R_4} \quad \therefore \quad R_4 = \frac{R_2 R_3}{R_1} \ \text{〔Ω〕}$$

◆Ⅱ．▶問 3．直流電源，抵抗 1，抵抗 2 を含む閉回路において，キルヒホッフの第二法則より

$$E = V_X + R_2 I_X \quad \therefore \quad I_X = \frac{E - V_X}{R_2} \ \text{〔A〕}$$

▶問 4．(a)　問 3 の結果に，$E = 4.0$〔V〕，$R_2 = 1.0$〔Ω〕を代入すると

$$I_X = \frac{4.0 - V_X}{1.0} = -V_X + 4.0$$

この I_X の式を表す直線を図 2 に描くと，下図のようになる。

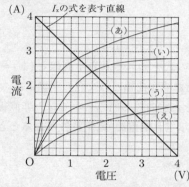

したがって，I_X の式を表す直線と(あ)に示される電流-電圧特性を表す曲線との交点の座標より

$$V_X = 1.2 \ \text{〔V〕}$$
$$I_X = 2.8 \ \text{〔A〕}$$

これより，抵抗 2 に加わる電圧の大きさ V_2〔V〕は

$$V_2 = R_2 I_X = 1.0 \times 2.8 = 2.8 \ \text{〔V〕}$$

したがって，検流計 G に電流が流れていないので

$$V_Y = V_2 = 2.8 \ \text{〔V〕}$$

(b)　抵抗 4 を流れる電流の大きさを I_Y〔A〕とする。直流電源，抵抗 3，抵抗 4 を含む閉回路において，キルヒホッフの第二法則より

$$E = R_3 I_Y + V_Y$$

$$\therefore \quad I_Y = \frac{E - V_Y}{R_3} = \frac{4.0 - V_Y}{2.0} = -\frac{1}{2.0} V_Y + 2.0$$

この I_Y の式を表す直線を図2に描くと，下図のようになる。

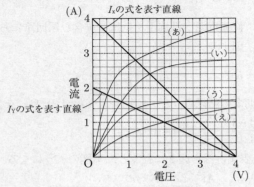

ここで，(a)より

$$V_Y = V_2 = R_2 I_X = 1.0 \times I_X = I_X$$

したがって，I_X，I_Y の式をそれぞれ表す直線と(あ)～(え)に示される電流-電圧特性をそれぞれ表す曲線との交点の座標より，$V_Y = I_X$ の関係を満たす電流-電圧特性を表す曲線の組み合わせは，非直線抵抗Xが(え)，非直線抵抗Yが(う)に示される電流-電圧特性となるときである。なお，このとき

$$V_Y = I_X = 1.2$$

である。

◆Ⅲ．▶問5．(a)　点ウを基準とした点イの電位を $V_5〔V〕$ とすると，抵抗5にかかる電圧の位相は流れる電流の位相と一致しているので

$$V_5 = R I_5 \cos(\omega t - \phi)〔V〕$$

(b)　点イを基準とした点アの電位を $V_L〔V〕$ とすると，コイルのリアクタンスは $\omega L〔\Omega〕$ であり，コイルにかかる電圧の位相は流れる電流の位相より $\dfrac{\pi}{2}$ だけ進んでいるので

$$V_L = \omega L I_5 \cos\left(\omega t - \phi + \frac{\pi}{2}\right)$$

$$= -\omega L I_5 \sin(\omega t - \phi)〔V〕$$

(c)・(d)　与えられた式を用いると

$$E_0 \cos \omega t = R I_5 \cos(\omega t - \phi) - \omega L I_5 \sin(\omega t - \phi)$$

$$= \sqrt{(R I_5)^2 + (-\omega L I_5)^2} \cos(\omega t - \phi + \gamma)$$

$$= \sqrt{R^2 + (\omega L)^2}\, I_5 \cos(\omega t - \phi + \gamma)$$

ここで

$$\tan\gamma = \frac{\sin\gamma}{\cos\gamma} = \frac{\omega L I_5}{R I_5} = \frac{\omega L}{R}$$

したがって

$$E_0 = \sqrt{R^2 + (\omega L)^2}\, I_5 \qquad \therefore \quad I_5 = \frac{E_0}{\sqrt{R^2 + (\omega L)^2}}\,〔\mathrm{A}〕$$

また

$$\omega t = \omega t - \phi + \gamma \qquad \therefore \quad \phi = \gamma$$

したがって

$$\tan\phi = \tan\gamma = \frac{\omega L}{R}$$

▶問 6．点ウを基準とした点エの電位を $V_C〔\mathrm{V}〕$ とすると，コンデンサのリアクタンスは $\dfrac{1}{\omega C}〔\Omega〕$ であり，コンデンサにかかる電圧の位相は流れる電流の位相より $\dfrac{\pi}{2}$ だけ遅れているので

$$V_C = \frac{1}{\omega C} I_C \sin\left(\omega t - \phi - \frac{\pi}{2}\right)$$

$$= -\frac{1}{\omega C} I_C \cos(\omega t - \phi)〔\mathrm{V}〕$$

点イと点エの間には電流が流れていないので

$$V_5 = V_C$$

すなわち

$$R I_5 \cos(\omega t - \phi) = -\frac{1}{\omega C} I_C \cos(\omega t - \phi)$$

したがって

$$R I_5 = -\frac{1}{\omega C} I_C \qquad \therefore \quad I_C = -\omega C R I_5〔\mathrm{A}〕$$

▶問 7．点エを基準とした点アの電位を $V_6〔\mathrm{V}〕$ とすると，抵抗にかかる電圧の位相は流れる電流の位相と一致しているので

$$V_6 = R I_C \sin(\omega t - \phi)$$

$$= -\omega C R^2 I_5 \sin(\omega t - \phi)〔\mathrm{V}〕$$

点イと点エの間には電流が流れていないので

$$V_\mathrm{L} = V_6$$

すなわち

$$-\omega L I_5 \sin(\omega t - \phi) = -\omega C R^2 I_5 \sin(\omega t - \phi)$$

したがって

$$-\omega L I_5 = -\omega C R^2 I_5 \qquad \therefore \quad C = \frac{L}{R^2} \,[\mathrm{F}]$$

3　解答　A．I．問1．$p_\mathrm{B} = \dfrac{3RT_0}{2V_0}$　問2．$W_\mathrm{B} = RT_0 \log \dfrac{3}{2}$

問3．(a)$\varDelta U = 0$　(b)$Q = RT_0 \log \dfrac{27}{16}$

II．問4．$T_\mathrm{B} = 3^{\gamma-1} T_0$　問5．$Q_1 + Q_2 = 3(3^\gamma - 1) C_V T_0$

問6．$V_\mathrm{A} : V_\mathrm{B} : V_\mathrm{C} = 4 : 1 : 1$

B．I．問7．$\lambda_0 = \dfrac{hc}{eV}$

II．問8．$r_3 = \dfrac{9h^2}{4\pi^2 k_0 m (Z-10) e^2}$

問9．$E_2 = \left(\dfrac{Z-2}{2}\right)^2 E_\mathrm{H}$　$E_3 = \left(\dfrac{Z-10}{3}\right)^2 E_\mathrm{H}$

問10．$\lambda_2 = \dfrac{hc}{\left\{\left(\dfrac{Z-1}{2}\right)^2 - Z^2\right\} E_\mathrm{H}}$

━━━━　◀解　説▶　━━━━

≪ピストンで3室に分けられたシリンダー内の気体の状態変化，原子番号が Z の原子モデルから放出される固有X線≫

◆A．I．▶問1．このとき，部屋Bの気体の体積は $\dfrac{2}{3}V_0$ なので，気体の状態方程式は

$$p_\mathrm{B} \cdot \frac{2}{3} V_0 = RT_0 \qquad \therefore \quad p_\mathrm{B} = \frac{3RT_0}{2V_0}$$

▶問2．問1の操作によって，部屋Bの気体は絶対温度が T_0 のまま体積が V_0 から $\dfrac{2}{3}V_0$ に変化しているので，このときピストン1が部屋Bの気

体にした仕事，すなわち部屋Bの気体がされた仕事は，この気体の体積変化に対応する図2の斜線部の面積に等しい。したがって，与えられた式より

$$W_B = RT_0 \log \frac{V_0}{\frac{2}{3}V_0} = RT_0 \log \frac{3}{2}$$

▶問3．(a)　各部屋の気体の内部エネルギーの変化は，気体の絶対温度の変化が ΔT の場合，いずれも $C_V \Delta T$ と表される。これより，問1と問3の操作によって各部屋の気体の絶対温度の変化はいずれも0なので，各部屋の気体の内部エネルギーの変化もいずれも0である。したがって，問1の操作を始める前からここにいたるまでの変化について，3つの部屋内にある気体の内部エネルギーの増加量の総和 ΔU は

$$\Delta U = 0$$

(b)　問3の操作によって，部屋Bの気体は絶対温度が T_0 のまま体積が $\frac{2}{3}V_0$ から $\frac{1}{3}V_0$ に変化しているので，このとき部屋Bの気体がされた仕事を $W_B{}'$ とし，問2と同様に考えると

$$W_B{}' = RT_0 \log \frac{\frac{2}{3}V_0}{\frac{1}{3}V_0} = RT_0 \log 2$$

問1の操作によって，部屋Aの気体は絶対温度が T_0 のまま体積が V_0 から $\frac{4}{3}V_0$ に変化する。一方，問3の操作によって，部屋Cの気体も絶対温度が T_0 のまま体積が V_0 から $\frac{4}{3}V_0$ に変化する。したがって，これらのとき部屋A，部屋Cの気体がした仕事は等しく，これを w とし，問2と同様に考えると

$$w = RT_0 \log \frac{\frac{4}{3}V_0}{V_0} = RT_0 \log \frac{4}{3}$$

これらより，問1の操作を始める前からここにいたるまでの変化について，3つの部屋内にある気体がされた仕事の総量を W とすると

$$W = W_B + W_B{}' - 2w$$

$$= RT_0 \log \frac{3}{2} + RT_0 \log 2 - 2RT_0 \log \frac{4}{3}$$

$$= RT_0 \log \frac{3}{2} \cdot 2 - RT_0 \log \left(\frac{4}{3}\right)^2$$

$$= RT_0 \log \frac{\dfrac{3}{16}}{9} = RT_0 \log \frac{27}{16}$$

以上より，問1の操作を始める前からここにいたるまでの変化について，装置から外部に放出された熱の総量 Q は，熱力学第一法則より

$$\Delta U = -Q + W$$

$$\therefore \quad Q = -\Delta U + W = RT_0 \log \frac{27}{16}$$

Ⅱ．▶問4．T を理想気体の絶対温度とすると，与えられた条件（$pV^\gamma = $ 一定）と気体の状態方程式より，断熱変化において

$$TV^{\gamma-1} = \text{一定}$$

が成り立つ。

状態（う）における部屋A，B，Cの気体の体積比は $4:1:4$ なので，部屋Bの気体の体積は $\dfrac{1}{3}V_0$ である。状態（あ）から状態（う）にいたる過程の部屋Bの気体の状態変化は断熱変化なので

$$T_0 V_0{}^{\gamma-1} = T_B \left(\frac{1}{3}V_0\right)^{\gamma-1} \quad \therefore \quad T_B = 3^{\gamma-1}T_0$$

▶問5．3つの部屋内にある気体全体について考える。状態（あ）から状態（う）にいたる過程において，気体全体が吸収した熱は $Q_1 + Q_2$ である。また，この過程では常に各部屋間で気体の圧力が等しいので，気体全体がした仕事は0である。

ここで，この過程では常に各部屋間で気体の圧力が等しいことと気体の状態方程式より，この過程での各部屋の気体の絶対温度比は各部屋の気体の体積比に等しい。これより，状態（う）における部屋A，B，Cの気体の絶対温度比は $4:1:4$ なので，部屋A，部屋Cの気体の絶対温度は等しく，$4T_B$ と表される。したがって，状態（あ）から状態（う）にいたる過程において，気体全体の内部エネルギーの変化を $\Delta U'$ とすると

$$\Delta U' = C_V(T_B - T_0) + 2C_V(4T_B - T_0)$$

$$= 3C_V(3T_B - T_0) = 3(3^r - 1)C_V T_0$$

以上より，状態(あ)から状態(う)にいたる過程において，熱力学第一法則より

$$\Delta U' = Q_1 + Q_2 - 0$$

$$\therefore \quad Q_1 + Q_2 = \Delta U' = 3(3^r - 1)C_V T_0$$

▶問 6．状態(う)における各部屋の気体の体積と絶対温度は下図のようになる。

部屋 A	部屋 B	部屋 C
$\dfrac{4}{3}V_0$	$\dfrac{1}{3}V_0$	$\dfrac{4}{3}V_0$
$4T_B$	T_B	$4T_B$

一方，状態(い)において，部屋 B，部屋 C の気体の体積は等しく，これを V' とし，部屋 A の気体の体積を nV' とすると，部屋 A，B，C の気体の体積比は $n : 1 : 1$ となる。これより，状態(い)における部屋 A，B，C の気体の絶対温度比は $n : 1 : 1$ なので，部屋 B，部屋 C の気体の絶対温度は等しく，これを T' とすると，部屋 A の気体の絶対温度は nT' と表される。したがって，状態(い)における各部屋の気体の体積と絶対温度は下図のようになる。

部屋 A	部屋 B	部屋 C
nV'	V'	V'
nT'	T'	T'

状態(い)から状態(う)にいたる過程の部屋 A，部屋 B の気体の状態変化は断熱変化なので

$$部屋 A：nT'(nV')^{\gamma-1} = 4T_B\left(\frac{4}{3}V_0\right)^{\gamma-1}$$

$$部屋 B：T'V'^{\gamma-1} = T_B\left(\frac{1}{3}V_0\right)^{\gamma-1}$$

2 式より，辺々をそれぞれ割ると

$$n^\gamma = 4^\gamma \qquad \therefore \quad n = 4$$

したがって

$$V_A : V_B : V_C = n : 1 : 1 = 4 : 1 : 1$$

◆B．Ⅰ．▶問7．λ_0 は，陽極に入射する電子の運動エネルギーのすべてが，1個のX線光子のエネルギーになるときの波長なので

$$eV = \frac{hc}{\lambda_0} \qquad \therefore \quad \lambda_0 = \frac{hc}{eV}$$

Ⅱ．▶問8．図3Aの $n=3$ の軌道の電子について，速さを v_3 とする。量子条件より

$$2\pi r_3 = 3\frac{h}{mv_3}$$

クーロン力と遠心力とのつり合いの関係より

$$k_0 \frac{(Z-10)\,e \cdot e}{r_3{}^2} = m\frac{v_3{}^2}{r_3}$$

2式より，v_3 を消去すると

$$r_3 = \frac{9h^2}{4\pi^2 k_0 m\,(Z-10)\,e^2}$$

▶問9．水素原子の基底状態の電子について，軌道半径を r，速さを v とする。問8と同様に考えると

$$r = \frac{h^2}{4\pi^2 k_0 m e^2}$$

これより，E_H について

$$E_H = \frac{1}{2}mv^2 - k_0\frac{e^2}{r} = -\frac{k_0 e^2}{2r} \quad \left(\because \quad k_0\frac{e^2}{r^2} = m\frac{v^2}{r}\right)$$

$$= -\frac{2\pi^2 k_0{}^2 m e^4}{h^2} \quad \cdots\cdots ①$$

図3Aの $n=2$ の軌道の電子について，軌道半径を r_2，速さを v_2 とする。問8と同様に考えると

$$r_2 = \frac{h^2}{\pi^2 k_0 m\,(Z-2)\,e^2}$$

これより，E_2 について

$$E_2 = \frac{1}{2}mv_2{}^2 - k_0\frac{(Z-2)\,e^2}{r_2}$$

$$= -\frac{k_0(Z-2)\,e^2}{2r_2} \quad \left(\because \quad k_0\frac{(Z-2)\,e^2}{r_2{}^2} = m\frac{v_2{}^2}{r_2}\right)$$

$$= -\frac{\pi^2 k_0{}^2 m (Z-2)^2 e^4}{2h^2}$$

したがって，①より

$$E_2 = \left(\frac{Z-2}{2}\right)^2 E_\mathrm{H}$$

E_3 について，問 8 の結果より

$$E_3 = \frac{1}{2} m v_3{}^2 - k_0 \frac{(Z-10) e^2}{r_3}$$

$$= -\frac{k_0 (Z-10) e^2}{2r_3} \quad \left(\because \quad k_0 \frac{(Z-10) e^2}{r_3{}^2} = m \frac{v_3{}^2}{r_3}\right)$$

$$= -\frac{2\pi^2 k_0{}^2 m (Z-10)^2 e^4}{9h^2}$$

したがって，①より

$$E_3 = \left(\frac{Z-10}{3}\right)^2 E_\mathrm{H}$$

▶問 10.　固有 X 線の波長が図 2 の λ_1, λ_2 の場合の 1 個の X 線光子のエネルギーは，それぞれ $\dfrac{hc}{\lambda_1}$, $\dfrac{hc}{\lambda_2}$ である。また，$\lambda_1 < \lambda_2$ なので

$$\frac{hc}{\lambda_1} > \frac{hc}{\lambda_2}$$

一方，電子が $n=2$ から $n=1$ の軌道へ移るときに放出される 1 個の X 線光子のエネルギーの方が，$n=3$ から $n=1$ の軌道へ移るときに放出される 1 個の X 線光子のエネルギーより小さい。したがって，電子が $n=2$ から $n=1$ の軌道へ移るときに放出される X 線に対応する固有 X 線のピークの波長が λ_2 である。

図 3 C のエネルギー準位 E_1 について，問 9 と同様に考えると

$$E_1 = -\frac{2\pi^2 k_0{}^2 m Z^2 e^4}{h^2} = Z^2 E_\mathrm{H}$$

図 3 C のエネルギー準位 $E_2{}'$ について，固有 X 線が放出される直前には，$n=2$ の軌道にある電子からは，原子核の電荷が $+(Z-1)e$ に見えることを考慮すると，問 9 より

$$E_2{}' = \left(\frac{Z-1}{2}\right)^2 E_\mathrm{H}$$

振動数条件より

$$\frac{hc}{\lambda_2} = E_2' - E_1$$

$$\therefore \quad \lambda_2 = \frac{hc}{E_2' - E_1} = \frac{hc}{\left\{\left(\dfrac{Z-1}{2}\right)^2 - Z^2\right\}E_{\mathrm{H}}}$$

❖講 評

　2022 年度も例年通り大問 3 題の出題で，試験時間は理科 2 科目で 150 分，医（保健〈看護学〉）学部は 1 科目で 75 分であった。設問数，内容を加味した問題分量は，2021 年度と同程度となっている。解答形式は，すべて結果のみを記す形式であった。また，グラフを選択する問題が 2 問出題されたが，描図問題は出題されなかった。

　1　水平に動くことのできる物体からつり下げられた振り子の運動についての問題である。振り子の支点となる物体の状態が異なるいろいろな状況の振り子について，慣性系や非慣性系の立場から運動方程式などを用いて考察する，やや難しい問題である。Ⅰは，振り子の支点となる物体が固定されている場合の一般的な単振り子について考察する基本問題。典型的な問題なので，確実に解答したい。Ⅱは，振り子の支点となる物体が規則的な等加速度運動を繰り返す場合に，非慣性系から単振り子を考察する標準〜応用問題。半周期毎に振動の中心や振幅が変化する単振動の状況を，的確に捉えることができたかどうかで差がつく。Ⅲは，振り子の支点となる物体が自由に動ける場合に，振り子との相対運動を考察する標準問題。振り子の支点となる物体と最高点に達した振り子とが同じ速度になることに着目して，運動量保存則や力学的エネルギー保存則を用いればよい。

　2　非直線抵抗を含む直流電源によるブリッジ回路とコイルやコンデンサを含む交流電源によるブリッジ回路についての問題である。ブリッジ部分に電流が流れないことに注意して，回路上の各点の電位などを考察する標準的な問題である。Ⅰは，一般的なホイートストンブリッジ回路について考察する基本問題。典型的な問題なので，確実に解答したい。Ⅱは，非直線抵抗を含む直流電源によるブリッジ回路について，非直線

抵抗の電流-電圧特性を表す曲線グラフを用いて考察する標準問題。キルヒホッフの第二法則によって電流-電圧の関係式を求めることがポイントであるが，問4（b）ではグラフを読み取る力が必要になる。Ⅲは，コイルやコンデンサを含む交流電源によるブリッジ回路について，リアクタンスや位相のずれに注意して考察する標準問題。誘導に沿って解き進めればよいが，与えられた三角関数の合成公式を用いた計算などもあり，数学的な力も問われている。

　3　熱力学分野と原子分野の2分野から，2つの中間に分けて出題された問題である。Aの熱力学分野はピストンで3室に分けられたシリンダー内の気体の状態変化について考察する標準的な問題，Bの原子分野は原子番号が*Z*の原子モデルから放出される固有X線について考察するやや難しい問題である。Aは，各部屋や全体の気体についてその状態変化から，吸収・放出した熱量，した・された仕事，および内部エネルギーの変化を的確に捉え，熱力学第一法則を用いる標準問題。Ⅰでは等温変化について，Ⅱでは断熱変化についての理解がポイントになる。対数計算や指数計算などのやや煩雑な計算処理もあり差がつく。Bは，原子番号が*Z*の原子について，量子条件などからエネルギー準位を求め，さらに振動数条件から固有X線の波長を求める標準〜応用問題。固有X線の発生についての理解がポイントになる。誘導に沿ってボーアの水素原子モデルと同様に解き進めればよいが，設定や条件が見慣れない複雑なものなので，正確に題意をくみ取れたかどうかで差がつく。

　2022 年度は，1・3 Bがやや難しい問題，2・3 Aが標準問題となっており，全体的にはやや難化した 2021 年度と同程度の難易度であった。ただし，見慣れない設定の問題が多く，誘導は丁寧になされているものの，実際の難度以上に難しく感じたかもしれない。また設問数も，やや増加した 2021 年度と同程度であり，試験時間内にすべてを解答することはかなり厳しい。大問前半のやや易しい問題をより正確に早く解き，後半の思考力を要する問題に十分な時間を取ることが大切である。総合的にみると，入試問題としての難度は高く，大問後半や最終部分の問題が難解であったり，数学的な知識や計算力が必要であることなどから，これらの成否によって差がつくという傾向には変わりがない。このような問題を解答するためには，物理法則に対する本質的な理解を深め，

█ いろいろな設定での物理現象に対して柔軟に考察する力と，問題文をし
█ っかりと読み取り題意に沿って解答する力とを養っておく必要がある。

■■■■ 化学 ■■■■

1 **解答**

問1. (1) $\overset{\cdot\cdot}{O}::C::\overset{\cdot\cdot}{O}$

(2)ア. カルシウム　イ. $Ca(HCO_3)_2$　ウ. $CaCO_3$

問2. (1) $2NO + O_2 \longrightarrow 2NO_2$

(2) $Cu + 4HNO_3 \longrightarrow Cu(NO_3)_2 + 2NO_2 + 2H_2O$

(3) $\overset{\cdot\cdot}{O}::N:N::\overset{\cdot\cdot}{O}$
　　　$:\overset{\cdot\cdot}{O}::\overset{\cdot\cdot}{O}:$

(4)エ. 共有　オ. 非共有　カ. NO_2^+　キ. NO_2　ク. NO_2^-

問3. ケ. イオン化　コ. 自由　サ. 金属　シ. 14　ス. 4　セ. 5
ソ. 1

問4. (1) $2Al(固) + Fe_2O_3(固) = Al_2O_3(固) + 2Fe(固) + 852\,kJ$

(2)時間：5.79×10^5 秒　陽極で発生する気体：CO または CO_2

(3) Al は還元力が Fe よりも強く，酸化されやすいから。(30 字以内)

◀解　説▶

≪地殻成分元素の単体・化合物，結合角，テルミット反応≫

▶問1. (1) 不対電子4個の炭素原子と不対電子2個の酸素原子が次のように共有電子対をつくる。

　　　$:\overset{\cdot\cdot}{O}\cdot\ \ \cdot\overset{\cdot}{C}\cdot\ \ \cdot\overset{\cdot\cdot}{O}: \longrightarrow \overset{\cdot\cdot}{O}::C::\overset{\cdot\cdot}{O}$

(2)　ア. 石灰石や大理石の主成分は，炭酸カルシウム $CaCO_3$ である。

イ. 炭酸カルシウムは二酸化炭素を多く含む水によって，炭酸水素カルシウムになり溶解する。

　　　$CaCO_3 + CO_2 + H_2O \rightleftharpoons Ca(HCO_3)_2$

ウ. CO_2 の放出によって，イの化学平衡から，左に平衡が移動するので，再び $CaCO_3$ が析出する。

▶問2. (1)　一酸化窒素は空気中ですみやかに酸化され，赤褐色の二酸化窒素になる。

(2)　還元剤：$Cu \longrightarrow Cu^{2+} + 2e^-$　　　　　　　　……①

　　　酸化剤：$HNO_3 + H^+ + e^- \longrightarrow NO_2 + H_2O$　……②

①$+2\times$② に $2NO_3^-$ を組み合わせて，反応式を得る。

(3)　$2NO_2 \rightleftharpoons N_2O_4$ において，加圧すると，気体分子数が減少する右へ平衡が移動するので，無色の N_2O_4 になる。

次のように不対電子が共有電子対をつくるので，二酸化窒素が重合して四酸化二窒素になる。

$$\overset{..}{O}::\overset{..}{N}\cdot \quad \cdot \overset{..}{N}::\overset{..}{O}$$
$$\overset{}{\underset{..}{:O:}} + \overset{}{\underset{..}{:O:}}$$

(4)　各分子は，次のように 4 つの電子対をもつ。

$$\begin{array}{ccc} \quad H & & \\ H:\overset{}{C}:H & H:\overset{..}{N}:H & :\overset{..}{O}:H \\ \quad H & \quad H & \quad H \end{array}$$

CH_4：4 つの共有電子対

NH_3：3 つの共有電子対，1 つの非共有電子対

H_2O：2 つの共有電子対，2 つの非共有電子対

4 つの共有電子対をもつ CH_4 は，反発の強さが同じため，正四面体となっており，結合角は約 109° である。非共有電子対が増えるほど，H−X−H の共有電子対がつくる結合角が $CH_4 > NH_3 > H_2O$ と小さくなるので，共有電子対と非共有電子対の反発が共有電子対同士の反発より大きいとわかる。

また，NO_2 の電子式から，それぞれ電子が 1 つ減少・増加した NO_2^+ と NO_2^- の電子式は以下のようになると考えられる。

$$\begin{array}{ccc} NO_2^+ & NO_2 & NO_2^- \\ :\overset{..}{O}::\overset{}{N}:\overset{..}{O}: & :\overset{..}{O}::\overset{\cdot}{N}:\overset{..}{O}: & :\overset{..}{O}::\overset{..}{N}:\overset{..}{O}: \end{array}$$

各分子の N−O の結合に直接関与しない電子数に注目すると，NO_2^+ は不対電子や孤立電子対がなく，NO_2 や NO_2^- と比べて，O−N−O の結合角に影響を与える反発が弱いと予測される。また，問題文から，不対電子と電子対の反発が電子対間の反発よりも小さいことがわかっているので，O−N−O の結合角の順は，電子による反発が小さい順に，$NO_2^+ > NO_2 > NO_2^-$ となると考えられる。

▶問 3．イオン化エネルギーは，原子から電子 1 個を取り去り，1 価の陽イオンにするのに必要なエネルギーである。イオン化エネルギーが小さいほど，陽イオンになりやすく陽性が強くなる。

▶問 4．(1)　与えられた生成熱の熱化学方程式は

$$2Al（固）+\frac{3}{2}O_2（気）=Al_2O_3（固）+1676\,kJ \quad \cdots\cdots ①$$

$$2Fe（固）+\frac{3}{2}O_2（気）=Fe_2O_3（固）+824\,kJ \quad \cdots\cdots ②$$

①－② より，求める熱化学方程式を得る。

(2)　陰極：$Al^{3+}+3e^- \longrightarrow Al$

電子が 3 mol 流れると，Al が 1 mol 生成する。求める時間を t 秒とすると

$$\frac{2.00t}{9.65\times10^4}\times\frac{1}{3}=\frac{108}{27.0} \quad \therefore \quad t=5.79\times10^5 \text{ 秒}$$

陽極では O^{2-} が酸化されるが，高温のため電極の炭素と反応し，CO や CO_2 が発生する。

$$C+O^{2-} \longrightarrow CO+2e^-$$

$$C+2O^{2-} \longrightarrow CO_2+4e^-$$

(3)　Al は酸素との結合力が強く，鉄などの金属酸化物を還元して，酸素を奪い取ることができる。これはテルミット反応と呼ばれ，鉄を溶かすほどの高温（3000℃以上）が発生する。

2 解答

問 1．記号：B

理由：H^+ と結合できるアミンであるから。

問 2．ア．$\dfrac{[\text{Mor-H}^+][\text{OH}^-]}{[\text{Mor}][\text{H}_2\text{O}]}$　イ．$\dfrac{[\text{Mor-H}^+][\text{OH}^-]}{[\text{Mor}]}$

問 3．(i), (ii), (iv)

問 4．液性：酸性

理由：水溶液中で電離した陽イオンが次式の加水分解反応によって，オキソニウムイオンを生じるため。$\text{Mor-H}^+ + \text{H}_2\text{O} \rightleftharpoons \text{Mor} + \text{H}_3\text{O}^+$

問 5．(1)　水溶液中では電気的に中性であるので，$[\text{H}^+]+[\text{Mor-H}^+]=[\text{OH}^-]$ より

$$K_b=\frac{[\text{Mor-H}^+][\text{OH}^-]}{[\text{Mor}]}=\frac{([\text{OH}^-]-[\text{H}^+])\times[\text{OH}^-]}{[\text{Mor}]}$$

$$= \frac{(1.0 \times 10^{-6} - 1.0 \times 10^{-8}) \times 1.0 \times 10^{-6}}{[\text{Mor}]} = 1.6 \times 10^{-6}$$

$\therefore$　$[\text{Mor}] = 6.18 \times 10^{-7} \fallingdotseq 6.2 \times 10^{-7} \text{[mol/L]}$　……(答)

(2)　3.00 L 中のモルヒネの物質量は，$([\text{Mor}] + [\text{Mor-H}^+]) \times 3.00$ であるから

$$(6.18 \times 10^{-7} + 1.0 \times 10^{-6} - 1.0 \times 10^{-8}) \times 3.00$$

$$= 4.82 \times 10^{-6} \fallingdotseq 4.8 \times 10^{-6} \text{[mol]}　……(答)$$

問 6．pH = 7.40 であるので

$$[\text{H}^+] = 10^{-7.40} = 10^{-8.00 + 2 \times 0.30} = 2.0^2 \times 10^{-8} \text{[mol/L]}$$

$$[\text{OH}^-] = \frac{1.0 \times 10^{-14}}{2.0^2 \times 10^{-8}} = \frac{10^{-6}}{4.0} \text{[mol/L]}$$

よって

$$K_b = \frac{[\text{Mor-H}^+]}{[\text{Mor}]} \times \frac{10^{-6}}{4.0} = 1.6 \times 10^{-6}$$

$$\therefore \quad \frac{[\text{Mor-H}^+]}{[\text{Mor}]} = 6.4 \quad ……(答)$$

━━━━━ ◀解　説▶ ━━━━━

≪モルヒネの電離平衡≫

▶問 1．A〜D は，どれも弱酸性のフェノール性ヒドロキシ基をもつ。

A．ニトロ基は，中性である。

B．塩基性の第三級アミンの構造をもつ。H^+ と結合して陽イオンになる。モルヒネである。

C．第四級アンモニウム塩の構造をもつ。中性である。

D．酸アミドの構造をもつ。中性である。

▶問 2．ア．質量作用の法則ともいう。平衡定数は，左辺の濃度を分母に，右辺の濃度を分子に書く。

イ．$K_b = K[\text{H}_2\text{O}] = \dfrac{[\text{Mor-H}^+][\text{OH}^-]}{[\text{Mor}][\text{H}_2\text{O}]} \times [\text{H}_2\text{O}] = \dfrac{[\text{Mor-H}^+][\text{OH}^-]}{[\text{Mor}]}$

▶問 3．(i)正文。塩化水素は水溶液中で $\text{HCl} \longrightarrow \text{H}^+ + \text{Cl}^-$ と電離し，OH^- と中和反応するので，OH^- の濃度が減少する。よって，平衡は右に移動し，Mor-H^+ の濃度は上昇する。

(ii)正文。水酸化ナトリウムは水溶液中で $\text{NaOH} \longrightarrow \text{Na}^+ + \text{OH}^-$ と電離し，

OH⁻ の濃度が増加する。よって，平衡は左に移動し，Mor-H⁺ の濃度は低下する。

(iii)誤文。希釈によって，平衡は右に移動するので，Mor-H⁺ の濃度は 10 分の 1 より大きくなる。

(iv)正文。モルヒネの濃度が大きくなるので，平衡は右へ移動する。OH⁻ の濃度が増加すれば，H⁺ の濃度は小さくなるので，pH は大きくなる。

(v)誤文。モルヒネ塩酸塩は水溶液中で Mor-HCl ⟶ Mor-H⁺＋Cl⁻ と電離し，Mor-H⁺ の濃度が増加する。よって，平衡は左へ移動する。OH⁻ の濃度が減少するため，pH は小さくなる。

▶問 4．強酸と弱塩基から得られた塩の加水分解では，水溶液は弱酸性を示す。

▶問 5．(1)　電離定数 K_b の式において，[OH⁻] はモルヒネの電離からのみ生じるとして，水の電離による分を無視して考えた場合は，[Mor-H⁺]≒[OH⁻] より

$$K_b = \frac{[\text{OH}^-]^2}{[\text{Mor}]} = \frac{(1.0 \times 10^{-6})^2}{[\text{Mor}]} = 1.6 \times 10^{-6}$$

　∴　[Mor]＝$6.25 \times 10^{-7} \fallingdotseq 6.3 \times 10^{-7}$〔mol/L〕

(2)　粉末中のモルヒネは，水溶液中でモルヒネ分子か陽イオンとなって溶けている。

▶問 6．$\log_{10}2 = 0.30$ より　　　$10^{0.30} = 10^{\log_{10}2} = 2$

3 　解答　　問 1．$C_{12}H_{16}O_2$　（$C_{18}H_{24}O_3$ も可）

問 2．(b)より，E とアニリンの縮合物の原子数比は

$$\text{C}:\text{H}:\text{N}:\text{O} = \frac{79.59}{12.0} : \frac{6.20}{1.0} : \frac{6.63}{14.0} : \frac{7.58}{16.0}$$

$$= 6.63 : 6.20 : 0.473 : 0.473 \fallingdotseq 14 : 13 : 1 : 1$$

縮合物中には N 原子 1 個しか含まれないので，分子式は $C_{14}H_{13}NO$ である。よって，E の分子式は

$$C_{14}H_{13}NO + H_2O - C_6H_7N = C_8H_8O_2　\cdots\cdots(答)$$

問 3．E.
F.

G. 　　H.

問4.

問5. A. 　　B.

問6. C.

D.

━━━━━━━━━━ ◀解　説▶ ━━━━━━━━━━

≪芳香族化合物の構造決定≫

▶問1．1.92 mg の化合物A中の

　　　炭素の質量：$5.28 \times \dfrac{12.0}{44.0} = 1.44$〔mg〕

　　　水素の質量：$1.44 \times \dfrac{2 \times 1.0}{18.0} = 0.16$〔mg〕

　　　酸素の質量：$1.92 - (1.44 + 0.16) = 0.32$〔mg〕

よって，原子数比は

　　　$C : H : O = \dfrac{1.44}{12.0} : \dfrac{0.16}{1.00} : \dfrac{0.32}{16.0} = 0.12 : 0.16 : 0.02 \fallingdotseq 6 : 8 : 1$

組成式は C_6H_8O となり，式量は96.0である。

Aは加水分解されることから，エステル結合をもつ芳香族化合物で，分子量300以下の条件から，分子式は $C_{12}H_{16}O_2$ か $C_{18}H_{24}O_3$ である。なお，以下の解説については分子式 $C_{12}H_{16}O_2$ の場合としている。

▶問 2．窒素原子を含まない E とアニリン $C_6H_5NH_2$ が等物質量で縮合したので，生成した化合物は窒素原子を 1 個含む。窒素原子 1 個をもとに分子式が決まる。

▶問 3．分子量 148 の H は，無水フタル酸である。反応を逆にたどると，E，G も決定できる。

一方，F は，アニリンと反応せず，ナトリウムと反応して，1 mol から 0.5 mol の水素を発生するので，1 価のアルコールである。F とエステル D をつくるカルボン酸は，枝分かれのある炭素鎖をもつので，

$CH_3-CH-C-OH$ である。
　　　　$\overset{|}{CH_3}\ \overset{\|}{O}$

F の分子式は $C_{12}H_{16}O_2 + H_2O - C_4H_8O_2 = C_8H_{10}O$ となり，構造式は次の通りである。

▶問 4．カルボキシ基 $-\underset{\underset{O}{\|}}{C}-OH$ には $-OH$ が含まれているので，金属ナトリウムと激しく反応して水素を発生する。

▶問 5．アルコール I，J の分子式は $C_{12}H_{16}O_2 + H_2O - C_8H_8O_2 = C_4H_{10}O$ である。

I はヨードホルム反応を示すアルコール $CH_3CH(OH)-$ の部分構造をもつので，2-ブタノール $CH_3CH(OH)-CH_2CH_3$ である。

J は過マンガン酸カリウムで酸化されないので，第三級アルコールの 2-メチル-2-プロパノール $(CH_3)_3COH$ である。

▶問 6．エステル C をつくるカルボン酸は，直鎖の炭素鎖をもつ酪酸 $CH_3CH_2CH_2COOH$ である。一方，エステル D は，枝分かれのあるイソ酪酸 $(CH_3)_2CHCOOH$ である。

4 **解答** 【I】　問1．⑴　求める水溶液を x〔L〕とすると，スルホ基の H^+ と Na^+ の物質量は等しいので

$$\frac{41.6}{104} \times \frac{58.0}{100} = 50 \times 10^{-3} \times x \qquad \therefore \quad x = 4.64〔L〕\quad \cdots\cdots（答）$$

⑵(a) $PbCl_2$ 　(b) CuS 　(c) $Fe(OH)_3$ 　(d) Na^+

問2．$K_2Cr_2O_7 + 4H_2SO_4 + 3H_2O_2 \longrightarrow Cr_2(SO_4)_3 + 7H_2O + 3O_2 + K_2SO_4$

求める過酸化水素水のモル濃度を x〔mol/L〕とする。化学反応式の係数比は物質量比に等しいので

$$1 : 3 = \frac{0.040 \times 5.0}{1000} : \frac{x}{20} \times \frac{10}{1000} \qquad \therefore \quad x = 1.2〔mol/L〕\quad \cdots\cdots（答）$$

【II】　問3．陽極の反応式：$2Cl^- \longrightarrow Cl_2 + 2e^-$

陰極の反応式：$2H_2O + 2e^- \longrightarrow H_2 + 2OH^-$

全体の反応式：$2NaCl + 2H_2O \longrightarrow H_2 + Cl_2 + 2NaOH$

問4．陽イオン交換膜がないと，$Cl_2 + 2NaOH \longrightarrow NaCl + NaClO + H_2O$ の反応が起こり，生成した $NaOH$ を消費してしまう。

陽イオン交換膜がある場合，陰極側で水が還元され OH^- が生成すると，電気的中性を保つため，Na^+ が陽イオン交換膜を透過して，陽極側から陰極側に移動し，Na^+ と OH^- の濃度が増加する。一方，OH^- は陽イオン交換膜を通れないので塩素と反応しない。したがって，水酸化ナトリウムを効率よく生成できる。

問5．A．回収される水溶液

B．海水

理由：各室に電圧をかけると，C室の陽イオンは，陽イオン交換膜を透過して陰極側へ流入してAに，同時にC室の陰イオンは，陰イオン交換膜を透過して陽極側へ流入してAとなる。Aは濃縮され，イオンが流出したBは，淡水化されるから。

問6．ア．イオン交換樹脂　イ．電気分解　ウ．交換　エ．イオン交換膜

オ．濃縮　カ．再生

━━━━━━━◀解　説▶━━━━━━━

≪イオン交換樹脂，金属イオンの同定，イオン交換膜法，電気透析法≫

【I】　▶問1．⑴　樹脂中の H^+ と水溶液中の Na^+ が1：1の割合で交換される。

$$\text{(structure: } -CH-CH_2-\text{ benzene ring with } SO_3^-H^+ \text{)} + Na^+ \rightleftharpoons \text{(structure: } -CH-CH_2-\text{ benzene ring with } SO_3^-Na^+ \text{)} + H^+$$

(2)　(a)希塩酸で生じる白色沈殿は，$AgCl$ と $PbCl_2$ である。$PbCl_2$ は熱水に溶けるが，$AgCl$ は溶けない。

(b)硫化水素を塩酸酸性で通じると，CuS の黒色沈殿を生じる。

(c)硫化水素で Fe^{3+} は Fe^{2+} に還元されたので，希硝酸で Fe^{3+} に酸化する。塩化アンモニウムとアンモニア水の緩衝液を加えると，赤褐色の $Fe(OH)_3$ のみ沈殿する。

(d)Na^+ や K^+ は沈殿させる試薬がないので，炎色反応を調べる。

▶問 2 ．酸化剤：$Cr_2O_7^{2-} + 14H^+ + 6e^- \longrightarrow 2Cr^{3+} + 7H_2O$　……①

　　　　還元剤：$H_2O_2 \longrightarrow O_2 + 2H^+ + 2e^-$　　　　　　　　……②

①＋3×② より e^- を消去し，$2K^+$，$4SO_4^{2-}$ を両辺に加えて，反応式を完成させる。

【Ⅱ】　▶問 3 ．陽極では Cl^- が酸化されて，Cl_2 が発生する。

　　　　$2Cl^- \longrightarrow Cl_2 + 2e^-$

陰極では H_2O が還元されて，H_2 が発生する。

　　　　$2H_2O + 2e^- \longrightarrow H_2 + 2OH^-$

塩化ナトリウム水溶液の濃度が薄くなると，水が酸化され酸素を発生してしまう。

　　　　$2H_2O \longrightarrow 4H^+ + O_2 + 4e^-$

希塩化ナトリウム水溶液を排出し，飽和塩化ナトリウム水溶液を注入して，濃度を保つ。

▶問 4 ．陽イオン交換膜がないと，陽極で発生した塩素は一部水に溶け，酸性を示す。

　　　　$Cl_2 + H_2O \rightleftharpoons HCl + HClO$

酸性の HCl と $HClO$ が OH^- で中和される。

陽イオン交換膜の表面の $-SO_3^-$ に，陽イオンは吸着し，電気的な中性を保つために，別の陽イオンが陰極側に押し出される。一方，陰イオンは電気的反発を受け，膜の内部に入れない。

▶問 5 ．(i)海水に電圧をかけると，電気泳動によりイオンは反対の極に引

き寄せられる。

⑪電極の間を陽イオン交換膜で仕切ると，陰イオンはこの膜を透過できないが，陽イオンは膜を透過して電極側に移動できる。

⑬また，陰イオン交換膜で仕切ると，陰イオンはこの膜を透過できるが，陽イオンは透過できない。

⑭陽イオン交換膜と陰イオン交換膜を交互に仕切り，電圧をかけると，イオンの移動が交互に起こり，海水の濃縮・淡水化が可能になる。これを電気透析法という。

▶問 6．C室を陽イオン交換樹脂および陰イオン交換樹脂で充填すれば，淡水化される。しかし，イオン交換樹脂を連続的に使用するには，吸着した陽イオンは H^+ で，陰イオンは OH^- で交換し，再生する必要がある。電圧がかけられているので，水の電気分解で生じた H^+ と OH^- によって樹脂は再生されると考えられる。

$$2H_2O \longrightarrow 4H^+ + O_2 + 4e^-$$
$$2H_2O + 2e^- \longrightarrow H_2 + 2OH^-$$

イオン交換で放出したイオンは，電気透析法により濃縮されて排出される。

❖講　評

　2022 年度は，一部に読解力・思考力を問う難問があるが，全般的には標準レベルの問題が増え，易化した。

　1　地殻に多く含まれる元素を題材に，さまざまな角度から実力を試す問題である。問 2 の⑷の電子対の反発と結合角の大小は，しっかり問題を読み取ってほしい。これ以外は標準レベルである。失点を少なくしたい。

　2　モルヒネが題材であり，戸惑ったかもしれない。しかし，弱塩基の電離平衡の問題である。アンモニアで十分練習したであろう。問 5 はモルヒネ水溶液の濃度がかなり薄いことから，水の電離による分を無視して考えることもできた。

　3　芳香族化合物の構造決定の問題である。Hの無水フタル酸が糸口になる。計算が煩雑であるが，完答を目指してほしい。

　4　【Ⅰ】イオン交換樹脂，金属イオンの同定，酸化還元滴定とどれも基本問題である。【Ⅱ】問 5・問 6 は読解力と理解力を試す良問。やや難

である。

　ほとんどが頻出の標準問題である。誰でもできる問題をミスなくこなすことが合格への近道である。新傾向の思考問題に時間ををかけすぎてはいけない。時間配分に特に注意したい。

■生物■

1 **解答** 問 1．ア．クエン酸　イ．解糖　ウ．脱アミノ
エ．アンモニア

問 2．(1)(i)$2C_{18}H_{34}O_2 + 51O_2 \longrightarrow 36CO_2 + 34H_2O$

(ii)$C_5H_{11}NO_2 + 6O_2 \longrightarrow 5CO_2 + 4H_2O + NH_3$

(2)(i)0.71　(ii)0.83

問 3．(1)無酸素運動では，酸素の供給不足により，組織にグリコーゲンとして貯蔵された炭水化物を利用して解糖が起こる。一方，有酸素運動ではクエン酸回路と電子伝達系が進行するため，炭水化物だけでなく脂肪も基質として利用できるようになるため。(125 字以内)

(2)脂肪の消費される割合が増えるため，RQ は低下する。

問 4．2

問 5．オ．恒常性（ホメオスタシス）　カ．肝門脈　キ．肝小葉
ク．大静脈（下大静脈）

問 6．(1)解毒作用

(2)タンパク質はアミノ酸に分解されて小腸で血中に吸収され肝臓に送られるが，肝機能と肝血流量が低下するとアミノ酸の代謝で生じたアンモニアを尿素に変える能力が低下し，高アンモニア濃度の血液が脳に運ばれるから。(100 字以内)

━━━━━━━━ ◀解　説▶ ━━━━━━━━

≪呼吸基質と呼吸商，肝臓の構造とはたらき≫

▶問 1．ア・イ．脂肪（トリグリセリド）はすい液中の酵素リパーゼによって脂肪酸 2 分子とモノグリセリドに消化されて吸収される。吸収後のモノグリセリドからは加水分解により 1 分子の脂肪酸を遊離させることでグリセリン（グリセロール）が得られる。筋細胞などの中に移行した脂肪酸は，カルボキシ基側から C_2 の単位で酸化分解され次々とアセチル CoA を生じる（この反応を，カルボキシ基が結合した α 位の炭素原子の隣にある β 位の炭素が新たなカルボキシ基になることが繰り返されるという意味で，「β-酸化」という）。アセチル CoA はクエン酸回路に合流できる

ので，空欄アは「クエン酸」とわかる（参考までに，β-酸化もクエン酸回路と同じミトコンドリアのマトリックスで行われる）。一方，グリセリンは，解糖系で六炭糖が分解されて生じる C_3 化合物と同一の物質に変換され，解糖（空欄イ）系に投入される。図１で，空欄ア・イともに，グルコースを用いた呼吸の，電子伝達系以外の過程であることをヒントにすれば容易に答えられる。

ウ・エ．まず，尿素に作り変えられることによって毒性が弱められるという記述から，空欄エがアンモニアであることは容易にわかる。アミノ酸は有機酸にアミノ基を転位して合成されることを想起すれば，アミノ酸を分解して有機酸を生じる空欄ウの反応は脱アミノ反応とわかる。

▶問２．(1)　厳密には，設問文の「例にならって」の指示に従えば，両辺に水分子を含んだ反応式を書くべきであるが，高校の学習範囲を超えておりそこまでは要求されないと判断し，〔解答〕には左辺に水を含まない反応式を記してある。なお，両辺に水分子を含んだ反応式は以下の通りである。

(i)　　$2C_{18}H_{34}O_2 + 51O_2 + 68H_2O \longrightarrow 36CO_2 + 102H_2O$

(ii)　　$C_5H_{11}NO_2 + 6O_2 + 8H_2O \longrightarrow 5CO_2 + 12H_2O + NH_3$

バリンの分子式のように，アミノ酸にN原子が１つだけ含まれている場合は，Nがアミノ基の一部である可能性しかない。この場合，問１のエが，反応式の右辺に NH_3 がくることのヒントとなる。

(2)　それぞれ，(1)の反応式の左辺の O_2 と右辺の CO_2 の係数より

(i)　　$RQ = \dfrac{36}{51} = 0.705 \fallingdotseq 0.71$

(ii)　　$RQ = \dfrac{5}{6} = 0.833 \fallingdotseq 0.83$

▶問３．(1)　無酸素運動時はグルコースの解糖で得られる ATP を筋収縮に利用する。問１のイや図１からは，脂肪も解糖系に投入可能であるが，設問文第３文より，貯留されているときは脂肪すなわちトリグリセリドに戻されており，分解や筋への輸送に時間がかかるので，素早くエネルギーを調達する必要がある激しい運動時には用いられない。有酸素運動でも，はじめはグリコーゲンが消費されるが，設問文第２文は，その貯留量は長時間の運動を支えるには不十分であることを示唆しているので，呼吸基質

が次第に脂肪へと移行していくと考えられる。

⑵　完全な無酸素運動では，理論上は RQ は無限大となる。ヒトでは通常，完全に無酸素運動のみを行うことはないが，無酸素運動の割合が高い短時間の激しい運動時には RQ が1を超えることがある。一方，前問⑴の解説より，有酸素運動時には呼吸基質として脂肪も利用される。問2の⑵(i)より，仮に脂肪酸のみを呼吸基質にした場合の RQ は約 0.7 と1より小さいので，有酸素運動を行った際には無酸素運動時よりも RQ が小さくなると考えられる。

▶問4．体重 50 kg の成人で肝臓の重さは約 1 kg である。

▶問6．⑵　文章【A】の後半や図1の右側部分がヒントとなる。設問文に「消化・吸収・代謝の観点をふまえて」とあるので，タンパク質がアミノ酸に分解されて吸収される点と，タンパク質の代謝で生じたアンモニアが肝臓で尿素に変えられる点を解答に含めつつ，肝機能が低下すると血中のアンモニアが処理しきれなくなり，アンモニア濃度が高い血液に脳が暴露されてしまうことを説明する。

2　**解答**　問1．ア．耳小　イ．うずまき　ウ．コルチ
問2．高音を受容したときは，基底膜は内耳の入口側に近い場所で最も大きく振動するが，低音を受容したときは，基底膜はうずまき管の頂端に近い場所で最も大きく振動する。

問3．薄暗い光環境では明暗は識別できるが色を識別することはできない。明るい光環境では明暗と色の両方を識別することができる。

問4．正しい仮説：仮説⑵
理由：実験2で，照明する光の波長によっては，魚の正面にゾウリムシが泳いできても捕食行動をとらない場合があるから。

問5．該当する錐体：L 錐体
理由：実験1，2より，幼魚は 380 nm，500 nm，600 nm の波長の光を知覚できるといえる。380 nm と 500 nm の波長の光はそれぞれ複数種類の錐体が受容できるため，そのうちの特定の1種類の錐体が幼魚に必ず存在するとはいえない。一方，波長 600 nm の光を受容できるのは L 錐体だけであるから。

■■■■■■■■■■■◀解　説▶■■■■■■■■■■■

≪ヒトの耳における音の受容，複数の種類の視細胞による明暗と色の受容≫

▶問 3．図 1 のように，多くの脊椎動物の眼では，受容可能な光の波長の範囲が種類の異なる錐体間で重複しているので，複数の種類の錐体の応答の度合いの比率から，広い波長の範囲にわたる色の違いを識別することができる。錐体より桿体の方が閾値が低く，薄暗いところでは桿体だけがはたらくことは，解答の前提としてよいだろう。

▶問 4．正解以外の仮説が棄却される理由はそれぞれ次の通り。

仮説(1)：実験 2 で 380 nm の波長の光のみで照明しても捕食行動が誘発されている。

仮説(3)：図 1 から，380 nm の波長の光を知覚するのに，UV 錐体を使っている可能性を否定できない。

仮説(4)：図 1 から，500 nm の波長の光を知覚するのに，桿体やM錐体を使っている可能性を否定できない。

▶問 5．図 1 から，700 nm の波長の光を受容できる錐体は存在せず，実際に個体レベルでも実験 1・2 ともに 700 nm の波長の光は知覚していない。図 1 と問 4 の解説より，380 nm，500 nm の波長の光はそれぞれ，受容可能な錐体が複数あり，そのうち 1 つだけが存在するとは断定できない。一方，実験 1 から個体レベルで知覚できる 600 nm の波長の光は，図 1 からL錐体のみが受容可能なので，幼魚は必ずL錐体をもつといえる。なお，実験 2 では幼魚が 600 nm の波長の光に反応していないことが気がかりな人もいるかもしれないが，捕食行動は単に正面に物体が見えれば起こるとは限らず，行動の誘起が，見える物の色や性状にも左右される可能性がある（釣り人や漁師がルアーや疑似餌に工夫を凝らすのはその現れであろう）ので，実験 2 から幼魚が 600 nm の波長の光を知覚できていないと断定はできない。

3　解答　問 1．実験 1 で，マウスBの皮膚に対しキラーT細胞を介した細胞性免疫による拒絶反応が起こった。キラーT細胞の一部が記憶細胞として残り，マウスAに免疫記憶が成立した。実験 2 で再びマウスBの皮膚が移植されたため，記憶細胞がすぐに増殖・活性

化して素早い拒絶反応を示す二次応答が起こったから。（150 字以内）

問 2．T 細胞が成熟する時期に胸腺が摘出された個体は，成熟した T 細胞をもたず細胞性免疫がはたらかないから。（50 字以内）

問 3．ヒツジ赤血球を注射されたマウス A は，体液性免疫によりヒツジ赤血球に対する抗体を産生したため，血清中の抗体と抗原抗体反応が起こったから。（75 字以内）

問 4．実験 5 の胸腺摘出マウス A は成熟したヘルパー T 細胞をもたないので体液性免疫をはたらかせられない。一方，実験 6 の胸腺摘出マウス A は別個体のマウス A からヒツジ赤血球に反応するヘルパー T 細胞を含むリンパ球を移入されたため，自身の B 細胞が形質細胞へと分化して血しょう中にヒツジ赤血球に対する抗体をもったから。（150 字以内）

問 5．別のマウス A から採取したリンパ球には，ヒツジ赤血球に対する抗体を産生する形質細胞が含まれていたから。（50 字以内）

━━━━━━━━━━ ◀解 説▶ ━━━━━━━━━━

≪生後すぐの胸腺摘出が細胞性免疫と体液性免疫に与える影響≫

▶問 1．免疫反応のうち，「二次応答」が起こるしくみを，細胞性免疫について説明する。

▶問 2．胸腺摘出マウス A が皮膚片に対する拒絶反応を起こさないのは，細胞性免疫に必要な成熟したキラー T 細胞とヘルパー T 細胞の両方をもたないからである。キラー T 細胞に限定して説明しない方がよい。

▶問 3．もともとマウスはヒツジの赤血球に対する凝集素はもたないので，通常のマウスの血清とヒツジの赤血球を混合しても凝集反応は起きない。しかし，ヒツジの赤血球を注射されたマウスは異種の赤血球を非自己と認識し，体液性の免疫応答を起こすので，注射から 2 週間後の血しょう中には十分量の抗ヒツジ赤血球抗体が含まれている。

▶問 4．成熟した別個体のマウス A から採取したリンパ球には，ヒツジ赤血球に対し体液性の免疫応答を引き起こすために必要なあらゆるリンパ球が含まれるが，ここで特に大きな意味をもつのはヘルパー T 細胞である。ヒツジ赤血球とそれに反応するヘルパー T 細胞を同時に胸腺摘出マウス A に移入すると，胸腺摘出マウス A の抗原提示細胞により活性化された移入ヘルパー T 細胞が，胸腺摘出マウス A の B 細胞を活性化する。B 細胞は形質細胞へと分化し，ヒツジ赤血球に対する抗体を産生する。

▶問 5．成熟した別個体のマウス A にヒツジ赤血球を注射して 2 週間後に採取したリンパ球には，ヒツジ赤血球に対する抗体を盛んに産生している形質細胞が含まれる。このリンパ球を胸腺摘出マウス A に移入すると，十分量の抗体が血しょう中に保有される。

4 **解答**　　問 1．太陽コンパス

問 2．（10：00）120 度

根拠：日の出の 6 時に 180 度異なり，この位置のずれはそこから日没に向かって 1 時間に 15 度ずつ小さくなっていくので，日の出の 4 時間後の 10：00 には

$$180 - 15 \times 4 = 120 \text{ 度}$$

（16：00）30 度

根拠：10：00 の場合と同様に，日の出の 6 時から 10 時間後にあたる 16：00 には

$$180 - 15 \times 10 = 30 \text{ 度}$$

問 3．生物時計

問 4．実験 2 では明暗周期が実験 1 から 6 時間遅い方にずれている。また，餌を求めて訪れる台の方角も実験 1 から太陽の動きと同じ時計回りに 90 度ずれている。90 度は太陽が 6 時間で移動する角度に相当することから，この鳥は太陽が見える方角と生物時計を組み合わせて方角を認識していると考えられる。つまり，実験 2 では新しい明暗周期によって生物時計が 6 時間遅い方にずらされ，明期が始まってから 1 ～ 12 時間後を鳥の生物時計上の 6：00 ～ 18：00 に対応させている。そして，太陽が見える方角を生物時計上のその時刻に太陽があるはずの方角と認識し，それを基準にして特定の方角に定位していると考えられる。

━━━━━◀解　説▶━━━━━

≪太陽コンパスと生物時計による鳥の定位≫

▶問 4．実験 2 の明暗周期は実験 1 から 6 時間遅い方にずれている。また，図 2 B と図 2 C で最もよく訪れる台の方角が鳥 a，鳥 b で共通して 90 度，太陽の動きと同じ向きにずれており，この 90 度というのは太陽が 6 時間で移動する角度に等しい点に着目する。実験 2 － 1）では鳥にまったく太陽を見せていないので，この間に人工的な光条件制御により鳥の生物時計

が自然界より 6 時間遅くずらされたと考える。実験 2 － 2 ）で一部の時間帯に太陽が見えると，その方角を生物時計から想定される時刻に太陽があるはずの方角と認識し，定位の基準にすると考えると実験結果の説明がつく。例えば鳥 b は，図 2 B では西に定位しており，これは 6：00 に太陽がある東と 180 度異なっている。実験 2 － 2 ）において，12：00 は鳥の生物時計の 6：00 に相当するため，12：00 に太陽がある南を，6：00 に太陽がある東と誤って認識している。したがって，鳥は図 2 C のように太陽の位置と 180 度異なった北に定位する。

❖講　評

　2021 年度に 5 題であった大問数は，2022 年度は例年通り 4 題に戻った。ただし，リード文が 2 つある問題や，実験の長い説明を伴う問題が含まれ，全体的な問題量は減少していない。2021 年度に出題された描図問題が出題されなかった一方，2021 年度にはなかった計算問題が複数出題された。中心となる論述問題は，過年度から変わって字数指定があるものとないものが混在し，実質的な総論述量は，2021 年度から 2 倍近くに増加した。

　1 は，さまざまな呼吸基質の代謝経路と肝臓のはたらきに関する問題。問 1 の空所補充イは，文章だけから答えるのは難しく，手っ取り早く図 1 を利用したかどうかで消費時間に差が出ただろう。また最後の問 6 は，この問題からは遠い，比較的初めの方にヒントがあることに注意したい。

　2 は，聴覚と視覚の受容器に関する問題。問 2 は，うずまき管のどの辺りの場所かを文章で示すのは，理解できていても意外と難しい。問 5 は，設問文には実験 2 も考慮するよう指示があるが，実験 2 で 600 nm の波長の光で行動が誘発されなかったことを重視し過ぎないよう注意したい。

　3 は，獲得免疫全般に関するマウスを使った実験考察問題。出題内容は基本的であるが，すべての小問が連続して論述なので，書き切るには相当の時間と思考の持久力が必要だろう。制限字数に合わせる苦労も大きい。

　4 は，太陽コンパスと生物時計による鳥の定位に関する実験考察問題。問 4 は，定位の規則性には比較的容易に気づくと思われるが，それを文

章で説明するのは難しい。

　2022 年度は，解答すべき内容の概略は容易にわかるが書きにくいというタイプの論述が目立った。生物のさまざまな事項について，図説などを眺めただけで理解できたと過信せず，普段から常に自力で「文字だけ」で書いて説明してみようとする姿勢が，いっそう求められたといえよう。

■■■小論文■■■

1 解答例 問 1．エアコンや農産物における品質は，消費者や加工業者など，それぞれの立場や使用目的で重要度が変わる要求事項を満たす程度によって，よしあしが決定するのに対して，医薬品における品質は，治療効果があることと副作用が少ないこと，つまり有効性と安全性という基本的な要求事項を満たす程度によって，よしあしが決定する。(150 字以内)

問 2．健康食品の品質保証とは，食品としての安全性が保証されていることであるのに対して，保健機能食品の品質保証とは，医薬品と同様に，有効性と安全性が確保されていることであり，特に，錠剤・カプセル剤形状の機能性表示食品の場合は，製剤学的特性も含めた品質保証が必要となる。(130 字以内)

問 3．未病の考え方が重要となった理由は，高齢化や医療技術の高度化に伴って増大する医療費を，予防医療の拡充によって抑制するためだと考える。健康と病気を連続的に捉えるならば，人々が日頃から食事や運動などに留意し，健康的な生活習慣を維持することが，ヘルスケアの基本となる。医療の主な役割も，かかりつけ医や薬局を通じたヘルスケアの支援に移行していき，結果的に，大きな費用のかかる医療行為の必要性が減ると考えられる。(200 字以内)

◀解　説▶

≪保健機能食品における品質保証≫

▶問 1．「エアコンや農産物における品質」については「『要求事項を満たす程度』で品質のよしあしがきまる」，「『要求事項』は，それぞれの立場，使用目的で，その重要度が変わる」(第 2 段落)とあり，「医薬品における品質」については「医薬品の『要求事項』は，治療効果があり（有効性），副作用が少ない（安全性）というのが基本」(第 3 段落)とある。

▶問 2．健康食品については「食品としての安全性が保証されていることが基本」(第 4 段落)とある。保健機能食品については「原則，医薬品と同じ考え方」(同段落)なので，問 1 で見たように有効性と安全性の確保

が求められ，「特に，錠剤・カプセル剤形状の…場合には…製剤学的特性も含めて，品質保証が必要」（同段落）とある。

▶問３．下線部①の未病の考え方が重要となった理由について，自分の考えを述べる。「健康か病気かという二分論ではなく」とあるので，それに基づく医療，すなわち，病気になったら治療して健康に戻すという医療の限界を考える必要がある。また，下線部前後に「政府の健康医療戦略（第一期）においても」「新しいヘルスケア産業の創出が求められる」とあるので，現代日本の社会状況やヘルスケア全体の在り方とも関連していることがわかるだろう。〔解答例〕では，医療モデルの転換による医療保険制度の維持を挙げたが，その他にも疾病構造の変化（呼吸器系疾患中心から生活習慣病中心へ），寝たきりの予防といった要素が考えられる。いずれにせよ，制限字数が少ないので，ひとつの要素に絞って論じても構わない。

2　解答例

問１．●臨床試験の結果，感染症の発症予防効果が高く，主な副反応も軽い症状であることがわかり，有効性と安全性が認められたから。（60 字以内）

●弱毒化したウイルスを使わないため，接種時の感染リスクがないなど，従来のワクチン技術に対して優位性があったから。（60 字以内）

問２．未来のニーズを把握するのが難しい中では，現在のニーズにとらわれず，自分がやるべきと信じたことを継続する姿勢が求められる。たとえば，ほとんどの基礎研究は，すぐに新薬開発などの役に立つわけではないが，画期的な新技術が，多くの基礎研究の上に成り立っているのも事実である。研究者が皆その時々の社会的要請に振り回されていては，未来のニーズに応えるようなイノベーションには期待できなくなってしまうだろう。（200 字以内）

◀解　説▶

≪研究に求められる考えや姿勢≫

▶問１．新型コロナウイルスによるパンデミック後，早期に mRNA ワクチンが使用されるに至った科学的な理由を２つ考察する。大問１で医薬品の有効性と安全性について見ているので，それがヒントになるだろう。また，「早期に…使用されるに至った」という点では，課題文中に「従来のワクチン技術（弱毒化したウイルスなどを使う）」（第１段落），「mRNA

ワクチンの優位性」（第2段落）などの記述がある。〔解答例〕の他にも，mRNA ワクチンの技術的な優位性として，ウイルス特定後のワクチン開発に要する時間とコストが少ないことなどが挙げられるだろう。

▶問2．下線部①について，未来のニーズを把握するのが難しい中で，どのような考えや姿勢で研究に取り組むべきか，自分の考えを述べる。カリコ博士が未来のニーズに応えられたのは，自分の研究の優位性を信じて改良を重ね，実用化に邁進してきたからである（第2段落）。また，研究開発の多くは失敗するものであると考えるべきであり，社会的価値が見通せるようでは独創性は低いが，価値が見えなければ何でも良いわけでもない（第3段落）。これらの記述がヒントになるだろう。〔解答例〕の他にも，未来を見据えた広い視野から物事を見る姿勢，失敗も必ず何かの糧にできるという考え，自分の研究を自分自身が最も厳しくチェックする姿勢などが考えられる。制限字数が少ないので，ひとつの考えや姿勢を明示していれば十分だが，確かな専門知識や優れた直感といった資質・能力を挙げるだけでは「考えや姿勢」の説明にはならないので，注意が必要である。

❖講　評

　2021 年度入試から薬学部で小論文が課されており，2年続けて大問2題構成の出題であった。課題文はいずれも専門的な学術誌から抜粋されているが，内容はあくまでも概論的であり，読解に際してとくに専門知識が必要というわけではない。

　大問1の課題文は，「未病」という考え方によって今後ますます重要になるであろう，保健機能食品の品質保証について述べている。問1・問2は典型的な内容説明問題で，単純な読解力が試された。一方，問3は課題文の内容からだけでは解答することが難しく，現代日本社会が抱える問題について，ある程度の予備知識が求められていたといえよう。

　大問2の課題文は，mRNA ワクチン開発の経緯を例に，未来のニーズが把握できない中での研究開発の難しさについて述べている。問1は課題文中にいくつかヒントがあり，時事的な知識を用いて解答することもできる。また，問2は新聞や新書でもよく目にするテーマであり，問1・問2ともに，内容そのものよりも，少ない制限字数の中で端的に設問要求を満たすことの方が難しかったといえるだろう。

解答編

■英語■

I

解答 全訳下線部参照。

━━━━━━◆全　訳◆━━━━━━

(A)　≪食事を共にすることの意味≫

　アメリカ文化の中で最も奇妙な側面の一つは，私たちが一般に食事を共にする習慣を放棄していることである。たいていの人間の文化は，調理と食事，とりわけ人と一緒に食事をすることを，家族，部族，宗教，その他の社会的絆にとって欠かせないものと見なしてきた。さらに進んで，社会的動物として，一緒に食事をすることによって，私たちはいっそう社交に長けた，さらにはより幸せな人間になるとさえ言う人もいるだろう。しかし，私たちの高度に個人主義的な社会においては，共に飲食することの価値は，おそらく順守より違反が名誉なことだとされるだろう。

(B)　≪言葉の音や表記の恣意性≫

　言語において，ある信号の形態とその意味の関係は，たいてい恣意的なものである。たとえば，blue という音は，私たちが青として経験する光の特性とも，blue という視覚でとらえられる書かれた形とも，おそらく何の関係もないだろうし，言語によって発音は異なるだろうし，手話ではまったく何の音ももたない。blue に相当するものは，色の区別がもっと少なかったり，多かったり，あるいは異なっていたりする多くの言語には，存在さえしないだろう。言語に関しては，ある信号の意味は，感覚でとらえられる，その信号のもつ物理的な特性からは推測できない。そうではなく，その関係は慣習で決まっている。

━━━━━━◀解　説▶━━━━━━

▶(A)　**Most human cultures have considered food preparation and consumption, especially consuming food together, as essential to**

family, tribal, religious, and other social bonds.

● Most human cultures have considered ～ as … 「たいていの人間の文化は～を…と見なしてきた」が骨組みで，この直訳のままで問題ない。

● food preparation and consumption, especially consuming food together は considered の目的語の部分で，「食べ物の準備と消費，とりわけ食べ物を一緒に消費すること」が直訳。food preparation「食べ物の準備」は「調理，料理」のこと，(food) consumption「食べ物の消費」は「食べ物を食べること」であり，両方を合わせて「調理と食事」などとまとめられる。「食事」を補足して especially consuming food together「とりわけ一緒に食べ物を消費すること」が添えられており，「とりわけ一緒に食事をすること」などと整えられる。「一緒に」は「人と」を補うと自然になる。

● essential to family, tribal, religious, and other social bonds.「家族の，部族的，宗教的，そしてその他の社会的絆にとって不可欠な」が直訳。family は family bonds で「家族の絆」の意であり，以下の tribal などと同様，形容詞として bonds を修飾していることに注意。日本語としては，tribal「部族的」，religious「宗教的」を名詞のように訳すほうがまとめやすいかもしれない。「家族，部族，宗教，その他の社会的絆にとって欠かせない」などとできる。なお，この部分は as「～として」につながる箇所であり，「欠かせない<u>もの</u>（として）（見なす）」とすると自然である。

Some people would go even further and say that as social creatures, eating together makes us more socially adept and indeed happier human beings.

● Some people would go even further and say that …「さらに進んで…と言う人もいるだろう」が直訳。go further and say ～で「さらに言う」の意の成句。even は比較級 further を強調する副詞で「さらに，いっそう」の意だが，「さらに」が重複するので，「とさえ言う」「と言う人さえいる」など他の箇所で生かすとよい。

● as social creatures,「社会的動物〔生物〕として」が直訳で，そのままでよい。

● eating together makes us (more …)「一緒に食事をすることは私たち

を（いっそう…）にする」が直訳。無生物主語なので，「一緒に食事を
することで私たちは（いっそう…）になる」などと整えられる。

- more socially adept and indeed happier human beings.「より社会的
  に熟達し，実際，より幸せな人間（にする）」が直訳。more socially
  adept と happier は human beings を修飾する。adept はなじみの薄い
  語だと思われるので，文意・文脈から推測することになるだろう。下線
  部第 1 文で，食事を共にすることが人と人との絆にとって欠かせないと
  述べられていることから，socially「社会的に，社交的に」より優れた
  人間になるという意味にすれば文脈に沿う。実際，adept は上記のとお
  り，辞書的には「熟達した，精通した」の意。「社交により長けた」「人
  づきあいがより上手な」などとするとよいだろう。indeed は，ただ社
  交に長けているだけでなく，人間としての幸福感が増すという，さらに
  広い意味で人に有益であることを強調しており，「さらには」などと訳
  すのが適切。

▶(B) **the sound of "blue" will likely have no relationship to the
properties of light we experience as blue nor to the visual written
form "blue," will sound different across languages, and have no
sound at all in signed languages.**

- まず，全体の構造を押さえる。the sound of "blue" が主語，それに対
  する述部が，will likely have …，will sound …，have …の 3 つである。
- the sound of "blue" will likely have no relationship to …「blue とい
  う音はおそらく…と何の関係もないだろう」が直訳で，ほぼそのままで
  よい。likely は副詞で「たぶん，おそらく」の意。will も「〜だろう」
  と推測を表す。
- the properties of light we experience as blue「私たちが青として経験
  する光の特性」が直訳で，ほぼそのままでよい。property はしばしば
  複数形 properties で「特性，特質」の意。we experience as blue「私
  たちが青として経験する」は，properties を先行詞とする関係代名詞節。
  which が省略されている。
- nor to the visual written form "blue,"「また，視覚的な書かれた形
  blue とも（関係が）ない」は，relationship to 〜「〜との関係」の 2 つ
  目。否定文なので，nor「〜もまた…ない」が使われている。the visual

written form「視覚的な書かれた形」とは端的には文字自体のことで，「目に映る書かれた形」とほぼ直訳でもよいだろうし，「視覚でとらえられる文字」，「視覚的な筆記形態」など，いろいろに工夫できる。"blue" の前には前置詞がなく，ただ form と並んでいるので同格であり，「blue という目に映る書かれた形」などとする。

● will sound different across languages.「言語によって異なって聞こえるだろう」が直訳。across は「〜を横切って」が基本義だが，複数のものを横切れば，異なる領域に入ることから，「異なる」「変わる」「違う」といった語とともに用いると「〜によって（異なる）」「〜が違えば（変わる）」などの意味になる。sound different「違って聞こえる」は，言語が異なれば「青」をどう言うかも異なることを表しており，「発音が違う」などとするとよい。

● and have no sound at all in signed languages.「手話ではまったく何の音ももたない」が直訳で，ほぼそのままでよい。at all は否定文で「まったく〜ない」と強い否定を表す。signed language は「手話」の意。

No equivalent of "blue" will even exist in many languages that might make fewer or more or different color distinctions.

● No equivalent of "blue" will even exist in many languages「多くの言語には，blue に相当するものが存在さえしないだろう」が直訳で，ほぼそのままでよい。equivalent は「同等のもの，相当物，相当語句」の意。

● that might make … color distinctions.「…な色の区別をするかもしれない」は，languages を先行詞とする関係代名詞節。make distinctions は「区別をする」の意。

● fewer or more or different は distinctions を修飾する。「より少ない，より多い，異なる（区別をする）」が直訳。日本語では「色の区別がより少ない，あるいはより多い，あるいは異なる」などとするとわかりやすい。

◆━◆━◆━◆━◆━◆　●語句・構文●　◆━◆━◆━◆━◆━◆━◆

(A)　commensality「食事を共にする習慣」　honored more in the breach than in the observance「（規則や習慣などが）守るより破ったほうがま

しな，順守されるより違反されることのほうが多い」

(B) arbitrary「任意の，恣意的な」 with respect to ～「～に関しては」

II **解答** 設問(1) (i)—(ロ) (ii)—(ニ) (iii)—(イ) (iv)—(ロ) (v)—(ニ)
(vi)—(ハ)

設問(2) Antarctic blue whales

設問(3) 貨物船の通過音との競合を避け，鳴くのをやめる行動。(25 字以内)

設問(4) 氷の融解は，人為的な地球温暖化が原因だという意味。(25 字以内)

設問(5) (ニ)・(ホ)

◆全 訳◆

≪クジラの声が低くなっている原因≫

　南極大陸を取り囲む海よりも私たちの想像とかけ離れた環境があるだろうか。氷山が，サルパ，ホヤ，海綿動物その他の，生きているかいないかわからないほどの生物が点在する海床の上でぎしぎしと音を立てている。1 年の半分は太陽がほとんど昇らない。このような緯度の自然条件のもと，南極のシロナガスクジラは生物音響学で定義される世界に存在している。シロナガスクジラは地球上最大の動物で，同じ種の他の個体に呼びかけるが，こうした呼び声が厳密に何を伝えているのかは謎のままである。つがいの相手を呼び寄せるためであろうと，競争相手を追い払うためであろうと，あるいは他の何らかの社会的な目的のためであろうと，シロナガスクジラが出す音は，歌というより単調な低音，つまり人間の耳でとらえられる極限の，地鳴りのようなゴロゴロ音である。シロナガスクジラの出す音が単調に思えることは，その音が何世代にもわたって変化していないことを示唆しているかもしれない。しかし，この無調の音は漸進的な変化を始めているのだ。少なくとも 1960 年代から，その音の高さが，ピアノの白鍵で 3 つ分に相当するほど下がっているのである。科学者たちはその理由に関してさまざまな説を立てている。憂慮すべきものもあれば，希望に満ちたものもあるが，すべて人間が関わっている。

　南極のシロナガスクジラの出す音が低くなっていることは，この亜種に特有なことではない。世界中の海で暮らしているナガスクジラだけでなく，

マダガスカル，スリランカ，オーストラリア付近で見られるピグミーシロナガスクジラの群れも声が低くなっているのである。（この変化が起こる前でも，ナガスクジラは人間の耳にはほとんど聞き取れないほど低い音を出していた。彼らの出す呼び声の波長は，クジラ自身の体よりも長いことが多かった。）100 万を超える別個のクジラの呼び声の録音を分析した昨年のある研究では，音階の変化が種を超えて見つかり，また必ずしも互いに交流があるわけではない群れ同士の間で見つかった。つまり，変化を引き起こしたものが何であれ，それに特定の地理的な起源はないように思えるということだ。

　海上交通や天然資源採取産業によって引き起こされる水面下の騒音がもっともらしい原因に思えるかもしれない。何と言っても，そのような騒音はクジラがエサを捜すのを邪魔し，彼らが声で連絡を取り合うことに干渉することが知られているのだから。しかし，たとえば貨物船の通過と競合するのを避けるために呼び声を中断するなど，方法は限られているとはいえ，海中の人工的な音に適応するクジラも確かにいるが，科学者たちは，クジラの声が低くなっていることが騒音公害への反応だとは考えていない。彼らは，主な航路がなく，機械音がわずかしかない海で暮らすクジラのさまざまな群れでも声が低くなっていることを突き止めているのだ。

　クジラの声の変化に対するもう一つの可能性のある説明は，地球規模での保護活動のなせる業だというものだ。20 世紀の初めには，推定 23 万 9千頭の南極のシロナガスクジラが南極海にあふれていた。1970 年代初期には，初めはノルウェーと英国の捕鯨者によって，後には違法なソビエトの船団によって行われた，何十年もの商業捕鯨が，その地域のシロナガスクジラの数をほんの 360 頭にまで減少させていた。しかし，この亜種の保護が 1966 年に始まって以降，その数は戻り始めている。科学者たちはクジラの解剖学的形態が要因で，呼び声が大きくなればなるほどその高さが上がると推測している。そして，数が増えるにつれ，短い距離でやり取りする可能性が高まるため，クジラは音量を小さくしたのかもしれない。言い換えると，南極のシロナガスクジラが今日，過去数十年よりも声が低くなっているのは，単にもう大声を出す必要がないからなのかもしれない。

　しかし，クジラの呼び声に関する昨年の研究は，高さの低下に対してもっと不吉な理由も示唆している。クジラがそれほど大きな声を出す必要が

ないのは，音波は，二酸化炭素の吸収で酸化した海では，より遠くまで伝わるからかもしれないというのである。

　一方，大気中の二酸化炭素は，別の点で間接的にクジラの声に影響を及ぼしているかもしれない。南極のシロナガスクジラの最近の調査は，南半球の夏の間，クジラの声の高さが上がることを示している。研究者たちは以下のような仮説を立てた。比較的暖かい月には，クジラは割れる氷のただなかで聞こえるように音量を上げなくてはならない。氷の割れる音は，気温の上昇が氷の融解を悪化させるため，不自然な作用によって増幅される自然の音だ。したがって，地球温暖化の影響は，ほとんど人間のいない，そして最もとどろきわたる音が，船からではなく割れる氷のきしみから響いてくる隔絶した場所でさえ，動物の声の調子を変えるのかもしれないのだ。

　シロナガスクジラの声が何を意味しているのか，私たちはまだわかっていないかもしれない。しかし，こうした動物を保護しようとする私たちの意図によってであれ，彼らの生きる環境を変えてしまった結果としてであれ，私たちの行為が彼らの声に影響を及ぼしているのである。

■━━━━━━━ ◀解　説▶ ━━━━━━━■

▶設問(1)　(i)　当該箇所は「競争相手を repel ために」となっている。縄張りやつがいの相手をめぐって，競争相手を「追い払う」といった意味であると推測できる。(ロ)の drive away ～「～を追い払う」が正解。repel も「～を追い払う」の意。(イ)「～を訪ねる」　(ハ)「～から逃げる」　(ニ)「～と和解する」

(ii)　which is to say は，that is to say「つまり，すなわち」の変型であり，前文の内容を受けるときに使われることがある。(ニ)の Put another way「別の言い方をすると」が正解。(イ)「さらに」　(ロ)「それにもかかわらず」　(ハ)「他方で」

(iii)　当該箇所は「主な航路がなく，機械音が negligible 海」となっている。「主な航路がない」ことから，機械音は「ほとんどない」と考えられる。(イ)の extremely limited「きわめて限られている」が正解。negligible は「無視できるほどの，わずかな」の意。(ロ)「ほとんど心地よくない」　(ハ)「比較的大きい」　(ニ)「たいへん重要な」

(iv)　anatomy は「解剖学的構造，形態」の意。(ロ)の body structure「身

体構造」が正解。文意からはやや推測しづらい。単語自体を知らない場合
は，各選択肢を下線部の前後と照らし合わせて，文脈上無理のないものを
残す消去法を使うことになるだろう。㈠「動物の言語」　㈢「音楽的能力」
㈣「宇宙科学」

(v)　当該箇所は「気温の上昇が氷の融解を exacerbate」となっている。
気温が上昇すれば，氷の融解は進む。選択肢の中では㈣の worsen「～を
悪化させる」しか合うものはない。exacerbate も「～を悪化させる」の
意。㈠「～を遅らせる」　㈡「～を凍らせる」　㈢「～を減少させる」

(vi)　当該文は「こうした動物を保護しようとする私たちの意図によってで
あれ，彼らの生きる環境を変えてしまった結果としてであれ，私たちの行
為が echo in 彼らの声」となっている。「シロナガスクジラの保護」につ
いては第 4 段（Another possible explanation …），「シロナガスクジラの
生きる環境を変えたこと」については第 6 段（Carbon dioxide …）に述
べられており，いずれもクジラの声が低くなっている原因として考えられ
る項目に挙げられている。人間の行為が彼らの声に「影響している」の意
だと推測できる。㈢の have an impact on ～「～に影響を及ぼす」が正
解。echo in ～は「～（の中）に反響する」が文字どおりの意味。人間の
行為の結果がクジラの声として鳴り響くというイメージで，この語が使わ
れていると考えられる。㈠「～とは無関係である」　㈡「～においては人
目を引かなくなる」　㈣「～のために働く」

▶設問(2)　当該文は「南極のシロナガスクジラの出す音が低くなっている
ことは，この亜種に特有なことではない」となっており，続く文に「ナガ
スクジラやピグミーシロナガスクジラの群れでも声が低くなっている」と
ある。したがって，「音が低くなっていることは，南極のシロナガスクジ
ラに特有なことではない」ということである。本文中の英語で答える条件
なので，Antarctic blue whales が正解。複数形でしか出てきていないこ
とに注意。

▶設問(3)　当該箇所は「方法は限られているとはいえ，海中の人工的な音
に適応するクジラも確かにいる」となっており，続くダッシュ以下で「た
とえば貨物船の通過と競合するのを避けるために呼び声を中断することに
よって」とある。この部分を 25 字以内にまとめる。

▶設問(4)　当該箇所は「不自然な作用」となっており，直後に「気温の上

昇が氷の融解を悪化させる」とある。「気温の上昇」とは地球温暖化のことであり，人間が排出する二酸化炭素などが主な原因と考えられていることを踏まえた表現であることから，「人為的」という意味で「不自然」だと述べていると判断できる。したがって，「氷の融解は，人為的な地球温暖化が原因だという意味」などとまとめられる。

▶設問(5)　第 4 段第 1 文（Another possible explanation …）に「クジラの声の変化に対するもう一つの可能性のある説明は，地球規模での保護活動のなせる業だというものだ」とあり，同段最後から 2 番目の文（As populations have grown, …）に「（保護のおかげで）数が増えるにつれ，短い距離でやり取りする可能性が高まるため，クジラは音量を小さくしたのかもしれない」とある。この内容に相当するのが㈡の「シロナガスクジラの数が増えた」である。第 5 段のコロン以下（Perhaps whales don't …）には「クジラがそれほど大きな声を出す必要がないのは，音波は，二酸化炭素の吸収で酸化した海では，より遠くまで伝わるからかもしれない」とあり，この内容に相当するのが㈭の「海水は今，酸性度が高くなっている」である。この 2 つが正解。

㈤「持続低音はシロナガスクジラに突き止められる」　第 1 段第 6 文（Whether to attract …）に「シロナガスクジラが出す音は，歌というより単調な低音…である」とあるように，「持続低音」はクジラの出す音のことを表しているだけである。

㈥「多くの船がシロナガスクジラの上を通過する」　第 3 段最終文（They have identified …）に「主な航路がなく，機械音がわずかしかない海で暮らすクジラのさまざまな群れでも声が低くなっている」とあり，船の出す音はクジラの声が低くなっていることとは無関係である。

㈧「商業捕鯨を再開した国がある」　本文にこのような記述はない。

㈦「融解する氷の音がだんだん大きくなっている」　第 6 段第 2 文（Recent monitoring …）に「南半球の夏の間，クジラの声の高さが上がる」とあり，低音化とはむしろ逆の現象である。

◆━◆━◆━◆　●語句・構文●　◆━◆━◆━◆━◆

（第 1 段）grind「ぎしぎしと鳴る」　bioacoustics「生物音響学」　atonal「無調の」

（第 2 段）trigger「～のきっかけとなる」

（第3段）maritime「海の」　extractive「天然資源を採取する」　culprit
「犯人，原因」　forage「食料をあさる」
（第4段）fleet「船団」
（第5段）ominous「不吉な」
（第6段）austral「南半球の」　forte「強音の」　modulate「（声）の調子
〔強さ，高さ〕を変える」
（最終段）refashion「〜を新たに作る，変える」

Ⅲ 　解答例

〈解答例1〉　The key to maintaining motivation is remembering the original aim. When I was a ninth grader, I was tired of studying for entrance examinations. My brother, a student of the high school of my first choice, invited me to the school. So, one Saturday afternoon, I went there with him and saw many students doing club activities. They all looked happy, which reminded me that I also wanted to experience such a school life.（70 語程度）

〈解答例2〉　Talking with someone who shares their experience with you can stimulate your motivation. I belonged to the tennis club of my school, but considered quitting because I was a poor player. I told one of my seniors about it. She said that she had felt the same way before but that she continued because she liked the sport. Indeed, she always seemed to enjoy playing it. I decided to follow her example.（70 語程度）

◀解　説▶

　「長期にわたって何かに取り組む場合に，前向きな姿勢を保ち続けるのが難しくなったとき，具体的にどうすれば抜け出せるか」を，自分自身もしくは他の人の経験を1つ例に挙げて，70語程度で述べる問題。まず端的に「どうするか」を述べ，具体例を続けるという書き進め方になるだろう。
　〈解答例1〉は，モチベーションが下がったら，もともとの目的を思い出すことが大事だとして，高校入試に向けた試験勉強に疲れたとき，志望校を訪れて生徒たちの楽しそうな様子を見たことで，そのような学校生活

をしたかったのだという思いを新たにしたという経験を述べている。〈解答例２〉は，自身の経験を話してくれる人と話すことがモチベーションを刺激してくれるとして，部活をやめようかと思っていることを先輩に話したところ，以前に同じように感じた先輩はそのスポーツが好きだから続けていると語ってくれ，実際いつもプレーするのを楽しんでいるように思えたので，先輩の例に倣うことにしたと述べている。

　具体的な例を簡潔にまとめることが重要なポイントである。正しく使える語句・表現で英語として誤りのないものに仕上げること。

IV 解答

(A) 〈解答１〉 The more I learned, the better I understood what I hadn't before, and this gave me a broader outlook. When I came across something unfamiliar or new, my curiosity was stimulated, and I wanted to learn even more.

〈解答２〉 The more you learn, the better understanding you'll have about what you didn't grasp before, which widens your perspective. Encounters with something unfamiliar or new (will) make you more curious and inspire you to learn more.

(B) 〈解答１〉 Whether it is about freedom of expression, public welfare, or democracy, if you are unable to express in your own words what value it has, you cannot persuade and change the minds of those who assert that such things are not worth protecting.

〈解答２〉Unless you can explain in your own words how valuable something is, whether it is freedom of expression, public welfare, or democracy, you cannot persuade those who affirm that things like these are not worth defending to change their minds.

━━━━━━━━◀解　説▶━━━━━━━━

◆(A) 「学べば学ぶほど，いままでわからなかったことがわかるようになり，それによって自分の視野が広がります」

　直前に「やみつきになりました」とあり，下線部は筆者個人の経験を述べたものと考えられる一方，現在形で書かれていることから一般論として述べたものとも考えられる。前者なら，主語は「私」で過去のこととして書く。後者なら，主語は読者を想定した「あなた」で，現在形を中心に書

くことになる。以下，前者を中心に考えていく。第 2 文も同様。

● 「学べば学ぶほど」は the ＋比較級 〜，the ＋比較級…の構文が使える。この部分は「より多く学べば学ぶほど」The more I learned となる。

● 「いままでわからなかったことがわかるようになり」は「以前は理解できなかったことをよりよく理解するようになった」the better I understood what I hadn't (understood) before や，「以前は理解できなかったことに関してよりよい理解をもつようになった」the better understanding I had about what I hadn't grasped などとできる。

● 「それによって自分の視野が広がります」はいろいろ考えられる。文字どおりの「それによって」thereby を用いる場合は，S V, thereby *doing* の形にする。「それによって」を前述の内容を受ける関係代名詞 which の非制限用法で表現するなら，「それは私の視野を広げた」…，which widened my perspective〔broadened my outlook〕など無生物主語で表現する。カンマ＋which の代わりにカンマ＋and this としてもよい。無生物主語の場合は「より広い視野を私に与えた」gave me a broader outlook ともできる。

「知らないことや新しいことに出合うと好奇心が刺激され，もっと多くのことを学びたくなります」

● 「知らないことや新しいことに出合うと」は，内容上 if ではなく when で表す。「〜に出合う」は meet では適さず，「〜に遭遇する」encounter や「〜に偶然出くわす」come across 〜などを使う。「知らないことや新しいこと」は something unfamiliar or new や unfamiliar or new things などとできる。

● 「好奇心が刺激され」は文字どおり my curiosity was stimulated でよい。「私はより好奇心旺盛になり」I became more curious などとすることもできる。

● 「もっと多くのことを学びたくなります」は and I wanted to learn more でよいが，下線部の第 1 文で「学べば学ぶほど」と，すでに「より多く学ぶこと」が述べられているので，「いっそう多く」even more とすると流れがよい。直前の「なる」became を生かすなら，形容詞 eager を使うこともできる。なお，and に SV を続ける場合は，and の前にカンマをつけること。

● 第 2 文全体を「知らないことや新しいこととの遭遇は，私をより好奇心旺盛にし，もっと多くのことを学ぶ気にさせた」と無生物主語に整え直すこともできる。その場合は，Encounters with〔Encountering〕something unfamiliar or new made me more curious and inspired me to learn more.などとなる。

◆(B) 「表現の自由にしろ，公共の福祉にしろ，民主主義にしろ，それにいかなる価値があるのかを自分の言葉で語ることができなければ，『そんなものは守るに値しない』と言い切る人たちを説得して翻意させることはできない」

● 「～にしろ，…にしろ」は，whether 節が使える。文頭に置いても節の後半（「それに…できなければ」の訳の後）に置いてもよい。文頭の場合は it is about ～の形で話題を導入する。節の後半に置く場合は，「それ」の部分を「何かあるもの」something として整え，whether 節を挿入としてカンマで挟むとよい。ここでも it を主語にすることになるが，これは直前の something を受けるだけなので，about は不要である。

● 「表現の自由にしろ，公共の福祉にしろ，民主主義にしろ」は whether it is（about）freedom of expression, public welfare, or democracy とできる。

● 「自分の言葉で語ることができなければ」は，一般論なので主語は you がよい。「～することができなければ」は if you cannot〔are not able to / are unable to〕*do* でよい。unless you can *do* とすることもできる。「語る」は talk about でも誤りではないが，「伝える」express のほうが自然である。「それにいかなる価値があるのか」が目的語になるので「説明する」explain も文意に合う。

● 「それにいかなる価値があるのか」は「あるものがどんな価値をもっているのか」what value something has が文字どおりの表現。「あるものにどれほど価値があるのか」how valuable something is も使えるだろう。

● 「自分の言葉で」は in your own words が文字どおりの表現。目的語が長いので，express, explain の直後に置くとよい。

● 「～する人たちを説得して翻意させることはできない」の「説得する」

は persuade,「翻意させる」は convert が考えられるが, いったん「〜
する人たちを説得する」persuade those who 〜として,「彼らの考えを
変えさせる」and make them change their minds と続けてもよい。
「考えを変えるように *A* を説得する」persuade *A* to change their
minds / talk *A* into changing their minds とまとめることも考えられ
る。あるいは the minds of those who 〜とする。

● 「『そんなものは守るに値しない』と言い切る」の「言い切る」は「断
言する」assert, affirm が使える。「主張する」claim や「強く言い張
る」insist などもよい。「そんなもの」は「〜にしろ, …にしろ」とい
ろいろなものが挙がっているので, such things, things like these な
どとするとよい。「〜するに値しない」は are not worth *doing* が使え
る。「守る」は, 危害を加えられたり, 壊されたり, 奪われたりしない
ように防御する意味なので, protect や defend が使える。

❖ 講　評

　2021 年度も従来どおり, 英文和訳・長文読解総合問題・テーマ英作
文・和文英訳問題の 4 題構成。Ⅳの一部（文学部の独自問題）を除いて,
文系学部の文・人間科・法・経済学部と共通問題である。

　Ⅰの英文和訳問題は, (A)・(B)とも部分和訳。(A)は, 人と一緒に食事を
することの意味を述べた文章。下線部には 2 文あり, それぞれはそれほ
ど長くなく, 文構造も複雑ではないが, 見慣れぬ語が含まれており, 文
脈から矛盾しない訳を考える必要がある。(B)は, 言葉の音や表記の恣意
性を論じたもの。ある色を日本語では「あお」と言い,「青」と書くが,
英語では「ブルー」と言い, blue と表記するといったことだが, ふだ
ん当たり前すぎて意識しないことを詳細に論じられると, かえって何の
ことかわかりにくく感じるかもしれない。下線部に 2 文あるが, 第 1 文
がやや長く, 日本語として通りのよいものにまとめる力が求められる。
話にしっかりついていけると, 訳もなめらかに進むだろう。

　Ⅱの長文読解総合問題は, クジラの出す声が低くなっている原因につ
いて述べた文章。実際の調査結果とそこから考えられる原因を複数紹介
し, そこに人間の活動が関与している可能性を示唆している。設問は,
同意表現, 内容説明, 内容真偽。いずれも素直な問いであり, 素早く解

答していきたい。

　Ⅲは「長期にわたる取り組みで前向きな姿勢を保つことが困難になっ
た場合の抜け出し方」を，具体的な経験（自分のものでも他の人のもの
でもよい）を 1 つ例に挙げて述べるもの。70 語程度という条件は従来
どおりである。適切な例を限られた語数でわかりやすくまとめることが
重要である。

　Ⅳは例年同様，レベルの高い和文英訳である。日本語ではあまり意識
せずに内容がつかめるのに，英語にしようとすると，誰の話をしている
のか，時制をどうするのか，語句や節をどこに配置するのか，緻密に考
える必要が出てくる。

　全体として，英文和訳問題，長文読解総合問題は標準的，英作文問題
はやや難と言える。

数学

◀理・医(医・保健〈放射線技術科学・検査技術科学〉)・
歯・薬・工・基礎工学部▶

$\boxed{1}$ ◇発想◇ (1) 曲線上の点 $\left(u, \dfrac{1}{u}\right)$ における接線が点 P(a, b) を通るとして u の 2 次方程式を作る。この方程式の実数解が s, t である。

(2) $\dfrac{t}{s}$ は ab を用いて表すことができる。また，$b = \dfrac{9}{4} - 3a^2$ である。$\dfrac{t}{s}$ が最小となるための ab $\left(= a\left(\dfrac{9}{4} - 3a^2\right)\right)$ の条件を考えよう。a のとりうる値の範囲にも注意。

$\boxed{\text{解答}}$ (1) $y' = -\dfrac{1}{x^2}$ より，$y = \dfrac{1}{x}$ $(x > 0)$ 上の点 $\left(u, \dfrac{1}{u}\right)$ における接線の方程式は

$$y - \frac{1}{u} = -\frac{1}{u^2}(x - u)$$

$$\therefore \quad y = -\frac{1}{u^2}x + \frac{2}{u}$$

これが点 P(a, b) を通るから

$$b = -\frac{1}{u^2}a + \frac{2}{u}$$

$$\therefore \quad bu^2 - 2u + a = 0$$

$b > 0$ であるから

$$u = \frac{1 \pm \sqrt{1 - ab}}{b}$$

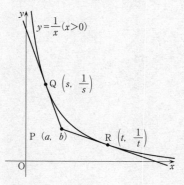

$0 < ab < 1$ より $0 < 1 - ab < 1$ であるから，この解は異なる 2 つの実数であり

$$0<\frac{1-\sqrt{1-ab}}{b}<\frac{1+\sqrt{1-ab}}{b}$$

これが s, t $(s<t)$ であるから

$$s=\frac{1-\sqrt{1-ab}}{b}, \quad t=\frac{1+\sqrt{1-ab}}{b} \quad \cdots\cdots(\text{答})$$

(2)　$\dfrac{t}{s}=\dfrac{1+\sqrt{1-ab}}{1-\sqrt{1-ab}}=-1+\dfrac{2}{1-\sqrt{1-ab}}$

ここで，$\dfrac{t}{s}$ が最小 $\Longleftrightarrow 1-\sqrt{1-ab}$ (>0) が最大

$$\Longleftrightarrow \sqrt{1-ab} \text{ が最小}$$

$$\Longleftrightarrow ab \text{ が最大}$$

であるから，ab の最大値を求めればよい。

点 $\mathrm{P}(a,\ b)$ が曲線 $y=\dfrac{9}{4}-3x^2$ 上の $x>0$，$y>0$ の部分にあるから

$$b=\frac{9}{4}-3a^2$$

$a>0$，$b>0$ より　　$a>0$　かつ　$\dfrac{9}{4}-3a^2>0 \Longleftrightarrow 0<a<\dfrac{\sqrt{3}}{2}$

よって　　$ab=a\left(\dfrac{9}{4}-3a^2\right)=-3a^3+\dfrac{9}{4}a$

$f(a)=-3a^3+\dfrac{9}{4}a \left(0<a<\dfrac{\sqrt{3}}{2}\right)$ とおくと

$$f'(a)=-9a^2+\frac{9}{4}=-9\left(a+\frac{1}{2}\right)\left(a-\frac{1}{2}\right)$$

$f(a)$ の $0<a<\dfrac{\sqrt{3}}{2}$ における増減は右の表のようになるから，$f(a)$ $\left(0<a<\dfrac{\sqrt{3}}{2}\right)$ は最大値

a	(0)	$\cdots$	$\frac{1}{2}$	$\cdots$	$\left(\frac{\sqrt{3}}{2}\right)$
$f'(a)$		$+$	0	$-$	
$f(a)$		$\nearrow$	$\frac{3}{4}$	$\searrow$	

$$f\left(\frac{1}{2}\right)=-3\cdot\frac{1}{8}+\frac{9}{4}\cdot\frac{1}{2}=\frac{3}{4}$$

をとる。これは，$a=\dfrac{1}{2}$，$b=\dfrac{9}{4}-3\cdot\dfrac{1}{4}=\dfrac{3}{2}$ のときで $ab=\dfrac{3}{4}<1$ をみたすか

ら，$\dfrac{t}{s}$ の最小値は $-1+\dfrac{2}{1-\sqrt{1-\dfrac{3}{4}}}=3$ である。

したがって，$\dfrac{t}{s}$ は $a=\dfrac{1}{2}$，$b=\dfrac{3}{2}$ のとき最小値 3 をとる。 ……(答)

━━━━━━━━━━ ◀解　説▶ ━━━━━━━━━━

≪直角双曲線の曲線外の点から引いた接線，接点に関する値の最小値≫

▶(1)　曲線外の点から曲線に引いた接線を求める典型的な問題である。接点を $\left(u,\ \dfrac{1}{u}\right)$ として，この点における接線が点 $\mathrm{P}(a,\ b)$ を通るとして得られる u の 2 次方程式を解けばよい。この方程式の解が s，t である。$ab<1$ より，この解が異なる 2 つの実数であることを確認しておこう。

▶(2)　(1)の結果から，$\dfrac{t}{s}$ は ab で表すことができるので，$\dfrac{t}{s}$ が最小となるときの ab の条件を考えると「$\dfrac{t}{s}$ が最小 $\Longleftrightarrow ab$ が最大」であることがわかる。

一方，点 $\mathrm{P}(a,\ b)$ が曲線 $y=\dfrac{9}{4}-3x^2$ $(x>0,\ y>0)$ 上を動くことから $b=\dfrac{9}{4}-3a^2$ $(a>0,\ b>0)$ が得られるので，$ab=a\left(\dfrac{9}{4}-3a^2\right)$ のとりうる値の範囲を求めることになる。これは a についての 3 次関数であるから，微分法を用いて増減を調べればよい。このとき，$a>0$，$b>0$ から a のとりうる値の範囲を確定しよう。

最後に，求めた a，b の値が $ab<1$ をみたすことの確認を忘れないようにする。s，t の形から $\sqrt{1-ab}=p$ などとおいてもよいが，結局 ab の最大値を求めることに帰着する。

─────────────────────────

$\boxed{2}$　◆発想◆　(1)　空間において，4 点 $\mathrm{A_0}$，$\mathrm{B_0}$，P，Q が同一平面上にある条件から，s と t の関係式を導く。なお，点 N が 3 点 K，L，M を通る平面上にある条件は，k，l，m を実数として

$$\overrightarrow{\mathrm{KN}}=l\overrightarrow{\mathrm{KL}}+m\overrightarrow{\mathrm{KM}} \Longleftrightarrow \overrightarrow{\mathrm{ON}}=k\overrightarrow{\mathrm{OK}}+l\overrightarrow{\mathrm{OL}}+m\overrightarrow{\mathrm{OM}}$$

$$(k+l+m=1)$$

が成り立つことである。

(2)　与えられた条件から，$\overrightarrow{OA}$, $\overrightarrow{OB}$, $\overrightarrow{OC}$ についての内積の値を
それぞれ求めることができるので，これを用いて，$\overrightarrow{OP}\cdot\overrightarrow{OQ}=0$
を計算する。

解答　(1)　$\overrightarrow{OA}=\vec{a}$, $\overrightarrow{OB}=\vec{b}$, $\overrightarrow{OC}=\vec{c}$ とおく
と，与えられた条件より

$$\overrightarrow{OA_0}=\frac{1}{2}\vec{a}, \quad \overrightarrow{OB_0}=\frac{1}{3}\vec{b}$$

$$\overrightarrow{OP}=(1-s)\vec{a}+s\vec{c} \quad (0<s<1)$$

点 Q は 3 点 A_0，B_0，P を通る平面上にあるか
ら，l，m を実数として

$$\overrightarrow{A_0Q}=l\overrightarrow{A_0B_0}+m\overrightarrow{A_0P}$$

と表せる。よって

$$\overrightarrow{OQ}-\overrightarrow{OA_0}=l(\overrightarrow{OB_0}-\overrightarrow{OA_0})+m(\overrightarrow{OP}-\overrightarrow{OA_0})$$

であるから

$$\overrightarrow{OQ}=(1-l-m)\overrightarrow{OA_0}+l\overrightarrow{OB_0}+m\overrightarrow{OP}$$

これを $\vec{a}$, $\vec{b}$, $\vec{c}$ を用いて表すと

$$\overrightarrow{OQ}=\frac{1}{2}(1-l-m)\vec{a}+\frac{1}{3}l\vec{b}+m\{(1-s)\vec{a}+s\vec{c}\}$$

$$=\left\{\frac{1}{2}(1-l-m)+m(1-s)\right\}\vec{a}+\frac{1}{3}l\vec{b}+ms\vec{c}$$

また，$\overrightarrow{OQ}=(1-t)\vec{b}+t\vec{c} \quad (0<t<1)$ と表せるので

$$\overrightarrow{OQ}=(1-t)\vec{b}+t\vec{c}=\left\{\frac{1}{2}(1-l-m)+m(1-s)\right\}\vec{a}+\frac{1}{3}l\vec{b}+ms\vec{c}$$

$\vec{a}$, $\vec{b}$, $\vec{c}$ は 1 次独立であるから

$$\begin{cases} \dfrac{1}{2}(1-l-m)+m(1-s)=0 \quad \therefore \quad 1-l+m-2ms=0 \quad \cdots\cdots① \\[2mm] 1-t=\dfrac{1}{3}l \quad \therefore \quad l=3(1-t) \quad \cdots\cdots② \\[2mm] t=ms \quad s\neq0 \text{より} \quad m=\dfrac{t}{s} \quad \cdots\cdots③ \end{cases}$$

②，③を①に代入して

$$1-3(1-t)+\frac{t}{s}-2t=0$$

$$-2s+st+t=0$$

$$\therefore \quad (s+1)\,t=2s \quad \cdots\cdots ④$$

$0<s<1$ より $s+1\neq0$ だから

$$t=\frac{2s}{s+1} \quad \cdots\cdots (答)$$

(2) 与えられた条件より，$|\vec{a}|=1$, $|\vec{b}|=|\vec{c}|=2$ であり

$$\vec{a}\cdot\vec{b}=1\cdot2\cdot\cos120°=-1,\ \vec{b}\cdot\vec{c}=0,\ \vec{c}\cdot\vec{a}=2\cdot1\cdot\cos60°=1$$

$$\overrightarrow{OP}\cdot\overrightarrow{OQ}=\{(1-s)\,\vec{a}+s\vec{c}\}\cdot\{(1-t)\,\vec{b}+t\vec{c}\}$$

$$=(1-s)(1-t)\,\vec{a}\cdot\vec{b}+(1-s)\,t\vec{a}\cdot\vec{c}+s(1-t)\,\vec{b}\cdot\vec{c}+st|\vec{c}|^2$$

$$=-(1-s)(1-t)+(1-s)t+4st$$

$$=2(s+1)\,t+s-1$$

$\overrightarrow{OP}\cdot\overrightarrow{OQ}=0$ なので $\quad 2(s+1)\,t+s-1=0$

④より

$$2\cdot2s+s-1=0$$

$$s=\frac{1}{5},\ t=\frac{2s}{s+1}=\frac{1}{3}$$

これは $0<s<1$, $0<t<1$ をみたす。

したがって $\quad s=\dfrac{1}{5} \quad \cdots\cdots(答)$

━━━━━━ ◀解　説▶ ━━━━━━

≪4点が同一平面上にある条件，空間ベクトルの内積≫

▶(1)　4点 A_0, B_0, P, Q が同一平面上にあるから，$\overrightarrow{OA}=\vec{a}$, $\overrightarrow{OB}=\vec{b}$, $\overrightarrow{OC}=\vec{c}$ とおいて，点 A_0, B_0, P, Q の位置ベクトル $\overrightarrow{OA_0}$, $\overrightarrow{OB_0}$, $\overrightarrow{OP}$, $\overrightarrow{OQ}$ を $\vec{a}$, $\vec{b}$, $\vec{c}$ で表し，この4点が同一平面上にある条件を立式する。4点が同一平面上にある条件は，例えば A_0 を始点とするベクトルを用いて $\overrightarrow{A_0Q}=l\overrightarrow{A_0B_0}+m\overrightarrow{A_0P}$ (l, m は実数) とするか，これと同値ではあるが，4点の位置ベクトルを用いて $\overrightarrow{OQ}=k\overrightarrow{OA_0}+l\overrightarrow{OB_0}+m\overrightarrow{OP}$ ($k+l+m=1$) としてもよい（もちろん，他の表し方もある）。$\vec{a}$, $\vec{b}$, $\vec{c}$ が1次独立，すなわち，「$\vec{a}\neq\vec{0}$, $\vec{b}\neq\vec{0}$, $\vec{c}\neq\vec{0}$ かつ $\vec{a}$, $\vec{b}$, $\vec{c}$ は同一平面上にない」ということを確認した上で両辺の $\vec{a}$, $\vec{b}$, $\vec{c}$ の係数を比較すれば，s, t に関する条件

を導くことができる。

▶(2)　与えられた条件から，$|\vec{a}|$，$|\vec{b}|$，$|\vec{c}|$ および $\vec{a}\cdot\vec{b}$，$\vec{b}\cdot\vec{c}$，$\vec{c}\cdot\vec{a}$ の値が確定するので，$\overrightarrow{OP}\cdot\overrightarrow{OQ}=0$ から得られる式と(1)の結果も用いて，s，t の値を求める。最後に，得られた s，t の値が $0<s<1$，$0<t<1$ をみたすことを確認する。

$\boxed{3}$　◆発想◆　(1)は不等式の証明，(2)は(1)を利用した定積分を含む不等式の証明で，定石どおりの流れで解くことができるが，(3)をどのように考えるかがポイントである。

(1)　各辺の差をとってできる関数について，微分法を用いて増減を調べる。

(2)　(1)で得た不等式の各辺を t から $t+\dfrac{1}{n}$ まで積分する。

(3)　(2)の不等式の中辺に現れる $\dfrac{1}{n}\log t$ と $a_n=\displaystyle\sum_{k=0}^{n-1}\log\left(1+\dfrac{k}{n}\right)$ の形から，$t=1+\dfrac{k}{n}\,(t\geqq1)$ とおく発想が生まれる。このようにおいて $k=0$ から $k=n-1$ までの和をとってみよう。このとき，$\displaystyle\sum_{k=0}^{n-1}\int_{1+\frac{k}{n}}^{1+\frac{k+1}{n}}h(x)\,dx=\int_{1}^{2}h(x)\,dx$ が成り立つことや，$\displaystyle\lim_{n\to\infty}\sum_{k=0}^{n-1}\dfrac{1}{n+k}$ を区分求積法により計算するのがポイントである。$\displaystyle\lim_{n\to\infty}(a_n-pn)$ をはさみうちの原理を用いて求めることになる。

解答　(1)　$f(x)=\log x-\log t-\dfrac{1}{t}(x-t)$，$g(x)=f(x)+\dfrac{(x-t)^2}{2}$ とおく

と

$$f'(x)=\dfrac{1}{x}-\dfrac{1}{t}=\dfrac{t-x}{tx}$$

$x\geqq t\geqq1$ のとき　　$f'(x)\leqq0$

よって，$x\geqq t$ において，$f(x)$ は単調減少で $f(t)=0$ であるから，$x\geqq t$ において，$f(x)\leqq0$ が成り立つ。

また

$$g'(x) = f'(x) + x - t = \frac{t-x}{tx} + x - t$$

$$= \frac{(tx-1)(x-t)}{tx}$$

$x \geqq t \geqq 1$ より $tx - 1 \geqq 1 \cdot t - 1 \geqq 0$, $x - t \geqq 0$, $tx > 0$ なので　　$g'(x) \geqq 0$

よって，$x \geqq t$ において，$g(x)$ は単調増加で $g(t) = 0$ であるから，$x \geqq t$ において，$g(x) \geqq 0$ が成り立つ。

以上より，$-\dfrac{(x-t)^2}{2} \leqq \log x - \log t - \dfrac{1}{t}(x-t) \leqq 0$ が成り立つ。

(証明終)

(2)　(1)で得られた不等式の各辺を，x について t から $t + \dfrac{1}{n}$ $\left(t < t + \dfrac{1}{n}\right)$ まで積分すると

$$\int_t^{t+\frac{1}{n}} \left\{ -\frac{(x-t)^2}{2} \right\} dx \leqq \int_t^{t+\frac{1}{n}} \left\{ \log x - \log t - \frac{1}{t}(x-t) \right\} dx \leqq 0$$

$$\left[-\frac{1}{6}(x-t)^3 \right]_t^{t+\frac{1}{n}} \leqq \int_t^{t+\frac{1}{n}} \log x\, dx - \left[x \log t + \frac{1}{2t}(x-t)^2 \right]_t^{t+\frac{1}{n}} \leqq 0$$

$$-\frac{1}{6n^3} \leqq \int_t^{t+\frac{1}{n}} \log x\, dx - \frac{1}{n} \log t - \frac{1}{2tn^2} \leqq 0$$

(証明終)

(3)　(2)の結果から

$$\frac{1}{2tn^2} - \frac{1}{6n^3} \leqq \int_t^{t+\frac{1}{n}} \log x\, dx - \frac{1}{n} \log t \leqq \frac{1}{2tn^2}$$

ここで，$1 + \dfrac{k}{n} \geqq 1$ であるから，$t = 1 + \dfrac{k}{n}$ $(t \geqq 1)$ とおくと

$$\frac{1}{2\left(1+\frac{k}{n}\right)n^2} - \frac{1}{6n^3} \leqq \int_{1+\frac{k}{n}}^{1+\frac{k+1}{n}} \log x\, dx - \frac{1}{n} \log\left(1 + \frac{k}{n}\right) \leqq \frac{1}{2\left(1+\frac{k}{n}\right)n^2}$$

各辺 $k = 0$ から $k = n - 1$ までの和をとると

$$\sum_{k=0}^{n-1} \frac{1}{2\left(1+\frac{k}{n}\right)n^2} - \sum_{k=0}^{n-1} \frac{1}{6n^3} \leqq \sum_{k=0}^{n-1} \int_{1+\frac{k}{n}}^{1+\frac{k+1}{n}} \log x\, dx - \sum_{k=0}^{n-1} \frac{1}{n} \log\left(1 + \frac{k}{n}\right)$$

$$\leqq \sum_{k=0}^{n-1} \frac{1}{2\left(1+\frac{k}{n}\right)n^2}$$

ここで

$$\sum_{k=0}^{n-1}\int_{1+\frac{k}{n}}^{1+\frac{k+1}{n}}\log x dx = \int_1^{1+\frac{1}{n}}\log x dx + \int_{1+\frac{1}{n}}^{1+\frac{2}{n}}\log x dx + \cdots + \int_{1+\frac{n-1}{n}}^2 \log x dx$$

$$= \int_1^2 \log x dx = \Big[x\log x - x\Big]_1^2$$

$$= 2\log 2 - 1$$

であるから

$$\frac{1}{n^2}\sum_{k=0}^{n-1}\frac{1}{2\left(1+\frac{k}{n}\right)} - \frac{1}{6n^3}\times n \leqq (2\log 2 - 1) - \frac{a_n}{n} \leqq \frac{1}{n^2}\sum_{k=0}^{n-1}\frac{1}{2\left(1+\frac{k}{n}\right)}$$

$$\cdots\cdots(*)$$

各辺に $-n\ (<0)$ をかけて

$$-\frac{1}{n}\sum_{k=0}^{n-1}\frac{1}{2\left(1+\frac{k}{n}\right)} \leqq a_n - (2\log 2 - 1)\, n \leqq -\frac{1}{n}\sum_{k=0}^{n-1}\frac{1}{2\left(1+\frac{k}{n}\right)} + \frac{1}{6n}$$

左辺，右辺について，$n\to\infty$ の極限をとると，区分求積法により

$$\lim_{n\to\infty}\left\{-\frac{1}{n}\sum_{k=0}^{n-1}\frac{1}{2\left(1+\frac{k}{n}\right)}\right\} = -\int_0^1 \frac{1}{2(1+x)}dx$$

$$= \left[-\frac{1}{2}\log(1+x)\right]_0^1 = -\frac{1}{2}\log 2$$

$$\lim_{n\to\infty}\left\{-\frac{1}{n}\sum_{k=0}^{n-1}\frac{1}{2\left(1+\frac{k}{n}\right)} + \frac{1}{6n}\right\} = -\frac{1}{2}\log 2$$

である。
したがって，はさみうちの原理より

$$\lim_{n\to\infty}\{a_n - (2\log 2 - 1)\, n\} = -\frac{1}{2}\log 2 \quad\cdots\cdots①$$

これと，与えられた式について

$$\lim_{n\to\infty}(a_n - pn) = q \quad\cdots\cdots②$$

②−①より

$$\lim_{n\to\infty}\{(2\log 2 - 1 - p)\, n\} = q + \frac{1}{2}\log 2 \quad\cdots\cdots③$$

$2\log 2 - 1 - p \neq 0$ とすると，左辺は ∞ または $-\infty$ に発散するので矛盾するから

$$2\log 2 - 1 - p = 0 \qquad \therefore \quad q + \frac{1}{2}\log 2 = 0$$

よって　　$p = 2\log 2 - 1,\quad q = -\dfrac{1}{2}\log 2$　……（答）

（注）　①，②の両辺を比較して $p = 2\log 2 - 1$，$q = -\dfrac{1}{2}\log 2$ を直ちに結論するのは，やや不十分である。$p = 2\log 2 - 1$，$q = -\dfrac{1}{2}\log 2$ 以外の解が存在しないことを示す必要があるので，③を導くことによりこのことを示した。

別解　(1)　$u \geqq t \geqq 1$ のとき

$$\frac{1}{u} - \frac{1}{t} = \frac{-(u-t)}{ut} \leqq 0$$

また，$\dfrac{1}{u} - \dfrac{1}{t} = \dfrac{-(u-t)}{ut}$ において，$-(u-t) \leqq 0$，$ut \geqq 1$ であるから

$$\frac{1}{u} - \frac{1}{t} \geqq -(u-t)$$

ゆえに　　$-(u-t) \leqq \dfrac{1}{u} - \dfrac{1}{t} \leqq 0$

この不等式の各辺を，u について t から x（$t \leqq x$）まで積分すると

$$\int_t^x -(u-t)\,du \leqq \int_t^x \left(\frac{1}{u} - \frac{1}{t}\right)du \leqq 0$$

$$\left[-\frac{(u-t)^2}{2}\right]_t^x \leqq \Big[\log|u|\Big]_t^x - \left[\frac{1}{t}\cdot u\right]_t^x \leqq 0$$

$$-\frac{(x-t)^2}{2} \leqq \log x - \log t - \frac{1}{t}(x-t) \leqq 0$$

(3)　$\displaystyle \lim_{n\to\infty}\left(\frac{a_n}{n} - p\right) = \lim_{n\to\infty}\frac{1}{n}(a_n - pn) = 0 \cdot q = 0$

ゆえに，$p = \displaystyle\lim_{n\to\infty}\frac{a_n}{n}$ が成り立つ。

〔解答〕の（＊）から

$$\frac{1}{n}\left\{\frac{1}{n}\sum_{k=0}^{n-1}\frac{1}{2\left(1+\frac{k}{n}\right)}\right\}-\frac{1}{6n^2}\leqq(2\log 2-1)-\frac{a_n}{n}\leqq\frac{1}{n}\left\{\frac{1}{n}\sum_{k=0}^{n-1}\frac{1}{2\left(1+\frac{k}{n}\right)}\right\}$$

$$\cdots\cdots(**)$$

ここで，左辺，右辺について，$n\to\infty$ の極限をとると

$$\lim_{n\to\infty}\left[\frac{1}{n}\left\{\frac{1}{n}\sum_{k=0}^{n-1}\frac{1}{2\left(1+\frac{k}{n}\right)}\right\}-\frac{1}{6n^2}\right]=0$$

$$\lim_{n\to\infty}\frac{1}{n}\left\{\frac{1}{n}\sum_{k=0}^{n-1}\frac{1}{2\left(1+\frac{k}{n}\right)}\right\}=0$$

が成り立つから，はさみうちの原理より

$$\lim_{n\to\infty}\left\{(2\log 2-1)-\frac{a_n}{n}\right\}=0\qquad\therefore\quad p=\lim_{n\to\infty}\frac{a_n}{n}=2\log 2-1$$

このとき，（$**$）の各辺に $-n\,(<0)$ をかけて

$$-\frac{1}{n}\sum_{k=0}^{n-1}\frac{1}{2\left(1+\frac{k}{n}\right)}\leqq a_n-(2\log 2-1)\,n\leqq-\frac{1}{n}\sum_{k=0}^{n-1}\frac{1}{2\left(1+\frac{k}{n}\right)}+\frac{1}{6n}$$

ここで，左辺，右辺について，$n\to\infty$ の極限をとると，区分求積法により

$$\lim_{n\to\infty}\left\{-\frac{1}{n}\sum_{k=0}^{n-1}\frac{1}{2\left(1+\frac{k}{n}\right)}\right\}=-\int_0^1\frac{1}{2\,(1+x)}dx$$

$$=\left[-\frac{1}{2}\log\,(1+x)\right]_0^1=-\frac{1}{2}\log 2$$

$$\lim_{n\to\infty}\left\{-\frac{1}{n}\sum_{k=0}^{n-1}\frac{1}{2\left(1+\frac{k}{n}\right)}+\frac{1}{6n}\right\}=-\frac{1}{2}\log 2$$

であるから，はさみうちの原理より

$$q=\lim_{n\to\infty}\{a_n-(2\log 2-1)\,n\}=-\frac{1}{2}\log 2$$

よって　　$p=2\log 2-1,\ q=-\frac{1}{2}\log 2$

━━━━━━◀解　説▶━━━━━━

≪対数関数についての不等式の証明, 無限級数, 区分求積法≫

▶(1)　微分法を利用することによる不等式の証明の典型的な問題で, $f(x) = (中辺)$, $g(x) = (中辺) - (左辺) = f(x) - (左辺)$ とおいて, $f'(x)$, $g'(x)$ を求めることにより, $x \geqq t$ において $f(x)$ は単調減少, $g(x)$ は単調増加であることがわかるので, $f(x) \leqq 0$, $g(x) \geqq 0$ を示すことができる。〔別解〕は, 与えられた不等式の各辺は, t から x までの積分によって得られた形であることに着目すると, 不等式 $-(u-t) \leqq \dfrac{1}{u} - \dfrac{1}{t} \leqq 0$ が想起される。この不等式が $u \geqq t$ のときに成り立つことを証明すれば, 各辺を t から x まで積分することにより, 題意の不等式を証明することができる。

▶(2)　(1)で証明した不等式の各辺を t から $t + \dfrac{1}{n}$ $\left(t < t + \dfrac{1}{n}\right)$ まで積分することにより, 与えられた不等式が得られることに着目する。

▶(3)　(2)で証明した不等式をどのように利用すればよいか考えよう。まず

$$a_n = \sum_{k=0}^{n-1} \log\left(1 + \frac{k}{n}\right)$$

の形をつくるために, (2)で証明した不等式の中辺に現れる $\dfrac{1}{n}\log t$ に注目すると, $t = 1 + \dfrac{k}{n}$ $(\geqq 1)$ とおいて, さらに各辺 $k = 0$ から $k = n-1$ までの和をとろうという着想を得る。

このことから

$$-\sum_{k=0}^{n-1}\frac{1}{6n^3} \leqq \underbrace{\sum_{k=0}^{n-1}\int_{1+\frac{k}{n}}^{1+\frac{k+1}{n}}\log x\,dx}_{(\mathcal{P})} - \underbrace{\sum_{k=0}^{n-1}\frac{1}{n}\log\left(1+\frac{k}{n}\right)}_{(\mathcal{A})} - \underbrace{\sum_{k=0}^{n-1}\frac{1}{2\left(1+\frac{k}{n}\right)n^2}}_{(\mathcal{D})} \leqq 0$$

が導かれ, $(\mathcal{P}) = \displaystyle\int_1^2 \log x\,dx$, $(\mathcal{A}) = \dfrac{a_n}{n}$, $(\mathcal{D}) = \dfrac{1}{n^2}\displaystyle\sum_{k=0}^{n-1}\dfrac{1}{2\left(1+\frac{k}{n}\right)}$ となる。ここで, $(\mathcal{D})$ を移項し, 各辺に $-n$ (<0) をかけることにより, $(\mathcal{D})$ の項は

$$\lim_{n\to\infty}\left\{-\frac{1}{n}\sum_{k=0}^{n-1}\frac{1}{2\left(1+\frac{k}{n}\right)}\right\}$$ と区分求積法が適用できる形になるので, 各辺

$n \to \infty$ とすると，はさみうちの原理により $\displaystyle\lim_{n\to\infty}(a_n-pn)=q$ の形を導くことができる。なお，区分求積法は，

$$\lim_{n\to\infty}\frac{1}{n}\sum_{k=0}^{n-1}f\left(\frac{k}{n}\right)=\int_0^1 f(x)\,dx\ \left(=\lim_{n\to\infty}\frac{1}{n}\sum_{k=1}^{n}f\left(\frac{k}{n}\right)\right)\ \text{を用いた。}$$

最後に，このようにして求めた $p,\ q$ の値が 1 通りに定まることを確認しておこう。

〔別解〕は，$\displaystyle\lim_{n\to\infty}\frac{1}{n}=0,\ \lim_{n\to\infty}(a_n-pn)=q$ であるから，

$$\lim_{n\to\infty}\left(\frac{a_n}{n}-p\right)=\lim_{n\to\infty}\frac{1}{n}(a_n-pn)=0\cdot q=0\ \text{より}\ p=\lim_{n\to\infty}\frac{a_n}{n}\ \text{であることがわかる}$$

ので，〔解答〕の（＊）からまず $p=2\log 2-1$ を確定し，そのあと（＊＊）の各辺に $-n\,(<0)$ をかけることにより $q=-\dfrac{1}{2}\log 2$ を導くという解法である。

なお，p の値だけなら，a_n の定義から

$$p=\lim_{n\to\infty}\frac{a_n}{n}=\lim_{n\to\infty}\frac{1}{n}\sum_{k=0}^{n-1}\log\left(1+\frac{k}{n}\right)=\int_0^1\log(1+x)\,dx=2\log 2-1$$

として求めることができる。

4　◇発想◇　(1)　定積分（＊）を計算・整理し，整数 $a,\ b,\ c$ に関する関係式を導く。$3c^2$ を $a,\ b$ を用いて表し，c^2 が 3 の倍数になることを示すことが目標である。このとき，3 は素数であるから，c^2 が 3 の倍数ならば c が 3 の倍数になることを用いればよい。
(2)　素因数分解を利用して，(1)での考察をもとに考える。

解答　(1)　$\displaystyle\int_a^c(x^2+bx)\,dx=\int_b^c(x^2+ax)\,dx$ より

$$\left[\frac{1}{3}x^3+\frac{1}{2}bx^2\right]_a^c=\left[\frac{1}{3}x^3+\frac{1}{2}ax^2\right]_b^c$$

$$\frac{1}{3}(c^3-a^3)+\frac{1}{2}b(c^2-a^2)=\frac{1}{3}(c^3-b^3)+\frac{1}{2}a(c^2-b^2)$$

両辺に 6 をかけて整理すると

$$2(b^3-a^3)+3(bc^2-a^2b-ac^2+ab^2)=0$$

$$2(b-a)(b^2+ab+a^2)+3\{c^2(b-a)+ab(b-a)\}=0$$
$$(b-a)(2a^2+5ab+2b^2+3c^2)=0$$

$a \neq b$ より

$$2a^2+5ab+2b^2+3c^2=0$$
$$3c^2=-(2a+b)(a+2b) \quad \cdots\cdots①$$

①の左辺は 3 の倍数であるから，$(2a+b)(a+2b)$ も 3 の倍数で，3 は素数であるから，$2a+b$ と $a+2b$ の少なくとも一方は 3 の倍数である。

$$\cdots\cdots②$$

ここで，$(2a+b)+(a+2b)=3(a+b)$，すなわち，$2a+b$ と $a+2b$ の和が 3 の倍数であることに注意すると，$2a+b$ と $a+2b$ の一方のみが 3 の倍数になることはなく，$2a+b$ と $a+2b$ はともに 3 の倍数である。

よって，m，n を整数として

$$2a+b=3m, \quad a+2b=3n \quad \cdots\cdots③$$

と表せるから，①より

$$3c^2=-3m\cdot3n \quad \therefore \quad c^2=-3mn \quad \cdots\cdots④$$

m，n は整数より，c^2 は 3 の倍数である。3 は素数であるから，c も 3 の倍数である。   (証明終)

(注1) $2a+b$ と $a+2b$ の和が 3 の倍数であることを用いなくても，次のようにして $2a+b$ と $a+2b$ がともに 3 の倍数であることを示すことができる。

②より，$2a+b$ が 3 の倍数であるとすると，m を整数として，$2a+b=3m$ と表されるから

$$a+2b=2(2a+b)-3a=2\cdot3m-3a=3(2m-a)$$

より，$a+2b$ も 3 の倍数である。

$a+2b$ が 3 の倍数であるときも同様に示すことができる。

(注2) 「c^2 が 3 の倍数であるならば，c も 3 の倍数である」 $\cdots\cdots$(※) は，3 が素数であるので成り立つ。このことはほぼ明らかなので，証明を省略して用いられることが多い。念のため，このことの証明を次に示しておこう。対偶証明法を用いる。

(※)の対偶「c が 3 の倍数でないならば，c^2 も 3 の倍数でない」が成り立つことを証明する。

c が 3 の倍数でないとき，k を整数として，$c=3k\pm1$ と表すことができ

る。このとき，$c^2 = (3k \pm 1)^2 = 3(3k^2 \pm 2k) + 1$（複号同順）となるので，$c^2$ は 3 の倍数でないから，対偶が成り立つ。よって，（※）が示された。

なお，一般に，「c^2 が p の倍数であるならば，c も p の倍数である」が成り立つのは，p が約数に平方数を含まない整数のときである。この命題は p がどのような整数に対しても成り立つわけではないが，素数でないときにも成り立つことがあるということにも注意しよう。

(2)　$c = 3600 = 60^2 = (2^2 \cdot 3 \cdot 5)^2$ であるから，④より

$$(2^2 \cdot 3 \cdot 5)^4 = -3mn \qquad \therefore \quad -mn = 2^8 \cdot 3^3 \cdot 5^4 \quad \cdots\cdots ⑤$$

ここで，③を a, b について解くと

$$a = 2m - n, \quad b = -m + 2n \quad \cdots\cdots ⑥$$

$a < b$ より　　$2m - n < -m + 2n$　　$\therefore$　　$m < n$

さらに，④より $mn < 0$ であるから

$$m < 0 < n \quad \cdots\cdots ⑦$$

⑤より m, n は $2^8 \cdot 3^3 \cdot 5^4$ の約数で，⑦より $n \, (> 0)$ の値を 1 つ定めると $m \, (< 0)$ の値が 1 つ定まり，さらに⑥より a, b の値の組も 1 つ定まる。したがって，$a < b$ をみたす整数の組 (a, b) の個数は $2^8 \cdot 3^3 \cdot 5^4$ の約数の個数に等しいので，求める個数は

$$(8 + 1)(3 + 1)(4 + 1) = 180 個 \quad \cdots\cdots(答)$$

別解 　(1)　3 を法とする合同式を用いて調べる解法である。

$(3c^2 = -(2a + b)(a + 2b)$ 　$\cdots\cdots$①とおくところまでは〔解答〕と同じ）

以下，3 を法とする合同式で考える。

$3c^2 \equiv 0$ であるから $(2a + b)(a + 2b) \equiv 0$ となる。このとき，a, b の値がそれぞれ $a \equiv 0$, 1, 2, $b \equiv 0$, 1, 2 のときの $(2a + b)(a + 2b) \pmod 3$ の値を表にまとめると，右のようになる。この表から，

a b	0	1	2
0	$0 \cdot 0 \equiv 0$	$2 \cdot 1 \equiv 2$	$1 \cdot 2 \equiv 2$
1	$1 \cdot 2 \equiv 2$	$0 \cdot 0 \equiv 0$	$2 \cdot 1 \equiv 2$
2	$2 \cdot 1 \equiv 2$	$1 \cdot 2 \equiv 2$	$0 \cdot 0 \equiv 0$

$(2a + b)(a + 2b) \equiv 0$ をみたすのは，$a \equiv b$ のときであることがわかる。このとき，$2a + b \equiv a + 2b \equiv 3a \equiv 0$ となるので，$2a + b$ と $a + 2b$ はともに 3 の倍数となる。よって，m, n を整数として

$$2a + b = 3m, \quad a + 2b = 3n$$

と表されるから，①より

$$3c^2 = -3m \cdot 3n \qquad c^2 = -3mn$$

となり　　　$c^2 \equiv 0$

$c \equiv 1,\ 2$ とすると，$c^2 \not\equiv 0$ であるから　　　　$c \equiv 0$

このとき $c^2 \equiv 0$ をみたす。

よって，c は 3 の倍数である。

━━━━━━━━ ◀解　説▶ ━━━━━━━━

≪定積分の計算，3 の倍数であることの証明，不定方程式の整数解の個数≫

▶(1)　定積分(＊)を計算して，$a,\ b,\ c$ についての関係式を導く。(＊)の左辺と右辺は文字 a と b を入れ換えたものであることに着目すると，(左辺)－(右辺)($=0$) は $b-a$ を因数にもつと考えることができる。これを利用して，$3c^2 = -(2a+b)(a+2b)$ が導かれる。

次に，この等式の左辺は 3 の倍数であるから，右辺の $(2a+b)(a+2b)$ も 3 の倍数であり，さらに考察を加えることで，$2a+b,\ a+2b$ がともに 3 の倍数であることがわかる。このとき，この 2 数の和 $(2a+b)+(a+2b)=3(a+b)$ が 3 の倍数であることに気づくとスムーズに証明することができる。このことから，$(2a+b)(a+2b)$ が 9 の倍数になるので，c^2 が 3 の倍数になることが示され，3 は素数であることから，c も 3 の倍数であることが証明できる。このときの「c^2 が 3 の倍数ならば c も 3 の倍数」は，問題の趣旨にもよるが，本問の場合は，(注 2)で述べたように，既知として証明なしで用いて問題はない。

また，〔別解〕のように，3 を法とする合同式を用いることで，$2a+b,\ a+2b$ がともに 3 の倍数であることを示すこともできる。

▶(2)　(1)より，$c=3600$ として不定方程式 $-(2a+b)(a+2b)=3 \cdot 3600^2$ の整数解の組 $(a,\ b)$ の個数を求める問題である。(1)の考察から，$m,\ n$ を整数として $2a+b=3m,\ a+2b=3n$ とおくことにより，方程式は⑤：$-mn=2^8 \cdot 3^3 \cdot 5^4$ と変形できる。このとき，$mn<0$ であり，また，$a<b \Longleftrightarrow m<n$ となることから $m<0,\ n>0$ であること，さらに⑥：$a=2m-n,\ b=-m+2n$ が成り立つから，$(a,\ b)$ と $(m,\ n)$ は 1 対 1 に対応することがわかる。このことから，$-(2a+b)(a+2b)=3 \cdot 3600^2$ かつ $a<b$ をみたす整数の組 $(a,\ b)$ の個数は，⑤かつ $m<n$ をみたす整数の組 $(m,\ n)$ の個数に等しくなるが，このことはしっかり論述しておく必要がある。

⑤ より n は $2^8 \cdot 3^3 \cdot 5^4$ の 正 の 約 数 で あ る が, こ の n に 対 し て $m = -\dfrac{2^8 \cdot 3^3 \cdot 5^4}{n}$ と 定 め れ ば よ い の で, 整数の組 (m, n) の 個 数 は $2^8 \cdot 3^3 \cdot 5^4$ の 約 数「$2^p \cdot 3^q \cdot 5^r\ (0 \le p \le 8,\ 0 \le q \le 3,\ 0 \le r \le 4)$」の 個 数 $(8+1)(3+1)(4+1) = 180$ 個となる。これが求める整数の組 $(a,\ b)$ の個数に他ならない。この約数の個数の求め方は基本事項であるので, 確実におさえておこう。

また, 同じことではあるが, $-(2a+b)(a+2b) = 3 \cdot 3600^2$ において, $-(2a+b) = 3m',\ a+2b = 3n'$ とおくと, $m',\ n'$ は自然数となるので, $m'n' = 2^8 \cdot 3^3 \cdot 5^4$ をみたす自然数の組 $(m',\ n')$ の個数として求めてもよい。

---

5 ◆発想◆　微分法の方程式への応用と共通接線についての問題である。

(1) $f(x) = x - \tan x$ とおいて, $f(x)$ の増減と値域を調べる。

(2) 共通接線に関する問題。点 $Q\left(u,\ \sin u\right)\left(u \ge \dfrac{\pi}{2}\right)$ とおいて, 点 $P(t,\ \sin t)$ における曲線 C の接線が点 Q においても接する, つまり, 点 P における接線と点 Q における接線が一致する条件がどのようになるか考える。必要十分条件を意識して解答を進めよう。また, 実際に共通接線を構成してもよい。

解答　(1) $f(x) = x - \tan x\ \left(|x| < \dfrac{\pi}{2}\right)$ とおくと

$$f'(x) = 1 - \frac{1}{\cos^2 x} = -\tan^2 x \le 0$$

$-\dfrac{\pi}{2} < x < 0,\ 0 < x < \dfrac{\pi}{2}$ で $f'(x) < 0$, また, $f(0) = 0$ より, $f(x)$ は

$-\dfrac{\pi}{2} < x < \dfrac{\pi}{2}$ で単調に減少し, また

$$\lim_{x \to -\frac{\pi}{2}+0} f(x) = \infty, \quad \lim_{x \to \frac{\pi}{2}-0} f(x) = -\infty$$

が成り立つから, $f(x) = a$ をみたす x のうち, $|x| < \dfrac{\pi}{2}$ をみたすものがちょ

うど 1 個ある。   （証明終）

(2) 点 $P(t, \sin t)$ における接線を l_1 とすると，$(\sin x)' = \cos x$ より l_1 の方程式は

$$y - \sin t = \cos t \, (x - t)$$

$$\therefore \quad y = (\cos t) \, x - t \cos t + \sin t \quad \left(|t| < \frac{\pi}{2} \right) \quad \cdots\cdots ①$$

l_1 が $x \geqq \dfrac{\pi}{2}$ においても曲線 C と接するから，$x \geqq \dfrac{\pi}{2}$ における C 上の点 $Q(u, \sin u) \left(u \geqq \dfrac{\pi}{2} \right)$ における接線（l_2 とする）で，l_1 と一致するものが存在する。

l_2 の方程式は，①と同様にして

$$y = (\cos u) \, x - u \cos u + \sin u \quad \left(u \geqq \frac{\pi}{2} \right) \quad \cdots\cdots ②$$

①，②が一致するから

$$\begin{cases} \cos t = \cos u & \cdots\cdots ③ \\ -t \cos t + \sin t = -u \cos u + \sin u & \cdots\cdots ④ \end{cases}$$
$$\left(|t| < \frac{\pi}{2}, \quad u \geqq \frac{\pi}{2} \right)$$

③より，和積公式を用いて

$$\cos u - \cos t = 0, \quad -2 \sin \frac{u+t}{2} \sin \frac{u-t}{2} = 0$$

$$\therefore \quad \sin \frac{u+t}{2} = 0 \quad \text{または} \quad \sin \frac{u-t}{2} = 0$$

よって，$\sin \dfrac{u+t}{2} = 0$ より

$$\frac{u+t}{2} = n\pi \iff u = -t + 2n\pi \quad （n \text{ は自然数}） \quad \cdots\cdots ⑤$$

または，$\sin \dfrac{u-t}{2} = 0$ より

$$\frac{u-t}{2} = m\pi \iff u = t + 2m\pi \quad （m \text{ は自然数}） \quad \cdots\cdots ⑥$$

③，④より $(u-t) \cos t + \sin t - \sin u = 0$ $\cdots\cdots ⑦$

⑤，⑦より $(-2t + 2n\pi) \cos t + \sin t - \sin(-t + 2n\pi) = 0$

$$\therefore \quad 2(n\pi - t)\cos t + 2\sin t = 0$$

$|t| < \dfrac{\pi}{2}$ より，両辺を $2\cos t\,(\neq 0)$ で割ると

$$n\pi - t + \tan t = 0 \quad \therefore \quad t - \tan t = n\pi \quad \cdots\cdots ⑧$$

⑥，⑦より　　$2m\pi\cos t + \sin t - \sin(t + 2m\pi) = 0 \quad \therefore \quad \cos t = 0$

$|t| < \dfrac{\pi}{2}$ より，これは不適である。

よって，⑧より $t - \tan t = n\pi$（$n = 1,\ 2,\ 3,\ \cdots$）が成り立つから，⑴の結果より，$|t| < \dfrac{\pi}{2}$ をみたす t は $t = x_n$ ただ 1 つである。すなわち，t は x_1, x_2, x_3, $\cdots$のいずれかと等しい。

逆に，ある自然数 k に対して，$t = x_k$（ただし，$x_k - \tan x_k = k\pi$）とすると，$u = -x_k + 2k\pi$ とおくことにより，③，④，$u \geqq \dfrac{\pi}{2}$ をすべてみたすから，l_1 は $Q(u,\ \sin u)$ においても C に接する。

以上で題意が証明された。　　　　　　　　　　　　　　　　　（証明終）

（注）　③：$\cos t = \cos u$，$|t| < \dfrac{\pi}{2}$ から $\cos t = \cos u \neq 0$ であるので，④の両辺を $-\cos t\,(= -\cos u)$ で割ることにより

$$t - \tan t = u - \tan u$$

⑤：$u = -t + 2n\pi$ のとき

$$t - \tan t = -t + 2n\pi - \tan(-t + 2n\pi) \Longleftrightarrow t - \tan t = n\pi$$

⑥：$u = t + 2m\pi$ のとき

$$t - \tan t = t + 2m\pi - \tan(t + 2m\pi) \Longleftrightarrow 0 = 2m\pi \text{ より不適}$$

から，$t - \tan t = n\pi$ を導くこともできる。

参考　⑵　点 $P(t,\ \sin t)$ $\left(|t| < \dfrac{\pi}{2}\right)$ における接線を l とすると，l の方程式は

$$y = (\cos t)(x - t) + \sin t$$

この式の右辺を $g(x)$ とおくと，$|t| < \dfrac{\pi}{2}$ において，l の傾き：$\cos t > 0$ であるから，$g(x)$ は単調増加　$\cdots\cdots(*)$

ここで，l が点 $Q(u,\ \sin u)$ $\left(u \geqq \dfrac{\pi}{2}\right)$ においても $C:y = \sin x$ と接するなら

ば，t は $-\dfrac{\pi}{2}<t<0$ をみたす。

なぜならば，もし $0\leqq t<\dfrac{\pi}{2}$ とすると，

$0<x<\pi$ の と き，$(\sin x)''=(\cos x)'$
$=-\sin x<0$ より C は上に凸であるから

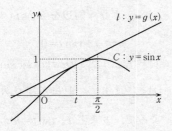

$$g\left(\frac{\pi}{2}\right)>\sin\frac{\pi}{2}=1$$

となるが，（＊）より，$x\geqq\dfrac{\pi}{2}$ の と き $g(x)\geqq g\left(\dfrac{\pi}{2}\right)$ が 成 り 立 つ の で
$g(x)>1\,(\geqq\sin x)$ となり，このとき $y=g(x)$ と C は共有点をもたないからである。

したがって，接線 l は下図のようになるから，（点 Q の y 座標）>0 となるので

$$2n\pi<u<2n\pi+\frac{\pi}{2}\quad(n=1,\ 2,\ 3,\ \cdots)$$

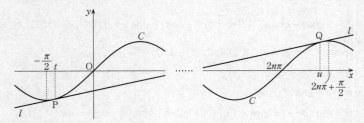

対称性を考慮すると上図より

$$u=2n\pi+|t|=2n\pi-t\quad(n=1,\ 2,\ 3,\ \cdots)$$

よって　　$\sin u=\sin(2n\pi-t)=-\sin t$

であるから，改めて点 Q を $Q_n(2n\pi-t,\ -\sin t)\,(n=1,\ 2,\ 3,\ \cdots)$ と表すと，直線 PQ_n の傾きについて

$$\frac{\sin t-(-\sin t)}{t-(2n\pi-t)}=\frac{\sin t}{t-n\pi}$$

より　　$\dfrac{\sin t}{t-n\pi}=\cos t$　　$\therefore$　$\sin t=(t-n\pi)\cos t$

が成り立つから，$\cos t\neq0$ より

$$t-n\pi=\tan t\quad\therefore\quad t-\tan t=n\pi\quad(n=1,\ 2,\ 3,\ \cdots)$$

■ ◀解　説▶

≪三角関数の方程式の解の個数，三角関数の共通接線≫

▶(1)　三角関数を含む方程式の解の個数に関する問題で，$f(x)=x-\tan x$

とおいて $f'(x)$ を求め，増減を調べ，$|x|<\dfrac{\pi}{2}$ のときの $f(x)$ の値域を調

べる。このことで，$f(x)=a$ の実数解の個数（曲線 $y=f(x)$ と直線 $y=a$

の共有点の個数）がちょうど 1 個であることを示すことができる。

$\lim\limits_{x\to-\frac{\pi}{2}+0} f(x)$ および $\lim\limits_{x\to\frac{\pi}{2}-0} f(x)$ を求めるのがポイントである。

▶(2)　点 P $(t,~\sin t)$ $\left(|t|<\dfrac{\pi}{2}\right)$ および点 Q $(u,~\sin u)$ $\left(u\geqq\dfrac{\pi}{2}\right)$ における接

線を求め，この 2 つの接線が一致すると考えて，t と u の関係式を導く。

すなわち，この 2 つの接線の傾きおよび y 切片が等しいとして連立方程式

を立式する。

示すべき結論は，点 P の x 座標 t が，$x_n-\tan x_n=n\pi$ $\left(|x_n|<\dfrac{\pi}{2}\right)$ をみたす

$x_n\,(n=1,~2,~3,~\cdots)$ のいずれかと等しくなること，つまり $t-\tan t=n\pi$

が成り立つことであるので，連立方程式を丁寧に計算し，このことを示せ

ばよい。このとき，接線の傾きが一致することから得られる等式

$\cos t=\cos u$ から $u=-t+2n\pi$ または $u=t+2m\pi$（n, m は自然数）を導

くことができれば，そのあとは処理しやすくなる。

なお

　　　「$\cos t=\cos u\Longleftrightarrow u=-t+2n\pi$　または　$u=t+2m\pi$」

　　　「$\sin t=\sin u\Longleftrightarrow u=\pi-t+2n\pi$　または　$u=t+2m\pi$」

　　　　　　　　　　　　　　　　　　　　　　　　（n, m は自然数）

は，重要事項としておさえておきたい。

$u=t+2m\pi$ のときは $\cos t=0$ となって $|t|<\dfrac{\pi}{2}$ より不適となるが，もし

$|t|\leqq\dfrac{\pi}{2}$, $u>\dfrac{\pi}{2}$ という設定ならば，共通接線 $y=\pm1$ が導かれることにな

る。

また，必要十分条件を示すのであるから，このことを意識して答案を作成

する必要がある。〔解答〕では，逆も成り立つことを示したが

　　「③かつ④」 ⟺ 「(⑤または⑥) かつ④」

　　　　　　⟺ 「⑤かつ④」 ⟺ 「⑤かつ⑧」

などと同値関係を確認しながら計算を進めてもよい。

〔参考〕は曲線 $C : y = \sin x$ の対称性を考慮して，点 P，Q の両方で C に接する「共通接線」の形状から点 Q の座標を求める解法で，このとき直線 PQ の傾きから t に関する条件を求める。

❖講　評

　2021 年度は，「数学Ⅲ」から微・積分法に関する問題が極限を含む融合問題も合わせて 3 題出題された。他には「数学 A」の整数の性質，「数学 B」の空間ベクトルの分野から 1 題ずつ出題され，融合問題として「数学Ⅱ」の積分法，三角関数の分野の内容もみられた。微・積分法の問題は頻出であるが，例年よく出題される面積・体積を求める問題は 2021 年度は姿を消し，方程式・不等式に関する証明を用いる内容の問題が出題された。この内容の問題は 4 年連続で出題されている。また，近年しばしば出題される複素数平面や確率の問題はみられなかった。

　①は，微分法を用いる問題で，直角双曲線の 2 本の接線，そして接点の x 座標を「数学Ⅲ」の微分法を用いて求め，接点の x 座標に関する値の最小値を「数学Ⅱ」の微分法を用いて 3 次関数の増減を調べることによって求める問題である。基本的で平易な問題であるので，確実に得点したい。

　②は，空間ベクトルの問題で，4 点が同一平面上にある条件から等式を導き，さらに空間ベクトルの内積を計算する内容である。4 点が同一平面上にある条件を理解していれば無理なく解ける基本・標準レベルの問題であり，完答を目指したい。

　③は，微・積分法および極限の融合問題で，まず(1)で微分法を用いて関数の増減を調べ，与えられた不等式を示し，次に，(2)でその不等式の各辺の定積分を計算することにより定積分を含む不等式を証明する。ここまでは定石どおりの流れで容易に解決できる。一方，(3)は，証明した不等式を用いて極限を計算する問題であるが，正しい結論を導くには思考力を要する。不等式の形からはさみうちの原理が使える形に変形していけばよい。$t = 1 + \dfrac{k}{n}$ とおくという着想が得られれば，定積分の性質や

無限級数, 特に区分求積法などの技法を駆使して解くことができる。(1),
(2)はいわゆる典型問題であるので確実に完答したい。(3)も決して手のつ
けられない問題ではなく, 解答の方針を見出すことがポイントとなる。

　4は, 積分法と整数の性質の融合問題である。まず(1)で「数学Ⅱ」の
積 分 法 を 用 い て 与 え ら れ た 定 積 分 を 計 算 し, 等 式
$3c^2 = -(2a+b)(a+2b)$ を得るところまでは全く問題はないだろう。次
に, c が 3 の倍数であることを示すには, $2a+b$ と $a+2b$ がともに 3 の
倍数であることを見出すことがポイントである。そのためには, 和
$3(a+b)$ が 3 の倍数になることに着目したい。論理の飛躍がないよう
に丁寧に論証しよう。(2)は不定方程式の整数解についての問題であり,
(1)の過程から $2a+b=3m$, $a+2b=3n$ $(m, n$ は整数$)$ などとおいて,
$-mn=2^8 \cdot 3^3 \cdot 5^4$ が導かれるが, さらに, $m<0<n$ であることや, 整数
の組 (a, b) と (m, n) の関係など, 解答に到達するために必要な事
項を見出し, 考察していく必要がある。論理を正確に構成し問題を解決
する力が問われており, 数学の実力が試される内容であるといえる。

　5は, 微分法と三角関数の融合問題である。(1)は微分法の方程式の応
用であり, $f(x)=x-\tan x$ とおいて, $f(x)$ の増減を調べることにより,
$f(x)$ の値域を求める。(2)は曲線 $y=\sin x$ の共通接線の問題で, 曲線上
の 2 点 $\mathrm{P}(t, \sin t)$, $\mathrm{Q}(u, \sin u)\left(|t|<\dfrac{\pi}{2}, u\geqq\dfrac{\pi}{2}\right)$ における接線が一致す
るとして計算し, t, u に関する条件を整理していけばよい。このとき,
三角関数の計算を正確にこなす必要があり, 和積公式などを使うことに
なる。(1)で示した内容といかに結びつけるかがポイントであるが, 必要
十分条件を示すよう求められていることにも注意して解答していこう。

　2021 年度は, 2020 年度がかなり易化し, すべて基本・標準レベルの
出題であったことを考慮すると, 2020 年度よりはやや難化したといえ
る。しかし, 本格的な難問はみられず, いずれも十分手が届くレベルの
問題であった。1・2と3(1)・(2), 5(1)は確実に得点し, 残りの3(3),
4, 5(2)でどれだけ完答に近づけたかが合否を分けたであろう。工夫
された良問が出題されるので, 基本・標準レベルの問題を確実に得点す
る基礎力の充実と, 論理的な思考力, 正確で迅速な計算力の習得を目指
して, 普段から十分演習を積んでおきたい。

◀医（保健〈看護学〉）学部▶

1　◆**発想**◆　(1)　放物線 C 上の点を $(p,\ p^2)$ などとおいて，この点における接線の方程式を求め，これが点 $A(a,\ -1)$ を通るとして p についての 2 次方程式を導く。この方程式が異なる 2 つの実数解をもつことを示す。

(2)　(1)で得た 2 つの実数解を $\alpha,\ \beta$ とおいて，解と係数の関係を用いる。直線 PQ の方程式を $\alpha,\ \beta$ で表す。

(3)　点と直線の距離の公式を用いて L を a で表す。適当に置き換えることにより，相加・相乗平均の関係を用いることができるように変形する。

解答　(1)　$C : y = x^2$ より $y' = 2x$ であるから，C 上の点 $(p,\ p^2)$ における接線の方程式は

$$y = 2p(x - p) + p^2 \quad \therefore \quad y = 2px - p^2 \ \cdots\cdots(*)$$

これが点 $A(a,\ -1)$ を通るから

$$-1 = 2pa - p^2 \quad \therefore \quad p^2 - 2ap - 1 = 0 \ \cdots\cdots①$$

この p についての 2 次方程式①の判別式を D とすると

$$\frac{D}{4} = a^2 + 1 > 0$$

であるから，①は異なる 2 つの実数解をもつ。点 A を通る C の接線の本数はこの実数解の個数と一致するので，点 A を通るような C の接線は，ちょうど 2 本存在する。　　　　　　　　　　　　　　　　　　　（証明終）

(2)　①の 2 つの実数解を $\alpha,\ \beta\ (\alpha \neq \beta)$ とおいて，$P(\alpha,\ \alpha^2)$，$Q(\beta,\ \beta^2)$ と表すことにすると，直線 PQ の方程式は

$$y = \frac{\beta^2 - \alpha^2}{\beta - \alpha}(x - \alpha) + \alpha^2$$

より　　$y = (\beta + \alpha)(x - \alpha) + \alpha^2$

　$\therefore$　$y = (\alpha + \beta)x - \alpha\beta$

ここで，①において解と係数の関係より

$$\alpha + \beta = 2a, \ \alpha\beta = -1$$

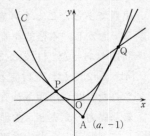

であるから，直線 PQ の方程式は，$y = 2ax + 1$ である。　　　　（証明終）

(3)　$y = 2ax + 1 \Longleftrightarrow 2ax - y + 1 = 0$ であるので，点 A $(a, \ -1)$ と直線 $y = 2ax + 1$ の距離 L は

$$L = \frac{|2a^2 - (-1) + 1|}{\sqrt{(2a)^2 + (-1)^2}} = \frac{2a^2 + 2}{\sqrt{4a^2 + 1}}$$

$\sqrt{4a^2 + 1} = t$ とおくと，$t \geqq 1$ であり

$$4a^2 + 1 = t^2 \quad \therefore \quad a^2 = \frac{t^2 - 1}{4}$$

よって　　$L = \dfrac{2 \cdot \dfrac{t^2 - 1}{4} + 2}{t} = \dfrac{t^2 + 3}{2t} = \dfrac{1}{2}\left(t + \dfrac{3}{t}\right)$

ここで，$t > 0$, $\dfrac{3}{t} > 0$ より，相加・相乗平均の関係を用いると

$$L = \frac{1}{2}\left(t + \frac{3}{t}\right) \geqq \sqrt{t \cdot \frac{3}{t}} = \sqrt{3}$$

等号は，$t = \dfrac{3}{t}$ $(t \geqq 1)$ より $t = \sqrt{3}$ のときに成立し，このとき

$$a^2 = \frac{3 - 1}{4} = \frac{1}{2} \quad \therefore \quad a = \pm \frac{1}{\sqrt{2}}$$

したがって，L の最小値は $\sqrt{3}$，そのときの a の値は $\pm \dfrac{1}{\sqrt{2}}$ である。

　　　　　　　　　　　　　　　　　　　　　　　　　　……（答）

別解　(2)　接点 P を $(x_1, \ y_1)$ （ただし，$y_1 = x_1{}^2$）とおくと，〔解答〕(1)の （＊）より，接線の方程式は

$$y = 2x_1 x - x_1{}^2 \quad \text{すなわち} \quad y = 2x_1 x - y_1$$

と表される。これが点 A $(a, \ -1)$ を通るから

$$-1 = 2x_1 a - y_1 \quad \therefore \quad y_1 = 2ax_1 + 1 \quad \text{……⑦}$$

同様に，接点 Q を $(x_2, \ y_2)$ （ただし，$y_2 = x_2{}^2$）とおくと

$$y_2 = 2ax_2 + 1 \quad \text{……④}$$

⑦，④より，直線 $y = 2ax + 1$ は 2 点 P$(x_1, \ y_1)$，Q$(x_2, \ y_2)$ を通る。2 点 P，Q を通る直線はただ 1 つであるから，求める直線の方程式は $y = 2ax + 1$ である。

(3)　$L = \dfrac{2a^2 + 2}{\sqrt{4a^2 + 1}}$ において，$2a^2 + 2 = s$ とおくと，$s \geqq 2$ をみたし

$$4a^2 + 1 = 2(s - 2) + 1 = 2s - 3$$

であるから，$L \neq 0$ より

$$\frac{1}{L} = \frac{\sqrt{2s - 3}}{s} = \sqrt{\frac{2}{s} - \frac{3}{s^2}} = \sqrt{-3\left(\frac{1}{s} - \frac{1}{3}\right)^2 + \frac{1}{3}}$$

$s \geqq 2 \Longleftrightarrow 0 < \dfrac{1}{s} \leqq \dfrac{1}{2}$ より，$\dfrac{1}{L}$ は $\dfrac{1}{s} = \dfrac{1}{3}$ すなわち $s = 3$ のとき，最大値 $\dfrac{1}{\sqrt{3}}$

をとる。

$2a^2 + 2 = 3 \Longleftrightarrow a^2 = \dfrac{1}{2}$ より，L は $a = \pm\dfrac{1}{\sqrt{2}}$ のとき最小値 $\sqrt{3}$ をとる。

参考　本問のように，放物線 C 外の点Aから C に2本の接線が引けるとき，その接点P，Qを結ぶ直線PQのことを，点Aを「極」とする放物線 C の「極線」という。

本問の放物線 C を円 $C : x^2 + y^2 = r^2$ に置き換えた円 C の極・極線について，次のような命題が成り立つ（この内容は「数学Ⅱ」の参考書等でしばしば取り上げられている）。

　　　「極 A$(X,\ Y)$ とするとき，円 $C : x^2 + y^2 = r^2$ の極線の方程式は
　　　$Xx + Yy = r^2$ である」

証明：点 P$(x_1,\ y_1)$ とおくと，点Pにおける接線は，公式より

　　　　$x_1 x + y_1 y = r^2$

　これが点 A$(X,\ Y)$ を通るから　　　$x_1 X + y_1 Y = r^2$

　同様に，点 Q$(x_2,\ y_2)$ とおくと　　　$x_2 X + y_2 Y = r^2$

　これらは直線 $Xx + Yy = r^2$ が点 P$(x_1,\ y_1)$，Q$(x_2,\ y_2)$ を通ることを示しているから，直線 PQ の方程式は $Xx + Yy = r^2$ である。

この円の極・極線と同様に，2次曲線（楕円，双曲線，放物線）についても極・極線が定義される。本問は放物線の極・極線を題材に出題されている。

━━━━━━━◀解　説▶━━━━━━━

≪放物線の曲線外の点から引いた2本の接線とその接点を結ぶ直線，点と直線の距離の最小値，相加・相乗平均の関係≫

▶(1)　放物線の曲線外の点から曲線に引いた接線に関する典型的な出題で

ある。接点を $(p,\ p^2)$ として，この点における接線が点 A $(a,\ -1)$ を通るとして得られる p の 2 次方程式が，異なる 2 つの実数解をもつことを示せばよい。点 A を通る接線の本数は，この実数解の個数（＝接点の個数）と同じであることを確認しておくのが望ましい（本問では放物線（2次関数のグラフ）の接線であるから明らかであるが，4 次関数のグラフなどでは，1 本の接線が複数の点において接することがあり，接線の本数と接点の個数が一致しないことがあるので注意しよう）。

▶(2)　(1)で得た p の 2 次方程式の異なる 2 つの実数解を $\alpha,\ \beta$ とおいて，直線 PQ の方程式をまず $\alpha,\ \beta$ を用いて表せばよい。あとは解と係数の関係を用いれば結論が得られる。

〔別解〕は，〔参考〕で述べた極と極線に関する考え方を用いた解法である。

▶(3)　点と直線の距離の公式を用いて L を求める。L は無理式を含む分数式となるが，分母 $\sqrt{4a^2+1}$ を t とおくことで，相加・相乗平均の関係が使える形に持ち込むことができる。$4a^2+1=t$ とおいても同様に求めることが可能である。

〔別解〕のように，分子 $2a^2+2$ を s とおいて変形し，平方完成により 2 次関数の最大値として求めることもできる。

$\boxed{2}$　◀理・医(医・保健〈放射線技術科学・検査技術科学〉)・歯・薬・工・基礎工学部▶$\boxed{2}$に同じ。

$\boxed{3}$　◆発想◆　定積分で表された式をみたす整数 $a,\ b,\ c$ について考察する問題である。

(1)　定積分を計算し，$a \neq b$ を用いて c^2 を $a,\ b$ を用いた式で表す。

(2)　(1)を用いて，「（　P　）（　Q　）＝整数」の形を導き，$P,\ Q$ の値の組合せを考える。その際，$P,\ Q$ の大小関係や $P+Q$ が 3 の倍数になることを考慮すると効率よく求められる。

(3)　(2)と同様に考えると，$P,\ Q$ はともに 3 の倍数であることを示すことができる。

解答 (1) $\displaystyle\int_a^c (x^2 + bx)\, dx = \int_b^c (x^2 + ax)\, dx$ より

$$\left[\frac{1}{3}x^3 + \frac{1}{2}bx^2\right]_a^c = \left[\frac{1}{3}x^3 + \frac{1}{2}ax^2\right]_b^c$$

$$\frac{1}{3}(c^3 - a^3) + \frac{1}{2}b(c^2 - a^2) - \frac{1}{3}(c^3 - b^3) - \frac{1}{2}a(c^2 - b^2) = 0$$

両辺に 6 をかけて整理すると

$$2(b^3 - a^3) + 3(bc^2 - a^2b - ac^2 + ab^2) = 0$$

$$2(b - a)(b^2 + ab + a^2) + 3\{c^2(b - a) + ab(b - a)\} = 0$$

$$(b - a)(2a^2 + 5ab + 2b^2 + 3c^2) = 0$$

$a \neq b$ より

$$2a^2 + 5ab + 2b^2 + 3c^2 = 0$$

$$3c^2 = -(2a + b)(a + 2b)$$

ゆえに　　$c^2 = -\dfrac{1}{3}(2a + b)(a + 2b)$　……(答)

(2) (1)の結果に $c = 3$ を代入すると

$$(2a + b)(a + 2b) = -27 \quad \cdots\cdots ①$$

ここで，$(2a + b)(a + 2b) < 0$ であり，また，$a < b$ より $(2a + b) - (a + 2b)$
$= a - b < 0$，すなわち，$2a + b < a + 2b$ であるから

$$2a + b < 0 < a + 2b \quad \cdots\cdots ②$$

一方，$(2a + b)(a + 2b)$ は 3 の倍数であるから，$2a + b$ と $a + 2b$ の少なく
とも一方は 3 の倍数である。さらに，$(2a + b) + (a + 2b) = 3(a + b)$ より，
$2a + b$ と $a + 2b$ の和は 3 の倍数であるから，$2a + b$ と $a + 2b$ の一方のみが
3 の倍数であることはなく，$2a + b$ と $a + 2b$ はともに 3 の倍数である。

$$\cdots\cdots ③$$

したがって，①〜③より

- $(2a + b,\ a + 2b) = (-9,\ 3)$ より　　$(a,\ b) = (-7,\ 5)$
- $(2a + b,\ a + 2b) = (-3,\ 9)$ より　　$(a,\ b) = (-5,\ 7)$

よって，条件をみたす $(a,\ b)$ の組は　　$(a,\ b) = (-7,\ 5),\ (-5,\ 7)$

$$\cdots\cdots (答)$$

(3) (1)の結果より

$$3c^2 = -(2a + b)(a + 2b) \quad \cdots\cdots ④$$

③より，m, n を整数として
$$2a + b = 3m, \quad a + 2b = 3n$$
と表せるから，④より
$$3c^2 = -3m \cdot 3n \quad \therefore \quad c^2 = -3mn$$
m, n は整数より，c^2 は 3 の倍数である。3 は素数であるから，c も 3 の倍数である。　　　　　　　　　　　　　　　　　　　　　　　　（証明終）

（注 1 ）　③において，$2a + b$ と $a + 2b$ の和が 3 の倍数であることを用いなくても，次のようにして $2a + b$ と $a + 2b$ がともに 3 の倍数であることを示すことができる。

$2a + b$ が 3 の倍数であるとすると，m を整数として $2a + b = 3m$ と表されるから
$$a + 2b = 2(2a + b) - 3a = 2 \cdot 3m - 3a = 3(2m - a)$$
より，$a + 2b$ も 3 の倍数である。

$a + 2b$ が 3 の倍数であるときも同様に示すことができる。

（注 2 ）　「c^2 が 3 の倍数であるならば，c も 3 の倍数である」 ……（※）
は，3 が素数であるので成り立つ。このことはほぼ明らかなので，証明を省略して用いられることが多い。念のため，このことの証明を次に示しておこう。対偶証明法を用いる。

　（※）の対偶「c が 3 の倍数でないならば，c^2 も 3 の倍数でない」が成り立つことを証明する。

　c が 3 の倍数でないとき，k を整数として，$c = 3k \pm 1$ と表すことができる。このとき，$c^2 = (3k \pm 1)^2 = 3(3k^2 \pm 2k) + 1$（複号同順）となるので，$c^2$ は 3 の倍数でないから，対偶が成り立つ。よって，（※）が示された。

なお，一般に，「c^2 が p の倍数であるならば，c も p の倍数である」が成り立つのは，p が約数に平方数を含まない整数のときである。この命題は p がどのような整数に対しても成り立つわけではないが，素数でないときにも成り立つことがあるということにも注意しよう。

別解　(3)　3 を法とする合同式を用いて調べる解法である。

$(3c^2 = -(2a + b)(a + 2b)$　……④ とおくところまでは〔解答〕と同じ）

以下，3 を法とする合同式で考える。

b＼a	0	1	2
0	$0 \cdot 0 \equiv 0$	$2 \cdot 1 \equiv 2$	$1 \cdot 2 \equiv 2$
1	$1 \cdot 2 \equiv 2$	$0 \cdot 0 \equiv 0$	$2 \cdot 1 \equiv 2$
2	$2 \cdot 1 \equiv 2$	$1 \cdot 2 \equiv 2$	$0 \cdot 0 \equiv 0$

$3c^2 \equiv 0$ であるから $(2a+b)(a+2b) \equiv 0$ となる。このとき，a, b の値がそれぞれ $a \equiv 0$, 1, 2, $b \equiv 0$, 1, 2 のときの $(2a+b)(a+2b)$ $(\mathrm{mod}\,3)$ の値を表にまとめると，上のようになる。この表から，$(2a+b)(a+2b) \equiv 0$ をみたすのは，$a \equiv b$ のときであることがわかる。

このとき，$2a+b \equiv a+2b \equiv 3a \equiv 0$ となるので，$2a+b$ と $a+2b$ はともに 3 の倍数となる。よって，m, n を整数として

$$2a+b = 3m, \quad a+2b = 3n$$

と表されるから，④より

$$3c^2 = -3m \cdot 3n \qquad c^2 = -3mn$$

となり　　$c^2 \equiv 0$

$c \equiv 1$, 2 とすると，$c^2 \not\equiv 0$ であるから　　$c \equiv 0$

このとき $c^2 \equiv 0$ をみたす。

よって，c は 3 の倍数である。

━━━━━━━━━━ ◀解　説▶ ━━━━━━━━━━

≪定積分の計算，不定方程式の整数解，3 の倍数であることの証明≫

▶(1)　定積分（＊）を計算して，a, b, c についての関係式を導く。（＊）の左辺と右辺は文字 a と b を入れ換えたものであることに着目すると，（左辺）$-$（右辺）（$=0$）は $b-a$ を因数にもつと考えることができるので，$a \neq b$ より $c^2 = -\dfrac{1}{3}(2a+b)(a+2b)$ が得られる。

▶(2)　(1)の結果に $c=3$ を代入すると，不定方程式 $(2a+b)(a+2b) = -27$ が導かれるから，$2a+b$, $a+2b$ が整数であることを用いて，$a<b$ をみたす整数の組 (a, b) を求めればよい。このとき，〔解答〕のように，$2a+b < 0 < a+2b$ かつ，$2a+b$ と $a+2b$ はともに 3 の倍数であることに着目すると，効率的に処理することができる。もしこの条件を用いないと，$(2a+b, a+2b) = (1, -27)$, $(-1, 27)$, $(3, -9)$, $(-3, 9)$, $(9, -3)$, $(-9, 3)$ の 6 通りの場合を考察しなければならず，手間がかかる。$2a+b$ と $a+2b$ についての条件をよく精査し，値を絞り込むことが重要である。

▶(3)　(1)で得られる $3c^2 = -(2a+b)(a+2b)$ の左辺は 3 の倍数であるから，右辺の $(2a+b)(a+2b)$ も 3 の倍数であり，(2)と同様に考えることにより，$2a+b$, $a+2b$ がともに 3 の倍数であることがわかる。このことから，$(2a+b)(a+2b)$ が 9 の倍数になるので，c^2 が 3 の倍数になることが

示され，3 は素数であることから，c も 3 の倍数であることが証明できる。このときの「c^2 が 3 の倍数ならば c も 3 の倍数」は，問題の趣旨にもよるが，本問の場合は，(注 2 ）で述べたように，既知として証明なしで用いて問題はない。

また，〔別解〕のように，3 を法とする合同式を用いることで，$2a + b$，$a + 2b$ がともに 3 の倍数であることを示すこともできる。

❖講　評

2021 年度は，主分野としては①微分法，②空間ベクトル，③整数の性質の内容の問題が出題された。①と③は他の分野（①は式と証明・図形と方程式，③は積分法）の知識を要する融合問題であった。微・積分法の分野は，2019 年度を除いて毎年出題されており，2021 年度は融合問題も含めて 2 題出題された。整数問題は 2016 年度以来久々に出題された。空間ベクトル（空間図形）の分野は近年頻繁に出題されている（2018・2019・2021 年度）。証明問題は 3 問出題され，うち 1 問は整数に関する本格的な論証問題であった。

①は，放物線の曲線外の点から引いた接線について考察する問題で，この接線が 2 本存在することを示し，2 つの接点を通る直線を求め，さらに点Aとこの直線の距離 L の最小値を求める内容である。微分法以外に，(1)では判別式，(2)では直線の方程式の公式と，解と係数の関係，(3)では点と直線の距離の公式と相加・相乗平均の関係を用いることになる。いくつかの基本事項や公式を駆使して解く標準レベルの問題であり，これらの内容が正しく把握できていれば容易に完答できる。

②は，他の理系学部との共通問題。空間ベクトルの問題で，(1)は 4 点が同一平面上にある条件を用いて等式を導き，(2)は与えられた条件から内積を計算する内容である。4 点が同一平面上にある条件を正しく理解できているかがポイントで，これをうまく利用することができれば完答可能な基本・標準レベルの問題である。

③は，他の理系学部との類似問題。(1)は定積分を計算し，整理すれば容易に解決できる。(2)，(3)は(1)で導いた等式を題材にした出題で，(2)は不定方程式の整数解を求める定型的な問題で，値を絞り込んで要領よく処理したい。(3)は 3 の倍数であることの証明で，$2a + b$ と $a + 2b$ がとも

に 3 の倍数であることを見出すことがポイントであり，和 $3(a+b)$ が 3 の倍数になることに着目するとよい。(3)は論理を構成する力が問われる論証問題であるが，(1)，(2)は基本的であるので確実に得点したい。

　例年，他の理系学部とは 1 題が共通問題または類似問題であったが，2021 年度は共通問題・類似問題がそれぞれ 1 題ずつ出題された。しかし，内容はそれほど難しいものではない。2021 年度は，2020 年度がかなり易化した内容であったことを考えると，2020 年度よりやや難化したといえるが，内容は ③(3)以外は基本・標準レベルの内容で，いずれも完答を目指したい。計算も複雑なものはほとんどないので，ちょっとしたミスが命取りになる。慎重な処理や検算を心がけたい。

　年度によって出題傾向が変わることがあり，また融合問題が多く出題されるので，どの分野も偏ることなく幅広く学習することが重要である。基本・標準レベルの問題は確実に得点できる実力をつけるとともに，融合問題にも対応できるよう，発展的な問題にも積極的に取り組んでいこう。

■物理■

1 **解答** I．問 1．$\omega_s = 7 \times 10^{-5}$〔rad/s〕　問 2．$R_s = \left(\dfrac{GM}{\omega_s{}^2}\right)^{\frac{1}{3}}$

II．問 3．$mR_1\omega_s{}^2 - G\dfrac{Mm}{R_1{}^2}$　問 4．$\left(\dfrac{2GM}{\omega_s{}^2}\right)^{\frac{1}{3}}$

III．問 5．(a)$G\dfrac{M\Delta m}{r_i{}^2} - \Delta m r_i \omega_s{}^2$　(b)$\lambda \Delta r$

(c)$GM\lambda\left(\dfrac{1}{R_0} - \dfrac{1}{R_2}\right) - \dfrac{\omega_s{}^2\lambda}{2}(R_2{}^2 - R_0{}^2)$　(d)0

問 6．$\dfrac{R_2}{R_0} = \dfrac{1}{2}\left(\sqrt{1 + \left(\dfrac{2R_s}{R_0}\right)^3} - 1\right)$　記号：(え)

━━━━━━━━◀解　説▶━━━━━━━━

≪静止衛星と軌道エレベーター≫

◆I．▶問 1．静止衛星は 24 時間で地球を周回するので

$$\omega_s = \frac{2 \times 3.14}{24 \times 60 \times 60} = 7.2 \times 10^{-5} \fallingdotseq 7 \times 10^{-5}〔\text{rad/s}〕$$

▶問 2．人工衛星の円運動の中心方向の運動方程式は

$$mR_s\omega_s{}^2 = G\frac{Mm}{R_s{}^2} \qquad \therefore \quad R_s = \left(\frac{GM}{\omega_s{}^2}\right)^{\frac{1}{3}}$$

◆II．▶問 3．ワイヤーにはたらいている張力の大きさを T とすると，人工衛星の円運動の中心方向の運動方程式は

$$mR_1\omega_s{}^2 = G\frac{Mm}{R_1{}^2} + T \quad \therefore \quad T = mR_1\omega_s{}^2 - G\frac{Mm}{R_1{}^2}$$

▶問 4．静かにワイヤーから切り離した直後の小物体の速さを v とすると

$$v = r'\omega_s$$

小物体を地球を周回する軌道から離脱させ，再び地球へ接近させないための条件は

$$\frac{1}{2}m'v^2 - G\frac{Mm'}{r'} \geqq 0$$

2 式より

$$r' \geqq \left(\frac{2GM}{\omega_\mathrm{s}^2}\right)^{\frac{1}{3}}$$

したがって，最小の r' は $\left(\dfrac{2GM}{\omega_\mathrm{s}^2}\right)^{\frac{1}{3}}$。

◆Ⅲ.　▶問5.　(a)　i 番目の質点の円運動の中心方向の運動方程式は

$$\Delta m r_i \omega_\mathrm{s}^2 = G\frac{M\Delta m}{r_i^2} - F_i \qquad \therefore \quad F_i = G\frac{M\Delta m}{r_i^2} - \Delta m r_i \omega_\mathrm{s}^2$$

(b)　質点の質量 Δm は，ワイヤーの長さ Δr あたりの質量なので

$$\Delta m = \lambda \Delta r$$

(c)　(a), (b)より

$$F = \sum_{i=1}^{N} F_i = \sum_{i=1}^{N}\left(G\frac{M\Delta m}{r_i^2} - \Delta m r_i \omega_\mathrm{s}^2\right)$$

$$= GM\lambda \sum_{i=1}^{N} r_i^{-2}\Delta r - \omega_\mathrm{s}^2\lambda\sum_{i=1}^{N} r_i\Delta r$$

ここで，与えられた近似式より

$$\sum_{i=1}^{N} r_i^{-2}\Delta r \fallingdotseq \frac{1}{-2+1}(R_2^{-2+1} - R_0^{-2+1}) = -\left(\frac{1}{R_2} - \frac{1}{R_0}\right) = \frac{1}{R_0} - \frac{1}{R_2}$$

$$\sum_{i=1}^{N} r_i\Delta r \fallingdotseq \frac{1}{1+1}(R_2^{1+1} - R_0^{1+1}) = \frac{1}{2}(R_2^2 - R_0^2)$$

したがって

$$\sum_{i=1}^{N} F_i = GM\lambda\left(\frac{1}{R_0} - \frac{1}{R_2}\right) - \frac{\omega_\mathrm{s}^2\lambda}{2}(R_2^2 - R_0^2)$$

(d)　$T_0 = T_N = 0$ であることから，F を求めると

$$F = (T_1 - T_0) + (T_2 - T_1) + (T_3 - T_2) + \cdots + (T_N - T_{N-1})$$

$$= -T_0 + T_N = 0$$

▶問6.　(c), (d)より

$$GM\lambda\left(\frac{1}{R_0} - \frac{1}{R_2}\right) - \frac{\omega_\mathrm{s}^2\lambda}{2}(R_2^2 - R_0^2) = 0$$

$$\frac{2GM}{\omega_\mathrm{s}^2}\cdot\frac{R_2 - R_0}{R_0 R_2} - (R_2 + R_0)(R_2 - R_0) = 0$$

問2より，$\omega_\mathrm{s}^2 = \dfrac{GM}{R_\mathrm{s}^3}$ なので

$$\frac{2R_\mathrm{s}^3}{R_0 R_2} - (R_2 + R_0) = 0$$

$$\left(\frac{R_2}{R_0}\right)^2 + \frac{R_2}{R_0} - 2\left(\frac{R_s}{R_0}\right)^3 = 0$$

この $\dfrac{R_2}{R_0}$ の 2 次方程式を解くと

$$\frac{R_2}{R_0} = \frac{1}{2}\left(\sqrt{1 + \left(\frac{2R_s}{R_0}\right)^3} - 1\right) \quad (\because \quad R_2 > R_0 > 0)$$

この式に，$R_s = 7R_0$ の近似を代入すると

$$\frac{R_2}{R_0} \fallingdotseq \frac{1}{2}(\sqrt{1 + 14^3} - 1)$$

ここで

$$\sqrt{1 + 14^3} \fallingdotseq 14\sqrt{14} \fallingdotseq 14 \times 3.7 = 51.8$$

したがって

$$\frac{R_2}{R_0} \fallingdotseq \frac{50.8}{2} \fallingdotseq 25.4$$

よって，正解は(え)。

2　解答　問 1 ． $P_A(t) = \dfrac{V^2}{r}\sin^2\omega t$〔W〕　問 2 ． $I_r = \dfrac{2\overline{P_A}}{V}$〔A〕

問 3 ． $I_C = \omega C V$〔A〕　問 4 ． $I_R = \sqrt{\left(\dfrac{2\overline{P_A}}{V}\right)^2 + (\omega C V)^2}$〔A〕

問 5 ． $\overline{P_B} = R\left\{\left(\dfrac{2\overline{P_A}}{V}\right)^2 + (\omega C V)^2\right\}$〔W〕

問 6 ． $V_{\min} = \sqrt{\dfrac{2\overline{P_A}}{\omega C}}$〔V〕　$\overline{P_B} = 4R\omega C\overline{P_A}$〔W〕　問 7 ．(え)

━━━━◀ 解　説 ▶━━━━━━━━━━━

≪発電所からの送電をモデル化した交流回路≫

▶問 1 ．消費地の抵抗を流れる時刻 t〔s〕での電流 $i_r(t)$〔A〕は

$$i_r(t) = \frac{v(t)}{r} = \frac{V}{r}\sin\omega t\,\text{〔A〕}$$

したがって，消費地での時刻 t での消費電力 $P_A(t)$〔W〕は

$$P_A(t) = v(t)\,i_r(t) = \frac{V^2}{r}\sin^2\omega t\,\text{〔W〕}$$

▶問 2 ．問 1 の $i_r(t)$ より

$$I_r = \frac{V}{r}\,[\mathrm{A}]$$

また，問 1 の $P_\mathrm{A}(t)$ について，$\sin^2\omega t$ の時間平均が $\frac{1}{2}$ であることから

$$\overline{P_\mathrm{A}} = \frac{V^2}{r} \times \frac{1}{2} = \frac{V^2}{2r}\,[\mathrm{W}]$$

2 式より

$$I_r = \frac{2\overline{P_\mathrm{A}}}{V}\,[\mathrm{A}]$$

▶問 3．コンデンサーのリアクタンスは $\frac{1}{\omega C}\,[\Omega]$ なので

$$V = \frac{1}{\omega C} I_C \qquad \therefore\quad I_C = \omega CV\,[\mathrm{A}]$$

▶問 4．キルヒホッフの第一法則より，送電線を流れる電流は，消費地の抵抗を流れる電流とコンデンサーを流れる電流の和である。また，消費地の抵抗を流れる電流とコンデンサーを流れる電流の位相が $\frac{\pi}{2}$ だけずれているので

$$I_R = \sqrt{I_r{}^2 + I_C{}^2} = \sqrt{\left(\frac{2\overline{P_\mathrm{A}}}{V}\right)^2 + (\omega CV)^2}\,[\mathrm{A}]$$

なお，右図の θ は，送電線を流れる電流の消費地の抵抗を流れる電流からの位相のずれを表している。

▶問 5．送電線を流れる時刻 t での電流 $i_R(t)\,[\mathrm{A}]$ は，問 4 の図より，位相のずれを考慮すると

$$i_R(t) = I_R\sin(\omega t + \theta)\,[\mathrm{A}]$$

したがって，2 本の送電線全体での時刻 t での消費電力 $P_\mathrm{B}(t)\,[\mathrm{W}]$ は

$$P_\mathrm{B}(t) = 2Ri_R(t)^2 = 2RI_R{}^2\sin^2(\omega t + \theta)$$

$\sin^2(\omega t + \theta)$ の時間平均が $\frac{1}{2}$ であることから

$$\overline{P_\mathrm{B}} = 2RI_R{}^2 \times \frac{1}{2} = R\left\{\left(\frac{2\overline{P_\mathrm{A}}}{V}\right)^2 + (\omega CV)^2\right\}\,[\mathrm{W}]$$

▶問 6．問 5 の $\overline{P_\mathrm{B}}$ より，$\left(\frac{2\overline{P_\mathrm{A}}}{V}\right)^2 > 0$，$(\omega CV)^2 > 0$ なので，相加相乗平均

の関係より

$$\frac{\left(\frac{2\overline{P_A}}{V}\right)^2 + (\omega CV)^2}{2} \geqq \sqrt{\left(\frac{2\overline{P_A}}{V}\right)^2 (\omega CV)^2}$$

$$\left(\frac{2\overline{P_A}}{V}\right)^2 + (\omega CV)^2 \geqq 4\omega C\overline{P_A}$$

等号が成立するとき

$$\left(\frac{2\overline{P_A}}{V}\right)^2 = (\omega CV)^2 \qquad \therefore \quad V = \sqrt{\frac{2\overline{P_A}}{\omega C}}$$

このとき, $\left(\frac{2\overline{P_A}}{V}\right)^2 + (\omega CV)^2$ は, 最小値 $4\omega C\overline{P_A}$ をとる。したがって,

$$V_{min} = \sqrt{\frac{2\overline{P_A}}{\omega C}} \ \text{〔V〕 のとき, } \overline{P_B} \text{ は最小値となり}$$

$$\overline{P_B} = R \times 4\omega C\overline{P_A} = 4R\omega C\overline{P_A} \text{〔W〕}$$

▶問 7. 与えられた数値より

$$V = 5.0 \times 10^5 \text{〔V〕}$$

$$\omega = 2 \times 3.14 \times 60 \fallingdotseq 3.8 \times 10^2 \text{〔rad/s〕}$$

$$R = 0.10 \times 100 = 1.0 \times 10 \text{〔Ω〕}$$

$$C = 0.10 \times 10^{-6} \times 100 = 1.0 \times 10^{-5} \text{〔F〕}$$

$$\overline{P_A} = 1.0 \times 10^9 \text{〔W〕}$$

これらを問 5 の $\overline{P_B}$ に代入して計算すると

$$\overline{P_B} \fallingdotseq 2.0 \times 10^8 \text{〔W〕} = 20 \text{〔万 kW〕}$$

よって, 正解は(え)。

3　解答　A. Ⅰ. 問 1. $\Delta Q = \frac{3}{2}nR\Delta T$

Ⅱ. 問 2. $x = \sqrt{\dfrac{nRT}{k}}$　　問 3. $\Delta Q = 2nR\Delta T$　　$C = 2nR$

Ⅲ. 問 4. $x = \dfrac{1}{2k}(F + \sqrt{F^2 + 4knRT})$

問 5. $\dfrac{x}{x_0} = \dfrac{F}{2F_0} + \sqrt{\dfrac{1}{4}\left(\dfrac{F}{F_0}\right)^2 + 1}$

グラフ：

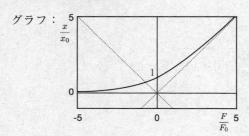

問 6 ． (a) $\dfrac{k_{\text{eff}}}{k}=1$　(b) $\dfrac{k_{\text{eff}}}{k}=2$

B．問 7 ． (a) $\dfrac{1}{2}kr^2$　(b) kr　(c) kr^2　(d) $\dfrac{h}{r\sqrt{kM}}$

(e) $\sqrt{\dfrac{nh}{2\pi\sqrt{kM}}}$　(f) $\dfrac{nh}{2\pi}\sqrt{\dfrac{k}{M}}$　(g) $\dfrac{(l-n)h}{2\pi}\sqrt{\dfrac{k}{M}}$　(h) $\dfrac{2\pi c}{l-n}\sqrt{\dfrac{M}{k}}$

━━━━━━ ◀解　説▶ ━━━━━━

≪ゴム風船をモデル化した装置内の気体の状態変化，量子条件と振動数条件を課した荷電粒子の円運動≫

◆A．Ⅰ．▶問 1 ．このときの気体の状態変化は，定積変化である。単原子分子理想気体の定積モル比熱は $\dfrac{3}{2}R$ なので

$$\Delta Q = n\cdot\dfrac{3}{2}R\Delta T = \dfrac{3}{2}nR\Delta T$$

Ⅱ．▶問 2 ．このときの気体の圧力を $P_{\text{Ⅱ}}$ とすると，気体の状態方程式より

$$P_{\text{Ⅱ}}Sx = nRT$$

ピストンにはたらく力のつり合いより

$$P_{\text{Ⅱ}}S = kx$$

2 式より，$P_{\text{Ⅱ}}S$ を消去すると

$$kx^2 = nRT \qquad \therefore \quad x = \sqrt{\dfrac{nRT}{k}}$$

▶問 3 ．この過程における気体の内部エネルギーの変化を ΔU とすると，単原子分子理想気体の定積モル比熱は $\dfrac{3}{2}R$ なので

$$\Delta U = n\cdot\dfrac{3}{2}R\Delta T = \dfrac{3}{2}nR\Delta T$$

この過程において，ピストンの位置が x から x' に変化し，気体の圧力が $P_Ⅱ$ から $P_Ⅱ'$ に変化したとする。温度が $T+\varDelta T$ のときについて，気体の状態方程式より

$$P_Ⅱ'Sx' = nR(T+\varDelta T)$$

ピストンにはたらく力のつり合いより

$$P_Ⅱ'S = kx'$$

2 式より，$P_Ⅱ'S$ を消去すると

$$kx'^2 = nR(T+\varDelta T)$$

この過程における気体がした仕事 W だけ，ばねの弾性エネルギーが変化するので

$$W = \frac{1}{2}kx'^2 - \frac{1}{2}kx^2 = \frac{1}{2}nR\varDelta T$$

したがって，熱力学第一法則より

$$\varDelta U = \varDelta Q - W$$

$$\therefore \quad \varDelta Q = \varDelta U + W = 2nR\varDelta T$$

また，系全体の熱容量 C について

$$\varDelta Q = C\varDelta T \quad \therefore \quad C = \frac{\varDelta Q}{\varDelta T} = 2nR$$

Ⅲ．▶問 4．このときの気体の圧力を $P_Ⅲ$ とすると，気体の状態方程式より

$$P_Ⅲ Sx = nRT$$

ピストンにはたらく力のつり合いより

$$P_Ⅲ S + F = kx$$

2 式より，$P_Ⅲ S$ を消去すると

$$kx^2 - Fx - nRT = 0$$

この x の 2 次方程式を解くと

$$x = \frac{1}{2k}(F + \sqrt{F^2 + 4knRT}) \quad (\because \quad x \geqq 0)$$

▶問 5．問 4 の x について，$F=0$ のとき，$x=x_0$ なので

$$x_0 = \frac{1}{2k}\sqrt{4knRT} = \sqrt{\frac{nRT}{k}}$$

これより

$$F_0 = kx_0 = \sqrt{knRT}$$

2 式と問 4 の x より

$$\frac{x}{x_0} = \frac{1}{\sqrt{\dfrac{nRT}{k}}} \cdot \frac{1}{2k} \left(F + \sqrt{F^2 + 4knRT} \right)$$

$$= \frac{F}{2\sqrt{knRT}} + \sqrt{\frac{F^2 + 4knRT}{4knRT}}$$

$$= \frac{F}{2F_0} + \sqrt{\frac{1}{4}\left(\frac{F}{F_0}\right)^2 + 1}$$

この式について，$\dfrac{F}{F_0} \to \pm\infty$ のとき，与えられた近似式を用いると

$$\frac{x}{x_0} \fallingdotseq \frac{F}{2F_0} + \sqrt{\frac{1}{4}\left(\frac{F}{F_0}\right)^2} = \frac{F}{2F_0} + \left|\frac{F}{2F_0}\right|$$

これより，$\dfrac{F}{F_0} \to +\infty$ のとき

$$\frac{x}{x_0} = \frac{F}{2F_0} + \frac{F}{2F_0} = \frac{F}{F_0}$$

$\dfrac{F}{F_0} \to -\infty$ のとき

$$\frac{x}{x_0} = \frac{F}{2F_0} - \frac{F}{2F_0} = 0$$

また，$\dfrac{F}{F_0} = 0$ のとき，$\dfrac{x}{x_0} = 1$。したがって，グラフの概形は〔解答〕のようになる。

▶問 6．温度 T が一定のとき，x_0, F_0 は一定なので，問 5 の $\dfrac{x}{x_0}$ と $\dfrac{F}{F_0}$ の関係式より

$$\frac{x + \Delta x}{x_0} = \frac{F + \Delta F}{2F_0} + \sqrt{\frac{1}{4}\left(\frac{F + \Delta F}{F_0}\right)^2 + 1}$$

(a)　$\dfrac{F}{F_0}$ が限りなく大きい場合，$\dfrac{\Delta F}{F_0}$ が微小であることから，$\dfrac{F + \Delta F}{F_0} \fallingdotseq \dfrac{F}{F_0}$ と表されるので，問 5 の $\dfrac{F}{F_0} \to +\infty$ のときの結果より

$$\frac{x}{x_0} = \frac{F}{F_0} \qquad \therefore \quad \frac{F_0}{x_0} = \frac{F}{x}$$

これより

$$\frac{F_0}{x_0} = \frac{\Delta F}{\Delta x} \quad \left(\because \quad \frac{F_0}{x_0} = \frac{F + \Delta F}{x + \Delta x} \right)$$

したがって

$$\frac{k_{\text{eff}}}{k} = \frac{\Delta F}{\Delta x} \cdot \frac{x_0}{F_0} = 1$$

(b) $\dfrac{F}{F_0} = 0$ の場合，問 5 より，$\dfrac{x}{x_0} = 1$ なので

$$1 + \frac{\Delta x}{x_0} = \frac{\Delta F}{2F_0} + \sqrt{\frac{1}{4}\left(\frac{\Delta F}{F_0}\right)^2 + 1}$$

$\dfrac{\Delta F}{F_0}$ が微小であることから，与えられた近似式を用いると

$$1 + \frac{\Delta x}{x_0} \fallingdotseq \frac{\Delta F}{2F_0} + \frac{1}{8}\left(\frac{\Delta F}{F_0}\right)^2 + 1$$

$\dfrac{\Delta F}{F_0}$ の 2 次の項は無視してよいので

$$\frac{\Delta x}{x_0} \fallingdotseq \frac{\Delta F}{2F_0}$$

したがって

$$\frac{k_{\text{eff}}}{k} = \frac{\Delta F}{\Delta x} \cdot \frac{x_0}{F_0} = 2$$

◆B. ▶問 7. (a)　原点を基準点とした半径 r で等速円運動している荷電粒子 B の引力による位置エネルギー U は，原点から半径 r の位置まで荷電粒子 B をゆっくりと運ぶのに引力に抗してした仕事で表されるので

$$U = \frac{1}{2}kr^2$$

(b)　荷電粒子 B の回転の中心方向の運動方程式は

$$\frac{Mv^2}{r} = kr$$

(c)　(b)より

$$K = \frac{1}{2}Mv^2 = \frac{1}{2}kr^2$$

この式と(a)より

$$E = K + U = kr^2$$

(d)　(b)より

$$v = r\sqrt{\frac{k}{M}}$$

したがって，物質波の波長の式より

$$\lambda_B = \frac{h}{Mv} = \frac{h}{r\sqrt{kM}}$$

(e)　量子条件より

$$2\pi r_n = n\lambda_B$$

この式と(d)より

$$2\pi r_n = n\frac{h}{r_n\sqrt{kM}} \qquad \therefore \quad r_n = \sqrt{\frac{nh}{2\pi\sqrt{kM}}}$$

(f)　(c)，(e)より

$$E_n = kr_n{}^2 = \frac{nh}{2\pi}\sqrt{\frac{k}{M}}$$

(g)　(f)より

$$\Delta E_{ln} = E_l - E_n = \frac{lh}{2\pi}\sqrt{\frac{k}{M}} - \frac{nh}{2\pi}\sqrt{\frac{k}{M}} = \frac{(l-n)h}{2\pi}\sqrt{\frac{k}{M}}$$

(h)　振動数条件と(g)より

$$\Delta E_{ln} = \frac{hc}{\lambda_{ln}} \qquad \therefore \quad \lambda_{ln} = \frac{hc}{\Delta E_{ln}} = \frac{2\pi c}{l-n}\sqrt{\frac{M}{k}}$$

❖講　評

　2021 年度も例年通り大問 3 題の出題で，試験時間は理科 2 科目で 150 分，医〈保健〈看護学〉〉学部は 1 科目で 75 分であった。設問数，内容を加味した問題分量は，2020 年度よりやや増加した。解答形式は，すべて結果のみを記す形式であった。また，数値計算の答えを選択する問題が 2 問，描図問題が 1 問出題された。

　1　静止衛星と軌道エレベーターについての問題である。地球の自転と同じ周期で地球を周回する人工衛星やワイヤーについて，万有引力や円運動の運動方程式などを用いて考察する，やや難しい問題である。Ⅰは，一般的な静止衛星について考察する基本問題。典型的な問題なので，確実に解答したい。Ⅱは，質量の無視できるワイヤーによって地球とつながれた人工衛星について考察する基本〜標準問題。ワイヤーから切り

離された人工衛星が無限遠まで遠ざかる場合には，力学的エネルギーの条件に注意すればよい。Ⅲは，質量をもつワイヤーについて考察する応用問題。見慣れない設定であるが，問題文の誘導に従って，ワイヤーを微小区間に分割して考えればよい。後半では，近似式を用いた計算や2次方程式の解の公式を用いた計算などもあり，やや煩雑で差がつくところである。

　2　発電所からの送電をモデル化した交流回路についての問題である。与えられた抵抗とコンデンサーからなる交流回路に置き換えて考察する，標準的な問題である。問1・問2は，消費地の抵抗に流れる電流や消費電力などを考察する基本〜標準問題。比較的平易なので，確実に解答したい。問3〜問6は，消費地の抵抗に並列に接続されたコンデンサーに流れる電流を考慮して，送電線に流れる電流や消費電力などを考察する標準問題。消費地の抵抗を流れる電流とコンデンサーに流れる電流の位相には，ずれがあることに注意しなければならない。また，相加相乗平均の関係を用いた計算があり，数学的な力も問われている。問7は，問5で求めた式に数値を代入する計算問題であるが，単位に気をつけて処理しなければならず，かなり煩雑である。

　3　熱力学分野と原子分野の2分野から，2つの中間に分けて出題された問題である。Aの熱力学分野はゴム風船をモデル化した装置内の気体の状態変化について考察するやや難しい問題，Bの原子分野は量子条件と振動数条件を課した荷電粒子の円運動について考察する標準的な問題である。Aは，ピストンとばねでつながれたシリンダー内の気体の状態変化について，気体の状態方程式やピストンにはたらく力のつり合いなどを考慮して考察する応用問題。Ⅰのピストンが固定されている場合や，Ⅱの外力 $F=0$ の場合は，比較的オーソドックスな問題で解きやすい。Ⅲの外力 F が作用する場合は，2次方程式の解の公式を用いた計算や近似式を用いた計算をした上で見慣れないグラフを描いたり，その結果を用いてさらに近似式を用いた計算処理を進めるなどかなり難解で，思考力が問われる。Bは，荷電粒子の円運動について，ボーアの水素原子モデルと同じように扱って考察する基本〜標準問題。荷電粒子にはたらく力が水素原子モデルの場合とは異なることに注意すれば，あとは比較的スムーズに解答できる。

　2021 年度は，1・3 Ａがやや難しい問題，2・3 Ｂが標準問題となっており，全体的には 2020 年度よりやや難化した。また，設問数も 2020 年度よりやや増加しており，試験時間内にすべてを解答することはかなり厳しい。大問前半のやや易しい問題をより正確に素早く解き，後半の思考力を要する問題に十分な時間を取ることが大切である。総合的に見ると，入試問題としての難易度は高く，大問後半や最終部分の問題が難解であったり，数学的な知識や計算力が必要であることなどから，これらの成否によって差がつくという傾向には変わりがない。このような問題を解答するためには，物理法則に対する本質的な理解を深め，いろいろな設定での物理現象に対して柔軟に考察する力と，問題文をしっかりと読み取り題意に沿って解答する力とを養っておく必要がある。

■■ ■化学■ ■■

1 **解答**

問1．ア．還元　イ．酸化　ウ．電気　エ．一次　オ．二次

問2．陽極：$2Cl^- \longrightarrow Cl_2 + 2e^-$

　　　陰極：$Li^+ + e^- \longrightarrow Li$

問3．Li はイオン化傾向が大きく，陰極では Li^+ より溶媒の H_2O が還元されやすいので，Li が析出しないで，H_2 が発生する。(60 字以内)

問4．正極：$MnO_2 + Li^+ + e^- \longrightarrow LiMnO_2$

　　　負極：$Li \longrightarrow Li^+ + e^-$

問5．電子 1 mol が流れると，1 mol のリチウムイオンが移動する。

よって，求めるリチウムイオンの物質量は

$$\frac{8.00 \times 10^{-1} \times 2 \times 60 \times 60}{9.65 \times 10^4} = 5.96 \times 10^{-2} \fallingdotseq 6.0 \times 10^{-2} \,(\text{mol}) \quad \cdots\cdots(\text{答})$$

問6．反応式：$5Li_{0.4}CoO_2 \longrightarrow 2LiCoO_2 + Co_3O_4 + O_2$

反応式の係数より，5 mol の $LiCoO_2$ が 30 % 分解すれば，O_2 が $\dfrac{30}{100} \times 1$ mol 発生する。$Li_{0.4}CoO_2 = 93.66$ より，求める物質量は

$$\frac{10.0}{93.66} \times \frac{30}{100} \times \frac{1}{5} = 6.40 \times 10^{-3} \fallingdotseq 6.4 \times 10^{-3} \,(\text{mol}) \quad \cdots\cdots(\text{答})$$

━━━━━━ ◀解　説▶ ━━━━━━

≪リチウムを材料とする電池とその反応≫

▶問1．電池は，酸化還元反応によって外部回路に電流を流し，化学エネルギーを電気エネルギーに変換する。

▶問2．電気分解は，電気エネルギーを受け取ることで酸化還元反応が進み，高い化学エネルギーをもつ物質を生成できる。陽極では，Cl^- が電子を失って酸化され Cl_2 が発生する。陰極では，Li^+ が電子を受け取って Li が析出する。

▶問3．Li のようにイオン化傾向の大きい金属は，電子を失って酸化されやすいが，酸化された Li^+ は電子を受け取りにくいので，還元されに

くい。代わって溶媒の H_2O が還元されて, $2H_2O + 2e^- \longrightarrow H_2 + 2OH^-$ となる。

▶問 4．正極では還元反応が, 負極では酸化反応が起こる。

マンガンは 4 価から 3 価に還元されるが, 3 価のマンガンの化学式には, Mn_2O_3 や MnO_2^- などが考えられる。

Mn_2O_3 では

$$2MnO_2 + H_2O + 2e^- \longrightarrow Mn_2O_3 + 2OH^-$$

$$2MnO_2 + 2H^+ + 2e^- \longrightarrow Mn_2O_3 + H_2O$$

の反応が考えられるが, 有機溶媒に H_2O や H^+ は存在しないため, 不適である。

▶問 6．反応式は, まず左辺の係数を 1 とおき, Li→Co→O の順に原子数を合わせていく。次に, 係数が整数となるよう整理する。

2 解答

問 1．I．液体 II．気体

問 2．$P_2 = x_A P_A^* + (1 - x_A) P_B^*$ より, 成分 A のモル分率 x_A は

$$3.70 \times 10^4 = x_A \times 7.50 \times 10^4 + (1 - x_A) \times 2.50 \times 10^4$$

$$\therefore \quad x_A = 2.40 \times 10^{-1} \fallingdotseq 2.4 \times 10^{-1} \quad \cdots\cdots(答)$$

問 3．$y_A = \dfrac{x_A P_A^*}{P_2}$ より, 求める成分 A のモル分率は

$$y_A = \frac{0.24 \times 7.50 \times 10^4}{3.70 \times 10^4} = 0.486 \fallingdotseq 4.9 \times 10^{-1} \quad \cdots\cdots(答)$$

問 4．成分 A について, 点 b における物質量の関係は

$$(n_G + n_L) z_A = n_G y_A + n_L x_A$$

$$\therefore \quad \frac{n_G}{n_L} = \frac{z_A - x_A}{y_A - z_A} \quad \cdots\cdots(答)$$

問 5．$5.75 \times 10^4 Pa$

◀解 説▶

≪二成分系の気液平衡≫

▶問 1．図 2 の点 a は液体, 点 b は気液平衡, 点 c は気体である。圧力を上げると, 気体→液体→固体と状態変化する。領域 I は, 点 a より圧力を上げた状態であるので, 液体である。逆に, 点 c より圧力を下げた領域 II

は気体である。

▶問２．成分気体の蒸気圧は，液体のモル分率×純物質の蒸気圧である。二成分であるので，気体Bのモル分率は，$(1-x_A)$ である。ドルトンの分圧の法則に従うので，全圧 P_2 は蒸気圧の和であり，次式が成り立つ。

$$P_2 = x_A P_A{}^* + (1-x_A) P_B{}^*$$

▶問３．混合物の気液平衡でも成分気体の蒸気圧すなわち分圧は物質量に比例する。したがって，モル分率＝$\dfrac{分圧}{全圧}$ が成り立つ。よって

$$y_A = \dfrac{x_A P_A{}^*}{P_2}$$

▶問４．気液平衡の点 b における気体の成分Aのモル分率は，点 b″ の y_A であるので，気体の物質量は，$n_G y_A$〔mol〕となる。また，液体の成分Aのモル分率は，点 b′ の x_A であるので，液体の物質量は $n_L x_A$〔mol〕である。したがって，成分Aの全物質量は，$n_G y_A + n_L x_A$〔mol〕で表される。一方，点 b で，気体と液体を合わせた成分Aのモル分率は z_A であるので，全物質量は，$(n_G + n_L) z_A$〔mol〕と表すこともできる。

よって，成分Aについて，点 b における全物質量の関係は

$$(n_G + n_L) z_A = n_G y_A + n_L x_A$$

▶問５．問４の式で，$n_G = n_L$ であれば　　$y_A - z_A = z_A - x_A$

下図において，矢印で示した①と②までの距離が等しいときの圧力を求める。

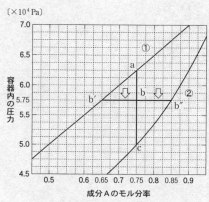

すなわち，$z_A = 0.75$ において，上図より

$y_A = 0.85,\ x_A = 0.65$

これらの数値を $y_A - z_A = z_A - x_A$ に代入すると

$0.85 - 0.75 = 0.75 - 0.65 = 0.10$

と等しい。よって，このときの圧力は，$5.75 \times 10^4 \mathrm{Pa}$ とわかる。

3 解答

【Ⅰ】　問1．ア．塩化カルシウム　イ．ソーダ石灰

問2．化合物 A と B の混合物 34.0mg 中

炭素の質量：$88.0 \times \dfrac{12.0}{44.0} = 24.0 \,[\mathrm{mg}]$

水素の質量：$18.0 \times \dfrac{2 \times 1.0}{18.0} = 2.0 \,[\mathrm{mg}]$

酸素の質量：$34.0 - (24.0 + 2.0) = 8.0 \,[\mathrm{mg}]$

よって，原子数比は

$C : H : O = \dfrac{24.0}{12.0} : \dfrac{2.0}{1.0} : \dfrac{8.0}{16.0} = 4 : 4 : 1$

組成式 C_4H_4O の式量は，68.0 である。

分子量 136.0 はその 2 倍であるので，分子式は　　　$C_8H_8O_2$ ……(答)

問3．A. 　　B.

問4．D.

問5．E.

【Ⅱ】　問6．F. 　　G.

H.

問 7 ．J. $\left[\begin{array}{l}\underset{\substack{\parallel\\O}}{C}-CH_2-CH_2-CH_2-CH_2-\underset{\substack{\parallel\\O}}{C}-O-CH_2-CH_2-O\end{array}\right]_n$

■━━━━━■ ◀解　説▶ ■━━━━━■

≪ベンゼン環をもつ化合物の構造決定≫

【Ⅰ】　▶問 1．ソーダ石灰は，CO_2 だけでなく H_2O も吸収するので，先に塩化カルシウムの入ったU字管で H_2O を吸収させた後，ソーダ石灰の入ったU字管を用いて CO_2 を吸収させる。

▶問 3．化合物Ａ．実験 3 で加水分解されるのでエステルであることがわかる。アルデヒド基をもつギ酸エステル $HCOOC_7H_7$ は，銀鏡反応を示す。その加水分解生成物 C_7H_7OH は，塩化鉄（Ⅲ）水溶液で呈色しないことからフェノール類ではないので，ベンジルアルコール $C_6H_5CH_2OH$ とわかる。よって，化合物Ａはギ酸ベンジルである。

化合物Ｂ．炭酸水素ナトリウム水溶液に溶け，塩酸で遊離するので，炭酸より強酸で，塩酸より弱酸のカルボン酸である。

$$RCOOH + NaHCO_3 \longrightarrow RCOONa + H_2O + CO_2$$
$$RCOONa + HCl \longrightarrow RCOOH + NaCl$$

よって，次の 4 種類のカルボン酸の構造異性体が考えられ，それらが過マンガン酸カリウム水溶液で酸化された生成物の構造式は次の通りである。化学的環境の異なる炭素原子の種類を a，b，c，d，e で示す。このうち 3 種類をもつのはテレフタル酸のみである。

CH₂COOH（ベンゼン環） ⟶ COOH（a,b,c,d,e が付されたベンゼン環） 5 種類

COOH・CH₃（ベンゼン環） ⟶ COOH・COOH（a,b,c,d が付されたベンゼン環） 4 種類

COOH・CH₃（ベンゼン環） ⟶ COOH・COOH（a,b,c,d,e が付されたベンゼン環） 5 種類

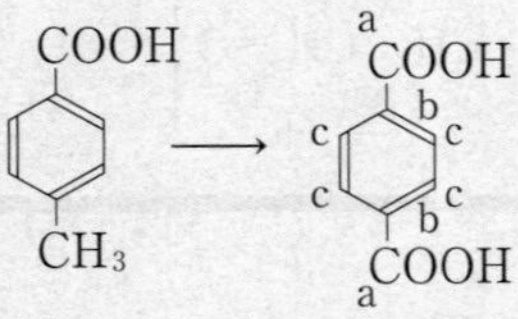

3 種類

テレフタル酸

化合物Cのテレフタル酸とヘキサメチレンジアミンは縮合重合して，ポリアミドの高分子化合物Dになる。

▶問 5．濃硝酸と濃硫酸の混合物を反応させるとニトロ化がおこる。−CH₃ 基はオルト・パラ配向性で，−COOH はメタ配向性であることから，ニトロ化の置換位置は決まる。

【Ⅱ】　▶問 6．C_6H_{10} の不飽和度は $\dfrac{2 \times 6 + 2 - 10}{2} = 2$ である。問題の条件より，脂肪族化合物F，G，Hは三重結合1つか，二重結合1つに炭素原子5つ以上からなる環構造をもつ。

化合物F．水素が付加した生成物は，幾何異性体が存在することから，炭素の二重結合に2つずつの異なる基が結合する。また，枝分かれ構造をもつので

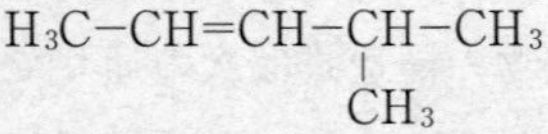

$$H_3C-CH=CH-CH-CH_3$$
$$\overset{|}{CH_3}$$

よって，水素付加前の化合物Fは三重結合を1つもつ化合物とわかる。

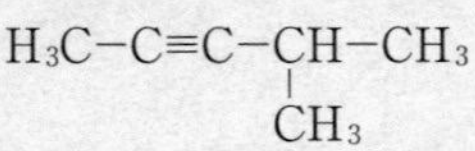

$$H_3C-C{\equiv}C-CH-CH_3$$
$$\overset{|}{CH_3}$$

化合物G．臭素が付加した生成物は不飽和結合をもたないので，二重結合1つに炭素原子5つ以上からなる環構造をもつ。

次の構造異性体がある。

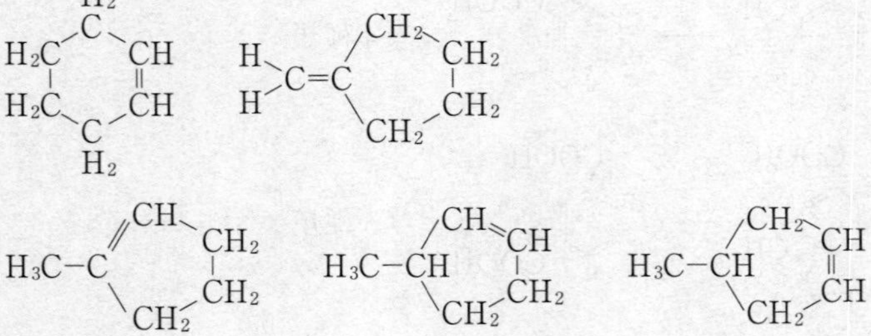

これらの中で，臭素が付加しても不斉炭素原子をもたないのは次の化合物だけである。

化合物G

化合物H．三重結合は酸化され，１価のカルボン酸しか生じない。化合物Ｉは，２価のアルコールのエチレングリコールと反応して高分子化合物Ｊを生じるので，カルボキシ基を２つもつジカルボン酸である。

化合物H　　　　　　　　　　　　　　　　化合物Ｉ

▶問７．化合物Ｉのアジピン酸とエチレングリコール HOCH₂CH₂OH は縮合重合して，ポリエステルの高分子化合物Ｊを生じる。

4　解答

【Ⅰ】　問１．ア．アミロース　イ．α-グルコース
ウ．ヨウ素デンプン　エ．β-グルコース

問２．Rₐ. CHO　R_b. HO　R_c. H　R_d. H　R_e. OH　R_f. H　R_g. OH

問３．アミロースは直鎖状，熱水に溶けない部分は①と⑥の炭素のヒドロキシ基が縮合した枝分かれ構造である。（50 字以内）

問４．

【Ⅱ】　問５．オ．リン酸　カ．5　キ．ヌクレオチド

問６．

アデニン　　　チミン　　　　グアニン　　　　シトシン

問7．記号：Y

理由：チミンと塩基対を形成する水素結合の数が2本から3本に増えるので，結合力が大きくなり，融解温度は上昇する。(60字以内)

━━━━━━━━━ ◀解　説▶ ━━━━━━━━━

≪糖類・核酸の構造≫

【Ⅰ】　▶問1．ヨウ素デンプン反応は，らせん構造の中にヨウ素分子が取り込まれて呈色する。

▶問2．水溶液中，ヘミアセタール結合（C-O-C-OH）は，開環してアルデヒド基を生じる。

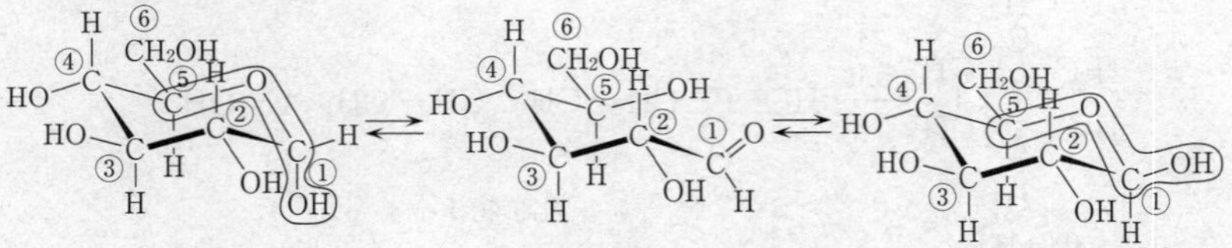

ヘミアセタール結合　　　　（鎖状構造）　　　　ヘミアセタール結合

生じた鎖状構造の炭素②から⑤まで順番に並べ，置換基の上下の位置を調べると下図左のようになり，この鎖状構造を立てると下図右のようになる。

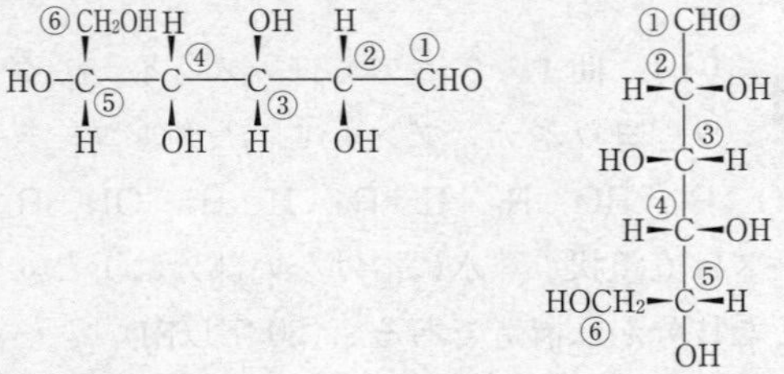

⑤の不斉炭素の置換基を偶数回交換すれば，立体配置は変わらないので，⑥の炭素を問題文と同じ位置にすると右図のようになる。

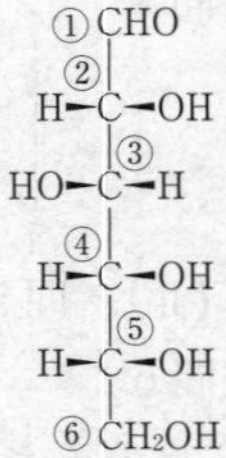

▶問3．デンプンの溶けない部分はアミロペクチンである。アミロペクチンは直鎖状のアミロースに枝分かれした構造が加わったもので，網目状である。この構造により水分子が内部に入りにくくなるので，熱水に溶けない。

▶問4．セロビオースは，β-グルコースが①と④の炭素に結合したヒドロキシ基が縮合したものである。C-O-C の結合角をおよそ110°とすると，セロビオース単位は次の左図になるが，問題文の酸素との結合方向が

一致しない。C–O の結合は自由回転できるので，C–O を軸に右の *β*-グルコースだけを 180°回転させたのが下の右図である。

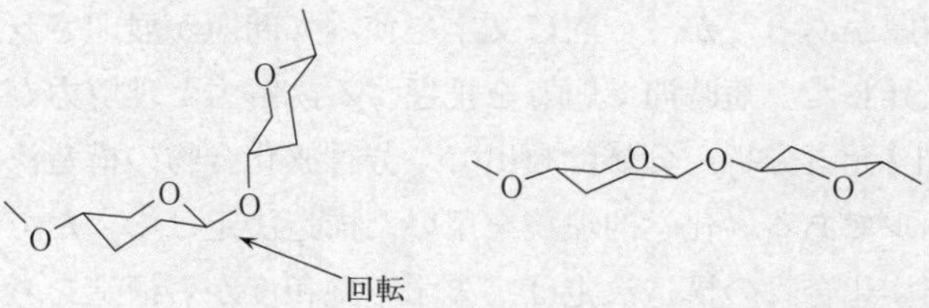

回転

【Ⅱ】　▶問 5．ヌクレオシドとヌクレオチドの違いに注意したい。ヌクレオシドは核酸を構成する五炭糖（ペントース）と環状構造の塩基が脱水縮合した化合物であり，リン酸は含まれていない。

なお，オについては，正解が生物の問題文に記載されていたため受験者全員の解答を正解とすると大学から発表があった。

▶問 6．水素結合は電気陰性度の大きい原子間に水素原子が次のように介在して生じる。

$$X–H\cdots Y \quad (X，Y は O，N)$$

これらの原子が適当な位置に並べば，水素結合が形成される。

アデニンとチミンでは 2 本，グアニンとシトシンでは 3 本の水素結合によって塩基対が形成される。

▶問 7．Y とチミンの間に生じる水素結合は 3 本である。

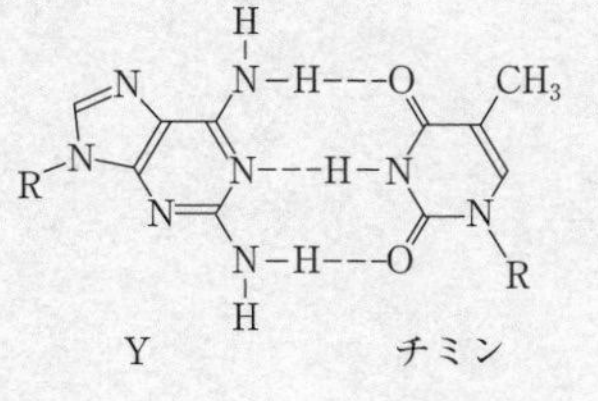

Y　　　　　　チミン

❖講　評

　2021 年度は，2020 年度と比べて分量は変わりないが，難易度は上がった。時間の余裕はない。

　1　リチウム電池，リチウムイオン電池を題材とした電池，電気分解，酸化還元反応の応用問題である。論述は書きやすい。問 4 のイオン反応式に注意したい。有機溶媒中での反応であるので左辺に H_2O は書けな

い。

　　2　二成分系の気液平衡の状態図の問題で，難問である。2019 年度
2 でも類題があったが，今回は文字を使って問題が展開されており，難
易度も上昇した。短時間で題意を把握する読解力と理解力が必要である。

　　3　【Ⅰ】元素分析，分離は頻出で，芳香族化合物の構造決定としては
標準レベルである。化学的環境を用いた構造決定はできたであろうか。
【Ⅱ】脂肪族化合物の構造決定は，まず不飽和度から構造を考える。完答
を目指したい。

　　4　【Ⅰ】元いす形のグルコースを鎖状のフィッシャー投影式に書き換
える問題とセロビオース単位の構造を書く問題は，大阪大学頻出の立体
感を確かめる問題である。通常のハースの投影式ではなく，いす型構造
であるので難しい。【Ⅱ】塩基対は，教科書にあるが，書き出すのに手間
取ったであろう。

　　新傾向の思考問題が多く出題された。時間的余裕もないので，確実に
できるところから素早く解答し，難問に費やす時間を確保したい。

生物

1 解答

問 1. ア. 遺伝子組換え　イ. DNA リガーゼ
ウ. 細菌　エ. ベクター　オ. 形質転換
カ. ヌクレオチド　キ. リン酸　ク. 陽（＋）

問 2. プラスミド上の抗生物質耐性遺伝子が発現するタンパク質が，抗生物質と結合して無毒化したり，細胞膜を貫通して分布し抗生物質の細胞外への排出を促進したりするから。（80 字以内）

問 3. 遺伝子 X が，転写される向きと逆向きに挿入されたから。（30 字以内）

問 4. ヒトの遺伝子にはイントロンがあるが，大腸菌はスプライシングを行えずヒト本来の mRNA を作れないから。（50 字以内）

問 5. 遺伝子 Y：f　GFP 遺伝子：b

◀解　説▶

≪プラスミドを用いた遺伝子組換え≫

▶**問 1.** キ・ク. DNA は「核酸」の名が示すように酸性物質で，その原因はリン酸が 3 価の酸であるため，リン酸ジエステル結合を形成した後も電離可能なヒドロキシ基が 1 個残ることにある。ここが H^+ を遊離することにより DNA 分子全体が負電荷をもつので，電気泳動では−極と反発し＋極側に引っぱられる向きに移動する。＋極と−極はそれぞれ，電池などの電源の場合には正極と負極の名称で呼ぶが，電気泳動や電気分解の極板に対しては「陽極」と「陰極」の呼称が用いられる。

▶**問 2.** 大腸菌などの細菌が抗生物質に対して耐性を示すしくみは，抗生物質の種類によってさまざまで，①抗生物質分子の分解や構造変化による無毒化，②抗生物質の細菌外への排出，③抗生物質の標的分子に対する作用の阻害，④細胞膜や細胞壁の変化を介した抗生物質の侵入阻害，などが知られている。字数制限と，抗生物質が具体的に示されていないことを考慮すると，このうちのいずれか 1 ～ 2 種類に言及すればよいだろう。

▶**問 3.** プラスミド上のプロモーター領域から下流に向かって転写が行われるので，遺伝子 X がこれと逆にプラスミドにつなぎ合わされた場合には

タンパク質 X は発現しない。遺伝子 X の両端はどちらも制限酵素 A で切断されているため，切断端の対称性から逆向きでも問題なくプラスミドとつなぎ合わせられる。

▶問 4．大腸菌はスプライシングを行うしくみを持っていないので，ヒトの遺伝子のイントロン領域を除去することができず，転写された RNA を翻訳しても機能し得るタンパク質は産生されない。「ヒトの遺伝子と大腸菌の遺伝子の構造の違いに着目して」とあるので，スプライシングへの言及だけでなく，少なくとも「イントロン」の語が解答に含まれているべきだろう。

▶問 5．遺伝子 Y の後端と GFP 遺伝子の前端それぞれから塩基配列に 3 塩基対ごとに区切りを入れて，コドンの読み枠を考慮しながら解く。通例，DNA の塩基配列が横書きで 2 本鎖とも示されているときは，上がセンス鎖，下が転写される鋳型鎖なので，上の鎖の T を U に変えればコドンと照合できる。以下，説明の簡略化のため，「遺伝子 Y の後の塩基配列」を α，「GFP 遺伝子の前の塩基配列」を β で，それぞれ表す。まず，制限酵素 a，d，e は，酵素の認識配列が α，β のいずれにもないので解答の候補から外れる。制限酵素 c は，その認識配列が α のみにあるが，この切断端に合うように β を切断できる他の制限酵素がないので不適当である。残る制限酵素 b と f は，ともに認識配列が α，β のいずれにもあり，切断端どうしも相互に相補的に合致する。したがって，①α，β をともに b が切断する場合，②α を b，β を f が切断する場合，③α を f，β を b が切断する場合，④α，β をともに f が切断する場合，の 4 通りが考えられる。このうち①，②，④はいずれも，つなぎ合わされた後に，α の最初から数え始めて 7 塩基目以降（3 番目のコドン）に終止コドンが現れ，GFP 遺伝子が翻訳されないことになる。一方，③の場合では，α・β 由来の配列内に終止コドンが現れないので連続して 2 種類の遺伝子が翻訳され，Y の遺伝子産物と GFP が 1 分子につながったタンパク質が産生される。なお，この場合，遺伝子 Y と GFP 遺伝子が連続して翻訳されるため，本来のGFP 遺伝子の開始コドンのはたらきが無効となる。ゆえに，連結部でコドンの読み枠のずれ（GFP 遺伝子に対するフレームシフト）が起きないことも確認する必要がある。

2　解答　問1．a，f
　　　　　問2．樹状細胞が食作用で病原体を取り込み，その分解
物のペプチドを MHC 分子に結合させ細胞表面に露出して抗原提示する。
この複合体に特異的に結合する TCR をもつキラー T 細胞が活性化され増
殖すると，TCR を介して同じ抗原を提示した感染細胞に付着し，病原体
を感染細胞ごと排除する。（135 字以内）
問3．ア．アレルゲン　イ．B（形質，抗体産生）　ウ．抗体（免疫グロ
ブリン，IgE）　エ．アナフィラキシー

━━━━━━━━━━　◀解　説▶　━━━━━━━━━━

≪生体防御とアレルギー≫
▶問1．図1より，ウイルス X 感染時のインターフェロン α の産生量は，
遺伝子 Y を欠損すると感染のないときと比べて全く増加しない一方，遺伝
子 Z を欠損しても正常型細胞と同程度以上に増加していることから，a が
正しく，b～d はいずれも誤りである。また図2より，遺伝子 Z 欠損細
胞はインターフェロン α 存在下でもウイルス X の増殖を抑制できない。
このことと，設問中の「インターフェロン α は，インターフェロン受容
体に結合することにより，ウイルス X の増殖を抑制する」との前提から，
遺伝子 Z 欠損細胞はインターフェロン受容体を介したインターフェロン α
の受容能に欠陥があると考えられる。一方，遺伝子 Y 欠損細胞はインター
フェロン α が存在すればウイルス X の増殖を抑えられるので，f が正し
く，e，g，h はいずれも誤りとわかる。
▶問2．MHC や TCR（T 細胞受容体）の語は，必ずしも用いる必要は
ないが，使った方が書きやすいだろう。字数制限がやや厳しいが，余裕が
あれば，ヘルパー T 細胞の役割や，感染細胞の排除がキラー T 細胞による
細胞障害性の物質分泌を介することなどを含めてもよい。
▶問3．ウ．特にアレルギー反応に関与し，またマスト細胞の表面に結合
する抗体（免疫グロブリン）を指しているので，IgE を解答してもよい。

3　解答　問1．ア．動物極　イ．植物極　ウ．外胚葉
　　　　　エ．内胚葉　オ．中胚葉　カ．誘導
キ．水晶体（レンズ）　ク．角膜　ケ．形成体（オーガナイザー）
コ．アポトーシス

問 2. 核が凝縮し，細胞が縮小して断片化する。(20 字以内)

問 3. 幹細胞

問 4. <u>濃度 Q 以上で細胞 C に，P と Q の間の濃度で細胞 B に分化させるが，濃度 P 以下では影響は見られない。</u>(50 字以内)

━━━━◀解　説▶━━━━

≪両生類の発生における誘導と分化，アポトーシスの過程≫

▶問 1．ウ・エ．多細胞化した胚ではなく，受精直後で卵割前の段階に関する文面であることから，より厳密には，それぞれ「予定外胚葉域」，「予定内胚葉域」も正解となる。

▶問 2．核がその中の染色体とともに凝縮することと，細胞が不均等に収縮し放射状に生じた突起が細胞小器官や細胞内容物を漏らさずに包み込むようにして細胞がいくつもの小胞に分断されることを，簡単にまとめる。アポトーシスの対語であるネクローシスの過程では，核の変化が少なく，細胞が膨潤し最終的には破裂して細胞内容物が周囲にまき散らされるため，これと対照的であることを意識すると書きやすい。他にアポトーシスに特徴的な現象としては DNA の断片化がよく知られているが，「形態的変化」とあるので，たとえば「染色体の凝縮」といったように，顕微鏡で観察される現象のかたちで解答するとよい。

▶問 3．ヒトで言う ES 細胞（胚性幹細胞）に相当する細胞と考えられる。ただし，ES 細胞は胚盤胞というステージの初期胚から得られるため，これと完全に相同な細胞は哺乳類のみがもつと考え，両生類についての本問では「幹細胞」が解答として適当だろう。

▶問 4．どの細胞に分化するかが物質 X の濃度依存的に決まることがわかる。解答中，「P と Q の間の濃度で」と言うべきところを「濃度 P 以上で」と間違わないよう注意したい。また，細胞 A は未分化な細胞なので，濃度 P 以下では「細胞 A に分化させる」わけではなく，「細胞 A の分化に対する影響が見られない」が正しい解釈なので重ねて注意したい。

4 **解答** 問 1．補酵素
　　　　　　問 2．記号：c

理由：波長 340 nm の光は NADH のみが吸収するため，反応で生成した NADH の量を正確に反映するから。(50 字以内)

問3.

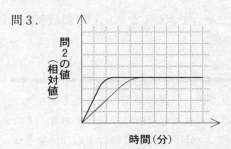

問4．測定値への影響：測定値が大きくなる。（10 字以内）
理由：赤血球内から流出した LDH が血清中に含まれるから。（25 字以内）

━━━━━━━◀解　説▶━━━━━━━

≪乳酸脱水素酵素による酵素反応と酵素活性の測定≫

▶問1．NAD⁺ や FAD，また植物がもつ NADP⁺ などは，生体内の特定の酸化還元反応で電子受容体の役割を果たす代表的な補酵素である。

▶問2．波長 260 nm の光は NAD⁺，NADH のどちらにも吸収されるため，反応の進行に伴う NAD⁺ の減少と NADH の増加の影響とが相殺され，変化がわずかしか表れないと予想される。

▶問3．酵素量を2倍にすると単位時間当たりの酵素と基質の衝突の頻度が2倍になるので，反応開始後しばらくは反応速度が2倍になる（方眼を利用してグラフの傾きを2倍にする）が，最終的な反応生成物の量は変わらない。

▶問4．リード文の前半から，LDH は赤血球にも存在し，LDH を含む組織が損傷を受けると細胞内の LDH が血液中に流出することがわかる。溶血を起こすと赤血球内の LDH が血しょう中に移行し，精製後の血清中にその多くが残留すると考えられる。

5　**解答**　問1．細胞外の増殖因子 X の有無に無関係に，細胞内で受容体 A' どうしが互いに結合して2分子となり，基質 B をリン酸化する部位が常に活性化されている。（75 字以内）

問2．薬物 C は受容体 A' 内の ATP が結合する部位に結合し，ATP の結合を競争的に阻害する。薬物 C が結合した受容体 A' は基質 B と結合してもそれをリン酸化できないため，細胞増殖が抑えられる。（90 字以内）

問3．受容体 A' 内の ATP が結合する部位は変化せずその近くの構造が

変化したため，薬物Ｃがこの部位に結合できなくなり，ATP の結合を阻害する効果を失ったから。（75 字以内）

問４．ａ

━━━━━━━━━ ◀解　説▶ ━━━━━━━━━

≪細胞増殖因子の受容体を介したシグナル伝達の異常とある種のがん≫

▶問１．受容体 A' は細胞膜を貫通せず液相を自由に浮遊しており，また分子内に増殖因子Ｘとではなく他の A' 分子と互いに結合する部位をもつので，結合に増殖因子Ｘを必要とせず細胞内で常に二量体（解答ではリード文にならってこれを「２分子」と表現すればよい）になっていると考えられる。一方，基質Ｂをリン酸化する部位は受容体Ａと同じなので，２分子になるとこの部位が活性化する性質は保持されているとすると，受容体A' は増殖因子Ｘの有無にかかわらず常に基質Ｂをリン酸化し続けていることになる。

▶問２．本問で扱われているような，ATP のリン酸を他の分子に転位する反応では，広い意味で，ATP も基質の１つとみなすことができる。薬物Ｃは，リン酸化酵素でもある受容体 A' の ATP 結合部位，すなわち，酵素の活性部位に結合して本来の基質との結合を阻害するといえるので，一般的な競争的阻害と同様に説明するのがよいだろう。

▶問３．設問文中に「ATP が結合する部位の近くのアミノ酸１つが別のアミノ酸１つに変化した」とあり，また，「ATP と結合する強さは，アミノ酸が変化する前と変わらない」とあるので，受容体 A' と ATP との結合能（親和性）には変化がないまま，薬物Ｃの方だけがこの部位に結合できなくなり，受容体 A' への ATP の結合を阻害する作用がなくなったと考えられる。図３で，ATP と薬物Ｃでは，くぼみ内における接触面がやや異なり，くぼみのやや奥の方（図中，相対的に右方）で構造変化が起こった場合には，ATP には影響が出ないが，薬物Ｃはぴったりはまり込めなくなると想像できるのもヒントとなる。

▶問４．選択肢のｂとｃはともに，設問中から読み取ったり推定したりできることではないが，仮にそうだとしても，薬物Ｃがある種の肺がんに対してのみ効果をもち，他の多くの組織には効果が少ない理由になるとは考えにくい。また，ｄが正しければ薬物Ｃがむしろがん細胞の増殖を促進する方向にはたらくことになってしまい，いずれも不適当である。

❖講　評

　2021 年度は，大問数が例年より 1 題増えて 5 題となったが，内容の多い大問はなかったため，全体的な問題量は増加していない。ウエイトの高い論述問題は，解答形式が 2020 年度に行数指定から全問字数指定へと変更されたのに引き続き，全問字数指定であった。論述量は，近年では論述問題が少なかった 2020 年度から総字数で 2 倍近くに増加し，例年並みに戻ったといえる。一方，計算問題は出題されなかった。

　1 は，頻出のプラスミドを用いた遺伝子組換えの問題。問 2 は，普段，意識したことがなく動揺した受験者もいるかもしれないが，知識になくても考えつくことを挙げていくと正答に近づくという側面もあり，あきらめずに解答したい。問 5 は，解答に費やす時間に差が出やすく，難問ではないものの試験全体への影響は大きいだろう。

　2 は，免疫とアレルギーに関する問題。おおむね標準的な頻出問題といえるが，問 2 はうまくまとめるのに相当苦労するだろう。

　3 は，発生過程における誘導や分化に関する問題。標準的だが，問 2・問 4 の論述は，わかっていても制限字数内でコンパクトにまとめるのが難しい。

　4 は，酵素反応に関する実験考察問題。問 2 は，波長 260 nm の吸光度はあまり変化しないことをイメージさせる点，作問に工夫がある。

　5 は，がんの一因となる細胞のシグナル伝達異常に関する出題。一般的な問題集に類題が載っているタイプの問題ではないため，答えの手がかりとなる部分の正確な読み取りが必要になる。論述量も多く，この大問が最後にあることで，全体の時間配分の成否に与える影響が大きいだろう。

　全体的に論述のウエイトが高いという大阪大学の特徴は，やはり続いている。ただし 2021 年度は，思考過程に論理性があれば何通りかの答えが正解とされるといったタイプの考察問題は見られず，論述問題にしては中間点が少なく明瞭に点差を生むと思われる問題が多かった。文章を正確に読み取り必要事項を漏らさずまとめられるよう，日頃の練習が求められる。

■小論文■

1 **解答例** 問1. ・流行に身を置くことは，安心であり無難であると本能的に感じられるから。(35 字以内)

・流行を追うのは自らの中の何かを知りたいという好奇心が希薄であるから。(35 字以内)

問2. 自信が十分にある人は，多くの研究者がしのぎを削る激烈な競争の中でも自ら勝ち抜き第一人者になれると確信しているため。(60 字以内)

問3. 独創的な研究とは独自の考えで始め一般的には流行に乗ることではない，という筆者の意見には賛同する。だが，筆者の独創性への接近に対する考えには異を唱えたい。筆者はいわば回り道の独創性と近道の独創性の2つに言及し，その上で後者を凡人に可能な「オンリーワン」の独創性として位置づけた。しかし，それは合理性の問題だ。新たな研究対象を求め，新たな分野に分け入る姿勢を否定はしない。だが，数多の人々に研究されてきた分野に踏み込み，稀少な研究対象を求める勇気にこそ，「ナンバーワン」という真の独創性を見出せると考える。(250 字以内)

━━━━━━◀解　説▶━━━━━━

≪研究における流行と独創性≫

▶問1. 研究対象，研究テーマとしてなぜ「流行」が生まれるのか，本文をもとに2つ述べることが求められている。1つは，下線部②の直前に，「流行の中に身を置くことは，…安心感を与える」とある。ここを抽出すればよい。もう1つは，意外に気づきにくいが，最終段落の下から4行目前後にヒントがある。すなわち，「好奇心が希薄」であることであろう。

▶問2. 「自信が十分にある人も流行を追うことになる」理由として考えられることを述べる問題である。自信のある研究者が，多くの研究者がしのぎを削る競争の激しい分野（流行の分野）でも参入するのは，その領域で勝ち抜く自信があるからだと考えられる。また，そこで結果を出すことに大きな価値を見出しているからとも言えるだろう。

▶問3. 筆者は第4段落から第6段落にかけて，2つの独創性について言及している。生み出すのに難しい独創性と，近道を通る独創性の2つであ

る。筆者は前者を「ナンバーワン」の独創性，後者を「オンリーワン」の
独創性と評している。確かに後者の独創性には合理性はある。だがあえて，
この〔解答例〕では筆者の思考プロセスに異を唱える形で構成してみた。

2　解答例

問 1．特例承認がなされた理由は大きく 2 点ある。第
一にまん延する悪疫により国民の生命及び健康が危険
にさらされているからである。国民の健康被害の拡大を抑制するために，
緊急に治療薬の使用が許容された。第二に当該医薬品がすでに外国におい
て販売，活用され，ヒトに用いることの安全性がある程度担保されている
からである。（150 字以内）

問 2．アビガンの治療効果を見極めるのが難しいのは，多くの患者がアビ
ガンを使わずに健康回復を果たしているからである。これでは薬の効果は
実証できない。これをふまえ，アビガンの治療効果を見極める臨床研究と
しては，投与群と非投与群（対照群）で比較する方法がある。患者を以上
の 2 群にランダムに分類し，前者にはアビガンを，後者には偽薬（プラセ
ボ薬）を使用してみる。そして，各群の回復時間，回復率などを比較する。
（200 字以内）

━━━━━　◀解　説▶　━━━━━

≪新型コロナウイルス感染症に対する治療薬≫

▶問 1．特例承認制度の根拠は，医薬品，医療機器等の品質，有効性及び
安全性の確保等に関する法律第 14 条の 3 第 1 項の規定である。この規定
によれば，①疫病のまん延防止等のために緊急の使用が必要，②当該医薬
品の使用以外に適切な方法がない，③海外で販売等が認められている，と
いう要件を満たせば，日本国内未承認の新薬を，通常よりも簡略化された
手続きで承認し，その使用を認めることができる。

▶問 2．新型コロナウイルス感染症の症状としては，さまざまなケースが
ある。そもそも症状が出ない人，症状があるが軽症な人，その中でも薬を
飲まずとも治癒してしまう人など多様である。そのような疾患において治
療薬の投与後，効果があったと認定するためには，投与された場合と非投
与の場合とで比較検討するしかない。しかし，同一人において，投与前，
投与後を比較した場合，投与後に症状が改善しても，それが薬の効果なの
か自然治癒によるものなのかは比較しえない。したがって，投与された群

と非投与の群を比較することになる。その際，治療薬を使用する群と偽薬（プラセボ薬）を使用する群についてランダムに分けて比較することが最適である。このような試験をランダム化比較試験という。さらに患者も医療従事者もどの人が治療薬を，あるいはプラセボ薬を投与されたかわからない状態で試験が行われる場合がある。この方法を二重盲検法といい，より精度が上がると言われている。

❖講　評

　2021 年度入試から薬学部で小論文が課されるようになり，大問 2 題の構成であった。

　大問 1 は『実験医学』という専門的な雑誌からの出題である。文章の内容は，独創的な研究はいかにして生まれるかについて書かれたもので，独創的な研究成果を出すためのアプローチが 2 通り，すなわち回り道と近道が示されている。その上で，筆者は後者のアプローチを凡人が独創性を生み出す場合に有効と位置づける。専門雑誌からの出題ではあるが，平易な文章なので，容易に読解できたのではないだろうか。

　大問 2 は，新型コロナウイルス感染症の治療薬開発について書かれた，新聞の社説からの出題である。問われたのは，1 つは特例承認制度の正当化理由，もう 1 つは治療効果を見極めるための臨床試験についてである。基本的な時事問題や，ややレベルの高い薬学の知識が問われているが，やはり課題文中にヒントがあり，それをうまく活用すれば，論述にそれほどの困難は感じられないであろう。

　今後も，薬学関連の最新時事などは問われる可能性があるので，日頃の学習で常に気にかけ，知識を多く吸収しておくことが大切である。

解答編

■英語■

I　解答　全訳下線部参照。

◆全　訳◆

(A) ≪友情の底にあるもの≫

　おそらく，深い友情の最も典型的な特徴は，戦っている状況で自分を守ってくれたり，病気のときにスープや薬を持ってきてくれたりする場合のように，「その人のために何かをすること」だろう。お互いに具体的な行動をとることを通じて築かれる強い絆だけが，本当に犠牲を払おうという気持ちを起こさせる力を持っている。しかし，ネット上の「友人」が，なぜわざわざ友情というきつい仕事をしようとするのかは，はっきりしない。

(B) ≪2 種類の注意≫

　注意回復理論は，人間が払う主に 2 つの種類の注意に注目している。方向性注意と無目的注意である。方向性注意を働かせるとき，私たちは特定の作業に集中し，それを妨げるおそれがある，気を散らすどんなものも遮断することになる。たとえば，数学の問題に取り組んでいたり，文学作品の一節を読むことや複雑な機械を組み立てたり修理したりすることに夢中になっているとき，私たちの脳は目の前の作業に完全に専念し，そのため私たちはまっすぐ分散せずに注意を向けなくてはならない。その作業が完了すると，私たちは精神的に疲労したり消耗したりしているのを感じることが多い。逆に，屋外にいるとき，私たちはさまざまな模様や夕日，雲，花，草木の葉，あるいは美しい草地を観察することを楽しむが，これには私たちの無目的注意が使われている。

◀解　説▶

▶(A)　Perhaps the most defining feature of deep friendship is "doing for," as when my friend has my back in a combat situation,

or brings me soup or medicine when I'm sick.

- Perhaps「たぶん，おそらく」は，原文と同様，文頭でよいが，修飾される「である」にかかることが明確になるように，補語が始まる直前に置いてもよい。

- the most defining feature of deep friendship is …「深い友情の最も典型的な特徴は…である」が直訳で，ほぼそのままでよい。defining は「定義となるような」が文字どおりの意味だが，最上級の「最も」と合わせるとややぎこちないかもしれない。

- as when my friend has my back in a combat situation,「私の友人が戦闘状況で私を守ってくれるときのように」が直訳。have *one's* back は「人をかばう，守る」の意の成句。これ自体の知識がなくても，文脈から十分推測できる。「助けてくれる」「味方をしてくれる」なども許容範囲。in a combat situation は武力的な戦闘に限るより，論争など日常的にもある対立を含めた訳にしておくのが無難だろう。なお，ここでは「私」と筆者個人を表す代名詞が使われているが，「友情」の定義という一般論について述べているので，日本語では「私を／私の」を明示しないほうが自然である。必要なら「自分」などとするとよい。

- or brings me soup or medicine when I'm sick.「私が病気のときにスープや薬を持ってきてくれる（場合のように)」が直訳。my friend を主語とする when 節の 2 つ目の述語動詞部分。上記のとおり，「私」を省いてよい。

- "doing for" は「のためにすること」が直訳だが，これだけでは日本語として意味をなさない。doing と for の目的語を補って訳したい。友情の特徴を述べており，as when 以下の具体例を考えると，for の目的語としては「友人」「相手」「その人」などとなるだろう。doing の目的語としては小さなことから大きなことまで，「その人」のためになることなら何でもよいはずである。「何かを」程度で幅を持たせておくのが適切である。

Only strong bonds, built through embodied mutual activities, have the power to motivate real sacrifices.

- Only strong bonds, built through embodied mutual activities,「強い絆だけが，それは具体化した相互の活動を通じて築かれるが」が直訳。

Only strong bonds が同文の主語。built 以下は分詞構文だが，この分詞句を形容詞用法のように訳して，「…を通じて築かれる強い絆だけが」としたほうが日本語としてはまとまり感がある。embodied は「具体化した」が直訳。「具体的な」などと整える。mutual activities「相互の活動」は，どちらかが一方的に相手に尽くすのではなく，甲が乙のために何かすることもあれば，その逆のこともあるという，互いが互いのために具体的な行動をとることを表している。あまり説明的にならない程度に言葉を補ってわかりやすく訳したい。

● have the power to motivate real sacrifices.「本当の犠牲を動機づける力を持つ」が直訳。motivate real sacrifices は「真の犠牲を払おうという気持ちにさせる」などと通りのよい日本語に整える工夫をすること。

But it is unclear why online "friends" would bother to do the hard work of friendship.

● But it is unclear …「しかし，（それ）ははっきりしない」が直訳。it は why 以下を受ける形式主語。

● why online "friends" would bother to do「なぜオンラインの『友人』がわざわざするのか」が直訳。online は「ネット上の」「ネットでつながった」などとするとわかりやすいだろう。この "friends" は，筆者のいう友情の定義から外れており，本来の意味ではないことを表すために引用符を用いている。訳では「　」をつけておく（" " はもともと日本語の記号ではない）。would は should と同様，話し手の驚きや意外な気持ちを表す。bother to *do* は「わざわざ〜する」の意。

● the hard work of friendship.「友情というきつい仕事」が直訳で，ほぼそのままでよい。of は同格を表す。work は「任務」「務め」などとしてもよいが，その場合は「任務〔務め〕を果たす」と動詞を整えること。

▶(B) **Directed attention requires us to focus on a specific task and block any distractions that may interfere with it.**

● Directed attention requires us to …「方向づけられた注意は，私たちに…することを要求する」が直訳。directed は下線部第 2 文の例を見ると，「指図された」「命令に従った」の意ではなく，「方向づけされた」の意と考えられる。「方向をもった」「方向〔志向〕性の」「一つの方向に向けられた」など，意味が明快になる訳語を選ぶこと。require *A* to

do は「A に～することを要求する」の意で，この文では無生物主語に
なっているので，「方向性注意によって，私たちは…しなくてはならな
い」「方向性注意を働かせるとき，私たちは…せざるを得ない〔…する
ことになる〕」などと整えることもできる。

● focus on a specific task「特定の作業に集中する」が直訳で，そのまま
でよい。文意から，あえて a を「一つの」と訳出してもよいだろう。

● and block any distractions that may interfere with it.「そして，それ
を邪魔するかもしれない気を散らすものをどれも遮断する」は require
A to *do* の不定詞の 2 つ目にあたる。block は「～を遮断する，閉め出
す」の意。any は，肯定文中では「どれでも」の意で，通常単数形を取
る。ここでは複数形になっているが，文意上この意味で訳すのが妥当だ
ろう。that は distractions「気を散らすもの」を先行詞とする関係代名
詞。interfere with ～ は「～を邪魔する，妨げる」の意。may は「～
かもしれない」でよいが，同文ではよくないことが起こる可能性を表し
ているので，「～するおそれがある」「～しかねない」などとすることも
できる。

**For instance, when we are working on a math problem, or
engrossed in reading a literary passage or in assembling or
repairing an intricate mechanical object, our brains are totally
dedicated to the task at hand, requiring our direct undivided
attention.**

● For instance「たとえば」

● when 節の内部の構造を正確に分析すること。

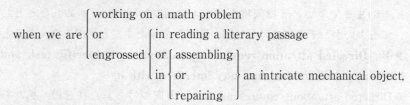

● when we are working on a math problem,「私たちが数学の問題に取
り組んでいるとき」が直訳で，そのままでよい。work on ～「（問題な
ど）に取り組む」

● or engrossed in reading a literary passage「あるいは，文学の一節を

読むことに夢中になっている」が直訳。engrossed は working と are を共有している。be engrossed in 〜 で「〜に夢中になっている，没頭している」の意。これ自体の知識がなくても文意から推測できるし，できなくてはならないだろう。a literary passage は「文学（作品）の一節」などとすると自然。

● or in assembling or repairing an intricate mechanical object,「複雑な機械的な物を組み立てたり修理したりすることに」が直訳。be engrossed に続く in 〜 の 2 つ目であり，assembling も repairing も in の目的語。また内容上 an intricate mechanical object は assembling, repairing の共通の目的語である。assemble は「〜を組み立てる」，intricate は「複雑な，込み入った」の意。mechanical object「機械的な〔機械仕掛けの／機械で動く〕物」は，「機械」で十分であり，むしろこのほうがわかりやすい。

● our brains are totally dedicated to the task at hand,「私たちの脳は，手元の仕事に完全に捧げられている」が直訳。be dedicated to 〜 は「〜に専念している，打ち込んでいる」などとするとわかりやすい。totally は「完全に，すっかり」の意。the task は「作業」などとすれば，同文前半にある具体例とのバランスがよい。at hand は the task を修飾しており，「手元の，手近にある」が直訳，「目の前の」などとすると文意に沿う。

● requiring our direct undivided attention. は分詞構文で「私たちの直接の分割されない注意を要求する」が直訳。原則どおりに考えると，意味上の主語は文の主語の our brains だが，文意から，もう少しおおまかに「脳が目の前の作業に専念していること」とも考えられる（このようなあいまいさが分詞構文の持ち味かもしれない。はっきりと our brains が主語であるなら，and require とすればよいのだから）。いずれにしても，これもある意味で無生物主語なので，「私たち」を主語にして整え直すことで日本語としてのバランスがとれるだろう。direct は「直接の，じかの」ということだが（directed ではないので注意），undivided「分割されない」とともに，「注意があれこれ分散せず，目の前の作業だけにまっすぐ〔一直線に〕向く」ことを表している。それが伝わるような訳語の選択，日本語表現を工夫したい。

◆━◆━◆━◆━◆━◆━●語句・構文●━◆━◆━◆━◆━◆━◆━◆━◆━◆

(B)　call on ～「(体力・知力など) を行使する，～を求める」

Ⅱ 　**解答** 　設問(1)　(i)—(イ)　(ii)—(イ)　(iii)—(ロ)　(iv)—(イ)
　　　　　　　　設問(2)　全訳下線部(a)参照。

設問(3)　全訳下線部(b)参照。

設問(4)　(to) adapt the landscape around us to our purposes

設問(5)　もともと洞窟を住みかとしていたのは，人間やその他の動物を食べる肉食動物だったが，人間が火を発見してからは，人間が動物を食べる側になり，洞窟の主となったということ。

設問(6)　(ロ)

━━━━━━━━━━━◆全　訳◆━━━━━━━━━━━━━━━━

≪人類を生み育てた技術≫

　科学と技術。私たちはそれらを，STEM (「科学，技術，工学，数学」を表す) の一部として，きょうだい，あるいは双子とさえ見なしがちである。現代世界の最も輝かしい驚異ということになると，私たちのポケットに入っているスーパーコンピュータが人工衛星と通信するような時代なので，科学と技術は実際，密接に関係している。しかし，人類の歴史の多くの期間，技術は科学と何の関係もなかった。人間の最も重要な発明品の多くは純粋に道具であって，その背後に何ら科学的方法はない。車輪に井戸，L 字形ハンドルに水車に歯車に船の帆，時計や舵や輪作，これらはすべて人類の発達や経済の発達には欠くことのできないものであるが，歴史的にはそのどれ一つとして，今日私たちが科学と見なすものとの関連はない。私たちが毎日使っている最も重要なものの中には，科学的方法が取り入れられるずっと以前に発明されたものもある。私は自分のノート型パソコンや iPhone，Echo (スマートスピーカー)，GPS が大好きだが，(a)私が最も手放したくない技術，初めてそれを使った日から私の人生を変え，現在でも起きている時間はずっと頼り，今座ってパソコンのキーボードをたたいているまさにこの瞬間も頼みにしている技術は，13 世紀に生まれたものである。メガネだ。石鹸はペニシリンよりも多くの死を防いだ。それは技術であって，科学ではない。

　『反穀物の人類史——国家誕生のディープヒストリー』の中で，エール

大学政治学教授のジェームズ=C. スコットは，人類の歴史で最も重要な技術という立場を狙う，もっともらしい対抗馬を紹介している。それは〈ホモ=サピエンス〉の出現に先立つほど古い技術で，むしろ私たちの祖先である〈ホモ=エレクトス〉に功績があるとすべきものだ。その技術とは火である。私たちは火を，二通りのきわめて重要で典型的な使い方をしてきた。このうち第一の，最もわかりやすい使い方は調理である。リチャード=ランガムが自著『火の賜物』で論じているように，調理ができるおかげで，私たちは食べ物からより多くのエネルギーを取り出し，またはるかに幅広い食物を食べることができる。動物の中で私たちに最も近い親戚であるチンパンジーは，私たちの 3 倍の大きさの腸を持っているが，それはチンパンジーの食べる生の食物が，ずっと消化しづらいからである。(b)調理された食物から得る余剰のカロリー価のおかげで，私たちは大きな脳を発達させることができたが，その脳は私たちが摂取するエネルギーの，ざっと 5 分の 1 を取り込む。これは，ほとんどの哺乳類の脳が 10 分の 1 足らずであるのと対照的である。その違いこそ，私たちを地球上で最も優勢な種にしているものなのである。

　火が私たちの歴史にとって重要だったもう一方の理由は，現代人の目にはそれほど明らかではない。私たちは周囲の地形を私たちの目的に合わせるためにそれを使ったのだ。狩猟採集民は移動しながら火を放ち，周囲の環境を切り拓き，新しい植物がはやく育って獲物を引きつけてくれるようにした。彼らはまた，動物を追い払うために火を使った。彼らはこの技術をかなりの頻度で使ったので，スコットの考えでは，地球の人間支配段階，いわゆる人新世は，私たちの祖先がこの新しい道具を使いこなすようになった時期に始まったとすべきなのである。

　スコットが言うには，火という技術を私たちは十分に評価していない。というのも，私たちは長期にわたる，つまり，私たちの種の大半が狩猟採集民だった人間の歴史の 95 パーセントにわたる発明の才の功績が，私たちの祖先にあるとしていないからである。「人間が使う地形建築術としての火が，私たちの歴史の説明の中にしかるべく記録されない理由は，おそらく，その影響が何十万年もかかって広がり，『野蛮人』とも言われる『文明以前の』種族によって完成されたということだろう」と，スコットは書いている。火の重要性を説明するために，スコットは南アフリカの複

数の洞窟で見つかったものを指摘している。その洞窟の最も初期の最も古い地層には，肉食動物の完全な骨格と，それらが食べていたもののかみ砕かれた骨の破片が多数含まれている。その中には人間も含まれている。そのあとに来るのは，私たちが火を発見してからの層で，洞窟の所有者は入れ替わっている。人間の骨格は完全で，肉食動物のほうは骨の破片である。火は，ごはんを食べることと，ごはんになってしまうことの違いを生み出すのだ。

解剖学的に言えば，現生人類はおおよそ20万年前から存在している。その期間の大半を，私たちは狩猟採集民として暮らしていた。それから，およそ1万2000年前，私たちが地球を支配するようになる，その前後で違いがはっきりとわかる瞬間だと，一般に認められているものがやってきた。新石器革命である。これは，スコットの言葉を使えば，農業の導入，とりわけ牛や豚のような動物の家畜化と，狩猟採集から作物を植え栽培することへの移行の「組み合わせ」を，私たちが採用したということだ。こうした作物の中で最も重要なのが，小麦，大麦，米，トウモロコシといった，現在も人類の主食であり続けている穀物である。穀物のおかげで人口は増加し，都市が生まれ，したがって，国家が発達し，複雑な社会が出現することになったのである。

━━━━━━━━━━◀解　説▶━━━━━━━━━━

▶設問(1)　(i)　hand in glove は「手袋の中の手」が直訳だが，ぴったりくっついていることから「親密で（ある），緊密に協力して（いる）」の意。㈠の closely related「密接に関係して（いる）」が正解。文意からも十分推測できる。㈡「対照的で（ある）」　㈢「保護下に（ある）」　㈣「拘束されて（いる）」

(ii)　be credited to 〜 で「〜に功績があると考える」の意。同文が「その技術は〈ホモ゠サピエンス〉より古く，〈ホモ゠エレクトス〉に credit されるべきだ」となっていることから「その技術は〈ホモ゠エレクトス〉が作った，始めた」の意と推測できる。㈠の attributed「（〜に）帰せられる」が正解。㈡の charged も「〜のせいにする」の訳はあるが，過失や事故の原因の意なので不適。㈢「（〜に）知られている」　㈣「（〜に）支払われる」

(iii)　当該箇所は「火という技術を私たちは十分に評価していない，というのも…ingenuity の功績が，私たちの祖先にあるとしていないからである」となっている。ingenuity は「火という技術」に関連していると考え

られる。火を使うことによって摂取できるようになったエネルギーで，人間は大きな脳を発達させることができ，第2段最終文（That difference is what …）にあるように「地球上で最も優勢な種」になった。(ロ)の cleverness「賢さ，巧妙さ」が適切。ingenuity は「発明の才，巧妙さ」の意。(イ)「真正性」　(ハ)「感受性」　(ニ)「誠実さ」

(iv)　be around で「周りに〔その辺りに〕いる〔ある〕」が直訳。そこから「存在する」の意でよく使われる。(イ)の existent「存在する」が正解。(ロ)「回転させられて」　(ハ)「定住させられて」　(ニ)「放浪して」

▶設問(2)　the piece of technology は technology「技術」を不可算名詞として用いており，特定の1つであることを表すために the piece of を入れている。日本語では「技術」でかまわない。なお，technology は個々の技術を表して可算名詞扱いすることもできる。

I would be most reluctant to give up「私が最も手放したくないであろう」は technology を先行詞とする関係代名詞節。目的格の which が省略されている。would は仮定法過去。「たとえ手放さなくてはならないとしても」などの even if 節が想定されていると考えられる。would をあえて「であろう」などと表現する必要はない。be reluctant to *do* は「〜したくない，〜するのは気が進まない」の意。give up は，「（技術を）あきらめる」では不自然なので「手放す」などとしたい。

the one that changed my life from the first day I used it の the one は the（piece of）technology を受ける。that はこれを先行詞とする主格の関係代名詞で「私の人生を変えた技術」となる。from the first day I used it は day のあとに関係副詞 when が省略されており，「私がそれを使った最初の日から」が直訳。first を「私が初めてそれを使った日から」と動詞を飾るように訳すこともできる。life は「生活」の訳も考えられるが，「最も手放したくない」や，このあとの部分と合わせて「初めて使った日から今日まで」となることを考えると「人生」のほうが文意に合うだろう。

and that I'm still reliant on every waking hour の that は the one を先行詞とする目的格の関係代名詞。be reliant on 〜 は「〜に頼っている，依存している」の意。every waking hour は「起きているどの1時間も」が直訳だが，「起きている時間は常に〔ずっと〕」などとすると自然。

am reliant on right now, as I sit typing は関係代名詞 that の節内の2つ

目の述語動詞部分で，「座ってタイプしているたった今も頼っている」が直訳。「タイプしている」とは，この文章を書くためにパソコンに向かってキーボードのキーを打っていることを表している。言葉を適宜補って，わかりやすく工夫したい。

dates from the thirteenth century の date from 〜 は「（ある年代，時期）に始まる，生まれる」の意。「13 世紀に生まれる」では不自然なので，「13 世紀に生まれたものである」などと整える。

▶ 設問(3)　The extra caloric value は「余分なカロリー価」が直訳。「余分な」は不要なイメージも持つので，「余剰の」などとするとよい。caloric value は「カロリー値」，あるいはただ「カロリー」としても問題ない。

we get from cooked food は caloric value を先行詞とする関係代名詞節で「私たちが調理された食物から得る」が直訳で，そのままでよい。cooked の訳としては「料理された」もあるが，「料理」には味付けや見た目も考慮した「完成品」のイメージがある。ここでの cooked は「生ではなく火や熱を加えた」ことであり，「調理」のほうが文意には合うだろう。あるいは「火を通した」とすることもできる。

allowed us to develop our big brains は「私たちが私たちの大きな脳を発達させることを許した」が直訳。allow *A* to *do* はしばしば「*A* が〜することを可能にする」と，enable と同様の意味合いで使われ，ここもそのニュアンス。無生物主語の文なので，「（主語のおかげで）私たちは大きな脳を発達させることができた」などと整えられる。

…, which absorb roughly a fifth of the energy we consume は our big brains を先行詞とする関係代名詞節。「私たちの大きな脳」の種類分けをするわけではないので，非制限用法になっている。訳文でも，あとに続く部分が長いので，補足説明的に続けるのがよい。absorb roughly a fifth of the energy は「エネルギーのおおよそ 5 分の 1 を吸収する」が直訳で，そのままでもかまわない。absorb は「取り込む」「自分のものとして使う」などの訳も可能。we consume は the energy を先行詞とする関係代名詞節。「私たちが消費する」が直訳だが，消費した，つまり使ってしまったエネルギーを取り込むことはできない。consume food を「食物を食べる」，consume plenty of fluids を「水分をたっぷり摂る」などと訳すよ

うに，「摂取する」とするとよい。

as opposed to less than a tenth for most mammals' brains は「ほとんどの哺乳類の脳に関しては 10 分の 1 未満と対照的に」が直訳。as opposed to ～は「～と対照的に」，less than ～ は「～未満，～足らず」の意。for は「～に関しては」の意で，資料の数値などを項目別に挙げるときなどによく使われる。この部分は，訳し上げるなら，何の 10 分の 1 未満なのかを先取りして訳し込む必要がある。この前でいったん文を切り，「これは，ほとんどの哺乳類の脳が 10 分の 1 足らずであるのと対照的である」などと訳し下したほうが簡単かもしれない。

▶設問(4)　下線部は「地形建築術」が直訳。「地形」は自然のものだが，「建築」は人間が作るものである。地形を人間が作り直すということを述べていると考えらえる。第 3 段第 1 文（The other reason …）後半のコロン（：）以下にある（to）adapt the landscape around us to our purposes「周囲の地形を私たちの目的に合わせる（ため）」が適切。この箇所は目的を表す副詞用法の不定詞で「合わせること」の意ではないので to は省いてもよいが，to を入れても 9 語で 10 語以内という条件には合う。

▶設問(5)　下線部は「洞窟の所有権が入れ替わっている」の意。直前の文（The earliest, oldest strata …）には「最も初期の最も古い地層には，肉食動物の完全な骨格と，それらが食べていたもののかみ砕かれた骨の破片が多数ある。その中には人間も含まれている」とあり，この時期には洞窟を住みかとしていたのは肉食動物であり，人間は捕食されていたことがわかる。下線部の直後には「（私たちが火を発見してからの層では）人間の骨格は完全で，肉食動物のほうは骨の破片である」とあり，この時期には人間のほうが動物を食べており，洞窟を住みかとしていたことになる。つまり，人間が火を発見するまでは，洞窟を住みかとしていたのは，人間やその他の動物を食べる肉食動物だったが，人間が火を発見してからは，人間が洞窟を住みかとして，動物を食べる側になったということ，などとまとめられる。解答欄は約 15 cm×1.8 cm。

▶設問(6)　(イ)　第 1 段最後から 2 文目（Soap prevented …）の内容と一致する。

(ロ)　第 1 段第 5 文（Wheels and wells, …）の内容と一致しない。井戸や歯車は，「歴史的にはそのどれ一つとして，今日私たちが科学と見なすも

のとの関連はない」とされているものに含まれている。直前の文にも「人間の最も重要な発明品の多くは純粋に道具であって，その背後に何ら科学的方法はない」とある。これが正解。

(ハ)　第2段第2文（It is a technology …）・第3文（That technology is …）に「それは〈ホモ＝サピエンス〉の出現に先立つほど古い技術で，むしろ私たちの祖先である〈ホモ＝エレクトス〉に功績があるとすべきものだ。その技術とは火である」とあり，第4段最後から2文目（Then comes the layer …）に「私たちが火を発見してからの（洞窟内の地）層では…人間の骨格は完全で，肉食動物のほうは骨の破片である」と，人間が他の動物を食べていたことを述べている。こうしたことから，この選択肢は文章の内容と一致すると言える。

(ニ)　第2段第7文（Our closest animal …）の内容と一致する。

(ホ)　第4段第1文（We don't give the technology …）の内容と一致する。

◆━━━━◆ ●語句・構文● ◆━━━━◆

（第1段）sibling「（男女の別なく）きょうだい」 crop rotation「輪作」同じ土地で1年の間に時期を変えて異なる種類の作物を栽培すること。
（第2段）contender「競争相手，対抗馬」 predate「～に先行する」colon「結腸」 大腸全体を指して使うこともある。
（第3段）terrain「地域，周囲の環境」 forebear「祖先」
（第4段）give A credit「A（の功績）を正しく評価する」strata ＜ stratum「地層」
（最終段）definitive「決定的な」 before-and-after「前後の違いを示す」staples「主要産物」

Ⅲ

解答例　〈解答例1〉 I think a cashless society poses some problems. For one thing, payment with a credit card or online is so quick and easy that some people may spend more than they can afford or purchase unnecessary things without much thought. For another thing, there is always the risk of password leakage or theft. Unlike losing your wallet, it may cause you to lose all your money.（70 語程度）

〈解答例2〉 Certainly, cashless payment is quick and easy, so it is helpful in reducing the time you "waste", for example, when standing in a supermarket checkout line. However, a cashless society would easily fall into disorder if the power supply is cut off by an accident or a natural disaster, such as a powerful typhoon. You wouldn't be able to buy anything or take trains and buses. So, it may be too risky to go about without any cash. (70 語程度)

■━━━━━ ◀解　説▶ ━━━━━

　「現金をほとんど使わず，クレジットカードや電子マネーで決済ができるキャッシュレス社会には，どのような利点，あるいは問題点があると思うか」70 語程度で考えを述べる問題。キャッシュレス社会に賛成か反対かという問い方ではないので，利点だけ，あるいは問題点だけを述べる以外に，両方に言及することもできる。いずれの立場でも，その明確な理由をわかりやすく示すことが重要である。

　〈解答例 1〉は，キャッシュレス社会を危惧しており，理由としては簡単に支払いができるため買いすぎたり不必要なものをよく考えずに買ったりする人が出るかもしれないことと，パスワードが盗まれたり漏れたりする可能性があり，財布を落とすのとは違って，（銀行などに入れてある）お金を全部失うかもしれないことを挙げている。〈解答例 2〉は，キャッシュレス決済でレジに並ぶなどの無駄な時間を節約できる一方，キャッシュレス社会は停電などが起きると簡単に混乱してしまうので，まったく現金を持たずにいるのは危険かもしれないとしている。

　正しく使える語句・表現で英語として誤りのないものに仕上げること。本問のように社会的な内容がテーマになると，ある程度そのテーマに関する知識が必要になる。新聞やニュースで事実や世の中のことを知っておくように心がけたい。同時に，本問の「キャッシュレス決済」といった表現を英語ではどう言うのかなど，こまめに調べておくことも欠かせない。

IV **解答** (A) 〈解答 1〉 Knowing what questions past philosophers faced and what they thought about them is important for us to learn the lessons they gained at considerable sacrifice, in order for us not to repeat the same foolish mistakes as people of those days made.

〈解答 2〉　If we know what kind of problems philosophers in the past dealt with and what they thought of them, we can learn from their lessons drawn at great expense so that we will never repeat the stupid mistakes people at that time committed.

(B)　〈解答 1〉　It is arrogant to write about a historical event, because the writer commands a privileged position after everything is over and writes about what he (or she) didn't actually see as if he (or she) had witnessed it with his (or her) own eyes.

〈解答 2〉　To write about historical events is a haughty attempt. After all, those who write about the past are on an advantageous footing from which they can survey everything already concluded and describe what they didn't actually witness as if they had seen it with their own eyes.

━━━━━━━━━◀解　説▶━━━━━━━━━

◆(A)　「過去の哲学者がどのような問いに向き合い，どのように考えたかを知ることは，とりもなおさず，私たち自身が，当時の人間と同じような愚かな過ちを再び繰り返すことのないよう，高い費用を払って得た教訓を学ばせてもらうという側面があります」

●文の骨組みは「…を知ることは，とりもなおさず…を学ばせてもらうという側面があります」である。「*A* はとりもなおさず *B* だ」とは，「*A* はすなわち *B* だ」の意であり，「側面がある」を訳出するとかえってつじつまが合わなくなる。また，「させてもらう」も「やる，あげる，くれる，もらう」という日本語特有の受け渡し関係を細やかに表す言い回しであり，「…を知ることは，すなわち…を学ぶことだ」と整理し直せばよい。

●「知ること」は learning が標準的な語だが，あとの「学ぶこと」も learning である。同じ言葉を使ってかまわないが，変化を持たせたければ「知ること」に knowing や realizing などを使えばよいだろう。基本的に know は「知っている」という状態を表すが，この文意なら許容範囲である。

●「過去の哲学者がどのような問いに向き合い，どのように考えたか」の「過去の哲学者」は，past philosophers / philosophers in〔of〕the past でよい。文脈から考えてだれか一人の哲学者のことではないので，複数形にするのを忘れないこと。「向き合う」は face が文字どおり。「〜に取り組む」deal with 〜 / cope with 〜 / approach / address などでもよいだろう。「どのような問い」は what（kind of）questions が文字どおり。「問い」はこの場合 problems「問題」としてもよい。「問い」も一つだけではないはずなので，複数形にすること。なお，kind of のあとに続く名詞が複数形でも，kind 自体は単数形がふつう（複数形にすることもある）である。「どのように考えたか」は，文脈上「その問いに関して」であり，それを補うこと。what they thought about〔of〕them となる。「どのように」は，thought that … 「…と（いうことを）考えた」と，think の目的語にあたる部分を問うので，疑問代名詞の what を使うこと。how は「どうやって考えたか」という考える際の方法を表すので不可。

● 「とりもなおさず」は前述のとおり「すなわち」のニュアンスだが，この文では主語と補語にあたる部分の関係を表しており，同格関係となる名詞などを言い換えるのに主に使う namely / that is（to say）は使えない。文構造全体を「…を知ることは…を学ぶうえで大切だ」と読み換えることも考えられる。あるいは，動詞部分で「知ること＝学ぶこと」の関係をはっきり示して，means「…を意味する」，is equivalent to …「…と等しい」，directly leads to …「直接…につながる」とするとよい。

● 「高い費用を払って得た教訓」の「高い費用を払って」は，文章の前半（下線部の前）にも「高い授業料を払って」と書かれているが，これはもちろん比喩であり，その教訓を得るために大きな犠牲を払ったことを表す。「大きな犠牲を払って得られた教訓」the lessons learned〔drawn / gained〕at great〔considerable〕expense〔cost / sacrifice〕などとできる。関係代名詞を使って the lessons（which）they learned〔drew / gained〕「彼ら（＝過去の哲学者たち）が得た教訓」としてもよい。

● 「私たち自身が…を再び繰り返すことのないよう」は目的を表しており，in order for us not to repeat 〜 や so that we will not repeat 〜 で表せる。「繰り返す」が「また同じことをする」と，「再び」を含意するので，again は不要。「二度と繰り返さない」という強い否定を表してい

ると考えるなら，not の代わりに never を使うとよいだろう。なお，この部分が「学ばせてもらう」にかかることがわかるように工夫するのが望ましい。動詞を修飾する副詞は「最も近くにある動詞（準動詞も含む）にかかる」と見なされる。in order … を文末に置く場合は，「（高い費用を払って）得た」がいちばん近くなるため，カンマを打って「つながっていない」ことを示したい。かかる動詞の近くに挿入する方法もあるが，どこに挿入するのが適切か判断するのはやや難しいかもしれない。「もし…を知れば…を学ぶことができる」という書き方をしているなら，文末にそのままつけても誤解は生じにくい。

● 「当時の人間と同じような愚かな過ち」は，「人間」と「過ち」が同じはずがないので，「当時の人間が<u>犯したの</u>と同じような過ち」と言葉を補うこと。「過ちを犯す」は make〔commit〕mistakes，「…と同じような～」は the same ～ as …，「愚かな」は foolish / stupid / silly のいずれでもよい。the same のあとに置くこと。「当時の人間」は people of〔in〕those days〔at that time〕が文字どおり。「当時」が指す具体的な時代が示されていないので，「過去の」in the past などとしておくことも考えられる。全体で the same foolish mistakes as people of those days made などとなる。

◆(B)　「歴史上の事実について書くのは傲慢なことだ」

● 「…書くのは傲慢なことだ」は形式主語の文が思い浮かぶが，それほど長い主語ではないので，形式主語を使わずに書いてもよい。「傲慢なこと」は「傲慢だ」で十分。日本語では「何は何だ」の文で，補語に「こと」や「もの」を入れることがよくあるが，英語では必要でないことも多い。もし名詞を入れるなら，漠然とした「こと」より，「行為」act，「試み」attempt などとより明確にするとよい。「傲慢な」は arrogant / haughty などが使える。

● 「歴史上の事実について書く」は write about historical facts〔a historical fact〕が文字どおり。ただし，あとに続く「実際には見ていないことを，まるで見てきたように」を考慮すると，「事実」＝「起きたことそのもの」ではないとも言える。引用符をつけて "fact(s)"「いわゆる事実」としたり，「出来事，事件」event / happening などに変えたりすることも考えられる。

「ペンを持つ人間は，既にすべてが終わっている特権的な場所から，実際には見ていないことを，まるで見てきたように書くのだから」

● 前文の理由にあたる。Because S V …. と従属節を独立させることはできないので，前文とつないで 1 文にするか，This〔That／It〕is because … とする。あるいは，After all を文頭で使うことも考えられる。この句は，前文の内容に対して，その根拠を示して「だって～だから」の意で使える。

● 「ペンを持つ人間は…場所から…書く」の主語「ペンを持つ人間」は，the writer「執筆者」や those who write about the past「過去のことについて書く人たち」ということ。ただし，述語部分が「書く」であり，「書く人は…と書く」ではややぎこちない。そこで，「場所から」を「場所に立って」として，一度別の動詞を挟むとよいかもしれない。

● 「既にすべてが終わっている特権的な場所から」は上記のとおり，いったん「特権的な場所に立つ〔を占める〕」stand in〔command／take up〕a privileged position とする。「有利な立場にいる〔を得る／占める〕」be〔gain／have〕on an advantageous footing も使えるだろう。「既にすべてが終わっている」は，日本語では「場所」を修飾しているが，「いつ」を表す「終わっている」で，そのまま「どこ」にあたる語 position を飾ることには無理がある。「すべてが終わったあとに」after everything is over〔already done〕と stand を修飾する形にするか，比喩的に「既に決着したすべてが見渡せる（場所）」(position) from which he (or she)〔they〕can look out over〔survey〕everything already settled〔concluded〕などとする。あるいは，この部分は結局「後知恵」のことであり，use hindsight「後知恵を使う」と思い切ってまとめてしまうことも考えられる。

● 「実際には見ていないことを…書く」は write about what he (or she)〔they〕didn't actually see が文字どおりで，このままでよい。「見る」は witness「目撃する」とすることもできる。「実際には」は「自分の目で」with his (or her)〔their〕own eyes などと表現してもよい。「書く」は，write が数多く使われるのを避けて，describe「描く，説明する」などを使うことも考えられる。

● 「まるで見てきたように」は as if he (or she)〔they〕had seen it など

となる。「まるで…したかのように」は as if S had *done* と仮定法過去完了で表す。このような意味のとき，日本語では「見てきた」と言うが，英語では「見た」で十分。「見る」は前述の witness を使ってもよい。また，こちらに「自分の目で」をつけることも考えられる。前の部分とのバランスを考えながら整えたい。

❖講　評

　2020 年度も従来どおり，英文和訳・長文読解総合問題・テーマ英作文・和文英訳問題の 4 題構成。Ⅳの一部（文学部の独自問題）を除いて，文系学部の文・人間科・法・経済学部と共通問題である。

　Ⅰの英文和訳問題は，(A)が全文和訳，(B)が部分和訳だった。(A)は友情とはどういうものかを述べた文章。日本語として自然なものになるように，言葉を補ったり，訳語を吟味したりする必要がある。(B)は，ある理論が注目する 2 種類の「注意」について説明したもの。なじみの薄い概念が説明されており，まさに文章を読みながら理解していくことになる。内容理解の度合いが和訳の仕上がりに影響する。下線が入っていない部分も読み，理解を高めて取り組みたい。

　Ⅱの長文読解総合問題は，「火（を扱うこと）」を技術と捉え，それがいかに人類を発達させたかを説明した文章。また，現代では「科学技術」がひとくくりにされているが，人類史のほとんどは科学とは無関係の技術がヒトを支えてきたことも主張しており，興味深い。設問は，同意表現，英文和訳，内容説明，内容真偽。いずれも素直な問いであり，文章を楽しみながら取り組みたい。

　Ⅲは「キャッシュレス社会の利点，問題点」について思うところを述べるというもの。賛否を問うているわけではないので，両方に言及することもできる。70 語程度という条件は従来どおりであり，適切な具体的根拠・事例を挙げながらまとめることが重要である。

　Ⅳは例年同様，レベルの高い和文英訳である。語句自体が英語ではどう表現できるのか，内容として英語で不自然ではないものにするには構造や言い回しをどのように整えればよいか，十分検討する必要がある。

　全体として，英文和訳問題，長文読解総合問題は標準的，英作文問題はやや難と言える。

数学

◀理・医(医・保健〈放射線技術科学・検査技術科学〉)・
歯・薬・工・基礎工学部▶

1 ◇発想◇ (1) 関数 $f(x)$ の増減を調べ、最大値を求める。$f'(x)$ を求めるときは、対数微分法を用いなければならない。

(2) 与えられた極限の式から $\lim_{x\to\infty}\dfrac{\log(x+1)}{x+1}=0$ を用いることができる形に変形する。

(3) (1), (2)からグラフの概形をかくことができる。漸近線に注意。

解答 (1) $f(x)=(x+1)^{\frac{1}{x+1}}$ $(x\geqq0)$

$x\geqq0$ より $f(x)>0$ であるから、両辺の自然対数をとると

$$\log f(x)=\log(x+1)^{\frac{1}{x+1}}=\frac{\log(x+1)}{x+1} \quad\cdots\cdots①$$

両辺を x について微分すると

$$\frac{f'(x)}{f(x)}=\frac{\dfrac{1}{x+1}\cdot(x+1)-\log(x+1)}{(x+1)^2}=\frac{1-\log(x+1)}{(x+1)^2}$$

よって $f'(x)=\dfrac{1-\log(x+1)}{(x+1)^2}\cdot f(x) \quad\cdots\cdots②$

$f'(x)=0$ とすると、$f(x)>0$ であるから

$\log(x+1)=1$ より $x=e-1$

$f(x)$ の増減は右の表のようになる。よって、$f(x)$ の最大値は

$$f(e-1)=e^{\frac{1}{e}} \quad\cdots\cdots(答)$$

x	0	$\cdots$	$e-1$	$\cdots$
$f'(x)$		$+$	0	$-$
$f(x)$	1	$\nearrow$	$e^{\frac{1}{e}}$	$\searrow$

(2) ①より $\lim_{x\to\infty}\log f(x)=\lim_{x\to\infty}\dfrac{\log(x+1)}{x+1}$

ここで、$x+1=t$ とおくと、$x\to\infty$ のとき $t\to\infty$ であるから

$$\lim_{x \to \infty} \log f(x) = \lim_{t \to \infty} \frac{\log t}{t} = 0 \quad (\text{与えられた極限の式より})$$

よって

$$\lim_{x \to \infty} f(x) = \lim_{x \to \infty} e^{\log f(x)} = e^0 = 1 \quad \cdots\cdots ③ \quad \cdots\cdots (\text{答})$$

また，②より

$$\lim_{x \to \infty} f'(x) = \lim_{x \to \infty} \left\{ \frac{1}{(x+1)^2} - \frac{\log(x+1)}{x+1} \cdot \frac{1}{x+1} \right\} f(x)$$

$$= (0 - 0 \cdot 0) \cdot 1 \quad (③ \text{と与えられた極限の式より})$$

$$= 0 \quad \cdots\cdots (\text{答})$$

参考　$\displaystyle\lim_{x \to \infty} \frac{\log x}{x} = 0$ について

設問の中で，用いてもよい条件として $\displaystyle\lim_{x \to \infty} \frac{\log x}{x} = 0 \quad \cdots\cdots (*)$ が掲げられ

ているが，このことは次の(i)，(ii)の手順によって証明することができる。

(i) $x > 0$ のとき $\log x < \sqrt{x}$ が成り立つことを示す（$g(x) = \sqrt{x} - \log x$ の増減を調べる）。

(ii) $x > 1$ のとき $0 < \log x < \sqrt{x}$ の各辺を x で割ることにより

$$0 < \frac{\log x}{x} < \frac{1}{\sqrt{x}}$$

$\displaystyle\lim_{x \to \infty} \frac{1}{\sqrt{x}} = 0$ であるから，はさみうちの原理により，$(*)$ が成り立つ。

また，$(*)$ において，$\log x = t$ とおくと $x = e^t$ で，$x \to \infty$ のとき $t \to \infty$ だから

$$\lim_{t \to \infty} \frac{t}{e^t} = 0 \quad \cdots\cdots (**)$$

が得られる。

$(*)$ とともに $(**)$ もよく用いられる式であるから，これらの結果はぜひ知っておきたい。

(3) (1)の増減表および(2)の結果から，$y = f(x)$ のグラフの概形は下図のようになる。

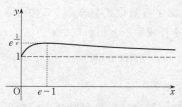

━━━━━━━ ◀解　説▶ ━━━━━━━

≪関数の増減とグラフの概形，関数の極限，対数微分法≫

▶(1)　$f(x)$ は，$g(x)^{h(x)}$ と指数および底の両方に変数 x が含まれる形の関数であるから，$f'(x)$ を求めるときには対数微分法によって行う。$\log f(x)$ を x で微分すると $\dfrac{f'(x)}{f(x)}$ となることに注意。$f'(x)=0$ を満たす x の値 $(x=e-1)$ を求め，増減を調べれば，容易に最大値が得られる。

▶(2)　$\displaystyle\lim_{x\to\infty}\log f(x)$ を考える。このとき $\displaystyle\lim_{x\to\infty}\dfrac{\log(x+1)}{x+1}=0$ を用いる。$\displaystyle\lim_{x\to\infty}f(x)=1$ を求めると $\displaystyle\lim_{x\to\infty}f'(x)=0$ はほぼ明らかであるが，やはり $\displaystyle\lim_{x\to\infty}\dfrac{\log(x+1)}{x+1}=0$ を用いて丁寧に計算しよう。なお，$\displaystyle\lim_{x\to\infty}\dfrac{\log x}{x}=0$ を用いる問題は，2015 年度にも出題されている。

▶(3)　(1)，(2)の結果からグラフの概形をかけばよい。$\displaystyle\lim_{x\to\infty}f(x)=1$ から漸近線 $y=1$ が存在することがわかる。

　基本的な内容の出題であり，確実に得点したい問題である。

─────────────────────────────

2　◆発想◆　偏角を考えるとわかりやすい。$\arg Y_k=\dfrac{\pi}{3}X_k$

$(X_k=1,\ -1,\ 0)$ であるから，公式 $\arg\alpha\beta=\arg\alpha+\arg\beta$ を用いて，$\arg Z_n$ を $X_1,\ X_2,\ \cdots,\ X_n$ を用いて表し，Z_n が実数 $\Longleftrightarrow$ $\arg Z_n=l\pi$（l は整数）になるのはどのような場合かを考えよう。適宜，推移図（遷移図）を作成すると考えやすい。

(1)　余事象：Z_2 が実数になる確率を考える。条件を満たす X_1，X_2 の値の組とその確率を考えればよい。

(2)　Z_n が実数でないとき，Z_{n+1} も実数でない確率を求める。

(3) $\{p_n\}$ に関する漸化式を導く。このとき，下のような推移図（遷移図）を作成するとわかりやすい。

$$Z_n \text{ が実数 } [p_n] \quad \xrightarrow{\quad ⑦ \quad} \quad Z_{n+1} \text{ が実数 } [p_{n+1}]$$

$$Z_n \text{ が実数でない } [1-p_n] \quad \nearrow ④$$

$p_{n+1} = p_n \times ⑦ + (1-p_n) \times ④$ が成り立つから，この漸化式を変形して一般項を求める。

解答　条件より，$X_k = 1$，-1，0 となる確率は

$$\left. \begin{array}{l} P(X_k = 1) = P(X_k = -1) = \dfrac{1}{6} \\[2mm] P(X_k = 0) = 1 - \dfrac{1}{6} \times 2 = \dfrac{2}{3} \end{array} \right\} \quad \cdots\cdots①$$

また，$Y_k = \cos\left(\dfrac{\pi}{3}X_k\right) + i\sin\left(\dfrac{\pi}{3}X_k\right)$，$Z_n = Y_1 Y_2 \cdots Y_n$ より，偏角について

$$\arg Y_k = \frac{\pi}{3}X_k$$

$$\arg Z_n = \arg Y_1 + \arg Y_2 + \cdots + \arg Y_n$$

$$= \frac{\pi}{3}(X_1 + X_2 + \cdots + X_n)$$

よって，Z_n が実数のとき

$$\arg Z_n = \frac{\pi}{3}(X_1 + X_2 + \cdots + X_n) = l\pi \quad (l \text{ は整数})$$

すなわち　　$X_1 + X_2 + \cdots + X_n = 3l$

(1)「Z_2 が実数でない」の余事象「Z_2 が実数である」となるのは，$X_1 + X_2$ が 3 の倍数となる場合であり，次の(i)〜(iii)の場合がある。

(ⅰ)　$(X_1,\ X_2) = (1,\ -1)$　　その確率は　　$\left(\dfrac{1}{6}\right)^2$

(ⅱ)　$(X_1,\ X_2) = (-1,\ 1)$　　その確率は　　$\left(\dfrac{1}{6}\right)^2$

(ⅲ)　$(X_1,\ X_2) = (0,\ 0)$　　その確率は　　$\left(\dfrac{2}{3}\right)^2$

(ⅰ)〜(ⅲ)は互いに排反ゆえ，Z_2 が実数でない確率は

$$1-\left\{\left(\frac{1}{6}\right)^2+\left(\frac{1}{6}\right)^2+\left(\frac{2}{3}\right)^2\right\}=\frac{1}{2}\quad\cdots\cdots（答）$$

(2)　$X_1+X_2+\cdots+X_n$ を 3 で割ったときの余りを $R_n(=0,\,1,\,2)$ とすると，①より R_n の値の推移図（遷移図）は図 1 のようになる。

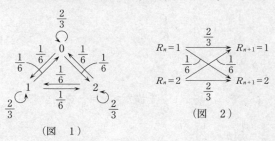

（図　1）　　　　　　　　　（図　2）

Z_n が実数でないとき　　　$R_n=1$　または　2

であり，Z_n と Z_{n+1} がいずれも実数でない場合の推移図（遷移図）は図 2 のようになるから，Z_n が実数でないときは（$R_n=1$，$R_n=2$ いずれの場合も）

$$\frac{2}{3}+\frac{1}{6}=\frac{5}{6}$$

の確率で Z_{n+1} も実数にならない。

したがって，$Z_1,\,Z_2,\,Z_3,\,\cdots,\,Z_n$ がいずれも実数でない確率を s_n とすると

$$s_{n+1}=\frac{5}{6}s_n$$

数列 $\{s_n\}$ は初項 $s_1=\dfrac{2}{6}=\dfrac{1}{3}$，公比 $\dfrac{5}{6}$ の等比数列であるから，求める確率は

$$s_n=\frac{1}{3}\left(\frac{5}{6}\right)^{n-1}\quad\cdots\cdots（答）$$

(3)　Z_{n+1} が実数（$R_{n+1}=0$）となるのは，図 1 の推移図（遷移図）より

　(ⅰ)　$R_n=0$（Z_n が実数）のときは，$X_{n+1}=0$（$n+1$ 回目に 1，2 以外の目が出る）となる場合

　(ⅱ)　$R_n=1,\,2$（Z_n が実数でない）のときは，それぞれ $X_{n+1}=-1,\,1$（$n+1$ 回目にそれぞれ 2，1 の目が出る）となる場合

の 2 通りの場合があるから，数列 $\{p_n\}$ について推移図（遷移図）は図 3 のようになるので

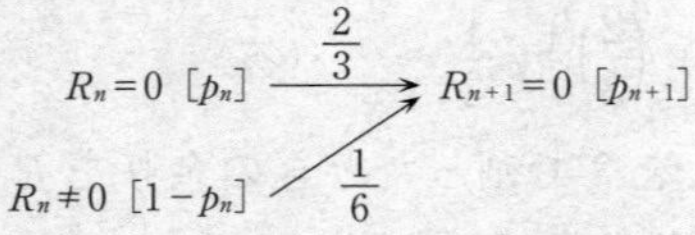

$$R_n = 0 \ [p_n] \xrightarrow{\ \frac{2}{3}\ } R_{n+1} = 0 \ [p_{n+1}]$$
$$R_n \neq 0 \ [1-p_n] \xrightarrow{\ \frac{1}{6}\ }$$

（図　3）

$$p_{n+1} = p_n \times \frac{2}{3} + (1-p_n) \times \frac{1}{6}$$

$$= \frac{1}{2} p_n + \frac{1}{6}$$

が成り立つ。よって，$c = \frac{1}{2}c + \frac{1}{6}$ を満たす $c = \frac{1}{3}$ を用いて

$$p_{n+1} - \frac{1}{3} = \frac{1}{2}\left(p_n - \frac{1}{3}\right)$$

と変形できるから，数列 $\left\{p_n - \frac{1}{3}\right\}$ は初項 $p_1 - \frac{1}{3} = \frac{2}{3} - \frac{1}{3} = \frac{1}{3}$，公比 $\frac{1}{2}$ の等比数列である。したがって

$$p_n - \frac{1}{3} = \frac{1}{3}\left(\frac{1}{2}\right)^{n-1} \qquad \therefore \quad p_n = \frac{1}{3}\left\{1 + \left(\frac{1}{2}\right)^{n-1}\right\} \quad \cdots\cdots（答）$$

$\displaystyle\lim_{n\to\infty}\left(\frac{1}{2}\right)^{n-1} = 0$ であるから　　$\displaystyle\lim_{n\to\infty} p_n = \frac{1}{3}$　……（答）

参考　まず，$\{p_n\}$ の推移図（遷移図）を下図のように作成して考察してもよい。

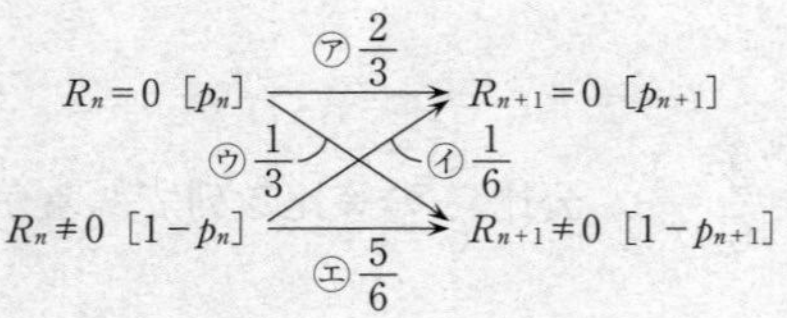

$$R_n = 0 \ [p_n] \xrightarrow[\textcircled{ウ}\ \frac{1}{3}]{\textcircled{ア}\ \frac{2}{3}} R_{n+1} = 0 \ [p_{n+1}]$$
$$R_n \neq 0 \ [1-p_n] \xrightarrow[\textcircled{エ}\ \frac{5}{6}]{\textcircled{イ}\ \frac{1}{6}} R_{n+1} \neq 0 \ [1-p_{n+1}]$$

(1) Z_1 が実数である確率 $p_1 = \frac{2}{3}$ であるから，Z_2 が実数でない確率は

$$p_1 \times \textcircled{ウ} + (1-p_1) \times \textcircled{エ} = \frac{2}{3} \times \frac{1}{3} + \frac{1}{3} \times \frac{5}{6} = \frac{1}{2}$$

(2) $\textcircled{エ}$ より求める確率は，$n \geqq 2$ のとき

$$(1-p_1) \times \underbrace{\frac{5}{6} \times \frac{5}{6} \times \cdots \times \frac{5}{6}}_{n-1\ \text{個}} = \frac{1}{3}\left(\frac{5}{6}\right)^{n-1}$$

これは，$n=1$ のときも成り立つ。

(3) 〔解答〕と同様，⑦，④から $p_{n+1}=p_n\times\dfrac{2}{3}+(1-p_n)\times\dfrac{1}{6}$ を得る。

別解　複素数平面上で

$$\cos\left(\frac{\pi}{3}m\right)+i\sin\left(\frac{\pi}{3}m\right)$$

$$(m=0,\ 1,\ \cdots,\ 5)$$

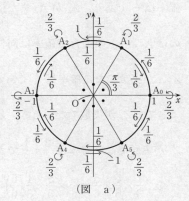

（図　a）

の表す点を A_m とすると，A_m は単位円周上の点で，実数を表す点は A_0 と A_3 である。

ここで，$Z_0=1$ と定義すると

$$Z_n=Y_1Y_2\cdots Y_n$$

$$=Z_{n-1}Y_n$$

$$=Z_{n-1}\left\{\cos\left(\frac{\pi}{3}X_n\right)+i\sin\left(\frac{\pi}{3}X_n\right)\right\}$$

であるから，複素数平面上で点 Z_n は点 Z_{n-1} を原点Oのまわりに角 $\dfrac{\pi}{3}X_n$ $(X_n=1,\ -1,\ 0)$ 回転した点である。

よって，Z_n が表す点は点 A_m $(m=0,\ 1,\ \cdots,\ 5)$ のいずれかの点と一致し，推移の様子を矢印で表すと，図 a のような推移図（遷移図）が得られる。

(1)　「Z_2 が実数でない」の余事象「Z_2 が実数である」となるのは，3点 $Z_0\,(=1)$，Z_1，Z_2 が次の(i)〜(iii)のように推移する場合である。

$$Z_0\qquad Z_1\qquad Z_2$$

(ⅰ)　$A_0\xrightarrow{\frac{1}{6}}A_1\xrightarrow{\frac{1}{6}}A_0$　　その確率は　　$\left(\dfrac{1}{6}\right)^2$

(ⅱ)　$A_0\xrightarrow{\frac{1}{6}}A_5\xrightarrow{\frac{1}{6}}A_0$　　その確率は　　$\left(\dfrac{1}{6}\right)^2$

(ⅲ)　$A_0\xrightarrow{\frac{2}{3}}A_0\xrightarrow{\frac{2}{3}}A_0$　　その確率は　　$\left(\dfrac{2}{3}\right)^2$

(ⅰ)〜(ⅲ)は互いに排反ゆえ，Z_2 が実数でない確率は

$$1-\left\{\left(\frac{1}{6}\right)^2+\left(\frac{1}{6}\right)^2+\left(\frac{2}{3}\right)^2\right\}=\frac{1}{2}$$

(2) Z_n が実数でないときを考える。Z_n が A_1 または A_4 に一致するとき，Z_{n+1} が実数になるのは図 a の推移図（遷移図）より $X_{n+1} = -1$ の場合で確率は $\dfrac{1}{6}$ であり，Z_n が A_2 または A_5 に一致するとき，Z_{n+1} が実数になるのは $X_{n+1} = 1$ の場合で確率は同様に $\dfrac{1}{6}$ であるから，Z_n が実数でないとき，Z_{n+1} が実数になる確率は $\dfrac{1}{6}$ である。

よって，Z_n が実数でないとき，Z_{n+1} も実数でない確率は　　$1 - \dfrac{1}{6} = \dfrac{5}{6}$

Z_1 が実数でない確率は $\dfrac{2}{6} = \dfrac{1}{3}$ であるから，求める確率は，$n \geqq 2$ のとき

$$\dfrac{1}{3} \times \underbrace{\dfrac{5}{6} \times \dfrac{5}{6} \times \cdots \times \dfrac{5}{6}}_{n-1 \text{個}} = \dfrac{1}{3}\left(\dfrac{5}{6}\right)^{n-1}$$

これは，$n = 1$ のときも成り立つ。

(3) p_n は点 Z_n が A_0 または A_3 に一致する確率である。

さらに，点 Z_n が A_1 または A_4 に一致する確率を q_n，A_2 または A_5 に一致する確率を r_n とおくと

$$p_n + q_n + r_n = 1 \quad \cdots\cdots ②$$

また，図 a の推移図（遷移図）より，Z_{n+1} が実数となる（A_0 または A_3 に一致する）確率 p_{n+1} は

$$p_{n+1} = \dfrac{2}{3}p_n + \dfrac{1}{6}q_n + \dfrac{1}{6}r_n = \dfrac{2}{3}p_n + \dfrac{1}{6}(q_n + r_n)$$

$$= \dfrac{2}{3}p_n + \dfrac{1}{6}(1 - p_n) \quad (\because ②より)$$

（以下，〔解答〕と同じ）

━━━━━━ ◀解　説▶ ━━━━━━

≪複素数平面上の点の移動についての確率漸化式≫

▶(1)　与えられた条件から，Z_n が実数であるための条件は「$X_1 + X_2 + \cdots + X_n$ が 3 の倍数となる」であることを導く。このためには，偏角についての性質，例えば「$\arg \alpha\beta = \arg \alpha + \arg \beta$」や「$\alpha$ が実数 $\Longleftrightarrow \arg \alpha = l\pi$（$l$ は整数）」を理解しておく必要がある。Z_2 が実数でない確率は，余事

象を考えて「Z_2 が実数 $\Longleftrightarrow X_1+X_2$ が 3 の倍数」となる確率をまず求める。

▶(2)　$X_1+X_2+\cdots+X_n$ を 3 で割ったときの余りを R_n とおいて，R_n がどのように変化するかを考えればよいが，このためには推移図（遷移図）をうまく活用すると考えやすくなる。Z_n が実数でないとき，Z_{n+1} も実数でない確率は，例えば $R_n=1$ のとき，$R_{n+1}=1$ または 2 になる確率を考えればよい。これは $X_{n+1}=0$ または 1 となる確率，すなわち $\dfrac{2}{3}+\dfrac{1}{6}=\dfrac{5}{6}$ である（$R_n=2$ のときも同様）。このことから，求める確率を s_n とおくと，漸化式 $s_{n+1}=\dfrac{5}{6}s_n$ が得られる。

▶(3)　数列 $\{p_n\}$ に関する漸化式を立式する。p_n と p_{n+1} の関係式を導けばよい。このとき，Z_{n+1} が実数になる場合（確率：p_{n+1}）を Z_n が実数である場合（確率：p_n）と Z_n が実数でない場合（確率：$1-p_n$）について求めるのがこのタイプの問題を解くときの常套手段である。やはり，推移図（遷移図）をうまく利用して考えたい。なお，p_1 はさいころを 1 回投げたとき，1，2 以外の目が出るときだから $p_1=1-\dfrac{2}{6}=\dfrac{2}{3}$ である。

〔別解〕は，複素数平面上で，Z_n が表す点は単位円周上の点 $A_m\left(\cos\left(\dfrac{\pi}{3}m\right)+i\sin\left(\dfrac{\pi}{3}m\right)\right)$（$m=0$，1，$\cdots$，5）のいずれかに一致することに着目し，その点が，$n+1$ 回目の試行を行うと確率 $\dfrac{1}{6}$（$X_{n+1}=1$）で反時計回りの隣の点に移り，確率 $\dfrac{1}{6}$（$X_{n+1}=-1$）で時計回りの隣の点に移り，確率 $\dfrac{2}{3}$（$X_{n+1}=0$）で同じ点にとどまることから，点 Z_n から点 Z_{n+1} への推移を考える解法である。

$\boxed{3}$　◆発想◆　三角形の辺の長さに関する不等式を証明する問題である。三角形の内角の関係 $\angle\mathrm{ACB}=n\angle\mathrm{ABC}$ と辺の長さの関係 $c<nb$ を結びつけるために正弦定理を利用することに着目する。こうして証明すべき不等式を sin を用いた角度に関する不等式に

置き換える。証明は微分法を用いる方法と数学的帰納法を用いる
方法が考えられる。

 ∠ABC＝θ とおくと　　∠ACB＝$n\theta$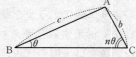
三角形の内角の関係より $n\theta+\theta<\pi$ で
あるから

$$0<\theta<\frac{\pi}{n+1}$$

△ABC の外接円の半径を R とすると，正弦定理より

$$\frac{b}{\sin\theta}=\frac{c}{\sin n\theta}=2R$$

すなわち　　$b=2R\sin\theta,\ c=2R\sin n\theta$

であるから　　$nb-c=2R(n\sin\theta-\sin n\theta)$

ここで，$f(\theta)=n\sin\theta-\sin n\theta$　$(n\geqq2)$　とおくと

$$f'(\theta)=n\cos\theta-n\cos n\theta=n(\cos\theta-\cos n\theta)$$

$0<\theta<\dfrac{\pi}{n+1}$ のとき $0<\theta<n\theta<\pi$ であり，$0<x<\pi$ において，$\cos x$ は単調
に減少するから

$$\cos\theta>\cos n\theta$$

よって，$0<\theta<\dfrac{\pi}{n+1}$ のとき $f'(\theta)=n(\cos\theta-\cos n\theta)>0$ が成り立つから，
$f(\theta)$ は単調に増加する。

$f(0)=0$ であるから　　$f(\theta)>0$

したがって　　$nb-c=2Rf(\theta)>0$

以上より，$c<nb$ が成り立つ。　　　　　　　　　　　　（証明終）

別解1　$b=2R\sin\theta,\ c=2R\sin n\theta$ を導くところまでは〔解答〕と同じ。

$$c<nb\Longleftrightarrow 2R\sin n\theta<n\cdot2R\sin\theta$$
$$\Longleftrightarrow \sin n\theta<n\sin\theta\quad(\because\ \ 2R>0)$$

であるので

$$n\geqq2 \text{ のとき}　　n\sin\theta-\sin n\theta>0 \quad\cdots\cdots(*)$$

が成り立つことを示せばよいから，$(*)$ を数学的帰納法により証明する。

ⅰ）　$n=2$ のとき

$$2\sin\theta-\sin2\theta=2\sin\theta-2\sin\theta\cos\theta$$

$$= 2\sin\theta(1-\cos\theta) > 0$$
$$(\because\ \ 0<\theta<\pi\ \text{より}\ \sin\theta>0,\ 1-\cos\theta>0)$$

よって，$n=2$ のとき（＊）は成り立つ。

ⅱ）　$n=k\ (k\geqq2)$ のとき（＊）が成り立つと仮定すると

$$k\sin\theta>\sin k\theta$$

$n=k+1$ のとき

$$(k+1)\sin\theta-\sin(k+1)\theta>\sin k\theta+\sin\theta-\sin(k+1)\theta\quad(\text{仮定より})$$
$$=\sin k\theta+\sin\theta-(\sin k\theta\cos\theta+\cos k\theta\sin\theta)$$
$$=\sin k\theta(1-\cos\theta)+\sin\theta(1-\cos k\theta)$$

ここで，θ および $k\theta$ は三角形の内角だから，$0<\theta<k\theta<\pi$ であるので

$$\sin\theta>0,\ \sin k\theta>0,\ 1-\cos\theta>0,\ 1-\cos k\theta>0$$

よって，$(k+1)\sin\theta-\sin(k+1)\theta>0$ が成り立つから，（＊）は $n=k+1$ のときも成り立つ。

ⅰ），ⅱ）より，2 以上のすべての自然数 n について（＊）が成り立つ。

別解2 　$\angle\mathrm{ABC}=\theta$ とおくと　　　$\angle\mathrm{ACB}=n\theta$

このとき，$\triangle\mathrm{ABD}$ が $\mathrm{AB}=\mathrm{AD}=c$ の二等辺三角形となるように辺 BC の延長線上に点 D を定める。

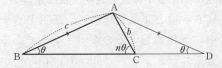

このとき，$\angle\mathrm{ADC}=\theta$，$\angle\mathrm{ACB}=n\theta$ より

$$\angle\mathrm{CAD}=\angle\mathrm{ACB}-\angle\mathrm{ADC}=(n-1)\theta\quad\cdots\cdots①$$

ここで，数学的帰納法により

$$n\geqq2\ \text{のとき}\quad c<nb\quad\cdots\cdots(**)$$

が成り立つことを証明する。

ⅰ）　$n=2$ のとき

①より $\angle\mathrm{CAD}=\theta$ であるから，$\triangle\mathrm{ACD}$ は $\mathrm{CA}=\mathrm{CD}=b$ の二等辺三角形である。

よって，三角形の成立条件より

$$\mathrm{AD}<\mathrm{CA}+\mathrm{CD}\quad\text{すなわち}\quad c<2b$$

したがって，$n=2$ のとき（＊＊）は成り立つ。

ⅱ） $n=k$ $(k\geqq2)$ のとき，（＊＊）が成り立つと仮定する。

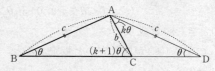

$n=k+1$ のとき，$\angle\mathrm{ACB}=(k+1)\theta$ とすると

①より　　　$\angle\mathrm{CAD}=k\theta$

また，$\angle\mathrm{ADC}=\theta$ であるので，$\triangle\mathrm{CDA}$ について仮定の条件を満たすから

　　　$\mathrm{CD}<k\mathrm{CA}$　すなわち　$\mathrm{CD}<kb$　……②

が成り立つ。よって，三角形の成立条件より

　　　$\mathrm{AD}<\mathrm{CA}+\mathrm{CD}$

すなわち　　$c<b+\mathrm{CD}<b+kb$　（∵ ②より）

したがって，$c<(k+1)b$ が成り立つから（＊＊）は $n=k+1$ のときも成立する。

ⅰ），ⅱ）より，2以上のすべての自然数 n について（＊＊）が成り立つ。

◀ 解　説 ▶

≪三角形の辺の長さに関する不等式の証明，正弦定理≫

　$\angle\mathrm{ABC}=\theta$，$\angle\mathrm{ACB}=n\theta$ と正弦定理から，証明すべき不等式 $nb-c>0$ を $n\sin\theta-\sin n\theta>0$ に同値変形するのがポイントである。外接円の半径 R を用いずに，正弦定理から直接 $c=\dfrac{b\sin n\theta}{\sin\theta}$ を代入して

$$nb-c=\frac{b}{\sin\theta}(n\sin\theta-\sin n\theta)$$

と変形してもよい。このとき，θ のとりうる値の範囲：$0<\theta<\dfrac{\pi}{n+1}$ をおさえておこう。

　$n\sin\theta-\sin n\theta>0$ が成り立つことの証明は，$f(\theta)=n\sin\theta-\sin n\theta$ とおいて，$f(\theta)$ の増減を調べるのが普通の発想であるが，2以上の自然数 n に関する数学的帰納法を用いる方法も考えられる。加法定理を用いることになるが，$n=k+1$ のときの証明で

$(k+1)\sin\theta-\sin(k+1)\theta=(k+1)\sin\theta-(\sin k\theta\cos\theta+\cos k\theta\sin\theta)$

$>(k+1)\sin\theta-k\sin\theta\cos\theta-\cos k\theta\sin\theta$　（仮定より）

$$= k\sin\theta(1-\cos\theta) + \sin\theta(1-\cos k\theta)$$

と変形して示してもよい。

また，〔別解 2〕のように，辺 BC の延長線上に AB＝AD を満たす点 D をとり，△CDA に着目することにより，数学的帰納法を用いて図形的に考察することで証明することもできる。

4　◇発想◇　まず，4つの連立不等式の表す領域を正確に把握しよう。このとき，$t \to \infty$ として考えるから，t は十分大きな値として考えればよい。$S(t)$ を求めるにはいろいろな方法があるが，いずれも曲線 $xy=1$ と直線 $x+y=t$ の交点の座標が煩雑な式になるので，これをどのように処理するかがポイントである。交点の x 座標を α, β $(\alpha<\beta)$ とおき，解と係数の関係などを用いて手際よく計算したい。$S(t)$ を求めることができれば，極限計算は有理化など定石どおりの計算を進めると，解答を得ることができる。

解答　$t \to \infty$ のときを考えるから，$t>2$ として考察する。

与えられた連立不等式が表す領域は右図の網かけ部分であり，曲線 $xy=1$ と直線 $x+y=t$ の交点の x 座標を α, β $(\alpha<\beta)$ とおく。

このとき，$S(t)$ は

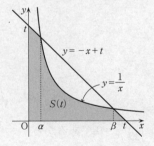

で表されるから

$$S(t) = \frac{1}{2}t^2 - \int_\alpha^\beta \left(-x+t-\frac{1}{x}\right)dx$$

$$= \frac{1}{2}t^2 - \left[-\frac{1}{2}x^2 + tx - \log|x|\right]_\alpha^\beta$$

$$= \frac{1}{2}t^2 + \frac{1}{2}(\beta^2 - \alpha^2) - t(\beta-\alpha) + (\log\beta - \log\alpha)$$

$$= \frac{1}{2}t^2 + \frac{1}{2}(\beta - \alpha)(\beta + \alpha - 2t) + \log\frac{\beta}{\alpha}$$

ここで，α, β は

$$\frac{1}{x} = -x + t \quad \text{すなわち} \quad x^2 - tx + 1 = 0$$

の 2 つの解であるので

$$\alpha = \frac{t - \sqrt{t^2 - 4}}{2}, \ \ \beta = \frac{t + \sqrt{t^2 - 4}}{2}, \ \ \beta - \alpha = \sqrt{t^2 - 4}$$

解と係数の関係から

$$\alpha + \beta = t, \ \ \alpha\beta = 1$$

よって

$$S(t) - 2\log t = \frac{1}{2}t^2 + \frac{1}{2}\sqrt{t^2 - 4}\ (t - 2t) + \log\frac{\beta^2}{\alpha\beta} - 2\log t$$

$$= \frac{1}{2}t^2 - \frac{1}{2}t\sqrt{t^2 - 4} + 2\log\beta - 2\log t$$

$$= \frac{1}{2}t(t - \sqrt{t^2 - 4}) + 2\log\frac{\beta}{t}$$

$$= \frac{t\{t^2 - (t^2 - 4)\}}{2(t + \sqrt{t^2 - 4})} + 2\log\frac{t + \sqrt{t^2 - 4}}{2t}$$

$$= \frac{2}{1 + \sqrt{1 - \dfrac{4}{t^2}}} + 2\log\frac{1 + \sqrt{1 - \dfrac{4}{t^2}}}{2}$$

$\displaystyle\lim_{t \to \infty}\frac{4}{t^2} = 0$ であるから

$$\lim_{t \to \infty}(S(t) - 2\log t) = \frac{2}{1 + 1} + 2\log\frac{1 + 1}{2}$$

$$= 1 + 2\log 1 = 1 \quad \cdots\cdots(\text{答})$$

別解 $S(t)$ は $+$ $+$ と表されるので

$$S(t) = \frac{1}{2}\left(t + \frac{1}{\alpha}\right)\alpha + \int_{\alpha}^{\beta}\frac{1}{x}\,dx + \frac{1}{2}(t - \beta)\cdot\frac{1}{\beta}$$

$$= \frac{t}{2}\left(\alpha + \frac{1}{\beta}\right) + \Big[\log|x|\Big]_\alpha^\beta$$

$$= \frac{t}{\beta} + \log\frac{\beta}{\alpha} \quad \left(\because \quad \alpha = \frac{1}{\beta}\right)$$

$$= \frac{t}{\beta} + \log\beta^2$$

よって

$$S(t) - 2\log t = \frac{t}{\beta} + 2\log\beta - 2\log t = \frac{t}{\beta} - 2\log\frac{t}{\beta}$$

ここで，$\dfrac{t}{\beta} = \dfrac{t}{\dfrac{t + \sqrt{t^2 - 4}}{2}} = \dfrac{2}{1 + \sqrt{1 - \dfrac{4}{t^2}}}$ より

$$\lim_{t\to\infty}\frac{t}{\beta} = \frac{2}{1+1} = 1$$

であるから

$$\lim_{t\to\infty}(S(t) - 2\log t) = 1 - 2\log 1 = 1$$

━━━━━━━◀ 解　説 ▶━━━━━━━

≪連立不等式で表された領域の面積とその極限≫

　直角双曲線と直線で囲まれた領域の面積を t で表し，$t\to\infty$ としたときの極限を求める問題である。通常，この面積 $S(t)$ を求めるときは，t の値による場合分けを要するが，本問の場合は $t\to\infty$ のときの極限を考えることになるので，$t>2$ として考えれば十分である。

　$S(t)$ を求める際，曲線 $xy=1$ と直線 $x+y=t$ の交点の x 座標は $x = \dfrac{t \pm \sqrt{t^2 - 4}}{2}$ となり，この式を直接用いると煩雑な計算を強いられることになる。計算ミスを防ぐためにも，交点の x 座標を α，β $(\alpha<\beta)$ とおいて，まず α，β を用いて $S(t)$ を表し，工夫をしてできるだけ効率よく計算しよう。$\alpha+\beta=t$，$\alpha\beta=1$，$\beta-\alpha=\sqrt{t^2-4}$ を利用すればよい。

　面積の求め方はいろいろな方法があるが，〔解答〕では直角二等辺三角形の面積から $xy=1$ と $x+y=t$ で囲まれた領域の面積を引く方法，〔別解〕では領域を 3 つの区間 $[0,\ \alpha]$，$[\alpha,\ \beta]$，$[\beta,\ t]$ に分けて，台形や直角二等辺三角形の面積を用いて求める方法を示した。いずれも，極限 $\lim_{t\to\infty}(S(t)-2\log t)$ を求めることを念頭において，適切に式を変形してい

こう。

積分は，$\displaystyle\int \frac{1}{x}dx = \log|x| + C$ （C は積分定数）を用いる。

極限計算は，有理化等の基本的な技法を用いて計算を進めれば，正解に到達することができる。

---

5 ◇発想◇ (1) △ABC を辺 BC を軸として1回転させてできる回転体は頂点 A の位置により形状が異なるが，通常2つの円錐(えんすい)が関わる立体である。その体積 V を表すには，点 A から直線 BC に下ろした垂線の長さを用いるのが自然な発想である。a の値を固定するのだから，辺 BC を固定して点 A を動かすと考えればよいが，a の値を固定すると条件より $b+c$ の値が一定になるから，点 A の軌跡は楕円の定義（2定点からの距離の和が一定である点の軌跡）と結びつけて考えよう。また，三角形の3辺の長さの和が一定であるから，ヘロンの公式から導かれる△ABC の面積を用いて，点 A から直線 BC に下ろした垂線の長さを表してもよい。

(2) (1)の結果から V を a を用いて表し，a を変化させたときの V の最大値を求める。

解答 AB $= c$ とおくと，a, b, c のとりうる値の範囲について，三角形の成立条件より

$\qquad a < b+c$ すなわち $a < 2-a$ （∵ $a+b+c = 2$）

よって

$\qquad 0 < a < 1$ ……①

であり，同様に

$\qquad 0 < b < 1,\ 0 < c < 1$ ……②

(1) BC $= a\ (>0)$ だから，A $(s,\ t)$，B $\left(-\dfrac{a}{2},\ 0\right)$，C $\left(\dfrac{a}{2},\ 0\right)$ となるように座標平面を定め，点 A から直線 BC（x 軸）に垂線 AH を引く。対称性から $s \geqq 0$,

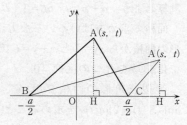

$t>0$ として考えればよい。

i ）　$0 \leqq s \leqq \dfrac{a}{2}$ のとき

$$V = \dfrac{1}{3}\pi \cdot \mathrm{AH}^2 \cdot \mathrm{BH} + \dfrac{1}{3}\pi \cdot \mathrm{AH}^2 \cdot \mathrm{CH}$$

$$= \dfrac{1}{3}\pi \cdot \mathrm{AH}^2(\mathrm{BH} + \mathrm{CH}) = \dfrac{1}{3}\pi a t^2$$

ii ）　$s \geqq \dfrac{a}{2}$ のとき

$$V = \dfrac{1}{3}\pi \cdot \mathrm{AH}^2 \cdot \mathrm{BH} - \dfrac{1}{3}\pi \cdot \mathrm{AH}^2 \cdot \mathrm{CH}$$

$$= \dfrac{1}{3}\pi \cdot \mathrm{AH}^2(\mathrm{BH} - \mathrm{CH}) = \dfrac{1}{3}\pi a t^2$$

いずれの場合も $V = \dfrac{1}{3}\pi a t^2$　……③ となり a の値は一定だから，V が最大となるのは t が最大となるときである。ここで，$a+b+c=2$ より

　　$b+c = 2-a$

a の値は一定なので $b+c(=\mathrm{AC}+\mathrm{AB})$ の値も一定だから，点 $\mathrm{A}(s,\ t)$ の軌跡は 2 点 B，C を焦点とし，長軸の長さが $2-a$ の楕円（ただし，$s \geqq 0$，$t>0$）である。

このとき，t が最大となるのは，点 A が線分 BC の垂直二等分線上（楕円の短軸上）にあるときで，これは △ABC が辺 BC を底辺とする二等辺三角形となるときである。　　　　　（証明終）

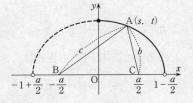

(2)　(1)の結果から，V が最大となるのは $b=c$ のときであり

$$a + 2b = 2 \Longleftrightarrow b = 1 - \dfrac{a}{2}$$

このとき，t の値は右図より

$$t = \mathrm{OA} = \sqrt{\left(1 - \dfrac{a}{2}\right)^2 - \left(\dfrac{a}{2}\right)^2}$$

$$= \sqrt{1 - a}$$

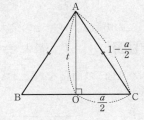

となるので，⑴より a の値を固定して b の値を変化させたときの V の最大値は，③より

$$V=\frac{1}{3}\pi a(\sqrt{1-a})^2$$

$$=\frac{1}{3}\pi(a-a^2)$$

$$=\frac{1}{3}\pi\left\{-\left(a-\frac{1}{2}\right)^2+\frac{1}{4}\right\}$$

①より $0<a<1$ であるから，a を変化させたとき V は，$a=\frac{1}{2}$ のとき最大

値 $\frac{\pi}{12}$ をとる。

このとき　　$b=1-\frac{1}{4}=\frac{3}{4}$　（$0<b<1$ を満たす）

以上より，V は $(a,\ b)=\left(\frac{1}{2},\ \frac{3}{4}\right)$ のとき，最大値 $\frac{\pi}{12}$ をとる。　……(答)

参考　2 点 $B\left(-\frac{a}{2},\ 0\right)$，$C\left(\frac{a}{2},\ 0\right)$ を焦点とする楕円の方程式を $\frac{x^2}{p^2}+\frac{y^2}{q^2}$
$=1$ $(0<q<p)$ とおくと

$$\sqrt{p^2-q^2}=\frac{a}{2},\ (b+c=)2-a=2p$$

より　　$p=1-\frac{a}{2},\ q^2=1-a$

となるので，楕円の方程式は

$$\frac{x^2}{\left(1-\dfrac{a}{2}\right)^2}+\frac{y^2}{1-a}=1$$

この方程式から，t の最大値（$=\sqrt{1-a}$）を求めてもよい。

別解　⑴　「V が最大 $\Longleftrightarrow$ t が最大」を導くところまでは〔解答〕と同じ。

$\triangle ABC$ の面積を S とおいて，$s=\frac{a+b+c}{2}=1$ とすると，ヘロンの公式より

$$S=\sqrt{s(s-a)(s-b)(s-c)}=\sqrt{(1-a)(1-b)(1-c)}$$

t は $\triangle ABC$ の辺 BC を底辺としたときの高さであるから，$S=\frac{1}{2}at$ より

$$\frac{1}{2}at = \sqrt{(1-a)(1-b)(1-c)}$$

$$\therefore \quad t = \frac{2\sqrt{(1-a)(1-b)(1-c)}}{a}$$

a の値は一定であり，②より $1-b>0$，$1-c>0$ であるから，相加・相乗平均の関係より

$$t = \frac{2\sqrt{1-a}}{a} \cdot \sqrt{(1-b)(1-c)} \leqq \frac{2\sqrt{1-a}}{a} \cdot \frac{(1-b)+(1-c)}{2}$$

$$= \frac{\sqrt{1-a}}{a}(2-b-c) = \frac{\sqrt{1-a}}{a} \cdot a = \sqrt{1-a}$$

等号は，$1-b=1-c$ すなわち $b=c$（AB＝AC）のときに成り立つ。

したがって，V が最大となるのは，△ABC が辺 BC を底辺とする二等辺三角形となるときである。

(2) (1)より V が最大となるときの t の値は $\sqrt{1-a}$ であるから，a を固定して b の値を変化させたときの V の最大値は，③より

$$V = \frac{1}{3}\pi a(\sqrt{1-a})^2 = \frac{1}{3}\pi a(1-a)$$

$a>0$，$1-a>0$ であるから，相加・相乗平均の関係より

$$\sqrt{a(1-a)} \leqq \frac{a+(1-a)}{2} = \frac{1}{2}$$

等号は，$a=1-a$ すなわち $a=\dfrac{1}{2}$ のときに成り立つ。

よって，$a(1-a) \leqq \left(\dfrac{1}{2}\right)^2 = \dfrac{1}{4}$ であるから

$$V \leqq \frac{1}{3}\pi \cdot \frac{1}{4} = \frac{\pi}{12}$$

$a=\dfrac{1}{2}$ のとき，$a+2b=2$ より $b=\dfrac{3}{4}$

したがって，V は $(a,\ b)=\left(\dfrac{1}{2},\ \dfrac{3}{4}\right)$ のとき，最大値 $\dfrac{\pi}{12}$ をとる。

━━━━━━ ◀解　説▶ ━━━━━━

≪回転体の体積が最大となるための条件と最大値，楕円の定義≫

▶(1) まず，三角形の成立条件と $a+b+c=2$ より a, b, c のとりうる値の範囲を確認しておく。回転体の体積 V は，点 A から直線 BC に下ろし

た垂線の長さを t とすると $V = \dfrac{1}{3}\pi at^2$ となるが，このことを示すために，

A(s, t)，B$\left(-\dfrac{a}{2}, 0\right)$，C$\left(\dfrac{a}{2}, 0\right)$ $(s \geqq 0,\ t > 0)$ とする座標平面を設定した。

V は $0 \leqq s \leqq \dfrac{a}{2}$ のとき 2 つの円錐の体積の和，$s \geqq \dfrac{a}{2}$ のとき 2 つの円錐の体

積の差で表されるが，いずれの場合も $V = \dfrac{1}{3}\pi at^2$ となる。このことから，

V が最大となるのは t が最大となるときであることがわかる。a の値が一定であるとき，t が最大となるのは，△ABC が辺 BC を底辺とする二等辺三角形であるという結論はほぼ明らかではあるが，このことはしっかり論証しなければならない。そのためには，$b + c = $ AC $+$ AB の値が一定であるということから，点 A の軌跡は点 B，C を焦点とする楕円であることを用いるのがわかりやすい。〔別解〕は，△ABC の 3 辺の長さの和が一定だから，ヘロンの公式を用いると△ABC の面積が簡潔に表せることに着

目した解法である。$t = \dfrac{2\sqrt{(1-a)(1-b)(1-c)}}{a}$ となるから，a の値が一定

のとき，相加・相乗平均の関係を用いると，$b = c$ のときに t が最大となり，その最大値は $\sqrt{1-a}$ であることがわかる。このとき，三角形の成立条件から $1 - b > 0$，$1 - c > 0$ であることを確認しておく必要がある。

▶(2)　(1)の結果を用いると，$b = c$ のとき $t = \sqrt{1-a}$ が得られる。これは三平方の定理を用いる方法の他に，楕円の方程式を求めて導く方法も考えられる。a の値を固定して b の値を変化させたときの V の最大値は a の 2 次式となるから，$0 < a < 1$ をおさえた上で 2 次関数の最大値を求めればよい。〔別解〕のように，相加・相乗平均の関係を用いて最大値を求めることもできる。

❖講　評

　2020 年度は「数学Ⅲ」の分野が重点的に出題され，融合問題も含めるとすべての問題が「数学Ⅲ」の単元に絡む内容であった。主分野としては，「数学Ⅲ」の微・積分法または極限に関する問題が 3 題，2 次曲線から 1 題，また「数学 A」の確率から 1 題出題された。融合問題としては，「数学Ⅰ」の図形と計量，「数学 B」の数列，「数学Ⅲ」の複素

数平面の内容もみられた。証明問題は 2 問，図示問題は 1 問出題された。

　例年，面積や体積，特に回転体の体積に関わる問題は頻出で，2020 年度もその傾向はみられた。極限を求める問題は 3 問（数列の極限が 1 問，関数の極限が 2 問）出題された。一方，しばしば出題される整数問題を中心とする数の理論に関する論証問題は出題されなかった。

　①は，関数のグラフの概形をかく図示問題で，概形を知るために(1)では関数を微分し増減を調べて最大値を求め，(2)では関数の極限を調べ漸近線の有無を知ることになる。$f(x)$ は $g(x)^{h(x)}$ の形の関数だから，対数をとって微分する必要がある。基本的で平易な問題であり，必ず得点したい。

　②は，複素数平面上の点列に関する確率の問題。確率，数列とその極限，および複素数平面の分野の融合問題で，2019 年度も同じ形式の出題が見られた。複素数の偏角に着目するか，または複素数平面における回転移動の考え方を用いて解く。いずれにしても，推移図（遷移図）を作ると考えやすい。(3)は確率 p_n についての漸化式を立て，その一般項，さらに極限を求めるいわゆる確率漸化式の問題である。このタイプの問題としては典型的で標準的な内容であり，十分完答できる問題である。

　③は，三角形の辺の長さについての不等式を証明する問題で，正弦定理を利用して証明すべき不等式を同値変形するのがポイントである。その証明は，微分法を用いて関数の増減を考える方法と，数学的帰納法を用いる方法が考えられる。文系学部および医（保健〈看護学〉）学部に類似問題が出題されていて，それを一般化した内容になっている。証明問題としては扱いやすい基本的なレベルの内容である。

　④は，連立不等式で表された領域の面積を定積分により求め，さらにその極限を計算する問題である。面積の計算においては，曲線と直線の交点の x 座標を α, β とおくことにより煩雑な計算を回避する技法を用いるとよい。極限は，有理化等基本的な式変形を行えば求めることができる。計算で工夫を要するものの，無理なく解ける標準的な問題で完答を目指したい。

　⑤は，3 辺の長さの和が一定である三角形の 1 辺を固定し，この辺を軸として 1 回転させてできる回転体の体積が最大となるための条件と，その最大値を求める問題である。(1)は点 A から直線 BC に下ろした垂

線の長さが最大となるときに体積が最大となることと，点 A は 2 点 B，C を焦点とする楕円上の点であることから結論が得られる。(2)は(1)で得た結論を用いると，回転体の体積は a の 2 次式で表されるから，a のとりうる値の範囲を考慮すれば最大値は容易に求めることができる。本問は楕円の定義を想起することができればスムーズに解くことができ，柔軟な発想が要求される標準レベルの大阪大学らしい問題である。

　2020 年度は，大阪大学理系数学にしてはきわめて珍しく難問が出題されず，いずれも基本・標準レベルの問題で，2019 年度より易化したといえる。計算も複雑なものはなく，どれも完答を目指したい問題であり，高得点の戦いになったものと予想される。ちょっとしたミスが命取りになるので，十分注意しよう。

　2020 年度は難問がなく易化したが，例年は思考力と計算力が問われる重量級の問題が出題されるので，それに照準を合わせて学習しよう。標準レベルの問題を確実にものにする基礎力の充実と，論理的に思考する力，正確な計算力の習得を目指して十分演習を積んでおきたい。

◀医（保健〈看護学〉）学部▶

1　◇発想◇　(1)　$f'(x)$ を求め，$f(x)$ の増減を調べる。

(2)　(1)で求めた極大値 $M(a)$ は $\sin a$ に関する 2 次関数となるから，$\sin a$ のとりうる値の範囲をおさえて，$M(a)$ の最大値と最小値を求めることができる。

解答　(1)　$\sin a = t$ とおくと，$0 \leqq a < 2\pi$ より

$$-1 \leqq t \leqq 1$$

$$f(x) = 2x^3 - (6+3t)x^2 + 12tx + t^3 + 6t + 5$$

$$f'(x) = 6x^2 - 2(6+3t)x + 12t$$

$$= 6\{x^2 - (t+2)x + 2t\}$$

$$= 6(x-t)(x-2)$$

$f'(x) = 0$ とすると $x = t$, 2 であり，$t < 2$ であるから $f(x)$ の増減は右の表のようになる。

x	$\cdots$	t	$\cdots$	2	$\cdots$
$f'(x)$	+	0	−	0	+
$f(x)$	↗	極大	↘	極小	↗

よって，$f(x)$ は $x = t\ (=\sin a)$ のとき，ただ 1 つの極大値をもつ。　　　　　（証明終）

極大値は

$$f(t) = 2t^3 - (6+3t) \cdot t^2 + 12t \cdot t + t^3 + 6t + 5$$

$$= 6t^2 + 6t + 5 \quad (-1 \leqq t \leqq 1)$$

すなわち

$$M(a) = 6\sin^2 a + 6\sin a + 5 \quad \cdots\cdots（答）$$

(2)　$f(t) = 6\left(t + \dfrac{1}{2}\right)^2 + \dfrac{7}{2} \quad (-1 \leqq t \leqq 1)$

$y = f(t)$ のグラフは右図のようになるから，$f(t)$

$(= M(a))$ は $t = 1$ のとき最大値 17，$t = -\dfrac{1}{2}$ のとき最小値 $\dfrac{7}{2}$ をとる。

$0 \leqq a < 2\pi$ より

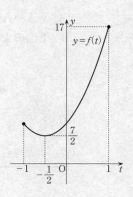

$t = \sin a = 1$ のとき　　$a = \dfrac{\pi}{2}$

$t = \sin a = -\dfrac{1}{2}$ のとき　　$a = \dfrac{7}{6}\pi,\ \dfrac{11}{6}\pi$

であるから，$M(a)$ は

　　$a = \dfrac{\pi}{2}$ のとき最大値 17，$a = \dfrac{7}{6}\pi,\ \dfrac{11}{6}\pi$ のとき最小値 $\dfrac{7}{2}$　……(答)

をとる。

━━━━━━━━ ◀解　説▶ ━━━━━━━━

≪三角関数を含む 3 次関数の極大値とその最大値・最小値≫

▶(1)　$f'(x)$ を求め，$f(x)$ の増減を調べればよい。増減の様子から $f(x)$ はただ 1 つの極大値をもつことを示すことができる。さらに $\sin a < 2$ であることから，$x = \sin a$ のとき極大値をもつことがわかり，極大値は $\sin a$ を用いて表すことができる。$\sin a = t$ とおいて考察してもよい。

▶(2)　$f(x)$ の極大値 $M(a)$ は $\sin a$ についての 2 次式であるから，平方完成を行い，$\sin a$ のとりうる値の範囲を考えると，容易に最大値と最小値を求めることができる。

2

◆発想◆　右図の矢印の部分に確率を記入して点 Q の移動を表す推移図（遷移図）を作って考えるとわかりやすい。

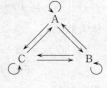

(1)　さいころを 2 回投げたあとに Q が A に位置するのは，次の 3 つの場合がある。

　　A→A→A　　　A→B→A　　　A→C→A

(2)　下図のような推移図（遷移図）を作る。

$$n\ \text{回目に A}\ [p_n] \xrightarrow{\ \ \mathⓐ\ \ } n+1\ \text{回目に A}\ [p_{n+1}]$$

$$n\ \text{回目に B，C}\ [1-p_n] \nearrow_{\ \mathⓑ}$$

ⓐ，ⓑに入る確率はどうなるか考えよう。この図から $p_{n+1} = p_n \times ⓐ + (1 - p_n) \times ⓑ$ が成り立つことがわかる。

(3)　(2)で得られた漸化式を変形し，一般項を求める。

解答　点Qの移動に関する推移図（遷移図）は図1のようになる。

（図　1）

(1)　さいころを2回投げたあとにQがAに位置するときのQの移動パターンは次の3通りの場合がある。

(i)　$A \xrightarrow{\frac{2}{3}} A \xrightarrow{\frac{2}{3}} A$　その確率は　$\left(\dfrac{2}{3}\right)^2$

(ii)　$A \xrightarrow{\frac{1}{6}} B \xrightarrow{\frac{1}{6}} A$　その確率は　$\left(\dfrac{1}{6}\right)^2$

(iii)　$A \xrightarrow{\frac{1}{6}} C \xrightarrow{\frac{1}{6}} A$　その確率は　$\left(\dfrac{1}{6}\right)^2$

(i)〜(iii)は互いに排反ゆえ，求める確率は

$$p_2 = \left(\dfrac{2}{3}\right)^2 + \left(\dfrac{1}{6}\right)^2 + \left(\dfrac{1}{6}\right)^2 = \dfrac{1}{2} \quad \cdots\cdots（答）$$

(2)　さいころを $n+1$ 回投げたあとにQがAに位置する（確率 p_{n+1}）のはどのような場合か考える。さいころを n 回投げたあとのQの位置が

(i)　Aのとき（確率 p_n）は，$n+1$ 回目に $\dfrac{2}{3}$ の確率でAにとどまる。

(ii)　A以外の点のとき（確率 $1-p_n$）は，$n+1$ 回目に $\dfrac{1}{6}$ の確率でAに移る。

(i)，(ii)より，図2のような推移図（遷移図）が得られる。

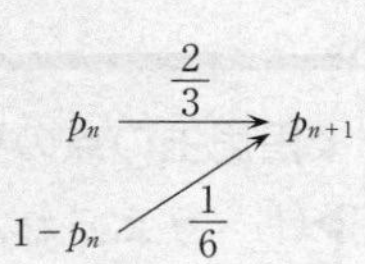

よって　$p_{n+1} = p_n \times \dfrac{2}{3} + (1-p_n) \times \dfrac{1}{6}$

$p_n \xrightarrow{\frac{2}{3}} p_{n+1}$

$1-p_n \xrightarrow{\frac{1}{6}}$

（図　2）

$$= \dfrac{1}{2}p_n + \dfrac{1}{6} \quad \cdots\cdots（答）$$

(3)　(2)の結果から，$c = \dfrac{1}{2}c + \dfrac{1}{6}$ を満たす $c = \dfrac{1}{3}$ を用いて

$$p_{n+1} - \dfrac{1}{3} = \dfrac{1}{2}\left(p_n - \dfrac{1}{3}\right)$$

と変形できるから，数列 $\left\{p_n - \dfrac{1}{3}\right\}$ は初項 $p_1 - \dfrac{1}{3} = \dfrac{2}{3} - \dfrac{1}{3} = \dfrac{1}{3}$，公比 $\dfrac{1}{2}$ の等

比数列である。したがって

$$p_n - \frac{1}{3} = \frac{1}{3}\left(\frac{1}{2}\right)^{n-1} \quad \therefore \quad p_n = \frac{1}{3}\left\{1+\left(\frac{1}{2}\right)^{n-1}\right\} \quad \cdots\cdots(答)$$

別解 (2)　さいころを n 回投げたあとにQがB，Cに位置する確率をそれぞれ q_n，r_n とすると

$$p_n + q_n + r_n = 1 \quad \cdots\cdots(*)$$

さいころを $n+1$ 回投げたあとにQがAに位置するようなQの移動パターンとその確率は

n 回目　　　　　$n+1$ 回目

（ⅰ）　A $\xrightarrow{\frac{2}{3}}$ A　　　　その確率は　　$\frac{2}{3}p_n$

（ⅱ）　B $\xrightarrow{\frac{1}{6}}$ A　　　　その確率は　　$\frac{1}{6}q_n$

（ⅲ）　C $\xrightarrow{\frac{1}{6}}$ A　　　　その確率は　　$\frac{1}{6}r_n$

のようになるから

$$p_{n+1} = \frac{2}{3}p_n + \frac{1}{6}q_n + \frac{1}{6}r_n = \frac{2}{3}p_n + \frac{1}{6}(q_n+r_n)$$

$(*)$ より，$q_n + r_n = 1 - p_n$ であるから

$$p_{n+1} = \frac{2}{3}p_n + \frac{1}{6}(1-p_n) = \frac{1}{2}p_n + \frac{1}{6}$$

━━━━━━■■■ ◀解　説▶ ■■■━━━━━━

≪円周上の点の移動についての確率漸化式≫

▶(1)　与えられた条件から，点Qの移動に関する推移図（遷移図）を作成してそれをもとに考えるとわかりやすい。さいころを2回投げたあとにQがAに位置するような移動のパターンをもれなく考えて，その確率を求めればよい。

▶(2)　確率 p_n についての漸化式（p_n と p_{n+1} の関係式）を立てる。さいころを n 回投げたあとにQがAに位置するとき（確率 p_n）とA以外の点（BまたはC）に位置するとき（確率 $1-p_n$）に分けて，それぞれ $n+1$ 回目にQがAに位置する（確率 p_{n+1}）のはどのような場合かを考える。図

2のような推移図（遷移図）を考えるのがポイントである。QがBまたは

Cに位置するときは，どちらに位置するときでもそれぞれ $\dfrac{1}{6}$ の確率でA

に移動することになるが，この推移を表す際，〔別解〕のように n 回目に

B，Cに位置する確率をそれぞれ q_n, r_n と設定して漸化式を立ててもよ

い。

▶(3)　(2)で求めた漸化式から $\{p_n\}$ の一般項を求めればよい。漸化式

$p_{n+1}=ap_n+b$ （$a\neq1$）は，$c=ac+b$ を満たす c を用いて

$p_{n+1}-c=a(p_n-c)$ と変形できるから，数列 $\{p_n-c\}$ は公比 a の等比数列

となることを用いる。なお，p_1 はさいころを1回投げたときに1，2以

外の目が出るときであるから $p_1=1-\dfrac{2}{6}=\dfrac{2}{3}$ である。

　本問は，確率漸化式に関する典型的なパターンの問題で設定も簡明であ

るので，解法をしっかりマスターして確実に解けるようにしたい。

| 3 | ◆発想◆　三角形の辺の長さに関する不等式を証明する問題である。三角形の内角の関係 $\angle ACB=3\angle ABC$ を辺の関係 $c<3b$ と結びつけるために，正弦定理を利用することに着目しよう。3倍角の公式を用いると容易に証明することができる。 |

解答　$\angle ABC=\theta$ とおくと　　$\angle ACB=3\theta$

$\triangle ABC$ に正弦定理を用いると

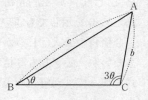

$$\frac{b}{\sin\theta}=\frac{c}{\sin3\theta}$$

$$c=\frac{b\sin3\theta}{\sin\theta}=\frac{b(3\sin\theta-4\sin^3\theta)}{\sin\theta}$$

$$=3b-4b\sin^2\theta$$

$0<\theta<\pi$ より $\sin\theta\neq0$，また $b>0$ であるから

$$3b-c=4b\sin^2\theta>0$$

よって，$c<3b$ が成り立つ。　　　　　　　　　　　　　　（証明終）

参考　$\triangle ABC$ の外接円の半径を R とすると，正弦定理より

$$\frac{b}{\sin\theta}=\frac{c}{\sin 3\theta}=2R \quad \text{すなわち} \quad b=2R\sin\theta, \ c=2R\sin 3\theta$$

を用いて

$$3b-c=2R\left(3\sin\theta-\sin 3\theta\right)=2R\cdot 4\sin^3\theta$$

として示すこともできる。

別解　3 倍角の公式を用いずに，加法定理と 2 倍角の公式を用いて，次のように示してもよい。

正弦定理より

$$c=\frac{b\sin 3\theta}{\sin\theta}=\frac{b\sin\left(2\theta+\theta\right)}{\sin\theta}$$

$$=\frac{b\left(\sin 2\theta\cos\theta+\cos 2\theta\sin\theta\right)}{\sin\theta}=\frac{b\left(2\sin\theta\cos^2\theta+\cos 2\theta\sin\theta\right)}{\sin\theta}$$

$$=b\left(2\cos^2\theta+\cos 2\theta\right)$$

ここで，$0<\theta<\pi$ より，$\cos^2\theta<1$，$\cos 2\theta<1$ であるから

$$2\cos^2\theta+\cos 2\theta<3$$

これと $b>0$ より $c<3b$ が成り立つ。

━━━━━━━━━　◀解　説▶　━━━━━━━━━

≪三角形の辺の長さに関する不等式の証明，正弦定理，3 倍角の公式≫

$\angle ABC=\theta$ とおくと $\angle ACB=3\theta$ であることと，正弦定理から

$c=\dfrac{b\sin 3\theta}{\sin\theta}$ を導き，3 倍角の公式：$\sin 3\theta=3\sin\theta-4\sin^3\theta$ を用いると

$c<3b$ であることが自然に証明できる。また，△ABC の外接円の半径を R として，$b=2R\sin\theta$，$c=2R\sin 3\theta$ から 3 倍角の公式を用いて，$3b-c>0$ を示してもよい。

　3 倍角の公式はしっかり覚えておくか，即座に導出できるようにしておきたいが，必ずしも 3 倍角の公式を用いなくても，加法定理と 2 倍角の公式を使って〔別解〕のように示すこともできる。

❖講　評

　2020 年度は，主分野としては ① 微分法，② 確率，③ 図形と計量の内容の問題が出題された。いずれも他の分野（① は三角関数・2 次関数，② は数列，③ は式と証明・三角関数）の知識を要する融合問題であった。

微・積分法の分野は，2019 年度を除いて例年出題されている。確率の分野と数列の分野との融合問題（確率漸化式）の出題はきわめて珍しい。また，①③は三角比・三角関数の内容の問題で，2020 年度はこの分野が重点的に出題された。なお，2018・2019 年度と連続して出題された空間図形の問題は出題されなかった。証明問題は 2 問出題された。

①は，三角関数を含む 3 次関数がただ 1 つの極大値をもつことを示し，その極大値の最大値と最小値を求める基本的な内容の問題であり，確実に得点したい。

②は，円周上の点の移動に関する確率の問題。漸化式を立て，その一般項を求める確率漸化式としては典型的なタイプの標準的な問題であり，十分完答可能な問題である。他の理系学部の確率漸化式の問題と構造が同じであった。

③は，他の理系学部と類似問題。三角形の辺の長さについての不等式を証明する問題で，正弦定理と 3 倍角の公式を用いる基本的な内容で，本問も確実に得点したい問題である。

①～③ともに基本～標準レベルの内容で，特に苦労する計算もなく，いずれも完答を目指したい問題である。2019 年度は 2018 年度よりやや易化したが，2020 年度もこの傾向が続き 2019 年度よりさらに易化したといえる。高得点の戦いになったものと予想され，ちょっとしたミスによる失点が命取りになるので，十分注意しよう。

2020 年度は平易な問題が多かったが，年度によって出題傾向が変わることがあり，また融合問題が多く出題される。したがって，どの分野も偏ることなく学習し，基本～標準レベルの問題は確実に得点できる実力をつけるとともに，発展的な内容の問題にも取り組むことが重要である。

物理

1 解答

I. 問1. $v_B = \sqrt{2gh}$　問2. $h_0 = \dfrac{R}{2}$

II. 問3. (あ)　問4. $v_D = \dfrac{4}{3} v_C \cos\theta$　問5. $\dfrac{1}{2} L$　問6. $\dfrac{7}{6} L$

III. 問7. $t_S = \dfrac{4 v_C \cos\theta}{3\mu g}$

問8. $t = \dfrac{4 v_C \cos\theta}{3\mu g}\left(1 - \sqrt{1 - \dfrac{9\mu g x}{8 v_C{}^2 \cos^2\theta}}\right)$

IV. 問9. $mg(h + 2R)\left(1 + \dfrac{\cos^2\theta}{3}\right)$

────────◀解　説▶────────

≪円運動や放物運動をして分裂する小物体の運動≫

◆**I.** ▶問1. 点Bの高さを重力による位置エネルギーの基準にとると，力学的エネルギー保存則より

$$mgh = \dfrac{1}{2} m v_B{}^2 \qquad \therefore \quad v_B = \sqrt{2gh}$$

▶問2. 点Bで小物体がトラックから受ける垂直抗力の大きさを N_B とすると，小物体の円運動の運動方程式は

$$m\dfrac{v_B{}^2}{R} = mg + N_B \qquad \therefore \quad N_B = m\dfrac{v_B{}^2}{R} - mg = mg\left(\dfrac{2h}{R} - 1\right)$$

小物体が円周から離れることなく円周に沿って運動するための条件は，$N_B \geqq 0$ なので

$$mg\left(\dfrac{2h}{R} - 1\right) \geqq 0 \qquad \therefore \quad h \geqq \dfrac{R}{2}$$

したがって，h の最小値 h_0 は　　$h_0 = \dfrac{R}{2}$

◆**II.** ▶問3. 分裂後の2つの小物体の鉛直方向の運動に着目すると，どちらの小物体も同じ高さから自由落下と同じ運動をするので，落下時間はどちらも等しい。よって，正解は(あ)。

▶問４．点Ｃでの小物体の速度の水平成分の大きさは $v_{\mathrm{C}}\cos\theta$ なので，水平方向について運動量保存則より

$$mv_{\mathrm{C}}\cos\theta = \frac{3}{4}mv_{\mathrm{D}} \qquad \therefore \quad v_{\mathrm{D}} = \frac{4}{3}v_{\mathrm{C}}\cos\theta$$

▶問５．点Ｃから飛び出した小物体が分裂することなく放物運動した場合に水平面に落下する点の点Ｃからの距離が L なので，最高点Ｄの点Ｃからの水平到達距離は $\frac{1}{2}L$ である。実際には，小物体はその最高点Ｄで分裂し，その直後から軽い小物体は自由落下と同じ運動をするので，軽い小物体が水平面に落下した点の点Ｃからの距離は $\frac{1}{2}L$ である。

▶問６．小物体が分裂することなく放物運動した場合に水平面に落下する点の最高点Ｄからの水平到達距離は $\frac{1}{2}L$ である。小物体が最高点Ｄで分裂するかしないかにかかわらず，最高点Ｄから水平面に落下するまでの時間は同じなので，この時間を T とし，分裂しなかった場合の小物体の水平方向の運動に着目すると

$$v_{\mathrm{C}}\cos\theta \times T = \frac{1}{2}L \qquad \therefore \quad T = \frac{L}{2v_{\mathrm{C}}\cos\theta}$$

これより，重い小物体が水平面に落下した点の最高点Ｄからの水平到達距離は，重い小物体の水平方向の運動に着目すると

$$v_{\mathrm{D}}T = \frac{4}{3}v_{\mathrm{C}}\cos\theta \times \frac{L}{2v_{\mathrm{C}}\cos\theta} = \frac{2}{3}L$$

したがって，重い小物体が水平面に落下した点の点Ｃからの距離は

$$\frac{1}{2}L + \frac{2}{3}L = \frac{7}{6}L$$

◆Ⅲ．▶問７．点Ｅを通過した重い小物体が，水平面から受ける動摩擦力の大きさは $\frac{3}{4}\mu mg$ なので，加速度の大きさは μg である。したがって，等加速度直線運動の式より

$$0 = v_{\mathrm{D}} - \mu g t_{\mathrm{S}} \qquad \therefore \quad t_{\mathrm{S}} = \frac{v_{\mathrm{D}}}{\mu g} = \frac{4v_{\mathrm{C}}\cos\theta}{3\mu g}$$

▶問８．問７と同様に，等加速度直線運動の式より

$$x = v_D t - \frac{1}{2}\mu g t^2$$

2 次方程式の解の公式より

$$t = \frac{v_D - \sqrt{v_D{}^2 - 2\mu gx}}{\mu g} = \frac{v_D}{\mu g}\left(1 - \sqrt{1 - \frac{2\mu gx}{v_D{}^2}}\right)$$

$$= \frac{4v_C\cos\theta}{3\mu g}\left(1 - \sqrt{1 - \frac{9\mu gx}{8v_C{}^2\cos^2\theta}}\right)$$

$\left(t = \dfrac{v_D + \sqrt{v_D{}^2 - 2\mu gx}}{\mu g} = \dfrac{4v_C\cos\theta}{3\mu g}\left(1 + \sqrt{1 - \dfrac{9\mu gx}{8v_C{}^2\cos^2\theta}}\right)\right.$ は, $t > t_S$ となり不適)

◆Ⅳ. ▶問 9. 点 A で静かに小物体を放したときから分裂後の 2 つの小物体が両方とも水平面上で静止するまでの間に失われた力学的エネルギーは, 水平面を基準とした場合の点 A での小物体の重力による位置エネルギー U_1 と分裂前の小物体の内部に仕込まれたバネに蓄えられていた弾性エネルギー U_2 である。U_1, U_2 それぞれについて

$$U_1 = mg(h + 2R)$$

$$U_2 = \frac{1}{2}\cdot\frac{3}{4}mv_D{}^2 - \frac{1}{2}m(v_C\cos\theta)^2 = \frac{1}{6}mv_C{}^2\cos^2\theta$$

ここで, 力学的エネルギー保存則より

$$mg(h + 2R) = \frac{1}{2}mv_C{}^2 \qquad \therefore \quad v_C = \sqrt{2g(h + 2R)}$$

これより

$$U_2 = \frac{1}{3}mg(h + 2R)\cos^2\theta$$

したがって, 失われたすべての力学的エネルギーは

$$U_1 + U_2 = mg(h + 2R) + \frac{1}{3}mg(h + 2R)\cos^2\theta$$

$$= mg(h + 2R)\left(1 + \frac{\cos^2\theta}{3}\right)$$

2 解答 I．問1．$V_1 = \dfrac{C_1}{C_1 + C_2} E$

問2．$V_2 = \dfrac{C_1 C_2}{(C_1 + C_2)(C_2 + C_3)} E$ 問3．$V_3 = \dfrac{C_1}{C_1 + C_2 + C_3} E$

問4．$\varepsilon_r = \dfrac{C_1 - 2C_2}{2C_3}$

Ⅱ．問5．$I_0 = E\sqrt{\dfrac{C}{L}}$ 問6．$H_0 = nI_0$ 問7．$t_0 = \dfrac{\pi}{2}\sqrt{LC}$

問8．$\dfrac{\varDelta I}{I_0 \varDelta t} = -\dfrac{R}{L}$ 問9．(a)—(あ)   (b)—(か)

◀解 説▶

≪コンデンサーを含む直流回路，LC 回路・LR 回路に流れる電流≫

◆Ⅰ．▶問1．このとき，コンデンサー1の極板間の電位差を v_1 とすると，回路の電位差について

$$E = v_1 + V_1$$

また，コンデンサー1の右側の極板とコンデンサー2の上側の極板との間での電気量保存則より

$$0 = -C_1 v_1 + C_2 V_1$$

したがって，2式より

$$V_1 = \frac{C_1}{C_1 + C_2} E$$

▶問2．このとき，コンデンサー3の極板間の電位差も V_2 なので，コンデンサー2の上側の極板とコンデンサー3の上側の極板との間での電気量保存則より

$$C_2 V_1 = C_2 V_2 + C_3 V_2$$

∴ $V_2 = \dfrac{C_2}{C_2 + C_3} V_1 = \dfrac{C_1 C_2}{(C_1 + C_2)(C_2 + C_3)} E$

▶問3．このとき，コンデンサー1の極板間の電位差を v_3 とすると，回路の電位差について

$$E = v_3 + V_3$$

また，コンデンサー3の極板間の電位差も V_3 なので，コンデンサー1の右側の極板とコンデンサー2の上側の極板，およびコンデンサー3の上側の極板との間での電気量保存則より

$$0 = -C_1 v_3 + C_2 V_3 + C_3 V_3$$

したがって，2式より

$$V_3 = \frac{C_1}{C_1 + C_2 + C_3} E$$

▶問4．このとき，コンデンサー1の極板間の電位差を v_4 とすると，題意より，コンデンサー2の極板間の電位差は $2v_4$ であり，コンデンサー3の極板間の電位差も $2v_4$ である。また，コンデンサー3の静電容量が $\varepsilon_r C_3$ となったので，コンデンサー1の右側の極板とコンデンサー2の上側の極板，およびコンデンサー3の上側の極板との間での電気量保存則より

$$0 = -C_1 v_4 + C_2 \cdot 2v_4 + \varepsilon_r C_3 \cdot 2v_4 \quad \therefore \quad \varepsilon_r = \frac{C_1 - 2C_2}{2C_3}$$

◆Ⅱ．▶問5．コンデンサーの上側の極板に正電荷がある間は，ダイオードDには逆方向の電圧がかかるので，電流は流れない。したがって，コイルに流れる電流の大きさが最大になるまでの間は，右図のように，静電容量 C のコンデンサーと自己インダクタンス L のコイルとからなる回路でおこる電気振動を考えればよい。したがって，エネルギー保存則より

$$\frac{1}{2} C E^2 = \frac{1}{2} L I_0{}^2$$

$$\therefore \quad I_0 = E \sqrt{\frac{C}{L}}$$

▶問6．ソレノイドコイルの内部における磁場の大きさは，コイルに流れる電流の大きさに比例するので，電流の大きさが最大になるとき，磁場の大きさも最大となる。したがって

$$H_0 = n I_0$$

▶問7．時刻 $t=0$ からコイルの内部における磁場の大きさが最大になるまでの時間，すなわち時刻 $t=0$ からコイルに流れる電流の大きさが最大になるまでの時間は，静電容量 C のコンデンサーと自己インダクタンス L のコイルとの間でおこる電気振動の $\frac{1}{4}$ 周期なので

$$t_0 = \frac{1}{4} \cdot 2\pi \sqrt{LC} = \frac{\pi}{2} \sqrt{LC}$$

▶問 8．コイルに流れる電流の大きさが最大になりスイッチ S_4 を開いた後は，右図のように，抵抗値 R の抵抗と自己インダクタンス L のコイルとからなる回路で時計回りに流れて減少していく電流を考えればよい。時刻 t_0 から微小時間 Δt について，コイルに生じる誘導起電

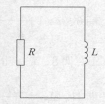

力は $-L\dfrac{\Delta I}{\Delta t}$ であり，この間の電流は I_0 とみなすことができるので，キルヒホッフの第二法則より

$$-L\frac{\Delta I}{\Delta t}=RI_0 \qquad \therefore \quad \frac{\Delta I}{I_0\Delta t}=-\frac{R}{L}$$

▶問 9．(a)　$t\leqq t_0$ では，コンデンサーの電荷によってコイルに電圧がかかり電流が流れるが，コイルの自己誘導によって電流は急には増加せず，徐々に増加していく。そして，コンデンサーの電荷が 0 になるとコイルにかかる電圧も 0 になり，このとき電流の変化が 0 になるので電流の大きさは最大の I_0 となる。よって，正解は㋐。

(b)　$t>t_0$ では，時刻 t_0 から微小時間 Δt について，問 8 より

$$\frac{\Delta I}{I_0\Delta t}=-\frac{R}{L}$$

が成り立つので，次の微小時間 Δt 後に電流の大きさが $I_0+\Delta I+\Delta I'$ に変化したとし，この微小時間 Δt について同様に考えると

$$\frac{\Delta I'}{(I_0+\Delta I)\Delta t}=-\frac{R}{L}$$

が成り立つ。ここで，電流が減少していくことから，$\Delta I<0$，$\Delta I'<0$ であることに着目すると

$$\Delta I<\Delta I'$$

が成り立つ。これより，微小時間 Δt での電流の変化，すなわち電流の減少量は小さくなっていることがわかる。したがって，電流はこのように徐々に減少して 0 になる。よって，正解は㋕。

3　解答　A．問 1．$T_B=\dfrac{T_0}{2}$　問 2．$Q_1=-\dfrac{5}{4}RT_0$

問 3．$T_C=\dfrac{1}{2}\alpha^{1-\frac{1}{7}}T_0$　問 4．$z_D=\alpha^{-\frac{1}{7}}L$　問 5．$Q_2=\dfrac{5}{4}\alpha^{1-\frac{1}{7}}RT_0$

問6．$e = 1 - \dfrac{1}{\alpha^{1-\frac{1}{\gamma}}} \left(= 1 - \alpha^{\frac{1}{\gamma}-1} \right)$ 問7．$\alpha_{\min} = 4\sqrt{2}$

B．問8．$l - x\sin\theta$ 問9．$\dfrac{\lambda}{\sin\theta}$ 問10．$\varDelta x_1 = \dfrac{2D}{\sin\theta}$

問11．$\varDelta x_2 = \dfrac{2\alpha L}{\sin\theta}$ 問12．$I(x) = E_0{}^2 \left(1 + \cos\dfrac{2\pi x\sin\theta}{\lambda} \right)$

━━━━━━■ ◀解　説▶ ■━━━━━━

≪定圧・断熱変化による熱サイクル，マイケルソン干渉計による平面波の干渉≫

◆A．円筒状の容器の断面積を S とする。

▶問1．過程A→Bは定圧変化なので，シャルルの法則より

$$\frac{SL}{T_0} = \frac{S \cdot \dfrac{L}{2}}{T_B} \qquad \therefore \quad T_B = \frac{T_0}{2}$$

▶問2．過程A→Bは定圧変化であり，単原子分子の理想気体の定圧モル比熱は $\dfrac{5}{2}R$ なので

$$Q_1 = \frac{5}{2}R(T_B - T_0) = -\frac{5}{4}RT_0$$

▶問3．状態Cにおけるピストンの位置を $z = z_C$ とすると，過程B→Cは断熱変化なので，与えられた式より

$$p_0 \left(S \cdot \frac{L}{2} \right)^{\gamma} = \alpha p_0 (Sz_C)^{\gamma} \qquad \therefore \quad z_C = \frac{1}{2}\alpha^{-\frac{1}{\gamma}}L$$

また，ボイル・シャルルの法則より

$$\frac{p_0 SL}{T_0} = \frac{\alpha p_0 Sz_C}{T_C} \qquad \therefore \quad T_C = \frac{\alpha z_C}{L}T_0 = \frac{1}{2}\alpha^{1-\frac{1}{\gamma}}T_0$$

▶問4．過程D→Aは断熱変化なので，与えられた式より

$$\alpha p_0 (Sz_D)^{\gamma} = p_0 (SL)^{\gamma} \qquad \therefore \quad z_D = \alpha^{-\frac{1}{\gamma}}L$$

▶問5．状態Dにおける容器内の気体の温度を T_D とすると，ボイル・シャルルの法則より

$$\frac{p_0 SL}{T_0} = \frac{\alpha p_0 Sz_D}{T_D} \qquad \therefore \quad T_D = \frac{\alpha z_D}{L}T_0 = \alpha^{1-\frac{1}{\gamma}}T_0$$

過程C→Dは定圧変化であり，単原子分子の理想気体の定圧モル比熱は

$\dfrac{5}{2}R$ なので

$$Q_2 = \dfrac{5}{2}R\,(T_{\mathrm{D}} - T_{\mathrm{C}}) = \dfrac{5}{4}\alpha^{1-\frac{1}{\gamma}}RT_0$$

▶問 6．1 サイクルで容器内の気体が外部にした仕事を W とすると，熱力学第一法則より

$$0 = Q_1 + Q_2 - W \qquad \therefore \quad W = Q_1 + Q_2$$

また，1 サイクルで容器内の気体が熱制御装置から吸収した熱量は Q_2 なので

$$e = \dfrac{W}{Q_2} = \dfrac{Q_1 + Q_2}{Q_2} = 1 - \dfrac{1}{\alpha^{1-\frac{1}{\gamma}}} \left(= 1 - \alpha^{\frac{1}{\gamma}-1}\right)$$

▶問 7．$e \geqq \dfrac{1}{2}$ を達成するために必要となる α は，問 6 より

$$1 - \dfrac{1}{\alpha^{1-\frac{1}{\gamma}}} \geqq \dfrac{1}{2} \qquad \alpha^{1-\frac{1}{\gamma}} \geqq 2$$

γ を代入すると

$$\alpha^{1-\frac{3}{5}} \geqq 2 \qquad \alpha^{\frac{2}{5}} \geqq 2$$

$$\therefore \quad \alpha \geqq 4\sqrt{2}$$

したがって，α の最小値 $\alpha_{\min}$ は

$$\alpha_{\min} = 4\sqrt{2}$$

◆B．▶問 8．下図より，経路 X を通り面 F 上の任意の位置 x に入射する光は，経路 X を通り $x = 0$ に入射する光より，光路長が d だけ短くなる。ここで

$$d = x\sin\theta$$

したがって，経路 X を通り面 F 上の任意の位置 x に入射する光の光路長は

$$l - d = l - x\sin\theta$$

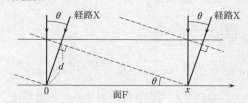

▶問 9. 経路 Y を通り面 F に入射する光の光路長は, 位置 x によらず同じである。いま, 経路 X を通り面 F に入射する光の光路長 L_X と経路 Y を通り面 F に入射する光の光路長 L_Y との光路差 (光路長 L_Y − 光路長 L_X) が 0 となり明線が見られる位置を $x = x_0$ とし, 面 F に作られた明線の間隔を $\Delta x\,(>0)$ とする。このとき, $x = x_0$ から x 軸正の向きに次の明線の位置は $x = x_0 + \Delta x$ なので, この $x = x_0 + \Delta x$ での経路 X を通り面 F に入射する光の光路長 L_X と経路 Y を通り面 F に入射する光の光路長 L_Y との光路差 (光路長 L_Y − 光路長 L_X) は $\Delta x \sin\theta$ となる。これは, $x = x_0$ での光路差と $x = x_0 + \Delta x$ での光路差の差なので λ に等しい。したがって

$$\Delta x \sin\theta = \lambda \qquad \therefore \quad \Delta x = \frac{\lambda}{\sin\theta}$$

▶問 10. このとき, 経路 X を通り面 F に入射する光の光路長 L_X と経路 Y を通り面 F に入射する光の光路長 L_Y との光路差 (光路長 L_Y − 光路長 L_X) が 0 となり明線が見られる位置は $x = x_0 + \Delta x_1$ となる。したがって, この位置での光路差について

$$\Delta x_1 \sin\theta - 2D = 0 \qquad \therefore \quad \Delta x_1 = \frac{2D}{\sin\theta}$$

▶問 11. このとき, 経路 X を通り面 F に入射する光の光路長 L_X と経路 Y を通り面 F に入射する光の光路長 L_Y との光路差 (光路長 L_Y − 光路長 L_X) が 0 となり明線が見られる位置は $x = x_0 + \Delta x_1 + \Delta x_2$ となる。したがって, この位置での光路差について

$$\Delta x_2 \sin\theta - \{(1+\alpha)\cdot 2L - 2L\} = 0 \qquad \Delta x_2 \sin\theta - 2\alpha L = 0$$

$$\therefore \quad \Delta x_2 = \frac{2\alpha L}{\sin\theta}$$

▶問 12. 経路 X から面 F 上の任意の位置 x に入射する光の電場は, $x = 0$ での電場に比べて位相が $2\pi \times \dfrac{x \sin\theta}{\lambda} = \dfrac{2\pi x \sin\theta}{\lambda}$ だけ進むので

$$E_X = E_0 \sin\left(\omega t + \frac{2\pi x \sin\theta}{\lambda}\right)$$

$$= E_0 \left(\cos\frac{2\pi x \sin\theta}{\lambda}\cdot \sin\omega t + \sin\frac{2\pi x \sin\theta}{\lambda}\cdot \cos\omega t\right)$$

と表される。一方, 経路 Y から面 F に入射する光の電場は, 位置 x によらず同じなので

$$E_Y = E_0 \sin \omega t$$

である。これより，面 F 上の任意の位置 x において

$$(E_X + E_Y)^2$$

$$= E_0{}^2 \left\{ \left(1 + \cos \frac{2\pi x \sin \theta}{\lambda} \right) \sin \omega t + \sin \frac{2\pi x \sin \theta}{\lambda} \cdot \cos \omega t \right\}^2$$

$$= E_0{}^2 \left\{ \left(1 + \cos \frac{2\pi x \sin \theta}{\lambda} \right)^2 \sin^2 \omega t \right.$$

$$\left. + \left(1 + \cos \frac{2\pi x \sin \theta}{\lambda} \right) \sin \frac{2\pi x \sin \theta}{\lambda} \cdot \sin 2\omega t + \sin^2 \frac{2\pi x \sin \theta}{\lambda} \cdot \cos^2 \omega t \right\}$$

したがって，題意より

$$I(x) = E_0{}^2 \left\{ \left(1 + \cos \frac{2\pi x \sin \theta}{\lambda} \right)^2 \cdot \frac{1}{2} \right.$$

$$\left. + \left(1 + \cos \frac{2\pi x \sin \theta}{\lambda} \right) \sin \frac{2\pi x \sin \theta}{\lambda} \cdot 0 + \sin^2 \frac{2\pi x \sin \theta}{\lambda} \cdot \frac{1}{2} \right\}$$

$$= E_0{}^2 \left(\frac{1}{2} + \cos \frac{2\pi x \sin \theta}{\lambda} + \frac{1}{2} \cos^2 \frac{2\pi x \sin \theta}{\lambda} + \frac{1}{2} \sin^2 \frac{2\pi x \sin \theta}{\lambda} \right)$$

$$= E_0{}^2 \left(1 + \cos \frac{2\pi x \sin \theta}{\lambda} \right)$$

❖講　評

　2020 年度も例年通り大問 3 題の出題で，試験時間は理科 2 科目で 150 分，医（保健〈看護学〉）学部は 1 科目で 75 分であった。設問数，内容を加味した問題分量は，2019 年度と同程度であった。解答形式は，すべて結果のみを記す形式であった。また，文章やグラフを選択する問題が出題されたが，描図・論述問題は出題されなかった。

　1　円運動や放物運動をして分裂する小物体の運動についての問題である。小物体のいろいろな運動について，さまざまな法則や原理を用いて考察する，やや易しい問題である。Ⅰは，鉛直面内での不等速な円運動を考察する基本問題。円周から離れないための条件が問われる典型的な問題で，確実に解答したい。Ⅱは，放物運動の最高点で分裂する小物体の運動を考察する基本〜標準問題。小物体が最高点で分裂するかしないかにかかわらず，最高点からの落下時間が同じであることに着目する。Ⅲは，摩擦力のはたらく水平面上での等加速度直線運動を考察する基本

問題。2次方程式の解の公式を用いた計算がやや煩雑であるが，正確に解答したい。Ⅳは，Ⅰ～Ⅲの全行程での力学的エネルギーの損失を考察する標準問題。小物体の分裂前に蓄えられていたバネの弾性エネルギーに注意しなければならない。

　2　コンデンサーを含む直流回路とLC回路・LR回路に流れる電流についての問題である。3つのコンデンサーと直流電源とからなる回路，コイルとコンデンサーとからなる回路，コイルと抵抗とからなる回路について考察する，標準的な問題である。Ⅰは，スイッチの切り換えによって変化する，直列・並列を組み合わせて接続されたコンデンサーの極板間の電位差などを考察する基本～標準問題。複数のコンデンサーの極板の間での電気量保存則に注意すればよい。Ⅱの前半は，コイルとコンデンサーとからなる回路でおこる電気振動を考察する基本問題。コイルに流れる電流が最大になるまでの間の電気振動の $\frac{1}{4}$ 周期について考えればよく，確実に解答したい。Ⅱの後半は，コイルと抵抗とからなる回路での電流の変化を考察する標準問題。微小時間における電流の大きさの微小変化が減少であることに注意し，電流の大きさの時間変化のグラフを考えればよいが，差がつくところである。

　3　熱力学分野と波動分野の2分野から，2つの中問に分けて出題された問題である。熱力学分野は定圧・断熱変化による熱サイクルについて，波動分野はマイケルソン干渉計による平面波の干渉について考察する，標準的な問題である。Aは，定圧・断熱の各変化に成り立つ熱力学に関する物理量のさまざまな関係式を利用して吸収・放出した熱量などを求め，これらの変化によるサイクルを用いた熱機関の熱効率を考察する基本～標準問題。指数の計算がやや煩雑であるが，正確に処理したい。Bは，干渉面に入射する2つの経路を通る光の光路差から光の干渉を考察するやや応用的な問題。干渉面の位置によって光路差がどのように変化するかに注意して題意に沿って解き進めればよいが，題意をくみ取れたかどうかと煩雑な計算が処理できたかどうかによって差がつくと思われる。

　2020年度は，1はやや易しい問題，2・3が標準問題となっており，全体的には2019年度と同程度の難易度であった。また，設問数も2019

年度とほぼ同程度であったが，試験時間内での解答には決して余裕はない。やや易しい問題をより正確に速く解き，思考力を要する問題に十分な時間を取ることが大切である。総合的に見ると，入試問題としての難度は高く，大問の後半部分や最終部分の問題が難解であったり，数学的な知識や計算力が必要であることなどから，この部分の成否によって差がつくという傾向には変わりがない。このような問題を解答するためには，物理法則に対する本質的な理解を深め，いろいろな設定での物理現象に対して柔軟に考察する力と，問題文をしっかりと読み取り題意に沿って解答する力とを養っておく必要がある。

■化学■

1 **解答** 【Ⅰ】問 1．ア．HCl　イ．HBr　ウ．HI　エ．HF

問 2．分子量が大きいほどファンデルワールス力は強く沸点は高くなり，HF は水素結合により沸点が最も高い。(50 字以内)

問 3．水に不溶であるフッ化カルシウムに変化させて，フッ化水素酸を除去する。(40 字以内)

【Ⅱ】問 4．[OH⁻] が大きくなると [NH₃] が大きくなり，錯イオン形成の方向に平衡が移動するから。(50 字以内)

問 5．$[Ag^+] = \dfrac{A_T}{1 + K_1[NH_3] + K_1K_2[NH_3]^2}$

問 6．$[H^+] = \dfrac{K_W(K_2N_T - 1)}{K_b}$

━━━━━━━━━━　◀解　説▶　━━━━━━━━━━

≪ハロゲン化水素，電離平衡≫

【Ⅰ】　▶問 1．沸点は

$$HCl (-85℃) < HBr (-67℃) < HI (-35℃) < HF (20℃)$$

▶問 2．分子間に働く静電気的な引力を分子間力という。分子間力にはファンデルワールス力や水素結合が含まれる。分子間力とファンデルワールス力の違いに注意したい。

▶問 3．フッ化水素酸とカルボン酸のカルシウム塩との反応は次の通りである。

$$2HF + (RCOO)_2Ca \longrightarrow 2RCOOH + CaF_2$$

生じたフッ化カルシウムは安全性が高い。天然では蛍石として産出する。フッ化カルシウムに熱濃硫酸を反応させると，フッ化水素を生じる。

$$CaF_2 + H_2SO_4 \longrightarrow CaSO_4 + 2HF$$

【Ⅱ】　▶問 4．pH を大きくするとは，[OH⁻] を大きくすることである。次のアンモニアの電離平衡において，[OH⁻] が大になれば，平衡は左に移動するので，アンモニアの電離が抑えられる。よって，[NH₃] が大きくなる。

$$NH_3 + H_2O \rightleftharpoons NH_4{}^+ + OH^-$$

$[NH_3]$ が大きくなると，次の平衡は右に移動するので，Ag^+ は小さくなる。

$$Ag^+ + NH_3 \rightleftharpoons [Ag(NH_3)]^+$$

▶問5．まず，K_1，K_2 の関係式より $[A_1]$，$[A_2]$ を求める。

$$K_1 = \frac{[A_1]}{[Ag^+][NH_3]} \qquad [A_1] = K_1[Ag^+][NH_3]$$

$$K_2 = \frac{[A_2]}{[A_1][NH_3]} \qquad [A_2] = K_2[A_1][NH_3] = K_1K_2[Ag^+][NH_3]^2$$

A_T の式に $[A_1]$，$[A_2]$ の関係式を代入する。

$$A_T = [Ag^+] + [A_1] + [A_2]$$

$$= [Ag^+] + K_1[Ag^+][NH_3] + K_1K_2[Ag^+][NH_3]^2$$

$$\therefore \quad [Ag^+] = \frac{A_T}{1 + K_1[NH_3] + K_1K_2[NH_3]^2}$$

▶問6．$[A_1] = [A_2]$ であるので，K_2 の式より

$$K_2 = \frac{[A_2]}{[A_1][NH_3]} = \frac{1}{[NH_3]} \qquad [NH_3] = \frac{1}{K_2}$$

アンモニアの電離定数 K_b より

$$K_b = \frac{[NH_4{}^+][OH^-]}{[NH_3]} \qquad [NH_4{}^+] = \frac{K_b[NH_3]}{[OH^-]} = \frac{K_b}{K_2[OH^-]}$$

水のイオン積 $K_W = [H^+][OH^-]$ より

$$[NH_4{}^+] = \frac{K_b}{K_2[OH^-]} = \frac{K_b[H^+]}{K_2K_W}$$

N_T の近似式に $[NH_3]$，$[NH_4{}^+]$ の関係式を代入すると

$$N_T \fallingdotseq [NH_4{}^+] + [NH_3] = \frac{K_b[H^+]}{K_2K_W} + \frac{1}{K_2}$$

$$\therefore \quad [H^+] = \frac{K_W(K_2N_T - 1)}{K_b}$$

2 解答

問1．②

問2．破線F上で，平均分子量は温度に比例する。封入量を増やすと気体分子数の減少する左に平衡が移動し，N_2O_4 の割合が増し NO_2 が減少するので平均分子量が大きくなる。よって，温度も曲線

A＜B＜C の順となる。（100 字以内）

問 3 ． $1.8 \times 10^2 \text{Pa}/(\text{g·K})$

問 4 ．解離前の N_2O_4 の物質量を c〔mol〕とすると，解離前後の物質量の関係は次のようになる。

$$N_2O_4 \rightleftharpoons 2NO_2$$

解離前	c	0	〔mol〕
変化量	$-\alpha c$	$+2\alpha c$	〔mol〕
解離後	$(1-\alpha)c$	$2\alpha c$	〔mol〕

解離後の全気体の総物質量は

$$(1-\alpha)c + 2\alpha c = (1+\alpha)c \text{〔mol〕}$$

気体の平均分子量は，各成分気体のモル分率×分子量の総和である。

$$\frac{(1-\alpha)c}{(1+\alpha)c} \times 92.0 + \frac{2\alpha c}{(1+\alpha)c} \times 46.0 = \frac{92.0}{1+\alpha}$$

点 G で，気体の状態方程式を適用すると

$$4.53 \times 10^4 \times 1.0 = \frac{1}{\dfrac{92.0}{1+\alpha}} \times 8.31 \times 10^3 \times 300$$

∴ $\alpha = 0.671 \fallingdotseq 0.67$ ……（答）

問 5 ．(オ)

━━━━━━◀解　説▶━━━━━━

≪N_2O_4 の解離平衡≫

▶問 1 ・問 2 ．平衡混合物の平均分子量 M を考える。気体の状態方程式より

$$PV = \frac{w}{M}RT$$

破線 F 上では $\dfrac{P}{w} = 4.0 \times 10^4$〔Pa/g〕，$V = 1.0$〔L〕であるので

$$\frac{P}{w}V = \frac{RT}{M} = \text{一定}$$

平均分子量は絶対温度に比例する。封入量を増加させると，気体の分子数が増加するので，次の平衡は気体分子数が減少する左方向に移動する。

$$N_2O_4 \rightleftharpoons 2NO_2$$

分子量の大きい N_2O_4 の割合が増え，平均分子量は増加する。温度は，曲線 A＜B＜C の順に高くなるので，平均分子量も曲線 A＜B＜C の順とな

る。よって，封入量も $w_A < w_B < w_C$ である。また，平衡が左に移動すれ
ば，平衡混合物中の N_2O_4 の割合が増え，NO_2 の割合は減る。N_2O_4 の分
圧に対する NO_2 の分圧の比の大小関係は逆に曲線 C<B<A である。

▶問 3．高温では，吸熱反応の右方向に平衡が移動する。十分に高温にす
ると，気体は NO_2 だけになるので，直線 E のグラフとなる。気体の状態
方程式 $PV = \dfrac{w}{M} RT$ より，求める直線 E の傾きは

$$\frac{\frac{P}{w}}{T} = \frac{R}{MV} = \frac{8.31 \times 10^3}{46.0 \times 1.0} = 1.80 \times 10^2 \fallingdotseq 1.8 \times 10^2 \,[Pa/(g \cdot K)]$$

▶問 5．t_1 直後，容積が 2 倍になるので，全圧，NO_2 の分圧，N_2O_4 の分
圧はどれも半分の値になる。その後，$N_2O_4 \rightleftharpoons 2NO_2$ において，ルシャ
トリエの原理に従い，気体分子数が増加する右方向に平衡が移動する。そ
の結果，全圧は上昇，NO_2 の分圧も上昇，N_2O_4 の分圧は下降する。やが
て，全圧，分圧も一定となり平衡状態に到達する。これらの変化に一致す
るのは(オ)である。

3　解答　問 1．①トランス-2-ペンテンの方が安定である

ア．241　イ．17

問 2．$CH_2-CH_2-CH_2-CH_2-CH_2$
　　　　｜　　　　　　　　　　｜
　　　 OH　　　　　　　　　 OH

問 3．炭素原子間の単結合が回転して，結合角が 109.5° のいす形構造を
とるため。(40 字程度)

問 4．CH_2-CH_2　　　　　　CH_2
　　　　CH_2-CH　　　　 $H_2C-C-CH_3$
　　　　　　｜　　　　　　　　　｜
　　　　　 CH_3　　　　　　 CH_3

　　　　　 CH_2　　　　　　　　 CH_2
　　　 $H_2C-CH-CH_2-CH_3$　　 $CH_3-HC-CH-CH_3$

　　　　　 CH_3
　　　　　　｜
問 5．$CH_3-CH-C \equiv CH$

◀解 説▶

≪分子式 C_5H_8 の炭化水素の構造と安定性≫

▶問1. ①

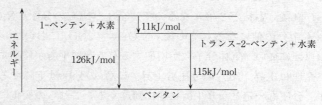

$$\underset{\text{1-ペンテン}}{\underset{H}{\overset{H}{\underset{}{}}}C=C\underset{H}{\overset{CH_2CH_2CH_3}{}}} + H_2 = \underset{\text{ペンタン}}{CH_3CH_2CH_2CH_2CH_3} + 126\,kJ$$

$$\underset{\text{トランス-2-ペンテン}}{\underset{CH_3CH_2}{\overset{H}{\underset{}{}}}C=C\underset{H}{\overset{CH_3}{}}} + H_2 = \underset{\text{ペンタン}}{CH_3CH_2CH_2CH_2CH_3} + 115\,kJ$$

エネルギー図で示すと，次のようにトランス-2-ペンテンの方が $11\,kJ$ 安定である。

ア．類似した2つのアルケンの水素化熱は，$126+115=241$〔kJ/mol〕と見積もられる。

イ．A3 も同様に $127+119=246$〔kJ/mol〕と見積もられる。よって，$246-229=17$〔kJ/mol〕安定化している。

▶問2．次の2価アルコールでも A1 を生成するが，次のような副生成物を生じる。

$$\underset{OH}{CH_3-CH}-CH_2-CH_2-\underset{OH}{CH_2}$$

$$\xrightarrow{\text{脱水}} CH_2=CH-CH_2-CH=CH_2 + CH_3-CH=CH-CH=CH_2$$
$$\underset{A1}{}$$

$$CH_3-\underset{OH}{CH}-CH_2-\underset{OH}{CH}-CH_3$$

$$\xrightarrow{\text{脱水}} CH_2=CH-CH_2-CH=CH_2 + CH_3-CH=CH-CH=CH_2$$
$$\underset{A1}{}$$

$$+ CH_3-CH=C=CH-CH_3$$

▶問 3．シクロヘキサンは 6 個の炭素原子が同一平面上にあるのではなく，炭素原子間の単結合が回転して，結合角が 109.5°の角ひずみのない構造をとることができる。次のいす形と舟形が考えられるが，いす形の方が安定である。

いす形　　　　　　　舟形　　　　　　　いす形

▶問 4．グループ B に属する化合物は，環状構造一つと C=C 結合一つをもつ。これを水素化すると二重結合が単結合になり，シクロアルカンとなる。B1 では，シクロペンタン C_5H_{10} を生成する。これ以外の考えられるシクロアルカンは，シクロブタンに炭素原子 1 個をもつ化合物とシクロプロパンに炭素原子 2 個をもつ化合物の構造式になる。

▶問 5．黄色沈殿はヨードホルム CHI_3 である。このヨードホルム反応をおこす化合物は，$CH_3CH(OH)-$ または CH_3CO- の部分構造をもつ。また，$HC\equiv C-$ 結合に触媒の硫酸水銀（Ⅱ）の存在下で水が付加すると，不安定なビニルアルコール $CH_2=C(OH)-$ の構造を経て，メチルケトン CH_3CO- の構造になる。化合物 C2 の反応は次の通りである。

　　　　　　　　　　　　　　　　CH₃
　　　　　　CH₃　　　　　　　　|
　　　　　　|　　　 H₂O　　　 CH
H₃C-CH-C≡CH ───────→ H₃C-CH　C=CH₂
　　　　　　　　　 HgSO₄　　　　　　|
　　　　　C2　　　　　　　　　　 OH
　　　　　　　　　　　　　　　　不安定

　　　　　　　CH₃　　　　　　　　　　　CH₃
　　　　　　　|　　　　ヨードホ　　　　|
───→ H₃C-CH-C-CH₃ ───────→ H₃C-CH　C-ONa + CHI₃
　　　　　　　　 ‖　ルム反応　　　　　　 ‖
　　　　　　　　 O　　　　　　　　　　　O
　　　　　　　　　　　　　　　　Dのナトリウム塩

4 解答 【I】問1.

B. CH₃-C₆H₄-OH (o-methylphenol)　　　C. C₆H₅-CH₂-OH

問2. 水酸化ナトリウム

問3. D.
　　　　H　　H
　　　　 \　 /
　O=C　C=C　C=O
　　　 |　　　|
　　　OH　 HO

E.
　　　　H　　H
　　　　 \　 /
　O=C　C=C　C=O
　　　　 \　 /
　　　　　O

問4. A.
　　　　　　　　H　　H
　　　　　　　　 \　 /
　C₆H₄-O-C　C=C　C-O-CH₂-C₆H₅
　　 |　　　 ‖　　　 ‖
　 CH₃　　　 O　　　 O

【II】問5. 加水分解酵素アミラーゼの働きで, らせん構造が短くなるから。
（30字程度）

問6.
（α-グルコースのいす形構造） または （別のいす形構造）

問7. 153 g

━━━━━━━━━━━◀解　説▶━━━━━━━━━━━

≪エステルの構造決定, デンプンとセルロース≫

【I】　▶問1. 化合物B中の成分元素の質量は

　　炭素：$308 \times \dfrac{12.0}{44.0} = 84.0$〔mg〕

水素：$72 \times \dfrac{2 \times 1.0}{18.0} = 8.0 \, [\text{mg}]$

酸素：$108 - (84.0 + 8.0) = 16.0 \, [\text{mg}]$

よって，原子数比は

$$C : H : O = \dfrac{84.0}{12.0} : \dfrac{8.0}{1.0} : \dfrac{16.0}{16.0} = 7 : 8 : 1$$

化合物Bの組成式は C_7H_8O である。化合物Aの分子式は $C_{18}H_{16}O_4$ であり，エステル結合を 2 個もつ。その加水分解生成物は化合物B，C，Dであり，BとCは同じ分子式をもつので，化合物B中の炭素原子数は 9 個未満である。よって，化合物Bの分子式も C_7H_8O である。

C_7H_8O には，フェノール類のクレゾール，エーテル類のアニソール

OCH₃

，アルコール類のベンジルアルコール　が存在する。

化合物Bは，塩化鉄（Ⅲ）水溶液で呈色するのでクレゾールである。*o-*，*m-*，*p-* の 3 種類の構造異性体が存在するが，酸化するとサリチル酸を生じるので，*o-*クレゾールである。

B．*o-*クレゾール　　　　　　サリチル酸

化合物CはエステルAの加水分解で生じるので，アニソールではない。ベンジルアルコールである。

▶問 2．化合物Bの *o-*クレゾールは酸性物質，化合物Cのベンジルアルコールは水に溶けにくい中性物質である。塩基を加えると，化合物Bはナトリウム塩となって水に溶けるので，化合物Cと分離できる。

B．*o-*クレゾール　　　　　　ナトリウム塩
　　　　　　　　　　　　　　　水に溶ける

▶問 3．化合物Dの組成式は CHO である。エステルAの加水分解で化合物B，Cとともに生成するので 2 価のカルボン酸である。よって，分子式は $(CHO)_4 = C_4H_4O_4 = C_2H_2(COOH)_2$ である。シス形のマレイン酸とト

ランス形のフマル酸が存在するが，加熱すると脱水するのでマレイン酸である。実験(d)の結果と一致する。116mg の化合物 D（マレイン酸の分子量 116.0）から 18mg の水（分子量 18.0）が発生し，98mg の化合物 E（無水マレイン酸の分子量 98.0）が得られる。

$$O=C\overset{\overset{\displaystyle H}{|}}{\underset{\underset{\displaystyle OH}{|}}{C}}=C\overset{\overset{\displaystyle H}{|}}{\underset{\underset{\displaystyle HO}{|}}{C}}=O \xrightarrow{\text{加熱}} O=C\overset{\overset{\displaystyle H}{|}}{C}=C\overset{\overset{\displaystyle H}{|}}{C}=O + H_2O$$

D．マレイン酸 　　　E．無水マレイン酸

【Ⅱ】 ▶問5．この呈色反応をヨウ素デンプン反応という。デンプンは加水分解酵素アミラーゼの働きで，デキストリンを経てマルトースまで加水分解される。デンプンのらせん構造にヨウ素分子が取り込まれて呈色する。らせん構造が短くなっていくと，取り込まれるヨウ素分子の数が減り，褐色から薄い色へと変化していく。

▶問6．セルロースは，β-グルコース単位が縮合重合したものである。環状構造をもつ糖類の立体配置を表現するのに，ハース投影式やのこぎり台投影式を用いる。

▶問7．セルロースを無水酢酸ですべてのヒドロキシ基をアセチル化する化学反応式は

$$[C_6H_7O_2(OH)_3]_n + 3n(CH_3CO)_2O$$
$$\longrightarrow [C_6H_7O_2(OCOCH_3)_3]_n + 3nCH_3COOH$$

得られたトリアセチルセルロースをおだやかに加水分解すると，ジアセチルセルロースが得られる。

$$[C_6H_7O_2(OCOCH_3)_3]_n + nH_2O$$
$$\longrightarrow [C_6H_7O_2(OH)(OCOCH_3)_2]_n + nCH_3COOH$$

よって，1mol のジアセチルセルロースを得るには，$3n$〔mol〕の無水酢酸が必要である。123g のジアセチルセルロースを得るのに必要な無水酢酸を x〔mol〕とすると，物質量比は

$$1:3n = \frac{123}{246.0n} : \frac{x}{102.0} \qquad \therefore \quad x = 153 \text{〔g〕}$$

❖講　評

2019 年度と難易度に変化はないが，時間の余裕はない。

1　【Ⅰ】問2．フッ化水素の水素結合は頻出。問3．「蛍石」は教科書に記載がある。水に溶けにくい固体になれば，体内に侵入しにくくなる。【Ⅱ】問4．平衡の移動の論述は書きやすい。問5・問6は，式変形に手間取ったと思われる。A_T，N_T に式をまとめていけばできる。

2　グラフの縦軸の値が $\dfrac{P}{w}$ は珍しい。気体の状態方程式の応用問題である。$\dfrac{P}{w}$，V が一定であれば，平均分子量と絶対温度はどのような関係か考えることである。問3．高温では，平衡の移動が進み気体は NO_2 になっている。問5．容積を倍にすれば，直後は圧力は半分になり，その後の平衡の移動を考えれば容易にグラフを選べる。

3　一見難しそうであるが，落ち着いて読み取ってほしい。問3．シクロヘキサンのいす形は教科書に記載がある。問5．ヨードホルム反応の生成物は有機の頻出問題である。

4　【Ⅰ】有機の構造決定の問題をたくさん練習していれば，組成式 CHO はマレイン酸であるとすぐに気づいたと思われる。構造決定の標準問題である。【Ⅱ】問5．ヨウ素デンプン反応の色の変化は論述しやすい。問6．β-グルコースの立体構造は書ける必要がある。問7．ジアセチルセルロースを得るのには，トリアセチルセルロースを経る必要がある。落とし穴である。

1【Ⅰ】，2は難問であるが，それ以外は標準レベルである。まずは，できるところから素早く解答し，難問の読み取り時間をいかに確保できるかがポイントであろう。

生物

1 **解答**　問1．1．RNA　2．DNA
　　　　　問2．卵原細胞

問3．ウイルスWの感染を阻害する形質。（20字以内）

問4．内在性v配列の影響を受けずに細胞に感染できる形質。（25字以
内）

問5．③—Z　④—X　⑤—Y

問6．約2.46億年前

問7．タンパク質Hが生成されていれば，タンパク質H'にアミノ酸置換
を生じても生存に影響しないので変異が遺伝し保存されるから。（60字以
内）

───── ◀解　説▶ ─────

《ウイルスの宿主ゲノムに対する影響，分子系統樹》

▶問1．「レトロウイルスが持つ特徴的な酵素」とは，ウイルスの遺伝情
報を持つRNAを鋳型にして，宿主ゲノムに挿入可能なDNA断片を合成
するための「逆転写酵素」のことである。

▶問2．受精卵や初期胚でない限り，体細胞のゲノムにウイルス由来の配
列が挿入されても，それが次世代に引き継がれることはないので，生殖細
胞である卵原細胞を選ぶ。

▶問3．【B】文第3段落で，ウイルスWは感染力が強いにもかかわらず，
内在性v配列を持つスイタイヌとミノオイヌだけが一例の感染も起こして
いないと述べられていることに着目する。

▶問4．【B】文第3段落最後の「流行している」との記述から，ウイル
スW'は，内在性v配列を持つためウイルスWの感染を起こさないイヌの
系統にも容易に感染するとわかるので，問3で解答した内在性v配列の影
響を受けない感染能を獲得していると考えられる。

▶問5．表1で，異なるアミノ酸の数が少ない生物ほどヒトと分岐した時
代が新しいと考える。

▶問6．問5の〔解答〕を図2に書き込んで利用する。ヒトとXが分岐し

てからの経過時間は，ＸとＺが分岐してからの経過時間に等しい。表 1 より，タンパク質Ｈのアミノ酸置換数はそれぞれ，ヒトーＸ間で 31，Ｘ－Ｚ間で 25 なので，これらの平均の 28 個のアミノ酸の相違（分岐のいずれか一方で独立に 14 個のアミノ酸置換）を生じるのに 1.3 億年かかるとする。一方，ヒトとＹが分岐してからの経過時間は，ＹとＸ，ＹとＺが分岐してからの経過時間に等しいので，表 1 のヒトーＹ間，Ｙ－Ｘ間，Ｙ－Ｚ間のアミノ酸置換数を平均すると

$$\frac{64+40+55}{3}=53$$

これだけの相違を生じるのに要した時間 x〔年〕は

$$28:53=1.3 \text{億}:x \qquad x=2.460 \text{億} ≒ 2.46 \text{億〔年〕}$$

と推定される。

▶問 7．表 1 より，タンパク質Ｈのヒトと生物③（＝Ｚ）との間のアミノ酸置換数は 8 であり，40 箇所というのはこれより格段に多い。この理由を考える。一般に重要な機能を果たすタンパク質ほど，変異が致死的になりやすく，変異した個体は死亡するため遺伝せず，分子進化の速度は遅くなる。対照的に，遺伝子重複によって生じた H' は，正常なＨが存在しているので生存に支障がないタンパク質と言える。そのため，アミノ酸置換が起こっても自然選択の影響が及ばないため，変異が遺伝されゲノムに蓄積されやすい。

2 解答

問 1．N1 から N3 によるシナプス後電位が加重された結果，N4 の閾値に達しなかったから。（40 字以内）

問 2.

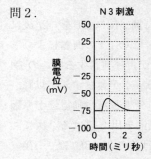

問 3 .
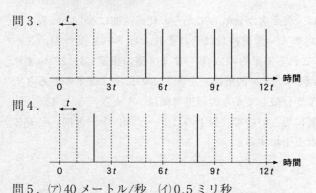

問 4 .

問 5 .　㋐ 40 メートル/秒　㋑ 0.5 ミリ秒

━━━━━━━━━◀解　説▶━━━━━━━━━

≪神経回路における興奮の伝達と伝導≫

▶問 1・問 2 . 図 2A より，N4 に単発の興奮性シナプス後電位が発生し
ただけでは活動電位は生じないことがわかる。図 2C より，活動電位の発
生に先立ち N4 に図 2A を超える大きさの脱分極が生じていることから，
N3 が N4 に対して発生させるシナプス後電位は興奮性であり，２つの興
奮性シナプス後電位が加重を起こすと活動電位が生じると推定できる。問
２の設問文より，N4 に対し N1 と N2 からのシナプス伝達が同時に行わ
れると，それらの効果はほぼ相殺されると考えられる。以上から，N1，
N2 および N3 をすべて同時に刺激すると，N4 には単発の興奮性シナプス
後電位すなわち図 2A と同程度の一過性の脱分極が生じ，かつ，活動電位
の発生には至らないと考えられる。〔解答〕のグラフは図 2A に酷似させ
る必要はないが，膜電位のピークが縦軸 −50mV のラインより上方に出
ないように描図すること。

▶問 3 . E0 で時間 0 に発生した活動電位は，時間 t 後に E1 を，$2t$ 後に
E2 を，$3t$ 後に E3 と E4 をそれぞれ興奮させる。この E4 の興奮により，
時間 $4t$ 後に E2 が再び興奮し，$5t$ 後に E3 と E4 が再び興奮する。この E4
の興奮により，時間 $6t$ 後に E2 が，$7t$ 後に E3 と E4 が興奮する。以降，
この繰り返しとなるので，E0 で時間 0 に最初に発生した活動電位が原因
で，E3 は $3t$，$5t$，$7t$，…後と，$2t$ ごとに活動電位を出し続ける。次に，
E0 で時間 $3t$ に発生した活動電位が原因で，E3 はその $3t$，$5t$，$7t$，…後，
つまり，時間 $6t$，$8t$，$10t$，…後に活動電位を出し続ける。同様に E0 で 3

回目の時間 $6t$ に発生した活動電位が原因で，E3 は時間 $9t$，$11t$，$13t$，…
後に活動電位を出し続ける。これらをすべて重ね合わせると，E3 は最初
に時間 $3t$ に興奮し，次に $5t$ に興奮して以降は，周期 t で活動電位を出し
続ける。

▶問 4．E0 で時間 0 に発生した活動電位は，時間 t 後に E1 を，$2t$ 後に
E2 を，$3t$ 後に E3 と I4 をそれぞれ興奮させる。この I4 の興奮により，時
間 $4t$ 後と $5t$ 後は E2 が興奮できなくなる。次に，E0 で時間 $3t$ に発生し
た活動電位は，時間 $4t$ に E1 を興奮させるが，$5t$ には E2 が活動電位の発
生を抑えられているので興奮の伝達はここで途絶える。E0 で 3 回目の時
間 $6t$ に発生した活動電位が原因で，E1 が時間 $7t$ に，E2 が $8t$ に，E3 と
I4 が $9t$ にそれぞれ興奮する。この I4 の興奮は，時間 $10t$ と $11t$ に E2 の
興奮を抑えるので，E0 で 4 回目の時間 $9t$ に発生した活動電位は，$10t$ に
E1 を興奮させた後，$11t$ に E2 を興奮させることなく伝達は途絶える。以
降，同様に，E0 の興奮がその $2t$ 後に E2 に伝えられることが 1 回おき
（$6t$ 周期）に繰り返される。

▶問 5．AB 間，AC 間の軸索部分の総延長はそれぞれ，1 m，0.9 m なの
で，(ア)を v〔メートル/秒〕，(イ)を t〔ミリ秒〕とおくと

$$\frac{1}{v} + \frac{t}{1000} = \frac{25.5}{1000}$$

$$\frac{0.9}{v} + \frac{t}{1000} \times 2 = \frac{23.5}{1000}$$

これらを連立させて解くと

$$v = 40 \text{〔メートル/秒〕}, \quad t = 0.5 \text{〔ミリ秒〕}$$

3 **解答** 問 1．7：2：2：1
問 2．プロモーター下流に DNA 断片が挿入された場合
のみ gfp が発現し，その挿入箇所は系統ごとに異なるから。（50 字以内）
問 3．2：2：1：1

━━━━━◀解　説▶━━━━━

≪トランスジェニックマウスの形質発現と遺伝≫

▶問 1．本問における対立遺伝子の g_1 や g_2 は，単に，G_1 や G_2 の人工的
挿入が起こったゲノム上の位置に相当する部位に，その相同染色体は対立

遺伝子を持っていないということを意味しており，実体のある遺伝子を指す表記ではない点に注意すること。また，G_1 と G_2 は，ゲノム上の位置が異なるだけで同じ遺伝子なので，表現型は両者を区別せずいずれも G で示してよい。すると，例えばマウス X，マウス Y，白毛のマウスの遺伝子型はそれぞれ，G_1OBB，G_2OBB，$OObb$ のように表すこともでき，理解を容易にしてくれる。マウス X（G_1OBB）と白毛のマウス（$OObb$）の子は，G_1OBb または $OOBb$ なので，下線部①の表現型 [GB] を示すのは G_1OBb に限られる。この「X の子同士の交配」は，二遺伝子雑種同士の交配であり，次世代が 9：3：3：1 の出生比となることは容易に理解できる。同様に「Y の子同士の交配」は，G_2OBb 同士の交配となるので，まずはやはり 9：3：3：1 の出生比となることが予想されるが，22：5：5：4 と異なっていることから，G_2 と B の連鎖・組換えの可能性を検討する。G_2B/Ob がつくる配偶子の比を

$$G_2B：G_2b：OB：Ob = x：y：y：x$$

とおくと，G_2B/Ob 同士の交配は次の表のようになる。

	xG_2B	yG_2b	yOB	xOb
xG_2B	$x^2[G_2B]$	$xy[G_2B]$	$xy[G_2B]$	$x^2[G_2B]$
yG_2b	$xy[G_2B]$	$y^2[G_2b]$	$y^2[G_2B]$	$xy[G_2B]$
yOB	$xy[G_2B]$	$y^2[G_2B]$	$y^2[OB]$	$xy[OB]$
xOb	$x^2[G_2B]$	$xy[G_2b]$	$xy[OB]$	$x^2[Ob]$

これより

$$[G_2B]：[G_2b]：[OB]：[Ob]$$
$$= 3x^2+4xy+2y^2：2xy+y^2：2xy+y^2：x^2$$

となり，これが 22：5：5：4 となるよう x, y を求めると $x=2$, $y=1$ が得られるので，G_2B/Ob がつくる配偶子の比は

$$G_2B：G_2b：OB：Ob = 2：1：1：2$$

とみなしてよい。したがって，本問の「下線①のマウスについて，X の子と Y の子を交配した場合」の交配表は次のようになる。ただし，この表では G_1 あるいは G_2 を持つマウスの表現型はまとめて [G] と示している。

	2 G₂B	1 G₂b	1 OB	2 Ob
G₁B	2[GB]	1[GB]	1[GB]	2[GB]
G₁b	2[GB]	1[Gb]	1[GB]	2[Gb]
OB	2[GB]	1[GB]	1[OB]	2[OB]
Ob	2[GB]	1[Gb]	1[OB]	2[Ob]

$$[GB]:[Gb]:[OB]:[Ob]$$
$$=(2×5+1×4):(2+1+1):(2+1+1):2$$
$$=14:4:4:2=7:2:2:1$$

▶問2．プロモーターを持たない gfp 遺伝子が発現できるのは，マウスの既存遺伝子のプロモーターのすぐ下流に挿入された場合に限られる（本来の構造遺伝子の途中に割って入った場合，GFP が余分なペプチド鎖を伴ったり，コドンの読み枠がずれて正常に発現しない可能性が高い）。一部のマウス系統だけに蛍光が認められたのは，このような偶然の挿入が起こる確率は低いからである。また，どの既存遺伝子のプロモーターの下流にこのような挿入が起こったかは系統ごとに異なり，その既存遺伝子が本来，どの器官・組織で発現するのかも遺伝子により異なるので，蛍光が認められる部位は様々となる。

▶問3．（以下，遺伝子型，表現型の表記は問1の〔解説〕にならう）
G₃g₃Bb（以下，G₃OBb と表記）同士の交配なので，通常の二遺伝子雑種ならば子の出生比は

　　　　[GB]：[Gb]：[gB]：[gb]＝9：3：3：1

となるはずであるが，6：2：3：1と変則的である。比の後半の3：1の部分は共通であることから，本来の9：3：3：1から，表現型がGのものだけが減っている（ただし全く出現しないわけではない）と考えると，致死遺伝子の可能性に気付く。通常の二遺伝子雑種同士の交配で子の分離比を遺伝子型まで区別して示すと

　　　　1 G₃G₃BB　　　2 G₃OBB　　　1 OOBB
　　　　2 G₃G₃Bb　　　4 G₃OBb　　　2 OOBb
　　　　1 G₃G₃bb　　　2 G₃Obb　　　1 OObb

となり，ここから左端のG₃をホモに持つ3種類を除去すると6：2：3：1の出現比が説明できるので，G₃は劣性の致死遺伝子と考えられる。本問

の交配は G₃OBb×G₃Obb なので，以下の交配表より，予想される出生比
は

　　　［GB］：［Gb］：［OB］：［Ob］＝2：2：1：1

となる。

	G₃B	G₃b	OB	Ob
G₃b	[GB]	[Gb]	[GB]	[Gb]
Ob	[GB]	[Gb]	[OB]	[Ob]

4　**解答**　問1．生理食塩水を投与したマウス：0.68 mg
　　　　　　　　ホルモン X を投与したマウス：0.45 mg

問2．受容体 Y のタンパク質の 200 番目のアミノ酸がロイシンからアルギ
ニンに置換したため受容体 Y の立体構造が変化し，ホルモン X の有無に
よらず常にタンパク質 Z を活性化するよう変化した。（90 字以内）

問3．受容体 Y を介してリン酸イオン輸送体の働きを抑制し，原尿から細
尿管細胞へのリン酸イオンの取り込みを減少させ，血しょう中のリン酸イ
オン濃度の上昇を抑える。（75 字以内）

問4．変異型 Ya のマウス：高い　　変異型 Yb のマウス：低い

―――――――◀解　説▶―――――――

≪腎臓における血しょう中のリン酸イオン濃度の恒常性維持機構≫

▶問1．いずれのマウスでもイヌリンの濃縮率が 130 倍であることから，
原尿量は尿量の 130 倍で 1 時間に 13 mL とみなせる。リード文第 2 段落
最終文より，原尿と血しょうのリン酸イオン濃度は等しいと考える。リン
酸イオンの再吸収量は（原尿中のリン酸イオンの総量）−（尿中のリン酸イ
オンの総量）で求められる。

生理食塩水を投与したマウス：

$$13 \times 1000 \times \frac{0.006}{100} - 0.1 \times 1000 \times \frac{0.1}{100} = 0.68 \,[\text{mg}]$$

ホルモン X を投与したマウス：

$$13 \times 1000 \times \frac{0.005}{100} - 0.1 \times 1000 \times \frac{0.2}{100} = 0.45 \,[\text{mg}]$$

▶問2．図1で，mRNA の配列から DNA の上側がセンス鎖とわかる。
本来の 202 番目のアミノ酸から，ロイシンに対応する配列 CTA が CGA

に変化するとアルギニンに置換するとわかる。実験3より，このことは変異型 Yb の受容体Yの存在部位には影響を与えないとわかる。実験4（図3）より，正常型の細尿管細胞はホルモンXを受容するとリン酸イオンの取り込み量を減らすが，図2とその説明より，これは受容体Yの立体構造変化によるタンパク質Zの活性化を介したものである。正常型では，ホルモンXがなくなると受容体Yはもとの立体構造に戻りタンパク質Zを活性化しなくなると考えられるが，実験4（図3）の変異型 Yb を持つ細尿管細胞はホルモンXの有無によらず常にホルモンX存在下と同じ挙動を示すことから，受容体Yの立体構造の中で，タンパク質Zを活性化する部位が，ホルモンXの有無にかかわらずホルモンXが結合しているときと同じ立体構造となり，常にタンパク質Zを活性化するようになったと推定される。なお実験3より，変異型 Yb はいったんホルモンXと結合すると離れられないと考えるのは誤りである。

▶問3・問4．図2とその説明，および図3の正常型の結果より，ホルモンXが受容体Yの立体構造の変化を介してタンパク質Zを活性化すると，細尿管細胞膜上のリン酸イオン輸送体の働きが抑制され，原尿から毛細血管へのリン酸イオンの再吸収量が減少することで血しょう中のリン酸イオン濃度が低く抑えられると考えられる。変異型 Yb では，ホルモンの有無によらずリン酸イオンの再吸収量が常に少ないので血しょう中のリン酸イオン濃度は低くなり，逆に変異型 Ya では血しょう中のリン酸イオン濃度は高くなると考えられる。

❖講　評

　2020 年度は，論述問題の解答形式が行数指定から全問字数指定へと変更された。また，論述問題数・全体の論述量ともに 2019 年度から大幅に減少した。一方，計算問題は増加し，すべての大問で出題された。

　1は，ウイルスに関する出題であるが，ウイルスの増殖法よりも，宿主細胞のゲノムやその進化への影響に焦点を当てている点が特徴的である。問4の，感染力が全くないウイルスが変異により急に強力な感染力を獲得し流行するという話は，平易な問題ながら，COVID-19 の不安の中，入試本番に臨んだ 2020 年度の受験生には少し動揺した人もいるかもしれない。

2は，複数のニューロン間における興奮の伝達や伝導を扱った問題。問3・問4は，類題を解いた経験があまりないと思われ，要領をつかむまでにかかった時間に差が出ただろう。

3は，トランスジェニック動物に関する問題。遺伝子治療のように個体に遺伝子が導入された場合と，系統として固定されたトランスジェニック動物の違いや，対立遺伝子を持たない導入遺伝子の遺伝など，トランスジェニック生物に対する正確な理解が前提として求められ，難しい。

4は，腎臓による血中リン酸イオン濃度の調節機構をテーマにした，大阪大学では頻出の実験考察問題。問2・問3の論述問題は，調節機構の概要を理解するのは比較的容易であるが，多くのデータや説明文から，解答に必要な部分だけに的確に触れてコンパクトにまとめるのは難しい。

書きにくい論述問題が減った分，2019 年度に比べやや易化したと言えよう。ただし，制限字数内に収めるのが難しく，依然として論述対策は重要である。一方で，論述問題が減っただけに，思考過程に論理性があれば何通りかの答えが正解とされたり，中間点が狙える問題が減り，正解・不正解にはっきり分かれる，つまり，明瞭に点差を生むタイプの問題が増えたという点では，受験生にとって易化では言い表せない厳しさがあったと言えよう。

大学赤本シリーズ

大阪大学

理 系

理・医・歯・薬・工・基礎工学部

別冊問題編

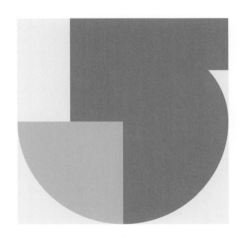

2025

矢印の方向に引くと
本体から取り外せます →

目　次

問題編

2024 年度

問 題 編

前　期　日　程

問　題　編

▶試験科目

学部等		教　科	科　目　等
理	数・化・生物科学（生物科）生物	外国語	コミュニケーション英語Ⅰ・Ⅱ・Ⅲ，英語表現Ⅰ・Ⅱ
		数　学	数学Ⅰ・Ⅱ・Ⅲ・A・B
		理　科	「物理基礎・物理」，「化学基礎・化学」，「生物基礎・生物」から2科目選択
	物　理	外国語	コミュニケーション英語Ⅰ・Ⅱ・Ⅲ，英語表現Ⅰ・Ⅱ
		数　学	数学Ⅰ・Ⅱ・Ⅲ・A・B
		理　科	「物理基礎・物理」必須。さらに，「化学基礎・化学」，「生物基礎・生物」から1科目選択
	生物科学（生命理学）生物	外国語	コミュニケーション英語Ⅰ・Ⅱ・Ⅲ，英語表現Ⅰ・Ⅱ
		数　学	数学Ⅰ・Ⅱ・Ⅲ・A・B
		理　科	「物理基礎・物理」，「化学基礎・化学」
医	医	外国語	コミュニケーション英語Ⅰ・Ⅱ・Ⅲ，英語表現Ⅰ・Ⅱ
		数　学	数学Ⅰ・Ⅱ・Ⅲ・A・B
		理　科	「物理基礎・物理」，「化学基礎・化学」，「生物基礎・生物」から2科目選択
		面　接	個人面接（10分程度）によって，人間性・創造性豊かな医師及び医学研究者となるにふさわしい適性を計り，一般的態度，思考の柔軟性及び発言内容の論理性等を評価する。複数の面接員による評価を参考にして，場合によっては，複数回の面接をすることがある。

医	保健（看護学）	外国語	「コミュニケーション英語Ⅰ・Ⅱ・Ⅲ，英語表現Ⅰ・Ⅱ」，ドイツ語，フランス語から1科目選択
		数学	数学Ⅰ・Ⅱ・A・B
		理科	「物理基礎・物理」，「化学基礎・化学」，「生物基礎・生物」から1科目選択
	保健・検査技術科学（放射線技術科学科）	外国語	「コミュニケーション英語Ⅰ・Ⅱ・Ⅲ，英語表現Ⅰ・Ⅱ」，ドイツ語，フランス語から1科目選択
		数学	数学Ⅰ・Ⅱ・Ⅲ・A・B
		理科	「物理基礎・物理」，「化学基礎・化学」，「生物基礎・生物」から2科目選択
歯		外国語	「コミュニケーション英語Ⅰ・Ⅱ・Ⅲ，英語表現Ⅰ・Ⅱ」，ドイツ語，フランス語から1科目選択
		数学	数学Ⅰ・Ⅱ・Ⅲ・A・B
		理科	「物理基礎・物理」，「化学基礎・化学」，「生物基礎・生物」から2科目選択
		面接	個人面接を行う。医療人になるための適性や明確な目的意識を持っている者を積極的に受け入れることを目的とする。①全般的態度 ②受験の動機，目的，意識 ③意欲，積極性 ④協調性，柔軟性を評価する。
薬		外国語	コミュニケーション英語Ⅰ・Ⅱ・Ⅲ，英語表現Ⅰ・Ⅱ
		数学	数学Ⅰ・Ⅱ・Ⅲ・A・B
		理科	「物理基礎・物理」，「化学基礎・化学」，「生物基礎・生物」から2科目選択
		小論文	
		面接	複数の面接員による評価を参考にして，場合によっては，複数回の面接をすることがある。
工		外国語	コミュニケーション英語Ⅰ・Ⅱ・Ⅲ，英語表現Ⅰ・Ⅱ
		数学	数学Ⅰ・Ⅱ・Ⅲ・A・B
		理科	「物理基礎・物理」必須。さらに，「化学基礎・化学」，「生物基礎・生物」から1科目選択

基礎工	外国語	「コミュニケーション英語Ⅰ・Ⅱ・Ⅲ，英語表現Ⅰ・Ⅱ」，ドイツ語，フランス語から1科目選択
	数　学	数学Ⅰ・Ⅱ・Ⅲ・Ａ・Ｂ
	理　科	「物理基礎・物理」必須。さらに，「化学基礎・化学」，「生物基礎・生物」から1科目選択

▶備　考

- 英語以外の外国語は省略。
- 「数学Ｂ」は「数列，ベクトル」を出題範囲とし，「確率分布と統計的な推測」を出題範囲から除く。

▶配　点

学　部　等	外国語	数学	理科	小論文	面接	合計
理・工・基礎工	200点	250点	250点			700点
医　　医	500	500	500		※	1,500
医　　保健(看護学)	200	100	100			400
医　　保健(放射線技術科学・検査技術科学)	200	200	200			600
歯	300	300	300		300	1,200
薬	150	250	250	50	※※	700

※面接の結果によって，医師及び医学研究者になる適性に欠けると判断された場合は，筆記試験の得点に関わらず不合格とする。

※※面接の結果によって，薬剤師及び薬学研究者になる適性に欠けると判断された場合は，筆記試験の得点に関わらず不合格とする。

英　語

（90 分）

I 次の英文(A)と(B)を読み，それぞれの下線部の意味を日本語で表しなさい。

(A) Rain forests may be known as the planet's lungs, but it's when standing before the seas, with their crashing waves and ceaselessly cycling tides, that we feel the earth breathe. The ocean, say scientists, is the source of all life on earth. It is also, say philosophers, the embodiment of life's greatest terror: the unknown and uncontrollable.

(Wolfson, Elijah. 2022. "Waves of Change: A Special Report." *TIME*, July 4/ July 11.)

(B) Ask almost any painter or sculptor, famous or not, why they do what they do and they'll give you the same answer: it's a compulsion. Ask them what advice they might have for an aspiring artist and they'll probably caution you not to attempt a career as one unless you feel you have absolutely no other option. The seasoned artist knows, usually through bitter experience, that making art can be a miserable, endless cycle of frustration and disappointment. The French artist Paul Cézanne, perhaps the greatest painter of the modern era, died in 1906 thinking he had failed.

(Gompertz, Will. 2023. *See What You're Missing: 31 Ways Artists Notice the World — and How You Can Too*. Viking Press.)

Ⅱ　次の英文を読んで，以下の設問に答えなさい。

　　Stars and galaxies move around us at a pace that seems glacial on human time scales. Their dance is exceedingly gradual, taking place over billions of years. But if we could see time the same way the stars do, the neighborhood around our Milky Way Galaxy would appear surprisingly active.

　　Galaxies swing around one another, slowly spiraling together until they merge. Many don't travel alone but bring companions with them, in a dark collision that may tear some stars from the heart of their homes and splay them across the sky. Other regions grow rich in gas and dust and begin, in their newfound opulence, to birth new stars. The dance of the galaxies is slow and violent, filled with both life and death.

　　The Milky Way drives the motion of the collection of more than 100 galaxies known as the Local Group. Within that group, only the Andromeda Galaxy is larger than the Milky Way — roughly 125 percent more massive — and like our galaxy, it has a spiral shape. Two smaller galaxies stand out: the Triangulum Galaxy, dancing around Andromeda, and the Large Magellanic Cloud (LMC), orbiting the Milky Way. The rest of the neighborhood is filled mostly with satellites of the pair, smaller galaxies hovering like adoring fans. These galaxies flit about, but eventually will meld with their larger companions. When that happens, it will not be the first time our galaxy has bumped into another.

　　The Milky Way suffered its first major collision early in its lifetime, roughly 10 billion years ago. Prior to that, it probably had a handful of scrapes with smaller galaxies, but the dramatic crash into a galaxy referred to as Gaia Enceladus left lasting scars. For a long time, those scars were hidden, their absence puzzling astronomers. It took the European Space Agency's Gaia space telescope to bring them to light in 2018, after years of hints.

　　"Before the Gaia data was released, we thought the Milky Way was a very quiet galaxy with no dramatic impact," says Eloisa Poggio, an astronomer at the Astrophysical Observatory of Turin in Italy. "It's more complicated than we thought before."

Gaia Enceladus was a dwarf galaxy, slightly smaller than the Milky Way, perhaps 2 billion years old when it crashed into us. The collision would have significant ramifications. The Milky Way was a stubby disk from which stars were flung out, creating its halo. Part of the disk then became unstable and collapsed into a barlike structure. Over time, a new, thin disk was created. When the show was over, the Milky Way was a different galaxy.

"This is a key pivotal moment in the Milky Way's life," says Vasily Belokurov, part of one of the two teams that co-discovered the ancient artifact. "It unleashed a sequence of transformations in the Milky Way that have changed it into the Milky Way we know."

For the next few billion years, the Milky Way was quiet, consuming the occasional satellite galaxy but leaving the larger ones alone. That changed around 6 billion years ago when the Sagittarius* Galaxy made its own grand entrance.

Sagittarius is an elliptical galaxy, one of the nearest neighbors to the Milky Way, and is coming to an agonizing end as it interacts with the larger object. Discovered in 1994, Sagittarius spirals around the Milky Way's poles, a hundred to a thousand times less massive than our galaxy.

In 2018, scientists discovered a warp in the disk of the Milky Way. Large-scale distortions — collections of stars gravitationally shoved together — are common among spiral galaxies, and ours travels relatively slowly around the disk. A warp can form due to interactions within a galaxy, but the movement suggests an external origin. "The only possible model that can explain such large precession is interaction with a satellite [galaxy]," says Poggio, who measured and tracked the warp.

But who's the culprit? While it's possible that the Milky Way's warp was caused by the LMC, Poggio thinks that the influence of Sagittarius might be stronger, and she's working to prove it. Confirming her theory requires further simulations, which she is in the process of analyzing.

Sagittarius is also triggering waves of star formation in the Milky Way. Researchers have found patches of star formation that coincide with the closest approach, or pericenter, of the dying galaxy. Gravitational interactions push together piles of gas and dust to create regions ripe for starbirth. Tomás Ruiz-Lara, an astronomer at Kapteyn Astronomical Institute, the Netherlands, found bursts of stellar formation roughly 6.5 billion, 2 billion, and 1 billion years ago, and tied each one to several pericentric passes of Sagittarius.

"The main surprise is that something so small is able to cause all these effects," says Ruiz-Lara. "Sagittarius is an important actor in the film of the origin and evolution of our galaxy."

(Tillman, Nola Taylor. 2022. "Milky Way's Crash-Bang Neighborhood." *Discover*, March–April より一部改変)

*Sagittarius：いて座

設問(1)　下線部(i)～(vi)の語句の本文中での意味に最も近いものを，(イ)～(ニ)から1つ選び，解答欄の選択肢を塗りつぶしなさい。

　　(i)　merge

　　　　(イ) accelerate　　(ロ) combine　　(ハ) halt　　(ニ) separate

　　(ii)　opulence

　　　　(イ) gravity　　(ロ) space　　(ハ) spark　　(ニ) wealth

　　(iii)　ramifications

　　　　(イ) causes　　　　　　　　(ロ) consequences

　　　　(ハ) explosions　　　　　　(ニ) relationships

　　(iv)　artifact

　　　　(イ) civilization　　(ロ) creatures　　(ハ) documents　　(ニ) remains

(v) consuming

   (イ) absorbing   (ロ) becoming

   (ハ) buying   (ニ) producing

(vi) ripe for

   (イ) full of   (ロ) lacking in

   (ハ) ready for   (ニ) resulting from

設問(2) 下線部(A) that は具体的には何を指しているか，日本語で答えなさい。

設問(3) 下線部(B) their absence puzzling astronomers とはどのような状態を指すのか，本文の内容に即して日本語で説明しなさい。

設問(4) 本文において，下線部(C) who's the culprit? の答えの可能性として具体的に考えられているものは何か，本文中から英語ですべて抜き出しなさい。

設問(5) 下線部(D)において important と述べられている理由を，45字以内の日本語で説明しなさい。句読点も1字に数えます。

設問(6) 本文全体の主旨を最もよく表している文を下記の(イ)〜(ホ)から1つ選び，解答欄の選択肢を塗りつぶしなさい。

   (イ) The fate of our galaxy is played out in a slow but surprisingly dramatic cosmic dance.

   (ロ) The Milky Way determines the movement of a large group of some 100 galaxies.

   (ハ) The myth of the astronomers and the development of our galaxy became a film in Europe.

   (ニ) The primary cause of the birth of new stars in the Milky Way remains debatable.

   (ホ) The speed at which stars and galaxies move seems very slow to human beings.

Ⅲ　大学において，あなたが理想とする学びとはどういうものですか。具体例を挙げて，80 語程度の英文で述べなさい。

Ⅳ　次の日本文(A)と(B)のそれぞれの下線部の意味を英語で表しなさい。ただし，(B)では**文学部の志願者は(イ)を，文学部以外の学部の志願者は(ロ)**を選んで解答しなさい。

一部改題：(B)の(イ)は省略。

(A)　**（すべての学部の志願者）**

　　たとえば，「そもそも，人間は他人の心を理解できるのだろうか？」とか，「そもそも，他人を理解するとは，いったいどんなことか？」。あるいは，「そもそも，他人に心があるとどうして分かるのか？」。

　　こうした疑問は時間がたつにつれて，ふつうは忘れ去られてしまうようです。とはいえ，忘れたからといって，疑問が解決されたわけではありません。時々は，思い出したり，疑問が広がったりするのではないでしょうか。

　　実を言えば，いつの間にか忘れてしまった「そもそも」問題を，あらためて問い直すのが「哲学すること」に他なりません。哲学は，過去の哲学者の学説を知るのが目的ではありません。

　　（岡本裕一朗. 2023.『哲学 100 の基本』東洋経済新報社 より一部改変）

(B)

(ロ)　**（文学部以外の学部の志願者）**

　　人々は以前ほどマスメディアの言うことを鵜呑みにはしなくなった。しかし，それで果たして社会は良くなったのであろうか。

　　取材をし，記事を書き，ニュースを発信するのが人間である以上，報道は全て正しいとは限らない。また，報道が届く人々の範囲の広さを考えても，個別の記事や番組に対する批判は，あってしかるべき重要なものである。しかし，批判の対象が「マスメディア」「マスコミ」となったとき，それが本当に対象を理解したうえでの批判なのか，その批判が民主主義にとって有益なのかという問いに，今一度立ち戻るべきではないだろうか。

　　（稲増一憲. 2022.『マスメディアとは何か』中央公論新社（中公新書）より一部改変）

数 学

◀理・医〈医・保健〈放射線技術科学・検査技術科学〉〉・
歯・薬・工・基礎工学部▶

（150 分）

1   自然数 n に対して，関数 $f_n(x)$ を

$$f_n(x) = 1 - \frac{1}{2}e^{nx} + \cos\frac{x}{3} \quad (x \geqq 0)$$

で定める．ただし，e は自然対数の底である．

(1) 方程式 $f_n(x) = 0$ は，ただ 1 つの実数解をもつことを示せ．

(2) (1) における実数解を a_n とおくとき，極限値 $\displaystyle\lim_{n\to\infty} a_n$ を求めよ．

(3) 極限値 $\displaystyle\lim_{n\to\infty} na_n$ を求めよ．

（配点率 20 %）

2 α, β を複素数とし，複素数 z に対して

$$f(z) = z^2 + \alpha z + \beta$$

とおく．α, β は

$$\left| f(1) - 3 \right| \leqq 1 \quad \text{かつ} \quad \left| f(i) - 1 \right| \leqq 3$$

を満たしながら動く．ただし，i は虚数単位である．

 (1) $f(1 + i)$ がとりうる値の範囲を求め，複素数平面上に図示せよ．

 (2) $f(1 + i) = 0$ であるとき，α, β の値を求めよ．

（配点率 20 %）

3 空間内の 2 直線 ℓ, m はねじれの位置にあるとする．ℓ と m の両方に直交する直線がただ 1 つ存在することを示せ．

（配点率 20 %）

4 $a > 1$ とする．xy 平面において，点 $(a, 0)$ を中心とする半径 1 の円を C とする．

 (1) 円 C の $x \geqq a$ の部分と y 軸および 2 直線 $y = 1$, $y = -1$ で囲まれた図形を y 軸のまわりに 1 回転してできる回転体の体積 V_1 を求めよ．

 (2) 円 C で囲まれた図形を y 軸のまわりに 1 回転してできる回転体の体積を V_2 とする．(1) における V_1 について，$V_1 = 2V_2$ となる a の値を求めよ．

（配点率 20 %）

5   自然数 $1,\ 2,\ 3,\ \cdots,\ n$ のうち，n と互いに素であるものの個数を $f(n)$ とする.

(1) 自然数 $a,\ b,\ c$ および相異なる素数 $p,\ q,\ r$ に対して，等式

$$f(p^a q^b r^c) = p^{a-1} q^{b-1} r^{c-1} (p-1)(q-1)(r-1)$$

が成り立つことを示せ.

(2) $f(n)$ が n の約数となる 5 以上 100 以下の自然数 n をすべて求めよ.

(配点率 20 %)

◀医（保健〈看護学〉）学部▶

（90 分）

1　曲線 $y = |x^2 - 1|$ を C，直線 $y = 2a(x+1)$ を ℓ とする．ただし，a は $0 < a < 1$ を満たす実数とする．

(1) 曲線 C と直線 ℓ の共有点の座標をすべて求めよ．

(2) 曲線 C と直線 ℓ で囲まれた 2 つの部分の面積が等しくなる a の値を求めよ．

（配点率 35 %）

2　座標空間内の直線 ℓ と z 軸はねじれの位置にあるとする．ℓ と z 軸の両方に直交する直線がただ 1 つ存在することを示せ．

（配点率 35 %）

3　素数を小さい順に並べて得られる数列を

$$p_1, \quad p_2, \quad \cdots, \quad p_n, \quad \cdots$$

とする．

(1) p_{15} の値を求めよ．

(2) $n \geqq 12$ のとき，不等式 $p_n > 3n$ が成り立つことを示せ．

（配点率 30 %）

物　理

（医（保健〈看護学〉）学部：75分　その他の学部：2科目150分）

〔1〕　水平な床の上をx軸に沿って運動する小物体PとQについて考える。この小物体同士の衝突は弾性衝突とする。これら2つの小物体は，伸びることのない長さℓのひもでつながれている。ひもが緩んでいるときには，ひもが小物体の運動を妨げることはないが，小物体間の距離がℓになるとひもが張って，小物体の間にはひもを介して瞬間的な力（撃力）がはたらく。このとき，ひもが張る前後において2つの小物体には力学的エネルギー保存則および運動量保存則が成立するものとする。なお，ひもを介して力を及ぼしあうことは衝突とはよばない。また，小物体の大きさは無視できるほど小さく，ひもの質量は無視できる。断りがない限りは床と小物体の間の摩擦も無視できる。重力加速度の大きさはgである。速度の正の向きはx軸の正の向きとする。

　　I.　小物体Pの質量をm，小物体Qの質量をcm（cは正の定数）とする。図1のように，$x = 0$で静止している小物体Qに小物体Pを速度v_1（$v_1 > 0$）で衝突させた。ただし，この最初の衝突の時刻は$t = 0$である。

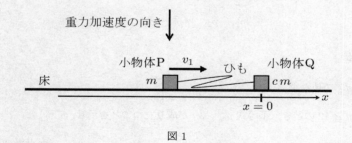

図 1

　　問 1　最初の衝突直後の小物体PとQの速度を，c, v_1, ℓ, gのうち必要なものを用いてそれぞれ表せ。

問2 2つの小物体は衝突後に離れていき，小物体間の距離が ℓ となったところで
ひもが張った。この直後の小物体PとQの速度を，c, v_1, ℓ, g のうち必
要なものを用いてそれぞれ表せ。

問3 ひもが張った後，しばらくして小物体PとQが再び衝突した。2回目の衝
突の時刻を，c, v_1, ℓ, g のうち必要なものを用いて表せ。

問4 時刻 t ($t > 0$) における小物体PとQをあわせた2物体の重心の位置を，
c, v_1, ℓ, g, t のうち必要なものを用いて表せ。

II. 図2のように小物体PとQの質量がともに M であり，小物体Qをばね定数 k
のばねに取り付けた装置を考える。ばねの右端は壁面に固定されており，ばねの
左端は小物体Qと離れることはない。はじめ，小物体Qは $x = 0$ で静止してお
り，ばねは自然の長さである。その後，小物体Pを速度 v_2 ($v_2 > 0$) で小物体Q
に向かって運動させ，時刻 $t = 0$ で1回目の衝突をさせた。小物体Qは衝突後，
ばねの力を受けながら運動した。ただし，ばねは十分に長く，ばね定数も十分に
大きいため，小物体Qは壁に当たることはないものとする。

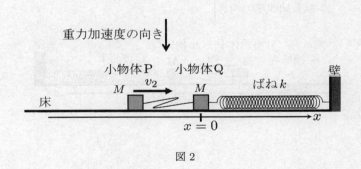

図2

問5 2回目の衝突が $x = 0$ で起こるためには，ひもの長さ ℓ が，ある ℓ_0 より長
い必要がある。また，ℓ がこの ℓ_0 より短いと，$x = 0$ で2回目の衝突は起
こらない。この ℓ_0 を，M, v_2, k, g のうち必要なものを用いて表せ。

ℓ がこの ℓ_0 より長いという条件のもとで，2回目以降の衝突を考える。

問 6　2回目の衝突の時刻を，M, v_2, k, ℓ, g のうち必要なものを用いて表せ。

問 7　$2n+1$ 回目の衝突の時刻を，M, v_2, k, ℓ, g, n のうち必要なものを用いて表せ。ただし，n は正の整数である。

III. 次に，II. で用いた装置に変更を加え，図3のように $-\dfrac{3\ell}{4} \leqq x \leqq -\dfrac{\ell}{2}$ の領域 A のみにおいて小物体 P と床の間に摩擦力がはたらくようにした。領域 A における小物体 P と床の間の動摩擦係数を μ とする。$x=0$ で静止している小物体 Q に小物体 P を速度 v_3 ($v_3 > 0$) で衝突させたところ，小物体 P と Q は $x=0$ で 2回目の衝突をした。その後，小物体 P と Q はさらに衝突を繰り返し，$2N$ 回目と $2N+1$ 回目の衝突の間に小物体 P は領域 A の中心 $x=-\dfrac{5\ell}{8}$ で静止した。ただし，N は，ある正の整数である。小物体 P と Q が最初に衝突してから，小物体 P が領域 A で静止するまでの間，小物体 Q が領域 A に入ることはなかった。また，ばねは十分に長く，ばね定数も十分に大きいため，小物体 Q は壁に当たることはないものとする。

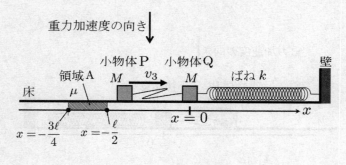

図 3

問 8　上記の運動を実現するには，動摩擦係数 μ がある値を取る必要がある。その取りうるすべての値を，M, v_3, k, ℓ, g, N のうち必要なものを用いて表せ。

〔**2**〕 磁場 (磁界) が導体棒に及ぼす影響を考える。水平面 (xy 平面) 内に x 軸と平行な 2 本の導体のレールが間隔 d で設置されている。2 本のレール上には，質量 m の導体棒が y 軸と平行に置かれており，導体棒はレール上を x 軸と平行な方向に摩擦なしに滑ることができる。ただし，レールは十分に長く，導体棒が運動してもレール上から外れることはない。以下の問では，レール，導体棒や導線の抵抗と太さは無視してよく，これらに流れる電流により生じる磁場，および，コイル以外の回路の自己インダクタンスも無視してよい。

I. ここでは，レール上の導体棒を P とよぶ。図 1 のように，$x < 0$ の領域のレールの端部に，内部抵抗を無視できる起電力 E の電池，抵抗値 R の抵抗 1，自己インダクタンス L のコイル，および，スイッチ S_1 と S_2 を導線で接続した。さらに，$x > 0$ の領域のレールの端部には，抵抗値 R の抵抗 2 とスイッチ S_3 を導線で接続した。$x < 0$ の領域にのみ，鉛直上向き (紙面に垂直に裏から表へ向かう向き) の一様な磁場があり，その磁束密度の大きさは B である。

はじめに，スイッチ S_1 と S_2 を開いたままスイッチ S_3 を閉じ，導体棒 P に外力を加え，$x < 0$ の領域において x 軸の正の向きに一定の速さ v で動かした。

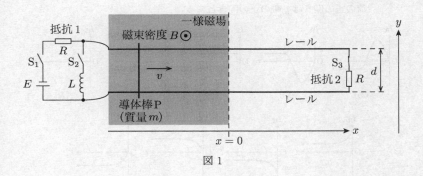

図 1

問 1 導体棒 P に発生する誘導起電力の大きさを求めよ。

問 2 導体棒 P に加えている外力の大きさを求めよ。

次に，図 2 のように，スイッチ S_3 を閉じたまま導体棒 P を $x < 0$ の領域で

$x = 0$ から十分に離れた場所に静止させ，時刻 $t = 0$ にスイッチ S_1 を閉じたところ，導体棒 P が動き始めた。その後しばらくすると，導体棒 P は $x < 0$ の領域内で一定の速度に達した。

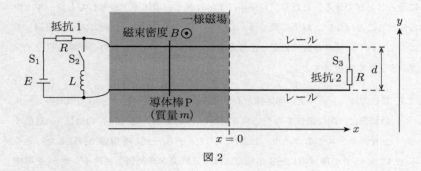

図 2

問 3 導体棒 P の速度が一定になったときの速さを求めよ。

問 4 スイッチ S_1 を閉じてから導体棒 P の速度が一定になるまでの間に，抵抗 2 に流れる電流 I_R の時間変化を図示したものとして，最も適切なものを図 3 の (あ) から (け) の中から選んで記号で答えよ。ただし，抵抗 2 を流れる電流の正の向きは y 軸の正の向きとする。

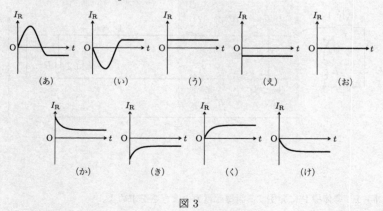

図 3

次に，スイッチ S_1 と S_3 を開き，導体棒 P を $x > 0$ の領域で静止させた。そして，図 4 に示すように，スイッチ S_2 を閉じ，導体棒 P を時刻 $t = 0$ に x 軸の

負の向きへ速さ v で打ち出した。このあと，導体棒 P は時刻 $t = t_1 \ (t_1 > 0)$ に $x = 0$ を通過して磁場のある領域へ入った。以下では，時刻 t における導体棒 P の位置と導体棒 P に流れる電流を，それぞれ，x_P, I_P とする。

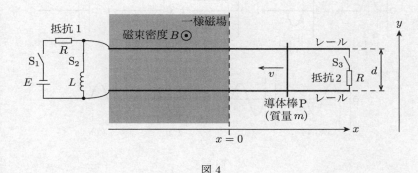

図 4

問 5　I_P と x_P の関係について，以下の文章の空欄に入るべき式を解答欄に記入せよ。ただし，導体棒 P に作用する力の正の向きは x 軸の正の向きとし，導体棒 P に流れる電流の正の向きは y 軸の正の向きとする。

　一般に，時刻 t から微小な時間 Δt だけ経過したときの電流と導体棒の位置は，変化量 ΔI_P と Δx_P を用いて，$I_P + \Delta I_P$, $x_P + \Delta x_P$ と表される。$x_P < 0$ のとき，自己誘導によってコイルに生じる起電力と磁場の中を運動する導体棒 P に生じる誘導起電力がつりあうことから，

$$\frac{\Delta I_P}{\Delta t} = \boxed{\quad\text{(a)}\quad} \frac{\Delta x_P}{\Delta t} \tag{1}$$

の関係が得られる。導体棒 P が時刻 $t = t_1$ に $x = 0$ を通過するときには $I_P = 0$ であるため，式 (1) から，導体棒 P に流れる電流は $I_P = \boxed{\quad\text{(a)}\quad} x_P$ となる。この電流が流れることにより導体棒 P には $F = - \boxed{\quad\text{(b)}\quad} x_P$ の力がはたらく。この力は，ばね定数が $\boxed{\quad\text{(b)}\quad}$ のばねによる復元力とみなすことができる。

問 6　導体棒 P に流れる電流 I_P の時間変化を図示したものとして，最も適切なも

のを図5の (さ) から (て) の中から選んで記号で答えよ。ただし，**導体棒P**に流れる電流の正の向きは y 軸の正の向きとする。

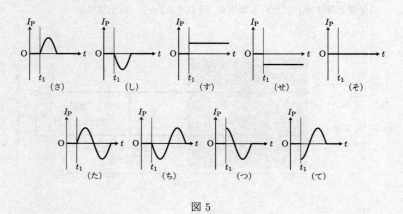

図 5

問 7　導体棒 P に流れる電流 I_P の大きさの最大値を求めよ。

II. 次に，図 6 に示すように，2 本のレールと導体棒を 2 組に増やし，それぞれを z 座標の値が異なる水平面内に設置した。そして，互いのレールをスイッチ S_4，S_5，抵抗値 R_1，R_2，R_3 をもつ抵抗と導線を用いて接続した。ここでは，上側にあるレール上の導体棒を P とし，下側のレール上にある導体棒を Q とよぶ。上下のレールと導体棒は，どちらも一様な磁場の中に置かれている。その磁束密度の大きさは B であり，磁場の向きは z 軸の正の向きである。ただし，図 6 に記号 A で示したところでは 2 本の導線は接触していない。

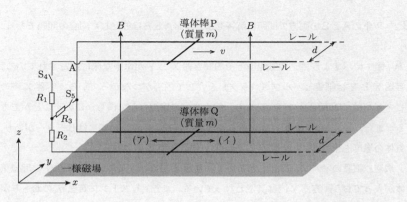

図 6

はじめに導体棒PとQを静止させ，スイッチS_5を開いたままでスイッチS_4を閉じた。その後，外力を加えて導体棒Pをx軸の正の向きに一定の速さvで動かした。

問 8　導体棒Pを一定の速度で動かし始めた直後に導体棒Qに作用する力の向きを，図6に示した$(ア)$または$(イ)$の記号で答えよ。また，その力の大きさを求めよ。

問 9　導体棒Pを一定の速度で動かし始めてからしばらくすると，導体棒Qの速度は一定になった。このときの導体棒Qの速さを求めよ。

問9において導体棒Qの速度が一定になった後に，スイッチS_4を閉じたままでスイッチS_5も閉じた。スイッチS_5を閉じた後も，導体棒Pをx軸の正の向きに一定の速さvで動かし続けた。

問 10　スイッチS_5を閉じた直後に抵抗値R_3の抵抗に流れる電流の大きさを求めよ。

問 11　スイッチS_5を閉じてからしばらくすると，導体棒Qの速度は一定になった。このときの導体棒Qの速さを求めよ。

〔**3**〕 以下のAとBの両方の問題に解答せよ。なおAとBは独立した内容の問題である。

A. 図1に示すように，大気環境下で円筒容器XとYが水平な床に固定されている。容器XとYは細管とバルブ（コック）を介して内部がつながっている。容器X内のピストンは，断面積Sの底面をもち，鉛直方向に摩擦なしで滑らかに動くことができる。また，ピストンの位置は固定することもできる。容器Xの中にはヒーターがあり，気体の温度を上げることができる。容器Y内の体積はV_Yである。

　最初，細管のバルブは閉じられている。容器X内にはnモルの単原子分子の理想気体が入っており，容器Y内は真空となっている。また，ピストンに質量mのおもりがのせられている。

　すべての容器，細管，バルブやピストンは断熱材料で作られている。また，ピストンの質量，細管の体積，ヒーターの体積およびヒーターの熱容量は無視できるものとする。気体定数をR，重力加速度の大きさをg，大気の圧力をp_0として以下の問に答えよ。なお，単原子分子の理想気体のゆっくりとした断熱変化では，圧力pと体積Vが「$pV^\gamma =$ 一定」の関係を満たす。γは比熱比とよばれる定数である。また，大気の圧力p_0は一定で，容器内の気体の分子にはたらく重力は無視できるものとする。

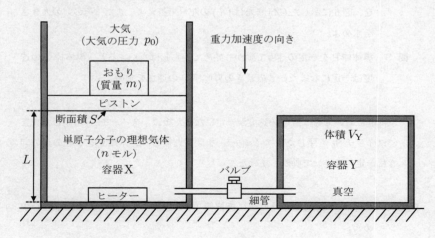

図1

問1 はじめにピストンが自由に動ける状態にした。すると，ピストンは，図1のようにその底面が容器X内の底面から高さLの位置で静止していた。このときの容

器 X 内の気体の温度 T_1 を，p_0，m，g，S，L，n，R のうち必要なものを用いて表せ。

問 2 問 1 の状態（温度 T_1）から，ピストンの底面を高さ L の位置のまま固定し，バルブを開いた。すると，気体は容器 Y 内に広がるだけで容器の壁やピストンに対して仕事をせず，バルブを開いて十分に時間が経過した後に，容器 X 内と Y 内の気体の温度と圧力は等しくなった。このときの気体の温度 T_2 を，T_1，p_0，m，g，S，L，V_Y のうち必要なものを用いて表せ。

問 3 問 2 の状態から，バルブを開いたままヒーターを用いて容器 X 内と Y 内の気体の温度を T_3 まで上昇させて，ピストンの固定を外した。すると，ピストンの底面は高さ L の位置で変わらなかった。このときの気体の温度 T_3 を，p_0，m，g，S，L，V_Y，n，R のうち必要なものを用いて表せ。

問 4 問 3 の状態から，バルブを再び閉じて，おもりをピストンからゆっくりと外した。すると，容器 X 内の気体において，ゆっくりとした断熱変化が起こり，ピストンの底面は高さ $L + \Delta L$ の位置となった。このとき，$\dfrac{\Delta L}{L}$ を，p_0，m，g，S，γ，n，R のうち必要なものを用いて表せ。

問 5 以下の文章の   (a)   と   (b)   に入るべき式を，それぞれの $\{$ $\}$ の中に与えられた文字のうち必要なものを用いて表せ。

問 3 および問 4 の過程における内部エネルギー変化と仕事を求めてみよう。まず，問 3 の操作において，ヒーターによって容器 X 内と Y 内の気体を T_2 から T_3 まで温めたことによる内部エネルギー変化 ΔU は

$$\Delta U = \boxed{(a) \ \{\, p_0, \ m, \ g, \ S, \ L, \ V_Y, \ n, \ R \,\}}$$

となる。また，問 4 の断熱変化で気体がピストンに対して行った仕事 W は

$$W = \boxed{(b) \ \{\, p_0, \ m, \ g, \ S, \ L, \ \Delta L, \ V_Y \,\}}$$

と表せる。

問 6 問 3 の状態から，バルブを開いたまま，おもりをピストンからゆっくりと外した。すると，容器 X 内と Y 内の気体において，ゆっくりとした断熱変化が起こり，ピストンの底面は高さ $L + \Delta L'$ の位置となった。このとき，$\Delta L'$ と問 4 で求めた ΔL の比 $\dfrac{\Delta L'}{\Delta L}$ を，L，S，V_Y のうち必要なものを用いて表せ。

B. 中性子捕捉療法とは，がん細胞に取り込まれた原子核 X と中性子との核反応で生成される α 線（$_2^4$He の原子核）によって，がん細胞を効率的に死滅させる放射線療法の一つである。

I. 静止している原子核 X に遅い中性子 $_0^1$n を当てたところ，核反応

$$X + {}_0^1n \longrightarrow {}_3^7Li^* + {}_2^4He$$

が起こり 2.31 MeV ($= 2.31 \times 10^6$ eV) のエネルギーが生じた。そして，そのすべてのエネルギーが $_3^7Li^*$ と $_2^4$He の原子核の運動エネルギーに変換された。ここで $_3^7Li^*$ は $_3^7Li$ の励起状態である。なお，$_3^7Li^*$ は，$_3^7Li$ と同じ数の陽子と中性子から構成されているが，表1に示すように $_3^7Li$ に比べて大きな質量をもつ。

問 7 原子核 X の質量数と原子番号を求めよ。

問 8 上記の核反応が起こり，$_3^7Li^*$ と $_2^4$He が互いに十分に離れた後の $_2^4$He の運動エネルギーを，MeV を単位として有効数字2桁で求めよ。ただし，核反応の前後では運動量保存則が成り立つ。また，核反応前の中性子の運動量は無視できるものとする。必要であれば，表1の原子核の質量の文献値を用いてもよい。

表 1

原子核	質量〔u〕
$_0^1$n	1.0087
$_2^4$He	4.0015
$_3^7Li$	7.0144
$_3^7Li^*$	7.0149

II. 最近の中性子捕捉療法では，サイクロトロンなどの加速器を用いる。そこでは，数十 MeV の運動エネルギーまで加速された陽子を，リチウムやベリリウムと核反応させることで，数 MeV 程度の運動エネルギーをもつ中性子を発生させる。その後，発生した中性子を減速材に入射し，治療に適した運動エネルギーまで減

速させる。

問 9 室温（27 ℃）で熱運動している中性子の集まりを単原子分子の理想気体とみなしたとき，中性子 1 個あたりの平均の運動エネルギーを，eV を単位として有効数字 2 桁で求めよ。必要であれば，ボルツマン定数 $k = 1.38 \times 10^{-23}$ J/K と電気素量 $e = 1.60 \times 10^{-19}$ C を用いてよい。

　水を減速材として用いて中性子を減速させる場合，主に水に含まれる水素原子中の陽子との衝突により中性子は運動エネルギーを失う。この衝突を，中性子と静止した陽子との弾性衝突として考えよう。

問 10 図 1 のように，x 軸の正の向きに運動する中性子が，静止している陽子に衝突した。その後，中性子は x 軸の正の向きから角度 θ（$0° < \theta < 90°$）の方向へ散乱された。この散乱で中性子の運動エネルギーは E_1 から E_2 に減少した。このときの運動エネルギーの比 $\dfrac{E_2}{E_1}$ を θ を用いて表せ。ただし，陽子と中性子は同じ質量をもつとみなしてよい。

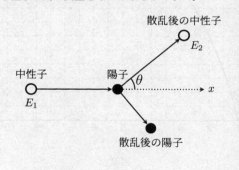

図 1

問 11 問 10 において，中性子の散乱が可能な方向に等確率で起こる場合，中性子の運動エネルギーは 1 回の衝突で平均 $\dfrac{1}{3}$ 倍になる。以下では中性子は水中で陽子とのみ衝突し，1 回の衝突により運動エネルギーが $\dfrac{1}{3}$ 倍に減少すると単純化して考える。

　K_1 の運動エネルギーをもつ中性子が陽子と N 回衝突した結果，K_2 の

運動エネルギーまで減速した。このとき，N を K_1 と K_2 を用いて表せ。

また，10 MeV の運動エネルギーをもつ中性子を，問9で求めた平均の運動エネルギー以下まで減速するには，最低何回の衝突を起こす必要があるか求めよ。ただし，$\log_{10} 3 = 0.477$ とする。必要であれば，図2の常用対数のグラフを用いてよい。

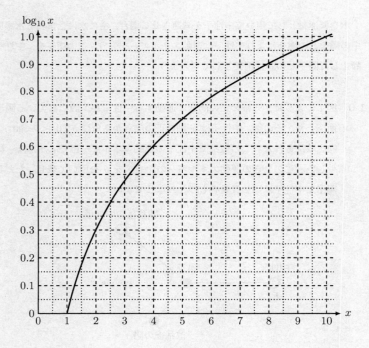

図2

化　学

（医（保健〈看護学〉）学部：75分　その他の学部：2科目150分）

【注意】

1.　必要があれば次の数値を用いよ。

Hの原子量 = 1.0

Cの原子量 = 12

Nの原子量 = 14

Oの原子量 = 16

Ca の原子量 = 40

アボガドロ数 $N_A = 6.02 \times 10^{23}/\text{mol}$

ファラデー定数 $F = 9.65 \times 10^4\,\text{C/mol}$

$\sqrt{2} = 1.41$, $\sqrt{3} = 1.73$, $\sqrt{5} = 2.24$

2.　特にことわらない限り，構造式は下の例にならって示すこと。

（例）

3.　体積の単位記号 L はリットルを表す。

4.　字数制限のある解答は，下の例にならって書くこと。

（例）

| D | - | グ | ル | コ | ー | ス | を | 5 | . | 0 | × | 1 | 0 | - | ² | g |
| / | L | の | N | a | N | O | ₃ | 水 | 溶 | 液 | に | 溶 | か | し | た | 。 |

〔１〕　以下の文章を読み，**問1**〜**問9**に答えよ。

　　イオン，原子，分子などの構成粒子が繰り返し規則正しく配列した固体を結晶といい，最小の繰り返し単位となる構造を単位格子という。

　　イオン結晶では，陽イオンと陰イオンが静電気的な引力（クーロン力）で結合①し，交互に規則正しく立体的に配置している。イオン結晶の構造には，陽イオンと陰イオンの価数の違いや，イオン半径の比によっていくつかの種類が存在する②（図1）。

　　非金属元素である炭素の単体は，ダイヤモンド，黒鉛，フラーレン，カーボンナノチューブなど様々な物質が存在する。③

　　この中でダイヤモンドは無色透明で極めて硬く，　**ア**　結合の結晶であり，イオン結晶の　**④**　の全ての陽イオンと陰イオンを炭素原子に置き換えたものと同等の結晶構造をもつ。1つの炭素原子は　**イ**　個の炭素原子と　**ア**　結合しており，1つの単位格子に含まれる炭素原子の数は　**ウ**　個である。ダイヤモンドの単位格子の一辺を 0.357 nm とするとき，隣接した炭素原子間の　**ア**　結合の距離は　**⑤**　nm である。

　　一方で黒鉛は黒色で柔らかく，炭素原子が正六角形の網目状に並んだ平面が積層した結晶構造をもつ。図2のように，黒鉛の単位格子の辺の長さを 0.246 nm，0.670 nm とするとき，隣接した炭素原子間の　**ア**　結合の距離は　**⑥**　nm であり，密度は　**⑦**　g/cm^3 となる。

　　ダイヤモンドや黒鉛は，完全燃焼させると二酸化炭素になる。二酸化炭素を 1.01×10^5 Pa のもとで -79 ℃ 以下にすると，気体から固体に変化する。この固体はドライアイスと呼ばれ，　**エ**　力により凝集した　**オ**　結晶である。この結晶は面心立方格子のような配置であり，1つの単位格子に含まれる酸素原子の数は　**カ**　個である。

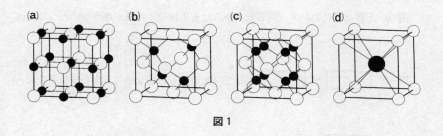

図 1

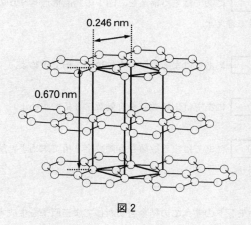

図 2

問 1 下線部①において，イオン結晶のハロゲン化ナトリウムは，単位格子内で同じイオンの配置になっている結晶構造をもつ。これらの融点はNaF ＞ NaCl ＞ NaBr ＞ NaI の順に低くなる。この順で融点が低くなる理由を 70 字以内で記せ。

問 2 下線部②において，図 1 に示す(a)～(d)の構造をもつイオン結晶の物質名を次の語群から選んで書け。

語群： 塩化セシウム（CsCl），酸化アルミニウム（Al_2O_3），塩化ナトリウム（NaCl），閃亜鉛鉱（ZnS），紅亜鉛鉱（ZnO），蛍石（CaF_2）

問 3　下線部③において，同じ元素からなる単体で，性質が違うものどうしを何というか。

問 4　 ア ～ カ にあてはまる最も適切な語句，または数字を記入せよ。

問 5　 ④ にあてはまる構造を，図 1 の結晶構造(a)～(d)のいずれかから選び，記号で答えよ。

問 6　 ⑤ にあてはまる数値を有効数字 3 桁で求めよ。

問 7　 ⑥ にあてはまる数値を有効数字 3 桁で求めよ。

問 8　 ⑦ にあてはまる数値を有効数字 2 桁で求めよ。解答欄には，計算過程も示せ。

問 9　ダイヤモンドのすべての結合を切断して炭素原子を生成するのに必要なエネルギーを結合の数で割ると，ダイヤモンドの C—C の平均結合エネルギー Q_1 [J/mol] が求まる。ダイヤモンドの燃焼熱を Q_2 J/mol，二酸化炭素の C=O の結合エネルギーを Q_3 J/mol，酸素の O=O の結合エネルギーを Q_4 J/mol とする。このとき Q_1 を，Q_2，Q_3，Q_4 を用いて表せ。

〔**2**〕　以下の**問1**～**問7**に答えよ。

問1　水素と酸素は白金触媒が存在すると式(1)の反応により水を生成する。

$$H_2(\text{気}) + \frac{1}{2}O_2(\text{気}) \longrightarrow H_2O(\text{液}) \tag{1}$$

この反応の反応熱は，25 ℃，1.01×10^5 Pa で $+ 286$ kJ/mol である。H—H，O＝O，O—H の結合エネルギーをそれぞれ 436，497，463 kJ/mol として，H_2O の凝縮熱を有効数字2桁で求めよ。

問2　H_2O の凝縮熱に関する以下の文章の空欄 　**ア**　 ～ 　**オ**　 にあてはまる最も適切な語句を下記の語群より選び，解答欄に記入せよ。

H_2O の凝縮熱は CH_4 や H_2S の凝縮熱に比べて 　**ア**　 。これは，隣接する分子間で，水素原子と 　**イ**　 の大きい酸素原子との間で 　**ウ**　 を形成するためである。 　**ウ**　 は 　**エ**　 や 　**オ**　 の構造形成における相互作用として重要である。

語群：　大きい，小さい，結合エネルギー，配位数，充填率，
　　　　電気陰性度，水素結合，イオン結合，共有結合，DNA，
　　　　ポリスチレン，ポリエチレン，セルロース，硫黄，
　　　　酸化マグネシウム，臭化カリウム

問3　燃料電池は式(1)の反応熱の一部を電気エネルギーに変換するものである。燃料電池にはいくつか種類が知られているが，ここでは図に示したリン酸型の燃料電池を考える。白金触媒を含む多孔質電極 A と B の間に電解液を配置し，電極 A で水素を反応させ，電極 B で酸素を反応させると，電極 B で水が生成するとともに電極間に電圧が生じ，外部回路に電流が流れる。

電極 A と B はそれぞれ正極と負極のいずれか，解答欄の適切なものを丸で囲め。また，電極 A と B で起こる反応を電子 e^- を含むイオン反応式で表せ。

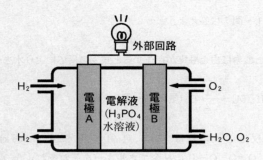

問4 図の電極AとBの間に外部回路をつないで作動させたところ，電圧 0.70 V が生じ，外部回路に一定電流が流れ，25 分間で電極Bから水が 1.44 g 生成した。外部回路を流れた電流[A]と仕事率[W]を有効数字2桁で 求めよ。ただし，水は液体状態でのみ生成したとする。解答欄には計算過程 も記せ。

問5 問4の条件下で，燃料電池により電流として取り出された仕事[J]を求め るとともに，それが式(1)の反応熱の何%に相当するか，有効数字2桁で求 めよ。この条件下で式(1)の反応熱は + 286 kJ/mol とする。解答欄には計算 過程も記せ。

問6 燃料電池に関する以下の文(1)～(5)のうち間違っているものをすべて選び， その番号を答えよ。

(1) 燃料電池による発電時に発生する熱を暖房などに利用することで，エネ ルギー利用効率を発電だけの場合に比べ，数十%上げることができる。

(2) 電解液に高濃度のアルカリ水溶液を用いた燃料電池では，酸素が反応す る電極から水が生じる。

(3) 燃料電池の実用上の問題の一つは，貴金属である白金触媒の利用による コストの増加である。

(4) 燃料電池で使われている白金触媒は，反応の活性化エネルギーを高め， 電気エネルギーを速く取り出しやすくする。

⑸　燃料電池の電極間の電解液の代わりとして，高分子膜も使われている。

問 7　家庭用の燃料電池などでは，熱化学方程式⑵を含む反応により，メタンと
　　　水から水素を発生させ，発電に用いる。

$$CH_4(気) + H_2O(気) = 3H_2(気) + CO(気) - 206\ kJ \qquad (2)$$

　　　　式⑵の反応に関して，反応が平衡状態にあるとき，一定圧力下で温度を上
　　　げると H_2 濃度は増加するか減少するか，解答欄の適切なものを丸で囲め。
　　　また，その理由を 50 字以内で記せ。

〔3〕　以下の文章を読み，問 1～問 8 に答えよ。

　　　ベンゼン環上に 1 つだけ置換基を有する 5 つの芳香族化合物 **A**～**E** を含むジ
エチルエーテル溶液から，各成分を分離する以下の実験を行った。

実験⑴
　　芳香族化合物 **A**～**E** を含むジエチルエーテル溶液を分液漏斗に取り，塩酸を
加えてよく振り，静置すると，上層と下層の二層に分離した。下層のみを取り出
　　　　　　　　　　　　　　　①
し，この下層溶液に十分な量の水酸化ナトリウム水溶液を加えると，化合物 **A**
が遊離して得られた。化合物 **A** の成分元素を調べたところ，炭素，水素，窒素
のみから成ることがわかった。また，その質量百分率は C 77.4 %，H 7.50 %，
N 15.1 % であった。

実験⑵
　　実験⑴の操作後，残った上層に，十分な量の炭酸水素ナトリウム水溶液を加え
　　　　　　　　　　　　　　　　　　　　　　　　②
てよく振り，静置すると，再度二層に分離した。下層のみを取り出し，この下層
溶液に塩酸を加えると，化合物 **B** が白色固体として遊離した。化合物 **B** の成分
元素を調べたところ，炭素，水素，酸素のみから成ることがわかった。また，
122 mg の化合物 **B** を元素分析装置で完全燃焼させたところ，二酸化炭素
308 mg と水 54.0 mg が得られた。

実験(3)

実験(2)の操作後，残った上層に，水酸化ナトリウム水溶液を加えてよく振り，
静置すると，二層に分離した。下層のみを取り出し，この下層溶液に塩酸を加え
ると，化合物 **C** が油状となって浮かんだ。化合物 **C** は塩化鉄(Ⅲ)水溶液と反応
し，紫色を呈した。

実験(4)

実験(3)の操作後，上層から溶媒を蒸発させ，カラムクロマトグラフィーにより
化合物 **D** と化合物 **E** を分離した。化合物 **E** を銅線につけて炎に入れると，青緑
色の炎色反応を示した。

問 1　化合物 **A ～ C** の構造式を書け。

問 2　下線部①において，ジエチルエーテル層は上層と下層のどちらか，解答欄
　　　の適切なものを丸で囲め。また，その理由を 30 字以内で簡潔に説明せよ。

問 3　下線部②において，炭酸水素ナトリウム水溶液に代えて水酸化ナトリウム
　　　水溶液を加えた場合，下層には化合物 **B** の塩と化合物 **C** の塩が含まれる。
　　　ここにガス **F** を十分に吹きこんだ後，再度ジエチルエーテルを加えて，よ
　　　く振ってから静置すると，上層には化合物 **C** が含まれ，下層には化合物 **B**
　　　の塩が残る。ガス **F** の化学式を書け。

問 4　化合物 **A** に希塩酸と亜硝酸ナトリウム水溶液を加え，これを化合物 **C** と
　　　水酸化ナトリウム水溶液の混合溶液に加えたところ，橙赤色の固体 **G** を生
　　　じた。化合物 **G** の構造式を書け。

問 5　ベンゼン環上に置換基を 1 つだけもつ化合物に対して，濃硝酸と濃硫酸の
　　　混合物を用いてニトロ化反応を行うと，主としてオルト・パラの位置がニト
　　　ロ基で置換される場合(オルト・パラ配向性)と，主としてメタの位置がニト
　　　ロ基で置換される場合(メタ配向性)がある。化合物 **B** と **C** のニトロ化反応
　　　を行ったときの，それぞれの配向性を答えよ。

問6 問5で観測される配向性は，ベンゼン環上にあらかじめ存在する置換基の種類によって，ニトロ化のような置換反応の起こりやすい位置が変化することを意味している。オルト・パラ配向性を示すトルエンのニトロ化を例に，この理由を次のように考察した。

考察文：濃硝酸と濃硫酸から生じる NO_2^+ がベンゼン環の炭素原子のうち，メチル基から見てパラの位置で共有結合により結びつくと，正電荷を帯びた中間体を与える。この中間体は，二重結合と正電荷が複数の炭素原子に広がっているため，**H1**，**H2**，**H3**のような複数の構造式として表現できる。これら**H1**〜**H3**の関係を共鳴といい，両矢印（⟷）で表す。また，各構造式は共鳴構造式と呼ばれる。この中で，特に**H2**に注目すると，メチル基が結合した炭素が正電荷を帯びているが，メチル基は電子を与えることができる置換基のため，**H2**は大きく安定化されている。その結果，パラの位置でのニトロ化は促進される。一方で，メタの位置で置換する場合，このような安定化効果が得られないため，反応は促進されない。

この考察を基に，トルエンのオルト位でニトロ化が進行する際の，**H1**〜**H3**に対応する共鳴構造式を書け。

〔解答欄〕

⟷　　　　　　　　⟷

問7 化合物**D**を分析したところ，分子量118の炭化水素であることがわかっ

た。化合物 **D** として考えられる分子の構造式を全て書け。ただし，立体異性体が存在する場合は，それも区別して記せ。

問 8　質量分析計とは，分子をイオン化することで，化合物の分子量に関する情報を得ることができる機器であり，原子の同位体も区別することができる。化合物 **E** を質量分析計で分析したところ，同じ分子式をもつ質量数 112 と 114 の分子が 3：1 の比で存在していることがわかった。化合物 **E** の構造式を書け。つづいて，化合物 **E** に対して塩化鉄(Ⅲ)存在下で塩素を反応させると，二置換ベンゼン誘導体 **I** が得られた。**I** を質量分析計で分析したところ，同じ分子式をもつ質量数 146，148，150 の 3 つの分子が存在していることがわかった。この 3 つの分子の存在比を，最も簡単な整数比で答えよ。

〔**4**〕　以下の文章を読み，**問 1 ～問 4** に答えよ。

　　アセチレン(C_2H_2)は三重結合を有する化合物の中で最小の炭化水素であり，アルカンの熱分解で製造されるほか，炭化カルシウムに水を加えても発生する。
①
一般に，アセチレンは反応性に富み，例えば 2 分子の臭素と速やかに反応して，化合物 **A** を与える。また，硫酸水銀(Ⅱ)触媒存在下では，水の付加も進行する。水が付加する反応では，不安定な化合物 **B** を経由し，最終的に化合物 **C** を
②
与える。なお，化合物 **B** と化合物 **C** は構造異性体の関係にある。さらに，アセチレンを赤熱した鉄に触れさせると 3 分子重合が起こり，化合物 **D** になる。一
③
方，アセチレンを過剰のアンモニア性硝酸銀水溶液に通じると，化合物 **E** が白色固体として生じる。

問 1　化合物 **A ～ E** の構造式を書け。

問 2　下線部①の反応式を書け。また，純度 64.0 ％の炭化カルシウム 5.00 g と十分な量の水を反応させた時に発生するアセチレンは，理想気体とすると標準状態（0 ℃，1.01×10^5 Pa）で何 L に相当するか，有効数字 2 桁で答えよ。ただし，不純物は反応に関与しないものとする。解答欄には計算過程も

記せ。

問 3　下線部②において，アセチレンに代えてプロピン（C_3H_4）を用いた場合，最終的に互いに構造異性体の関係にある 2 つの安定な化合物の混合物が得られる。この 2 つの化合物の構造式を書け。また，主生成物となる方の構造式を丸で囲め。

問 4　下線部③において，用いる触媒によっては付加重合が進行し，高分子化合物であるポリアセチレンが得られる。ポリアセチレンに　ア　を少量加えると，金属に匹敵する　イ　性を示すことが知られている。空欄　ア　，　イ　にあてはまる適切な語句を記せ。

生　物

（医（保健〈看護学〉）学部：75 分　その他の学部：2 科目 150 分）

【注意】
　　字数制限のある解答においては，ひらがな，カタカナ，漢字，アルファベット，数字，句読点等の符号等，すべての文字を 1 つのマスに 1 つ記入すること。

〔1〕　次の文章を読み，**問 1 ～問 5** に答えよ。

　　真核生物において，アデニン（A），グアニン（G），チミン（T），シトシン（C）で構成される DNA の塩基配列情報は，mRNA 前駆体に転写されたのち，　ア　という加工過程を経る。その結果，エキソン領域の配列情報のみで構成された mRNA が作られる。mRNA の配列はトリプレットとよばれる塩基 3 つの組で遺伝暗号の単位である　イ　を構成しており，　イ　に対応するアミノ酸が順につながれて　ウ　が合成される。従って，エキソン領域の塩基配列情報が異なると，　ウ　を構成するアミノ酸の組み合わせが変わり，その結果，　ウ　の構造や機能が変化することがある。一方，イントロン領域の塩基配列情報の変化は転写因子の結合などに影響することがあり，　ウ　の産生量などが変化することがある。生物集団において，ある特定部位の塩基が 1 塩基だけ個体ごとに異なる箇所があり，これらは　エ　とよばれる。　エ　に代表される塩基配列の違いが，個体差をうむ大きな要因と考えられている。

　　サイトカイン A の遺伝子の配列の一部を図 1 に示す。図 1 の中で $_{T}^{C}$ として示した部位には　エ　があり，この部分の塩基は C または T のどちらかであることが知られている。個体はこの部分の塩基が C である遺伝子をふくむ染色体と，T である遺伝子をふくむ染色体のいずれか 2 つの組み合わせであるため，CC，CT，TT の 3 種類の型（遺伝子型とよぶ）に分けることができる。そこで，特定の個体の遺伝子型がこのうちのどれかを調べ，サイトカイン A の産生能との関連を調べた。

問 1 文中の空欄 ア ～ エ に適切な語句を入れよ。

```
CTTCTGGTAC CAGATCGCGC CCATCTAGGT TATTTCCGTG GGATACTGAG
ACACCCCCGG TCCAAGCCTC CCCTCCACCA CTGCGCCCTT CTCCCTGAGG
ACCTCAGCTT TCCCTCGAGG CCCTCCTACC TTTTGCCGGG AGACCCCAG
CCCCTGCAGG GGCGGGGCCT CCCCACCACA CCAGCCCTGT TCGCGCTCTC
GGCAGTGCCG GGGGGCGCCG CCTCCCCAT GCCGCCCTCC GGGCTGCGGC
TGCTG C CGCT GCTGCTACCG CTGCTGTGGC TACTGGTGCT GACGCCTGGC
      T
CGGCCGGCCG CGGGACTATC CACCTGCAAG ACTATCGACA
```

図1 （みやすいように 10 塩基ごとに区切って記載している）

問 2 図1の ▭ で囲った 2 つの領域に特異的なプライマーを用いて，ゲ
ノム DNA を鋳型に PCR を実施し，DNA を増幅した。増幅された 309 塩基対
の PCR 産物を精製したのち，制限酵素 X で処理したとき，処理後に生じる
すべての DNA 断片の理論上の長さを，3 種類の遺伝子型それぞれについて
DNA 断片の塩基対数で答えよ。制限酵素 X の切断条件は図 2 のとおりであ
り，この条件を満たした場合には，PCR 産物はこの部位で完全に切断され
るものとする。M は「A または C」，K は「G または T」を表すが，異なる位置
の M は必ずしも同じ塩基でなくてもよく，異なる位置の K もまた，必ず
しも同じ塩基でなくてもよい。

なお，図 1 の配列のうち，常にこの制限酵素で切断されるのは，図 1 に矢
印(↓)で示した 1 箇所である。

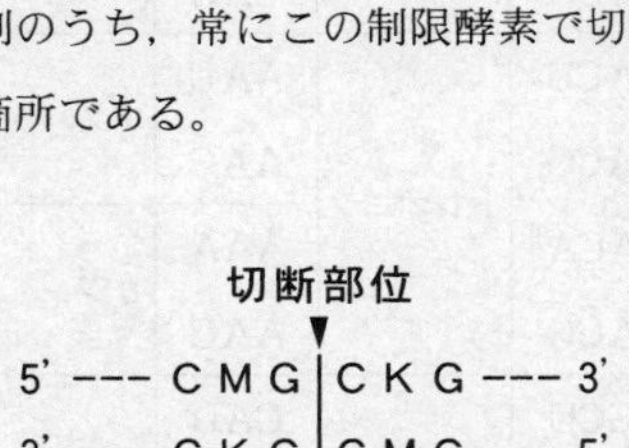

切断部位

```
5' --- C M G | C K G --- 3'
3' --- G K C | G M C --- 5'
```

図2

〔解答欄〕

遺伝子型	観察される PCR 産物の長さ（塩基対の数）
CC	
CT	
TT	

問 3　図 1 に示す　　エ　　によるアミノ酸の変化を調べた。表 1 に示す RNA 遺伝暗号表を用いて，この部分の塩基が C のときと T のときに最終的に翻訳されるアミノ酸をそれぞれ答えよ。答えるアミノ酸は変化するもののみでよい。なお，開始　　イ　　に対応（相当）する配列は図 1 中に下線で示している。

表 1　RNA 遺伝暗号表

イ	アミノ酸	イ	アミノ酸	イ	アミノ酸	イ	アミノ酸
UUU	フェニルアラニン	UCU	セリン	UAU	チロシン	UGU	システイン
UUC		UCC		UAC		UGC	
UUA	ロイシン	UCA		UAA	終止	UGA	終止
UUG		UCG		UAG		UGG	トリプトファン
CUU	ロイシン	CCU	プロリン	CAU	ヒスチジン	CGU	アルギニン
CUC		CCC		CAC		CGC	
CUA		CCA		CAA	グルタミン	CGA	
CUG		CCG		CAG		CGG	
AUU	イソロイシン	ACU	トレオニン	AAU	アスパラギン	AGU	セリン
AUC		ACC		AAC		AGC	
AUA		ACA		AAA	リジン	AGA	アルギニン
AUG	メチオニン・開始	ACG		AAG		AGG	
GUU	バリン	GCU	アラニン	GAU	アスパラギン酸	GGU	グリシン
GUC		GCC		GAC		GGC	
GUA		GCA		GAA	グルタミン酸	GGA	
GUG		GCG		GAG		GGG	

U：ウラシル，C：シトシン，A：アデニン，G：グアニン

問4 図3は，一定条件で刺激された培養細胞が産生したサイトカインAを，培養
上清中の濃度として刺激後の時系列で表したものである。●は遺伝子型CCを
もつ細胞，○は遺伝子型TTをもつ細胞，および■は無刺激下でも常にサイト
カインAを産生するようつくり変えた細胞である。培養上清中のサイトカイン
Aの安定性には，遺伝子型による違いはない。このとき，遺伝子型がもたらす
サイトカインAの産生能の違いを70字以内で説明せよ。

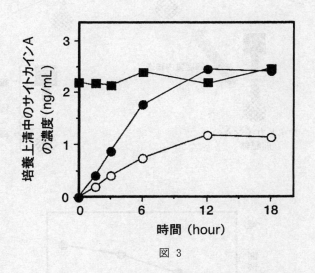

図 3

問5 今回実験対象となった　　エ　　が存在する配列はアミノ酸に翻訳される
ため，エキソン領域と考えられる。このようなアミノ酸の変化はサイトカイ
ンAの構造的な変化をもたらす一方で，mRNA転写量やアミノ酸への翻訳
量には基本的には影響しない。それにもかかわらず，サイトカインAの産
生量が変化した理由を100字以内で考察せよ。なお，図4に示すように，サ
イトカインAはまずmRNAから前駆体に翻訳されたのち細胞質内を輸送さ
れ，細胞膜貫通部とともに細胞膜上に発現したのちに細胞膜外部分が切断さ
れて培養液中に溶出するものとし，問4の実験で細胞膜上に発現したサイト
カインA前駆体の発現量の変化を図5に示す。図5では，●が遺伝子型
CCをもつ細胞，○が遺伝子型TTをもつ細胞での発現量の変化を示している。

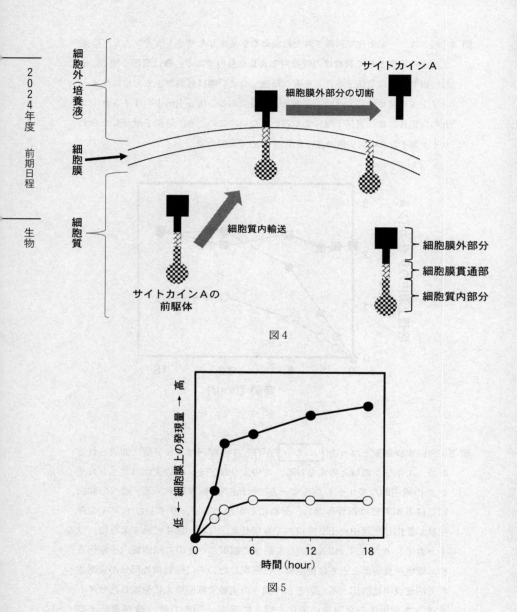

図4

図5

〔2〕　以下の文章【A】と【B】を読み，**問1～問5**に答えよ。

【A】

　ほ乳類の内耳に含まれるうずまき管（蝸牛）は，聴覚を司る末梢器官である。う
ずまき管の中にある基底膜の上には，聴細胞である　　ア　　が数多く分布して
いる。この名は，聴細胞が　　イ　　を，多数，有していることに由来する。音
が，外耳，中耳を経て，内耳のうずまき管に伝わると，その中を満たす細胞外液
であるリンパ液が振動し，それに伴い基底膜も振動する。この際，　　イ
は，　　ウ　　と触れ合っているため，揺れることになる。その結果，
(a)　ア　　は機械的な刺激を感知する。音の信号は，さらに神経繊維を介して脳
へと伝えられる。脳には，音源の方向を判断するために，左右の耳から聞こえる
(b) 音の強さの違いや　　エ　　を解析するしくみが備わっている。

　内耳には，2つの平衡感覚器も備わっている。そのうち，　　オ　　は体の回
転（回転加速度）を感知する。

問 1　文章中の空欄　　ア　　～　　オ　　に当てはまる適切な語句を答えよ。
ただし，　　イ　　は，細胞の構造物の名称である。

問 2　下線部(a)に関連して，聴細胞である　　ア　　は，機械的な刺激を感知す
ると，電気的に興奮し，いわゆる受容器電位を発生する。

　(1)　受容器電位の発生に関与している，最も重要な膜タンパク質の総称を答
えよ。

　(2)　受容器電位が発生すると，　　ア　　からは神経伝達物質が放出され
る。受容器電位の発生から神経伝達物質の放出までの過程を，100字以内
で述べよ。解答では，　　ア　　は聴細胞と記せ。

問 3　（設問省略）

問 4　2つの平衡感覚器にも，うずまき管の　ア　に類似した感覚細胞が分布している。体の傾き（直線加速度）は，　オ　とは異なる平衡感覚器で感知される。この器官において，感覚細胞は，　イ　を使って体の傾きを感じる。その仕組みと機序を，100字以内で簡潔に述べよ。解答では，　イ　を構造物と記せ。

【B】

　Odorrana tormota という学名のカエルは，鳴き声と聴覚を使って求愛とその受容を行うことが知られている。具体的には，繁殖期のメスが鳴くと，そのメスの方へとオスが近づいていく。産卵直前のメスのカエルの鳴き声を録音し，解析した結果を図(a)に示す。なお，このカエルは，雌雄ともに急流の小川とその周辺で繁殖し，生息する。図(b)は，生息地の環境音の記録である。図(a)と(b)は，鳴き声と環境音に含まれている周波数成分を分離した結果を表しており，信号の白色の濃さはそれぞれの周波数成分の強さに相当する。これらの計測結果に関連した以下の問いに答えよ。

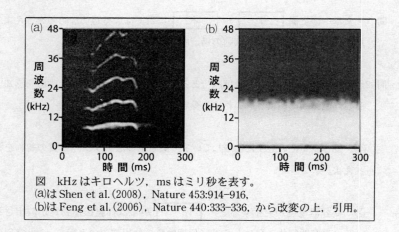

図　kHz はキロヘルツ，ms はミリ秒を表す。
(a)は Shen et al. (2008)，Nature 453:914−916,
(b)は Feng et al. (2006)，Nature 440:333−336, から改変の上，引用。

問 5　(1)　メスのカエルの鳴き声は，図(a)からわかるように，20 kHz を超える超音波を含んだ広い周波数成分から構成されている。図(b)に示した分析結果を踏まえ，メスが広い周波数帯域の鳴き声を使う理由を 40 字以内で述べよ。

　　　(2)　この雌雄のカエルが，視覚や嗅覚を使わずとも，鳴き声と聴覚により

求愛とその受容ができることを 1 種類の実験で証明するためには，どのような実験が適切か。予想される結果と共に，100 字以内で簡潔に述べよ。なお，実験では，録音したメスの鳴き声を忠実に再生する機器（アンプやスピーカー）と捕獲したオスのカエルを使用するが，オスへの特別な処置は行わないものとする。

〔3〕　次の文章を読み，**問 1 ～問 4** に答えよ。

生物の多様性を考えるとき，　　ア　　・生態系・種の 3 つの視点が重要とされている。　　イ　　世紀に，　　ウ　　によって執筆された書籍『種の起源（起原と記載されることもある）』は，　　エ　　という進化の考え方を広く一般にまで浸透させることとなった。現在では，進化は，　　エ　　による適応進化と，多くの突然変異は中立的であり，偶然による遺伝子頻度の変化によって進化するという　　オ　　によって説明されている。

　ある地域で生活する同種の生物の集団は個体群とよばれ，個体群中の個体数の増加を個体群の成長とよぶ。食物や生活空間など，生存と繁殖に必要な資源に制限が無ければ，個体群は際限なく成長することになる。ある生物が，どのような資源をどの程度，どのように利用するかなど，生態系の中で占める位置のことを　　カ　　とよび，似た姿，似た生活様式を示す生物は，生息地域が異なっていても似た位置を占めることが多い。ある種が単独で分布する場合の位置を　　キ　　とよび，他種と　　ク　　した場合の種間競争などによって変化した位置は　　ケ　　とよばれる。

問 1　文中の空欄　　ア　　～　　ケ　　に適切な語句を入れよ。

問 2　下線①に関連した図 1 は，閉鎖的なある地域に生息する哺乳類 A の個体群調査に基づいて作成されたグラフで，1976 年から 1995 年（横軸）にかけて定期的に計測された年間平均個体数（縦軸）を示している。この地域における哺乳類 A は，餌 I と餌 II のみを摂食できるものとし，餌 I は哺乳類 A の嗜好（好まれる）植物であって生命活動の維持にも適当であるが，1990 年まで

にこの地域から消失している。餌IIは哺乳類Aにとって有毒物質をわずか
にふくむ不嗜好(好まれない)植物であり，1990年以降も十分に残存してい
る。図中の矢印は餌Iと餌IIの存在が確認できた期間を示している。1988
年以降，ある効果によってこの個体群の死亡率は一時的に増加したが，哺乳
類Aは餌Iが尽きた後でも死滅しなかった。その理由として何が推測され
るか，効果の名称もふくめて40字以内で説明せよ。

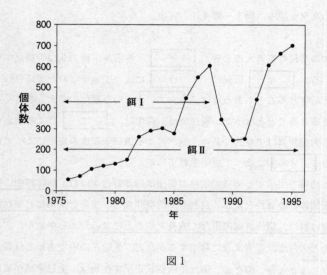

図1

問 3 下線②に関連した図2-1，図2-2は，2種の個体群間における典型的な
2つの種間相互作用を説明する模式図である。実線と破線は異なる個体群を
表し，図2-1のAとBは2種の個体群の餌のサイズに対する利用頻度につ
いての2つのパターンを示している。いずれのサイズの餌も，2種の個体群
を同時には維持できない量であるものとする。

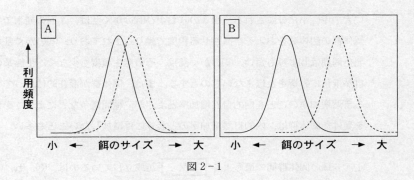

図2-1

(1) 図2-2のCとDは，図2-1のA，Bいずれかのパターンでの種間相互作用の結果における個体群密度の時間経過を示している。AとBそれぞれのパターンについて，適切な個体群密度の時間経過を示すと考えられるグラフは，C，Dのいずれと推察できるか，記号を答えよ。

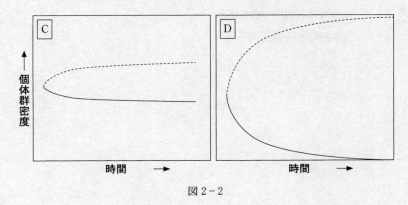

図2-2

(2) (1)で推察したそれぞれのパターンで個体群密度の時間経過が異なる理由を，餌のサイズ，種間相互作用およびその結果に着目して3行以内で説明せよ。

〔解答欄〕15.5cm×3行

問4　図3は，下線②に関連して，珊瑚の生態系に代表されるようなかく乱規模の違いによる個体数への影響を示す概念図である。横軸には時間，縦軸には生態系内における自然増加能力や競争能力の異なる種6種の個体数を示している。かく乱規模は，生態系に及ぼす影響の程度や発生周期によって大まか

に大，中，小に分類される。図 3 の(a)および(b)のかく乱は，1 回の発生で各個体群の個体数をおよそ半減させる程度で繰り返されており，(a)のかく乱の発生周期は(b)よりも短い。(c)のかく乱は，その発生頻度も少なく，生態系の自然推移に影響を及ぼさないものとする。また，個体群が潜在的にもっている自然増加率のことを内的自然増加率とよぶが，種間競争などによって影響を受けた個体群は，内的自然増加率のとおりには増加しないことも多い。

(1)　6 種の個体群間で最もよく 　ク　 が成立しているのは，(a)，(b)，(c) のどれか。解答欄に記号を答えよ。

(2)　(1)で選択しなかった 2 つのかく乱規模で 　ク　 が成立しにくいそれぞれの理由について，かく乱規模の大きさと自然増加率などに着目し，あわせて 3 行以内で説明せよ。

〔解答欄〕15.5cm×3 行

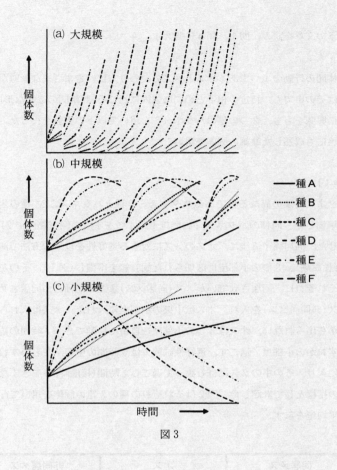

図3

〔**4**〕　以下の文章を読み，**問1**〜**問4**に答えよ。

　　個体間の行動の1つであるオスとメスの関わり方にはさまざまな形態がある。
A君はその中でも，特定の相手との間に強固に起こる「雌雄間のきずな形成」のし
くみに興味をもち，2つの種のハタネズミを用いて以下の実験を行った。いずれ
の実験にも成熟した雌雄の個体を用いた。

【実験1】
　　ハタネズミ属の異なる種であるハタネズミP種とハタネズミM種のオスとメ
スを準備した。同種のハタネズミの雌雄1匹ずつを1つの飼育箱内で24時間同
居させた。同居終了直後に，オスのメスに対する選好性を以下の方法で測定した
（選好性試験）。3つの小部屋に区切られた飼育箱を準備し（図1），その左右の小
部屋それぞれに，同居させていたメス（同居メス）または同種だが同居させていな
いメス（非同居メス）を入れ，オスは中央の小部屋に入れた。メスは入れられた小
部屋から出られない。オスは3つの小部屋を自由に移動でき，3時間の観察時間
をいずれかの小部屋で過ごす。選好性試験では3時間の中で，左右いずれかの小
部屋に入り，その中のメスに寄り添って過ごした時間（接触時間）をきずな形成の
強さの指標として計測した。図2はそれぞれの種の5組の個体を用いて行った実
験の平均値を示す。

図1

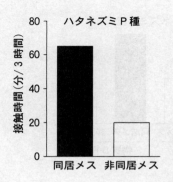
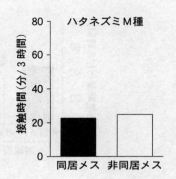

図 2

【実験 2】

　ハタネズミ P 種のオスとメスを準備し，実験 1 と同様に雌雄を 1 匹ずつ 1 つの飼育箱内で同居させた。ただし，実験 2 では同居時間を 6 時間とした。脳内神経系で神経伝達物質として機能することが知られている物質 B に着目し，同居中に，オス 5 匹には物質 B をふくむ溶液を，別のオス 5 匹には対照群としてその溶媒（生理食塩水）のみを，皮下に埋め込んだポンプを利用して連続的に脳内へ投与した。投与した物質は脳全体に作用したものとする。同居期間の終了直後に，実験 1 と同様にオスのメスに対する選好性試験を行った。図 3 は各条件につき 5 組を用いて行った実験の平均値を示す。

【実験 3】

　ハタネズミ P 種のオスとメスを準備し，実験 1 と同様に雌雄を 1 匹ずつ 1 つの飼育箱内で 24 時間同居させた。この実験では，同居中に，オス 5 匹には物質 B の受容体阻害剤をふくむ溶液を，別のオス 5 匹には対照群としてその溶媒（生理食塩水）のみを，皮下に埋め込んだポンプを利用して連続的に脳内へ投与した。投与した物質は脳全体に作用するが，受容体阻害以外の作用はないものとする。同居期間の終了直後に，実験 1 と同様にオスのメスに対する選好性試験を行った。図 4 は各条件につき 5 組を用いて行った実験の平均値を示す。

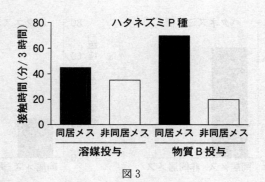

図3

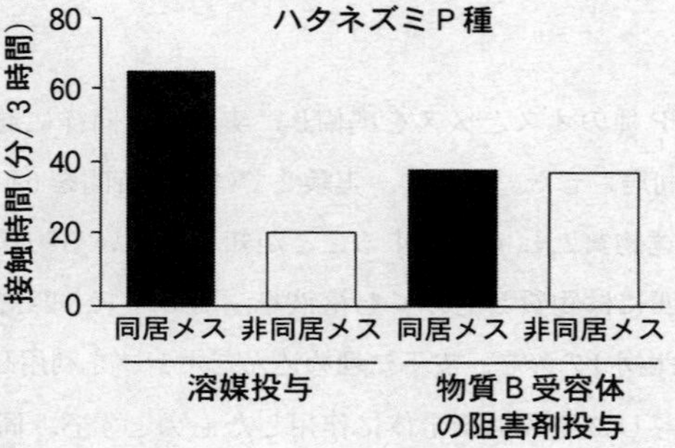

図4

【実験4】

　ハタネズミ M 種のオスとメスを準備した。実験1と同様に，雌雄を1匹ずつ1つの飼育箱内で24時間同居させた。同居中に，実験2と同様に，オス5匹には物質Bをふくむ溶液を，別のオス5匹には対照群としてその溶媒(生理食塩水)のみを，皮下に埋め込んだポンプを利用して連続的に脳内へ投与した。投与した物質は脳全体に作用したものとする。同居期間の終了直後に，実験1と同様にオスのメスに対する選好性試験を行った。図5は各条件につき5組を用いて行った実験の平均値を示す。

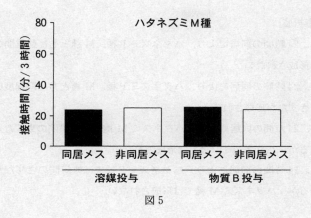

図5

【実験5】

　ハタネズミP種とハタネズミM種のオスを用いて，きずな形成にかかわる脳領域Vにおける物質Bの含有量とその受容体遺伝子の発現量を調べた。ただし，物質Bの含有量は刺激に応じた分泌量と正の相関を示すものとする。その結果，物質Bの含有量には2種のハタネズミ間で違いはなかった。

　A君は実験1から実験5までの結果をふまえて，雌雄間のきずな形成に対する物質Bの作用を決定づける実験として，実験6を考えた。

【実験6】

　神経細胞でのみ活性化されるプロモーターの下流に，物質Bの受容体遺伝子をつないだ外来遺伝子を作製する。いずれかの種のオスのハタネズミについて，その脳領域Vに，作製した外来遺伝子を導入するものとしないものを準備する。外来遺伝子を十分量発現させるために数日間おいた後，実験1と同様に雌雄を1匹ずつ1つの飼育箱内で24時間同居させ，その直後にオスのメスに対する選好性試験を行う。

問1　実験1の結果より，ハタネズミP種とハタネズミM種それぞれの，雌雄間きずな形成の特徴について，最も適したものを次の選択肢A～Dの中から1つ選べ。

［選択肢］

A．24時間の同居により，ハタネズミP種，M種ともに雌雄間のきずなは
　　形成されない。

B．24時間の同居により，ハタネズミP種，M種ともに同程度の雌雄間の
　　きずなが形成される。

C．24時間の同居により，ハタネズミM種では雌雄間のきずなが形成され
　　るが，ハタネズミP種では形成されない。

D．24時間の同居により，ハタネズミP種では雌雄間のきずなが形成され
　　るが，ハタネズミM種では形成されない。

問2　実験1から実験4までの結果をふまえ，実験5を行った。その結果について，
　　最も適していると考えられるものを次の選択肢A～Cの中から1つ選べ。

［選択肢］

A．物質Bに対する受容体遺伝子の発現がハタネズミM種では見られなかった
　　が，ハタネズミP種では多く見られた。

B．物質Bに対する受容体遺伝子の発現がハタネズミP種では見られなかった
　　が，ハタネズミM種では多く見られた。

C．物質Bに対する受容体遺伝子の発現がハタネズミP種とM種のいずれにも
　　見られなかった。

問3　実験1から実験5までの結果から，ハタネズミP種とハタネズミM種の
　　雌雄間きずな形成の違いとそのメカニズムについて結論づけられることを
　　150字以内で述べよ。

問4　実験6では，いずれの種のハタネズミに外来遺伝子を導入すると，この実
　　験の目的に合うかを答えよ。また，実験6の結果はどのようになると予想さ
　　れるか。外来遺伝子を導入したオス（遺伝子導入）と外来遺伝子を導入しない
　　オス（遺伝子非導入）の，メスへの選好性試験の予想される結果を図6のグラ
　　フA～Fより1つ選べ。

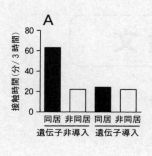

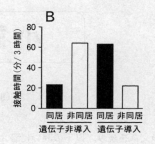

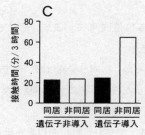

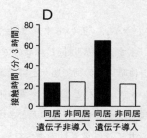

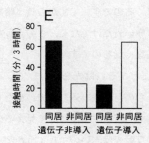

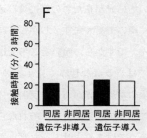

図 6

小 論 文

（90分）

〔1〕　次の文章を読み，以下の問いに答えなさい。

　　"赤いバラ"も，"赤いネオン"もともに"赤い色"をしています。それでは"バラ
の赤"と"ネオンの赤"は同じ赤なのでしょうか？

　　ネオンは暗い夜の街で煌々と輝きます。しかし，バラの赤は暗い街ではくすん
でしまいます。それどころか，真っ暗になったらバラそのものが見えなくなって
しまいます。どうも，バラの赤とネオンの赤は違うようです。

　　ネオンサインは蛍光灯のようなものです。つまり，自ら赤い光を出していま
す。その赤い光が私たちの目に飛び込んでくるのです。ですから真っ暗なところ
でも赤く輝いて見えます。しかし，バラは赤い光だけでなく，どのような光も出
しません。ですから，暗いところでは見えなくなるのです。

　　それではバラはなぜ赤く見えるのでしょう？それは光を反射しているからで
す。太陽や電球の光がバラに反射して私たちの目に飛び込むので，私たちはバラ
を見ることができるのです。それなら，何でも反射する鏡は赤く見えるのかとい
うと，そうではありません。なぜ，バラの反射光は赤いのでしょうか？

　　空はなぜ青く見えるのでしょう？天気のよい日に空を見上げて目に入ってくる
のは，太陽と雲と青い空です。雲は湯気のようなものですから，白く見えるのも
分かるような気がします。それでは空は何からできているのでしょう？地上から
数10キロメートル上までは空気がありますが，上に行くにつれて空気は薄くな
り，ついには真空の宇宙に繋がります。そのような空がなぜ青く見えるのでしょ
うか？

　　そもそも空気を構成する窒素や酸素に色はありません。なのに，昼間は青かっ
た空が，夕方には赤くなるのです。

　　このように，私たちの身の回りで見られる光と色彩の関係は不思議に満ちてい

ます。人類がこの不思議に気付いたのはいまに始まったことではありません。ギリシャ時代のアリストテレスは，すでに現代の色彩論の基礎になるような考えを持っていました。しかし，光と色彩の関係を科学的に扱い，実験し，考察したのはニュートンでした。

　ニュートンはプリズムで光を分光し，無色の太陽光の中に七色の色が存在しており，それを合わせるとまた元の無色の光に戻ることを発見しました。この発見が，バラの赤とネオンサインの赤に象徴される，現代光学の基礎を作ったのです。

　19世紀にはゲーテが『色彩論』を著し，ニュートンとは異なる視点から色彩について論じています。ゲーテはドイツの森にかかる神秘的な靄を目にしたとき，卓抜な直観力でその本質を見抜きました。それが現在，構造色と呼ばれる青空や夕焼け空の色の原理に繋がったのです。

　光と色彩は不思議なものです。誰も手にとって見ることはできません。しかし，誰もが光と色を実感します。光を感じるのは視細胞の中にある，レチナールという小さな分子です。これが光に反応して変形し，その情報が脳に送られ，脳は光や色彩を感じるのです。もしかしたら，光や色彩は，レチナールと，神経伝達物質と呼ばれる分子と，脳の神経細胞を形作る分子たちが作り出した，壮大なフィクションなのかもしれません。

　そのせいか，光や色彩は脳の活動に重要な影響を与えます。脳は光や色彩によって簡単に騙されます。錯覚や錯視といわれる現象です。それだけではありません。色や光によって人間の価値判断まで変えてしまうことがあります。最初に会うときに明るいところで会うか，暗いところで会うかによって印象が異なったり，洋服の色，化粧の仕方によって印象が異なることは日々経験することです。

　このように光と色彩は，物理や化学に留まらず，社会科学，さらには歴史まで含めた壮大な現象なのです。

（講談社　「光と色彩の科学」齋藤勝裕　より抜粋，改変）

問1　光や色はさまざまな科学技術や生命現象に利用されています。本文で述べられている例以外に，光や色が利用されている科学技術や生命現象の例を挙

げ，それらの技術や現象がどのように役立てられているかを 100 字程度で説明しなさい。　　　　　　　　　　　　　　　　　　　　　〔解答欄〕120 字分

問 2　下線部①について，「色彩がもたらす健康への影響」という題目で，あなたが研究を始めるとします。どのような研究をするかについて，研究したい色を選び，予想される健康への影響とそれを検証する手段を含めて，200 字程度で説明しなさい。なお，選ぶ色は複数でも構いません。　〔解答欄〕240 字分

〔２〕　次の文章を読み，以下の問いに答えなさい。

　　20 世紀の最後の 10 年間，わが国は長い経済不況の中で，近代工業社会から知識社会へ時代が移り変わりつつあることを痛感するようになった。それとともに，知識社会に相応しい人材を求める声が各方面から上がり，様々な提言がなされるようになった。

　　第 2 次世界大戦後の学制改革によって，義務教育は 9 年に延長された。高等学校も増設され，高校への進学率は 95 ％ にも達した。大学への進学率も次第に上昇し，短大も含めるとほぼ 50 ％ となった。国民の平均教育レベルは著しく高くなったことは確実である。また学校制度が単線化されただけでなく，教育内容も教科書検定，指導要領などによって，マニュアル化され，画一化が進んだ。指導要領では教えるべき内容だけでなく，教えてはいけない範囲も明記された。大学学部教育でも，設置基準によって課目や単位数が約 10 年前までは規定されていた。こうした教育制度によって，平均レベルの高い，均質な人材が生み出されたと考えてよいであろう。

　　工業社会は物づくり社会である。高品質の製品を，大量に安く作ることが求められる。とくにハイテク産業では，平均教育レベルの高い人材が必要である。わが国の教育制度は，まさにこうした高度工業社会の要求によく一致していた。加えて企業では協調性が美質とされた。就職にあたって運動部が好まれたのも，チームワークに慣れていると考えられたからであろう。

　　しかし，知識社会の求める人材は大きく異なっている。<u>知識社会は知識が資本</u>
　　　　　　　　　　　　　　　　　　　　　　　　　　　　　①

となり，価値を生む社会である。知の創造とその適切な活用によって，国の命運が決まる。当然，創造性のある人材が求められるが，それらは規格化，均質化された教育制度からは生まれにくい。もちろん知識社会では，工業社会よりも一層高い平均教育レベルが求められる。しかし，それと同時に，あるいはそれ以上に高いピークを形成するような創造性に富んだ人材が必要となる。新しい発見，新しい技術の創造などのブレークスルーは，個人の独創力によってもたらされるからである。経済団体の提言を見ても，経済団体連合会は，「主体的に行動し自己責任の観念に富んだ創造性あふれる人材」が求められるとしている。また東京商工会議所は「自主開発型で教養があり，チャレンジ精神に富んだ人材」を求めている。また日本経営者団体連盟はグローバル社会という視点から求められる人材として，自律性，多様性の理解と尊重，コミュニケーション能力・語学力などを取り上げている。知識社会は同時にグローバル社会であり，そうした視点が必要であることは言うまでもない。

(中略)

しかし，新学制になって50年以上にわたって平準化された画一的な教育を行ってきた教育機関が，掌を返したように個性を輝かせ，創造性の溢れる人材を育てることができるのであろうか。現在，様々な試みがなされてはいるが，それはなかなか難しいことと言わなければならない。

しかし，それにもかかわらず，人材育成はいま喫緊の課題となっている。(中略)天然資源に乏しく，食糧も大部分を輸入に頼っているわが国は，今後知識生産を通して新技術を開発し続けていかないかぎり，少なくとも現在の生活レベルすら維持することはできなくなるであろう。そのためには，少しでも多くのすぐれた人材が，知の創造と活用の分野に参加するようになることを期待しなければ②ならないし，それを誘導する政策を実施しなければならない。人材育成は，すでに述べたようにいつの時代にも大切であるが，わが国も世界も大きな転換期に立っている現在ほど，その重要性が認識されている時代はかつてなかったかも知れない。

(日本経済新聞社 「21世紀を支える科学と教育」井村裕夫 より抜粋，改変)

問 1　下線部①について，知を適切に活用するとはどういうことだと考えますか。その理由とともに 150 字程度で説明しなさい。　　　〔解答欄〕180 字分

問 2　下線部②について，今後の知識社会においては，本文中に述べられている例の他に，どのような能力が求められると考えますか。また，その能力がどのように薬学の分野に貢献すると考えますか。150 字程度で説明しなさい。

〔解答欄〕180 字分

2023
年度

問題編

■前期日程

問題編

▶試験科目

学部等		教　科	科　　目　　等
理	数・化・生物科学科（生物科学科）（生物科学科）	外国語	コミュニケーション英語Ⅰ・Ⅱ・Ⅲ，英語表現Ⅰ・Ⅱ
		数　学	数学Ⅰ・Ⅱ・Ⅲ・Ａ・Ｂ
		理　科	「物理基礎・物理」，「化学基礎・化学」，「生物基礎・生物」から2 科目選択
	物理	外国語	コミュニケーション英語Ⅰ・Ⅱ・Ⅲ，英語表現Ⅰ・Ⅱ
		数　学	数学Ⅰ・Ⅱ・Ⅲ・Ａ・Ｂ
		理　科	「物理基礎・物理」必須。さらに，「化学基礎・化学」，「生物基礎・生物」から1 科目選択
	生物科（生命理学）	外国語	コミュニケーション英語Ⅰ・Ⅱ・Ⅲ，英語表現Ⅰ・Ⅱ
		数　学	数学Ⅰ・Ⅱ・Ⅲ・Ａ・Ｂ
		理　科	「物理基礎・物理」，「化学基礎・化学」
医	医	外国語	コミュニケーション英語Ⅰ・Ⅱ・Ⅲ，英語表現Ⅰ・Ⅱ
		数　学	数学Ⅰ・Ⅱ・Ⅲ・Ａ・Ｂ
		理　科	「物理基礎・物理」，「化学基礎・化学」，「生物基礎・生物」から2 科目選択
		面　接	個人面接（10 分程度）によって，人間性・創造性豊かな医師及び医学研究者となるにふさわしい適性を計り，一般的態度，思考の柔軟性及び発言内容の論理性等を評価する。複数の面接員による評価を参考にして，場合によっては，複数回の面接をすることがある。
	保健（看護学）	外国語	「コミュニケーション英語Ⅰ・Ⅱ・Ⅲ，英語表現Ⅰ・Ⅱ」，ドイツ語，フランス語から1 科目選択
		数　学	数学Ⅰ・Ⅱ・Ａ・Ｂ
		理　科	「物理基礎・物理」，「化学基礎・化学」，「生物基礎・生物」から1 科目選択

医	保健・ 検査技 術科学 （放射 線技術 科学科）	外国語	「コミュニケーション英語Ⅰ・Ⅱ・Ⅲ，英語表現Ⅰ・Ⅱ」，ドイツ語，フランス語から1科目選択
		数　学	数学Ⅰ・Ⅱ・Ⅲ・A・B
		理　科	「物理基礎・物理」，「化学基礎・化学」，「生物基礎・生物」から2科目選択
	歯	外国語	「コミュニケーション英語Ⅰ・Ⅱ・Ⅲ，英語表現Ⅰ・Ⅱ」，ドイツ語，フランス語から1科目選択
		数　学	数学Ⅰ・Ⅱ・Ⅲ・A・B
		理　科	「物理基礎・物理」，「化学基礎・化学」，「生物基礎・生物」から2科目選択
		面　接	個人面接を行う。医療人になるための適性や明確な目的意識を持っている者を積極的に受け入れることを目的とする。①全般的態度　②受験の動機，目的，意識　③意欲，積極性　④協調性，柔軟性を評価する。
	薬	外国語	コミュニケーション英語Ⅰ・Ⅱ・Ⅲ，英語表現Ⅰ・Ⅱ
		数　学	数学Ⅰ・Ⅱ・Ⅲ・A・B
		理　科	「物理基礎・物理」，「化学基礎・化学」，「生物基礎・生物」から2科目選択
		小論文	
		面　接	複数の面接員による評価を参考にして，場合によっては，複数回の面接をすることがある。
	工	外国語	コミュニケーション英語Ⅰ・Ⅱ・Ⅲ，英語表現Ⅰ・Ⅱ
		数　学	数学Ⅰ・Ⅱ・Ⅲ・A・B
		理　科	「物理基礎・物理」必須。さらに，「化学基礎・化学」，「生物基礎・生物」から1科目選択
	基礎工	外国語	「コミュニケーション英語Ⅰ・Ⅱ・Ⅲ，英語表現Ⅰ・Ⅱ」，ドイツ語，フランス語から1科目選択
		数　学	数学Ⅰ・Ⅱ・Ⅲ・A・B
		理　科	「物理基礎・物理」必須。さらに，「化学基礎・化学」，「生物基礎・生物」から1科目選択

▶備 考

- 英語以外の外国語は省略。
- 「数学B」は「数列，ベクトル」を出題範囲とし，「確率分布と統計的な推測」を出題範囲から除く。

▶配 点

学 部 等		外国語	数学	理科	小論文	面接	合計
理・工・基礎工		200 点	250 点	250 点			700 点
医	医	500	500	500		※	1,500
	保健（看護学）	200	100	100			400
	保健（放射線技術科学・検査技術科学）	200	200	200			600
歯		300	300	300		300	1,200
薬		150	250	250	50	※※	700

※面接の結果によって，医師及び医学研究者になる適性に欠けると判断された場合は，筆記試験の得点に関わらず不合格とする。

※※面接の結果によって，薬剤師及び薬学研究者になる適性に欠けると判断された場合は，筆記試験の得点に関わらず不合格とする。

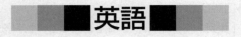

（90 分）

Ⅰ　次の英文(A)と(B)を読み，それぞれの下線部の意味を日本語で表しなさい。

(A)　An average person on planet Earth today acquires most of their energy from the plant kingdom: more than 80 per cent of humanity's calorie intake consists of various kinds of grains and produce. <u>The remaining calories come from the animal kingdom — roughly a tenth from meat, including animal fat and organs, and the rest from eggs and milk, and seafood. The meat we eat also comes from nature — although this is no longer strictly true now that much of the world's meat production looks more like industry than nature.</u>

(Sverdrup-Thygeson, Anne. Translation by Lucy Moffatt. 2021. *Tapestries of life: Uncovering the lifesaving secrets of the natural world*. Mudlark より一部改変)

(B)　Ideas about creativity are as old as humanity even if the word 'creativity', in English at least, has been documented only since the 19th century. This is because the act of creating something is a defining characteristic of human beings. <u>Historically, our appreciation for creative individuals has changed and, at different moments in time, certain individuals, professions, or activities have been more easily recognized as creative than others. But the general fascination for what makes creative people 'stand out' and what fuels their capacity to innovate remains constant through the ages.</u>

(Glăveanu, Vlad. 2021. *Creativity: A very short introduction*. Oxford University Press より一部改変)

Ⅱ 次の英文を読んで，以下の設問に答えなさい。

"Red is associated with love, but do we actually feel it?"

Close your eyes and imagine the color red. Then, think about the emotions that go with this color. You might think of love or anger, potentially also of hate or passion. You might think of all of them, only one of them, or a totally different emotion. Irrespective of what emotion you imagined, as a matter of
(i)
fact, people easily associate colors with emotions. But *associating* an emotion is not (necessarily) the same as *feeling* it. Maybe you noticed that yourself from the little mental exercise in the beginning: Did you feel anger bubble up or your heart skip a beat when imagining red?

Search the internet using terms like "color" and "feeling," and you will land on numerous popular websites claiming that colors evoke feelings. You will also
(ii)
find that certain claims repeat across many such sites. For instance, you can frequently read that blue is a calming color, associated with trust, intelligence, trustworthiness, and productivity. Red, on the other hand, is claimed to be energizing and activating, and also to be the favorite color of extraverts* (but is it, really?). Sure, as is the case for propaganda and publicity more generally, hearing or reading the same things over and over again renders them more believable to the human brain. But repetition does not magically make them true. What is the actual scientific basis for such claims, if any? Can we assume actual feelings while looking at colors?

In a recent post, we described our study on color-emotion associations across 30 countries. In this study, we had investigated how color words were associated with emotion words. We found that participants showed a stunning degree of
(iii)
similarity and consistency in their color-emotion associations. Wherever people came from, the most consistent associations for red were with love, anger, and hate. Love was also associated with pink, while anger and hate were linked with black. For yellow, the most consistent associations were with joy and

amusement, and those emotions were also associated with orange.
　　　　　　　　　(A)

Does this mean that all these respondents felt love, anger, hate, joy, or amusement? While we cannot know for sure, we doubt it. (That would be a pretty exhausting life.) We conjecture that color-emotion associations are mainly
　　　　　　　　　　　　　(iv)
conceptual, and they are based on our abstract knowledge and life experiences,
　　　　　　　(B)
whether current or through evolutionary history.

In the case of red, it is impossible to escape its association with love. Just think about Valentine's Day. During the weeks leading up to the date, we are showered with red hearts and red roses wherever we look. And during the rest of the year, if we deeply care for or love somebody, we send red hearts, often in the form of emojis. Red is also an important sexual display for some animal species, like baboons*; the female baboon's red bum is famously known to be an indication of sexual readiness. At the same time, human-made signs of danger and warning are also indicated in red (and yellow). Such red/danger pairings have analogies in the natural world, too: Just think of poisonous mushrooms or dangerous animals. Here, these associations signal danger.

Finally, if we think about red/anger associations, there is a plausible
　　　　　　　　　　　　　(C)
physiological explanation. When people get angry, blood rushes to their faces and they appear flushed. Seeing such angry red faces over and over again leads to a close association between anger and red. We can apply a similar explanation to the positive associations with red: Faces also become flushed when people experience pleasure, likely facilitating the romantic associations with
　　　　　　　　　　　　　　　　(v)
red — love, pleasure, and desire.

Our conclusion from the evidence we have so far is that color-emotion associations have nothing to do with actual feelings, but they have emerged because experiences that often occur together became associated in our minds. This conclusion might be disappointing for many but consider for a moment what it would mean to feel an emotion for every color you see. To us, such a situation
　　　　　　　　　　　　　　　　　　　　　　(D)
seems unlivable. We would have to endure a continuous stream of emotions wherever we go, because the world in which we navigate is full of different colors. Just think of shopping at a supermarket or visiting an art gallery: If all

these colors and their combinations triggered particular emotional experiences, just imagine the emotional thunderstorm. Would you really enjoy such experiences?

(Mohr, Christine, & Jonauskaite, Domicele. 2022. "Red is associated with love, but do we actually feel it?" *Psychology Today*.

https://www.psychologytoday.com/us/blog/color-psychology/202202/

red-is-associated-love-do-we-actually-feel-it より一部改変)

*extraverts：外向的な人

*baboons：ヒヒ

設問(1)　下線部(i)〜(v)の語句の本文中での意味に最も近いものを，(イ)〜(ニ)から1つ
　　　　選び，解答欄の選択肢を塗りつぶしなさい。

　　(i)　irrespective of

　　　(イ)　in consideration of　　　　　(ロ)　instead of

　　　(ハ)　out of　　　　　　　　　　　(ニ)　regardless of

　　(ii)　evoke

　　　(イ)　cause　　　(ロ)　erase　　　(ハ)　spare　　　(ニ)　suffer

　　(iii)　stunning

　　　(イ)　certain　　　(ロ)　remarkable　　　(ハ)　slight　　　(ニ)　various

　　(iv)　conjecture

　　　(イ)　doubt　　　(ロ)　guess　　　(ハ)　hope　　　(ニ)　reject

　　(v)　facilitating

　　　(イ)　contributing to　　　　　　(ロ)　interfering with

　　　(ハ)　postponing　　　　　　　　(ニ)　questioning

設問(2)　下線部(A) those emotions が指し示す箇所を本文中から抜き出しなさい。

設問(3)　下線部(B) they が指し示す箇所を本文中から抜き出しなさい。

設問(4)　下線部(C) red/anger associations が生じる要因を本文の内容に即して日本
　　　　 語で説明しなさい。

設問(5)　下線部(D) such a situation seems unlivable と述べる理由を本文の内容に
　　　　 即して日本語で説明しなさい。

設問(6)　本文の内容に合うものを下記の(イ)〜(ホ)から 2 つ選び，解答欄の 1 つ目の
　　　　 欄，2 つ目の欄それぞれの選択肢を 1 つずつ塗りつぶしなさい。ただし，解
　　　　 答の順序は問わない。
　　　(イ)　青や赤のような印象の強い色はプロパガンダや宣伝によく利用される。
　　　(ロ)　異なる国においても，色と感情の相関関係にはかなりの一致が見られ
　　　　　　 る。
　　　(ハ)　恋心を伝えるには通常赤いバラの花よりもハートの絵文字を送る人が多
　　　　　　 い。
　　　(ニ)　ヒヒのお尻がしばしば赤くなることと，人間社会で赤が危険や警告を示
　　　　　　 す色となっていることの間には，相関関係がある。
　　　(ホ)　喜びの感情と赤色との結びつきには生理学的な要因が関わっている。

設問(7)　本文全体の主旨を最もよく表している文を下記の(イ)〜(ニ)から 1 つ選び，解
　　　　 答欄の選択肢を塗りつぶしなさい。
　　　(イ)　Color-emotion associations are conceptual, and they are unrelated to
　　　　　　 our experiences.
　　　(ロ)　Colors always go hand in hand with our emotions.
　　　(ハ)　It is unlikely that colors cause us to feel specific emotions.
　　　(ニ)　Many people believe that colors are related to feelings, because such
　　　　　　 a claim is repeated across many websites.

Ⅲ　効率やスピードを重んじる傾向が最近の世の中にはありますが，それらを追求することについて，あなたはどう考えますか。具体的に利点もしくは問題点を１つ挙げて，80 語程度の英文で述べなさい。

Ⅳ　次の日本文(A)と(B)のそれぞれの下線部の意味を英語で表しなさい。ただし，(B)では**文学部の志願者は(イ)を，文学部以外の学部の志願者は(ロ)**を選んで解答しなさい。

─一部改題：(B)の(イ)は省略。

(A)　**（すべての学部の志願者）**

　　「私たちはなぜわかり合えないか」ではなく「私たちはなぜわかり合えるのか」と問うことにより，外見の違いの裏にある共通性が浮かび上がってきます。

　　共通性に気づくことは，違いを認める心の余裕を生むはずです。世界の人々が「どう違うか」ばかりに目を奪われるのでなく，私たちはみな，かつて同じ長い歴史を共有してきた兄弟姉妹である事実に目を向け，だから「私たちは潜在的にわかり合える」という信念を持つべきでしょう。

　　（海部陽介. 2022.『人間らしさとは何か　生きる意味をさぐる人類学講義』河出書房新社 より一部改変）

(B)

　(ロ)　**（文学部以外の学部の志願者）**

　　私たちは普段，味覚や視覚，また触覚や聴覚，嗅覚といった五感を駆使して生活している。これら五感は，一見，個々人の主観的・身体的作用のようだが，実は文化的・歴史的なものでもある。何かに触れた時に感じる柔らかさや硬さ，街の中で聞こえてくる音，食べ物の味など，何をどう感じ取るかは，生まれ育った社会や文化によって，また時代によって異なるのだ。

　　（久野愛. 2021.『視覚化する味覚──食を彩る資本主義』岩波書店）

数学

◀理・医（医・保健〈放射線技術科学・検査技術科学〉）・
歯・薬・工・基礎工学部▶

（150 分）

1 　　n を 2 以上の自然数とする.

(1) $0 \leqq x \leqq 1$ のとき, 次の不等式が成り立つことを示せ.

$$\frac{1}{2}x^n \leqq (-1)^n \left\{ \frac{1}{x+1} - 1 - \sum_{k=2}^{n} (-x)^{k-1} \right\} \leqq x^n - \frac{1}{2}x^{n+1}$$

(2) $a_n = \displaystyle\sum_{k=1}^{n} \frac{(-1)^{k-1}}{k}$ とするとき, 次の極限値を求めよ.

$$\lim_{n \to \infty} (-1)^n n(a_n - \log 2)$$

（配点率 20 %）

2　　平面上の 3 点 O, A, B が

$$\left|2\overrightarrow{OA} + \overrightarrow{OB}\right| = \left|\overrightarrow{OA} + 2\overrightarrow{OB}\right| = 1 \quad かつ \quad (2\overrightarrow{OA} + \overrightarrow{OB}) \cdot (\overrightarrow{OA} + \overrightarrow{OB}) = \frac{1}{3}$$

をみたすとする.

(1) $(2\overrightarrow{OA} + \overrightarrow{OB}) \cdot (\overrightarrow{OA} + 2\overrightarrow{OB})$ を求めよ.

(2) 平面上の点 P が

$$\left|\overrightarrow{OP} - (\overrightarrow{OA} + \overrightarrow{OB})\right| \leqq \frac{1}{3} \quad かつ \quad \overrightarrow{OP} \cdot (2\overrightarrow{OA} + \overrightarrow{OB}) \leqq \frac{1}{3}$$

をみたすように動くとき, $\left|\overrightarrow{OP}\right|$ の最大値と最小値を求めよ.

（配点率 20 ％）

3　　P を座標平面上の点とし, 点 P の座標を (a, b) とする. $-\pi \leqq t \leqq \pi$ の範囲にある実数 t のうち, 曲線 $y = \cos x$ 上の点 $(t, \cos t)$ における接線が点 P を通るという条件をみたすものの個数を $N(P)$ とする. $N(P) = 4$ かつ $0 < a < \pi$ をみたすような点 P の存在範囲を座標平面上に図示せよ.

（配点率 20 ％）

4　　a, b を $a^2 + b^2 > 1$ かつ $b \neq 0$ をみたす実数の定数とする. 座標空間の点 $A(a, 0, b)$ と点 $P(x, y, 0)$ をとる. 点 $O(0, 0, 0)$ を通り直線 AP と垂直な平面を α とし, 平面 α と直線 AP との交点を Q とする.

(1) $(\overrightarrow{AP} \cdot \overrightarrow{AO})^2 = \left|\overrightarrow{AP}\right|^2 \left|\overrightarrow{AQ}\right|^2$ が成り立つことを示せ.

(2) $\left|\overrightarrow{OQ}\right| = 1$ をみたすように点 $P(x, y, 0)$ が xy 平面上を動くとき, 点 P の軌跡を求めよ.

（配点率 20 ％）

5　　1 個のさいころを n 回投げて，k 回目に出た目を a_k とする．b_n を

$$b_n = \sum_{k=1}^{n} a_1^{n-k} a_k$$

により定義し，b_n が 7 の倍数となる確率を p_n とする．

(1) p_1, p_2 を求めよ．

(2) 数列 $\{p_n\}$ の一般項を求めよ．

（配点率 20 %）

◀医（保健〈看護学〉）学部▶

（90 分）

1　a, b を実数とする．θ についての方程式

$$\cos 2\theta = a\sin\theta + b$$

が実数解をもつような点 (a, b) の存在範囲を座標平面上に図示せよ．

（配点率 30 ％）

2　正の実数 a, x に対して，

$$y = \left(\log_{\frac{1}{2}} x\right)^3 + a\left(\log_{\sqrt{2}} x\right)\left(\log_4 x^3\right)$$

とする．

(1) $t = \log_2 x$ とするとき，y を a, t を用いて表せ．

(2) x が $\dfrac{1}{2} \leqq x \leqq 8$ の範囲を動くとき，y の最大値 M を a を用いて表せ．

（配点率 35 ％）

3 　平面上の 3 点 O, A, B が

$$\left|2\overrightarrow{OA} + \overrightarrow{OB}\right| = \left|\overrightarrow{OA} + 2\overrightarrow{OB}\right| = 1 \quad \text{かつ} \quad (2\overrightarrow{OA} + \overrightarrow{OB}) \cdot (\overrightarrow{OA} + \overrightarrow{OB}) = \frac{1}{3}$$

をみたすとする.

(1) $(2\overrightarrow{OA} + \overrightarrow{OB}) \cdot (\overrightarrow{OA} + 2\overrightarrow{OB})$ を求めよ.

(2) 平面上の点 P が

$$\left|\overrightarrow{OP} - (\overrightarrow{OA} + \overrightarrow{OB})\right| \leqq \frac{1}{3} \quad \text{かつ} \quad \overrightarrow{OP} \cdot (2\overrightarrow{OA} + \overrightarrow{OB}) \leqq \frac{1}{3}$$

をみたすように動くとき, $\left|\overrightarrow{OP}\right|$ の最大値と最小値を求めよ.

（配点率 35 %）

物理

(医〈保健〈看護学〉〉学部：75 分 その他の学部：2 科目 150 分)

〔**1**〕 小球の運動や衝突について考える。地点 O に xy 平面の原点を，水平方向に x 軸を，鉛直上向きに y 軸をとり，小球の運動は xy 平面に限られるものとする。なお，小球の大きさは無視できるほど小さく，小球の回転は考えないものとし，空気抵抗も無視する。重力加速度の大きさは g であり，その向きは鉛直下向きである。

I. 質量 m の小球 A を投げた時の様子を観察する。図1のように，地点 O から仰角 θ〔rad〕の方向に速さ v_0 で小球を投げた。ただし，$0 < v_0$，$0 < \theta < \dfrac{\pi}{2}$ とする。

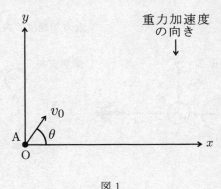

図 1

問 1 小球 A が達する最高点の高さを，m，v_0，θ，g のうち必要なものを用いて表せ。

問 2 小球 A を投げた後，しばらくして小球 A は地面（$y = 0$）に落下した。落下地点と地点 O の間の水平距離を，m，v_0，θ，g のうち必要なものを用いて表せ。

問 3 初速度の大きさ v_0 を一定にしたままで，仰角 θ を変えて小球 A を投げる。地点 O から最も遠くに落下する場合の仰角 θ〔rad〕を求めよ。

問 4 落下した小球 A は地面に衝突してはね返り，地面との衝突を繰り返した。地面はなめらかな面で，小球 A と地面の衝突は非弾性衝突であり，反発係数を e とする。小球 A が地面に n 回目に衝突した地点と地点 O の間の水平距離を，m, v_0, θ, g, e, n のうち必要なものを用いて表せ。

II. 図 2 のように，地点 O に xy 平面の原点を，水平方向に x 軸を，鉛直上向きに y 軸をとる。質量 M の小球 B は，地点 O で静止していた質量 m の小球 A に衝突する。衝突直前の小球 B の速度は $\vec{V_0} = (V_0, \, 0)$ であったが，衝突直後に小球 A の速度は $\vec{v} = (v \cos\theta, \, v \sin\theta)$ となり，小球 B の速度は $\vec{V} = (V \cos\phi, \, -V \sin\phi)$ となったとする。ただし，$0 < V_0$, $0 < v$, $0 < V$ とする。また，図 2 のように，θ 〔rad〕は $\vec{v}$ と x 軸のなす角度であり，ϕ 〔rad〕は $\vec{V}$ と x 軸のなす角度である。$0 < \theta < \dfrac{\pi}{2}$, $0 < \phi < \pi$ とする。なお，小球 A と小球 B の衝突は弾性衝突である。ただし，小球と地面との衝突は考えないものとする。

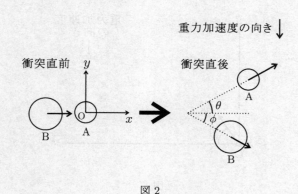

図 2

問 5 衝突によってはね上げられた直後の小球 A の速さ v を m, M, V_0, θ のうち必要なものを用いて表せ。

問 6 小球 A がはね上げられた後，しばらくして小球 A は $y = 0$ まで落下した。落下地点と地点 O の間の水平距離 L を m, M, V_0, θ, g のうち必要なものを用いて表せ。

問 7 距離 L が最も大きくなる場合を考えたい。m, M, V_0, g, d, Δd のうち必要なものを用いて，以下の空欄に入るべき数式を解答欄に記せ。

$Z = L^2$ とおくと，L の値が最大になる時に Z の値も最大となる。$\cos^2\theta = d \left(0 < \theta < \dfrac{\pi}{2} \right)$ とおけば，十分に小さい d の変化である Δd に対して，Z の変化 $\Delta Z = Z(d + \Delta d) - Z(d)$ は，$(\Delta d)^n \ (n > 1)$ の項を無視すると，　(a)　と書ける。Z の値が最大となる場合，d の変化 $\Delta d \neq 0$ に対して $\Delta Z = 0$ となるので，L の値が最大になる $\cos\theta$ の値は　(b)　となる。

III. II. では，小球 A と小球 B を合わせた 2 物体の重心 G の位置は，時間とともに移動する。II. の小球 A と小球 B の衝突を，重心 G とともに移動する観測者 P から観察する。なお，小球 A と小球 B の質量はそれぞれ m と M である。

問 8 観測者 P から見た小球 A と小球 B の運動を求めたい。m, M, V_0, Δt のうち必要なものを用いて，以下の空欄に入るべき数式を解答欄に記せ。

II. の座標系では，小球 A と小球 B の座標をそれぞれ (x_A, y_A) と (x_B, y_B) とすれば，2 物体の重心 G の座標は

$$(x_G, y_G) = \left(\frac{m\,x_A + M\,x_B}{m + M}, \frac{m\,y_A + M\,y_B}{m + M} \right)$$

と表される。衝突直前に小球 A は地点 O に静止しており，小球 B は水平方向（x 軸の正の向き）に速さ V_0 を持っていたので，微小時間 Δt の間における重心 G の座標の変化量は $(\Delta x_G, \Delta y_G) = \left(\boxed{\text{(c)}}, 0 \right)$ と表される。ゆえに，重心 G の速度は $\left(\dfrac{\Delta x_G}{\Delta t}, \dfrac{\Delta y_G}{\Delta t} \right) = \left(\boxed{\text{(d)}}, 0 \right)$ となる。よって，衝突直前において，重心 G とともに移動する観測者 P から見た小球 A の速度は $\left(\boxed{\text{(e)}}, 0 \right)$ であり，小球 B の速度は $\left(\boxed{\text{(f)}}, 0 \right)$ となる。

問 9 衝突直後に，観測者 P から見た小球 A の速度は $\overrightarrow{v'} = (v' \cos\theta', v' \sin\theta')$ となり，小球 B の速度は $\overrightarrow{V'} = (V' \cos\phi', -V' \sin\phi')$ となった。θ' 〔rad〕

は $\overrightarrow{v'}$ と x 軸のなす角度であり，ϕ'〔rad〕は $\overrightarrow{V'}$ と x 軸のなす角度である。ただし，$0 < \theta' < \pi$，$0 < \phi' < \pi$ とする。衝突直後における小球 A の速さ v'，小球 B の速さ V'，$\sin(\theta' + \phi')$ を m, M, V_0 のうち必要なものを用いて表せ。

問 10　小球 B の質量 M が小球 A の質量 m より大きい場合，II. の座標系で見た小球 B の角度 ϕ には上限がある。m，M，V_0 のうち必要なものを用いて，$\tan\phi$ の上限値を表せ。

〔2〕　図 1 のように，真空中に半径がそれぞれ R_A および R_B の一巻きの円形コイル A および B が同一面内に中心をそろえて置かれており，コイル A には平行板コンデンサーと起電力 V の直流電源が，コイル B には抵抗値 r の抵抗が，それぞれ接続されている。コンデンサーは，辺の長さが a, b の長方形の極板 A および極板 B で構成され，極板間の距離は d であり，極板間は真空である。ここで，d は a, b に比べて十分小さく，極板端部の電界の効果は無視できるとする。また，コイル A および B の電気抵抗も無視できるとする。ここでは，コンデンサー，直流電源，抵抗のサイズはコイルの半径に比べて十分小さく，コイルは円形コイルとみなして磁界を計算してよい。以下では，真空の誘電率および透磁率をそれぞれ ε_0 および μ_0 とする。

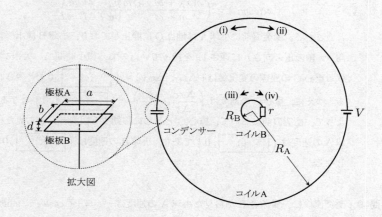

図 1

I. いま，図 1 中のコンデンサーの極板内に，図 2 のように，辺の長さが a, b, d の直方体の誘電体を挿入する。誘電体の挿入長を図 2 に示すように s とする。誘電体を $s = 0$ の地点から，初速度が 0，加速度の大きさが $p\,(> 0)$ で等加速度運動させるとコイル B に電流が流れた。誘電体の挿入長が $s = 0$ のときの時刻を $t = 0$ とする。以下の問に答えよ。ここで，コイル A の自己誘導による逆起電力は小さく無視できるとし，また，コイル B に流れる電流が作る磁界も弱く無視できるとする。なお，誘電体の比誘電率は $\varepsilon_{\mathrm{r}}\,(> 1)$ であり，誘電体端部の電界の効果は無視できるとする。

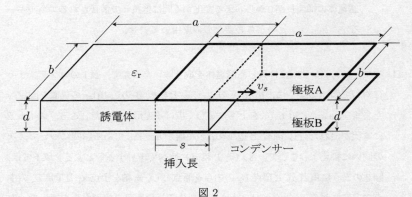

図 2

問 1　誘電体の挿入長が $s\,(0 \leqq s < a)$ のときにコンデンサーに蓄えられている電気量を a, b, d, s, ε_{r}, ε_0, V のうち必要なものを用いて表せ。

問 2　いま，時刻 t から微小時間 Δt の間に，誘電体の挿入長が s から $s + v_s\Delta t$ に変化したと近似して，この間にコイル A に流れる電流の大きさ I_{A} を v_s, a, b, d, ε_{r}, ε_0, V のうち必要なものを用いて表せ。ここで，$v_s\,(> 0)$ は挿入長が s のときの誘電体の速度である。また，その電流の向きを図 1 中の記号 (i) または (ii) により示せ。

問 3　時刻 t において電流 I_{A} がコイルの中心につくる磁界の強さを R_{A}, I_{A}, μ_0 のうち必要なものを用いて表せ。またその向きは，図 1 において (ア) 紙面表から裏の向き，あるいは (イ) 紙面裏から表の向き，のうちのどちらであ

るか。(ア) または (イ) の記号で示せ。

問 4 時刻 t から微小時間 Δt の間に誘電体の速度が v_s から $v_s + p\Delta t$ になったとして、この間にコイル B に流れる電流 I_B の大きさを r, R_A, R_B, a, b, d, p, ε_r, ε_0, μ_0, V のうち必要なものを用いて表せ。また、その電流の向きを図 1 中の記号 (iii) または (iv) により示せ。ただし、コイル B の半径 R_B はコイル A の半径 R_A に比べて十分小さく、コイル B の内部の磁界は一様で中心の値に等しいとせよ。

問 5 誘電体を挿入し始めた直後にコイル B に流れる電流の大きさを I_{B0} として、誘電体の挿入長が 0 から a まで変化する間に抵抗 r で消費されるエネルギーを r, I_{B0}, a, p のうち必要なものを用いて表せ。

II. 次に、コンデンサーに挿入した誘電体を取り除いたうえで、図 1 のコンデンサーに対して図 3 のように、極板 A の辺 a_1a_2 と極板 B の辺 b_1b_2 の位置を固定したまま 辺 a_3a_4 と辺 b_3b_4 を上下に等しく広げる変形を与えたところ、コイル B に電流が流れた。辺 a_3a_4 と辺 b_3b_4 の距離が $d + \Delta d$ である瞬間について、次の問いに答えよ。ここで、$\Delta d\,(\neq 0)$ は d に比べて十分小さいとする。以下では、図 3 のように頂点 a_1 と頂点 b_1 の中点を原点とし、x 軸を頂点 a_4 と頂点 b_4 の中点の方向にとる。また、Δd は小さいため、極板間距離を広げた後も極板の x 方向の長さは a で近似できるものとする。

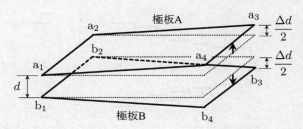

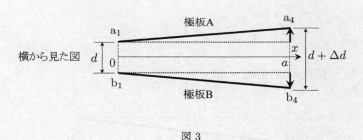

図 3

問 6 このときの，このコンデンサーの電気容量を，図 4 のように極板を n 個の微小区間に等分割してできた，電気容量が C_k の微小平行板コンデンサーを合成した電気容量であると考えよう。ただし k は 1 から n までの整数である。次の文章の空欄に入れるべき数式を解答欄に記せ。

    極板 AB 間の距離は図 5 に示す x の 1 次関数で表される。原点側から数えて k 番目の微小平行板コンデンサーの極板間の距離が $x = \dfrac{a}{n}(k-1)$ における極板 AB 間の距離であるとすれば，この極板間の距離は d, Δd, n, k を用いて ┌─(a)─┐ と表される。したがって，微小平行板コンデンサーの合成容量は a, b, d, Δd, n, k, ε_0 を用いて $\displaystyle\sum_{k=1}^{n}$ ┌─(b)─┐ と表される。いま，分割数 n が十分大きいときの微小平行板コンデンサーの合成容量は，次の近似を適用すれば a, b, d, Δd, ε_0 を用いて ┌─(c)─┐ と表される。

    n が十分大きく，かつ δ が 1 に比べて十分小さい場合：

$$\frac{1}{n}\sum_{k=1}^{n}\frac{1}{1+\delta\dfrac{k-1}{n}} \fallingdotseq 1-\frac{\delta}{2}$$

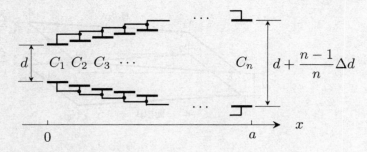

図 4

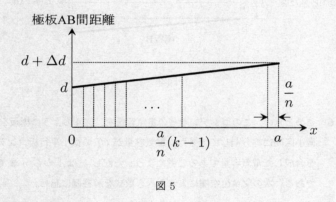

図 5

問 7 図1のように直流電源とコンデンサーはつながっている。位置 x における極板 A 上の単位面積あたりの電気量を x, a, d, Δd, ε_0, V のうち必要なものを用いて表せ。

問 8 横軸を x, 縦軸を極板 A 上の単位面積あたりの電気量 σ として、変形前と変形後の σ の分布をグラフに描くとどのようになるか。図 6 中の (あ) から (こ) の中から最も適切なものを選べ。ただし、図中の σ_0 は極板を広げる前の極板 A 上の単位面積あたりの電気量である。

問 9 辺 a_3a_4 と辺 b_3b_4 を上下に等しく広げる際、それぞれの辺の初速度を 0、加速度の大きさを $\dfrac{q}{2}$ で一定とする。極板を広げ始めた直後にコイル B に流れる電流の大きさを r, R_A, R_B, a, b, d, q, ε_0, μ_0, V のうち必要なものを用いて表せ。

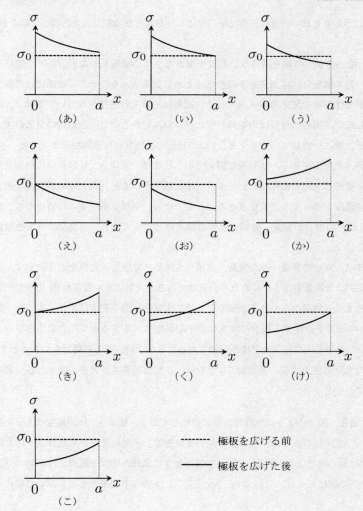

図 6

〔**3**〕 以下の**A**と**B**の両方の問題に解答せよ。なお**A**と**B**は独立した内容の問題である。

A. 図 1 のように熱を通さない物質でできた 2 つの風船をつなぎ合わせた気球がある。一方の風船には単原子分子理想気体である気体 A，もう一方の風船には二原子分子理想気体である気体 B が入っている。風船はそれぞれ密閉されていて気体 A，B は混合しない。風船の材質は力を伴わずに伸び縮みできるので，風船内の気体の圧力は大気圧と常に一致しているとする。2 つの風船の接続部には遠隔制御できるヒーター，冷却器，断熱板がある。断熱板を開いているときは，気体 A，B は互いに熱を交換できる。断熱板を開いた状態でヒーターや冷却器を用いると，両気体の温度を一致させたまま温度をゆっくりと変化させることができる。気球を構成する物質のうち，気体 A，B 以外の部分の質量，体積，熱容量は考慮しなくてよい。温度はすべて絶対温度とする。

気体 A，B の物質量，モル質量，定積モル比熱，定圧モル比熱を表 1 に示す。R は気体定数，モル質量は 1 モルあたりの質量である。大気はモル質量が M の理想気体であるとする。地面からの高度が高くなるほど大気の圧力や密度は小さくなるが，気体 A，B の状態を計算する場合には気球の中心高度に対応する大気圧を気体の圧力として用い，各風船内で圧力や密度が一様であるとしてよい。風の影響はないものとする。地上の大気の圧力は p_0，温度は T_0 であった。重力加速度の大きさを g とし，高度によらず一定とする。

I. 最初，図 1 のように気球は地面に着地しており，気体 A，B の温度は大気の温度 T_0 と同じであった。断熱板を開いた状態でヒーターを用いて気体 A，B を同時に温めたところ，温度が T_1 になったときに気球が地面を離れて浮き始めた。以下の問に n，M，M_A，M_B，p_0，T_0，R，g のうち必要なものを用いて答えよ。

問 1 気球が浮き始めたとき，気球に働いている単位体積あたりの浮力の大きさを求めよ。

問 2 T_1 を求めよ。

問 3 温度が T_0 から T_1 になるまでにヒーターが気体 A，B に与えた熱量の合計を求めよ。

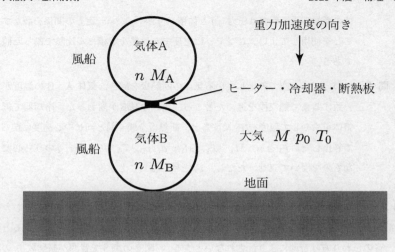

図 1

表 1 風船内の気体に関する量

気体	物質量	モル質量	定積モル比熱	定圧モル比熱
気体 A (単原子分子理想気体)	n	M_A	$\dfrac{3}{2}R$	$\dfrac{5}{2}R$
気体 B (二原子分子理想気体)	n	M_B	$\dfrac{5}{2}R$	$\dfrac{7}{2}R$

II. つぎに，気球が上昇していかないようにひもで地面に固定した。気体 A，B の温度が T_2 となるまで温めた時点でヒーターを停止し，断熱板を閉じて気体 A，B の熱交換を遮断した。気球からひもを外したところ，気球は上空にゆっくりと上がっていき，ある高度で静止した。静止した気球の中心高度の大気圧は地上の大気圧の a 倍であった。a の大きさの範囲は $0 < a < 1$ である。上空で静止したときの気体 A の温度を T_A，気体 B の温度を T_B とする。

問 4 T_A と T_B を n，M，M_A，M_B，a，p_0，T_2，R，g のうち必要なものを用いて表せ。なお，気体 A，B の圧力変化は十分ゆっくりであるので，理想気

体の断熱膨張過程では圧力 (p) と体積 (V) が「$pV^\gamma=$ 一定」の関係を満たす
ことを使用してよい。ここで γ は定圧モル比熱を定積モル比熱で割った値
である。

問 5 つづいて，上空で静止している気球の断熱板を開き，気体 A，B の温度が
一致するまで熱交換を進めたところ，気球の高度が変わった。冷却器で両
気体を冷やして温度を T_3 にすると，断熱板を開く前と同じ中心高度に戻っ
て静止した。T_3 を n，M，M_A，M_B，a，p_0，T_A，T_B，R，g のうち必要
なものを用いて表せ。ただし，T_2 を用いないこと。

B． 一様で流れがない大気中を速さ V で伝わる音を考える。音は大気中に静止した
音源から，等方的に球面波として発せられる。観測者と音源の大きさは無視できると
し，音の伝わり方は音源により乱されないとする。 図 2 の点 S で音源が振動数 f_0 の
音を発している。この音の振動数を，観測者が点 S から距離 d だけ離れた点 O を中心
とする半径 r $(> d)$ の円軌道上で，図 2 のように反時計回りに角速度 ω で等速円運
動しながら観測する。このとき観測者が観測する音の振動数は，観測者と音源を結ぶ
直線方向の速度成分を用いて求めることができる。観測者の位置を点 P，$\angle$POS の角
度を θ とする。観測者が，時刻 $t = 0$ に $\theta = 0$ の点を通過してから，この円を一周す
る間について以下の問に答えよ。音源からの音は $t = 0$ で既に観測者に届いていると
する。観測者の速さは音速より十分遅いとする。なお，観測者の加速度は十分小さい
とし，音の振動数を計算する際は，その時点での観測者の速度を一定として計算せよ。
また，角度の単位はラジアンとする。

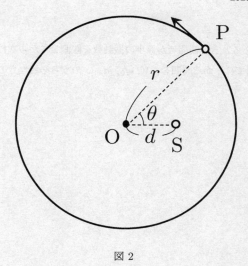

図 2

問 6 観測者が $t = 0$ に f_0 の振動数を観測したのち，ふたたび f_0 の振動数を観測する最初の時刻を，V, f_0, d, ω, r のうち必要なものを用いて表せ。

問 7 観測者が観測する音の振動数を求めるには，観測者の速度の SP 方向 (S から P に向う方向) の成分 v_{SP} が必要である。角度 θ の位置における観測者の v_{SP} を V, f_0, d, ω, r, θ のうち必要なものを用いて表せ。

ヒント：v_{SP} は観測者の速度ベクトル $\vec{v}$ と，SP 方向を表すベクトル $\overrightarrow{\mathrm{SP}}$ とその大きさ $|\overrightarrow{\mathrm{SP}}|$ を用いて，$\vec{v} \cdot \dfrac{\overrightarrow{\mathrm{SP}}}{|\overrightarrow{\mathrm{SP}}|}$ のように内積を使って求めることができる。

問 8 問 7 の v_{SP} の大きさを計算すると，$\cos\theta = \dfrac{d}{r}$ となる θ において最大となることがわかった。このことを用い，次の文章の　(a)　と　(b)　に入るべき数式を，V, f_0, d, ω, r のうち必要なものを用いて解答欄に記せ。

観測者が最小の振動数を観測したときの v_{SP} の大きさは，　(a)　と表される。したがって，観測者が観測する最小の振動数は　(b)　と表される。

問 9 観測者が観測する最大の振動数を，V, f_0, d, ω, r のうち必要なものを用いて

表せ。

問 10 $r = 2d$ であるとき，観測者が最小の振動数を観測してから次に最大の振動数を観測するまでにかかる時間を，V，f_0，d，ω のうち必要なものを用いて表せ。

化学

（医〈保健〈看護学〉〉学部：75 分　　その他の学部：2 科目 150 分）

【注意】

1. 必要があれば次の数値を用いよ。

　H の原子量 = 1.0

　C の原子量 = 12

　N の原子量 = 14

　O の原子量 = 16

　Br の原子量 = 80

2. 特にことわらない限り，構造式は下の例にならって示すこと。

（例）

H$_3$C—C(=CH—H)—C(=O)—O—CH$_2$—〈C$_6$H$_4$〉—CH$_3$

〔1〕　以下の文章を読み，**問1〜問4**に答えよ。なお，[X]は分子もしくはイオンX
のモル濃度を表す。

濃度 C〔mol/L〕の酢酸水溶液中で $CH_3COOH \rightleftharpoons CH_3COO^- + H^+$ の平衡が
なりたっているとき，水のイオン積 $K_w = [H^+][OH^-]$ と酢酸の電離定数

$$K_a = \frac{[H^+][CH_3COO^-]}{[CH_3COOH]}$$

を用いて，[H$^+$]を表すことができる。陽イオンと陰イオンの電荷のつりあいの
条件が

$$[H^+] = \boxed{\quad \text{ア} \quad} + \boxed{\quad \text{イ} \quad}$$

を満たすこと，および，濃度 C が

$$C = \boxed{\quad \text{ウ} \quad} + \boxed{\quad \text{エ} \quad}$$

で表されることを考慮すれば，[H$^+$]以外の分子やイオンの濃度を消去すること
により，[H$^+$]に関する三次方程式

$$[H^+]^3 + (\boxed{\quad \text{オ} \quad})[H^+]^2 + (\boxed{\quad \text{カ} \quad})[H^+] + (\boxed{\quad \text{キ} \quad}) = 0$$

が得られる。この方程式の解[H$^+$]を用い，酢酸の電離定数
$K_a = 1.6 \times 10^{-5}$ mol/L，水のイオン積 $K_w = 1.0 \times 10^{-14}$ (mol/L)^2 として，酢
酸水溶液の pH の濃度変化曲線の一部を図1に描いた。

なお，濃度 C が高いときには，水の電離の影響を無視できるので $K_w = 0$ の近
似が許され，三次方程式を二次方程式

$$[H^+]^2 + K_a[H^+] - K_aC = 0$$

へと変形することができる。この方程式の解[H$^+$]は，高濃度の極限において
$\sqrt{K_aC}$ で近似できる。

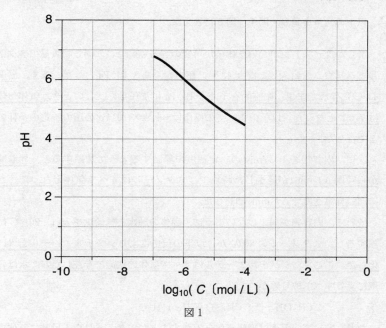

図1

問 1 空欄 ア ~ エ にあてはまる分子やイオンのモル濃度を答え
よ。

問 2 空欄 オ ~ キ を K_a, K_w, ならびに C を用いて表せ。

問 3 酢酸水溶液の pH は，濃度 C が低い領域でほぼ一定値をとる。その理由を
記せ。さらに，$C \leqq 10^{-8}$ mol/L の範囲における pH の濃度変化を，解答用
紙の図1に実線で書き込め。 〔解答欄〕上の図1と同じ。

問 4 酢酸水溶液の pH は，濃度 C が高い極限で $\log_{10}(C(\text{mol/L}))$ の一次関数と
なる。まず，$C = 1.0$ mol/L の酢酸水溶液の pH を計算し，小数点以下1桁
まで答えよ。次に，$C \geqq 10^{-3}$ mol/L の範囲で pH の濃度変化を，解答用紙
の図1に実線で書き込め。必要があれば $\log_{10} 2 = 0.3$ の近似値を用いよ。

〔解答欄〕上の図1と同じ。

〔**2**〕　以下の文章を読み，**問 1～問 6** に答えよ。

　　滑らかなピストンがついた体積が可変の容器（図 1）に，同じ物質量のメタノールとヘリウムを封入し，温度 43 ℃，圧力を 1.0×10^5 Pa とした。まず，温度を 43 ℃ に保ったまま，内容物を 1.4×10^5 Pa に加圧した。このとき，気体の体積は 7.0 L となった。① 以下のすべての操作は，1.4×10^5 Pa の圧力一定の条件のもとで行った。

　　次に，内容物を 4 ℃/min の一定速度で昇温するように加熱すると，昇温開始から時間 Δt〔min〕が経過した時点で，メタノールはすべて気体となった。② さらに同じ昇温速度で Δt〔min〕加熱した。

　　続いて，内容物が漏出しないように，固体の触媒と乾燥剤を入れ，201 ℃ に加熱すると，メタノールの 80 % が，以下の反応によりジメチルエーテルと水に変化した。③ ここで，ジメチルエーテルはすべて気体の状態で存在したが，水は乾燥剤によりすべて取り除かれた。

$$2\,CH_3OH \longrightarrow CH_3\text{-}O\text{-}CH_3 + H_2O$$

　　なお，すべての気体は理想気体とみなすことができ，ヘリウムは常に気体で存在し，液相への溶解は無視できる。また，メタノールの蒸気圧曲線を図 2 に示す。

図 1

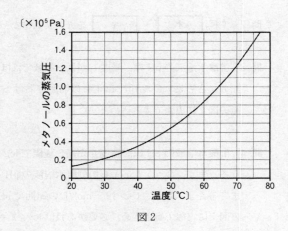

図 2

問 1　下線部①の操作のとき，加圧後のヘリウムの分圧は加圧前のヘリウムの分圧の何倍になるか，有効数字 2 桁で答えよ。

問 2　下線部①の操作後，容器内のメタノールの全物質量に対する気体のメタノールの物質量の割合を有効数字 1 桁で求めよ。

問 3　下線部②の時間 Δt〔min〕を有効数字 1 桁で求めよ。解答欄には計算過程も記せ。

問 4　下線部②について，以下の例にならって，メタノールとヘリウムの分圧の時間変化を解答欄に略図で記せ。ただし，時間 0，Δt，$2\Delta t$ のときの各成分の分圧の値を記入すること。

（例）

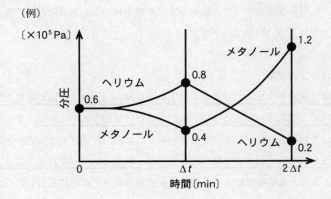

〔解答欄〕

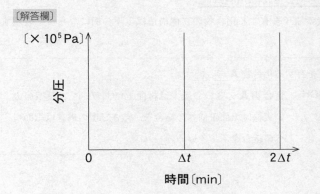

問 5　下線部③の反応後のジメチルエーテルの分圧を有効数字 2 桁で求めよ。解答欄には計算過程も記せ。

問 6　下線部③の反応後の気体の体積を有効数字 2 桁で求めよ。解答欄には計算過程も記せ。

〔**3**〕　以下の文章を読み，**問 1 ～問 10** に答えよ。

　　石油精製により得られる<u>ナフサ</u>の熱分解や改質等で製造される低分子量のアル①ケンや芳香族化合物は，工業的に重要な多くの化学製品の合成原料であり，それらの反応を知ることは重要である。

問 1　下線部①のナフサとは何かを，灯油や軽油との物理的性質の違いについて言及しつつ簡潔に説明せよ。

アルケンの反応

　　<u>環状構造を含まない炭素数 4 以下の炭化水素のうちで，過剰の臭素の存在下において，臭素の付加により分子量が 160 だけ増加するアルケンがすべてここにあ</u>②る。これらのアルケンを，硫酸を触媒にして水と反応させて生成物を得た。<u>得られた生成物はすべてナトリウムと反応し，水素とナトリウムアルコキシドが生じた</u>。また，硫酸触媒による水との反応における主生成物に着目した場合，<u>いくつ</u>③<u>かのアルケンから同じ生成物が得られた</u>。④

　　なお，不斉炭素原子を有する化合物の立体構造は以下の例にならって表現する。

例：<u>不斉炭素を有する化合物 **A** の表記</u>

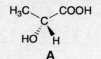

化合物 **A** の 3 つの炭素は紙面上にあり，くさび型の太い実線は紙面手前への結合を，くさび型の破線は紙面奥への結合を示している。

問 2 下線部④の生成物は，鏡像異性体の等量混合物である。この混合物を構成するそれぞれの異性体の構造式を，上の枠内に示す例にならって，くさび型の線を用いて書け。

問 3 下線部④の生成物を与えたすべてのアルケンの構造式を書け。

問 4 下線部④の生成物は鏡像異性体の混合物である。鏡像異性体は，融点・密度やふつうの化学反応性などの性質が同じで，通常の操作では分離することができない。しかし，下線部④の生成物を右に示す化合物 **B** を用いてエステルに変換すると，通常の操作で分離することができた。その理由を示せ。

問 5 下線部②の反応は，下図に示すような形式で進行することが知られている。すなわち，アルケンのつくる平面の上下に 1 つずつ Br が付加した形の生成物を与える（下図参照）。

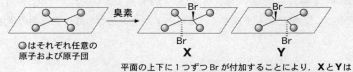

●はそれぞれ任意の
原子および原子団

平面の上下に 1 つずつ Br が付加することにより，**X** と **Y** は等量生じる。なお，**X** と **Y** は同一の化合物の場合もある。

下線部④の生成物を与えたすべてのアルケンを原料として，それぞれのアルケンに対して下線部②に示す臭素の付加反応を行ったところ，単一の化合物を与える場合と，鏡像異性体の混合物を与える場合があった。単一の化合物を与えた原料のアルケンの構造式を書け。

芳香族化合物の反応

　ベンゼンは FeBr$_3$ の存在下において臭素とともに加熱すると臭素化されるが，アルケンの臭素化とは異なり付加反応は進行せず，異なる形式で反応が進行する。また，ベンゼンに濃硝酸と濃硫酸を混合して反応させるとニトロベンゼン
⑤

が生成する。ニトロベンゼンにスズ(Sn)と濃塩酸を加えて反応させると，アニ
　　　　　⑥
リン塩酸塩が生じる。

　　フェノールは工業的には，ベンゼンと下線部②のアルケンの1つを酸触媒で反
応させ，さらに酸化反応等を経て合成される。ベンゼンと異なり，フェノールは
　　　　　　　　⑦
$FeBr_3$ を加えなくとも臭素との反応が速く進み，無色針状結晶が沈殿する。ま
　　　　　　　　　　　　　　　　　　　　　　　　　　⑧
た，フェノールは硫酸を加えなくとも室温で速やかに希硝酸と反応しニトロ化さ
　　　⑨
れた生成物を与え，混酸(濃硝酸：濃硫酸＝1：3体積比)と反応させるとピク
　　　　　　　　　　　　　　　　　　　　　　　　　⑩
リン酸(2,4,6-トリニトロフェノール)が生じる。

問 6　下線部⑤に関して，ベンゼンにおいて進行する臭素化は，□□ 反応と
　　　いう反応形式に分類される。□□ に当てはまる漢字2字を答えよ。また
　　　ベンゼンでは，アルケンとは異なり付加反応が進行しない理由を説明せよ。

問 7　下線部⑥の反応と下線部③の反応は，どちらも酸化還元反応に分類するこ
　　　とができる。その観点から，下線部⑥の反応に関わる化合物のうちで，下線
　　　部③の反応のナトリウムアルコキシドに対応する物質の分子式を書け。

問 8　下線部⑦の反応では，ベンゼンの酸化物であるフェノールと同時に，アル
　　　ケンの酸化物も生成する。原料のアルケンとその酸化生成物の構造式を書
　　　け。

問 9　下線部⑧，⑨のように，フェノールはベンゼンとは反応性が異なる。以下
　　　に示すその反応性に関する説明文の空欄 **ア** ～ **ウ** には，「正」
　　　または「負」の語句が当てはまる。解答欄の適切な方を丸で囲め。
　　　説明文：
　　　フェノールのヒドロキシ基は，酸素の電気陰性度を考慮するとベンゼン環に
　　　ア 電荷をもたらす。反対に，酸素上の非共有電子対の効果によりベ
　　　ンゼン環に **イ** 電荷をもたらす働きが知られている。フェノールの反
　　　応性においては，後者の効果が大きい。一方，ベンゼンにはこのヒドロキシ
　　　基の効果が無く反応性が低いため，反応を進行させるためには，臭素や硝酸
　　　の反応性を高める必要がある。$FeBr_3$ と硫酸には，ベンゼンの臭素化やニト
　　　ロ化において，臭素や硝酸に **ウ** 電荷を帯びさせる作用がある。

問10 フェノール 1.88 g を原料とした下線部⑩の反応において，得られたピクリン酸の物質量は，原料のフェノールの物質量に対して 55 % であった。得られたピクリン酸の質量を有効数字 2 桁で答えよ。

〔**4**〕 以下の文章を読み，**問 1 ～問 8** に答えよ。構造式を書く場合には，図 1 と図 2 の構造式にならうこと（炭素原子に番号を付けなくてよい）。

グルコースやフルクトースは単糖類である。水溶液中でグルコースは，六員環の環状構造の *α*-グルコース，*β*-グルコースと鎖状構造のグルコースの 3 種類の異性体が平衡状態で存在する（図 1）。ガラス容器中でアンモニア性硝酸銀水溶液にグルコースを加えて温めると銀鏡が生じる（銀鏡反応）。
①

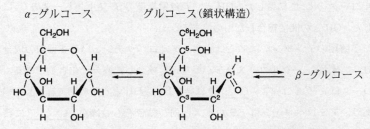

図 1 水溶液中のグルコース分子の構造変換（鎖状構造にのみ炭素原子の番号が示されている）

フルクトースはグルコースの構造異性体であり，水溶液中では六員環の環状構造，鎖状構造のほか，五員環の環状構造も存在する（図 2）。

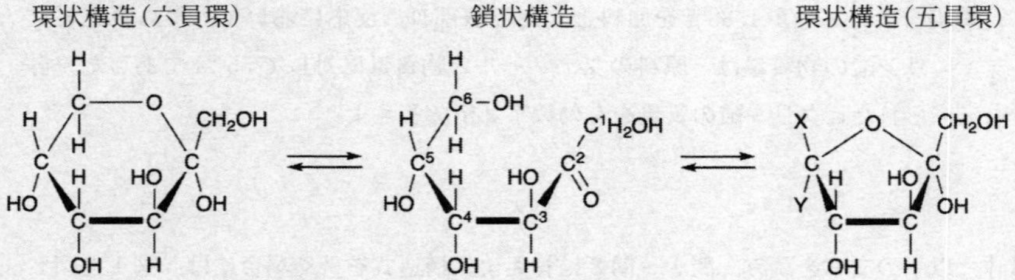

環状構造（六員環）　　　　　　　鎖状構造　　　　　　環状構造（五員環）

図 2　水溶液中のフルクトース分子の構造変換（環状構造は α 型のみが示されているが, β 型も存在する）

　　二糖類にはマルトースやスクロースなどがある。マルトースには α 型と β 型の 2 つの立体異性体があり, その 1 つである α-マルトースは, 2 分子の α-グルコースが, 一方の分子の C^1 に結合したヒドロキシ基（-OH）と, もう一方の分子の C^4 に結合した -OH との間で縮合した構造をもつ。スクロースは, α-グルコースの C^1 に結合した -OH と, 五員環構造の β-フルクトースの C^2 に結合した -OH との間で縮合したものである。

　　多糖類のデンプンにはアミロースとアミロペクチンという 2 種類の成分があり, いずれも α-グルコース分子が繰り返し縮合した高分子化合物である。アミロースは α-グルコースの C^a と C^b に結合した -OH どうしの間で縮合した構造であり, アミロペクチンはアミロースと同じ結合をもつほか, C^c と C^d に結合した -OH の間でも縮合した枝分かれ構造を含んでいる。

問 1　β-グルコースの構造式を書け。

問 2　下線部①の操作によりグルコースから生じる生成物の構造式を書け。

問 3　図 2 の X と Y にあてはまる原子または原子団を示せ。

問 4　α-マルトースの構造式を書け。

問 5　解答用紙の図に原子または原子団を記入してスクロースの構造式を完成させよ。ただし, 図 2 の X と Y をそのまま用いること。

〔解答欄〕

問 6　下線部①の実験において，グルコースをフルクトース，マルトース，スクロースのそれぞれにかえて同じ操作を行ったとき，グルコース以外に銀鏡反応を示す化合物の名称をすべて書け。

問 7　下線部②と③のa～dにあてはまる炭素原子の番号を書け。ただし，a ≦ b，c ≦ d とすること。

問 8　アミロペクチン 3.89 g のすべての $-OH$ を $-OCH_3$ に変化させてから酸で完全に加水分解すると，0.208 g の化合物 **A**（$α$ 型の構造を示すが，$β$ 型も存在する）やそれとほぼ同じ物質量の化合物 **B** を含む混合物が得られた。このアミロペクチンは，グルコース単位が平均して何個あたりに 1 個の枝分かれをもつかを，計算過程を示して整数で答えよ。また，化合物 **B** の構造式を書け。

A

■ 生物 ■

（医（保健〈看護学〉）学部：75 分　その他の学部：2 科目 150 分）

【注意】

　字数制限のある解答においては，ひらがな，カタカナ，漢字，アルファベット，数字，句読点等の符号等，すべての文字を一つのマスに一つ記入すること。

〔 1 〕　以下の文章を読み，**問 1 ～問 6** に答えよ。

　　動物の有性生殖では雌でつくられる卵と雄でつくられる精子の接合によって新しい個体が生じる。精巣では体細胞分裂により増殖している　ア　細胞の一部が減数分裂を開始して，複数の過程を経たのちに精子となる。精子では特徴的①な構造が認められ，中心体から伸びる　イ　と，核をはさんだ反対側に　ウ　が形成される。卵巣では体細胞分裂により増殖している　エ　細胞が減数分裂に移行して，第一分裂の完了とともに二次　オ　と第一極体が生じ，これに続く第二分裂により卵が形成される。受精の際には精子が卵の周囲にある　カ　に接着して　ウ　反応をおこす。その後，精子が卵の細胞膜に到達すると卵の細胞質内に蓄えられた　キ　が放出されて，他の精子の②侵入を防ぐ。

　　卵や精子がつくられる過程でおこる減数分裂では，体細胞分裂とは異なる様々な現象が認められる。第一分裂では，相同染色体が平行に並んで対合した　ク　が形成される。対合した相同染色体間では乗換えにより染色体の一部が入れ替わる組換えという現象が認められる。同じ染色体にある複数の遺伝子が③行動をともにすることを　ケ　という。　ケ　のパターンは組換えにより変化する。様々な遺伝子の組み合わせをもつ染色体は減数分裂の第一分裂およ④び第二分裂により配偶子に分配される。このように多様な遺伝子の組み合わせを⑤もつ配偶子が生じる。

問 1 文中の空欄 ア ~ ケ に適切な語句を入れよ。

問 2 下線部①について，減数分裂を開始してから完了するまでに生じる細胞の
大きさと数について，雌雄間で異なる点を 60 字以内で述べよ。

問 3 下線部②について，受精の際にほかの精子の侵入を防ぐためにおきる卵の
反応を，下記の語句をすべて用いて 50 字以内で述べよ。

使用する語句：卵黄膜，受精膜

問 4 下線部③の現象を調べる目的で以下の交雑実験を行った。

交雑実験：同一の染色体上に 3 組の対立遺伝子 A と a，B と b，C と c が存
在する。A と a は α，B と b は β，C と c は γ の独立した形質を
制御している。A，B，C はそれぞれ a，b，c に対して優性であ
る。いずれの形質も優性の個体 X と，いずれの形質も劣性の個
体 Y を交雑した F_1 個体の形質はすべて優性であった。この F_1
個体をいずれの形質も劣性の個体と交雑して生じた 3000 個体の
表現型は表 1 のようになった。

表 1

α の形質	β の形質	γ の形質	個体数
優 性	優 性	優 性	1146
優 性	優 性	劣 性	3
優 性	劣 性	優 性	258
劣 性	優 性	優 性	68
優 性	劣 性	劣 性	80
劣 性	優 性	劣 性	238
劣 性	劣 性	優 性	5
劣 性	劣 性	劣 性	1202

　このときの各遺伝子間での組換え価（％）を求めよ。組換え価は<u>小数点以下を切り捨てること</u>とする。また，これにもとづき予想される染色体上の各遺伝子の配列順序と相対的距離を解答欄の線上に示せ。

〔解答欄〕

染色体 +—+

問 5　下線部④について，精子形成過程の減数分裂における細胞一個あたりの
　　　　DNA 量の推移を解答欄に示せ。

〔解答欄〕

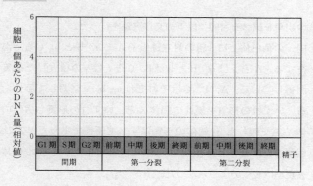

問 6　下線部⑤について，$2n = 8$ の染色体をもち全ての遺伝子座の遺伝子がヘ
　　　　テロ接合体である生物の場合，相同染色体間に組換えがおこらず，正常に染
　　　　色体が分配されるとすると，つくられる配偶子における染色体の組み合わせ
　　　　は何通りあるか，答えよ。

〔2〕　以下の文章を読み，**問 1 ～問 7** に答えよ。

　　体内環境の恒常性を維持するしくみとして，非自己の物質（異物）を認識して排除する免疫がある。

　　ヒトの体は，様々な防御機構によって多種多様な異物の侵入に対応している。生体内への異物の侵入は，予測できないことが多い。このため，免疫のしくみとして，不特定の異物に対してはたらく<u>先天的な免疫（自然免疫）</u>がある。しかしな①がら，寄生虫や微生物には自然免疫を巧妙に回避しながら侵入するものも多く，そのような異物に対しては，<u>獲得免疫（適応免疫）</u>がはたらく。また免疫は，微生②物など外部から侵入した病原体の排除だけでなく，<u>移植された組織やがん化した③細胞の排除</u>にも関与する。

問 1　下線部①に関連する以下の文章を読み，空欄　ア　～　ウ　に適切な語句を入れよ。

　　最初にはたらく防御機構として物理的・化学的な防御機構がある。たとえば，気管内部では　ア　が常に分泌され，　ア　が外部からの異物を捕捉し，　イ　の運動によって喉の方向へと異物を押し出している。咳やくしゃみも異物の排除に役立っている。

　　このような防御機構をうまくすり抜けて生体内に侵入した微生物に対しては，血液中の好中球やマクロファージが細胞表面の化学物質の違いから識別して，それらを取り込んで消化することで取り除く。これを　ウ　という。

問 2　下線部②について，体液性免疫と細胞性免疫の違いを，下記の語句をすべて用いて 100 字以内で述べよ。

　　使用する語句：B 細胞，T 細胞，抗原，抗体，毒素，ウイルス

問 3　下線部③について，T 細胞は，がん細胞の表面に発現する抗原情報を提示したタンパク質を認識して反応する。この細胞上の抗原情報を提示するタンパク質の名称を答えよ。

　　免疫によるがんの排除機能を利用したがん治療の１つにキメラ抗原受容体発現
T 細胞（CAR ^注-T 細胞）を用いた治療がある（図１）。CAR は，がん細胞の表面に
ある特徴的な抗原を認識する<u>抗体の抗原結合部位</u>と T 細胞受容体の細胞内シグ
　　　　　　　　　　　　　　　④
ナル伝達部位との融合体である。CAR-T 細胞は CAR を発現しており，がん細
胞の表面の抗原に結合すると，CAR を介して活性化・増殖し，がん細胞を傷害
することでがんを排除する。CAR-T 細胞を患者に投与する治療法は，一時的な
治療効果だけでなく，<u>持続的な治療効果</u>も確認されている。
　　　　　　　　　　　⑤
　注）　CAR, chimeric antigen receptor

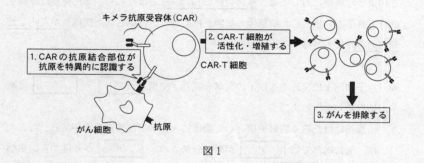

図 1

問 4　下線部④に関連する以下の文章を読み，空欄　　エ　　，　　オ　　に適
切な語句を入れよ。

　　抗体は，ポリペプチド４本（H 鎖２本と L 鎖２本）が結合し，Y 字型に
なっている。H 鎖と L 鎖の先端部分は，抗体ごとにアミノ酸配列が異なっ
ており，　　エ　　部と呼ばれる。　　エ　　部の立体構造の違いによっ
て，抗体は抗原と特異的に結合する。　　エ　　部以外の部分は　　オ　　
部と呼ばれ，どの抗体でもアミノ酸配列がほとんど同じである。CAR の抗
原結合部位は，H 鎖と L 鎖の　　エ　　部から構成されている。

　CAR-T 細胞によるがん細胞の傷害によりがんの大きさが小さくなる効果を確
認するため，マウス由来の CAR-T 細胞を作製し，以下の実験を実施した。な
お，実験に用いたマウスの系統は全て同じである。

【実験1】

　抗原 A を認識する CAR を有する CAR-T 細胞(抗 A-CAR-T 細胞)を，抗原 A を発現するマウスのがん細胞(抗原 A 発現がん細胞)とともに培養したところ，多くの抗原 A 発現がん細胞が傷害された。

【実験2】

　抗 A-CAR-T 細胞を，抗原 B を発現するマウスのがん細胞(抗原 B 発現がん細胞)とともに培養したところ，抗原 B 発現がん細胞はほとんど傷害されなかった。

【実験3】

　抗原 A 発現がんを有するマウスを用意し，0 日目に抗 A-CAR-T 細胞または CAR を発現していない T 細胞を投与し，がんの大きさを測定した(図2)。何も投与しない場合(△印)および CAR を発現していない T 細胞を投与した場合(◆印)，がんの大きさは徐々に大きくなった。一方，抗 A-CAR-T 細胞を投与した場合(○印)，投与後 9 日目において，血液中に抗 A-CAR-T 細胞が多数確認され，その後がんの大きさは徐々に小さくなり，投与後 21 日目にはがんは消失した。

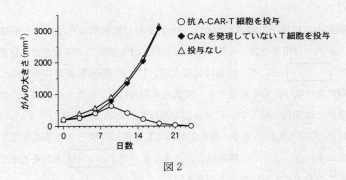

図2

【実験4】

　実験3と同様に，抗原 A 発現がんを有するマウスに抗 A-CAR-T 細胞を投与し，がんの消失から半年後にマウスの血液を解析したところ，ごくわずかではあるが，抗 A-CAR-T 細胞が確認された。

問 5 実験 3 において，抗 A-CAR-T 細胞の投与後早期にはがんの大きさが小さくならず，9 日目以降にがんの大きさが小さくなったことについて，考えうる理由を 80 字以内で述べよ。

問 6 下線部⑤について，実験 4 の結果を踏まえ，再びがん細胞が増殖しないようにするためには抗 A-CAR-T 細胞が免疫学的にどのような細胞になることが必要か，答えよ。

問 7 実際の CAR-T 細胞を用いた治療では，治療を受ける患者自身の T 細胞を用いて CAR-T 細胞を作製する。その理由を 65 字以内で述べよ。

〔**3**〕 以下の文章【A】～【C】を読み，**問 1 ～問 5** に答えよ。

（補足） mol は物質量の単位である。分子 1 mol は，6.02×10^{23} 個の分子の集団のことである。

mM は濃度の単位であり，10^{-3} mol/L である。

【A】

細胞内には様々な酵素が存在し，それぞれに特異的な化学反応を触媒している。酵素の作用を受ける物質を基質といい，酵素が特定の基質だけに作用する性質を　ア　という。酵素は基質と結合して酵素-基質複合体を形成し，触媒作用により化学反応を促進する。細胞内の物質は安定したものが多く，常温常圧の条件では変化しにくい。化学反応が進行するためには反応しやすい状態（活性化状態）になる必要がある。活性化状態になる際に必要とされるエネルギーを活性化エネルギーといい，酵素はこのエネルギーを　イ　させることで，反応を起こりやすくするはたらきがある。

基質と構造が似た物質の中には酵素の触媒部位に結合して，触媒作用を阻害するものがある。こうした阻害物質が存在すると，基質と触媒部位を奪い合うことになり，酵素反応を阻害する。こうした阻害を　ウ　阻害という。酵素の触媒部位とは異なる部位に結合して酵素の働きを妨げる物質も存在し，このような

物質による阻害を　エ　阻害という。また，酵素の触媒部位とは異なる部位に物質が結合することで立体構造が変化し，触媒活性が変化する酵素を　オ　酵素という。

問 1　文中の空欄　ア　～　オ　に適切な語句を入れよ。

【B】

　酵素 E の触媒部位に基質 S が結合して酵素–基質複合体 ES となり，生成物 P が生成される反応を考える。この反応を次の反応式で表すことにする。

$$E + S \rightleftharpoons ES \longrightarrow E + P$$

酵素 E の濃度が一定のときに，基質濃度を変えて反応速度を計測してグラフを書くと，図 1 のような曲線が得られる。基質濃度が高いほど反応速度が速くなり，やがて反応速度は最大値（$v_{\max}$）になる。この酵素が単位時間あたりに生成する P の量，すなわち酵素の反応速度（v）は次式で表せる。

$$v = \frac{v_{\max} \times [S]}{K_m + [S]} \qquad （式 1）$$

ここで，[S] は基質 S の濃度，K_m はミカエリス定数と呼ばれる定数である。$v_{\max}$ はこの酵素の最大反応速度である。酵素は，K_m の値が小さいほど酵素–基質複合体を形成しやすく，$v_{\max}$ の値が大きいほど単位時間あたりに多くの生成物を生成する。酵素の種類によって K_m や $v_{\max}$ の値が異なるので，これらの値を実験によって決定することは，酵素のはたらきを理解するうえで重要である。式 1 から，v が $v_{\max}$ の半分になるのは，基質濃度 [S] が　A　のときである。式 1 を変形して，$\alpha =$　B　，$\beta =$　C　とおくと，

$$\frac{1}{v} = \alpha \frac{1}{[S]} + \beta \qquad （式 2）$$

と表される。式 2 から，反応速度の逆数 $\dfrac{1}{v}$ を基質濃度の逆数 $\dfrac{1}{[S]}$ に対してグラフを書くと，図 2 のように直線になる。この直線と横軸の交点は　D　，縦軸との交点は　E　となるため，K_m と $v_{\max}$ の値を交点から決定できる。

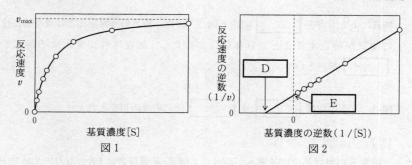

図 1 図 2

問 2 文中と図 2 中の ［ A ］ ～ ［ E ］ を K_m, v_{max} のうち必要なものを用いてそれぞれ表せ。

【C】

　アスパラギン酸トランスカルバミラーゼ（ATC アーゼ）は，アスパラギン酸とカルバミルリン酸を結合する反応を触媒し，カルバミルアスパラギン酸を生成する酵素である。試験管内でアスパラギン酸濃度を変えて ATC アーゼの反応速度を計測すると，図 3 A に〇印で示したような曲線が得られる。このとき反応液にシチジン三リン酸（CTP）が一定濃度（0.5 mM）で共存していると，△印で示したように反応速度の曲線が変化することから，ATC アーゼの酵素反応は共存する CTP により調節を受けて ［ カ ］ されることがわかる。CTP は，細胞内では ATC アーゼに続く一連の反応により生成される。このような，反応経路の下流の生成物によって上流の反応が調節される仕組みを ［ キ ］ 調節という。

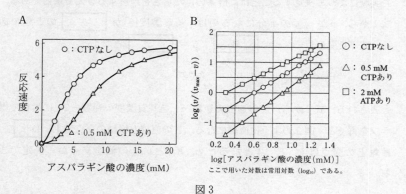

図 3

出典：中村隆雄，酵素キネティクスより一部改変

　図3Aの曲線の立ち上がり(基質濃度の低濃度領域)はS字状になっている。こうしたS字状の反応は，形式的には，酵素Eに対してn個の基質分子Sが同時に結合して酵素-基質複合体 ES_n を形成し，n個の生成物Pが生成されると考えれば説明できる。反応は次のように表せる。

$$E + nS \rightleftarrows ES_n \longrightarrow E + nP$$

この場合の反応速度 v は次の式で表すことができる。

$$v = \frac{v_{max} \times [S]^n}{K_m^{\ n} + [S]^n} \qquad (式3)$$

n = 1の時には，式3は式1と同じになる。式3を変形して両辺の対数をとると，

$$\log\left(\frac{v}{v_{max} - v}\right) = n \log[S] - n \log K_m \qquad (式4)$$

となる。<u>図3Aのデータを式4に従ってグラフに書くと図3Bに示した直線になり，この直線から K_m やnの値を決定することができる。</u>①　K_m の値は，式4の左辺の値が　ク　になる基質の濃度である。また，nの値はこの直線の　ケ　から得られる。

問3　文中の空欄　カ　，　キ　に適切な語句を入れよ。

問4　下線部①で述べた，K_m とnの値を決定する方法について　ク　，　ケ　に適切な値または語句を入れよ。また，CTPがない条件での K_m の値を図3Bと表1を用いて整数で答えよ。

アスパラギン酸の濃度(mM)	log［アスパラギン酸の濃度(mM)］
2	0.30
3	0.48
4	0.60
5	0.70
6	0.78
8	0.90
9	0.95
12	1.08
14	1.15
16	1.20
20	1.30

ここで用いた対数は全て常用対数（$\log_{10}$）である。

表 1

問 5 CTP の代わりにアデノシン三リン酸(ATP)（2 mM）を加えて ATC アーゼ
の酵素活性を計測すると，図 3 B に□印で示された直線が得られた。このよ
うに，ATC アーゼの酵素活性は反応液に ATP や CTP が共存することに
よって変化する。ATC アーゼは　　オ　　酵素であり，触媒部位とは異な
る部位(調節部位)に ATP や CTP が結合することで，立体構造が変化すると
考えられる。

　反応液に ATP が共存する場合と CTP が共存する場合とで，ATC アーゼ
の触媒部位と基質(アスパラギン酸)との相互作用にはどのような違いが生じ
るか，下記の語句をすべて用いて 50 字以内で説明せよ。

使用する語句：酵素-基質複合体，ATP，CTP

〔**4**〕　以下の文章を読み，**問 1 ～問 5** に答えよ。

　（補足）　mol は**物質量**の単位である。分子 1 mol は，6.02×10^{23} 個の分子の集団
　　　のことである。

　　　mM は濃度の単位であり，10^{-3} mol/L である。

　PCR 法は，試料中のわずかな DNA を増幅して検出するのに有用である。鋳型
（いがた）となる DNA，増幅させたい領域の各末端と相補的なプライマーのペ
ア，アデニン（A），グアニン（G），シトシン（C），チミン（T）を塩基として含む 4
種類のデオキシリボヌクレオチド（以下，4 種類のヌクレオチドとする），DNA
ポリメラーゼを適切な PCR 用反応液とともに試験管内で混合し，2 本鎖 DNA を
1 本鎖 DNA に解離させる変性過程，プライマーを 1 本鎖 DNA に結合させるア
ニーリング過程，プライマーに続くヌクレオチド鎖を合成して 2 本鎖 DNA とす
る伸長過程を 1 サイクルとした反応を繰り返すことで，目的の長さの DNA 断片
_(a)
を大量に得ることができる。PCR 法を用いて以下の実験 1，実験 2 を行った。

【実験 1】
　大腸菌は約 460 万塩基対からなるひとつの環状 2 本鎖 DNA をゲノムとして持
つ。既知量の大腸菌ゲノム DNA を鋳型とし，1000 塩基対からなる領域 X を
PCR 法を用いて増幅させた。まず，領域 X のそれぞれの末端に相補的な各 20 ヌ
クレオチドの長さを持つプライマー①，プライマー②を図 1 のように設計した。
次に，表 1 に示す量の大腸菌ゲノム DNA，プライマー①，プライマー②，4 種
類のヌクレオチド，および反応に十分な量の DNA ポリメラーゼを適切な PCR 用
反応液とともに試験管内で混合し，表 2 に示す各過程を 1 サイクルとした PCR
を 25 サイクル行った。この時，各サイクル終了後に生じた 1000 塩基対の 2 本
鎖 DNA 断片の量は図 2 のようになった。なお，反応に用いた DNA ポリメラー
ゼは 1 分あたり 1000 ヌクレオチドを伸長させる能力を持ち，全てのサイクルが
終了するまでこの活性を保っていた。また，各サイクルの反応は 100 ％ の効率
で行われたものとする。各物質量の単位については，表 3 を参照しなさい。

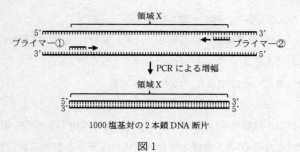

1000 塩基対の 2 本鎖 DNA 断片

図 1

	試験管内の量
大腸菌ゲノム DNA	1 fmol
プライマー①	0.8 nmol
プライマー②	0.8 nmol
4 種類のヌクレオチド	各 1.6 μmol

表 1

	温　度	時　間
変　性	95 ℃	30 秒
アニーリング	60 ℃	30 秒
伸　長	72 ℃	5 分

表 2

μmol	10^{-6} mol
nmol	10^{-9} mol
pmol	10^{-12} mol
fmol	10^{-15} mol

表 3

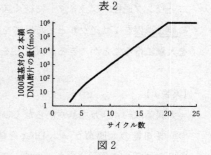

図 2

問 1　下線部(a)の伸長過程の反応は 72 ℃ で行うことが多い。PCR に用いる
　　　DNA ポリメラーゼの特性を考慮し，その理由を 25 字以内で述べよ。

問 2　1000 塩基対の 2 本鎖 DNA 断片は 3 サイクル目に初めて現れた。3 サイク
　　　ル終了時点で，試験管内に存在する 1000 塩基対の 2 本鎖 DNA 断片は何
　　　fmol であるか。整数で答えよ。

問 3　3 サイクル終了時点で消費された 4 種類のヌクレオチドの総和は何 pmol
　　　であるか。各サイクルの伸長過程が 5 分であることを考慮し，小数点第二位
　　　を四捨五入して答えよ。

【実験 2】

　実験 1 と同じ大腸菌による汚染が疑われる牛肉試料がある。この中に含まれる
大腸菌由来の DNA を PCR 法により増幅し，検出することを試みた。この牛肉
試料から抽出した全ての DNA を鋳型とし，実験 1 で設計したプライマー①およ
び②を用いた PCR を行うことで DNA 試料(1)を得た。さらに，図 3 に示すよう
に，領域 X 内の異なる配列に相補的な各 20 ヌクレオチドの長さを持つプライ
マー③，プライマー④を新たに設計し，プライマー①および③を用いた PCR を
行うことで DNA 試料(2)を，プライマー②および④を用いた PCR を行うことで
DNA 試料(3)を得た。PCR の反応条件は実験 1 と同様とした。DNA 試料(1)〜(3)
および実験 1 で得た DNA 試料(4)をアガロース電気泳動により分離して，観察し
たところ，図 4 の結果を得た。なお，検出されたバンドは全て DNA に由来し，
バンドの太さは DNA の量に比例するものとする。また，プライマー①〜④の配
列は全て異なるものとする。

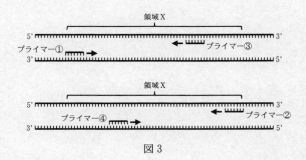

図 3

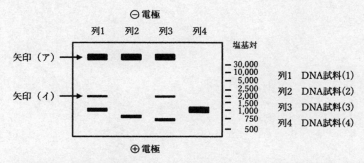

この電気泳動では30,000塩基対以上の長いDNAは分離できずに1本のバンドとなる。

図 4

問 4　図 4 の矢印㋐の位置のバンドは何に由来すると考えられるか。15 字以内
で答えよ。

問 5　DNA 試料⑴, ⑶で見られた矢印㋑の位置のバンドに含まれる DNA の塩
基配列を比較したところ，全く同じであった。この矢印㋑の位置のバンドが
生じた理由を 60 字以内で答えよ。

■■■■■小論文■■■■■

（90 分）

〔**1**〕 次の文章を読み，以下の問いに答えなさい。

　　Serendipity とは，思いがけない偶然や，実験を計画した時には全く予期して
いなかった結果から大発見が生まれることを言います。もともと Serendip とい
うのはセイロンの古いアラビア名だそうですが，Horace Walpole という人が書
いた The Three Princes of Serendip（セイロンの三人の王子）という物語の中で
三人の王子が海外旅行中に色々な予想しなかった出来ごとに遭遇して，当初の計
画では考えてもいなかった思いがけない経験を積み，多くの収穫を得たという故
事にちなんだ表現であります。辞書によれば「偶然の発見」とか，「掘り出し上手」
と翻訳されていますが，近年は科学者がもともと考えていた計画とは異なった，
あるいは実験中に予期しなかった現象に遭遇して，すばらしい発見に導かれた場
合をさして，Serendipity といいます。よく引かれる例として，<u>Fleming が化膿
菌の分離培養を研究していた時</u>，たまたま混入した青かびの周辺だけ化膿菌が増
<u>えていないことに気づき，ペニシリンを発見しました。</u>
　　　　　　　　　　　　　　　　　　　①

　　最近，日本人の研究は独創性に乏しいとか，如何にして独創的研究をなすべき
かという議論が盛んであります。もちろん，自然科学の業績を評価する場合に独
創性という基準はきわめて重要であることは多言を要しません。しかし，独創的
な仕事がうまれるためには少なくとも見かけ上全く異なったふたつの要因がある
ように思われます。ひとつは天才の頭の中で考えられたわれわれ凡人には到底思
いつかないような新しい考え方に立脚した理論や，それに基づいた周到な実験
で，おそらく数学や理論物理，純粋な化学の独創的な業績はこのような天才のひ
らめきによるものが多いのではないかと想像いたします。それに対して医学や生
物学の場合には往々にして Serendipity によって自然から教えられ，人間のあさ
はかな頭脳では到底考えつかないような新しい発見がなされる場合も少なくない

ようです。

（中略）

　しかし，Serendipity による成功のためには常に研究者が目をひらき，心の中で準備をしていることが必要であります。かつて，St. Georgi は「自分の発見はほとんど全てが，すでにそれ以前に多数の人によって見られていたと思われる小さな偶然を見逃さなかったことによるものです」と申しました。……（中略）……私たち凡人が天才に劣らぬ大発見を成し遂げる可能性が残されているとすれば，まさに Serendipity による以外にそれに勝る方法はないと思われます。古い日本の諺に「失敗は成功のもと」と申すのも一脈あい通じるものではないでしょう②か。

（日本学会事務センター 『研究ターゲッティング 「Serendipity 自然から学ぼうという謙虚な気持ちで」』早石修 より抜粋，改変）

問 1　下線部①の現象を観た Fleming が抱いた仮説を予想し，30 字以内で述べなさい。

問 2　著者は，「Serendipity による成功のためには常に研究者が目をひらき，心の中で準備をしていることが必要であります」と述べています。この考えを踏まえ下線部②について，科学者として失敗に直面した際にどのような姿勢で研究に取り組むべきか，あなたの考えをその理由とともに 150 字程度で述べなさい。

問 3　昨今，医薬品の研究開発に人工知能が活用され始めている。これまで Serendipity により数々の独創的な研究が生み出されてきたが，将来的には人の手による実験の多くの部分が人工知能による仮想作業で省略されていくことが予想される。独創的な研究を生み出していく上で，人工知能を活用した医薬品開発の試みがどのような良い影響と悪い影響を与えると予想されるか，あなたの考えを 150 字程度で述べなさい。

〔2〕　次の文章を読み，以下の問いに答えなさい。

　わたくしたちの腸内は，母体の中では全く無菌ですが，この世に生まれるとま
もなく，たくさんの細菌がすみつくようになります。このような細菌を「腸内細
菌」または「腸内菌」と呼び，また，その集団を「腸内細菌叢」または「腸内菌叢」と
呼んでいます。なお，大腸菌，赤痢菌，サルモネラなどを含む一群の近縁の細菌
を腸内細菌ということがありますが，これは正確には腸内細菌科と呼ぶべきもの
です。

　この腸内細菌を培養することは，まことに至難の技でした。一般によく知られ
た大腸菌は，容易に培養できる細菌ですが，その数は健康なヒトでは，糞便1グ
ラム当り $10^5 \sim 10^8$ 程度しかいません。ところが，糞便をとって直接顕微鏡でみ
てみますと，腸内細菌は1グラム当り 10^{11}（1000億）以上もかぞえることができ
ます。そのため，糞便として排泄される大部分の細菌は死んでいると考えられて
いました。しかしそれは大きな誤りでした。

　いまから約10年前，やっと腸内細菌の新しい培養法が開発されました。これ
①
によってはじめて，腸内にはそれまでまだ培養できなかった細菌が，大腸菌の
1000倍以上も生きていることがわかったのです。このときを境として，腸内細
菌の研究が活発となり，新しいことがつぎつぎと発見されました。

　このように腸内を舞台としてすみついている生きた細菌は，その数にして大腸
で腸内容1グラム当り数千億，その種類は百種にもおよび，互いに共生または拮
抗関係を保ちながらたえず増殖をくりかえしています。そして，あるものは宿主
（腸内細菌がすみかとしているヒトや動物をさします）にとって有用な菌であり，
あるものは宿主の組織に侵入して損傷を与えたり，有害な物質をつくったりして
います。腸内細菌がもっている酵素の種類は，肝臓の酵素より多いといわれてい
ますから，腸内細菌がわたくしたちのからだに与える影響は著しく大きく，もっ
ている腸内菌叢しだいによっては，わたくしたちが健康で生きられるかどうかに
まで関係してきます。

　最近，欧米諸国で大腸がんの発生が多いことが食餌との関係で問題になり，そ
②
れに腸内細菌が介在しているのではないかといわれるようになって，腸内菌叢に
対する関心がようやく高まってきました。

（岩波書店　「腸内細菌の話」光岡知足　より抜粋，改変）

問 1　下線部①について，当時までは酸素を含まない環境で微生物を培養する嫌気培養技術が開発されていなかったが，それが可能となったことで腸内細菌の研究が飛躍的に発展した。これまでの科学の歴史でいくつもの技術や概念の革新が起こってきたが，その中であなたが最も素晴らしいと考える革新について，その内容と理由を 200 字程度で述べなさい。なお，その内容については，あなたやごく一部の人々だけが個人的に知っているものではなく，公知になっているものに限る。ただし，問題〔1〕〔2〕の内容の引用は不可とする。

問 2　「薬と毒は紙一重」と言われる。食餌もまた下線部②のように大腸がんの発生を促す場合もあれば，抑える場合もある。それぞれの場合に腸内細菌がどのようにがんの発生に関わるのかを予想し，100 字程度で述べなさい。

2022
年度

問 題 編

■前期日程

問題編

▶試験科目

学部等		教　科	科　　目　　等
理	数・化・生物科学科〔生物科学〕	外国語	コミュニケーション英語Ⅰ・Ⅱ・Ⅲ，英語表現Ⅰ・Ⅱ
		数　学	数学Ⅰ・Ⅱ・Ⅲ・Ａ・Ｂ
		理　科	「物理基礎・物理」，「化学基礎・化学」，「生物基礎・生物」から2科目選択
	物理	外国語	コミュニケーション英語Ⅰ・Ⅱ・Ⅲ，英語表現Ⅰ・Ⅱ
		数　学	数学Ⅰ・Ⅱ・Ⅲ・Ａ・Ｂ
		理　科	「物理基礎・物理」必須。さらに，「化学基礎・化学」，「生物基礎・生物」から1科目選択
	生物科〔生命理学〕	外国語	コミュニケーション英語Ⅰ・Ⅱ・Ⅲ，英語表現Ⅰ・Ⅱ
		数　学	数学Ⅰ・Ⅱ・Ⅲ・Ａ・Ｂ
		理　科	「物理基礎・物理」，「化学基礎・化学」
医	医	外国語	コミュニケーション英語Ⅰ・Ⅱ・Ⅲ，英語表現Ⅰ・Ⅱ
		数　学	数学Ⅰ・Ⅱ・Ⅲ・Ａ・Ｂ
		理　科	「物理基礎・物理」，「化学基礎・化学」，「生物基礎・生物」から2科目選択
		面　接	個人面接（10分程度）によって，人間性・創造性豊かな医師及び医学研究者となるにふさわしい適性を計り，一般的態度，思考の柔軟性及び発言内容の論理性等を評価する。複数の面接員による評価を参考にして，場合によっては，複数回の面接をすることがある。
	保健〔看護学〕	外国語	「コミュニケーション英語Ⅰ・Ⅱ・Ⅲ，英語表現Ⅰ・Ⅱ」，ドイツ語，フランス語から1科目選択
		数　学	数学Ⅰ・Ⅱ・Ａ・Ｂ
		理　科	「物理基礎・物理」，「化学基礎・化学」，「生物基礎・生物」から1科目選択

医	保健（検査技術科学・放射線技術科学）〔技術科〕	外国語	「コミュニケーション英語Ⅰ・Ⅱ・Ⅲ，英語表現Ⅰ・Ⅱ」，ドイツ語，フランス語から1科目選択
		数　学	数学Ⅰ・Ⅱ・Ⅲ・A・B
		理　科	「物理基礎・物理」，「化学基礎・化学」，「生物基礎・生物」から2科目選択
歯		外国語	「コミュニケーション英語Ⅰ・Ⅱ・Ⅲ，英語表現Ⅰ・Ⅱ」，ドイツ語，フランス語から1科目選択
		数　学	数学Ⅰ・Ⅱ・Ⅲ・A・B
		理　科	「物理基礎・物理」，「化学基礎・化学」，「生物基礎・生物」から2科目選択
		面　接	個人面接を行う。医療人になるための適性や明確な目的意識を持っている者を積極的に受け入れることを目的とする。①全般的態度　②受験の動機，目的，意識　③意欲，積極性　④協調性，柔軟性を評価する。
薬		外国語	コミュニケーション英語Ⅰ・Ⅱ・Ⅲ，英語表現Ⅰ・Ⅱ
		数　学	数学Ⅰ・Ⅱ・Ⅲ・A・B
		理　科	「物理基礎・物理」，「化学基礎・化学」，「生物基礎・生物」から2科目選択
		小論文	
		面　接	複数の面接員による評価を参考にして，場合によっては，複数回の面接をすることがある。
工		外国語	コミュニケーション英語Ⅰ・Ⅱ・Ⅲ，英語表現Ⅰ・Ⅱ
		数　学	数学Ⅰ・Ⅱ・Ⅲ・A・B
		理　科	「物理基礎・物理」必須。さらに，「化学基礎・化学」，「生物基礎・生物」から1科目選択
基礎工		外国語	「コミュニケーション英語Ⅰ・Ⅱ・Ⅲ，英語表現Ⅰ・Ⅱ」，ドイツ語，フランス語から1科目選択
		数　学	数学Ⅰ・Ⅱ・Ⅲ・A・B
		理　科	「物理基礎・物理」必須。さらに，「化学基礎・化学」，「生物基礎・生物」から1科目選択

▶備 考

- 英語以外の外国語は省略。
- 「数学B」は「数列，ベクトル」を出題範囲とし，「確率分布と統計的な推測」を出題範囲から除く。

▶配 点

学 部 等		外国語	数学	理科	小論文	面接	合計
理・工・基礎工		200 点	250 点	250 点			700 点
医	医	500	500	500		※	1,500
	保健(看護学)	200	100	100			400
	保健(放射線技術科学・検査技術科学)	200	200	200			600
歯		300	300	300		300	1,200
薬		150	250	250	50	※※	700

※面接の結果によって，医師及び医学研究者になる適性に欠けると判断された場合は，筆記試験の得点に関わらず不合格とする。

※※面接の結果によって，薬剤師及び薬学研究者になる適性に欠けると判断された場合は，筆記試験の得点に関わらず不合格とする。

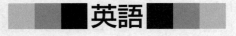
英語

（90 分）

I　次の英文(A)と(B)を読み，それぞれの下線部の意味を日本語で表しなさい。

(A)　Many owners identify what they think is a dog's "guilty look", but science has shown that this is actually a reaction to the owner's body language at that moment.　Guilt is a relatively complex emotion.　The dog is simply worried that it's about to be punished, without knowing what it's done wrong.
(https://www.bbc.co.uk/programmes/articles/5dVxCLC17wL7G7Q0hlYRHd8/eleven-pawsome-facts-about-dogs)

(B)　The notion that religion is a force produced by cultural evolution, and that it primarily exists to produce functional benefits to individuals and groups can explain why religions are *in decline* in some parts of the world.　As human societies created nations, and devised mechanisms for self-governance, the gods who were so effective at enforcing group norms and ethical behavior through punishment were no longer as necessary.
(Vedantam, Shankar & Mesler, Bill.　2021.　*Useful delusions: The power and paradox of the self-deceiving brain*.　W. W. Norton & Co. より一部改変)

II　次の英文を読んで，以下の設問に答えなさい。

　　Take a moment to pay attention to your hands. It will be time well spent, because they are evolutionary marvels. Hold one up and examine it. Open and
(i)
close it. Play with your fingers. Touch the tips of your four fingers with your thumb. Rotate your wrist. You should be able to turn it 180 degrees with ease. Ball your hand up into a fist until your thumb lies on top of and lends support to your index, middle, and ring fingers. That is something no ape can do.

　　Twenty-seven bones connected by joints and ligaments, thirty-three muscles, three main nerve branches, connective tissue, blood vessels, and skin equipped with highly sensitive touch receptors are behind the most delicate and most
(A)
complex tool for grasping and touching that evolution has ever produced. The palm is protected by a massive sheet of fibrous tissue that makes it possible to grip things powerfully. The fingers are slender and small-boned, partly because they contain no muscles. They are controlled remotely, like puppets hanging from strings. But those strings are highly flexible *tendons attached to muscles found not only in the palm of the hand and forearm but also all the way up to the shoulder.

　　Between this equipment and our complex brains, we can do things no other creatures on the planet are capable of doing: kindling fire, gathering the finest kernels of grain from the ground, knitting, cutting, knotting nets, turning tiny
(ii)
screws, typing on a keyboard, or playing basketball or a musical instrument.

　　Our thumbs have a special role to play in our dexterity. We can easily
(iii)
match them up with any finger. That allows us to feel and touch, to grab and hold. The saddle joint at the base of the thumb rotates like a ball joint. Our thumb is much longer, more powerful, and more flexible than that of our nearest relatives, the great apes. It allows us to execute a delicate grip as easily as a
(iv)
powerful pinch. Chimpanzees can also clamp small objects between the sides of their thumbs and their fingers, but much less forcefully and without any sensory input from their fingertips. That means they have no means to hold or move

tools such as pens or screws precisely between the tip of their thumb and their other fingers.

A great ape holds larger tools — a stick, for example — pressed into their palm at right angles to their forearm. There are not many other options available to them. In contrast to chimpanzees and gorillas, we have highly flexible wrists that allow us to hold an object so that it becomes an extension to our forearm. <u>This</u> intensifies the force of a blow. It also means enemies and
_(B)
dangerous animals can be kept at arm's length. If an animal does come within range and full advantage is then taken of the extra *leverage, bones can be broken.

It is not only the flexibility granted by the fully opposable thumb that makes the human hand so special, but also its extraordinary ability to feel and to touch. It operates almost like an independent sensory organ. We use it to feel the temperature of a breeze and of water. With its help we are able to fit a key directly into a lock, even in the dark. We can detect uneven surfaces with our fingers that we cannot see with our naked eye. With a little bit of practice, we can use our fingers to tell real silk from synthetic silk or real leather from fake leather, even with our eyes closed.

Our sense of touch detects delicate differences and sends this information via a dense network of receptors and neural pathways to our spinal cord and from there to our brain. Our fingers can even replace our eyes as ways to perceive the world, as the Dutch paleontologist Geerat Vermeij, who has been blind since the age of three, can attest. A specialist famous for his work on marine *mussels and their ecosystems, he has never seen a fossil. Out in the field, he feels the complex structures of mussels and of the rocks in which they are found. With his fingers, he "sees" details many sighted scientists miss. There is no doubt about it: our hands are an <u>exceptional</u> development in the
_(v)
history of evolution.

(Böhme, Madelaine, Braun, Rüdiger & Breier, Florian. 2020. *Ancient bones: Unearthing the astonishing new story of how we became human* (Jane Billinghurst,

Trans.)．Greystone Books より一部改変)

*tendons：腱

*leverage：てこの作用，力

*mussels：ムラサキイガイ

設問(1)　下線部(i)〜(v)の語句の本文中での意味に最も近いものを，(イ)〜(ニ)から１つ
選び，記号で答えなさい。

(ⅰ)　marvels

   (イ)　concepts　　　(ロ)　innovations　　　(ハ)　outcomes　　　(ニ)　wonders

(ⅱ)　kernels

   (イ)　breeds　　　(ロ)　points　　　(ハ)　seeds　　　(ニ)　waves

(ⅲ)　dexterity

   (イ)　elegance　　　(ロ)　manipulation　　(ハ)　skillfulness　　(ニ)　strength

(ⅳ)　execute

   (イ)　imitate　　　(ロ)　perform　　　(ハ)　relax　　　(ニ)　select

(ⅴ)　exceptional

   (イ)　advanced　　　　　　　　　(ロ)　characteristic

   (ハ)　major　　　　　　　　　　(ニ)　remarkable

設問(2)　下線部(A) the most delicate and most complex tool は具体的には何を指し
ているか，日本語で答えなさい。

設問(3)　第 2 段落で著者は人の指について「糸で吊るされた操り人形のようだ」と述
べていますが，これは人の指がどのような仕組みで動くことを表したもの
か，本文中から読み取り，45 字程度の日本語で答えなさい。句読点も 1 字

に数えます。　　　　　　　　　　　　　　　　　〔解答欄〕51 字

設問⑷　下線部⒝ This の指す内容を日本語で答えなさい。

設問⑸　本文の中で類人猿の手の能力を示すものとして言及されているものを下記
　　　の㈰〜㈭から 2 つ選び，記号で答えなさい。
　　　㈰　Holding a fist so that the thumb lies on top of and lends support to
　　　　　other fingers
　　　㈪　Holding an object and pressing it into the palm at right angles to the
　　　　　forearm
　　　㈫　Holding an object between the tip of the thumb and other fingers
　　　㈬　Holding enemies and dangerous animals at arm's length
　　　㈭　Holding tiny things using no sensory input from the fingertips

設問⑹　世界を知覚するにあたって指が目の代わりになることを古生物学者の
　　　Geerat Vermeij 氏の例はどのように示しているか，本文の内容に即して 65
　　　字程度の日本語で説明しなさい。句読点も 1 字に数えます。
　　　　　　　　　　　　　　　　　　　　　　　　　　　〔解答欄〕72 字

Ⅲ　科学技術の発展によって，機械や AI（人工知能）が人の代わりをすることが増え
てきました。製造業においてはかなり以前から，また近年では運輸や接客などの
サービス業でも自動化が進んでいます。このように社会が大きく変わろうとしてい
る中にあって，どうしても機械や AI が取って代わることができない，もしくは
取って代わってほしくないとあなたが考えるのはどのような仕事ですか。具体的な
仕事を 1 つ挙げ，その理由を 80 語程度の英文で述べなさい。

Ⅳ　次の日本文(A)と(B)のそれぞれの下線部の意味を英語で表しなさい。

(A)　不思議なことに，宇宙について知れば知るほど，宇宙は「偶然という名の奇跡」に溢れている，ということに驚かされます。

　　<u>例えば，現在の宇宙が持っているいろいろな条件が整わないと，私たちは誕生しえませんでした。この条件は偶然にそろったものともいえますし，一方でその偶然が起こる確率は奇跡的というほど低いのも事実です。</u>

（本間希樹. 2021. 『宇宙の奇跡を科学する』扶桑社）

(B)　仕事で進めているプロジェクトの進行がはかばかしくない。仮にうまく進められても，期待していたほどの結果は得られないかもしれない。そのような場合に思い切って退却することは，選択肢として十分ありえます。

　　<u>頂上を目指して山に登っているとき，雲行きが怪しくなれば，事故が起きないよう退却する勇気が必要です。それと同じで，進路でも仕事でも進めていることを途中で見切るのは，そこに関わる人の時間やお金を無駄にしないためには必要なことです。</u>

　　撤退する勇気や決断は，ギリシャ・ローマ時代からリーダーにとっての重要な要素でもあります。

（丹羽宇一郎. 2021. 『人間の器』幻冬舎）

■数学■

◀理・医(医・保健〈放射線技術科学・検査技術科学〉)・
歯・薬・工・基礎工学部▶

(150 分)

1 r を正の実数とする．複素数平面上で，点 z が点 $\dfrac{3}{2}$ を中心とする半径 r の円周上を動くとき，

$$z + w = zw$$

を満たす点 w が描く図形を求めよ．

(配点率 20 %)

2 $\alpha = \dfrac{2\pi}{7}$ とする．以下の問いに答えよ．

(1) $\cos 4\alpha = \cos 3\alpha$ であることを示せ．

(2) $f(x) = 8x^3 + 4x^2 - 4x - 1$ とするとき，$f(\cos \alpha) = 0$ が成り立つことを示せ．

(3) $\cos \alpha$ は無理数であることを示せ．

(配点率 20 %)

3 正の実数 t に対し，座標平面上の 2 点 $P(0,\ t)$ と $Q\left(\dfrac{1}{t},\ 0\right)$ を考える． t が $1 \leqq t \leqq 2$ の範囲を動くとき，座標平面内で線分 PQ が通過する部分を図示せよ．

(配点率 20 %)

4 $f(x) = \log(x+1) + 1$ とする. 以下の問いに答えよ.

(1) 方程式 $f(x) = x$ は, $x > 0$ の範囲でただ 1 つの解をもつことを示せ.

(2) (1) の解を α とする. 実数 x が $0 < x < \alpha$ を満たすならば, 次の不等式が成り立つことを示せ.

$$0 < \frac{\alpha - f(x)}{\alpha - x} < f'(x)$$

(3) 数列 $\{x_n\}$ を

$$x_1 = 1, \quad x_{n+1} = f(x_n) \quad (n = 1, 2, 3, \cdots\cdots)$$

で定める. このとき, すべての自然数 n に対して,

$$\alpha - x_{n+1} < \frac{1}{2}(\alpha - x_n)$$

が成り立つことを示せ.

(4) (3) の数列 $\{x_n\}$ について, $\displaystyle\lim_{n\to\infty} x_n = \alpha$ を示せ.

(配点率 20 %)

5 座標平面において, t を媒介変数として

$$x = e^t \cos t + e^\pi, \quad y = e^t \sin t \qquad (0 \leqq t \leqq \pi)$$

で表される曲線を C とする. 曲線 C と x 軸で囲まれた部分の面積を求めよ.

(配点率 20 %)

◀医（保健〈看護学〉）学部▶

（90 分）

1　　三角形 ABC において，辺 AB を 2：1 に内分する点を M，辺 AC を 1：2 に内分する点を N とする．また，線分 BN と線分 CM の交点を P とする．

 (1) $\overrightarrow{\mathrm{AP}}$ を，$\overrightarrow{\mathrm{AB}}$ と $\overrightarrow{\mathrm{AC}}$ を用いて表せ．

 (2) 辺 BC，CA，AB の長さをそれぞれ a，b，c とするとき，線分 AP の長さを，a，b，c を用いて表せ．

（配点率 30 ％）

2　　n を 2 以上の自然数とし，1 個のさいころを n 回投げて出る目の数を順に X_1，X_2，……，X_n とする．X_1，X_2，……，X_n の最小公倍数を L_n，最大公約数を G_n とするとき，以下の問いに答えよ．

 (1) $L_2 = 5$ となる確率および $G_2 = 5$ となる確率を求めよ．

 (2) L_n が素数でない確率を求めよ．

 (3) G_n が素数でない確率を求めよ．

（配点率 35 ％）

3　　以下の問いに答えよ.

(1) 実数 α, β に対し,

$$\int_{\alpha}^{\beta} (x-\alpha)(x-\beta)\,dx = \frac{(\alpha-\beta)^3}{6}$$

が成り立つことを示せ.

(2) a, b を $b > a^2$ を満たす定数とし, 座標平面上に点 $A(a,\ b)$ をとる. さらに, 点 A を通り, 傾きが k の直線を ℓ とし, 直線 ℓ と放物線 $y = x^2$ で囲まれた部分の面積を $S(k)$ とする. k が実数全体を動くとき, $S(k)$ の最小値を求めよ.

(配点率 35 %)

物理

（医〈保健〈看護学〉〉学部：75 分　その他の学部：2 科目 150 分）

〔1〕　図1のように，水平方向に x 軸，鉛直上向きに y 軸をとった平面内における質量 M の物体Aと質量 m の物体Bの運動を考える。物体Aは，x 軸に平行に固定された棒に沿って滑らかに動くことができる。また，物体Aと物体Bは伸び縮みしない長さ ℓ で質量の無視できる糸でつながれている。糸と鉛直方向とのなす角度 θ〔rad〕を，図1に示すように定義する。物体Aと棒の間の摩擦力は無視でき，また，物体Aおよび物体Bは質点とみなしてよい。重力加速度の大きさを g とする。

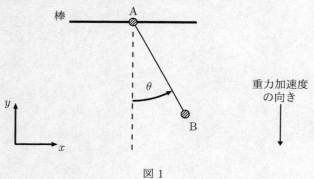

図 1

I. まず，物体Aを棒の一点に動かないように固定する。糸がたるまないように物体Bを持ち上げ，静かに離すと物体Bは振動をはじめた。このとき，以下の問に答えよ。

問 1　以下の文中の空欄に入れるべき数式を解答欄に記せ。
　　　糸の角度が θ のとき，糸の張力の大きさを S，物体Bの加速度の x 成分および y 成分を，それぞれ，a_x および a_y とするとき，物体Bの運動方程式は，$ma_x =$ ［　(a)　］ および $ma_y =$ ［　(b)　］ と表される。

問 2　$|\theta|$ が十分に小さいとき，物体Bは水平方向にのみ運動すると考えてよい。このとき，問1で求めた運動方程式において，$\sin\theta \fallingdotseq \theta$，$\cos\theta \fallingdotseq 1$ と近似し，振動の周期 T を求めよ。

II. 次に，物体 A を棒に沿って動かす。ただし，物体 A の加速度の x 成分が，図 2 に示すように，$\dfrac{T}{2}$ ごとに $\pm\alpha$ $(\alpha > 0)$ で符号が変わるように物体 A を加減速させながら動かす。ここで，T は問 2 で求めた周期である。また，時刻 $t=0$ で糸は鉛直で，物体はいずれも静止しており，このときの物体の位置の x 座標を 0 とする。なお，物体 B の振動の振幅は十分小さく，$|\theta|$ は十分に小さいとしてよい。このとき，以下の問に答えよ。

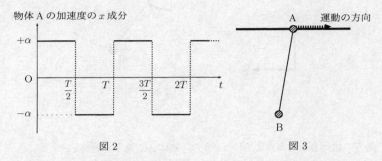

図 2　　　　　　　　　　　　　　図 3

問 3 時刻 $t=nT$（n は自然数）における物体 A の x 座標 x_n を求めよ。

問 4 時刻 t が $0 < t < \dfrac{T}{2}$ の間の運動を考える（図 3）。このとき，以下の文中の空欄に入れるべき数式を解答欄に記せ。

　　物体 A とともに動く非慣性系で物体 B に作用する慣性力の水平成分は，右向きを正として ┌─ (c) ─┐ であるので，この非慣性系で，物体 B は初期位置から水平方向に右向きを正として，┌─ (d) ─┐ だけずれた位置を中心として，周期が T の単振動を半周期だけする。したがって，時刻 $t=\dfrac{T}{2}$ で，糸の角度 θ は ┌─ (e) ─┐ となり，この非慣性系で物体 B は静止する。ただし，角度 θ は図 1 のように定義する。

問 5 時刻 $t=nT$（n は自然数）における糸の角度 θ_n を求めよ。

問 6 物体 A が図 2 に示す加速度の x 成分をもつためには，物体 A に重力，糸からの張力，棒からの抗力以外に，外力を作用させる必要がある。$t=\dfrac{T}{6}$ におけるこの外力の x 成分を求めよ。

III. 次に，物体 A を水平な棒に沿って自由に動けるようにする。糸が鉛直で，物体 A が静止している状態で，物体 B に x 軸の正の向きに大きさ v_0 の速度を与えた

ところ，糸はたるまずに，また，糸の角度 θ が $-\dfrac{\pi}{2} < \theta < \dfrac{\pi}{2}$ のある範囲で，物体Bは振動した。図4には，ある時刻における，物体Aおよび物体Bの運動の様子を点線で示す。ただし，$|\theta|$ は微小とは限らない。このとき，以下の問に答えよ。

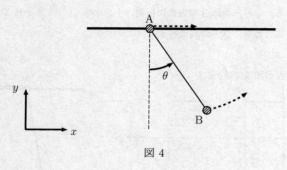

図 4

問 7　物体Bが最高点に達したときの，物体Aの速さを求めよ。

問 8　物体Bの最高点の高さを，物体Bの初期位置を基準として求めよ。

〔2〕　図1のような回路をブリッジ回路という。いくつかのブリッジ回路に関する問題を考える。ただし，導線の電気抵抗と電源の内部抵抗は，共に無視できるほど小さいものとする。

I. 図1の回路において，抵抗1，2，3，4の抵抗値が，それぞれ R_1〔Ω〕，R_2〔Ω〕，R_3〔Ω〕，R_4〔Ω〕であるとする。検流計 G に電流は流れていないものとする。直流電源の電圧の大きさを E〔V〕とする。このとき，以下の問に答えよ。

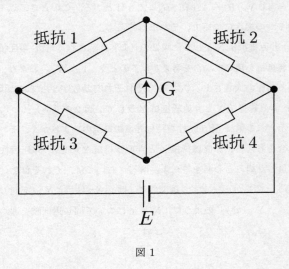

図1

問1　抵抗1に加わる電圧の大きさ V_1〔V〕と，抵抗2に加わる電圧の大きさ V_2〔V〕の比 $\dfrac{V_2}{V_1}$ を，E，R_1，R_2，R_3 のうち，必要なものを用いて表せ。

問2　R_4〔Ω〕を，R_1，R_2，R_3 を用いて表せ。

II. 単一の抵抗に加わる電圧と流れる電流との間の関係を，電流–電圧特性という。電流–電圧特性が直線で表せない抵抗のことを非直線抵抗という。図1の回路が非直線抵抗を含む場合について考える。

　図1の回路において，抵抗1は非直線抵抗 X，抵抗2，3はそれぞれ抵抗値が R_2〔Ω〕，R_3〔Ω〕の抵抗，抵抗4は非直線抵抗 Y であるとする。非直線抵抗 X および非直線抵抗 Y の電流–電圧特性は未知であるとする。検流計 G に電流は流

れていないものとする。直流電源の電圧の大きさを E〔V〕とする。このとき，以下の問に答えよ。

問 3 抵抗 1 に加わる電圧の大きさを V_X〔V〕，抵抗 1 を流れる電流の大きさを I_X〔A〕とする。抵抗 2 にオームの法則を適用することによって，I_X〔A〕を V_X，E，R_2 を用いて表せ。

問 4 $E = 4.0$ V，$R_2 = 1.0\ \Omega$，$R_3 = 2.0\ \Omega$ とする。このとき，以下の (a)，(b) の 2 つの場合について，それぞれ答えよ。

(a) 非直線抵抗 X として，図 2 の（あ）に示される電流–電圧特性を持つ非直線抵抗を用いた場合を考える。このとき，V_X〔V〕，および，抵抗 4 に加わる電圧の大きさ V_Y〔V〕を，それぞれ有効数字 2 桁で求めよ。

(b) 非直線抵抗 X と非直線抵抗 Y として，図 2 の（あ），（い），（う），（え）に示される電流–電圧特性を持つ非直線抵抗のいずれかを，それぞれ用いた場合を考える。非直線抵抗 X と非直線抵抗 Y の電流–電圧特性として，最も適した組み合わせを答えよ。解答においては，それぞれを（あ），（い），（う），（え）から一つずつ選ぶこと（例：「X：（い），Y：（あ）」）。なお，「X：（い），Y：（い）」のように，X と Y について同じ選択肢を選んでもよい。

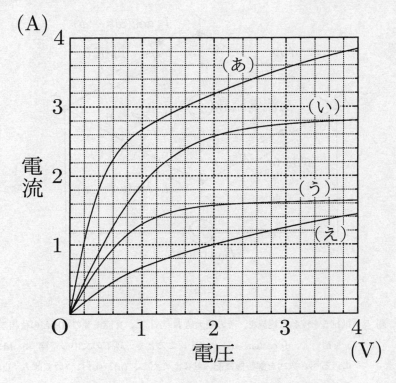

図 2

III. さらに，図 3 の回路について考える。交流電源の電圧は，最大値が E_0〔V〕，角周波数が ω〔rad/s〕であり，点ウを基準とした点アの電位は，時刻 t〔s〕において $E_0 \cos(\omega t)$ となる。抵抗 5，6 の抵抗値を R〔Ω〕，コンデンサの電気容量を C〔F〕，コイルの自己インダクタンスを L〔H〕とする。交流電流計は，交流電流の大きさを測定できる装置である。測定の結果，あらゆる時刻において常に，点イと点エの間には電流が流れていないことがわかった。このとき，以下の問に答えよ。なお，図 3 における矢印の向きを電流の正の向きとする。また，実数 α，β，γ，θ に対して成り立つ，以下の公式を，必要に応じて用いてよい。

$$\alpha \cos\theta + \beta \sin\theta = \sqrt{\alpha^2 + \beta^2} \cos(\theta + \gamma) \quad \left(\cos\gamma = \frac{\alpha}{\sqrt{\alpha^2 + \beta^2}}, \ \sin\gamma = -\frac{\beta}{\sqrt{\alpha^2 + \beta^2}} \right)$$

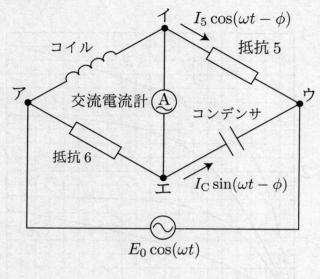

図 3

問 5 抵抗 5 を流れる電流を，その最大値 I_5〔A〕と，交流電源の電圧との位相差 ϕ を用いて，$I_5 \cos(\omega t - \phi)$ と表す。このとき，以下の文中の空欄 (a)〜(d) に入るべき数式を解答欄に記入せよ。ただし，(a)，(b) については I_5, ω, R, L のうち必要なものを用いて表し，(c)，(d) については E_0, ω, R, L のうち必要なものを用いて表せ。

点ウを基準とした点イの電位は   (a) $\cos(\omega t - \phi)$ と表され，点イ を基準とした点アの電位は   (b) $\sin(\omega t - \phi)$ と表される。これら の和が，交流電源の電圧 $E_0 \cos(\omega t)$ と等しい。よって，$I_5 =$ (c)   〔A〕，$\tan \phi =$ (d)   であることがわかる。

問 6 コンデンサを流れる電流は $I_C \sin(\omega t - \phi)$ と表せる。I_C〔A〕を，I_5, ω, R, C のうち必要なものを用いて表せ。

問 7 C〔F〕を ω, R, L のうち必要なものを用いて表せ。

〔3〕 以下のAとBの両方の問題に解答せよ。なおAとBは独立した内容の問題である。

A. 図 1 のような固定されたシリンダー内に、なめらかに動く 2 つのピストンがある。ピストンで仕切られたシリンダー内の各領域を、左から部屋 A, 部屋 B, 部屋 C とよぶ。部屋 A と部屋 B をピストン 1, 部屋 B と部屋 C をピストン 2 が仕切る。部屋 A と部屋 C の中にあるヒーター H_A とヒーター H_C を用いて、それぞれの部屋の内部にある気体を加熱することができる。シリンダー、ピストン、ヒーターをあわせて装置とよぶことにする。装置の熱容量は無視できる。

この装置のピストンを、外部から動かしたり固定したりすることができる。ピストンがヒーターにぶつからない範囲で動く場合について考える。各部屋にはそれぞれ 1 モルずつ、同一の理想気体が入っている。この理想気体の定積モル比熱を C_V, 定圧モル比熱を C_p とする。気体定数を R とする。

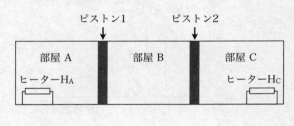

図 1

I. この装置を絶対温度 T_0 の環境に置いて、順番に以下の操作をする。はじめ、部屋 A, B, C の気体の体積はいずれも V_0 であった。装置は外部に熱を通すものとする。以下の問に答えよ。

図 2 に、絶対温度 T が一定である 1 モルの理想気体の圧力と体積の関係を示す。解答にあたっては、図 2 の斜線部の面積が $RT \log \dfrac{V_2}{V_1}$ であることを用いてよい。ここでの $\log x$ は、$\log_e x$ である。$e \,(= 2.71828\cdots)$ は無理数であり、e を底とする対数を自然対数という。

問 1 まず、ピストン 2 を固定した状態でピストン 1 を十分にゆっくりと右に動かし、部屋 A の気体の体積が $\dfrac{4}{3}V_0$ となったところでピストン 1 を固定した。このときの、部屋 B の気体の圧力 p_B を、R, T_0, V_0 を用いて表せ。

問 2 問1の操作によってピストン1が部屋Bの気体にした仕事 W_B を，R，T_0，V_0 のうち必要なものを用いて表せ。

問 3 問1で最後にピストン1を固定した状態からピストン2を十分にゆっくりと左に動かし，部屋Cの気体の体積が $\frac{4}{3}V_0$ となったところでピストン2を固定した。問1の操作を始める前からここにいたるまでの変化について，以下の量を求めよ。必要であれば，R，C_V，T_0，V_0 を用いてよい。

(a) 3つの部屋内にある気体の内部エネルギーの増加量の総和 ΔU

(b) 装置から外部に放出された熱の総量 Q

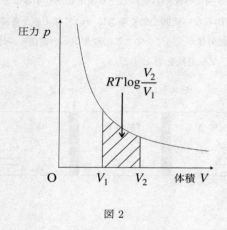

図 2

II. ふたたび，各部屋の気体の体積が V_0，絶対温度が T_0 である状態から操作を始める。これ以降は装置を断熱材で覆い，シリンダーの外壁を通した外部との熱のやりとりが起きないものとする。2つのピストンは固定されていない。ピストンは熱を通さない素材でできており，部屋の間での熱のやりとりはないものとする。このときの装置と気体の状態を状態（あ）とする。

まず，ヒーター H_A を用いて部屋Aの気体をゆっくりと加熱したところ，2つのピストンがゆっくりと動き始めた。加熱をやめてから十分に時間が経ち，2つのピストンが静止したときの装置と気体の状態を，状態（い）とする。さらに，ヒーター H_C を用いて部屋Cの気体をゆっくりと加熱したところ，2つのピストンがゆっくりと動き始めた。加熱をやめてから十分に時間が経ち，2つのピストンが静止したときの装置と気体の状態を，状態（う）とする。状態（う）におい

て，部屋 A，B，C の気体の体積比は 4：1：4 になっていた。以下の問に答えよ。

解答にあたっては，p を理想気体の圧力，V を理想気体の体積とすると，断熱過程において pV^γ が一定に保たれることを用いてよい。ただし，$\gamma = \dfrac{C_p}{C_V}$ である。

問 4 状態（う）における部屋 B の気体の絶対温度 T_B を，γ，T_0 のうち必要なものを用いて表せ。

問 5 ヒーター H_A が部屋 A の気体に与えた熱を Q_1，ヒーター H_C が部屋 C の気体に与えた熱を Q_2 とする。$Q_1 + Q_2$ を γ，C_V，T_0 を用いて表せ。

問 6 状態（い）における部屋 A，B，C の気体の体積を，それぞれ V_A，V_B，V_C とする。$V_A : V_B : V_C$ を，最も簡単な整数の比で表せ。

B. X 線は可視光や紫外線よりも波長の短い光であり，加速した電子を物質の表面に照射すると発生する。

I. 図 1 のような装置を使用して，X 線を発生させる場合について考える。ただし，フィラメントの電源の電圧 V_0 は，高圧電源の電圧 V に対して十分に小さい。

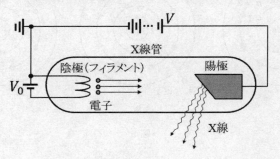

図 1

陰極・陽極間に高電圧 V を加えると X 線が発生し，発生する X 線の波長とその強度の関係（X 線波長スペクトル）は，図 2 のようになる。連続 X 線と，特定の波長に強い強度をもつ固有 X 線（特性 X 線）が発生することがわかる。電子の質量を m，電子の荷電を $-e$，プランク定数を h，光の速さを c として，以下の問に答えよ。

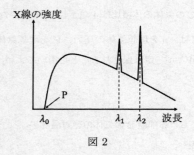

図 2

問 7　図 2 に示されている点 P の波長（最短波長）λ_0 を h, c, m, e および V の
　　　うち必要なものを用いて表せ。

II. 図 3 のような原子モデルを使って，原子番号が Z（$10 < Z \leqq 18$）の原子が放出
　　する固有 X 線を考える。中心に電荷 $+Ze$ を持つ原子核があり，そのまわりを電
　　子が等速円運動している。

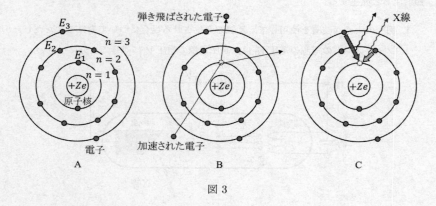

図 3

　　軌道上の電子は，次の量子条件にしたがう。

　量子条件　原子内の電子は，円軌道の周の長さが物質波の波長の n 倍（n は正の
　　　整数）であるときに，定常状態として安定に存在できる。

　円軌道上の電子は，図 3A のように，定まった個数（$n=1$ の軌道には 2 個，$n=2$
　の軌道には 8 個，…）だけ，低いエネルギー準位から状態を占めていく。同一
　（n 番目）の軌道にある電子は，同じエネルギー準位 E_n をもつとする（$E_n < 0$）。

円軌道にある電子には，原子核との間にクーロン力がはたらき，他の電子から力は受けないとする。ただし，$n \geqq 2$ の軌道にある電子からは，より内側の軌道にある電子の数の分だけ，原子核の電荷を打ち消すように見えるため，クーロン力は補正を受ける（例えば，図 3A の $n = 2$ の軌道にある電子からは，原子核の電荷が $+(Z - 2)e$ に見える）。

固有 X 線は，次の振動数条件にしたがって放出される。

振動数条件 図 3B のように，加速された電子が原子内の電子を弾き飛ばしたとき，図 3C のように，外側の軌道の電子がより内側の軌道に移って，エネルギー準位差に対応する振動数の X 線が放出される。

軌道上の電子の速さは，光の速さ c より十分に遅いとして，以下の問に答えよ。

問 8 図 3A の $n = 3$ の軌道の半径を r_3 としたとき，クーロン力と遠心力のつり合いの関係から，r_3 を，h, m, e, Z, 真空中のクーロンの法則の比例定数 k_0 を用いて表せ。

問 9 図 3A のエネルギー準位 E_2, E_3 を，水素原子（$Z = 1$）の基底状態の電子のエネルギー準位 E_H と Z のみを使ってそれぞれ表せ。ただし，クーロン力による位置エネルギーは無限遠をゼロ（基準）とする。

問 10 図 2 に示されている固有 X 線の 2 つのピークは，図 3C のように，電子が $n = 2$ から $n = 1$ と，$n = 3$ から $n = 1$ の軌道へ移るときに放出される X 線に対応する。固有 X 線が放出される直前には，$n = 1$ の軌道にある電子の数は 1 個であることに注意して，固有 X 線の波長 λ_2 を，E_H, Z, h, c を使って表せ。

化学

（医（保健〈看護学〉）学部：75 分　その他の学部：2 科目 150 分）

【注意】

1. 必要があれば次の数値を用いよ。

Hの原子量 = 1.0　　　Cの原子量 = 12.0　　　Nの原子量 = 14.0

Oの原子量 = 16.0　　　Alの原子量 = 27.0

ファラデー定数　$F = 9.65 \times 10^4$ C/mol

2. 特にことわらない限り，構造式は下の例にならって示すこと。

（例）

3. 字数制限のある解答は，下に示す例にならって書くこと。

（例）

L	―	ア	ラ	ニ	ン	を	,		5	.	0	×	1	0	⁻	²	g
／	L	の	N	a	N	O	$_3$	水	溶	液	に	溶	か	し	た	。	

〔**1**〕 以下の文章を読み，**問 1〜問 4** に答えよ。

　　地殻に最も多く含まれている元素は酸素 O である。酸素は，鉱物中の酸化物や，海水や大気の主たる成分元素の 1 つである。O_2 は酸化剤としてはたらき，化石燃料と反応してエネルギーを放出するとともに，二酸化炭素を生成する。また，大気を用いる内燃機関では窒素酸化物も生成する。これらは多量に放出されれば，地球温暖化や大気汚染の原因となり得る。
①　②

　　地殻の成分元素として二番目に多く含まれているのはケイ素 Si であり，三番目に多く含まれているのはアルミニウム Al である。いずれも酸化物の SiO_2 や Al_2O_3 としてセメントの原料となるほか，SiO_2 はガラスの原料としても用いられ，単体の Si は半導体の材料となっている。単体の Al は，ボーキサイトから得
③
られる Al_2O_3 から電気化学的な還元によって製造される。その製造には膨大な電
④
力消費を伴うため，飲料用缶などのリサイクルによる再利用が進んでいる。

　　地殻の成分元素として四番目に多く含まれているのは鉄 Fe である。主成分が Fe_2O_3 である赤鉄鉱と主成分が Fe_3O_4 である磁鉄鉱などを多く含む鉄鉱石を，
⑤
コークスから生成した一酸化炭素で還元することによって，銑鉄（せんてつ）が得られる。

問 1　下線部①の二酸化炭素について，以下の(1)，(2)の設問に答えよ。

　(1)　二酸化炭素の電子式を書け。

　(2)　二酸化炭素に関連して，以下の文章の 　**ア**　 に適切な元素名を入れ，　**イ**　 と 　**ウ**　 には適切な化学式を入れよ。

　　　　二酸化炭素は生物系の炭素循環において，光合成によって還元され，糖などの炭水化物に変換される。また石灰石や大理石などの主成分として 　**ア**　 イオンの炭酸塩が天然に存在する。日本の河川水は一般にほとんどが軟水であるのに対して，地下水や温泉水は 　**ア**　 イオンやマグネシウムイオンなどを多く含む硬水が多い。二酸化炭素を多く含む地下水が石灰岩を徐々に侵食すると塩である 　**イ**　 が溶解した水溶液となり，それが滴り落ちたときに二酸化炭素が空気中に放出され，　**ウ**　 が析出して鍾乳石や石筍（せきじゅん）が形成し，鍾乳洞ができる。

問2　下線部②の窒素酸化物において，大気汚染物質が生成する原因となるの
　　は，おもに一酸化窒素 NO や，刺激臭のある二酸化窒素 NO_2 である。これ
　　らに関連する以下の(1)～(4)の設問に答えよ。

(1)　NO は空気中で酸化される。この反応式を示せ。

(2)　NO_2 は単体の銅と濃硝酸から生成する。この反応式を示せ。

(3)　NO_2 は O—N—O の結合を有し，窒素原子上に不対電子をもつ。常温
　　において赤褐色の NO_2 ガスを十分に加圧するとほぼ無色となる。この無
　　色の気体は，すべての原子において希ガス原子と似た電子配置をもつ分子
　　から成る。このときに生成する分子の電子式を書け。

(4)　NO_2 を含めたいくつかの分子の立体構造に関する以下の文章の空欄
　　　　　エ　　～　　ク　　に適切な語句や化学式を入れよ。

　　　電子対間の反発は分子の立体構造に影響する。例えばメタン CH_4 と
　　アンモニア NH_3 と水 H_2O の H—X—H(X = C，N，O)の角度が CH_4 >
　　NH_3 > H_2O となるのは，　　エ　　電子対と　　オ　　電子対の反発が
　　　　エ　　電子対同士の反発より大きいためである。この影響に加えて，
　　不対電子と電子対の反発は電子対間の反発より小さいことを考慮すると，
　　亜硝酸イオン NO_2^-，二酸化窒素 NO_2，および NO_2 が電子を1つ失った
　　NO_2^+ における O—N—O の角度の順は，　　カ　　>　　キ　　>
　　　　ク　　となる。

問3　下線部③に関連した以下の文章の空欄　　ケ　　～　　ソ　　にあてはま
　　る適切な語句や数字を入れよ。

　　　金属原子の　　ケ　　エネルギーは一般に小さいため，金属元素は陽性が
　　強い。そのため，金属原子が規則正しく配列した結晶では，その価電子は特
　　定の原子内にはとどまらず，結晶内のすべての原子に共有される形で結晶中
　　を動き回ることができる。このような価電子を　　コ　　電子といい，
　　　　サ　　結合や電気伝導性に関与している。つぎに，周期表の第
　　　　シ　　族の元素である Si の結晶中では，　　ス　　個の価電子をもつ
　　Si 原子の周りに，隣接する4つの Si 原子が共有結合している。そこに微量
　　の P 原子を混入すると，　　セ　　個の価電子をもつ P 原子の周りにも隣

接する 4 つの Si 原子が共有結合し, そこで余った 　ソ　 個の価電子が 　コ　 電子と同じように電気を運ぶはたらきをして, n 型半導体としての性質を示す。

問 4　下線部④, ⑤の Al と Fe の製造法や性質に関連した以下の(1)~(3)の設問に答えよ。

(1)　Al と Fe_2O_3 との混合物(テルミット)に点火すると, 激しく反応して融解した鉄 Fe が生じるため, 鉄道のレールなどの溶接に利用される。このときの Al と Fe_2O_3 の熱化学方程式を記せ。ただし, Al_2O_3 と Fe_2O_3 の生成熱はそれぞれ 1676 kJ/mol と 824 kJ/mol である。

(2)　1000 ℃ の高温で融解した氷晶石 Na_3AlF_6 に Al_2O_3 を溶かして, 炭素電極を用いて融解塩(溶融塩)電解することにより, Al_2O_3 から単体の Al が製造されている。2.00 A の電流で, 陰極で 108 g の Al を得るために要する時間(秒)を有効数字 3 桁で答えよ。また陽極で発生する主な気体の 1 つを答えよ。

(3)　Fe は, Al と Fe_2O_3 の混合物の反応により容易に得られるが, Al は, Al_2O_3 と Fe の混合物の反応では得られない。この理由を, Al と Fe の性質を比べて 30 字以内で述べよ。

〔**2**〕 モルヒネおよびモルヒネ塩酸塩は室温で固体であり，モルヒネ塩酸塩の水溶液
は医療において麻酔・鎮痛薬として用いられている。以下の文章を読み，**問 1**～
問 6 に答えよ。

モルヒネを水に溶かすと式①に示す電離平衡に達し，その水溶液は弱塩基性を
示す。

$$\text{Mor} + \text{H}_2\text{O} \rightleftharpoons \text{Mor–H}^+ + \text{OH}^- \quad \cdots\cdots①$$

（式中では，水素イオン H^+ が結合していないモルヒネは Mor，H^+ が結合した
モルヒネは Mor–H$^+$ と略記する）

モルヒネは，分子中の窒素原子がもつ非共有電子対を H^+ に与えて共有結合を
形成し，陽イオンになる。

式①の電離平衡の平衡定数を K とすると，化学平衡の法則から，K は式②の
ように表される。

$$K = \boxed{\quad \textbf{ア} \quad} \quad \cdots\cdots②$$

この電離平衡の中で，水のモル濃度 $[\text{H}_2\text{O}]$ は他の物質の濃度よりも十分大き
く一定とみなせるので，モルヒネの電離定数 K_b は式③のように表される。

$$K_b = K[\text{H}_2\text{O}] = \boxed{\quad \textbf{イ} \quad} \quad \cdots\cdots③$$

問 1 モルヒネの構造式として正しいものは，つぎの **A**～**D** のうちどれか，記
号で答えよ。また，選んだ理由を示せ。

A   **B**

C　　　　　　　　　　　　　　　**D**

問 2　　　ア　　，　　イ　　を，[Mor]，[H₂O]，[Mor−H⁺]，[OH⁻]のすべ
　　　て，あるいはいずれかを用いて示せ。ただし，[Mor]，[H₂O]，[Mor−
　　　H⁺]，[OH⁻]は，それぞれ水溶液中の Mor，H₂O，Mor−H⁺，OH⁻ のモル
　　　濃度(mol/L)である。

問 3　　式①の電離平衡状態にあるモルヒネ水溶液に対する(i)〜(v)の操作と結果の
　　　関係について，常に正しいものをすべて選び記号で答えよ。
　　(i)　塩化水素を通じると，Mor−H⁺ の濃度は上昇する。
　　(ii)　水酸化ナトリウムを加えると，Mor−H⁺ の濃度は低下する。
　　(iii)　水で 10 倍に希釈すると，Mor−H⁺ の濃度は 10 分の 1 になる。
　　(iv)　モルヒネを加えると，pH は大きくなる。
　　(v)　モルヒネ塩酸塩を加えると，pH は大きくなる。

問 4　モルヒネ塩酸塩を水に溶かすと，酸性，中性，塩基性のうち，いずれの液
　　　性を示すか答えよ。また選んだ理由をイオン反応式を用いて答えよ。

　　以下の実験を 25 ℃ で行った。ただし，25 ℃ における水溶液中のモルヒネの
電離定数 K_b は 1.6×10^{-6} mol/L，水のイオン積 K_w は 1.0×10^{-14} mol²/L² と
する。また，モルヒネの窒素原子以外の部分および粉末 X 中のモルヒネ以外の
物質は，水溶液の pH を変化させないものとする。なお，必要があれば，

$\log_{10} 2 = 0.30$ を使ってもよい。

問 5　モルヒネを含む粉末 X (0.300 g) を純水に溶かして 3.00 L の水溶液 Y を調製したところ，その pH は 8.00 であった。

(1)　水溶液 Y 中のモルヒネの濃度 [Mor] を有効数字 2 桁で求めよ。また，解答欄には計算過程も示せ。

(2)　粉末 X 中のモルヒネの物質量を有効数字 2 桁で求めよ。また，解答欄には計算過程も示せ。

問 6　ヒトの血液の pH は約 7.4 である。ヒトの血液の pH に合わせた注射液をつくるために，ある緩衝液にモルヒネを溶解させ，pH = 7.40 のモルヒネ水溶液を調製した。この水溶液中における $[\text{Mor-H}^+]/[\text{Mor}]$ の値を有効数字 2 桁で求めよ。また，解答欄には計算過程も示せ。

〔3〕　**A，B，C，D** は，いずれも炭素，水素，酸素からなる同じ分子式をもつ分子量 300 以下のベンゼン環を含む芳香族化合物である。これらの分子の構造を決定するために，以下の操作を行った。

図 1 に示すように，**A** および **B** を酸性水溶液中で加水分解すると共通の芳香族化合物 **E** を，また **C** および **D** を同様に加水分解すると共通の芳香族化合物 **F** を生成した。**E** および **F** を酸化剤と反応させると共通の化合物 **G** を生成し，**G** を加熱して分子内脱水縮合させることで分子量 148 の化合物 **H** を得た。

(a)〜(f)の文章を読み，**問 1 〜問 6** に答えよ。

(a)　1.92 mg の **A** を完全燃焼させると二酸化炭素 5.28 mg，水 1.44 mg が生成した。

(b)　等しい物質量の **E** とアニリンの混合物から脱水縮合によって得られる化合物の元素分析の結果は，質量百分率で炭素 79.59 %，水素 6.20 %，窒素 6.63 %，酸素 7.58 % であった。一方，**F** とアニリンは反応しなかった。

(c)　**A〜H** のすべての化合物はアンモニア性硝酸銀水溶液を用いる銀鏡反応を示

さなかった。

⒟　1 mol の **E，F，G** は，エーテル中で十分な量のナトリウムと反応し，それ
　①
　ぞれ 0.5 mol，0.5 mol，1 mol の水素を発生した。**E** と **G** のナトリウムとの
　反応生成物はいずれも水に溶解したが，**F** の反応生成物は水と反応して **F** に
　戻った。

⒠　**A** から **E** への加水分解で生成した脂肪族化合物 **I** はヨードホルム反応を示
　したが，**B** から **E** への加水分解で生成した脂肪族化合物 **J** はヨードホルム反
　応を示さず，また過マンガン酸カリウムとも反応しなかった。

⒡　**C** および **D** の加水分解で **F** とともに生成した化合物のうち，**D** から得られ
　た化合物にのみ枝分かれのある炭素鎖が存在した。

問 1　⒜の結果から化合物 **A** の分子式を示せ。

問 2　⒝の結果から化合物 **E** の分子式を示せ。解答欄には導出過程も示せ。

問 3　⒜〜⒟の結果から化合物 **E，F，G，H** の構造式を示せ。

問 4　⒟の下線部①で **G** とナトリウムとの反応の反応式を構造式を用いて示
　せ。

問 5　⒜〜⒠の結果から化合物 **A** と **B** の構造式を示せ。

問 6　⒜〜⒡の結果から化合物 **C** と **D** の構造式を示せ。

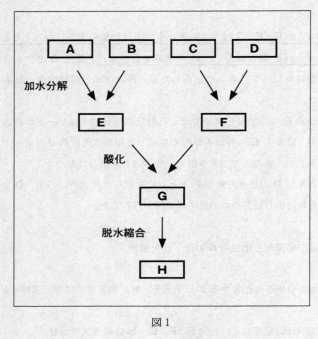

図 1

〔**4**〕　以下の文章を読み，**問 1〜問 6** に答えよ。

【 I 】

　　半導体の洗浄には，不純物である金属イオンをほとんど含まない脱イオン水
　　や過酸化水素水が用いられる。

問 1　この脱イオン水は，大量に利用できる工業用水からイオン交換樹脂で金属
　　イオンを除去してつくられる。ここで用いるイオン交換樹脂は，以下のよう
　　に，架橋型ポリスチレンから作成される。

　　　まず，スチレン $CH_2=CH(C_6H_5)$ 41.6 g および少量の架橋剤を共重合させ
　　て架橋型ポリスチレンを合成した。次に，濃硫酸を反応させて，スチレン由
　　来のフェニル基の 58.0 ％ がスルホン化されたイオン交換樹脂を作成した。
　　　　　　　　　　　　　　　　　　　①
　　なお，重合は完全に進行し，架橋剤由来の部位はスルホン化されないものと
　　する。

　⑴　塩化ナトリウム水溶液中のナトリウムイオンを，下線部①のイオン交換
　　　樹脂に吸着させることで除去する。このとき，水素イオン H^+ はナトリウ
　　　ムイオンに完全に交換されるものとする。この樹脂を用いて 50 mmol/L
　　　の塩化ナトリウム水溶液からナトリウムイオンをすべて除去するとき，最
　　　大で何 L の水溶液が処理できるか，有効数字 3 桁で求めよ。解答欄には計
　　　算過程も記せ。

　⑵　金属イオンを同定するため，イオン交換樹脂を充填したカラムに工業用
　　　水を通して金属イオンを吸着させ，そのカラムを水洗して流出液をすべて
　　　回収した。流出液に〔Na，K，Ca，Fe，Cu，Zn，Ag，Pb〕の金属元素の
　　　イオンが含まれているとき，以下の系統分析⒜〜⒞で得られる沈殿の化学
　　　式を〔　〕の中から適切な元素を用いて記せ。また，⒟で同定される金属
　　　イオンのイオン式を〔　〕の中から適切な元素を用いて記せ。

(a)　希塩酸を加えると白色沈殿が生じたためろ過で回収した。この沈殿は
熱水に溶解した。

(b)　(a)のろ液に硫化水素を通じると黒色沈殿が生じた。

(c)　(b)のろ液を煮沸して硫化水素を追い出し，硝酸を加えて加熱後，塩化
アンモニウムとアンモニア水を加えると赤褐色の沈殿が生じた。

(d)　(c)のろ液の炎色反応を調べると黄色炎を呈した。

問2　洗浄に用いる過酸化水素水の濃度を求めるため，脱イオン水で 20 倍に希
釈した。この溶液 10 mL に，硫酸で酸性にした 0.040 mol/L の二クロム酸
カリウム水溶液を加えていくと，5.0 mL 加えたところで過酸化水素がすべ
て反応した。この過酸化水素水のモル濃度を有効数字 2 桁で求めよ。解答欄
には反応式と計算過程も記せ。

【Ⅱ】

陰イオン交換膜は陰イオンを，陽イオン交換膜は陽イオンを選択的に透過す
るため，イオン交換膜は水酸化ナトリウムの製造や海水の濃縮・淡水化などに
　　　　　　　　　　　　　　②　　　　　　　　　　　　　③
用いられる。

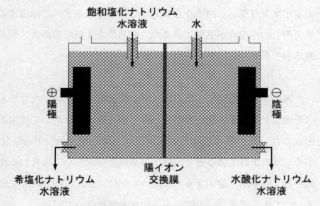

図1　水酸化ナトリウムの製造装置

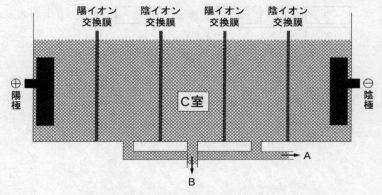

図 2　海水の濃縮・淡水化装置

問 3　下線部②は，図 1 の装置を用いた塩化ナトリウム水溶液の電気分解で行われる。各電極で起こる反応式と全体の反応式をそれぞれ記せ。

問 4　図 1 の装置では，陽イオン交換膜がない場合より水酸化ナトリウムを効率よく生成できる。その理由を，反応式を用いて説明せよ。

問 5　下線部③では，工業的に図 2 のような装置が用いられ，イオン交換膜で仕切られた各室に海水を満たして電圧をかけることで海水の濃縮・淡水化を行う。A と B から回収されるそれぞれの水溶液の塩濃度を海水と比較するとどちらが高いか答えよ。また，その理由も説明せよ。

問 6　【I】のように，イオン交換樹脂のすべてのイオンが交換されると，それ以降イオン交換樹脂は使用できない。一方，図 2 の装置の C 室に陽および陰イオン交換樹脂を充填すると，イオン交換樹脂を連続的に使用できるため，水溶液中のイオンを連続的に除去できる。連続的に使用できる理由を説明した下記の文章の空欄　**ア**　から　**カ**　に適切な語句を〔　〕から選び記入せよ。

　　　ア　に吸着したイオンは水の　**イ**　で生じたイオンと

ウ され, エ を通って オ されて排出されるため,
ア が カ されるから。

〔陽極, 電極, 陰極, 加水分解, 海水, 交換, 反応, 再生, 電気分解, 濃縮, 希釈, 酸化, 還元, イオン交換樹脂, イオン交換膜〕

■■■生物■■■

（医（保健〈看護学〉）学部：75 分　その他の学部：2 科目 150 分）

【注意】

字数制限のある解答においては，ひらがな，カタカナ，漢字，アルファベット，数字，句読点等の符号等，すべての文字を一つのマスに一つ記入すること。

〔1〕 以下の文章【A】と【B】を読み，問 1 〜問 6 に答えよ。

【A】

炭水化物が呼吸基質として通常用いられるが，脂肪やタンパク質も呼吸基質となる（図1）。脂肪は脂肪酸とモノグリセリドに分解されたのち，脂肪酸は ア 回路に，モノグリセリドは イ 系に入る。タンパク質の分解によって生じたアミノ酸は ウ 反応によって，有機酸と エ に分解される。有機酸は ア 回路に入り，有毒な エ は尿素回路（オルニチン回路）と呼ばれる回路に入り，毒性の弱い尿素となる。尿素は血流に乗り，腎臓で濾過（ろか）されて尿中へ排泄される。

問 1 文中，図1中の空欄 ア から エ に適切な語句を入れよ。

問 2 炭水化物・脂肪・タンパク質は呼吸基質となり，呼吸に伴い酸素を吸入し，二酸化炭素を放出する。この際の酸素と二酸化炭素の体積比，すなわち CO_2/O_2 を呼吸商（RQ）と呼ぶ。炭水化物であるグルコースの反応式を例に示す。グルコースの RQ は 1 である。

例）　$C_6H_{12}O_6 + 6 O_2 + 6 H_2O \rightarrow 6 CO_2 + 12 H_2O$　　　$RQ = 6 \div 6 = 1$

(1) 脂肪酸である(i)オレイン酸（$C_{18}H_{34}O_2$），アミノ酸である(ii)バリン（$C_5H_{11}NO_2$）の反応式を，例にならって係数が整数になる反応式で示せ。

(2) (i)オレイン酸，(ii)バリンの RQ を計算せよ。値は四捨五入して小数点第

2 位までの数で答えよ。

問 3　炭水化物はグリコーゲンとして肝臓をはじめ，筋肉などの組織に貯留され
ていく。貯留できるグリコーゲン量はヒトの場合，約数百グラムである。過
剰に摂取した炭水化物は脂肪に合成され，脂肪組織に貯留されていく。中程
度の強度の有酸素運動を行うことは，強い強度の無酸素運動を行うよりも効
率がよい脂肪の減量が期待できる。

(1)　有酸素運動の方が無酸素運動よりも効率がよい脂肪の減量が期待できる
理由について，呼吸基質の違いを含めて 125 字以内で説明せよ。

(2)　無酸素運動時に比べ，有酸素運動を行った際に想定される RQ の変化を
簡潔に説明せよ。

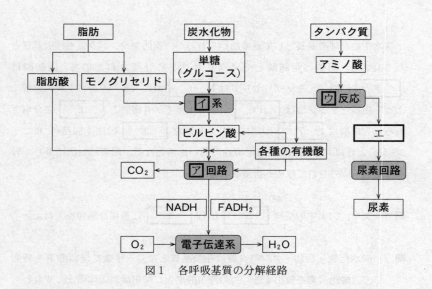

図 1　各呼吸基質の分解経路

【B】

　ヒトの肝臓は，消化管に付属する最も大きな内臓器官である。その重量は成人
で体重の約　　A　　％におよぶ。さまざまなはたらきを担っていることから
肝臓は"体内の生化学工場"とも呼ばれている。肝臓は多様な物質の生成・貯蔵・
分解を行うことができる。個体が，たえず変化する環境におかれながら，体内の

状態を常に安定に保ち，生命を維持するしくみ（　オ　）のために肝臓は極めて重要な臓器である。例えば尿素の合成，胆汁の合成，熱の発生のほか，体内に摂取した，あるいは体内で発生した有害な物質の影響を酵素反応によって軽減する<u>(a)</u>はたらきがある。

　肝臓は他の臓器と異なる特徴的な血流を受けている。心臓から大動脈を経て流入する肝動脈の血液には酸素が多く含まれている。小腸で吸収された栄養素に富んだ血液は，小腸からの静脈につながる血管である　カ　を介して肝臓へ流入する。これら二つの血管は肝臓内の六角形の最小構成単位である　キ　と呼ばれる構造の周辺部から中心静脈へと流れ込む。中心静脈から肝静脈に合流して，　ク　を介して血液が心臓右房に戻っていく。

問 4　文中の空欄　A　にあてはまる数値を下から一つ選べ。

　　0.5　　　　　　　1　　　　　　　2　　　　　　　7　　　　　　　15

問 5　文中の空欄　オ　から　ク　に適切な語句を入れよ。

問 6　下線(a)に関連して，以下の問に答えよ。

　⑴　このようなはたらきを何と呼ぶか答えよ。

　⑵　肝硬変は何らかの原因によって肝細胞の傷害が持続することで肝細胞が減少し，線維に置き換わっていくことによって肝臓が硬くなる病気である。肝硬変では肝細胞の減少に伴い，肝臓本来の機能が著しく低下していく。さらに，肝硬変の進展に伴い，　カ　から肝臓への血流が悪くなり，特にタンパク質の多い食事摂取後に脳機能異常（意識障害，けいれんなど）を引き起こす肝性脳症を発症することがある。タンパク質の多い食事摂取が肝硬変患者において肝性脳症を引き起こす理由について，栄養素の消化・吸収・代謝の観点をふまえて 100 字以内で説明せよ。

〔**2**〕　動物の感覚と行動についての以下の文章【A】，【B】を読み，**問1～問5**に答え
　　よ。

【A】

　　動物は，自らを取り巻く環境の情報を得るため，外界からの物理刺激などを感
じとる様々な受容器を持っている。空気の振動を音として捉えるための受容器は
耳である。ヒトの耳は，外耳，中耳，内耳から成り立っている。外耳で捉えられ
た空気の振動は，中耳に存在する3つの　　ア　　骨を伝わって内耳に伝えられ
る。すると，内耳の　　イ　　管の中を満たしているリンパ液が振動し，その結
果，　　イ　　管の中に存在する基底膜が振動する。この膜の上には，それぞ
れの場所の振動を神経情報に変換するはたらきをする　　ウ　　器官または
　　ウ　　器と呼ばれる構造が存在し，空気の振動に伴う基底膜の振動の情報を
脳へと伝え，結果として聴覚が生じる。聴覚では，空気の振動の有無や強弱だけ
でなく，振動の周波数も検出される。
　　　　　(a)

問1　文章中の　　ア　　～　　ウ　　に当てはまる語句を答えよ。

問2　下線部(a)のように周波数の違いを検出できるのは，異なる周波数の空気振
　　　動を耳が受容したとき，　　イ　　管の中で基底膜が最も大きく振動する場
　　　所が異なるためである。高い周波数の空気振動(高音)を受容したときと低い
　　　周波数の空気振動(低音)を受容したときでは，基底膜が最も大きく振動する
　　　場所がどのように異なるのかを簡潔に答えよ。

【B】

　　光受容器である眼の中には，光刺激を視覚神経情報に変換するはたらきを担う
視細胞が存在する。脊椎動物の視細胞には，薄暗い光環境ではたらく桿(かん)体
細胞(桿体)と，明るい光環境ではたらく錐体細胞(錐体)がある。
　　多くの脊椎動物の眼には，吸収する光の波長が異なる複数の種類の錐体と，
　　(b)
1種類の桿体が存在する。例えば，硬骨魚類の一種である魚Aの眼には，成魚
になると，4種類の錐体(L錐体，M錐体，S錐体，UV錐体)に加えて1種類の

桿体が存在する。それぞれの視細胞がどの波長の光を吸収して応答するのかを
図 1 に示す。この魚は，これらの視細胞で得られた情報を使いわけて，後述する
追随や捕食などの行動をとるか否かを決めている。

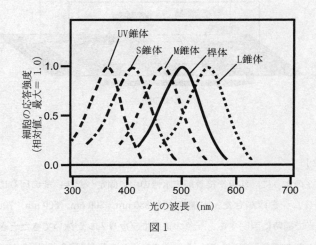

図 1

　卵から孵化して数日たった魚 A の幼魚について，成魚と同じように 4 種類の
錐体を持っているかどうかを調べるため，以下の 2 つの実験を行った。

　なお，以下の実験では，成魚が持つ錐体が幼魚にあるかないか，のみで考察す
ることとし，幼魚のみが持つ視細胞が存在する可能性や，視細胞以外に行動に関
わる光受容細胞が存在する可能性は考慮しないものとする。また，実験に使われ
た光の強度は錐体のはたらく強度であって，光の反射等で光の波長が変わること
はないものとする。

【実験 1】

　図 2 のように，幼魚が入っている水槽の底に様々な波長の光で動画を示すこ
とのできる装置を設置した。次に，図 2 に示したように特定の波長の光の
縞（シマ）模様を矢印の方向に動かした。すると，水槽内の幼魚は，縞模様が
500 nm の波長の光，または 600 nm の波長の光で示されたときには，縞模様
の動きにつられて同じ方向へ泳ぐ行動（追随行動）をとった。一方，380 nm の
波長の光や 700 nm の波長の光で縞模様の動きが示された時には追随行動をと

らなかった。

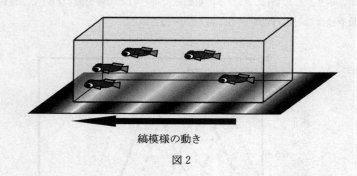

縞模様の動き

図 2

【実験 2】

　図 3 のように，幼魚を接着剤で水槽の中に固定した後，その周りに餌となる
ゾウリムシを泳がせた。水槽の中を 380 nm，500 nm，600 nm，700 nm の波
長の光で同時に照明すると，魚の正面にゾウリムシが泳いできたとき，魚はゾ
ウリムシを捕食しようと激しく体をくねらせる行動（捕食行動）をとった。照明
光を 380 nm の波長の光だけにした場合にも，同様の捕食行動が見られた。
一方，水槽内を 500 nm，600 nm，または 700 nm の波長の光だけで照明した
場合には捕食行動をとらなかった。なお，ゾウリムシの動きは照明する光の
種類で大きく変わることはなかった。

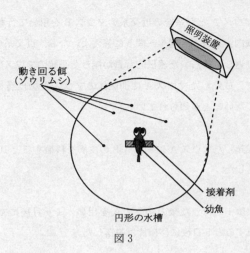

図 3

問 3　下線部(b)から，薄暗い光環境での視覚と明るい光環境での視覚にどのような違いが生じるか，簡潔に説明せよ。

問 4　以下に挙げる仮説(1)から仮説(4)までの記述のうち，図 1 と実験 1，実験 2から正しいと考えられる仮説を一つ選べ。また，その仮説が正しいと考えられる理由を簡潔に説明せよ。

　仮説(1)：幼魚は，500 nm，600 nm の波長の光は知覚できるが，380 nm の波長の光は知覚できない。

　仮説(2)：幼魚は，餌であるゾウリムシが発する振動や匂いを知覚しただけでは捕食行動をとらない。

　仮説(3)：幼魚は，380 nm の波長の光を知覚する際に，S 錐体しか使わない。

　仮説(4)：幼魚は，500 nm の波長の光を知覚する際に，L 錐体しか使わない。

問 5　図 1 と実験 1，実験 2 から，成魚に存在する 4 種類の錐体(L，M，S，UV 錐体)のうち，幼魚にかならず存在すると考えられるものがある。それはどの錐体か，該当するものをすべて答えよ。また，そのように考えられる理由を簡潔に説明せよ。

〔**3**〕　近交系のマウス A と別系統の近交系のマウス B を用いて行われた免疫に関す
　　　る以下の実験内容を読み，**問 1 ～問 5** に答えよ。なお，近交系のマウスとは，近
　　　親交配を繰り返して得られた遺伝的背景が揃った系統のマウスのことである。そ
　　　の特徴として，成熟したマウス A に別個体のマウス A の皮膚を移植しても，移
　　　植片は脱落しないことが知られている。

　　　【実験 1】　成熟したマウス A にマウス B の皮膚を移植すると 10 日後に移植片は
　　　　　　　　脱落した。

　　　【実験 2】　実験 1 を行った後のマウス A を用い，1 ヶ月後にマウス B の皮膚を
　　　　　　　　移植すると 5 日後に移植片は脱落した。

　　　【実験 3】　生後直ぐのマウス A の胸腺を手術により完全に摘出することで，胸
　　　　　　　　腺摘出マウス A を作製した。成熟した胸腺摘出マウス A にマウス B の
　　　　　　　　皮膚を移植したが，移植片の脱落は認められなかった。

　　　【実験 4】　成熟したマウス A にヒツジ赤血球を注射した。2 週間後に採血し，
　　　　　　　　その血清とヒツジ赤血球を混合したところ，ヒツジ赤血球は凝集した。
　　　　　　　　一方，ヒツジ赤血球を注射していない成熟したマウス A からも採血
　　　　　　　　し，その血清とヒツジ赤血球を混合したところ，ヒツジ赤血球の凝集は
　　　　　　　　認められなかった。

　　　【実験 5】　生後直ぐのマウス A の胸腺を手術により完全に摘出することで，胸
　　　　　　　　腺摘出マウス A を作製した。成熟した胸腺摘出マウス A にヒツジ赤血
　　　　　　　　球を注射した。2 週間後に採血し，その血清とヒツジ赤血球を混合した
　　　　　　　　ところ，ヒツジ赤血球の凝集は認められなかった。また，ヒツジ赤血球
　　　　　　　　を注射していない成熟した胸腺摘出マウス A からも採血し，その血清
　　　　　　　　とヒツジ赤血球を混合したところ，ヒツジ赤血球の凝集は認められな
　　　　　　　　かった。

【実験 6 】　生後直ぐのマウス A の胸腺を手術により完全に摘出することで，胸腺摘出マウス A を作製した。成熟した胸腺摘出マウス A に，成熟した別個体のマウス A から採取したリンパ球とヒツジ赤血球を混合して一緒に注射した。2 週間後に採血し，その血清とヒツジ赤血球を混合したところ，ヒツジ赤血球は凝集した。

【実験 7 】　生後直ぐのマウス A の胸腺を手術により完全に摘出することで，胸腺摘出マウス A を作製した。次に別の成熟したマウス A にヒツジ赤血球を注射し，2 週間後にリンパ球を採取した。このリンパ球を成熟した胸腺摘出マウス A に注射した。2 週間後に採血し，その血清とヒツジ赤血球を混合したところ，ヒツジ赤血球は凝集した。

問 1　実験 2 では，実験 1 に比べて皮膚移植片が脱落するまでの日数が短くなっている。皮膚移植片が脱落した要因，及びなぜこのような違いが生じたのかについて，下記の語句をすべて用いて 150 字以内で説明せよ。

語句：キラー T 細胞，拒絶反応，免疫記憶，細胞性免疫，記憶細胞

問 2　実験 1 では，皮膚移植片の脱落が認められたのに対して，実験 3 では，皮膚移植片の脱落は認められなかった。なぜ，実験 1 と実験 3 で皮膚移植片の脱落に違いが生じたのか，50 字以内で説明せよ。

問 3　実験 4 では，ヒツジ赤血球を注射していないマウス A の血清で，ヒツジ赤血球の凝集は認められなかったのに対して，ヒツジ赤血球を注射したマウス A の血清では，ヒツジ赤血球が凝集した。なぜ，ヒツジ赤血球を注射したマウス A の血清では，ヒツジ赤血球が凝集したのか，75 字以内で説明せよ。

問 4　実験 5 では，ヒツジ赤血球を注射した胸腺摘出マウス A の血清で，ヒツジ赤血球の凝集は認められなかったのに対して，実験 6 ではヒツジ赤血球は凝集した。なぜ，実験 5 と実験 6 でヒツジ赤血球の凝集に違いが生じたの

か，150字以内で説明せよ。

問5 実験7では，成熟した胸腺摘出マウスAにヒツジ赤血球を注射していないにも関わらず，その血清はヒツジ赤血球を凝集させた。その理由を50字以内で説明せよ。

〔**4**〕 以下の文章を読み，問1〜問4に答えよ。

　　動物の中には太陽を利用し，自らが向かうべき方角を知るものがある。ある鳥の仲間は，一年の中で渡りの季節になると，太陽の方角を手掛かりに決まった方角へ長距離移動することが知られている。また，窓から太陽の方角がわかる室内でその鳥を飼育し，いつも決まった方角で餌を与えると，餌の方角を覚えて定位する。しかし，鏡を使って太陽が見える方角を変えると，餌の方角へ正しく定位できない。太陽の方角は一日の時刻に応じて移動するが，この鳥は時刻に関わらず太陽を手掛かりに特定の方角へ定位する。このしくみを持つ鳥を用いて以下の実験を行った。ただし，実験期間中の太陽の動きは春分の日と変わらないものとして考えよ。

【実験1】
1-1）　北半球のある地域で，春分の頃（日の出6：00，日没18：00），昼行性の同種の鳥a，bを1個体ずつかごに入れ，周囲に窓のある円形の実験室の中央に置き（図1），実験室の照明を調節した光周期（12時間明期12時間暗期，明期開始6：00，明期終了18：00）を与えた。そして，明期に周囲の窓から空と太陽だけが見える環境で鳥を飼育した。また，鳥かごの周りに図1のように餌を置く台を等間隔に12個並べ，特定の一つの台に餌を置いた。鳥aの餌は南の，鳥bの餌は西の台に置いた（図2A）。そして，明期の様々な時刻に鳥をかごから出して，餌を自由に食べさせた。
1-2）　1-1）の飼育期間の後半，いずれの台にも餌を置かず明期の様々な時刻に鳥をかごから出し，最初にどの台を訪れるか調べた。鳥aと鳥bの結果を図2Bに示す。各台の数字は，その台を最初に訪れた回数を示している。
【実験2】
2-1）　実験1の後，すべての窓を閉めて鳥が太陽を見ることができない状態

にした。そして，新しい光周期(12 時間明期 12 時間暗期，明期開始
12：00，明期終了 24：00)を与え，鳥かご内で水と最低限の餌を与えて飼
育した。

2-2)　2-1)の飼育期間の最後の数日間，12：00 から 24：00 の間で太陽が出
　　　ている時間にすべての窓を開け，鳥をかごから出し，餌を置いていな
　　　い 12 か所の台のうち，最初にどの台を訪れるかを調べた。その結果を
　　　図 2 C に示す。

問 1　動物が用いる下線部(a)の生理機構を何と呼ぶか答えよ。

問 2　図 2 A の状態で鳥 b が 10：00 と 16：00 に餌に向かう状況を考える。
　　　10：00 と 16：00 それぞれにおいて，鳥かごの中にいる鳥 b から見て太陽と
　　　餌の方角はおよそ何度異なるか答えよ。その角度を導いた根拠を途中の計算
　　　式を含めて説明せよ。ただし，太陽の方角（東西南北）は 1 時間当たり 15 度
　　　移動するものとして考えよ。

問 3　鳥が一日の時刻を知ることができれば，問 2 のような時刻による違いを計
　　　算して餌のある台にたどりつくことができる。一日の時間を計り，時刻を知
　　　るための生理機構を何と呼ぶか答えよ。

問 4　図 2 C において，餌を探して最初に訪れた台の方角が図 2 B と比べて時計
　　　回りへおよそ何度ずれたのかを考慮し，鳥が問 3 の生理機構を利用して太陽
　　　の方角からどのように餌の方角を知ると考えられるかを説明せよ。

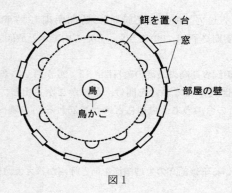

図 1

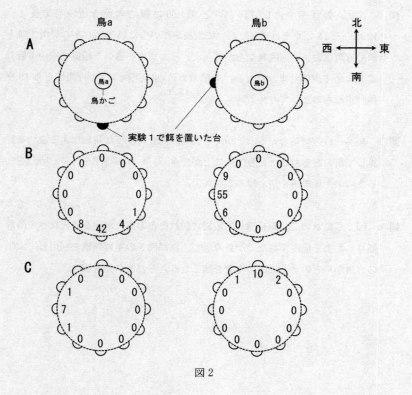

図 2

小論文

（90 分）

〔1〕　次の文章を読み，以下の問いに答えなさい。

　薬学出身者は，幅広く医薬品や食品，生活に係わる化学物質を対象として，有効性だけでなく安全性についても学問として学んでいることが強みである。品質保証には，この有効性と安全性とのバランスが重要となる。古来，薬剤師のシンボルの 1 つとして天秤があるが，このバランス感覚が薬学の基礎である。

　品質とは何か。現代社会では，国際標準化機構（ISO*¹）による ISO 9000 により定義が決まっており，「本来備わっている特性の集まり/要求事項を満たす程度」となる。薬学の世界に焦点を絞れば，医薬品規制調和国際会議（ICH*²）による ICH Q 9 で「製品，システム又は工程に係る本質的性質の組み合わせが要求事項を満たす程度」となる。ここで重要なのは，「要求事項」という言葉で，「要求事項を満たす程度」で品質のよしあしがきまることになる。例えば，エアコンなら，どれくらいの時間で，どれくらい冷やすことができて，どのような特別な機能を持って，どれくらい耐久性があって，どれくらい故障しないか，というのが「要求事項」で，それを満たす程度の高いものが，品質がよいということになる。また，農産物なら，味がよい，香りが高い，栄養価が高い，長持ちする，加工し易い大きさ等が「要求事項」となる。「要求事項」は，それぞれの立場，使用目的で，その重要度が変わる。例えば，消費者という立場なら，加工し易さというのは，あまり「要求事項」としては重要ではない。しかし，農産物「じゃがいも」を大量にポテトチップスに加工する業者なら，この加工し易いというのは重要な「要求事項」で，それに適した大きさは，「要求事項」に関連する重要な要素となる。

　一方，医薬品の「要求事項」は，治療効果があり（有効性），副作用が少ない（安全性）というのが基本で，それを満たすための要素が，成分とその含量値，純度，均一性，溶出性等となる。「要求事項」を使用者目線でみると，服用回数が少なくて済むとか，口腔内で崩壊して水なしで飲めるとか，それぞれの製剤特性に

紐付くものもあるが，基本は有効性と安全性が確保されていることとなる。それ
では，有効性と安全性という基本的な「要求事項」と「その程度」は，何で確認され
ているのか。医薬品の場合，原則，臨床試験（治験）の結果となる。

（中略）

　「健康食品」の場合，よい品質とは，食品としての安全性が保証されていること
が基本となる。一方，保健機能食品（機能性表示食品を含む）の場合には，原則，
医薬品と同じ考え方の品質保証が求められる。特に，錠剤・カプセル剤形状の機
能性表示食品の場合には，利用者は自己判断できる味や風味を求めるものではな
い。このため，通常の食品とは品質保証の考え方は全く異なり，製剤学的特性も
含めて，品質保証が必要となる。例えば，これらの剤形で販売される機能性表示
食品には，崩壊性試験*³ が課せられている。
　政府の健康医療戦略（第一期）においても，健康か病気かという二分論ではなく
健康と病気を連続的に捉える未病の考え方①が重要になり，新しいヘルスケア産業
の創出が求められるといった趣旨の記載がある。機能性表示食品を含めた保健機
能食品における品質保証は，保健機能食品のエビデンスを保証するための重要な
要因である。

（合田幸広，薬学の基礎「品質保証」健康食品・保健機能食品・医薬品の品質保証，
薬学雑誌，Vol.141, No.6 (2021), pp.787-791 より抜粋，改変）

　（注）　*¹ISO：International Organization for Standardization の略
　　　　*²ICH：International Council for Harmonisation of Technical
　　　　　　　Requirements for Pharmaceuticals for Human Use の略
　　　　*³崩壊性試験：製剤（錠剤やカプセル剤など）が，定められた条件下で，
　　　　　　　規定時間内に崩壊するかどうかを確認する試験。

問 1　この文章中で著者は，「エアコンや農産物における品質」と「医薬品におけ
る品質」との違いをどのように考えているか，150 字以内で答えなさい。

問 2　健康食品と保健機能食品（機能性表示食品を含む）における品質保証の考え方の違いは何か，130 字以内で答えなさい。

問 3　下線部①の未病の考え方が重要となった理由について，あなたの考えを 200 字以内で述べなさい。

〔2〕　次の文章を読み，以下の問いに答えなさい。

　新型コロナウイルスワクチンにも使用されている mRNA ワクチンの技術も，最初はまったく相手にされなかったそうだ。カタリン・カリコ博士は，この mRNA ワクチンの開発者の中心人物である。カリコ博士の mRNA ワクチンの申請書はことごとく却下され，当初まったく研究費がつかなかったとある。今でいう「選択と集中」から外されていたのである。100 年以上使われている従来のワクチン技術（弱毒化したウイルスなどを使う）があれば，わざわざ未知の mRNA ワクチン技術を採用する必要があるのか？という理由もわからないわけではない。

（中略）

　カリコ博士は mRNA ワクチンの優位性を信じて改良を重ね，さらにはベンチャーを作って実用化に邁進してきた。今回，新型コロナウイルスによる世界的なパンデミックにより，突然パラダイムシフトがおこった。

（中略）

　mRNA ワクチンのように，未来のニーズは把握できない。研究開発は投資的①行為であり，多くは失敗するものであると考えるべきである。新しい研究開発は時として莫大な価値を生むので，ほとんどが失敗に終わっても全体としてはプラスになる。日本人は「投資＝ギャンブル」という感覚を改めて，理性的に捉えるべきである。言葉でわかっていてもそのような考えが常には意識されないので（あるいは多人数による選考会になると説得しにくいので），価値が見通せる無難な研究や聞いたことのある研究が採択される。「研究段階では社会的価値は見えな

い，価値が見えるようであれば独創性は低い。」という言葉を聞き，ハッとさせられる研究者は多いのではないだろうか。しかし，価値が見えなければ何でも OK であるわけではない。そこが難しいところだ。

(黒田章夫，「誰もやっていない研究」＆「続ける研究」，生物工学会誌，2021 年，第 99 巻，第 4 号より抜粋，改変)

問 1　新型コロナウイルスによるパンデミック後，早期に mRNA ワクチンが使用されるに至った科学的な理由を 2 つ考察し，それぞれ 60 字以内で述べなさい。

問 2　下線部①について，未来のニーズを把握するのが難しい中で，どのような考えや姿勢で研究に取り組むべきか，あなたの考えを 200 字以内で述べなさい。

問題編

■前期日程

問題編

▶試験科目

学部等		教　科	科　　目　　等
理	数・化・生物科学科（生物科学）	外国語	コミュニケーション英語Ⅰ・Ⅱ・Ⅲ，英語表現Ⅰ・Ⅱ
		数　学	数学Ⅰ・Ⅱ・Ⅲ・A・B
		理　科	「物理基礎・物理」，「化学基礎・化学」，「生物基礎・生物」から2科目選択
	物理	外国語	コミュニケーション英語Ⅰ・Ⅱ・Ⅲ，英語表現Ⅰ・Ⅱ
		数　学	数学Ⅰ・Ⅱ・Ⅲ・A・B
		理　科	「物理基礎・物理」必須。さらに，「化学基礎・化学」，「生物基礎・生物」から1科目選択
	生物科学科（生命理学）	外国語	コミュニケーション英語Ⅰ・Ⅱ・Ⅲ，英語表現Ⅰ・Ⅱ
		数　学	数学Ⅰ・Ⅱ・Ⅲ・A・B
		理　科	「物理基礎・物理」，「化学基礎・化学」
医	医	外国語	コミュニケーション英語Ⅰ・Ⅱ・Ⅲ，英語表現Ⅰ・Ⅱ
		数　学	数学Ⅰ・Ⅱ・Ⅲ・A・B
		理　科	「物理基礎・物理」，「化学基礎・化学」，「生物基礎・生物」から2科目選択
		面　接	個人面接（10分程度）によって，人間性・創造性豊かな医師及び医学研究者となるにふさわしい適性を計り，一般的態度，思考の柔軟性及び発言内容の論理性等を評価する。複数の面接員による評価を参考にして，場合によっては，複数回の面接をすることがある。
	保健（看護学）	外国語	「コミュニケーション英語Ⅰ・Ⅱ・Ⅲ，英語表現Ⅰ・Ⅱ」，ドイツ語，フランス語から1科目選択
		数　学	数学Ⅰ・Ⅱ・A・B
		理　科	「物理基礎・物理」，「化学基礎・化学」，「生物基礎・生物」から1科目選択

医	保健・（検査技術科学 放射線技術科学）	外国語	「コミュニケーション英語Ⅰ・Ⅱ・Ⅲ，英語表現Ⅰ・Ⅱ」，ドイツ語，フランス語から1科目選択
		数　学	数学Ⅰ・Ⅱ・Ⅲ・A・B
		理　科	「物理基礎・物理」，「化学基礎・化学」，「生物基礎・生物」から2科目選択
歯		外国語	「コミュニケーション英語Ⅰ・Ⅱ・Ⅲ，英語表現Ⅰ・Ⅱ」，ドイツ語，フランス語から1科目選択
		数　学	数学Ⅰ・Ⅱ・Ⅲ・A・B
		理　科	「物理基礎・物理」，「化学基礎・化学」，「生物基礎・生物」から2科目選択
		面　接	個人面接を行う。医療人になるための適性や明確な目的意識を持っている者を積極的に受け入れることを目的とする。①全般的態度　②受験の動機，目的，意識　③意欲，積極性　④協調性，柔軟性を評価する。
薬		外国語	コミュニケーション英語Ⅰ・Ⅱ・Ⅲ，英語表現Ⅰ・Ⅱ
		数　学	数学Ⅰ・Ⅱ・Ⅲ・A・B
		理　科	「物理基礎・物理」，「化学基礎・化学」，「生物基礎・生物」から2科目選択
		小論文	
		面　接	複数の面接員による評価を参考にして，場合によっては，複数回の面接をすることがある。
工		外国語	コミュニケーション英語Ⅰ・Ⅱ・Ⅲ，英語表現Ⅰ・Ⅱ
		数　学	数学Ⅰ・Ⅱ・Ⅲ・A・B
		理　科	「物理基礎・物理」必須。さらに，「化学基礎・化学」，「生物基礎・生物」から1科目選択
基礎工		外国語	「コミュニケーション英語Ⅰ・Ⅱ・Ⅲ，英語表現Ⅰ・Ⅱ」，ドイツ語，フランス語から1科目選択
		数　学	数学Ⅰ・Ⅱ・Ⅲ・A・B
		理　科	「物理基礎・物理」必須。さらに，「化学基礎・化学」，「生物基礎・生物」から1科目選択

▶備　考
- 英語以外の外国語は省略。
- 「数学 B」は「数列，ベクトル」を出題範囲とし，「確率分布と統計的な推測」を出題範囲から除く。

▶配　点

学　部　等		外国語	数学	理科	小論文	面接	合計
理・基礎工		200 点	250 点	250 点			700 点
医	医	500	500	500		※	1,500
	保健(看護学)	200	100	100			400
	保健(放射線技術科学・検査技術科学)	200	200	200			600
歯		300	300	300		300	1,200
薬		150	250	250	50	※※	700
工		200	250	250			700

※面接の結果によって，医師および医学研究者になる適性に欠けると判断された場合は，筆記試験の得点に関わらず不合格とする。

※※面接の結果によって，薬剤師及び薬学研究者になる適性に欠けると判断された場合は，筆記試験の得点に関わらず不合格とする。

■■■■英語■■■■

（90 分）

Ⅰ　次の英文(A)と(B)を読み，それぞれの下線部の意味を日本語で表しなさい。(B)については，引用符の中の単語は英語のままでよい。

(A)　One of the oddest aspects of American culture is our general dismissal of commensality.　<u>Most human cultures have considered food preparation and consumption, especially consuming food together, as essential to family, tribal, religious, and other social bonds.　Some people would go even further and say that as social creatures, eating together makes us more socially adept and indeed happier human beings.</u>　However, in our highly individualistic society the value of eating and drinking together is probably honored more in the breach than in the observance.

(Ludington, Charles C. & Booker, Matthew M.　2019.　*Food fights: How history matters to contemporary food debates*.　The University of North Carolina Press より一部改変)

(B)　In language, the relationship between the form of a signal and its meaning is largely arbitrary.　For example, <u>the sound of "blue" will likely have no relationship to the properties of light we experience as blue nor to the visual written form "blue," will sound different across languages, and have no sound at all in signed languages.　No equivalent of "blue" will even exist in many languages that might make fewer or more or different color distinctions.</u>　With respect to language, the meaning of a signal cannot be predicted from the physical properties of the signal available to the senses.　Rather, the relationship is set by convention.

(Boroditsky, Lera.　2019.　"Language and the brain."　*Science*, 366(6461), October 4.　DOI: 10.1126/science.aaz6490 より一部改変)

II　次の英文を読んで，以下の設問に答えなさい。

Is any environment more secluded from our imagination than the seas surrounding Antarctica? Icebergs grind above a seabed dotted with salps, sea squirts, sponges, and other barely animate organisms. The sun scarcely rises for half the year. Under the elemental conditions at these latitudes, Antarctic blue whales exist in a world defined by bioacoustics. Blue whales, Earth's largest animals, call to others of their kind, though exactly what these cries communicate remains a mystery. Whether to attract a mate, to repel a rival, or for some other social purpose, the sounds blue whales make are less song, more drone — a tectonic rumble on the furthest edge of human hearing. That the sounds of blue whales seem simple might suggest they are unchanging across generations. But these atonal sounds have begun evolving. Since at least the 1960s, their pitch has downshifted the equivalent of three white keys on a piano. Scientists have theories as to why — some worrisome, some hopeful, all involving humans.

The deepening of Antarctic blue whales' sounds is not unique to the subspecies. Groups of pygmy blue whales found near Madagascar, Sri Lanka, and Australia, as well as fin whales, which live in seas around the world, have also dropped their pitch. (Even before this change, fin whales emitted sounds so low as to be nearly imperceptible to humans; the wavelengths of their calls were often longer than the bodies of the whales themselves.) In a study last year that analyzed more than 1 million individual recordings of whale calls, scale shifts were found across species, and among populations that don't necessarily interact with one another. Which is to say, whatever has triggered the change doesn't seem to have a specific geographic origin.

The underwater clamor caused by maritime traffic and extractive industries might seem a likely culprit. After all, such noise is known to interrupt whales' foraging and interfere with their vocal interactions. But although some whales do adapt, in limited ways, to artificial sounds in the ocean — by pausing their calls to avoid competing with the passage of cargo ships, for example —

scientists don't believe that the deepening whale calls are a response to sonic pollution. They have identified lowered pitches even across populations of whales that live in seas without major shipping routes, where mechanical noise is negligible.
(iii)

Another possible explanation for the change in whale calls is the achievements of global conservation efforts. At the start of the 20th century, an estimated 239,000 Antarctic blue whales occupied the Southern Ocean. By the early 1970s, decades of commercial whaling — initially by Norwegian and British whalers, and later by illegal Soviet fleets — had decreased the blue-whale population in the region to a mere 360. But since protection of the subspecies began in 1966, that number has begun to rebound. Scientists have speculated that the whale's anatomy determines that the louder it gets, the higher the pitch
(iv)
of its calls. As populations have grown, then, the whales may have decreased their volume because they are more likely to be communicating over short distances. In other words, Antarctic blue whales may be lower-toned today than in previous decades simply because they no longer need to shout.

Last year's study of whale calls also suggests a more ominous reason for the drop in pitch, however: Perhaps whales don't need to be so loud because sound waves travel farther in oceans made acidic by the absorption of carbon dioxide.

Carbon dioxide in the atmosphere, meanwhile, may indirectly influence whale voices in other ways. Recent monitoring of Antarctic blue whales shows that, during the austral summer, their pitch rises. Researchers have hypothesized that in warmer months, the whales must use their forte volume to be heard amid the cracking ice — a natural sound amplified by unnatural processes, as rising
(C)
temperatures exacerbate ice-melt. So the impacts of a warming planet may
(v)
modulate animal sounds even in remote places with barely any humans, and where the most thunderous notes come not from ships, but from the clatter of breaking ice.

We may not yet know what the sounds of blue whales mean. But whether through our intent to preserve these creatures, or as a result of refashioning their environment, our deeds echo in their voices.
(vi)
(Giggs, Rebecca. "Whale songs are getting deeper." *The Atlantic*, October

2019.)

設問(1)　下線部(i)〜(vi)の語句の本文中での意味に最も近いものを，(イ)〜(ニ)から 1 つ
　　　選び，記号で答えなさい。

　　(i)　repel
　　　(イ)　call on　　　　　　　　　　　　(ロ)　drive away
　　　(ハ)　escape from　　　　　　　　　(ニ)　reconcile with

　　(ii)　Which is to say
　　　(イ)　Moreover　　　　　　　　　　(ロ)　None the less
　　　(ハ)　On the other hand　　　　　　(ニ)　Put another way

　　(iii)　negligible
　　　(イ)　extremely limited　　　　　　(ロ)　hardly pleasant
　　　(ハ)　relatively loud　　　　　　　(ニ)　very significant

　　(iv)　anatomy
　　　(イ)　animal language　　　　　　　(ロ)　body structure
　　　(ハ)　musical ability　　　　　　　(ニ)　space science

　　(v)　exacerbate
　　　(イ)　delay　　　　　　　　　　　　(ロ)　freeze
　　　(ハ)　reduce　　　　　　　　　　　(ニ)　worsen

　　(vi)　echo in
　　　(イ)　are irrelevant to　　　　　　(ロ)　become unnoticeable in
　　　(ハ)　have an impact on　　　　　　(ニ)　work in favor of

設問(2)　下線部(A) the subspecies が指すものを本文中の英語で答えなさい。

設問(3)　下線部(B) adapt は具体的にはたとえばどういう行動をとるのか。本文の内
　　　容に従い，25 字以内の日本語で説明しなさい。句読点も 1 字に数えます。

設問(4)　下線部(C) unnatural はどのような意味で unnatural であると考えられる
　　　か，25 字以内の日本語で説明しなさい。句読点も 1 字に数えます。

設問(5)　本文の内容に従い，この文章のタイトルである "Whale songs are getting
　　　deeper" という現象の原因であると考えられるものを下記の(イ)～(ヘ)から 2 つ
　　　選び，記号で答えなさい。

　　(イ)　Drones are spotted by blue whales.

　　(ロ)　Many ships pass over blue whales.

　　(ハ)　Some nations have resumed commercial whaling.

　　(ニ)　The number of blue whales has increased.

　　(ホ)　Seawater now has a higher level of acidity.

　　(ヘ)　The sound of melting ice is getting noisier.

III　長期にわたって何かに取り組む場合，前向きな姿勢を保ち続けるのが難しいこと
　　があります。そのような状況になった時，具体的にどうすれば抜け出せるでしょう
　　か。あなた自身もしくは他の人の経験を 1 つ例に挙げて，70 語程度の英文で述べ
　　なさい。

Ⅳ 次の日本文(A)と(B)のそれぞれの下線部の意味を英語で表しなさい。

(A) 私が「学ぶことって楽しいな」と思えるようになったのは，大学を卒業して社会
に出てからです。

　一度学びの楽しさを味わってからは，やみつきになりました。学べば学ぶほ
ど，いままでわからなかったことがわかるようになり，それによって自分の視野
が広がります。知らないことや新しいことに出合うと好奇心が刺激され，もっと
多くのことを学びたくなります。

（池上彰．2020．『なんのために学ぶのか』SB クリエイティブ より一部改変）

(B) なぜ「表現の自由」は守るに値するものなのか？

　残念ながら，その問いに対する答えは憲法本文には書かれていない。書かれて
いないのは，それが自明だからではない（自明なら「表現の自由」をめぐって論争
が起きるはずがない）。書かれていないのは，その答えは国民が自分の頭で考え，
自分の言葉で語らなければならないことだからである。

　表現の自由にしろ，公共の福祉にしろ，民主主義にしろ，それにいかなる価値
があるのかを自分の言葉で語ることができなければ，「そんなものは守るに値し
ない」と言い切る人たちを説得して翻意させることはできない。

（内田樹．「民主主義をめざさない社会」

http://blog.tatsuru.com/2020/03/26_1503.html より一部改変）

数学

◀理・医(医・保健〈放射線技術科学・検査技術科学〉)・
　　　歯・薬・工・基礎工学部▶

(150 分)

1　a, b を $ab < 1$ をみたす正の実数とする．xy 平面上の点 $P(a, b)$ から，曲線 $y = \dfrac{1}{x}$ $(x > 0)$ に 2 本の接線を引き，その接点を $Q\left(s, \dfrac{1}{s}\right)$, $R\left(t, \dfrac{1}{t}\right)$ とする．ただし，$s < t$ とする．

(1) s および t を a, b を用いて表せ．

(2) 点 $P(a, b)$ が曲線 $y = \dfrac{9}{4} - 3x^2$ 上の $x > 0$, $y > 0$ をみたす部分を動くとき，$\dfrac{t}{s}$ の最小値とそのときの a, b の値を求めよ．

(配点率 20 %)

2　空間内に，同一平面上にない 4 点 O, A, B, C がある．s, t を $0 < s < 1$, $0 < t < 1$ をみたす実数とする．線分 OA を $1:1$ に内分する点を A_0, 線分 OB を $1:2$ に内分する点を B_0, 線分 AC を $s:(1-s)$ に内分する点を P, 線分 BC を $t:(1-t)$ に内分する点を Q とする．さらに 4 点 A_0, B_0, P, Q が同一平面上にあるとする．

(1) t を s を用いて表せ．

(2) $|\overrightarrow{OA}| = 1$, $|\overrightarrow{OB}| = |\overrightarrow{OC}| = 2$, $\angle AOB = 120°$, $\angle BOC = 90°$, $\angle COA = 60°$, $\angle POQ = 90°$ であるとき，s の値を求めよ．

(配点率 20 %)

3 　　n を自然数とし, t を $t \geqq 1$ をみたす実数とする.

(1) $x \geqq t$ のとき, 不等式

$$-\frac{(x-t)^2}{2} \leqq \log x - \log t - \frac{1}{t}(x-t) \leqq 0$$

が成り立つことを示せ.

(2) 不等式

$$-\frac{1}{6n^3} \leqq \int_t^{t+\frac{1}{n}} \log x \, dx - \frac{1}{n} \log t - \frac{1}{2tn^2} \leqq 0$$

が成り立つことを示せ.

(3) $a_n = \displaystyle\sum_{k=0}^{n-1} \log\left(1 + \frac{k}{n}\right)$ とおく. $\displaystyle\lim_{n\to\infty}(a_n - pn) = q$ をみたすような実数 p, q の値を求めよ.

（配点率 20 ％）

4 　　整数 a, b, c に関する次の条件 $(*)$ を考える.

$$\int_a^c (x^2 + bx) \, dx = \int_b^c (x^2 + ax) \, dx \quad \cdots\cdots (*)$$

(1) 整数 a, b, c が $(*)$ および $a \neq b$ をみたすとき, c は 3 の倍数であること
　　を示せ.

(2) $c = 3600$ のとき, $(*)$ および $a < b$ をみたす整数の組 (a,b) の個数を求
　　めよ.

（配点率 20 ％）

5 　次の問いに答えよ.

(1) a を実数とする. x についての方程式 $x - \tan x = a$ の実数解のうち, $|x| < \dfrac{\pi}{2}$ をみたすものがちょうど 1 個あることを示せ.

(2) 自然数 n に対し, $x - \tan x = n\pi$ かつ $|x| < \dfrac{\pi}{2}$ をみたす実数 x を x_n とおく. t を $|t| < \dfrac{\pi}{2}$ をみたす実数とする. このとき, 曲線 $C : y = \sin x$ 上の点 $\mathrm{P}(t, \sin t)$ における接線が, 不等式 $x \geqq \dfrac{\pi}{2}$ の表す領域に含まれる点においても曲線 C と接するための必要十分条件は, t が $x_1, x_2, x_3, \ldots$ のいずれかと等しいことであることを示せ.

（配点率 20 ％）

◀医（保健〈看護学〉）学部▶

(90 分)

1　a を実数とする．C を放物線 $y = x^2$ とする．

(1) 点 A$(a, -1)$ を通るような C の接線は，ちょうど 2 本存在することを示せ．

(2) 点 A$(a, -1)$ から C に 2 本の接線を引き，その接点を P，Q とする．直線 PQ の方程式は $y = 2ax + 1$ であることを示せ．

(3) 点 A$(a, -1)$ と直線 $y = 2ax + 1$ の距離を L とする．a が実数全体を動くとき，L の最小値とそのときの a の値を求めよ．

（配点率 30 %）

2　空間内に，同一平面上にない 4 点 O，A，B，C がある．s，t を $0 < s < 1$，$0 < t < 1$ をみたす実数とする．線分 OA を $1 : 1$ に内分する点を A$_0$，線分 OB を $1 : 2$ に内分する点を B$_0$，線分 AC を $s : (1 - s)$ に内分する点を P，線分 BC を $t : (1 - t)$ に内分する点を Q とする．さらに 4 点 A$_0$，B$_0$，P，Q が同一平面上にあるとする．

(1) t を s を用いて表せ．

(2) $|\overrightarrow{\mathrm{OA}}| = 1$，$|\overrightarrow{\mathrm{OB}}| = |\overrightarrow{\mathrm{OC}}| = 2$，$\angle \mathrm{AOB} = 120°$，$\angle \mathrm{BOC} = 90°$，$\angle \mathrm{COA} = 60°$，$\angle \mathrm{POQ} = 90°$ であるとき，s の値を求めよ．

（配点率 35 %）

3　　　整数 a, b, c に関する次の条件 $(*)$ を考える.

$$\int_a^c (x^2 + bx)\, dx = \int_b^c (x^2 + ax)\, dx \quad \cdots\cdots (*)$$

(1) 整数 a, b, c が $(*)$ および $a \neq b$ をみたすとき, c^2 を a, b を用いて表せ.

(2) $c = 3$ のとき, $(*)$ および $a < b$ をみたす整数の組 (a, b) をすべて求めよ.

(3) 整数 a, b, c が $(*)$ および $a \neq b$ をみたすとき, c は 3 の倍数であること
　　を示せ.

（配点率 35 ％）

■ 物理 ■

（医（保健〈看護学〉）学部：75 分　　その他の学部：2 科目 150 分）

〔**1**〕　地球を周回する物体の運動について考えよう。

　　赤道上空の円軌道を地球の自転と同じ向きに同じ周期で周回している人工衛星は静止衛星と呼ばれ，地上からは静止して見える。静止衛星は気象観測や放送・通信など様々な目的に利用されているが，地上から宇宙空間へ到達するワイヤーを静止衛星として周回させることができれば，このワイヤーを使って宇宙空間へ人や物資を運ぶことのできる「軌道エレベーター」を実現できる可能性がある。

　　ここでは，静止衛星が地球を周回する角速度を ω_s とおき，地球の質量を M，地球の半径を R_0，万有引力定数を G とする。さらに，地球の中心からの距離に比べると大きさを無視することのできる小さな静止衛星が，地球を周回する円軌道の半径を R_s と表すことにする。

　　ただし，万有引力については，地球と地球を周回する物体の間にはたらく引力のみを考え，物体同士にはたらく引力は無視する。地球は球形であるとし，太陽や月など地球以外の天体による影響は考えない。また，地球の大気による影響も無視する。

Ⅰ. 以下の問に答えよ。

　問 1　ω_s の値をラジアン毎秒〔rad/s〕の単位で求めよ。ただし，有効数字は 1 桁とせよ。

　問 2　図 1 のように，質量 m の小さな人工衛星が，静止衛星として地球を周回している。m，M，G，ω_s のうち，必要なものを用いて R_s を表せ。

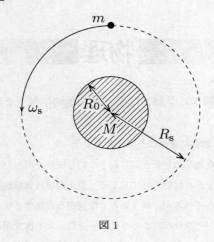

図 1

II. 質量 m の小さな人工衛星を R_s とは異なる半径の円軌道上で運動させると，この人工衛星の運動は，地上から静止して見える静止衛星としての条件を満たさない。しかし，図 2 に示すように，鉛直で下端が赤道上の地表面に固定されたワイヤーを，この人工衛星に接続して適切な初速度を与えれば，R_s よりも大きな半径 R_1 の円軌道上であっても，人工衛星を静止衛星として運動させることができる。

以下の問に答えよ。ただし，ワイヤーは伸び縮みせず，その質量を無視してよいものとする。

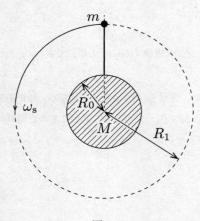

図 2

問 3　図 2 において，ワイヤーにはたらいている張力の大きさを R_0, R_1, m, M, G, ω_s のうち，必要なものを用いて表せ。

問 4　図 3 に示すように，ワイヤー上の半径 r' ($R_1 > r' > R_0$) の位置に質量 m' をもつ小物体をとりつけた。このとき，ワイヤーと人工衛星は地上から見て静止したままであった。このあと，静かに小物体をワイヤーから切り離すと，小物体はワイヤーとは独立に運動し地球から無限遠へと遠ざかった。小物体を，地球を周回する軌道から離脱させ，再び地球へ接近させないために必要な最小の r' を R_0, R_1, m, m', M, G, ω_s のうち，必要なものを用いて表せ。

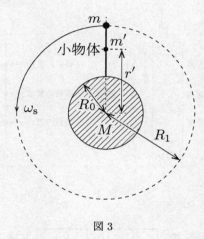

図 3

III. 次に，ワイヤーが質量をもつ場合を考えよう。図 4 上に示すように，赤道上の地表面から単位長さあたり λ の質量をもつワイヤーが，上空へ向かって伸びている。**II** での状況とは異なり，ワイヤーは地表面に固定されておらず，ワイヤーの上端に人工衛星は取り付けられていない。このワイヤーは，鉛直を保ったまま伸び縮みすることなく地球の周りを周回しており，ワイヤーの上端は半径 R_2 の円軌道上を運動しているが，地上から見ると静止している。

　図 4(i) に示すように，ワイヤーを等しい長さ Δr をもつ N 個の要素に分割して考えよう。N を十分に大きくして Δr を小さくすれば，それぞれの要素を，その重心に質量が集中した質点とみなすことができる。このとき，ワイヤー全体は，図 4(ii) に示すように，長さ Δr の質量の無視できる短いひもでつながれた，

N 個の質点の集合となる。地表面から数えて i 番目の質点は半径 $r_i = R_0 + i\Delta r$ の円軌道上を運動する。

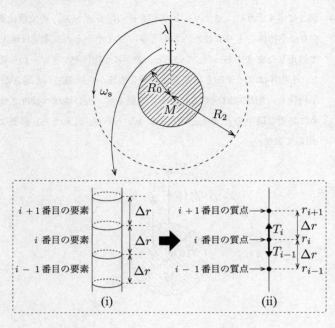

図 4

問 5 次の文章を読んで，$\boxed{(a)}$ ～ $\boxed{(d)}$ に適した式または数字をそれぞれの解答欄に記入せよ。

地表面から数えて i 番目の質点が，ひもから鉛直上向きに受ける張力の大きさを T_i，鉛直下向きに受ける張力の大きさを T_{i-1} とする。

$$F_i = T_i - T_{i-1}$$

のように T_i と T_{i-1} の差を F_i とおき，質点の質量を Δm とする。質点の運動方程式を考えると，F_i は G, M, Δm, r_i, ω_s を用いて

$$F_i = \boxed{(a)}$$

と表される。また，Δm を λ と Δr を用いて表せば

$$\Delta m = \boxed{(b)}$$

となる。N が十分に大きいときに $n \neq -1$ に対して成り立つ近似式

$$\sum_{i=1}^{N} r_i^n \Delta r \fallingdotseq \frac{1}{n+1}\left(R_2^{n+1} - R_0^{n+1}\right)$$

を用いれば，すべての質点に対する F_i の和 F は，λ, G, M, R_0, R_2, ω_s を用いて

$$F = \sum_{i=1}^{N} F_i = \boxed{\quad \text{(c)} \quad}$$

と表すことができる。一方，0 番目と $N+1$ 番目の質点が存在しないことを考えると，$T_0 = T_N = 0$ であるので，F は

$$F = \boxed{\quad \text{(d)} \quad}$$

のように数字のみで表すこともできる。

問 6　$\dfrac{R_2}{R_0}$ を R_0 と 問 2 で考えた R_s を用いて表せ。ただし，$R_2 > R_0$ であることに留意せよ。

また，$\dfrac{R_2}{R_0}$ の値に最も近いものを以下の選択肢から選び，**(あ)** ～ **(こ)** の記号で答えよ。ここでは，$R_s = 7R_0$ と近似してよい。

(あ) 2.5　　**(い)** 5　　**(う)** 10　　**(え)** 25　　**(お)** 125

(か) 3.5　　**(き)** 7　　**(く)** 14　　**(け)** 49　　**(こ)** 343

〔**2**〕　図1のように，発電所から遠方の電力の消費地へ，2本の送電線を用いて電力を送る場合を考える。送電線には長さに比例した電気抵抗（以降，抵抗という）がある。また，送電線を電極と考えると，平板電極の場合と同様に，並んだ2本の送電線はコンデンサーとして考えることができ，長さに比例した電気容量がある。これらの抵抗と電気容量は送電線に一様に分布している。この電気容量があるため，送電線での消費電力は，送電線の抵抗だけでは決まらない。

　そこで，この送電線での消費電力量を考えるため，図2に示すように，抵抗は直列に合成して電線あたりに1個の抵抗とし，電気容量は並列に合成して送電線の消費地側の端に置かれた1つのコンデンサーとして近似する。これは，抵抗と電気容量が一様に分布している実際の場合をよく近似している。合成した抵抗値をそれぞれ R〔Ω〕，コンデンサーの電気容量を C〔F〕とし，消費地では抵抗値 r〔Ω〕の抵抗で電力を消費しているものとする。発電所から角周波数 ω〔rad/s〕の正弦波の交流で送電する。ただし，$\omega > 0$ とする。消費地での電圧の最大値を V〔V〕，1周期で時間平均した消費電力（以降，時間平均消費電力という）を $\overline{P_{\mathrm{A}}}$〔W〕とする。なお，$\sin^2 \omega t$ や $\cos^2 \omega t$ の時間平均は $\dfrac{1}{2}$ であることを用いてよい。以下の問に答えよ。

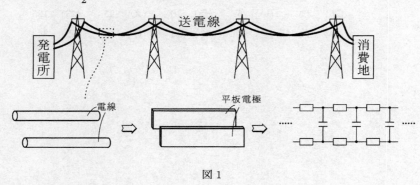

図1

問 1　消費地での時刻 t での電圧を $v(t) = V \sin \omega t$ とする場合，時刻 t に消費地で消費する電力 $P_{\mathrm{A}}(t)$ を，V，r，ω，t を用いて表せ。

問 2　図2の消費地の抵抗を流れる電流の最大値 I_r を，r を用いずに，V と，消費地での消費電力 $P_{\mathrm{A}}(t)$ の時間平均消費電力 $\overline{P_{\mathrm{A}}}$ を用いて求めよ。

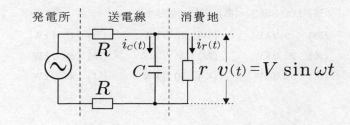

図 2

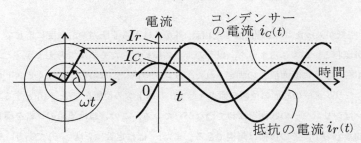

図 3

問 3 図 2 のコンデンサーを流れる電流の最大値 I_C を，ω，C，V を用いて求めよ。

問 4 図 2 の消費地の抵抗を流れる電流とコンデンサーを流れる電流の位相は，図 3 のように $\dfrac{\pi}{2}$ 異なっている。これらを合成した電流が送電線を流れる。送電線を流れる電流の最大値 I_R を，ω，C，V，$\overline{P_{\mathrm{A}}}$ を用いて求めよ。

問 5 2 本の送電線全体で消費する時間平均消費電力 $\overline{P_{\mathrm{B}}}$ を，ω，C，V，$\overline{P_{\mathrm{A}}}$，$R$ を用いて求めよ。

問 6 $\overline{P_{\mathrm{A}}}$ と ω と C を固定した場合に，送電線で消費する 時間平均消費電力 $\overline{P_{\mathrm{B}}}$ を最小にする V の値 $V_{\min}$ と，そのときの $\overline{P_{\mathrm{B}}}$ を，ω，C，$\overline{P_{\mathrm{A}}}$，$R$ のうち，必要なものを用いて表せ。ただし，相加相乗平均の不等式を用いてもよい。

問 7 発電所から 100 km 離れた消費地での交流電圧の最大値が 500 kV になるように，60 Hz の正弦波の交流を送電する。送電線の抵抗は 1 km あたり 0.10 Ω とする。送電線間の電気容量は 1 km あたりに 0.10 μF とし，図 2 のように 100 km 分合成して消費地側に集めて考えよう。消費地で 100 万 kW の時間平均消費電力を消費しているときの，2 本の送電線全体での時間平均消費電力に最も近いものを，

以下の選択肢から選び，**(あ)**～**(け)** の記号で答えよ。

(あ)	5 万 kW	**(い)**	10 万 kW	**(う)**	15 万 kW
(え)	20 万 kW	**(お)**	25 万 kW	**(か)**	30 万 kW
(き)	35 万 kW	**(く)**	40 万 kW	**(け)**	45 万 kW

〔**3**〕 以下の**A**と**B**の両方の問題に解答せよ。なお**A**と**B**は独立した内容の問題である。

A. 空気が入ったゴム風船 (図 1 左) は，外からはたらく圧力や，温度に応じて，大きさが変わる。このふるまいを，以下のように単純化したモデルで考えよう。

図 1 右のように断面積 S の固定されたシリンダー内に，なめらかに動くピストンがある。シリンダーの底面の位置を原点として，ピストンの位置を $x\,(x \geqq 0)$ とする。ピストンはシリンダーの底面とばねでつながれている。このばねは風船のゴムを模した仮想的なもので，その体積は無視できる。また，　ばね定数は $k\,(k > 0)$ であり，ピストンは，このばねから大きさ kx の力を x 軸の負の向きに受ける。以下，ピストンとシリンダーとばねを合わせたものを，装置とよぶ。シリンダーには n モルの単原子分子理想気体が入っており，シリンダーの外部は真空である。このピストンに対し，外力 F を作用させる。ただし，外力は図の矢印の向きを正とし，正負どちら向きにもかけられる。F が負の場合，F は大気中に置かれた風船に大気が外から及ぼす力を模している。また，気体と装置からなる系全体は常に一様な温度であり，その温度 T は変化させることができる。ただし，装置の熱容量は無視できる。以下ではすべての操作を十分にゆっくりと行う。また気体定数を R とする。以下の問に答えよ。

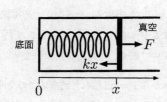

図 1

I. まず，ピストンを固定した場合を考える。

問 1 温度を T から $T + \Delta T$ に微小に変化させたとき，気体に流入する熱量 ΔQ を求めよ。

II. 次に，ピストンを固定せず自由に動けるようにした場合を考える。ただし，外力は作用させず，$F = 0$ とする。

問 2 温度 T において力がつりあい，ピストンが静止した場合の x を，k, n, R, T を用いて表せ。

問 3 温度を T から $T + \Delta T$ に微小に変化させたとき，気体とばねからなる系全体に流入する熱量 ΔQ を求めよ。また，この結果を用いて，系全体の熱容量 C を求めよ。

III. さらに，ピストンを自由に動けるようにしたまま，外力 F を作用させる場合を考える。必要ならば，$|X|$ が 1 より十分に小さいとき，a を正の実数として $(1 + X)^a \fallingdotseq 1 + aX$，$X$ が 1 より十分に大きいとき，$(1 + X)^a \fallingdotseq X^a$ と近似できることを用いよ。

問 4 温度 T，外力 F の下でピストンが静止している場合の，ピストンの位置 x を求めよ。

問 5 **問4** の結果を図示しよう。$F = 0$ での x を x_0 とし，$F_0 = kx_0$ とする。これらを用いて $\dfrac{x}{x_0}$ を $\dfrac{F}{F_0}$ だけの関数として表せ。次に，横軸を $\dfrac{F}{F_0}$，縦軸を $\dfrac{x}{x_0}$ として，その概形を解答用紙のグラフに図示せよ。

〔解答欄〕

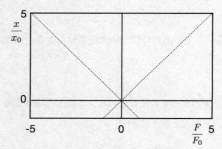

問 6 温度 T を一定に保ったまま，外力を F から $F+\Delta F$ まで微小に変化させ
たとき，ピストンの位置が x から $x+\Delta x$ まで微小に変化した。このとき，
$k_{\mathrm{eff}} = \dfrac{\Delta F}{\Delta x}$ は気体とばねからなる系の，実効的なばね定数とみなせる。な
お，$\left| \dfrac{\Delta F}{F_0} \right|$ は 1 よりも十分に小さく，$\dfrac{\Delta F}{F_0}$ の 2 次の項は無視してよい。

以下の場合について，比 $\dfrac{k_{\mathrm{eff}}}{k}$ を求めよ。

(a) $\dfrac{F}{F_0}$ が限りなく大きい場合

(b) $\dfrac{F}{F_0} = 0$ の場合

B. 図 2 のように，電気的に中性の粒子 A と，それと比較して十分に軽い質量 M の
荷電粒子 B があり，それらの間に，ある引力がはたらいている物理系を考える。この
引力によって，荷電粒子 B は中性粒子 A の周りを半径 r，速さ v で等速円運動してい
るとする。その引力の大きさ F は，互いの距離に比例し

$$F = kr \quad (k > 0)$$

で表される。中性粒子 A は原点に静止しているとしてよい。重力の効果は無視する。

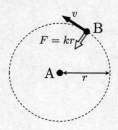

図 2

問 7　以下の文章の空欄 (a)〜(h) に入るべき数式を解答欄に記入せよ。

この引力による荷電粒子 B の位置エネルギー U は，原点を基準点にとったとき，

$$U = \boxed{\qquad (a) \qquad}$$

と与えられる。一方，荷電粒子 B の回転の中心方向の運動方程式が，

$$\frac{Mv^2}{r} = \boxed{\qquad (b) \qquad}$$

と与えられることから，荷電粒子 B の運動エネルギー K も求まる。よって，この荷電粒子 B の力学的エネルギー $E = K + U$ は，k と r を用いて

$$E = \boxed{\qquad (c) \qquad}$$

と表すことができる。

ド・ブロイによると，ミクロな世界では，粒子には波としての性質が現れ，その波長は粒子の運動量の大きさの逆数に比例する。今考えている物理系が原子と同程度に小さいとすると，荷電粒子 B にも波としての性質が現れてくる。この波の波長 λ_B は，プランク定数を h とおくと，M，k，h，r を用いて

$$\lambda_\mathrm{B} = \boxed{\qquad (d) \qquad}$$

で与えられる。

さて，ボーアの水素原子の理論の場合にならって，この物理系に量子条件と振動数条件を課すことを考えよう。

まず，次の量子条件を課す。

「荷電粒子 B の軌道の一周の長さが，波長 λ_B の自然数倍 (n 倍) である場合にのみ，定常状態（定常波）が実現する」

この場合に，許される軌道の半径は，n に対応した，とびとびの値をとる。これを r_n として，M，k，h，n を用いて表すと，

$$r_n = \boxed{\qquad (e) \qquad} \quad (n = 1, 2, 3, \dots)$$

となる。結局，n 番目の軌道を回る荷電粒子 B のもつ全エネルギー E_n は，M，k，h，n を用いて，

$$E_n = \boxed{\qquad (f) \qquad} \quad (n = 1, 2, 3, \dots)$$

と与えられる。

　さらに，この物理系において，次の振動数条件を課すとしよう。

「荷電粒子 B が ℓ 番目の定常状態から，エネルギーがより低い n 番目の定常状態に移る時に，光子 1 個が放出される」

この場合に，ℓ と n の 2 つの定常状態の間のエネルギー差 $\Delta E_{\ell n} = E_\ell - E_n$ は，M，k，h，n，ℓ を用いて，

$$\Delta E_{\ell n} = \boxed{\text{(g)}} \quad (\ell > n)$$

となるから，真空中での光の速さを c とすると，放出される光の波長 $\lambda_{\ell n}$ は，M，k，n，ℓ，c を用いて

$$\lambda_{\ell n} = \boxed{\text{(h)}} \quad (\ell > n)$$

と与えられる。

■■■ 化学 ■■

（医〈保健〈看護学〉〉学部：75 分　その他の学部：2 科目 150 分）

【注意】

1. 必要があれば次の数値を用いよ。

Hの原子量 $= 1.0$　　　Li の原子量 $= 6.9$　　　C の原子量 $= 12.0$

Nの原子量 $= 14.0$　　　O の原子量 $= 16.0$　　　Co の原子量 $= 58.9$

アボガドロ定数　$N_A = 6.0 \times 10^{23}/\text{mol}$

ファラデー定数　$F = 9.65 \times 10^4\,\text{C/mol}$

気体定数　$R = 8.31 \times 10^3\,\text{Pa·L/(mol·K)}$

2. 特にことわらない限り，構造式は下の例にならって示すこと。

（例）

3. 水素結合は下の例にならって点線で示すこと。

（例）

4. 体積の単位記号 L は，リットルを表す。

5. 字数制限のある解答は，下に示す例にならって書くこと。

（例）

L	―	ア	ラ	ニ	ン	を	，	5	.	0	×	1	0	-	²	g
／	L	の	N	a	N	O	₃	水	溶	液	に	溶	か	し	た	。

〔**1**〕　以下の文章を読み，**問 1 ～問 6** に答えよ。

　　　近年，Li は電池材料として需要が増大している。Li は塩湖の塩水中に多く含まれ，塩水を濃縮精製して Li_2CO_3 や $LiCl$ が製造される。単体の Li は，$LiCl$ を原料として，陽極に黒鉛を，陰極に軟鋼(炭素を含む鉄)を用いた溶融塩電解によって得られ，$LiCl$ 水溶液の電気分解で得ることはできない。
①
②

　　化学電池は，正極と負極のそれぞれで進行する　**ア**　反応と　**イ**　反応により，化学エネルギーを　**ウ**　エネルギーに変換する装置である。リチウム電池は，正極活物質には MnO_2，負極活物質には金属 Li，電解液には有機溶媒に Li 塩を溶解させた溶液が用いられ，充電することができない　**エ**　電池である。放電により，正極活物質中の Mn は 4 価から 3 価に変わる。一方，リチウムイオン電池は，繰り返し充放電が可能な　**オ**　電池であり，代表的な正極活物質には $Li_{1-x}CoO_2$($0 < x < 1$)，負極活物質には黒鉛，電解液には有機溶媒に Li 塩を溶解させた溶液が用いられる。充電時には，外部からの電流により正極からリチウムイオンが脱離して負極の黒鉛層間に取り込まれ，放電時には，負極の黒鉛層間からリチウムイオンが移動し，正極に取り込まれることで電流を取り出している。
③
④

　　充電池を満充電の状態からさらに充電し続けることを過充電とよび，充電池の性能が劣化する原因の 1 つである。リチウムイオン電池では，過充電により，$Li_{1-x}CoO_2$ が O_2 の発生をともない $LiCoO_2$ と Co_3O_4 へと分解し，放電容量が減少する。
⑤

問 1　　**ア**　～　**オ**　にあてはまる最も適切な語句を次の語群の中から選んで書け。

　　〔位置，一次，運動，還元，酸化，太陽，電気，二次，熱，燃料，平衡〕

問 2　下線部①において，陽極と陰極で進行する化学変化をそれぞれ電子 e^- を含むイオン反応式で示せ。

問 3　下線部②において，単体の Li が得られない理由を 60 字以内で説明せよ。

問 4　下線部③において，正極と負極で進行する化学変化をそれぞれ電子 e^- を含むイオン反応式で示せ。

問 5　下線部④において，リチウムイオン電池を 8.00×10^{-1} A の一定電流で 2 時間放電した。この時，負極から移動したリチウムイオンの物質量を有効数字 2 桁で求めよ。また，解答欄には計算過程も示せ。

問 6　下線部⑤において，$Li_{1-x}CoO_2$ が $Li_{0.4}CoO_2$ のとき，この分解反応の反応式を示せ。また，10.0 g の $Li_{0.4}CoO_2$ の 30 ％ が分解するとき，発生する O_2 の物質量を有効数字 2 桁で求めよ。また，解答欄には計算過程も示せ。

〔2〕　以下の文章を読み，問 1 ～問 5 に答えよ。

　揮発性の純物質 A と B は，大気圧 $(1.01 \times 10^5 \, Pa)$ のもと，いずれも 298 K で液体であり，この温度でのそれぞれの蒸気圧は，$P_A{}^* = 7.50 \times 10^4 \, Pa$ および $P_B{}^* = 2.50 \times 10^4 \, Pa$ である。A と B の液体混合物では，混合割合にかかわらず，各成分の蒸気圧 $(P_A$ および $P_B)$ が，液体混合物中のモル分率 $(x_A$ および $x_B)$ と純物質の蒸気圧 $(P_A{}^*$ および $P_B{}^*)$ の積にそれぞれ等しくなる $(P_A = x_A P_A{}^*$ および $P_B = x_B P_B{}^*)$。また，温度一定における混合物の気液平衡では，液体混合物の蒸気圧が，共存する混合気体の体積と液体混合物の量によって変化する。混合気体は，ドルトンの分圧の法則に従う。

　A と B の混合物の状態変化を調べるために，温度一定 (298 K) のもと，以下の実験を行った。

【実験 1】

　298 K において，成分 A のモル分率が z_A となるように，A と B の液体混合物を調製した。このモル分率を「仕込みのモル分率」という。この液体混合物を，298 K に保った透明な容器に入れ，気体が入らないようにピストンで密閉した（図 1）。このとき，ピストンと壁面との摩擦およびピストンの重さは無視できる。

　つぎに，温度を一定に保ったまま，ピストンにかかる圧力をゆっくりと下げていくと，圧力 P_1 で容器内に A と B の混合気体が現れはじめた。さらに，圧力を

P_2 まで下げると，混合気体の量が増加し，液体混合物の量が減少した。引き続き，圧力を下げていくと，圧力 P_3 で容器内の液体混合物がすべて消失した。

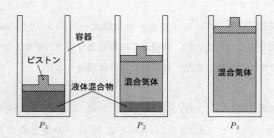

図1　密閉容器内の A と B の混合物の状態変化の模式図

　図2は，容器内の圧力と，混合気体および液体混合物に含まれる成分 A のモル分率をまとめたもので，298 K における A と B の混合物の状態図である。直線①は，液体混合物の蒸気圧とその液体混合物中の A のモル分率との関係を表している。一方，曲線②は，液体混合物と平衡にある混合気体の圧力とその混合気体中の A のモル分率との関係を表している。直線①の上側を領域Ⅰ，曲線②の下側を領域Ⅱとする。

　図中の点 a，b，c は，実験1の圧力 P_1，P_2，P_3 の状態にそれぞれ対応している。点 a－c 間では，混合気体と液体混合物が共存する。点 a で混合気体が出現し，点 a－b－c の変化に対して，混合気体の成分は a″－b″－c のように変化する。一方，液体混合物の成分は，a－b′－c′ と変化し，点 c′ で液体混合物がすべて消失する。

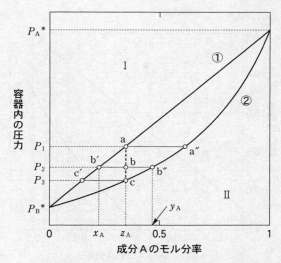

図 2　298 K における A と B の混合物の状態図

問 1　領域 I と II のそれぞれにおいて，A と B の混合物が，物質の三態のうち，どの状態をとるか答えよ。

問 2　点 b で気液平衡に達したとき，P_2 は 3.70×10^4 Pa であった。A と B の液体混合物（点 b′）に含まれる成分 A のモル分率（x_A）を，有効数字 2 桁で求めよ。解答欄には，計算過程も示せ。

問 3　問 2 において，気液平衡に達した A と B の混合気体（点 b″）に含まれる成分 A のモル分率（y_A）を，有効数字 2 桁で求めよ。解答欄には，計算過程も示せ。

問 4　点 b で気液平衡にある混合気体と液体混合物の物質量を，それぞれ n_G および n_L とする。これらの物質量の比（$\frac{n_G}{n_L}$）を，x_A，y_A および z_A を用いて表せ。解答欄には，導出過程も示せ。

問 5　図 3 は，図 2 の一部分を拡大したものである。仕込みのモル分率が 0.75 の試料において，n_G と n_L が等しくなる容器内の圧力を，図 3 を使って求めよ。

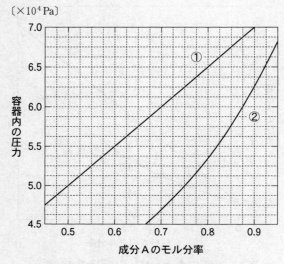

〔×10^4 Pa〕

図 3　図 2 の一部分を拡大した図

〔3〕 以下の文章を読み，**問 1 〜 問 7** に答えよ。

【Ⅰ】

　　ベンゼン環をもつ化合物 A と B は，炭素，水素，酸素からなる同じ組成式
をもち，分子量が 136.0 である。化合物 A と B を用いて，以下の実験を行っ
た。

【実験 1】　化合物 A と B の混合物 34.0 mg を，乾いた酸素を通しながら酸化
　　　　　銅を用いて完全燃焼させ，　ア　の入った U 字管と　イ
　　　　　の入った U 字管へ順に通したところ，それぞれ 18.0 mg の水と
　　　　　88.0 mg の二酸化炭素が吸収された。

【実験 2】　化合物 A と B の混合物に炭酸水素ナトリウム水溶液を加え，ジエ
　　　　　チルエーテルを用いて分離操作を行った。ジエチルエーテル層から化
　　　　　合物 A が得られた。水層に希塩酸を加えて酸性にし，再度ジエチル
　　　　　エーテルで抽出すると，化合物 B が得られた。

【実験3】　化合物 A は，銀鏡反応を示した。また，水酸化ナトリウム水溶液
　　　　　中で加水分解が進行した。加水分解で得られた生成物を塩化鉄(Ⅲ)の
　　　　　水溶液に加えても，呈色しなかった。

【実験4】　化合物 B を過マンガン酸カリウム水溶液とともに加熱したとこ
　　　　　ろ，化合物 C が得られた。化合物 C は，分子内に化学的環境の異な
　　　　　る 3 種類の炭素原子をもっていた。化合物 C とヘキサメチレンジア
　　　　　　　　　(注)
　　　　　ミンを反応させると，高分子化合物 D が得られた。
　　　　（注）　右図のトルエンを例にすると，炭素原子 a と b
　　　　　　　　は同じ化学的環境にある。また，炭素原子 c と d
　　　　　　　　も同じ化学的環境にある。

【実験5】　化合物 B に濃硝酸と濃硫酸の混合物を反応させると，一つの水素
　　　　　原子がニトロ基で置換された化合物 E が主生成物として得られた。

問 1　　　ア　　と　　イ　　にあてはまる最も適切な物質名を書け。

問 2　化合物 A と B に共通する分子式を答えよ。解答欄には導出過程も示せ。

問 3　化合物 A と B の構造式を書け。

問 4　高分子化合物 D の構造式を書け。

問 5　化合物 E の構造式を書け。

【Ⅱ】

　　二重結合または三重結合を 1 つもつ分子式 C_6H_{10} の脂肪族化合物 F，G，H
がある。ただし，いずれの化合物も，炭素原子 3 つや 4 つからなる環構造はも
たない。化合物 F，G，H を用いて，以下の実験を行った。

【実験6】　白金触媒存在下で，化合物 F と水素を物質量の比 1：1 で付加さ
　　　　　せると，枝分かれ構造をもつ化合物が得られた。この化合物には，幾
　　　　　何異性体が存在する。

【実験7】 化合物 G と臭素を物質量の比 1：1 で付加させると，不飽和結合
　　　　や不斉炭素原子をもたない化合物が得られた。

【実験8】 化合物 H を硫酸酸性の過マンガン酸カリウム水溶液と十分に反応
　　　　させると，枝分かれ構造をもたない化合物 I が得られた。フェーリン
　　　　グ液に化合物 I を加えても，変化は起こらなかった。化合物 I とエチ
　　　　レングリコールを反応させると，高分子化合物 J が得られた。

問 6 　化合物 F，G，H の構造式を書け。

問 7 　高分子化合物 J の構造式を書け。

〔**4**〕 以下の文章を読み，**問1〜問7**に答えよ。

【Ⅰ】

　　　グルコースは，水溶液中では，α-グルコースと β-グルコースの 2 つの環状構
　　造が鎖状構造との平衡状態にある。α-グルコースと β-グルコースの環を構成す
　　る原子は，下の図のような位置関係にあり，同一平面上にはない。このような
　　構造は，いす型構造と呼ばれる。
　　　図中の数字①から⑥は，炭素の番号を示し，太い実線は手前側の結合を示
　　す。鎖状構造中の R_a から R_g は，原子あるいは官能基を示し，①の炭素は官
　　能基 R_a に含まれる。また，図中の鎖状構造では，②から⑤の炭素に関して，
　　それぞれの左右の結合は紙面より手前に，上下の結合は紙面より奥にある。
　　従って，②から⑤の炭素を順番に見ていくと，炭素鎖は紙面の奥に向かう。

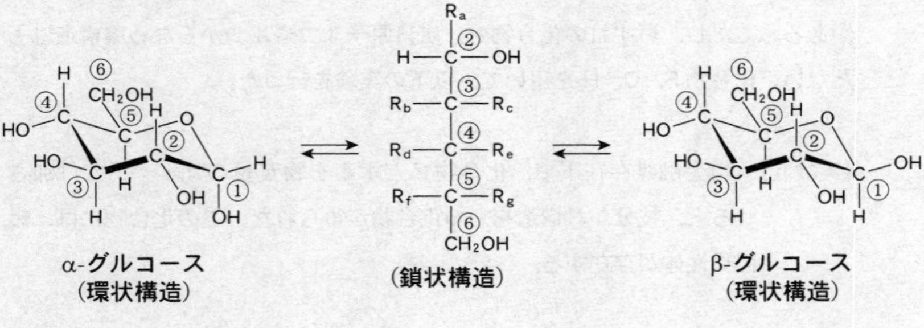

α-グルコース　　　　　　　（鎖状構造）　　　　　　β-グルコース
（環状構造）　　　　　　　　　　　　　　　　　　　（環状構造）

　　　デンプンとセルロースは，いずれもグルコース分子が繰り返し縮合した構造
をもっている。このうちデンプンは，80 ℃ の熱水に浸けておくと，溶ける部
分と溶けない部分に分かれる。溶ける部分は，　　ア　　　と呼ばれ，
(a)
　　イ　　　の①の炭素に結合したヒドロキシ基と④の炭素に結合したヒドロキ
シ基で次々と縮合した構造をもつ。　　ア　　は，らせん構造をとるため，
　　ウ　　反応により鋭敏に濃青色を呈する。一方，セルロースは，
(b)
　　ア　　と異なり，　　エ　　の①と④の炭素に結合したヒドロキシ基で
次々と縮合し，直線状になる。

問 1　文中の　　ア　　～　　エ　　に適切な語句を記入せよ。

問 2　鎖状構造の立体配置を正確に表すように，R_a ～ R_g にあてはまる原子また
　　　は官能基を書け。

問 3　下線部(a)の熱水に溶けない部分と　　ア　　の構造上の違いを 50 字以内
　　　で説明せよ。

問 4　セルロースは，下線部(b)のように，全体として直線状になる。それがわか
　　　るように，セルロース中のセロビオース単位の構造を書け。ただし，前の図
　　　を参考にして，それぞれのグルコース単位はいす型構造で書くこと。

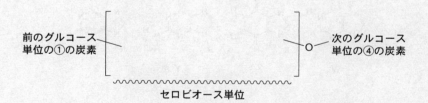

前のグルコース
単位の①の炭素　　　　　　　　　　　　　　　　　　次のグルコース
　　　　　　　　　　　　　　　　　　　　　　　　　　単位の④の炭素

セロビオース単位

【Ⅱ】

　　　核酸は，生体内に存在する高分子化合物の一種である。環状構造の塩基(核
酸塩基)と　　オ　　が，炭素原子数が　　カ　　個の単糖に結合した物質を
　　キ　　とよび，核酸の繰り返し単位となっている。デオキシリボ核酸
(DNA)に含まれる核酸塩基は，アデニン，シトシン，グアニン，チミンの 4
種類である。アデニンはチミンと，グアニンはシトシンと水素結合を介して，
(c)
それぞれ塩基対を形成する。このような塩基どうしの関係を相補性といい，相
補的な 2 本の DNA は二重らせん構造をつくる。二重らせん構造をとる DNA

（二重鎖 DNA）の水溶液をゆっくり加熱すると，ある温度で 1 本ずつの DNA に解離する。この温度を融解温度とよび，二重鎖 DNA の安定性を示す指標となる。

問 5　文中の　オ　〜　キ　に適切な語句または数字を記入せよ。

問 6　下線部(c)について，二重鎖 DNA 中におけるそれぞれの塩基対の水素結合の様子を示せ。核酸塩基の化学構造は，下図の表記を用いること。なお，下図中の R は単糖を示す。

アデニン　　　シトシン　　　グアニン　　　チミン

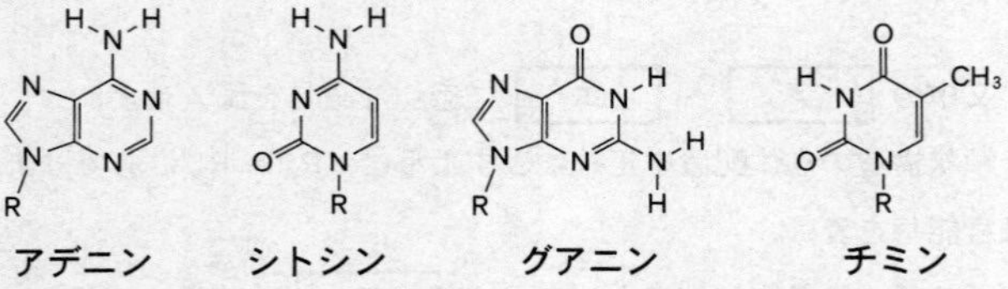

問 7　二重鎖 DNA に含まれるアデニンを，以下の W〜Z で置き換えた時，融解温度が上昇するものはどれか，記号で答えよ。また，融解温度が上昇する理由を 60 字以内で説明せよ。なお，下図中の R は単糖を示す。

W　　　　　X　　　　　Y　　　　　Z

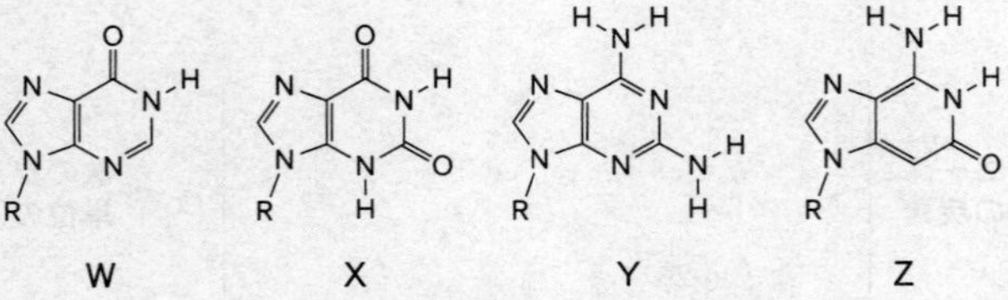

■■■ ■ 生物 ■ ■■■

（医（保健〈看護学〉）学部：75 分　その他の学部：2 科目 150 分）

【注意】

　字数制限のある解答においては，ひらがな，カタカナ，漢字，アルファベット，数字，句読点等の符号等，全ての文字を一つのマスに一つ記入すること。

〔1〕　以下の文章を読み，**問 1**〜**問 5** に答えよ。

　ある生物の特定の遺伝子を取り出し，それを人工的に別の DNA につなぎ込む操作を　ア　という。この操作では，制限酵素と　イ　が利用される。制限酵素とは，もともと　ウ　がウイルスなどの外来の DNA を排除するためのもので，DNA の特定の塩基配列を識別して切断する。　イ　は，DNAと DNA をつなぐ，いわば「のり」として利用される。　ア　の操作では，目的の遺伝子の DNA を　エ　と呼ばれる遺伝子の運び手に組み込むことが多い。　エ　は，遺伝子を特定の細胞に運び込み，増やす役割をするが，プラスミドがよく用いられる。目的の遺伝子を組み込んだプラスミドを大腸菌に取り込ませたのち，大腸菌を増やすことで，目的の遺伝子を大量に増やすことや組み込んだ遺伝子がコードするタンパク質を大量に産生することができる。このように，細胞に別の種や系統の遺伝子が入ることにより，その遺伝子の形質が発現することを　オ　という。

　また一般的に，目的の遺伝子がプラスミドに正しく組み込まれているかどうかは，電気泳動法によって確認する。DNA の構成単位である　カ　では，塩基，糖，リン酸のうち，　キ　が負の電荷を持っているため，電圧を加えると DNA はアガロースゲルの中を　ク　極に向かって移動する。その際，アガロースゲルを形成している小さな網目構造に妨げられ，長い DNA ほど遅く移動する。

問 1　文中の空欄　ア　～　ク　に適切な語句を入れよ。

問 2　下線①のような実験では，プラスミドを取り込んだ大腸菌だけが選択的に増殖できるように，抗生物質耐性の遺伝子がプラスミドに組み込まれている。それによってプラスミドを取り込んだ大腸菌だけが抗生物質を含む培地中で選択的に増殖できるようになるが，その理由を抗生物質耐性の遺伝子が発現するタンパク質の機能に着目し，80字以内で述べよ。

問 3　図1に示すように，ある細菌のタンパク質Xをコードする遺伝子Xを制限酵素Aを用いて切り出した。次に，切り出した遺伝子Xを，プロモーター領域のすぐ後ろを制限酵素Aで切断したプラスミドBとつなぎ合わせたのち，大腸菌に取り込ませ増殖させた。大腸菌からプラスミドを回収したところ，遺伝子Xが組み込まれたプラスミドの長さは全て同じだった。しかし，遺伝子Xが組み込まれたプラスミドを大腸菌に取り込ませても，遺伝子Xからタンパク質Xが産生されるプラスミドもあれば，産生されないプラスミドもあった。タンパク質Xが産生されなかったプラスミドでは，なぜ産生されなかったのか，その理由を30字以内で述べよ。ただし，用いたプラスミドBに制限酵素Aが認識する塩基配列は1ヶ所しかなかった。また，大腸菌内でプラスミドの塩基配列に変異は生じなかったものとする。

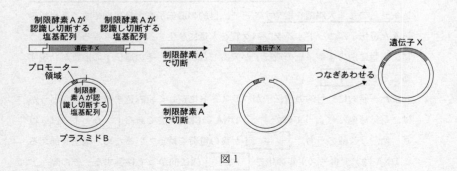

図1

問 4　ヒトのゲノムDNAから制限酵素を用いて切り出した遺伝子をプラスミドとつなぎ合わせ，大腸菌に取り込ませた場合，遺伝子はプラスミドの適切な

部位に挿入されているにもかかわらず，大腸菌内では取り込ませた遺伝子からタンパク質が産生されないことが多い。その理由を，ヒトの遺伝子と大腸菌の遺伝子の構造の違いに着目して 50 字以内で述べよ。

問 5　DNA をつなぎ込む操作を用いて，目的の遺伝子の下流に緑色蛍光タンパク質（GFP）遺伝子を組み込むことで，GFP が融合したタンパク質を産生させることができる。遺伝子 Y の後に GFP 遺伝子を組み込んで GFP が融合したタンパク質を産生させる場合，遺伝子 Y の後および GFP 遺伝子の前をそれぞれどの制限酵素を用いて切断し，つないだらよいか，適切な制限酵素を以下の制限酵素 a〜f の中から 1 つずつ選択し，記号で答えよ。遺伝子 Y の後および GFP 遺伝子の前の塩基配列，制限酵素 a〜f が認識する塩基配列とその切り口を以下に示す。なお，遺伝子 Y の終止コドンは取り除いている。また，終止コドンの塩基配列は，UAA，UGA，UAG である。

ここまで
遺伝子 Y →

遺伝子 Y　GTTAATTAAGATATCGATCG −
　　　　　CAATTAATTCTATAGCTAGC −

遺伝子 Y の後の塩基配列

ここから
GFP 遺伝子 →

− TTAATTAACGATCGC | GFP 遺伝子
− AATTAATTGCTAGCG |

GFP 遺伝子の前の塩基配列

制限酵素 a　T|CTAGA
　　　　　　AGATC|T

制限酵素 d　G|GATCC
　　　　　　CCTAG|G

制限酵素 b　CGAT|CG
　　　　　　GC|TAGC

制限酵素 e　GC|GGCCGC
　　　　　　CGCCGG|CG

制限酵素 c　GAT|ATC
　　　　　　CTA|TAG

制限酵素 f　TTAAT|TAA
　　　　　　AAT|TAATT

〔**2**〕　以下の文章を読み，**問 1 ～問 3** に答えよ。

　　ヒトの体には，病原体などの異物を自己と区別して排除し体内環境を維持する
しくみとして，免疫が備わっている。免疫は，自然免疫と獲得免疫（適応免疫とも呼ばれる）に大別される。

　　マクロファージ，樹状細胞や好中球などによる異物の食作用は，自然免疫において重要な役割を担っている。また，病原体の成分を感知するパターン認識受容
体が自然免疫に深く関わる①ことも，近年明らかになっている。

　　一方で，侵入した異物の情報をリンパ球が認識し，その情報にもとづいて特異
的に異物を排除するしくみが獲得免疫である。獲得免疫はさらに，細胞性免疫と
体液性免疫に分けられる②。獲得免疫は，排除した異物の情報を記憶し，同じ異物
が再び侵入した際に特異的かつ速やかに排除することが出来る。

　　免疫は生体防御に働き感染症などの発症を防ぐしくみであるが，遺伝的な要因
や環境的な要因などによって免疫が過敏に反応し，疾患の発症を引き起こす場合
③
もある。

問 1　下線①に関する実験の内容および結果を以下に記す。この実験の結果から
　　　導き出される結論として適切なものを，次 ページの選択肢 a ～ h の中から
　　　2 つ選び，記号で答えよ。

　　正常な細胞（正常型細胞）においては，ウイルス X の成分を感知するパターン
認識受容体がインターフェロン α などのサイトカインの産生を促すため，ウイ
ルス X の増殖が抑制される。この自然免疫に関わると推測される遺伝子 Y および
遺伝子 Z について，各々の遺伝子を欠損する細胞を作製した後，実験 1 および
実験 2 を行った。なお，細胞が産生するインターフェロン α や人工的に作製
したインターフェロン α は，インターフェロン受容体に結合することにより，
ウイルス X の増殖を抑制するものとする。

【実験 1】
　　正常型細胞，遺伝子 Y 欠損細胞，遺伝子 Z 欠損細胞のそれぞれにウイルス
X を感染させ，感染から 12 時間後までに細胞外に産生されたインターフェロ
ン α の量を測定した。また，ウイルス X を感染させていない各細胞から 12 時

間の間に細胞外に産生されたインターフェロン α の量も測定した。結果を図
1 に示す。

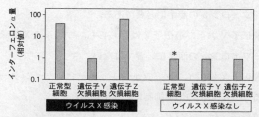

　　　図 1　産生されたインターフェロン α の量（相対値）を示すグラ
　　　　　　フ。縦軸は対数とする。ウイルス X 感染なしの正常型細胞
　　　　　　（＊）における値を 1 とする。

【実験 2】

　　ウイルス X を正常型細胞，遺伝子 Y 欠損細胞，遺伝子 Z 欠損細胞のそれぞ
れに感染させ，感染から 36 時間後に，細胞外に産生された感染力を有するウ
イルス X の数を測定した。また，ウイルス X を感染させる前に，人工的に作
製したインターフェロン α を作用させ，その後にウイルス X を感染させる実
験を行った。感染から 36 時間後に，細胞外に産生された感染力を有するウイ
ルス X の数を測定した。結果を図 2 に示す。

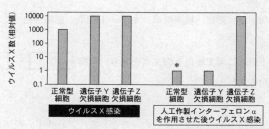

　　　図 2　産生されたウイルス X の数（相対値）を示すグラフ。縦軸
　　　　　　は対数とする。人工作製インターフェロン α を作用させた
　　　　　　後にウイルス X を感染させた正常型細胞（＊）における値を
　　　　　　1 とする。

【選択肢】

　　a．遺伝子 Y は，ウイルス X 感染の際に起こるインターフェロン α の産生に
　　　必要である。

　　b．遺伝子 Z は，ウイルス X 感染の際に起こるインターフェロン α の産生に

必要である。

c．遺伝子 Y および遺伝子 Z はどちらも，ウイルス X 感染の際に起こるインターフェロン α の産生に必要である。

d．遺伝子 Y および遺伝子 Z はどちらも，ウイルス X 感染の際に起こるインターフェロン α の産生に必要ではない。

e．遺伝子 Y は，インターフェロン α と結合したインターフェロン受容体によるウイルス X の増殖抑制に必要である。

f．遺伝子 Z は，インターフェロン α と結合したインターフェロン受容体によるウイルス X の増殖抑制に必要である。

g．遺伝子 Y および遺伝子 Z はどちらも，インターフェロン α と結合したインターフェロン受容体によるウイルス X の増殖抑制に必要である。

h．遺伝子 Y および遺伝子 Z はどちらも，インターフェロン α と結合したインターフェロン受容体によるウイルス X の増殖抑制に必要ではない。

問 2　下線②に関して，細胞性免疫が病原体を排除するしくみを，以下の語句のすべてを用いて 135 字以内で述べよ。

語句：樹状細胞，抗原提示，キラー T 細胞，感染細胞

問 3　下線③に関する以下の文章を読み，空欄　ア　～　エ　に適切な語句を入れよ。

生体に不都合な免疫反応の一つとして，アレルギーが知られている。アレルギーを引き起こす抗原は，　ア　と呼ばれる。アレルギーには，　ア　に接触すると直ちに症状が現れる即時型アレルギーと，　ア　に接触してから 1 ～ 2 日後に症状が現れる遅延型アレルギーがある。花粉や食物は，即時型アレルギーを引き起こすことがある。

花粉症は次のしくみで起こる。花粉が鼻や眼などの粘膜に付着すると，花粉に含まれる　ア　に対して　イ　細胞が特定の　ウ　を作り出す。この　ウ　は粘膜上皮の近くに存在するマスト細胞の表面に付着する。再び花粉にさらされるなどして花粉に由来する　ア　がマスト細

胞の表面上の　　ウ　　に結合すると，ヒスタミンが放出される。ヒスタミンは上皮や毛細血管の細胞に作用して，くしゃみ，鼻水，目のかゆみなどのアレルギー症状を引き起こす。

　　そば，ピーナッツなどの食物を摂取すると，全身性のアレルギー症状が現れて，急激な血圧低下や意識障害を引き起こすことがある。これは　　エ　　ショックと呼ばれる状態であり，早期の治療が必要となる。

〔3〕　以下の文章【A】と【B】を読み，問1～問4に答えよ。

【A】

　　両生類の卵は受精後に細胞分裂を開始する。その際，卵細胞の極体が生じる部分を　　ア　　，反対側を　　イ　　というが，　　ア　　側に　　ウ　　，　　イ　　側に　　エ　　が形成され，　　エ　　は帯域と呼ばれる赤道付近の領域を　　オ　　に分化させる。このように，ある領域が隣接する他の領域の分化を引き起こす働きを　　カ　　という。

　　この作用は臓器の発生中にしばしば連鎖し，例えば眼の発生では，まず脳より生じた眼杯が表皮に作用し　　キ　　となり，次に　　キ　　が表皮に作用し　　ク　　となる。このような　　カ　　の作用を持つ領域を　　ケ　　という。また，器官が発生する過程では，決められた時期に決められた細胞が死ぬことで最終的な形態が形作られることが多い。このような，一連の遺伝子により制御されたプログラム細胞死を　　コ　　と呼ぶ。　　　　　　　①

問1　文中の空欄　　ア　　～　　コ　　に適切な語句を入れよ。

問2　下線①について，細胞で観察される形態的変化の様子を 20 字以内で述べよ。

【B】

　　生体が細胞の増殖および分化を制御する方法のひとつとして，物質の濃度勾配により形態形成を支配する方法がある。

　ある両生類の胚より<u>自己増殖および様々な細胞に分化する能力を持つ細胞</u>(こ
　　　　　　　　　　　　②
れを細胞 A と呼ぶ)を採取して，培養皿上で培養し，以下の実験を行った。

　培養皿の中央に，ある物質 X を含み，それを放出するビーズを置いた。24 時
間後に培養皿を上から観察すると，物質 X の拡散にともない，細胞 A が図 1 の
ように細胞 B や C に分化した様子が観察された。

　なお，物質 X を含まないビーズを培養皿の中央に置いたところ，24 時間後に
細胞 A に分化は観察されなかった。

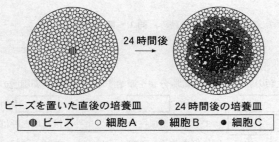

図 1

(出典：Scott F. Gilbert, Developmental Biology (2003) より一部改変)

問 3　下線②のような性質を持つ細胞を何というか答えよ。

問 4　図 2 は，24 時間後の培養皿上の細胞 A，B，C の分布と，ビーズからの距
　　離と物質 X の濃度の関係を示している。物質 X の濃度が細胞 A の分化に与
　　える影響について，以下の語句をすべて用いて 50 字以内で述べよ。
　　語句：濃度 P，濃度 Q

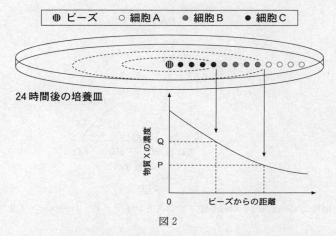

図 2

（出典：Scott F. Gilbert, Developmental Biology (2003) より一部改変）

〔**4**〕　以下の文章を読み，**問 1 ～問 4** に答えよ。

　　乳酸脱水素酵素(LDH)は，心臓，肝臓，腎臓，骨格筋，赤血球など様々な組
織の細胞に存在する酵素で，以下の化学反応を触媒する。

$$乳酸 + NAD^+ \rightleftarrows ピルビン酸 + NADH + H^+$$

　　これらの組織が損傷を受けると，細胞内の LDH が血液中に流出することが知
られている。したがって，ヒトの血清中の LDH 活性値は，これらの臓器や組織
の障害を診断する際に用いられている。血清とは，遠心分離によって血液試料か
ら血球とフィブリンなどの線維を取り除いた液体成分である。

　　光がある物質を通った時に，吸収により減衰した程度を示す尺度を吸光度とい
う。吸光度は物質の濃度に比例する。図 1 は同濃度の NAD^+ あるいは NADH の
溶液に様々な波長の光をあて，吸光度を調べて得られた吸収スペクトルである。
点線は NAD^+，実線は NADH の吸収スペクトルを示す。

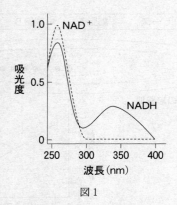

図 1

（出典：Victor W. Rodwell 他，イラストレイテッド　ハーパー・生化学(2003)）

問 1　NAD$^+$ や NADH のように，酵素の働きを助ける低分子の有機物のことを何と呼ぶか。

問 2　乳酸を基質として血清中の LDH 活性値を調べるため，血清に乳酸，NAD$^+$ および緩衝液を加えた。血清中の LDH 活性値を測定するためには，一定時間反応させた後，反応溶液のどの値を用いるのが最も適切か。以下の a〜d の中から 1 つ選び，記号で答えよ。また，その理由を 50 字以内で述べよ。

　a．波長 260 nm の吸光度の増加量

　b．波長 260 nm の吸光度の減少量

　c．波長 340 nm の吸光度の増加量

　d．波長 340 nm の吸光度の減少量

問 3　十分量の乳酸と NAD$^+$ を含む緩衝液に，精製した LDH をある一定量加えて反応させ，問 2 の値（相対値）を測定したところ，図 2 のグラフが得られた。LDH の酵素量（酵素活性）のみを 2 倍にして同様の測定を行った場合，グラフはどのようになるか，解答用紙のグラフに記入せよ。なお，解答用紙のグラフには，参考として図 2 のグラフが示してある。

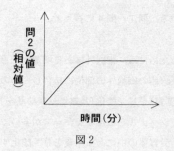

図 2

〔解答欄〕

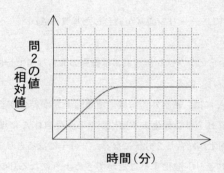

問 4　赤血球の細胞膜が破れ，中身が流出する現象を溶血という。血清を得る際
　　　に溶血が起こると，血清中 LDH 活性の測定値に影響を与える可能性があ
　　　る。どのような影響があると考えられるか，10 字以内で述べよ。また，そ
　　　の理由を 25 字以内で述べよ。

〔**5**〕　以下の文章を読み，**問 1 ～問 4** に答えよ。

　　細胞が増殖するためには，細胞外にある増殖因子と呼ばれるタンパク質が，細胞膜を貫通する受容体の細胞外の部位に結合し，その受容体の細胞内にある部位に結合する分子（基質）をリン酸化（基質にリン酸基を共有結合させること）して，細胞に増殖を促すシグナルを伝達するケースが多い。基質のリン酸化は以下のような反応で生じ，受容体の中にある基質をリン酸化する部位が，リン酸化酵素としてこの反応を触媒する。

　　　　　　基質＋ ATP ⟶ リン酸基が結合した基質＋ ADP

　　この受容体からのシグナル伝達異常は細胞の異常な増殖を促し，がんの原因になることが知られている。

　　ある受容体 A には，細胞外の領域に増殖因子 X が結合する部位があり，細胞内の領域に基質 B をリン酸化する部位がある。受容体 A に増殖因子 X が結合すると，受容体同士が結合し 2 分子になる。2 分子になるとリン酸化する部位が活性化し，基質 B をリン酸化することができるようになる（図 1）。基質 B がリン酸化されると細胞の増殖が促進されるため，通常は増殖因子 X の存在する場合のみ，細胞増殖が促進される。

　　しかし，ある種のがん細胞では，染色体の異常により，受容体 A の遺伝子の細胞外の領域と細胞膜を貫通する部位に対応する部分が他の遺伝子と入れ替わる。一方で，細胞内の基質 B をリン酸化する部位は入れ替わらない。このように，部分的に他の遺伝子と入れ替わった受容体 A を受容体 A' と呼ぶことにする（図 2）。受容体 A' の中の他の遺伝子に由来する部位の一部には互いに結合する部位があることが判明した。また受容体 A' は細胞膜を貫通する部位がないため，細胞内に存在する（図 2）。

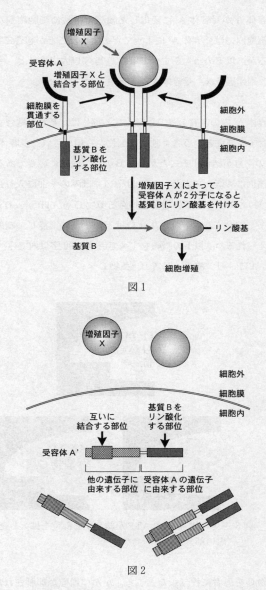

図 1

図 2

(出典：Tri Le, David E. Gerber, Seminars in Cancer Biology(2016)より一部改変)

問 1　受容体 A が受容体 A' に変化した細胞では常に細胞増殖が促進されている。細胞内では受容体 A' によってどのようなことが起きて細胞増殖が促進されるか，以下の語句をすべて用いて 75 字以内で述べよ。

語句：増殖因子 X，受容体 A'，基質 B

問 2　受容体 A' 内の基質 B をリン酸化する部位は，基質が結合する部位と ATP が結合する部位という各々独立の部位から構成され，受容体 A' に基質 B と ATP の両方が結合することが基質 B のリン酸化に必要である。ATP が結合する部位はくぼんでおり，ATP はそのくぼみの一部に入り込んで結合する（図 3）。このがん細胞の増殖を抑える薬物 C も ATP が入り込むくぼみに入り込んで結合する（図 3）。薬物 C はどのように機能して細胞増殖を抑えると考えられるか，以下の語句をすべて用いて 90 字以内で述べよ。

語句：ATP，リン酸化，基質 B，薬物 C

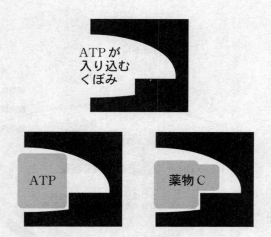

図 3　受容体 A' 内の ATP が結合する部位を拡大したところ
（黒い部分）

問 3　薬物 C を患者に投与したところ，がんの増殖が抑制された。しかし，薬物 C を継続して投与したところ，投与期間中にも関わらず，がんが再度大きくなってしまった。この再度増殖しはじめたがん細胞では，受容体 A' 内の ATP が結合する部位の近くのアミノ酸 1 つが別のアミノ酸 1 つに変化し

たことが判明した。しかしアミノ酸が変化した受容体 A' が基質 B や ATP と結合する強さは，アミノ酸が変化する前と変わらないことも分かった。薬物 C がこの患者のがんに対して効かなくなって，がんが再度増殖しはじめた原因を，75 字以内で説明せよ。

問 4　薬物 C はある種の肺がんに対してのみ強い増殖抑制効果を持ち，正常な肺や他の組織(臓器)に対する増殖抑制効果が少ない。薬物 C が，この肺がんに対してのみ強い増殖抑制効果を持ち，正常な組織(臓器)に対する増殖抑制効果が弱い理由として可能性が最も高いものを以下の a ～ d の選択肢から 1 つ選び，記号で答えよ。

a．受容体 A は正常な組織(臓器)では量(分子の数)が少ない。

b．受容体 A 内の ATP が結合する部位の構造が変化した時のみ，薬物 C が受容体に結合できる。

c．受容体 A 内の基質 B が結合する部位の構造が変化した時のみ，薬物 C が受容体に結合できる。

d．薬物 C はこの肺がん細胞を攻撃する免疫系の細胞を不活性化する。

小論文

(90 分)

〔1〕 次の文章を読み，以下の問いに答えなさい。

　およそ，真の意味での研究者を志す人で独創的な研究をしたいと思わない人は
いないであろう。世の中に五万とある雑誌に毎週毎月掲載される論文の中に独創
的な研究がどのくらいあるかは読者が一番よくご存じである。有体に言うならば
大部分の論文は，私自身のものも含めて当然予測されることを確認したり，だい
たいわかっていることの穴埋めをしたりという枝葉末節的なものである。その中
からできるならば時代を変革するような，これまでの考えを根底から覆すような
研究をしたいと考えるのが研究者の最大の楽しみであろう。しかしながら，<u>何が
独創的な研究かという捉え方は人によって少なからず差がある。</u>
(ア)

(中略)

　研究者を志す若い人に「何を研究したいのか」という質問をすると，一昔前は癌
<u>を研究したいと言い</u>，昨今は脳を研究したいというのが流行である。古くから研
①
究においては，どのような質問をするのかによって問題の半分は解決されたと言
われている。癌だとか，脳だとかいうレベルでは研究の対象としての設問になら
ないことは明らかである。したがって実際に研究を自分の一生の仕事として取り
上げるためにはもっと緻密かつ具体的な設問として立ち上げなければならない。
研究をするうえでは実はここが最も難しいところである。「自分はいったい何が
知りたいのか」と常に自問自答してきたのが私のこれまでの一貫した研究者人生
であったとも言える。ところが，考えてみるとこれは一見矛盾しているように見
える。研究とは自分の好奇心を大切にしてそれに向かってまっしぐらに突き進め
ば必ず重大な疑問にぶちあたるはずであると多くの人は考えるからである。

　しかし，一見不思議に思えたこともよくその分野のことを調べてみるとすでに多くの人が研究をしてかなりのことがわかっているという場合がほとんどである。また自分のささやかな好奇心に基づいた疑問がはたしてどれほどの研究の価値があるのか，あるいは重要性があるのか自信がもてなくなることもしばしばである。このような場合にてっとり早いのは，世の中の多くの人が注目して，大勢の人が研究をしているいわゆる流行のテーマに参加することである。世の中にはすべて流行があり，隣の人が気にならない人は少ない。したがって，流行の中に身を置くことは，ファッションに限らずすべてにおいて安心感を与えるのであり，またもっとも無難な生き方であると多くの人が本能的に感じている。<u>一方，自信が十分にある人も流行を追うことになる。</u>②

（中略）

　そもそも独創的な研究とはどのようなものか，これについては古来いろんな論議があるが，単純に言うならば独自の考えで始めることであり，一般的には流行に乗ることではない。しかし，独自の考えといえども全く何もない白紙の上に絵を描くような研究というのは，今日きわめて稀である。過去に独創的研究と言われるものも，そのほとんどは以前の学問の発展の上にひと皮加えた程度と考えても間違いはない。

（中略）

　独創的な考えなどというものは，誰の頭にもあってそれほど飛躍的な発展ではないという見方もある。しかし，研究のアイディアを単に思いつくこととその未知の可能性にかけて研究することには非常に大きな違いがある。これは例えて言うなら，あのベンチャー企業の株が上がると思ったと後から言う者と，実際にその可能性にかけて借金をしてまでその株を買った者との違いである。もし，本当に自分がその可能性が高いと信じ，それを実証したいと思うなら，その時点であらゆる努力を集中してその問題にとりかかるのである。つまり，独創的と言われているものは無から有を生じるように出てくるものではない。しかし，そのような考えが先人の実績の中からおぼろげながら浮かび上がったとしてもそれが誰にとっても自明のものであるなら，おそらくそこには独創的な飛躍はなく，簡単に

実証可能なものである。多くの人がそのような可能性はあったとしても非常に少ないと考え，いわゆる流行にならなかった可能性にかけて，そしてそれが実証されたときに多くの場合に飛躍的な展開が起こるのである。

　しかし，そのような難しいことだけが独創性とは限らない。凡人が独創性を生み出すことはそんなに難しいことではなく，ナンバーワンになることを求めず，オンリーワンになることを考えることが最も近道である。極端な話，生物学の研究は，これまで誰も研究したことのない生物種を選び，それを詳しく解析することによっても十分に独創性が発揮される。しかし，それにかけるだけの勇気と熱意があるかどうかである。

（中略）

　そもそも研究とは，好奇心からスタートするものである。“なんだろう？”，“不思議だな？”という自らの問いを心ゆくまで追求することが，研究者の楽しみではなかろうか。先日もふとテレビで満月の夜に珊瑚がいっせいに産卵を開始する映像を観て，なんと生物は不思議だという気持ちが心底沸き起こるではないか。このような現象を心ゆくまで研究することが，まさに研究者の特権であり，また，一生をかける意味のあることではなかろうか。「流行を追う」ということは，自らの中に何かを知りたいという好奇心が希薄であるからではないのであろうか。「流行を追う」ことがその人にとって本当に楽しいのであろうか。研究を楽しまずにして，一生やることは業務でしかなくなり，果たしてそこに創造性豊かな研究が開かれるのであろうか。

　（本庶佑「独創的研究への近道　オンリーワンをめざせ」実験医学，2001 年
　　3 月号，Vol.19, No.4 より抜粋，改変）

問 1　下線部①について，このような流行が生まれる理由を本文をもとに 2 つ，
　　　それぞれ 35 字以内で答えなさい。

問 2　下線部②について，その理由として考えられることを 60 字以内で答えな
　　　さい。

問 3　下線部(ア)について，あなたが考える独創的な研究について，著者の意見と
　　の類似点，および相違点を明確にして 250 字以内で述べなさい。

〔2〕　次の文章(朝日新聞令和 2 年 5 月 10 日朝刊社説より抜粋，改変)を読み，以下
　の問いに答えなさい。

　　新型コロナの治療薬としていくつかの薬が候補に挙がり，試験や研究が進めら
れている。
　　その一つで米国が重症者向けに緊急使用を許可したレムデシビルを，厚生労働
省はスピード承認した。国内の審査を簡略化できる制度を使った異例の措置だ。
当然ながら副作用の懸念もあり，投与した患者全員の追跡調査をして，慎重に効
能を検証することが求められる。
　　治療薬の早期開発に期待を寄せる声は多い。関係者は最善の努力を尽くして，
これに応えてもらいたい。しかし，だからといって有効性や安全性を確かめる手
続きをないがしろにするわけにはいかない。
　　いま現場の医師が注目しているのは，国内のメーカーが開発し，新型インフル
エンザ用に承認されているアビガンだ。新型コロナの治療薬としての承認をめざ
した治験が進んでいるが，それと並行して，多くの医療機関が参加する医学研究
(臨床研究)も行われ，実際に患者に服薬してもらっている。
　　安倍首相は 4 日の会見で「3 千例近い投与が行われ，効果があるという報告も
受けている」と述べ，月内の承認をめざす考えを示した。6 日放映のネット番組
では対談した京大の山中伸弥教授から，さらなる前倒しに向けて「首相の鶴のひ
と声」を求められる場面もあった。
　　だが前のめりになりすぎるのは禁物だ。多くの患者はアビガンを使わずに回復
している。アビガンを使って良くなった症例をいくら集めても，薬の効果を見極
めるのは難しい。期待先行で評価するようなことがあってはならず，また，動物
実験で重い副作用が報告されていることにも留意する必要がある。
　　思い起こすのは，2002 年に世界に先駆けて日本で承認された抗がん剤のイ
レッサだ。「副作用の少ない夢の新薬」ともてはやされたが，販売直後からその副
作用が原因とみられる死亡例が相次いだ。どんなタイプの患者に効果があるかな

どの情報が不十分なまま，広く使われたことが深刻な被害を生んだ。

　　首相が，病院の倫理委員会の承認が条件としつつ「希望すれば誰でも服用できる」と繰り返しているのも，混乱を招く恐れがある。全ての病院で処方できるわけではないし，対象から外れた患者が発言を頼りに投与を希望したら，その対応で現場の負担はさらに増えかねない。

問 1　下線部①の措置がとられた理由を考察し，150 字以内で述べなさい。

問 2　下線部②について，なぜアビガンの治療効果を見極めるのが難しいのか，また治療効果を見極めるためにはどのような臨床研究を実施すべきか，合わせて 200 字以内であなたの考えを述べなさい。

2020
年度

問題編

■前期日程

問題編

▶試験科目

学部等		教科	科　目　等
理	数・化・生物科学科（生物・生物科学）	外国語	コミュニケーション英語Ⅰ・Ⅱ・Ⅲ，英語表現Ⅰ・Ⅱ
		数学	数学Ⅰ・Ⅱ・Ⅲ・A・B
		理科	「物理基礎・物理」，「化学基礎・化学」，「生物基礎・生物」から2科目選択
	物理	外国語	コミュニケーション英語Ⅰ・Ⅱ・Ⅲ，英語表現Ⅰ・Ⅱ
		数学	数学Ⅰ・Ⅱ・Ⅲ・A・B
		理科	「物理基礎・物理」必須。さらに，「化学基礎・化学」，「生物基礎・生物」から1科目選択
	生物科学（生命理学）	外国語	コミュニケーション英語Ⅰ・Ⅱ・Ⅲ，英語表現Ⅰ・Ⅱ
		数学	数学Ⅰ・Ⅱ・Ⅲ・A・B
		理科	「物理基礎・物理」，「化学基礎・化学」
医	医	外国語	コミュニケーション英語Ⅰ・Ⅱ・Ⅲ，英語表現Ⅰ・Ⅱ
		数学	数学Ⅰ・Ⅱ・Ⅲ・A・B
		理科	「物理基礎・物理」，「化学基礎・化学」，「生物基礎・生物」から2科目選択
		面接	個人面接（10分程度）によって，人間性・創造性豊かな医師及び医学研究者となるにふさわしい適性を計り，一般的態度，思考の柔軟性及び発言内容の論理性等を評価する。なお，面接の結果によって，医師及び医学研究者になる適性に欠けると判断された場合は，筆記試験の得点に関わらず不合格とする。
	保健（看護学）	外国語	「コミュニケーション英語Ⅰ・Ⅱ・Ⅲ，英語表現Ⅰ・Ⅱ」，ドイツ語，フランス語から1科目選択
		数学	数学Ⅰ・Ⅱ・A・B
		理科	「物理基礎・物理」，「化学基礎・化学」，「生物基礎・生物」から1科目選択

医	保健（検査技術科学・放射線技術科学）学科	外国語	「コミュニケーション英語Ⅰ・Ⅱ・Ⅲ，英語表現Ⅰ・Ⅱ」，ドイツ語，フランス語から1科目選択
		数　学	数学Ⅰ・Ⅱ・Ⅲ・A・B
		理　科	「物理基礎・物理」，「化学基礎・化学」，「生物基礎・生物」から2科目選択
歯		外国語	「コミュニケーション英語Ⅰ・Ⅱ・Ⅲ，英語表現Ⅰ・Ⅱ」，ドイツ語，フランス語から1科目選択
		数　学	数学Ⅰ・Ⅱ・Ⅲ・A・B
		理　科	「物理基礎・物理」，「化学基礎・化学」，「生物基礎・生物」から2科目選択
		面　接	個人面接を行う。医療人になるための適性や明確な目的意識を持っている者を積極的に受け入れることを目的とする。①全般的態度　②受験の動機，目的，意識　③意欲，積極性　④協調性，柔軟性を評価する。
薬		外国語	コミュニケーション英語Ⅰ・Ⅱ・Ⅲ，英語表現Ⅰ・Ⅱ
		数　学	数学Ⅰ・Ⅱ・Ⅲ・A・B
		理　科	「物理基礎・物理」，「化学基礎・化学」，「生物基礎・生物」から2科目選択
工		外国語	コミュニケーション英語Ⅰ・Ⅱ・Ⅲ，英語表現Ⅰ・Ⅱ
		数　学	数学Ⅰ・Ⅱ・Ⅲ・A・B
		理　科	「物理基礎・物理」必須。さらに，「化学基礎・化学」，「生物基礎・生物」から1科目選択
基礎工		外国語	「コミュニケーション英語Ⅰ・Ⅱ・Ⅲ，英語表現Ⅰ・Ⅱ」，ドイツ語，フランス語から1科目選択
		数　学	数学Ⅰ・Ⅱ・Ⅲ・A・B
		理　科	「物理基礎・物理」必須。さらに，「化学基礎・化学」，「生物基礎・生物」から1科目選択

▶備　考

• 英語以外の外国語は省略。

•「数学B」は「数列，ベクトル」を出題範囲とし，「確率分布と統計的な推測」を出題範囲から除く。

▶配　点

学　部　等		外国語	数学	理科	面接	合計
理・基礎工		200 点	250 点	250 点		700 点
医	医	500	500	500	※	1,500
	保健（看護学）	200	100	100		400
	保健（放射線技術科学・検査技術科学）	200	200	200		600
歯		200	200	200	200	800
薬・工		150	250	250		650

※面接の結果によって，医師および医学研究者になる適性に欠けると判断
　された場合は，筆記試験の得点に関わらず不合格とする。

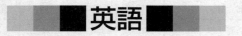

英語

（90 分）

Ⅰ　次の英文(A)と(B)を読み，それぞれの下線部の意味を日本語で表しなさい。

(A)　Perhaps the most defining feature of deep friendship is "doing for," as when my friend has my back in a combat situation, or brings me soup or medicine when I'm sick. Only strong bonds, built through embodied mutual activities, have the power to motivate real sacrifices. But it is unclear why online "friends" would bother to do the hard work of friendship.

© The New York Times

(B)　Attention restoration theory looks at the two main types of attention that humans employ: directed and undirected attention. Directed attention requires us to focus on a specific task and block any distractions that may interfere with it. For instance, when we are working on a math problem, or engrossed in reading a literary passage or in assembling or repairing an intricate mechanical object, our brains are totally dedicated to the task at hand, requiring our direct undivided attention. After we complete the task we often feel mentally fatigued or drained. Conversely, when we are outdoors, we may enjoy observing patterns or a sunset, clouds, flowers, leaves or a beautiful meadow, which call on our undirected attention.

From *Renewal* by Andres R. Edwards, New Society Publishers

Ⅱ　次の英文を読んで，以下の設問に答えなさい。

Science and technology: we tend to think of them as siblings, perhaps even as twins, as parts of STEM (for "science, technology, engineering, and mathematics"). When it comes to the shiniest wonders of the modern world — as the supercomputers in our pockets communicate with satellites — science and technology are indeed hand in glove. For much of
(i)
human history, though, technology had nothing to do with science. Many of our most significant inventions are pure tools, with no scientific method behind them. Wheels and wells, cranks and mills and gears and ships' masts, clocks and rudders and crop rotation: all have been crucial to human and economic development, and none historically had any connection with what we think of today as science. Some of the most important things we use every day were invented long before the adoption of the scientific method. I love my laptop and my iPhone and my Echo and my GPS, but the piece of technology I would be
(a)
most reluctant to give up, the one that changed my life from the first day I used it, and that I'm still reliant on every waking hour — am reliant on right now, as I sit typing — dates from the thirteenth century: my glasses. Soap prevented more deaths than penicillin. That's technology, not science.

In *Against the Grain: A Deep History of the Earliest States*, James C. Scott, a professor of political science at Yale, presents a plausible contender for the most important piece of technology in the history of man. It is a technology so old that it predates *Homo sapiens* and instead should be credited to our ancestor
(ii)
Homo erectus. That technology is fire. We have used it in two crucial, defining ways. The first and the most obvious of these is cooking. As Richard Wrangham has argued in his book *Catching Fire*, our ability to cook allows us to extract more energy from the food we eat, and also to eat a far wider range of foods. Our closest animal relative, the chimpanzee, has a colon three times as large as ours, because its diet of raw food is so much harder to digest. The
(b)
extra caloric value we get from cooked food allowed us to develop our big brains, which absorb roughly a fifth of the energy we consume, as opposed to less than

a tenth for most mammals' brains. That difference is what has made us the dominant species on the planet.

The other reason fire was central to our history is less obvious to contemporary eyes: we used it to adapt the landscape around us to our purposes. Hunter-gatherers would set fires as they moved, to clear terrain and make it ready for fast-growing, prey-attracting new plants. They would also drive animals with fire. They used this technology so much that, Scott thinks, we should date the human-dominated phase of Earth, the so-called Anthropocene, from the time our forebears mastered this new tool.

We don't give the technology of fire enough credit, Scott suggests, because we don't give our ancestors much credit for their ingenuity over the long period — ninety-five percent of human history — during which most of our species were hunter-gatherers. "Why human fire as landscape architecture doesn't register as it ought to in our historical accounts is perhaps that its effects were spread over hundreds of millennia and were accomplished by 'precivilized' peoples also known as 'savages,'" Scott writes. To demonstrate the significance of fire, he points to what we've found in certain caves in southern Africa. The earliest, oldest strata of the caves contain whole skeletons of carnivores and many chewed-up bone fragments of the things they were eating, including us. Then comes the layer from when we discovered fire, and ownership of the caves switches: the human skeletons are whole, and the carnivores are bone fragments. Fire is the difference between eating lunch and being lunch.

Anatomically modern humans have been around for roughly two hundred thousand years. For most of that time, we lived as hunter-gatherers. Then, about twelve thousand years ago, came what is generally agreed to be the definitive before-and-after moment in our ascent to planetary dominance: the Neolithic Revolution. This was our adoption of, to use Scott's word, a "package" of agricultural innovations, notably the domestication of animals such as the cow and the pig, and the transition from hunting and gathering to planting and cultivating crops. The most important of these crops have been the cereals — wheat, barley, rice, and maize — that remain the staples of humanity's diet. Cereals allowed population growth and the birth of cities, and, hence, the development of states and the rise of complex societies.

From The Case Against Civilization ; Did our hunter-gather ancestors have it better ? , The New Yorker on September 11, 2017, by John Lanchester

設問(1) 本文中の下線部(i)〜(iv)の語句の意味に最も近いものを，(イ)〜(ニ)から選び，記号で答えなさい。

(i) hand in glove

  (イ) closely related   (ロ) in contrast

  (ハ) under protection   (ニ) under restraint

(ii) credited

  (イ) attributed   (ロ) charged

  (ハ) known   (ニ) paid

(iii) ingenuity

  (イ) authenticity   (ロ) cleverness

  (ハ) sensitivity   (ニ) truthfulness

(iv) around

  (イ) existent   (ロ) revolved

  (ハ) settled   (ニ) wandering

設問(2) 下線部(a)の意味を日本語で表しなさい。

設問(3) 下線部(b)の意味を日本語で表しなさい。

設問(4) 下線部(c) landscape architecture の意味を説明する部分を本文中から 10 語以内で抜き出しなさい。

設問(5) 下線部(d) ownership of the caves switches の内容を具体的に日本語で説明しなさい。

設問(6) この文章の内容に合わないものを(イ)〜(ホ)から１つ選び，記号で答えなさい。

(イ) 石鹸はペニシリンより多くの命を救った。

(ロ) 井戸や歯車は科学の知識なしには作ることができなかった。

(ハ) 科学が発達する以前から人類は技術によって他の動物より優位に立ってきた。

(ニ) 人の腸がチンパンジーに比べて３分の１の大きさなのは，火によって食物を調理してきたことと関係している。

(ホ) 文明化以前の人類が火を使って成し遂げてきたことについて，我々の認識が不十分であると述べる研究者もいる。

Ⅲ 現代は，現金をほとんど使わず，クレジットカードや電子マネーで決済ができるキャッシュレス社会になりつつあります。こうした社会にはどのような利点，あるいは問題点があると思いますか。70 語程度の英文で述べなさい。

Ⅳ 次の日本文(A)と(B)のそれぞれの下線部の意味を英語で表しなさい。

(A) 過去の多くの哲学者は，同時代の悲劇を目にするたびに，私たち人間の愚かさを告発し，そのような悲劇が二度と繰り返されないために，どのように私たちの愚かさを克服するべきかを考え，話し，書いてきました。人類はこれまでに高い授業料を払って，様々な失敗からの教訓を得ているのです。

過去の哲学者がどのような問いに向き合い，どのように考えたかを知ることは，とりもなおさず，私たち自身が，当時の人間と同じような愚かな過ちを再び繰り返すことのないよう，高い費用を払って得た教訓を学ばせてもらうという側面があります。

山口周『武器になる哲学』

(B) 歴史上の事実について書くのは傲慢なことだ。ペンを持つ人間は，既にすべてが終わっている特権的な場所から，実際には見ていないことを，まるで見てきたように書くのだから。

梯久美子「歴史を記述する上での誠実さ」

■ 数学 ■

◀ 理・医〈医・保健〈放射線技術科学・検査技術科学〉〉・
歯・薬・工・基礎工学部 ▶

（150 分）

1   関数

$$f(x) = (x+1)^{\frac{1}{x+1}} \qquad (x \geqq 0)$$

について，以下の問いに答えよ．

(1) $f(x)$ の最大値を求めよ．

(2) $f(x)$ とその導関数の極限

$$\lim_{x \to \infty} f(x), \qquad \lim_{x \to \infty} f'(x)$$

をそれぞれ求めよ．ただし，

$$\lim_{x \to \infty} \frac{\log x}{x} = 0$$

であることを用いてもよい．

(3) $y = f(x)$ のグラフの概形をかけ．ただし，グラフの凹凸を調べる必要はない．

（配点率 20 ％）

2　　　1 個のさいころを n 回投げて，k 回目に出た目が 1 の場合は $X_k = 1$，出た目が 2 の場合は $X_k = -1$，その他の目が出た場合は $X_k = 0$ とする.

$$Y_k = \cos\left(\frac{\pi}{3}X_k\right) + i\sin\left(\frac{\pi}{3}X_k\right)$$

とおき，Y_1 から Y_n までの積 $Y_1 Y_2 Y_3 \cdots Y_n$ を Z_n で表す. ただし，i は虚数単位とする. 以下の問いに答えよ.

(1) Z_2 が実数でない確率を求めよ.

(2) Z_1，Z_2，Z_3，$\cdots$，Z_n がいずれも実数でない確率を求めよ.

(3) Z_n が実数となる確率を p_n とする. p_n を n を用いて表し，極限 $\displaystyle\lim_{n\to\infty} p_n$ を求めよ.

（配点率 20 %）

3　　　n を 2 以上の自然数とする. 三角形 ABC において，辺 AB の長さを c，辺 CA の長さを b で表す. $\angle\mathrm{ACB} = n\angle\mathrm{ABC}$ であるとき，$c < nb$ を示せ.

（配点率 20 %）

4　　　t を正の実数とする. xy 平面において，連立不等式

$$x \geqq 0, \qquad y \geqq 0, \qquad xy \leqq 1, \qquad x + y \leqq t$$

の表す領域の面積を $S(t)$ とおく. 極限 $\displaystyle\lim_{t\to\infty}\left(S(t) - 2\log t\right)$ を求めよ.

（配点率 20 %）

⑤　　3 辺の長さの和が 2 である三角形 ABC において，辺 BC の長さを a，
辺 CA の長さを b で表す．三角形 ABC を辺 BC を軸として 1 回転させて
できる回転体の体積を V とする．以下の問いに答えよ．

(1) a の値を固定して b の値を変化させるとき，V が最大になるのは，
　　三角形 ABC が 辺 BC を底辺とする二等辺三角形となるときである．
　　これを示せ．

(2) a, b の値をともに変化させるとき，V の最大値と，最大値を与える a, b
　　の値をそれぞれ求めよ．

（配点率 20 ％）

◀医〈保健〈看護学〉〉学部▶

(90 分)

1　a を $0 \leqq a < 2\pi$ を満たす実数とする．関数

$$f(x) = 2x^3 - (6 + 3\sin a)x^2 + (12\sin a)x + \sin^3 a + 6\sin a + 5$$

について，以下の問いに答えよ．

(1) $f(x)$ はただ 1 つの極大値をもつことを示し，その極大値 $M(a)$ を求めよ．

(2) $0 \leqq a < 2\pi$ における $M(a)$ の最大値とそのときの a の値，最小値とその
　　ときの a の値をそれぞれ求めよ．

（配点率 35 ％）

2　円周を 3 等分する点を時計回りに A, B, C とおく．点 Q は A から出発し，
A, B, C を以下のように移動する．1 個のさいころを投げて，1 の目が出た
場合は時計回りに隣の点に移動し，2 の目が出た場合は反時計回りに隣の点に
移動し，その他の目が出た場合は移動しない．さいころを n 回投げたあとに
Q が A に位置する確率を p_n とする．以下の問いに答えよ．

(1) p_2 を求めよ．

(2) p_{n+1} を p_n を用いて表せ．

(3) p_n を求めよ．

（配点率 35 ％）

3   三角形 ABC において，辺 AB の長さを c，辺 CA の長さを b で表す．$\angle ACB = 3\angle ABC$ であるとき，$c < 3b$ を示せ．

（配点率 30 %）

物理

（医〈保健〈看護学〉〉学部：75 分　その他の学部：2 科目 150 分）

〔1〕 図 1 のような，斜面と半径 R の円周，および水平な面からなるトラック（運動の経路）がある。このトラック上の小物体（質量 m とする）の一連の運動を考えよう。点 A から円周を経由して点 E までトラックは滑らかであり，摩擦は無視できる。点 E から右側の水平面上では摩擦力が働き，小物体と水平面の間の動摩擦係数を μ とする。重力加速度を g とし，空気抵抗は無視できるとする。

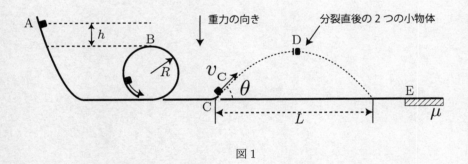

図 1

I. 小物体を点 A から静かに放したところ，小物体はトラックに沿って運動し，円周内側から離れずに点 B を通過して，点 C まで運動した。点 B は円周の最高点であり，点 A との高さの差を $h (h > 0)$ とする。

問 1　点 B での小物体の速度の大きさ v_B を，g, h を用いて表せ。

問 2　小物体が円周から離れることなく円周に沿って運動するために必要な h の最小値 h_0 を，R を用いて表せ。

II. 図 1 のように，小物体は点 C で滑らかに運動の向きを変え，速度の大きさ v_C，

角度 θ ($0° < \theta < 90°$) で飛び出した。図1の点 C からの点線は，小物体がこのまま運動をつづけた場合の軌跡であり，この軌跡が水平面と再び交わる点の点 C からの距離を L とする。

　小物体が最高点 D に達したとき，内部に仕込まれていたバネによって，小物体は突然 2 つの小物体に瞬時に分裂した。分裂後の小物体の質量は，それぞれ $\frac{1}{4}m$ と $\frac{3}{4}m$ であった。以後，軽い小物体，重い小物体と呼ぶ。軽い小物体の速度は分裂直後に 0 になった。また，分裂前にバネは圧縮されていて，このバネに蓄えられていた力学的エネルギーは，すべて，2 つの小物体の運動エネルギーに変換されたとする。バネの質量と長さは十分に小さく無視できる。

問 3 分裂後の 2 つの小物体が，それぞれ水平面に落下するまでの落下時間に関する以下の記述のうち，正しいものを (あ)〜(お) から 1 つ選んで，解答欄に記入せよ。

(あ) 落下時間はどちらも等しい。

(い) 軽い小物体の落下時間は，重い小物体の落下時間の 3 倍である。

(う) 重い小物体の落下時間は，軽い小物体の落下時間の 3 倍である。

(え) 軽い小物体の落下時間は，重い小物体の落下時間の $\sqrt{3}$ 倍である。

(お) 重い小物体の落下時間は，軽い小物体の落下時間の $\sqrt{3}$ 倍である。

問 4 重い小物体の分裂直後の速度の大きさ v_D を，v_C，θ を用いて表せ。

問 5 軽い小物体が水平面に落下した点の，点 C からの距離を，L を用いて表せ。

問 6 重い小物体が水平面に落下した点の，点 C からの距離を，L を用いて表せ。

III. 重い小物体が水平面に落下した直後，その速度の鉛直成分は 0 になり，速度の水平成分は落下直前の値を保った。その後，重い小物体は滑らかな水平面上を運動し，時刻 $t = 0$ に点 E を通過し，水平面から摩擦力を受けて減速し，時刻 $t = t_S$ に静止した。

問 7　静止した時刻 t_S を，v_C，θ，μ，g を用いて表せ。

問 8　時刻 t $(0 \leqq t \leqq t_S)$ における，重い小物体の点 E からの距離を x とする。時刻 t を，v_C，θ，μ，g，x を用いて表せ。

Ⅳ. 分裂してできた 2 つの小物体のうち，軽い小物体は水平面に落下後，水平面上で静止した。また重い小物体は Ⅲ. に示したような運動をして静止した。

問 9　点 A で静かに小物体を放したときから分裂後の 2 つの小物体が両方とも静止するまでに失われた，全ての力学的エネルギーの合計を，m，g，h，R，θ を用いて表せ。

〔2〕　コンデンサー，コイル，抵抗，ダイオード，スイッチ，起電力 E の直流電源などからなる電気回路を考える。回路中の導線やスイッチの電気抵抗は十分に小さいとする。コンデンサーは平行平板コンデンサーであり，極板間は，最初，真空とする。

Ⅰ. 図 1 のような電気回路がある。コンデンサー 1，2，3 の静電容量を，それぞれ C_1，C_2，C_3 とする。最初，コンデンサーの電荷は全て 0 で，スイッチは全て開いていた。

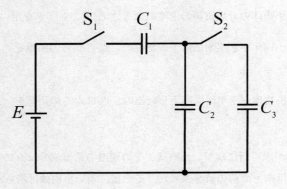

図 1

問 1 まず，スイッチ S_1 を閉じた。十分に時間が経った後，コンデンサー 2 の極板間の電位差が V_1 になった。V_1 を，E，C_1，C_2 を用いて表せ。

問 2 次に，スイッチ S_1 を開いて，スイッチ S_2 を閉じた。十分に時間が経った後，コンデンサー 2 の極板間の電位差が V_2 になった。V_2 を，E，C_1，C_2，C_3 を用いて表せ。

問 3 その後，スイッチ S_2 を閉じたままスイッチ S_1 を閉じた。十分に時間が経った後，コンデンサー 2 の極板間の電位差が V_3 になった。V_3 を，E，C_1，C_2，C_3 を用いて表せ。

問 4 この状態で，コンデンサー 3 の極板間を，比誘電率 ε_r の誘電体で満たした。十分に時間が経った後，コンデンサー 2 の極板間の電位差が，コンデンサー 1 の極板間の電位差の 2 倍になった。このときの比誘電率 ε_r を，C_1，C_2，C_3 を用いて表せ。

Ⅱ. 次に，図 2 の電気回路について考える。コンデンサーの静電容量を C，コイルの自己インダクタンスを L，抵抗の抵抗値を R とする。ダイオード D は，順方向に電流が流れるとき電圧降下はなく抵抗は無視でき，逆方向には電流が流れないとする。最初にスイッチ S_4 を開いたままスイッチ S_3 を閉じ，十分に時間が経った後，スイッチ S_3 を開き，その後スイッチ S_4 を閉じた。

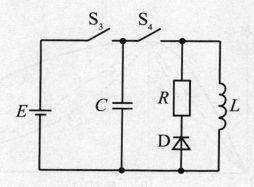

図 2

問 5 コイルに流れる電流は時間とともに変化した。電流の大きさの最大値 I_0 を，E，C，L を用いて表せ。

問 6 コイルは単位長さ当たりの巻き数が n のソレノイドであった。このソレノイドコイルの内部における磁場の大きさの最大値 H_0 を，n，I_0 を用いて表せ。

問 7 スイッチ S_4 を閉じた時刻を $t=0$ とする。ダイオード D があるために，時刻 $t=0$ の後で磁場の大きさが最大になるまでの間は，この電気回路はコンデンサーとコイルのみで構成されていると考えてよい。磁場の大きさが最大になる時刻 t_0 を，L，C を用いて表せ。

問 8 コイルの電流の大きさが最大になった瞬間に，スイッチ S_4 を開いた。この後は，ダイオード D があるために，電流は抵抗に流れた。時刻 t_0 の微小時間 Δt 後には，電流の大きさが I_0 から $I_0 + \Delta I$ に変化した。$\dfrac{\Delta I}{I_0 \Delta t}$ を，L と R で表せ。

問 9 時刻 t_0 $(t \leqq t_0)$ までとその後 $(t > t_0)$ の両方について，コイルに流れる電流の大きさの時間変化を表すものとして最も適切なグラフの概形を，図3中の（あ）〜（う）と（え）〜（か）からそれぞれ選び，解答欄 (a)，(b) に記入せよ。

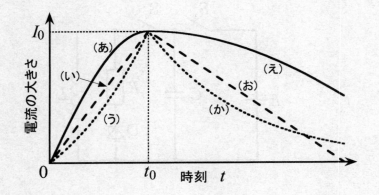

図 3

〔3〕 以下のＡとＢの両方の問題に解答せよ。なおＡとＢは独立した内容の問題である。

Ａ．なめらかに上下に動くピストン（質量と厚みは無視できる）がついた円筒状の容器内に，単原子分子の理想気体が 1 mol 封入されている（図 1）。この容器とピストンは熱を伝えない。容器内に，気体に熱を加えたり気体から熱を奪ったりできる熱制御装置が組み込まれている。熱制御装置の体積は無視できるほど小さく，かつピストンの運動を邪魔しないとする。図 1 のように z 軸を取り，$z = 0$ を容器の底面とする。はじめにピストンは $z = L$ の位置に静止しており，容器内の気体の圧力と温度は，それぞれ p_0, T_0 であった（図 2 の状態 **A**）。容器外の気体の圧力は常に p_0 で一定である。気体定数を R とする。また，単原子分子の理想気体の圧力を p, 体積を V としたとき，断熱変化においては，pV^γ は一定に保たれる。なお，γ（ガンマ）は定数である。

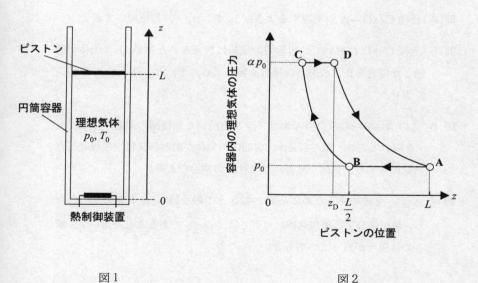

図 1   図 2

問 1　ピストンが自由に動く状態で熱制御装置をある時間作動させると，ピストンがゆっくり動いて $z = \dfrac{L}{2}$ の位置で停止した（図 2 の状態 **B**）。状

態 **B** における容器内の気体の温度 T_B を，T_0 を用いて表せ。

問 2 過程 **A → B** において，容器内の気体に加えられた熱量 Q_1 （気体が吸熱した場合を正，放熱した場合を負とする）を，R，T_0 を用いて表せ。

問 3 次に状態 **B** からピストンに徐々に力を加え，容器内の気体の圧力が αp_0 （$\alpha > 1$）になるまで，ゆっくりと断熱変化させた（図 2 の状態 **C**）。状態 **C** における容器内の気体の温度 T_C を，T_0，α，γ を用いて表せ。

状態 **C** から，容器内の気体の圧力が αp_0 に保たれるようにピストンに外力を加えたまま，熱制御装置を作動させ，ピストンの位置が z_D に達した時点で熱制御装置を停止した（図 2 の状態 **D**）。さらに，状態 **D** から容器内の気体の圧力が p_0 となるまで，ピストンに加える外力を徐々に緩めながらゆっくり断熱変化させると，ピストンの位置が $z = L$ となり，状態 **A** に戻った。

問 4 過程 **C→D→A** が実現するような z_D を，α，γ，L を用いて表せ。

問 5 過程 **C→D** において，容器内の気体に加えられた熱量 Q_2 （気体が吸熱した場合を正，放熱した場合を負とする）を，R，T_0，α，γ を用いて表せ。

問 6 この **A→B→C→D→A** のサイクルを用いた熱機関の熱効率 e を，α，γ を用いて表せ。ただし e は，容器内の気体が熱制御装置から吸収した熱量に対する，気体が外部にした仕事の割合である。

問 7 $e \geqq \dfrac{1}{2}$ を達成するために必要となる α の最小値 $\alpha_{\min}$ を求めよ。ただし，単原子分子の理想気体においては，$\gamma = \dfrac{5}{3}$ であることを用いよ。解答には根号が残っていてもよい。

B. 光速が慣性系の選び方によらないことを明らかにしたマイケルソン・モーリーの実験や，近年の重力波の観測は，互いに直交する 2 つの長い経路を通った光の干渉を用いて行われた。次の簡略化したモデルを用いて，光の干渉について考えよう。

　図 3 に示すように，レーザー光源から出る光を，ハーフミラー（半透鏡）H を用いて経路 X と経路 Y の 2 つに分けた後，鏡で反射させ，H によって，同じ面 F に集めた。ハーフミラーは，光の一部分を透過し，残りを反射する鏡である。経路 Y を通った光を面 F に垂直に入射させ（入射角 0°），経路 X を通った光を十分に小さな入射角 θ で入射させた。その結果，2 つの光が作る干渉縞が，面 F で観測された（図 4）。レーザー光の経路は，指定がない限り，真空である。レーザー光の真空中での波長を λ とする。また，経路 X の途中には，長さ L の透明な容器 A が置かれていて，この容器内も最初は真空である。なお，レーザー光源に戻る光や面 F で反射する光は考えなくてよい。ハーフミラー H の厚みも無視してよい。レーザー光源は十分に幅の広い平面波を発生するものであり，面 F 付近で干渉を考える際も，平面波として取り扱ってよい。

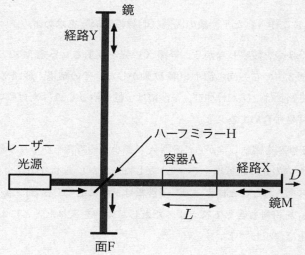

図 3

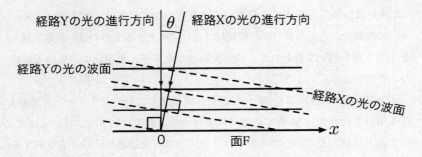

経路Yの光の進行方向　θ　経路Xの光の進行方向

経路Yの光の波面

経路Xの光の波面

経路Xの光の波面

0　　　　面F　　　x

図 4

問 8　ある時刻に面 F に入射する波面の様子を拡大したところ，図 4 のよう
　　　であった。なお図 4 では，θ が誇張して大きく描かれている。面 F 上に
　　　図 4 のように x 軸をとる。経路 X を通り $x = 0$ に入射する光について，
　　　レーザー光源から測った光路長を ℓ とする。経路 X を通り面 F 上の任
　　　意の位置 x に入射する光の光路長を求めよ。ただし同じ波面上では，光
　　　源からの光路長は一定であるとせよ。

問 9　面 F に作られた干渉縞の間隔（明線の間隔）を求めよ。

問10　干渉縞を観察しながら，経路 X の光を反射させる鏡 M を，ゆっくり
　　　と図 3 中の右方向に微小距離 D 動かした。その結果，経路 X を通る光
　　　の光路長は $2D$ だけ伸び，干渉縞は x 軸に沿って Δx_1 だけ動いた。Δx_1
　　　を符号も含めて答えよ。

問11　干渉縞を観察しながら，容器 A に微小量のガスをゆっくりと入れ，容
　　　器 A 内の光の屈折率を $(1 + \alpha)$ とした。ただし α は正で十分に小さい。
　　　ガスを入れたことによって，干渉縞は x 軸に沿ってさらに Δx_2 動いた。
　　　Δx_2 を符号も含めて答えよ。ただし，ガスを入れたことによる経路の
　　　変化は無視してよい。

問12　光は電磁波の一種であり，その電場は正弦波で表すことができる。経
　　　路 X から面 F に入射する光の電場を E_X，同じく経路 Y から入射する

光の電場を E_Y とする。$x = 0$ において，E_X，E_Y とも同じ向きで，$E_0 \sin \omega t$ の時間変化をしていた。t は時刻である。ω は光の波の角振動数であり，振動数 f，周期 T と，$\omega = 2\pi f = \dfrac{2\pi}{T}$ の関係にある。なお ω は 0 でない定数である。

　2 つの光の干渉によって面 F 上に発生した干渉縞の明るさは x の関数であり，「2 つの光の電場の和の 2 乗の時間平均（十分に長い時間にわたる平均）」に比例する。この電場の和の 2 乗，すなわち $(E_X + E_Y)^2$ の時間平均 $I(x)$ を求めよ。なお，0 でない定数 a に対し，$\sin at$ や $\cos at$ の時間平均は 0 だが，$\sin^2 at$ や $\cos^2 at$ の時間平均は $\dfrac{1}{2}$ であることを用いてよい。

■■■■化学■■■■

（医（保健〈看護学〉）学部：75 分　　その他の学部：2 科目 150 分）

【注意】

1. 必要があれば次の数値を用いよ。

　H の原子量 ＝ 1.0

　C の原子量 ＝ 12.0

　N の原子量 ＝ 14.0

　O の原子量 ＝ 16.0

2. 特にことわらない限り，構造式は以下の例にならって示すこと。

　（例）

3. 体積の単位記号 L は，リットルを表す。

4. 文字制限のある解答は，下に示す例にならって書くこと。

　（例）

α	－	グ	ル	コ	ー	ス	を	5	.	0	×	1	0	－	²	g	／	L	の
N	a	N	O	₃	水	溶	液	に	溶	か	し	た	。						

〔1〕　以下の文章を読み，**問 1 ～問 6** に答えよ。

【Ⅰ】

　　ハロゲン化水素(HF，HCl，HBr，HI)の沸点は，<u>**ア**＜**イ**＜**ウ**＜**エ**の順に</u>
<u>高い</u>。ハロゲン化水素の水溶液のうちフッ化水素酸のみが弱酸であるが，皮膚
に付着すると体内に侵入しやすく，重大な害を引き起こす。<u>その害は，カルボ</u>
<u>ン酸のカルシウム塩を用いて処置することで抑制することができる</u>。

問 1　下線部①の**ア**～**エ**にあてはまるハロゲン化水素を記せ。

問 2　下線部①のようになる理由を 50 字以内で記せ。

問 3　下線部②に関して，カルボン酸のカルシウム塩が有効である理由を 40 字
　　　以内で記せ。

【Ⅱ】

　　アンモニア水溶液中における，Ag^+，$[Ag(NH_3)]^+$，$[Ag(NH_3)_2]^+$ の 3 種
類のイオンの平衡状態を考える。なお，$[Ag(NH_3)]^+$ を A_1，$[Ag(NH_3)_2]^+$
を A_2 と表記することとする。

$$Ag^+ + NH_3 \underset{}{\overset{K_1}{\rightleftharpoons}} \underset{A_1}{[Ag(NH_3)]^+} \qquad K_1 = \frac{[A_1]}{[Ag^+][NH_3]}$$

$$\underset{A_1}{[Ag(NH_3)]^+} + NH_3 \underset{}{\overset{K_2}{\rightleftharpoons}} \underset{A_2}{[Ag(NH_3)_2]^+} \qquad K_2 = \frac{[A_2]}{[A_1][NH_3]}$$

　　ここで K_1，K_2 はそれぞれの反応の平衡定数であり，$[X]$ は物質 X の濃度を
表す。なお，水溶液中の NH_4^+ および NH_3 の濃度の和は，銀イオンおよびア
ンモニアを含む銀の錯イオンの濃度の総和 $A_T(= [Ag^+] + [A_1] + [A_2])$ に比べ
はるかに大きく，アンモニウムイオンおよびアンモニアの濃度の総和 N_T に関
して以下の近似が成り立つものとする。

$$N_T = [NH_4{}^+] + [NH_3] + [A_1] + 2\,[A_2] \fallingdotseq [NH_4{}^+] + [NH_3]$$

問 4　溶液の pH を大きくすると $[Ag^+]$ は小さくなる。その理由を 50 字以内で記せ。

問 5　平衡状態における $[Ag^+]$ を，K_1，K_2，A_T，および $[NH_3]$ を用いて表せ。

問 6　平衡状態において $[A_1]$ と $[A_2]$ が等しくなるときの水素イオン濃度 $[H^+]$ を，K_1，K_2，N_T，水のイオン積 K_w，およびアンモニアの電離定数 K_b のうち必要なものを用いて表せ。

〔**2**〕　以下の文章を読み，**問 1 〜問 5** に答えよ。

　窒素酸化物である NO_2 と N_2O_4 は，気体状態において両者の平衡混合物(以下 NO_2-N_2O_4 と表す)として存在する。その熱化学方程式は次のように表される。

$$N_2O_4 = 2NO_2 - 57.2\ \text{kJ}$$

　この化学平衡を調べるために，質量 w〔g〕の NO_2-N_2O_4 を容器に封入し，温度 T〔K〕と圧力 P〔Pa〕の関係のグラフを作成した。容器内の気体の温度は任意の値に設定可能である。また，可動ピストンにより容器の容積を変更することができ，ピストンは反応が平衡状態に達するのに要する時間よりも速く操作できる。ここで NO_2 と N_2O_4 は，それぞれ理想気体として扱えるものとする。気体定数を $R = 8.31 \times 10^3\ \text{Pa·L/(mol·K)}$，$N_2O_4$ のモル質量を $M = 92.0\ \text{g/mol}$ とする。

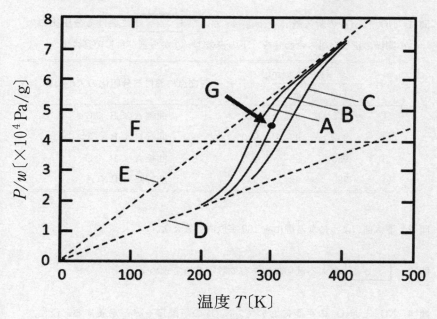

図 1　P/w と温度 T の関係

<u>実験 1</u>

　容積 1.0 L に設定した容器に NO_2-N_2O_4 を w〔g〕封入し，圧力を質量で割った値 P/w〔Pa/g〕を縦軸，温度 T〔K〕を横軸にプロットした。ここで，用いる NO_2-N_2O_4 の封入量を w_A，w_B，w_C と変えて，異なる 3 つの実験 A，B，C を行い，図 1 に示した曲線 A，B，C をそれぞれ得た。<u>これらの曲線が $P/w = 4.0 \times 10^4$ Pa/g を示す破線 F を横切る温度は，曲線 A ＜ B ＜ C の順に高くなり，各交点における N_2O_4 の分圧に対する NO_2 の分圧の比の大小関係は</u>　 a 　であった。また，これらの曲線は低温側では原点を通る直線 D に，高温側では原点を通る直線 E にそれぞれ漸近した。ここで，直線 E の傾きは　 b 　Pa/（g・K）である。

問 1 NO_2-N_2O_4 の封入量 w_A, w_B, w_C および ⬚a⬚ における分圧比の大小関係の正しい組み合わせを，下の表の①～④から選び番号で答えよ。

番号	封入量 w〔mg〕			各交点における分圧比の大小関係
	w_A	w_B	w_C	
①	9.2	92	920	曲線 A < B < C
②	9.2	92	920	曲線 C < B < A
③	920	92	9.2	曲線 A < B < C
④	920	92	9.2	曲線 C < B < A

問 2 下線部のようになる理由を 100 字以内で答えよ。

問 3 ⬚b⬚ に入る適切な値を有効数字 2 桁で求めよ。

問 4 NO_2 と N_2O_4 の平衡において，N_2O_4 の解離度を α と定義する。仮に，N_2O_4 が解離していない場合は $\alpha = 0$，全ての N_2O_4 が解離して NO_2 となったときは $\alpha = 1$ である。点 $G(T = 300\ K,\ P/w = 4.53 \times 10^4\ Pa/g)$ における解離度 α を有効数字 2 桁で求めよ。解答欄には，計算過程も示せ。

実験 2

図 1 に示した曲線 B 上の点 G において，容器内の気体温度を $300\ K$ に維持した状態で時刻 t_1 に素早くピストンを操作して容積を $1.0\ L$ から $2.0\ L$ に変化させた。

問 5 時刻 t_1 の前後において，全圧，NO_2 の分圧，N_2O_4 の分圧の時間変化をそれぞれ実線（——），点線（………），破線（----）でプロットした。3 つの圧力の変化の様子を正しく示したものを（**ア**）～（**ケ**）から選べ。

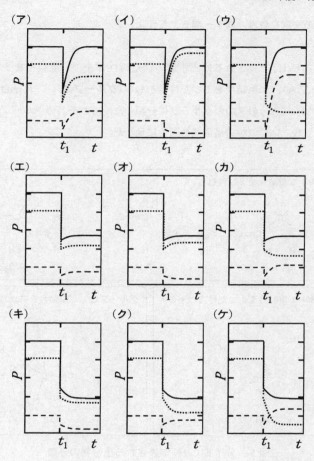

〔**3**〕　以下の文章を読み，**問 1 〜問 5** に答えよ。

　　分子式 C_5H_8 で表される炭化水素の構造異性体を，二重結合を 2 つ含むもの（**グループA**），二重結合を 1 つだけ含むもの（**グループB**），二重結合を含まないもの（**グループC**）の 3 つのグループに分類した。それぞれのグループに属する化合物のうち，いくつかの構造式を図 1 に示した。

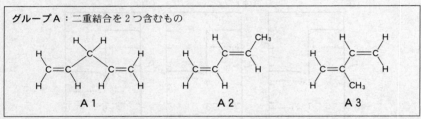

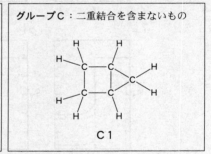

図 1　分子式 C_5H_8 で表される化合物の分類
（それぞれのグループに属する化合物を全て示しているわけではない）

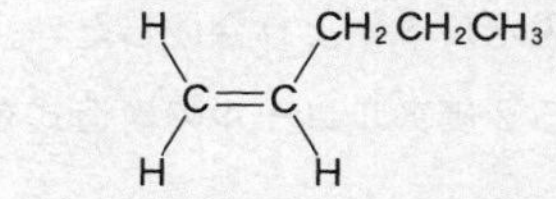

126 kJ/mol

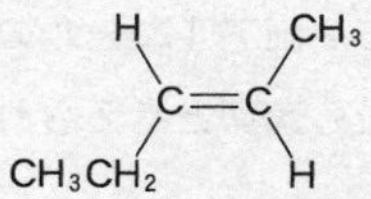

115 kJ/mol

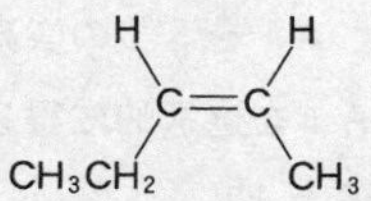

120 kJ/mol

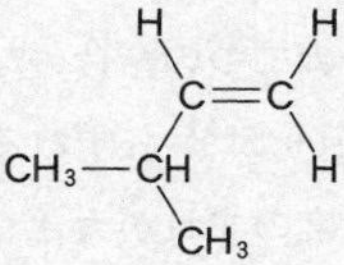

127 kJ/mol

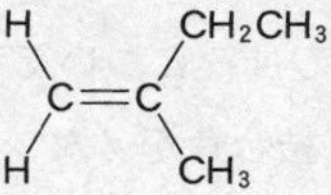

119 kJ/mol

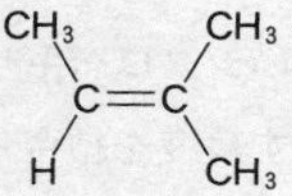

113 kJ/mol

図 2　5 つの炭素からなる鎖状アルケン 1 mol に水素を付加したときに発生する熱量

問 1　以下の文章について，下線部①に示した選択肢の中から適切なものを選ぶとともに，空欄ア，イにあてはまる数値を答えよ。なお，熱量の計算には，図 2 に示した水素化熱(アルケン 1 mol に対して水素を付加させたときに発生する熱量)の値を用いよ。

炭素原子のつながり方が同じであるアルケンの異性体間の相対的な安定性は，水素化熱を比較することにより理解できる。例えば，図 2 に示した水素化熱の値から，1-ペンテンとトランス-2-ペンテンでは，(1-ペンテンの方が安定である/トランス-2-ペンテンの方が安定である/安定性に差はない)①ことがわかる。**グループ** A に属する A 1 は 1-ペンテンと構造の類似した二重結合を 2 つ含むので，その水素化熱は 126 × 2 ＝ 252 kJ/mol と見積もられる。この値は実測値 253 kJ/mol とほぼ同じ値である。一方，A 2 の水素化熱は，A 2 に含まれるそれぞれの二重結合と最も構造の類似した 2 つのアルケンの水素化熱の値の和により(　ア　)kJ/mol と見積もられる。しかし，A 2 の水素化熱の実測値は 223 kJ/mol であり，アの値とは大きく異なる。これは，A 2 の二重結合を形成する電子の一部が 2 つの特定の炭素原子上に局在化するのではなく，二重結合に関与する 4 つの炭素原子上のすべてに非局在化することにより安定化されているためである。A 3 の水素化熱を同様に計算し，実測値 229 kJ/mol との差を求めることで，A 3 は二重結合上の電子の非局在化により(　イ　)kJ/mol 安定化していると見積もられる。

問 2 A1を5つの炭素からなる2価アルコールの脱水反応により合成したい。A1を選択的に得るために最も適切と考えられる2価アルコールの構造式を答えよ。

問 3 B1を水素化して生成するシクロペンタンと，それよりも1つ炭素数が多いシクロヘキサンの持つひずみについて考える。ある原子の二つの結合のなす角度を結合角という。結合角がメタンの結合角である109.5°からずれることにより生じるひずみのことを角ひずみといい，その角度のずれが大きくなるほど角ひずみが大きくなる。正五角形，正六角形の一つの角度がそれぞれ108°，120°であることをもとにすると(図3)，シクロヘキサンはシクロペンタンよりも角ひずみが大きいと予想される。しかし実際には，シクロヘキサンは角ひずみをほとんど持たない。この理由を40字程度で記せ。

108° 正五角形 120° 正六角形

図3

問 4 B1以外で**グループB**に属する化合物を水素化したときに生成する分子式 C_5H_{10} の化合物が4種類ある。それぞれの構造式を答えよ。ただし，互いに立体異性体の関係にある化合物は1種類の化合物とみなし，水素化の条件下では炭素―炭素単結合の開裂は起こらないものとする。

問 5 **グループC**に属する化合物**C2**に硫酸水銀(Ⅱ)を触媒として水を反応させた。そこで得られた化合物にヨウ素と水酸化ナトリウム水溶液を加えて温めると，黄色沈殿が生じるとともに，カルボン酸**D**のナトリウム塩が生成した。化合物**C2**の構造式を答えよ。

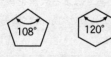

〔**4**〕　以下の文章を読み，**問 1 ～問 7** に答えよ。

【Ⅰ】

　　分子式が $C_{18}H_{16}O_4$ である化合物 **A** を酸性条件下でおだやかに加水分解したところ，3 種類の化合物(**B，C，D**)が得られた。**B** と **C** は同じ分子式をもち，ともにベンゼン環を含んでいた。また，**D** は水溶性の化合物であり，その組成式は CHO(原子数の比 C：H：O ＝ 1：1：1)であった。これらの化合物を用いて以下の実験を行った。

　　実験(a)　化合物 **B**(108 mg)を完全燃焼させると，308 mg の二酸化炭素と72 mg の水が得られた。

　　実験(b)　化合物 **B** を塩化鉄(Ⅲ)水溶液と反応させると，青色を呈した。一方，化合物 **C** を塩化鉄(Ⅲ)水溶液に加えても，呈色しなかった。

　　実験(c)　化合物 **B** を過マンガン酸カリウム水溶液で酸化すると，サリチル酸が得られた。

　　実験(d)　化合物 **D**(116 mg)を 160 ℃ に加熱すると，18 mg の水が発生するとともに五員環構造を含む化合物 **E** が 98 mg 得られた。

問 1　化合物 **B** と **C** の構造式を書け。

問 2　加水分解後に **B** と **C** は混合物として得られる。**B** と **C** を分液漏斗を使って確実に分離するには水層に何を加えればよいか，物質名を答えよ。

問 3　化合物 **D** と **E** の構造式を書け。

問 4　化合物 **A** の構造式を書け。

【Ⅱ】

　　デンプンやセルロースは，分子式が $(C_6H_{10}O_5)_n$ で表される天然高分子化合物である。

　　デンプン水溶液にヨウ素溶液を加えると青～青紫色に呈色する。そこにアミラーゼを加えて 35 ℃ に保つと，時間の経過とともに<u>褐色を経て次第に薄い色
①
へと変化していく</u>。

　　一方，セルロースに希酸を加えて長時間熱すると，加水分解されてグルコースになる。また，<u>セルロースに少量の濃硫酸存在下で無水酢酸を反応させて，
②
全てのヒドロキシ基をアセチル化した後におだやかに加水分解すると，ジアセチルセルロースが得られる</u>。ジアセチルセルロースをアセトンに溶かして紡糸したものは，アセテート繊維として利用されている。

問 5　下線部①について，アミラーゼの役割やデンプンの特徴的な分子構造を考慮して，色が薄くなる理由を 30 字程度で記せ。

問 6　セルロースを構成するグルコース単位の分子構造を，各置換基の立体的な配置がわかるように記せ。

問 7　下線部②の操作で，123 g のジアセチルセルロースを得るためには，無水酢酸 $(CH_3CO)_2O$ が何グラム必要であるか，答えよ。ただし，用いたセルロースの各ヒドロキシ基と無水酢酸は 1：1 の比で完全に反応するものとする。

■■■生物■■■

（医〈保健〈看護学〉〉学部：75 分　その他の学部： 2 科目 150 分）

【注意】
　字数制限のある解答においては，ひらがな，カタカナ，漢字，アルファベット，数字，句読点等の符号等，全ての文字を一つのマスに一つ記入すること。

〔1〕　以下の文章【A】～【C】を読み，問 1 ～問 7 に答えよ。

【A】

　ウイルスは，それ単体では増殖することができず，宿主となる細胞に感染し，その感染細胞内で細胞の機構を利用することで増殖する構造物（微生物）である。ウイルスには，DNA に遺伝情報を持つ DNA ウイルスと，RNA に遺伝情報を持つ RNA ウイルスがある。RNA ウイルスの一種であるレトロウイルスは，ウイルスの増殖過程で，宿主ゲノムに自身の遺伝情報を挿入する。
　　　　　　　　　　　　　　　　　　　　　　　　①

　ある生物にウイルスが感染したときに，その生物のゲノムにとりこまれたウイルス由来の遺伝情報が次世代に引き継がれ，進化の過程で消失せず，その生物集団に固定されることがある。この現象をウイルス配列の「内在化」という。
　　　　　　　　　　　　　　　　　　　　　　　　　　　　　　②

問 1　下線部①について，レトロウイルスが持つ特徴的な酵素がある。その酵素の特徴についての以下の文中の空欄に，それぞれ「DNA」，「RNA」，「タンパク質」のいずれかを埋めよ。

　　　その酵素は，（　 1 　）を鋳型として，（　 2 　）を合成する。

問 2　下線部②の現象がヒトで起こるためには，ウイルスは少なくともある特徴を持った細胞に感染する必要がある。次の中から，そのような細胞を 1 つ選

べ。

神経細胞，　　シュワン細胞，　　グリア細胞，　　視細胞，　　味細胞，

筋細胞，　　卵原細胞，　　赤血球，　　ヘルパーT細胞，　　樹状細胞，

好中球，　　細尿管細胞，　　小腸上皮細胞，　　血管内皮細胞

【B】

　遺伝情報の変化が生物の生存に有利な影響を与えるとき，その変化した遺伝配列は自然選択によりその生物集団に広まっていく。その状態が十分長期間続くことで，その集団すべてがその配列を持つようになる。

　図1は架空の生物スイタイヌ，ミノオイヌ，マチカネイヌ，ナニワイヌの系統樹である。スイタイヌ，ミノオイヌの祖先が分岐する前に（図1の矢印），ある祖先ウイルスVの配列の一部がスイタイヌ，ミノオイヌの共通祖先のゲノムに内在化したとする。

　別のウイルスWは，感染力が強く，感染した生物の寿命を短縮させる。現在，マチカネイヌとナニワイヌではウイルスWの感染が蔓延し，絶滅寸前である。一方，スイタイヌとミノオイヌではウイルスWの感染は一例も起こっておらず，今年からWが変異したウイルスW'が感染し，流行している。

　単純化のために，4種のイヌ間で，内在化したウイルスV由来配列（内在性v配列）以外にウイルス感染に関与する遺伝情報の差異はなく，地理的隔離は生じなかったものとする。また，ウイルスV，W，W'は互いに影響を与えないものとする。

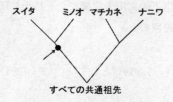

図1　4種のイヌの系統樹

（スイタ：スイタイヌ，ミノオ：ミノオイヌ，

マチカネ：マチカネイヌ，ナニワ：ナニワイヌ）

問 3　ゲノムに内在性 v 配列を持つ現在の生物が，その配列を持つことで獲得
　　　していると考えられる形質を「ウイルス W」という語句を用いて 20 字以内で
　　　答えよ。

問 4　ウイルス W' とウイルス W とを比べたとき，ウイルス W' が獲得したと
　　　考えられる形質を，「内在性 v 配列の影響」という語句を用いて 25 字以内で
　　　答えよ。

【C】

　生物進化の過程を類推するために，相同なタンパク質のアミノ酸配列を比較し
た分子系統樹を用いる。表 1 は，4 種の生物（ヒト，X，Y，Z）間における架空
のタンパク質 H のアミノ酸配列を比較し，生物間で異なるアミノ酸の数を示し
たものである。図 2 は，この情報をもとに描いたタンパク質 H の分子系統樹で
ある（枝の長さは必ずしも正確ではない）。ただし，これらの生物において，タン
パク質 H は同じ働きを持ち，その進化速度は一定であるとする。また，これら
の生物間で地理的隔離は生じなかったものとする。

	ヒト	X	Y	Z
ヒト	0	31	64	8
X		0	40	25
Y			0	55
Z				0

表 1　タンパク質 H のアミノ酸置換数

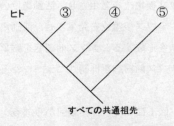

図 2　タンパク質 H の分子系統樹

問 5　系統樹における生物③，④，⑤は，それぞれ生物 X，Y，Z のいずれであ
　　　るか最も可能性が高いものを答えよ。

問 6　ヒトと生物④の祖先が分岐した年代を 1.3 億年前とした時，ヒトと生物⑤
　　　の祖先が分岐した年代を答えよ。ただし，年代は表 1 のアミノ酸置換数を最

も説明できるものを採択し，有効数字は 3 桁とする。

〔解答欄：約＿＿＿＿億年前〕

問 7　生物③では，ヒトとの分岐後にタンパク質 H を指定する遺伝子 h の重複
　　　が起こり，タンパク質 H' を指定する遺伝子 h' が形成された。ヒトのタンパ
　　　ク質 H と生物③のタンパク質 H' を比較すると，40 箇所にアミノ酸置換が
　　　あった。なぜ，生物③のタンパク質 H と H' で，ヒトのタンパク質 H との
　　　アミノ酸置換数に差があるのか 60 字以内で説明せよ。

〔2〕　以下の文章【A】と【B】を読み，問 1〜問 5 に答えよ。

【A】

　ニューロンは，軸索を介して他のニューロンとの間にシナプスを形成して，情
報伝達を行う。シナプスでは，神経伝達物質により次の細胞へ一方向性の情報伝
達が行われ，神経伝達物質を送る側の細胞をシナプス前細胞，受け取る側の細胞
をシナプス後細胞という。興奮性シナプスは，シナプス伝達によって興奮性シナ
プス後電位を発生させ，活動電位の発生に関与する。抑制性シナプスは，抑制性
シナプス後電位を発生させ，活動電位の発生を抑える働きをする。興奮性シナプ
スを形成するシナプス前細胞を興奮性ニューロン，抑制性シナプスを形成するシ
ナプス前細胞を抑制性ニューロンとよぶ。

　図 1 に 4 つの神経細胞からなるシナプス結合の例を示す。N 1 の神経細胞を刺
激したところ，N 4 の神経細胞では，図 2 A に示すような興奮性シナプス後電位
が観察された。また，N 2 の神経細胞を刺激したところ，N 4 の神経細胞では，
図 2 B に示すような抑制性シナプス後電位が観察された。さらに，N 1 と N 3 の
神経細胞を同時に刺激したところ，N 4 の神経細胞では，図 2 C に示すような活
動電位が観察された。N 1，N 2 および N 3 の神経細胞に与えた刺激の強さは同
じであり，また，N 4 の神経細胞では，同じ時刻にシナプス後電位が発生するも
のとする。

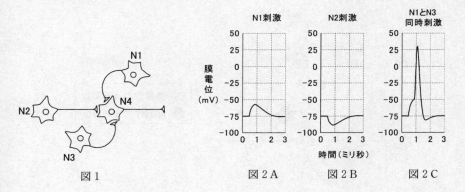

図 1　　　　図 2 A　　　図 2 B　　　図 2 C

問 1　N1，N2 および N3 の 3 つの神経細胞を同時に刺激したところ，N4 の
　　　　神経細胞では活動電位は発生しなかった。この理由を 40 字以内で述べよ。

問 2　N1 および N2 の神経細胞を同時に刺激したところ，N4 の神経細胞では
　　　　シナプス後電位はほとんど観察されなかった。問 1 の結果をふまえ，N3 の
　　　　神経細胞を刺激した際，N4 の神経細胞ではどのような膜電位の変化が観察
　　　　されると考えられるか。解答用紙のグラフ（図 2A～2C と同じ目盛りのグラ
　　　　フ）に実線で記入せよ。

　中枢神経系（脳・脊髄）では，興奮性ニューロンと抑制性ニューロンとが組み合
わさり，複雑な神経回路を形成して多様な情報処理を担っている。興奮性と抑制
性のシナプス結合をもつ神経回路の例を図 3 A と図 3 B に示す。図 3 A のすべて
のニューロンと図 3 B の I4 以外のニューロンは，同一の興奮性ニューロンとす
る。図 3 B の I4 の神経細胞は抑制性ニューロンである。ここでは，神経細胞の
活動電位の発生パターンについて見るため，一つの興奮性ニューロンによるシナ
プス後電位で活動電位が生じるものとする。また抑制性ニューロンにより，シナ
プス後細胞での活動電位の発生が一定時間抑制されるものとする。

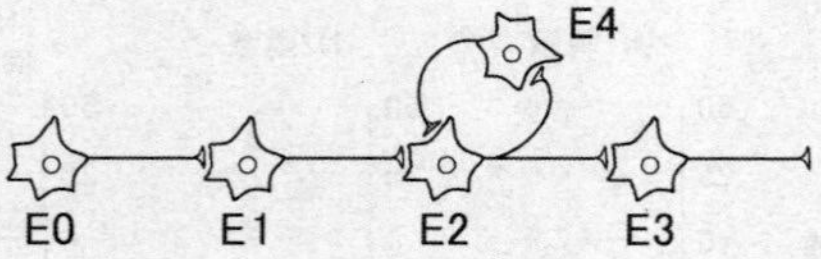

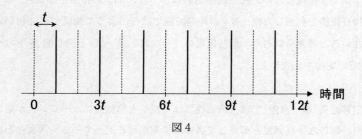

図3A

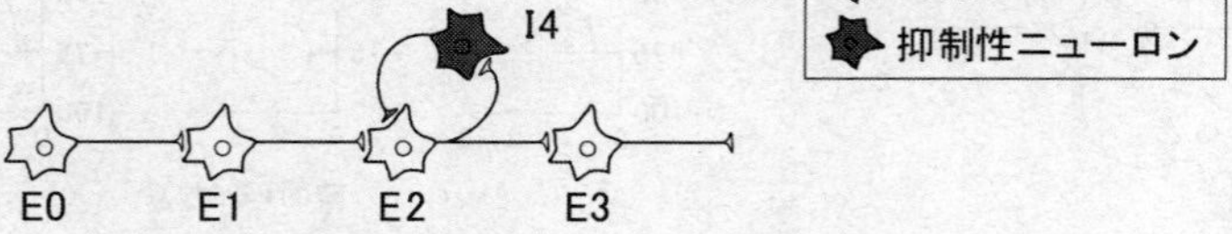

図3B

興奮性ニューロン
抑制性ニューロン

　図3Aおよび図3Bの神経回路では，あるニューロンに活動電位が発生してから次のニューロンに活動電位が発生するまでの時間をすべて一定時間 t とする。E0の神経細胞で時間0から $2t$ ごとに活動電位が発生した場合，E1の神経細胞の活動電位の発生パターンは図4の縦軸実線のように表される。

図4

問3 神経細胞が図3Aのような神経回路を形成しているとき，E0の神経細胞で時間0から $3t$ ごとに活動電位が発生した場合，E3の神経細胞の活動電位の発生パターンについて，図4の表示例を参考に解答用紙のグラフに実線で記入せよ。

問 4　抑制性シナプス後電位は，活動電位の発生を $2t$ 時間打ち消すものとする。神経細胞が図 3 B のような神経回路を形成しているとき，E 0 の神経細胞で時間 0 から $3t$ ごとに活動電位が発生した場合，E 2 の神経細胞の活動電位の発生パターンについて，図 4 の表示例を参考に解答用紙のグラフ（図 4 と同じ目盛り）に実線で記入せよ。

【B】

　図 5 に 4 つの興奮性ニューロンからなる神経回路を示す。A 点で刺激を加えると，B 点では 25.5 ミリ秒後に刺激を受容し，C 点では 23.5 ミリ秒後に刺激を受容した。

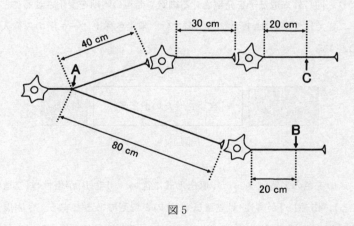

図 5

問 5　各神経細胞で興奮が軸索を伝導する速度，および神経細胞間で興奮がシナプスを介して隣接する神経細胞の細胞体に伝えられて興奮するまでの時間はそれぞれ同じであると仮定し，(ア)興奮が軸索を伝導する速度〔メートル/秒〕と，(イ)興奮がシナプスを介して隣接する神経細胞の細胞体に伝えられて興奮するまでの時間〔ミリ秒〕を求めよ。

〔**3**〕　以下の文章【A】~【C】を読み，**問 1 ~ 問 3** に答えよ。

【A】

　外来遺伝子を組み入れた動物をトランスジェニック動物とよぶ。通常は外来遺伝子を発現させるために図 1 のように，転写調節配列とプロモーターを含めた領域（以下プロモーター領域とする），発現させたい遺伝子，そして，ポリ A 付加シグナル（注：真核生物において成熟 mRNA を生産するために必要な配列）をつなげた外来 DNA 断片を染色体に挿入する。挿入されるゲノムの位置は制御できないが，世代を超えて安定に存在させることが可能で，細胞すべてに外来 DNA 断片が挿入された動物を得ることができる。また，プロモーター領域を変えることにより，同じ外来遺伝子を発現させる細胞や発現の時期を変化させることもできる。ここでは外来 DNA 断片の挿入時には，常染色体上に一ヶ所のみ挿入されるものとする。

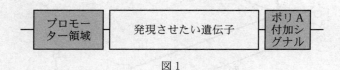

図 1

　マウスの毛色の形質はメンデル遺伝形式に従い，黒毛[B]が優性（対立遺伝子 B とする），白毛[b]が劣性（対立遺伝子 b）の表現型であるとする。今回黒毛マウスの純系系統（遺伝子型 BB）を元に，オワンクラゲの緑色蛍光タンパク質遺伝子 gfp を発現させるトランスジェニックマウスを作製した。まず，ロドプシンという視細胞にのみ発現する遺伝子のプロモーター領域と gfp をつなげた図 2 のような DNA 断片が挿入されたトランスジェニックマウスを 2 系統（マウス X，マウス Y とする）作製した。ここでは，マウス X，Y における挿入された DNA 断片をそれぞれ対立遺伝子 G_1，G_2 とし，それらを持たないものを対立遺伝子 g_1，g_2 とする。つまり，マウス X の遺伝子型は G_1g_1BB，マウス Y の遺伝子型は G_2g_2BB となる。これらのマウスは両眼に緑の蛍光を持っていた。

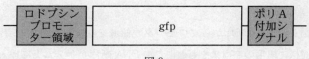

図 2

　　マウス X，マウス Y をそれぞれ，白毛のマウス(遺伝子型 bb) と交配した。得られた黒毛で眼に蛍光がある子を用いて，X の子は X の子と，Y の子は Y の子と交配したところ，得られた次世代の子の出生比は次の通りであった。

X の子同士の交配

　　眼に蛍光があり黒毛：眼に蛍光があり白毛：眼に蛍光がなく黒毛：

　　眼に蛍光がなく白毛＝ 9 ： 3 ： 3 ： 1

Y の子同士の交配

　　眼に蛍光があり黒毛：眼に蛍光があり白毛：眼に蛍光がなく黒毛：

　　眼に蛍光がなく白毛＝ 22 ： 5 ： 5 ： 4

問 1　下線①のマウスについて，X の子と Y の子を交配した場合に予想される以下の出生比を求めよ。

　　眼に蛍光があり黒毛：眼に蛍光があり白毛：眼に蛍光がなく黒毛：

　　眼に蛍光がなく白毛

【B】

　次に，図2のDNA断片からプロモーター領域をなくしたDNA断片（図3）を作製し，同様に黒毛のマウスをもとにこのDNA断片がゲノム上に挿入されたトランスジェニックマウスを複数系統作製した。多くのマウス系統では全身のどの
②
器官，どの組織においても蛍光は認められなかった。しかし，一部のマウス系統においては体全体や体の一部の器官，組織に蛍光が認められたが，その蛍光を示す器官，組織はマウス系統によって異なっていた。

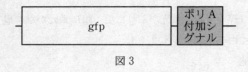

図3

問 2　下線②について，なぜ一部のマウス系統に蛍光を認め，また，そのパターンが異なるのか，最も考えられる理由を50字以内で説明せよ。

【C】

　下線②で蛍光を持つ系統のうち，脳に蛍光を持ち黒毛のマウスZを1系統選び出した。これを白毛のマウスと交配し得られた黒毛で脳に蛍光がある子（遺伝
③
子型は G_3g_3Bb とする）同士を交配したところ，得られた次世代の子の出生比は次の通りであった。

　　脳に蛍光があり黒毛：脳に蛍光があり白毛：脳に蛍光がなく黒毛：
　　脳に蛍光がなく白毛＝ 6 ： 2 ： 3 ： 1

問 3　下線③のマウスをマウスZの子孫で脳に蛍光があり白毛のマウスと交配した場合に予想される以下の出生比を求めよ。

　　脳に蛍光があり黒毛：脳に蛍光があり白毛：脳に蛍光がなく黒毛：
　　脳に蛍光がなく白毛

〔**4**〕 以下の文章を読み，**問 1 ～問 4** に答えよ。

　リンは生体構成成分として利用されるのみならず，核酸合成やエネルギー代謝，細胞内の情報伝達など，様々な生命活動に重要な役割を担っている。そのため，リンを全身の細胞や組織へ供給する血しょうではリンの濃度が厳密に制御されている。血しょう中のリンは，ほとんどがリン酸イオンとして存在し，その濃度はヒトで約 4 mg/100 mL，マウスで約 5 mg/100 mL とほぼ一定である。

　血しょう中のリン酸イオン濃度の恒常性維持に最も重要な臓器は腎臓である。腎臓の細尿管（腎細管）では，グルコースや無機塩類などが体液の状態に応じて必要な量だけ再吸収されるが，リン酸イオンも同様である。リン酸イオンは，毛細血管からボーマンのうの中にその全てがこし出された後，細尿管細胞によって原尿から細胞内へと取り込まれ，毛細血管の血しょう中に回収される。

　ホルモン X は，血しょう中のリン酸イオン濃度によってその分泌量が変動するホルモンであり，血しょう中のリン酸イオン濃度の恒常性維持にはたらく。このホルモン X の標的細胞は腎臓の細尿管細胞のみである。ホルモン X が血しょう中のリン酸イオン濃度を調節するしくみを調べるために，以下の実験を行った。

【実験 1】

　ホルモン X を産生する内分泌腺を外科的に切除することにより，ホルモン X を枯渇させたマウスを作製した。このマウスを用いて，生理食塩水とイヌリンを投与するグループ，ホルモン X とイヌリンを投与するグループの 2 つに分けて実験を行った。イヌリンは原尿にこし出されるが，細尿管で再吸収されない物質である。それぞれのグループのマウスの血しょうおよび尿を，投与 2 時間後から 1 時間だけ採取し，イヌリンとリン酸イオンの濃度を測定したところ，表 1 の結果が得られた。

成　分	質量パーセント濃度(%)			
	生理食塩水を投与したマウス		ホルモン X を投与したマウス	
	血しょう	尿	血しょう	尿
リン酸イオン	0.006	0.1	0.005	0.2
イ　ヌ　リ　ン	0.01	1.3	0.01	1.3

表 1

問 1　生理食塩水およびホルモン X を投与したマウスでは，1 時間で 0.1 mL の
尿が生成されるとする。それぞれのマウスにおいて，投与 2 時間後から 1 時
間で再吸収されたリン酸イオンの量 [mg] をそれぞれ答えよ。ただし，マウ
スの血しょうおよび尿におけるイヌリンおよびリン酸イオンの質量パーセン
ト濃度は 1 時間変化せず，血しょうと尿の重量はいずれの実験グループにお
いても 1 mL = 1000 mg とする。

　　ホルモン X は，細尿管の細胞膜に存在する受容体 Y に結合することでその機
能を発揮し，受容体 Y に結合するホルモンはホルモン X のみである。受容体 Y
は 400 アミノ酸で構成されるタンパク質であり，その塩基配列とアミノ酸配列の
一部を図 1 に示す。

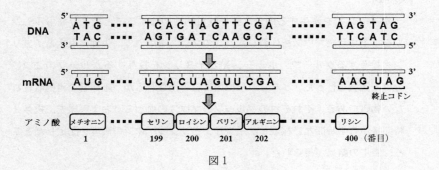

図 1

　　ホルモン X の作用を図 2 に示す。ホルモン X が受容体 Y に結合すると，受容
体 Y の立体構造が変化し，細胞内の情報伝達を行う物質であるタンパク質 Z が

活性化される。活性化したタンパク質Ｚは，細尿管側の細胞膜に存在するリン酸イオン輸送体に結合し，細尿管細胞内に取り込むリン酸イオンの量を調節する。細尿管側のリン酸イオン輸送体はホルモンＸでのみ制御を受ける。

　細尿管細胞内に取り込まれたリン酸イオンは，その全てが毛細血管側の輸送タンパク質を介して毛細血管に回収される。細尿管側のリン酸輸送体と異なり，毛細血管側の輸送タンパク質はホルモンＸ，受容体Ｙおよびタンパク質Ｚの制御を受けない。

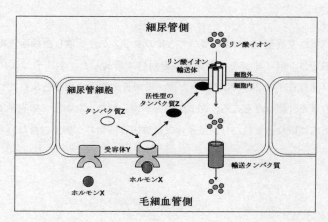

図 2

　受容体Ｙ遺伝子だけにホモ接合の遺伝子変異をもつ２種類のマウス（変異型Ｙａおよび変異型Ｙｂ）がいる。これらのマウスでは，血しょう中のリン酸イオン濃度が異常値となることがわかっている。遺伝子変異により血しょう中のリン酸イオン濃度に異常が引き起こされるしくみを明らかにするために，以下の実験を行った。

【実験 2】
　変異型Ｙａおよび変異型Ｙｂの受容体Ｙ遺伝子の塩基配列を調べた。その結果，いずれのマウスも 200 番目のアミノ酸であるロイシンを指定する DNA 塩基配列にホモ接合の変異を有しており，変異型Ｙａでは CTA の C が欠失，変

異型 Yb では CTA が CGA に変異していた。

【実験 3】

　　正常型，変異型 Ya および変異型 Yb の受容体 Y タンパク質の存在部位，量およびホルモン X との結合能を調べた。その結果，全ての遺伝子型で受容体 Y は細胞膜に存在し，その量（分子の数）に差は見られず，またホルモン X への結合能もすべて同程度であった。

【実験 4】

　　正常型，変異型 Ya および変異型 Yb のマウスから採取した細尿管細胞を，同じ量のリン酸イオンを含む培養液を用いて培養した。ホルモン X の存在下および非存在下で 24 時間培養した後，細尿管細胞内に取り込まれたリン酸イオンの量を計測したところ，図 3 の結果が得られた。なお，この実験では細尿管細胞内に取り込まれたリン酸イオンは細尿管細胞外へ排出されないものとする。

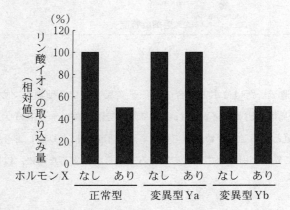

図 3　正常型細尿管細胞においてホルモン X が存在しない
時の取り込み量を 100 % とした時の相対値で示す。

問 2　変異型 Yb のマウスでは，受容体 Y のはたらきにどのような変化が起きているか。実験 2 ～ 4 から考察し，「ホルモン X」「タンパク質 Z」という語句を

用いて，その仕組みを 90 字以内で答えよ。

問 3 実験 1 ～ 4 の結果から考察して，ホルモン X は血しょう中のリン酸イオン濃度をどのように調節していると考えられるか。「細尿管細胞」という語句を用いて 75 字以内で答えよ。

問 4 実験 1 ～ 4 の結果から考察して，変異型 Ya および変異型 Yb のマウスにおける血しょう中のリン酸イオン濃度は，どのように変化していると考えられるか。受容体 Y 遺伝子が正常型のマウスにおける血しょう中のリン酸イオン濃度よりも「高い」または「低い」で答えよ。ただし，血しょう中のリン酸イオン濃度を調節するホルモンはホルモン X のみであり，マウスにホルモン X は投与しないものとする。

/////////////////// · **memo** · ///////////////////

/////////////////// · **memo** · ///////////////////

//////////////////// · **memo** · ////////////////////

//////////////////// · **memo** · ////////////////////

/////////////////// · **memo** · ///////////////////

//////////////////// · **memo** · ////////////////////

教学社 刊行一覧

2025年版　大学赤本シリーズ

国公立大学（都道府県順）

374大学556点 全都道府県を網羅

全国の書店で取り扱っています。店頭にない場合は，お取り寄せができます。

1 北海道大学（文系－前期日程）
2 北海道大学（理系－前期日程）医
3 北海道大学（後期日程）
4 旭川医科大学（医学部〈医学科〉）医
5 小樽商科大学
6 帯広畜産大学
7 北海道教育大学
8 室蘭工業大学／北見工業大学
9 釧路公立大学
10 公立千歳科学技術大学
11 公立はこだて未来大学 総推
12 札幌医科大学（医学部）医
13 弘前大学 医
14 岩手大学
15 岩手県立大学・盛岡短期大学部・宮古短期大学部
16 東北大学（文系－前期日程）
17 東北大学（理系－前期日程）医
18 東北大学（後期日程）
19 宮城教育大学
20 宮城大学
21 秋田大学 医
22 秋田県立大学
23 国際教養大学 総推
24 山形大学 医
25 福島大学
26 会津大学
27 福島県立医科大学（医・保健科学部）医
28 茨城大学（文系）
29 茨城大学（理系）
30 筑波大学（推薦入試）医総推
31 筑波大学（文系－前期日程）
32 筑波大学（理系－前期日程）医
33 筑波大学（後期日程）
34 宇都宮大学
35 群馬大学 医
36 群馬県立女子大学
37 高崎経済大学
38 前橋工科大学
39 埼玉大学（文系）
40 埼玉大学（理系）
41 千葉大学（文系－前期日程）
42 千葉大学（理系－前期日程）医
43 千葉大学（後期日程）医
44 東京大学（文科）DL
45 東京大学（理科）DL 医
46 お茶の水女子大学
47 電気通信大学
48 東京外国語大学 DL
49 東京海洋大学
50 東京科学大学（旧 東京工業大学）
51 東京科学大学（旧 東京医科歯科大学）医
52 東京学芸大学
53 東京藝術大学
54 東京農工大学
55 一橋大学（前期日程）
56 一橋大学（後期日程）
57 東京都立大学（文系）
58 東京都立大学（理系）
59 横浜国立大学（文系）
60 横浜国立大学（理系）
61 横浜市立大学（国際教養・国際商・理・データサイエンス・医〈看護〉学部）

62 横浜市立大学（医学部〈医学科〉）医
63 新潟大学（人文・教育〈文系〉・法・経済科・医〈看護〉・創生学部）
64 新潟大学（教育〈理系〉・理・医〈看護を除く〉・歯・工・農学部）
65 新潟県立大学
66 富山大学（文系）
67 富山大学（理系）医
68 富山県立大学
69 金沢大学（文系）
70 金沢大学（理系）医
71 福井大学（教育・医〈看護〉・工・国際地域学部）
72 福井大学（医学部〈医学科〉）医
73 福井県立大学
74 山梨大学（教育・医〈看護〉・工・生命環境学部）
75 山梨大学（医学部〈医学科〉）医
76 都留文科大学
77 信州大学（文系－前期日程）
78 信州大学（理系－前期日程）医
79 信州大学（後期日程）
80 公立諏訪東京理科大学 総推
81 岐阜大学（前期日程）医
82 岐阜大学（後期日程）
83 岐阜薬科大学
84 静岡大学（前期日程）
85 静岡大学（後期日程）
86 浜松医科大学（医学部〈医学科〉）医
87 静岡県立大学
88 静岡文化芸術大学
89 名古屋大学（文系）
90 名古屋大学（理系）医
91 愛知教育大学
92 名古屋工業大学
93 愛知県立大学
94 名古屋市立大学（経済・人文社会・芸術工・看護・総合生命理・データサイエンス学部）
95 名古屋市立大学（医学部〈医学科〉）医
96 名古屋市立大学（薬学部）
97 三重大学（人文・教育・医〈看護〉学部）
98 三重大学（医〈医〉・工・生物資源学部）医
99 滋賀大学
100 滋賀医科大学（医学部〈医学科〉）医
101 滋賀県立大学
102 京都大学（文系）
103 京都大学（理系）医
104 京都教育大学
105 京都工芸繊維大学
106 京都府立大学
107 京都府立医科大学（医学部〈医学科〉）医
108 大阪大学（文系）DL
109 大阪大学（理系）医
110 大阪教育大学
111 大阪公立大学（現代システム科学域〈文系〉・文・法・経済・商・看護・生活科〈居住環境・人間福祉〉学部－前期日程）
112 大阪公立大学（現代システム科学域〈理系〉・理・工・農・獣医・医・生活科〈食栄養〉学部－前期日程）医
113 大阪公立大学（中期日程）
114 大阪公立大学（後期日程）
115 神戸大学（文系－前期日程）
116 神戸大学（理系－前期日程）医

117 神戸大学（後期日程）
118 神戸市外国語大学 DL
119 兵庫県立大学（国際商経・社会情報科・看護学部）
120 兵庫県立大学（工・理・環境人間学部）
121 奈良教育大学／奈良県立大学
122 奈良女子大学
123 奈良県立医科大学（医学部〈医学科〉）医
124 和歌山大学
125 和歌山県立医科大学（医・薬学部）医
126 鳥取大学 医
127 公立鳥取環境大学
128 島根大学 医
129 岡山大学（文系）
130 岡山大学（理系）医
131 岡山県立大学
132 広島大学（文系－前期日程）
133 広島大学（理系－前期日程）医
134 広島大学（後期日程）
135 尾道市立大学 総推
136 県立広島大学
137 広島市立大学
138 福山市立大学 総推
139 山口大学（人文・教育〈文系〉・経済・医〈看護〉・国際総合科学部）
140 山口大学（教育〈理系〉・理・医〈看護を除く〉・工・農・共同獣医学部）医
141 山陽小野田市立山口東京理科大学 総推
142 下関市立大学／山口県立大学
143 周南公立大学 新総推
144 徳島大学 医
145 香川大学 医
146 愛媛大学 医
147 高知大学 医
148 高知工科大学
149 九州大学（文系－前期日程）
150 九州大学（理系－前期日程）医
151 九州大学（後期日程）
152 九州工業大学
153 福岡教育大学
154 北九州市立大学
155 九州歯科大学
156 福岡県立大学／福岡女子大学
157 佐賀大学 医
158 長崎大学（多文化社会・教育〈文系〉・経済・医〈保健〉・環境科〈文系〉学部）
159 長崎大学（教育〈理系〉・医〈医〉・歯・薬・情報データ科・工・環境科〈理系〉・水産学部）医
160 長崎県立大学 総推
161 熊本大学（文・教育・法・医〈看護〉学部・情報融合学環〈文系型〉）
162 熊本大学（理・医〈看護を除く〉・薬・工学部・情報融合学環〈理系型〉）医
163 熊本県立大学
164 大分大学（教育・経済・医〈看護〉・理工・福祉健康科学部）
165 大分大学（医学部〈医・先進医療科学科〉）医
166 宮崎大学（教育・医〈看護〉・工・農・地域資源創成学部）
167 宮崎大学（医学部〈医学科〉）医
168 鹿児島大学（文系）
169 鹿児島大学（理系）医
170 琉球大学

2025年版 大学赤本シリーズ

国公立大学 その他

私立大学①

いつも受験生のそばに──赤本

大学入試シリーズ＋α
入試対策も共通テスト対策も赤本で

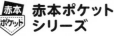

大学赤本シリーズ ─────

赤本 ウェブサイト

過去問の代名詞として、70年以上の伝統と実績。

 新刊案内・特集ページも充実！
受験生の「知りたい」に答える

akahon.net でチェック！

📅 **志望大学の赤本の刊行状況を確認できる！**

📖 **「赤本取扱い書店検索」で赤本を置いている書店を見つけられる！**

赤本チャンネル & 赤本ブログ

YouTubeや
TikTokで受験対策！

▶ **赤本チャンネル**

人気講師の大学別講座や
共通テスト対策など、
受験に役立つ動画 を公開中！

YouTube

TikTok

 赤本ブログ

受験のメンタルケア、合格者の声など、
受験に役立つ記事 が充実。

詳しくは
こちら

英語の過去問、解きっぱなしにしていませんか？

大学合格のカギとなる勉強サイクル

STEP 1 解く!!

対策!!　　　分析!!

STEP 3　　　STEP 2

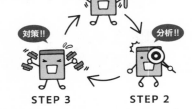

過去問を解いてみると、自分の弱い部分が見えてくる！

受験生は、英語のこんなことで悩んでいる…!?

【英文読解編】
- ☹ 単語をつなぎ合わせて読んでます…
- ☺ まずは頻出の構文パターンを頭に叩き込もう
- ☹ 下線部訳が苦手…
- ☺ SVOCを丁寧に分析できるようになろう

【英語長文編】
- ☹ いつも時間切れになってしまう…
- ☺ 速読を妨げる原因を見つけよう
- ☹ 何度も同じところを読み返してしまう…
- ☺ 展開を予測しながら読み進めよう

【英作文編】
- ☹ ［和文英訳］ってどう対策したらいいの？
- ☺ 頻出パターンから、日本語⇒英語の転換に慣れよう
- ☹ いろんな解答例があると混乱します…
- ☺ 試験会場でも書けそうな例に絞ってあるので覚えやすい

【自由英作文編】
- ☹ 何から手をつけたらよいの…？
- ☺ 志望校の出題形式や頻出テーマをチェック！
- ☹ 自由と言われてもどう書き始めたらよいの…？
- ☺ 自由英作文特有の「解答の型」を知ろう

こんな悩み☹をまるっと解決☺してくれるのが、赤本プラスです。

大学入試 ひと目でわかる
英文読解

英文構造がビジュアルで理解できる！

大学入試 ぐんぐん読める
英語長文
BASIC / STANDARD / ADVANCED

6つのステップで、英語が「正確に速く」読めるようになる！

New
大学入試 正しく書ける
英作文

頻出パターン×厳選例文でムダなく「和文英訳」対策！

大学入試 すぐ書ける
自由英作文

頻出テーマ×重要度順最大効率で対策できる！

大学赤本シリーズ
別冊問題編

2025